票据法律适用指南

审理票据纠纷案件规定理解与适用

曹守晔◎主编

PIAOJU FALÜ SHIYONG ZHINAN

SHENLI PIAOJU JIUFEN ANJIAN GUIDING

LIJIE YU SHIYONG

法律出版社 | LAW PRESS

北京

票据实务中的几个法律问题

谢怀栻*

一、票据上的债权债务关系

(一)票据纠纷属于债务纠纷

改革开放之后,我国使用票据的人增多了,因票据发生的纠纷也增多了。在处理这类纠纷时,首先要明确这种纠纷的性质。

在我国,票据是指汇票、本票和支票。票据属于有价证券中的债权证券。有价证券是一种表示民事权利的文书。这种文书的特点在于,权利人行使权利必须持有文书。反之,权利人如不持有这种证券,就不能行使权利。有价证券上表示的民事权利,包括物权、债权和社员权。表示物权的有价证券,如提单;表示社员权的有价证券,如股票(股票所表示的权利是股东权,股东权属于社员权);表示债权的有价证券有很多,如票据、债券、各种车船票;等等。债券的有价证券中,以支付一定的金钱为债权内容的,称为金钱的有价证券。票据就属于这一类。

票据是出票人依法发行的、以支付一定金额为内容的有价证券。其中由出票人指示付款人无条件支付一定金额给收款人的为汇票,由出票人指示银行无条件支付一定金额给收款人的为支票,由出票人自己无条件支付一定金额给收款人的为本票。

票据上的纠纷通常都是围绕付款而发生的,这种纠纷属于债权债务纠纷。处理这种纠纷和处理一般债权债务纠纷一样,都要遵循处理债权纠纷的一般原则,例如要分辨债权人和债务人,明确债权债务的内容。不仅票据在有价证券中有它的特点,而且票据纠纷在债权纠纷中也有它的特点。处理因票据发生的债

---

* 中国社会科学院法学研究所著名民商法学家,所著《票据法概论》(法律出版社 1990 年版)简洁凝练、准确权威,成为票据法领域公认的"《圣经》"。本文为作者应最高人民法院经济审判庭之邀,在最高人民法院所作专题讲座的录音文字稿,由曹守晔高级法官等整理,由作者修改审定。全文分四部分,前三部分在此首发,第四部分曾在《人民法院报》(2000 年 10 月 27 日)刊发。——编者注

权债务纠纷,要注意这些特点。一般的债权债务关系是由民法规定的。票据上的债权债务关系是由《票据法》规定的。《票据法》和民法的关系是特别法和普通法的关系。所以处理票据债务纠纷时,先要按照《票据法》的规定去办,在《票据法》没有特别规定时仍然按照民法关于一般债权债务关系的规定去办。譬如关于当事人的能力问题,《票据法》上没有特别规定,就应按照民法上的规定去处理。

因票据发生的纠纷,也有不属于《票据法》上的问题。例如一个人的一张汇票被小偷偷去了,汇票的所有人要小偷返还汇票。这种诉讼和普通请求返还所有物的诉讼一样,不是债权债务纠纷。

现在法院受理的因票据产生的纠纷,其中有很多和商业交易有关。例如甲向乙购货,甲不付现款而付给乙一张支票,后来乙所交的货的质量不好,甲解除买卖合同。乙这时已经将支票转给了丙。甲因已解除合同,通知银行止付,丙持支票向银行取款,被银行拒付,转而向出票人甲要求付款(这在《票据法》上称为追索)。甲不付款,于是丙作为原告在法院向甲起诉。丙与甲之间的诉讼是因支票发生的,可是这种诉讼又是与甲乙之间的交易(买卖)有牵连的。在处理这类案件中,我们就要分别就甲丙之间的关系,甲乙之间的关系,乙丙之间的关系去研究,才能处理好这类纠纷。这样的问题,下面要详细讲。

(二)票据上的当事人

汇票上有三个当事人,出票人、收款人和付款人。出票人是发出汇票、在汇票上签名并将汇票交给收款人的人,也就是指示付款人向收款人付款的人。前一点(发出、签名、交付)是从形式方面说,后一点(指示付款)是从内容(实质)方面说的。付款人是受出票人的指示向收款人付款的人。收款人是从出票人那里取得汇票并持票请求付款人付款的人。

支票同汇票一样,也有出票人、收款人和付款人,只是付款人限于银行(或其他金融机构)。不是银行就不能作为支票的付款人。所以有人就说支票是以银行为付款人的汇票。

本票只有两个当事人,出票人和收款人。出票人是发出本票,在本票上签名并将本票交给收款人的人,也就是自己承担向收款人付款的义务的人。收款人是从出票人那里取得本票并持票向出票人请求付款的人。

上述的当事人称为基本当事人,是各种票据在出票时就应该具备的。在基本当事人中,出票人必须在票上签名,这一点绝不可少。未经出票人签名的票据无效,在汇票上必须填写付款人(不是他自己签名);在支票上,付款银行总是提前印好的;在本票上没有付款人(只有发票人自己)。至于收款人,在三种票据上，如果写了（不是他自己签名），这种票据就是记名票据；如果未写，这种票据就是无记名票据，就以持有票据的人（持票人）为收款人。我国《票据法》不承认无记名票据。

除基本当事人外，票据上还可以有其他的当事人，这些人称为非基本当事人。非基本当事人中，最重要的是从收款人处受让票据的人。出票人和付款人是固定的，不会变的。收款人取得票据后，就可以把票据转让给他人，这个受让人又可以再转让。这就是票据的流通。凡是把票据转让出去的人是让与人，接收到票据的人称为受让人。如果用背书方式转让，让与人就是背书人，受让人就是被背书人。票据上可以有多个背书人和被背书人。

票据上还可以有其他的非基本当事人（如汇票上的承兑人）。票据只有三个（本票是两个基本当事人）基本当事人，非基本当事人人数则无限制。这就是说，票据的当事人是会增加的。这是票据的特点之一。

（三）汇票和支票上基本当事人的地位

汇票和支票都有三个当事人，基本上相同，可以放在一块儿讲。

（1）出票人。汇票和支票的出票人发出票据，一方面指示（过去说“委托”，为了与民法上的委托合同相区别，就用“指示”一词。指示是单方法律行为）付款人（在支票上是“银行”）向收款人付款，但并不能强制付款人付款，如果付款人不付款，出票人应自己向收款人偿还票款和利息，以及其他费用。这是出票人的偿还义务。出票人只有在收款人请求付款人付款而被拒绝时才负这个义务。

（2）收款人。收款人取得汇票或本票后应该先向付款人请求付款。如被拒绝，可以再向出票人请求偿付（这就是追索）。

（3）付款人。付款人在《票据法》上不负必须付款的义务。但如果出票人在付款人处有资金，付款人不付款时，出票人可以根据民法向付款人提起诉讼。

上述三个种中：①收款人是债权人。他享有两种权利：一是向付款人请求付款的权利，即付款请求权；二是向出票人请求偿还票款、利息和费用的权利，即偿还请求权（又名追索权）。他必须先行使第一个权利，如这个权利得到实现（即得到付款），第二个权利就消灭了。只有在第一个权利不能实现（即被拒绝付款）时，才能行使第二个权利。第一个权利只是一种期待权，不是一个确实的权利。第二个权利是一种确实的权利，不过是附停止条件的权利（以付款人拒绝付款为停止条件）。因此，在付款人拒绝付款时，他不能向付款人起诉。在未向付款人请求付款而被拒绝时，不能向出票人起诉。②出票人既然并未承担自己付款的义务，就不负付款义务。出票人的义务是偿付义务。所以出票人是第二债务人(只在付款人不付款时,他才负偿付义务,所以这种义务是第二次的)。收款人如未先向付款人请求付款,而迳向出票人请求付款,出票人可以拒绝,如向出票人起诉,出票人可以以此抗辩。收款人如向付款人请求付款而被拒绝,可向出票人请求偿付,出票人不能拒绝。如拒绝,收款人可以向出票人起诉。③付款人(包括支票上的银行)在出票后并未承担付款义务。付款与否,付款人有自由。如果付款人付了款,就结束了票据关系。如果付款人不付款,收款人也不能向付款人起诉。

(四)本票上基本当事人的地位

本票上的出票人在出票后就承担了付款义务,所以是本票上的债务人,而且是主债务人、最终债务人。收款人是债权人。收款人向出票人请求付款而被拒绝时,可向出票人起诉。

(五)汇票上承兑人的地位

汇票的出票人在发出汇票时,并未得到付款人对付款的承诺,所以付款人并无付款义务(付款人只是可以付款)。这时收款人所有的付款请求权,只是一种期待权。《票据法》规定,为了使收款人的付款请求权成为确实的权利,付款人就要做出付款承诺。这种承诺(即付款人承担付款义务的表示)称为承兑。收款人向付款人提示汇票,付款人承诺付款时,必须在汇票上(正面)签名(写上“承兑”或“付款”字样更好),这就是承兑。否则,就是拒绝承兑(可以写上“拒付”或“拒兑”,也可以什么都不写)。付款人承兑后成为承兑人,即负有绝对付款的义务。承兑人拒绝付款时,收款人(以及其他持票人)可以向承兑人起诉。本票和支票没有承兑制度。

(六)票据受让人(包括持票人)的地位

票据(包括三种票据)如果经过转让,受让人就会取得让与人的权利,最初的让与人是收款人。所以票据经过转让以后,所有的受让人也都具有收款人的权利,即付款请求权和对前面所有让与人的偿还请求权(包括对出票人的偿还请求权即追索权)。然而,对于汇票来说,汇票如未经承兑,对付款人的付款请求权仍然是期待权;汇票如得到承兑,对承兑人的付款请求权就是确实的权利。对于支票来说,没有承兑制度。支票的受让人的付款请求权也只是一种期待权。对于本票来说,本票的受让人享有两种确实的权利(向本票出票人的付款请求权和向让与人的偿还请求权,但后一种请求权是以行使前一种权利而被拒为停止条件的权利)。

凡因受让而取得票据的人都称为持票人,一切持票人都是债权人。

（七）票据上债权债务的特点

票据（包括三种）上的债权债务，与民法上的普通债权债务（非票据债权债务）比起来，有以下特点：

（1）票据债权包括双重请求权。票据上的债权人只有一人，即收款人、收款人的受让人或受让人的受让人；也就是每次背书里的被背书人、因各种行为取得票据的人、持票人。债权人有付款请求权和偿还请求权。前者是第一次权利，后者是第二次权利。

票据上的债务人可以有多人。这些债务人分为两类，他们所负债务也分为付款义务和偿还义务有两种。付款义务人包括汇票承兑人和本票出票人（支票上没有付款义务人）。偿还义务人包括汇票和支票的出票人和各种票据上的背书人。

债权人不能同时有两个（持票人在任何时候都只能有一个），但可以随着票据的授受而改变（如受款人甲为债权人，甲把票据让与给乙，乙就成为债权人）。债务人同时可以有多数人，而且这些多数债务人总要连带负责（法定的连带债务人），但在某一时刻有一个人是第一债务人，其他人是第二债务人（支票上没有第一债务人）。

（2）票据债权债务的内容以票据上的文字记载为准（票据是文义证券）。即使票据上的文字记载与实际情况不符，仍以文义为准。例如，票据上记载的出票日期与实际上出票人将票据交付给收款人的日期不同，仍以票载日期为准。不得以票据以外的方法（如证人的证言）否定票据上文字的记载。因而在票据诉讼中，票据本身是主要的、甚至是唯一的证据方法。原告只须以票据证明自己的权利，不需要另举证明。被告也只能就票据本身提出抗辩，除特殊情形外，不得提出其他非票据上的抗辩。

不仅票据上债权债务的内容以票据上的记载文件为准，而且票据上应记载的事项、可记载的事项、不得记载的事项，也都有法律予以规定。当事人不得任意增减或改变这些事项。我国《票据法》第9条第1款规定："票据上的记载事项必须符合本法的规定。"就是指此点而言。

根据我国《票据法》的规定，关于票据上的记载，可分为以下几种情况：

第一种情况：有些事项必须记载，如未记载或记载不清，票据无效。这些事项规定在第22、第75和第84条，[①]包括：①票据种类，即汇票、本票、支票的字

① 《票据法》第75条和第84条，根据2004年8月28日《全国人民代表大会常务委员会关于修改〈中华人民共和国票据法〉的决定》修改，原为第76条和第85条。——编者注

样。②确定的金额。未写金额或金额不确定(如1000元上下、约1000元等)的,票据无效。票据金额以中文大写和数码同时记载,二者必须一致,二者不一致的,票据无效。我国《票据法》准许支票出票人在发出支票时不填金额而授权其他人填写,但在向银行请求付款时必须填上金额。③付款人名称。对于本票来说,付款人即出票人,所以无须另写付款人。④收款人名称。依我国《票据法》的规定,对于汇票和本票来说,收款人名称是必须记载的,我国不准许发出无记名汇票和本票。对于支票来说,我国《票据法》准许出票人在出票时不填收款人名称,而授权他人补记。⑤出票日期。⑥出票人签章。以上六点事项,未记载上述规定事项之一的,票据无效。

我国《票据法》还规定,票据上的金额、日期、收款人名称不得更改,更改的票据无效。

第二种情况:有些事项,可以记载,也可以不记载。记载后为有效。未记载时,依法推定。此时所推定的内容就有《票据法》上的效力。如我国《票据法》规定,汇票上未记载付款日期的,为见票即付。汇票、本票和支票上未记载付款地的,以汇票和支票付款人或本票出票人的营业场所和住所为付款地。未记载出票地的,以出票人的营业场所或住所为出票地。

第三种情况:有些事项,一经记载,就发生《票据法》效力,未记载时也无妨。持票人可以另求办法。如汇票经拒绝承兑的,付款人如记上"拒兑",即发生《票据法》效力(构成拒绝证书),付款人不记时,持票人可以另行作成拒绝证书。

第四种情况:有些事项,一经记载,就发生《票据法》效力;未记载,不发生该事项的债权债务关系。如汇票上的保证关系,记上了"保证人和被保证人",保证人和持票人就会发生债权债务关系。未记载,就没有这种债权债务关系,均不影响票据的效力。

第五种情况:有的事项,如记载后,不发生《票据法》上的效力,但发生其他法律上的效力。如在汇票上记载违约金时,不发生《票据法》上的效力,但可发生民法上的效力。又如在票据上记载管辖法院时,不发生《票据法》上的效力,但可发生《民事诉讼法》上的效力,也都不影响票据的效力。

第六种情况:有的事项是绝对不允许记载的,记载了,票据就无效。例如有条件支付的记载,不确定的票据金额,都会使票据无效。

总而言之,票据上的债权债务关系的内容,应以票据文义为准。在票据上添加文字会出现三种情况。①如记载合法,发生《票据法》上的效力(发生票据债权债务关系);②记载虽是《票据法》所允许的,但不发生《票据法》上的效力,只发生民法上的效力(不发生票据债权债务关系,可以发生民法上的债权债务关系);③如记载是《票据法》所禁止的,则票据无效。

(3)票据债权人行使权利,必须持有票据,并且遵守《票据法》上的其他规定。如原告起诉汇票承兑人请求付款,必须(也只需要)提出汇票。又如原告诉请汇票出票人偿还票款(包括利息等),必须提出汇票、拒绝承兑(或付款)证书,并证明自己在法定期间提示过汇票。

(4)票据债务人对向其行使权利的债权人所能提出的抗辩受有限制。①票据债务人可以行使一切物的抗辩(票据无效、未到期、票据债务已消灭等)。②在一定当事人间可以行使人的抗辩。③只在直接当事人间可以行使原因关系的抗辩。④债务人不得以自己与出票人间的事由对抗持票人,也不得以自己与持票人的前手间的事由对抗持票人。⑤债务人可以以持票人是恶意、或有重大过失、或未付对价而取得票据为理由,向持票人提出抗辩。

二、票据关系与基础关系

票据上的当事人相互之间存在《票据法》上的法律关系。这种法律关系可以分为两种。一种是票据关系。一种是非票据关系。这两种关系都规定在《票据法》上。在这两种关系上发生问题,我们就依《票据法》的规定去处理。另外,当事人间之所以发生《票据法》上的法律关系,通常另有原由(通常是经济上的原由),这种原由构成是发生票据上法律关系的基础,我们称这种关系是票据的基础关系。

(一)《票据法》上的法律关系

(1)票据关系。这是指当事人之间基于出票、背书(转让)等行为而发生的法律关系。说得更简单些,就是因票据的授受而发生的关系。其中主要包括:①基于出票而发生的出票人与收款人之间的债权债务关系,汇票的收款人向付款人请求付款的关系,支票收款人向银行请求付款的关系。②基于承兑而发生的持票人与承兑人之间的债权债务关系。③基于票据转让而发生的持票人与出票人或汇票承兑人之间的债权债务关系,持票人向付款人请求付款的关系。④基于背书而发生的背书人与被背书人的关系、被背书人向付款人请求付款的关系,背书的前手与后手之间的关系。

(2)《票据法》上的非票据关系。这是当事人之间直接根据《票据法》的规定而发生的关系。主要有票据的真正权利人对于非法取得票据的人请求返还票据的关系(这个关系同时也是民法上的所有物返还关系),票据付款人(包括本票出票人)在付款后请求持票人交还票据的关系等。

在上述票据关系中,我们要研究的主要是持票人(债权人)与票据债务人之间的付款关系。

(二)票据的基础关系

票据的基础关系有三种:

(1)原因关系。票据的出票人与收款人之间、背书人与被背书人之间授受票据的法律上的原因,称为票据原因,这种关系是原因关系。原因关系有两种情形。一是出票人与收款人之间原来就有的交易关系,如出票人买了收款人的货,出票人为支付货款(即履行支付价金的义务,或者说清偿价金债务)而发出票据给收款人。这种交易关系最普通的是买卖,也可以是租赁、借贷等。另外,出票人与收款人之间即使没有交易,也可以直接授受票据。例如,出票人直接将票据卖给收款人(票据买卖、票据贴现),出票人将票据赠予收款人。又如背书人买了被背书人的货,将票据背书交付给被背书人;或者背书人将票据直接赠与或者卖给被背书人等。我们讲原因关系主要讲前面一种,即当事人之间原有一种交易关系,在这个交易的基础上发出或交付票据时,这种交易成为原因关系,发出票据后发生的票据关系是以该原因关系为基础的票据关系。

(2)资金关系。汇票和支票的出票人与付款人(在支票是银行)之间关于付款资金的关系为资金关系。本票是出票人自己付款,不存在资金关系,出票人之所以指示付款人付款,付款人之所以愿意付款,通常是因为:①出票人在付款人处存有资金。特别是支票,出票人必须在银行有存款(这时发票人与银行间订有支票合同)。②出票人与付款人之间订有合同,付款人承诺为出票人垫付资金(对于支票来说,这种合同称为透支合同)。③付款人对出票人欠有债务,代其付款以偿清自己的债务(这一点在汇票中最为普遍。如甲向乙购货、乙向丙购货,乙发出一张汇票,指示甲向丙付款。这时甲作为付款人向丙付款,就是清偿他对乙的价金债务)。④付款人愿意为出票人付款(这属于民法上的无因管理,支票没有这种情形)。

上述的各种资金关系都是民法上的关系,是票据本身以外的法律关系。仅就资金关系而言,可分为两种情形:①先由出票人向付款人提供资金,并授权给付款人,使付款人有对该资金的处分权(即有权将该资金交付给收款人)。支票就完全是这种情形,出票人必须先存款于银行,然后银行才为出票人付款;对于汇票来说,出票人先向付款人提供现金,或者是付款人对出票人欠有债务,都属于这种情形。②先由付款人为出票人付款(垫付资金),后由出票人偿还资金。[①]

---

① “资金关系”中的“②④”就属于这种情形。

(3)票据预约。出票人与收款人之间,在交付票据之前,就票据的种类、金额、付款人、付款地、到期日等所做的约定,称为票据预约。票据预约也不是《票据法》上的关系,而是民法上的关系。当事人之间因票据预约而发生诉讼的情形极少。所以关于票据预约我们不再赘述。

以上三种基础关系都与票据关系有密切的联系。从经济上说,这种密切的联系是绝对的。汇票、本票和支票的出票人如果不欠收款人的钱,或者不愿把钱给收款人(没有原因关系),就绝不会把一张票据交给收款人。汇票的付款人如果不与出票人有资金关系,就绝不会接受出票人的“指示”付款给收款人,支票里的银行如果没有出票人的存款,也绝不会付款给收款人。同样,背书人向背书人交付票据时,也一定另有原因关系。但是,经济上如此,法律上又是怎样的呢?是不是在法律上也有如此密切的联系呢?所谓法律上的联系是指,这种关系在法律上对另一种关系有无影响。也就是说,基础关系无效或者失效,建立在这一基础关系之上的票据关系是否也随之失效或无效。这就是我们要研究的问题。

如甲购买了乙的货物,应付乙价金(这是原因关系)。甲作为出票人发出一张汇票,交给乙(收款人),使其向付款人丙请求付款。交出票据后,甲乙间的买卖合同因某种原因而无效。这时甲发出的汇票会不会也随之无效?乙持以向丙请求付款,丙可以以甲乙间的买卖无效而拒绝付款吗?丙如拒绝付款(丙如未承兑,是可以自行决定付不付款的),乙持票向甲追索,甲可以拒绝偿付吗?

又如甲购了乙的货,应付乙价金(这是原因关系)。甲发出本票给乙。这时甲为出票人,乙为收款人,发生票据关系。如果以后甲乙间的买卖行为因某种原因而被撤销(或被解除合同)。随后乙持票向甲请求付款,甲可否主张,他们之间的买卖失效,票据关系也失效,因而拒绝付款?再如乙将本票转让给丙,丙持票向甲请求付款,甲可否主张,甲乙间的买卖失效,甲乙之间以及甲丙之间的票据关系也都失效,因而甲拒绝向丙付款呢?

支票也可以有同样的情形。

在以上三种情形里,都提出了一个问题:当原因关系无效时,票据关系是否也随之无效?换句话说,原因关系无效,是否会影响到票据关系?

在资金关系上,也有类似的问题。资金关系不存在(资金关系欠缺,没有资金关系)或无效,票据关系(如承兑人与持票人之间的关系,支票持票人与银行间的关系)是否会受到影响。这也是我们要研究的问题。

(三)原因关系与票据关系的关系

这里有三种关系:第一种关系,原因关系对票据关系的发生不是内在的、必要的内容,因此,在票据上不必记载原因关系,在票据上不要求记载原因关系。即使记载了,也不发生票据上的效力,如在一张汇票上写上这一张汇票是为什么而发出的,这一种记载,不发生票据法上的效力。第二种关系,持票人在行使票据上权利的时候,不必证明、也不必说明其原因关系,只需持有票据就可以行使权利。如你拿了一张支票到银行去取款,只要你把支票交给银行就可以了,银行不会问你怎么样得到这张支票、什么人出于什么理由给的你这张支票等细枝末节的问题。第三种关系,票据关系的当事人,如果已经不是原因关系中的当事人,票据债务人就不能以原因关系无效对抗债权人,也就是说,这时的原因关系无效,不能影响到票据关系,只有在票据关系中的当事人仍是原因关系中的当事人时,债务人才可以以原因关系无效对抗债权人。如前面讲过的例子中,出票人甲是买主,为付价金发出汇票给乙,以丙为付款人。如果以后甲乙之间的买卖无效,乙持汇票向丙请求付款被拒绝,乙转而向甲请求偿付,此时甲可以以买卖(原因关系)无效而拒绝偿付。这就是在原来的当事人之间,原因关系(买卖关系)影响了票据关系。但如果乙将汇票转让给丁,丁持票向丙请求付款而被拒,转而向甲请求偿付时,甲就不能以甲乙之间买卖(原因关系)无效为由,拒绝向丁偿付。因为这时票据关系中的当事人(甲和丁)已不再是原来原因关系中的当事人了。但如乙转让汇票给丁的原因关系无效,丁向乙请求偿付时,乙可以以乙丁之间的原因关系无效而向丁拒付。

总之,票据交付后,原因关系就与票据关系切断联系,互不影响,只在当事人不变的情况下才能发生影响。

(四)票据关系和资金关系的关系

资金关系也和原因关系一样,是与票据关系分离的。资金关系的有无不影响票据关系的成立,这表现在:①没有资金关系,出票人的出票仍有效,出票人对他发出的票据仍要负责,仍负《票据法》上出票人的义务。即使收款人明知出票人未供资金给付款人,收款人也可以持票据向付款人请求付款。②即使有资金关系,付款人也可拒绝付款。对于汇票来说,仍可拒绝承兑。③收款人(包括其他持票人)被拒付而向出票人请求偿付时,出票人不得以已供给付款人资金为由拒绝向持票人偿付。④汇票付款人如已承兑,即使他与出票人之间无资金关系,也有付款义务(至于承兑人与出票人间的关系,另依民法解决)。

可以说资金关系与票据关系是完全分离的,完全没有联系的。这是因为资金关系与原因关系不同,资金关系的当事人之间不存在票据关系。另外,资金关系里的付款人永远不能利用出票人与收款人之间的原因关系。

（五）在实际中的运用

在审判实践中必须分清原因关系、资金关系与票据关系。对原因关系和资金关系里的问题，应依民法处理；对票据关系里的问题，应依《票据法》处理。只有在原因关系可以影响票据关系的情形时，才能允许债务人以原因关系作为对债权人的抗辩。下面举例来说明：

（1）本票出票人甲买了乙的货，出本票给乙（收款人），此后甲乙间的买卖无效。乙持票向甲请求付款，甲可以以原因关系（买卖）无效为由拒付（拒绝履行票据债务）。但如果乙将本票背书转让给丙，丙向甲请求付款，甲不能以甲乙之间的买卖无效为由向丙拒付（参见《票据法》第13条）。

（2）汇票出票人甲买了乙的货，丙又买了甲的货。甲以丙为付款人，以乙为收款人发出汇票。这时甲丙之间的买卖构成他们（出票人与付款人）之间的资金关系（甲对丙有价金债权，也就是有一笔价金作为资金供给丙）。甲乙之间的买卖构成他们之间的原因关系。①丙（付款人）如未承兑，即无必须付款的义务。即使甲丙之间的买卖有效，丙有向甲支付价金的义务（资金关系），并仍可对乙不付款，这时乙不能向丙起诉。甲也不能以丙未向乙付款（即未接受甲的指示，票据关系）为由而向丙起诉，甲只能依据民法向丙请求支付价金。如甲已先向丙提供资金（如供给了现金），这时甲只能依据民法向丙起诉，请求返还资金。②虽然丙承兑了，而甲丙之间买卖无效（资金关系不成立），但是丙仍有向乙付款的义务。这时若丙付了款，丙可以依民法向甲起诉，请求交付资金（这时甲是不当得利人）。③如丙未承兑，又明知甲丙之间买卖无效，自愿向乙付款，丙可以依据民法上无因管理关系向甲起诉，请求甲交付资金。④如乙向丙请求付款而遭拒付，乙向甲请求偿付，即使甲丙间的买卖有效，甲也不能以已向丙提供资金为理由而向乙拒绝偿付。

（3）支票出票人甲发出支票给收款人乙，这时：①即使甲在银行没有存款或存款不足（无资金关系），甲发出的支票仍然有效（不过是空头支票），乙仍可持该支票向银行请求付款，被拒后转而向甲请求偿付，甲应负责偿付。如甲拒绝，乙可向法院起诉甲。②如甲在银行有足够存款，银行在《票据法》上有付款的义务，如拒付，乙（持票人）可以向法院起诉银行（《票据法》第89条第2款[①]）。甲也可以依据民法以银行违反支票合同的规定为理由向法院起诉银行（可以请求

---

① 《票据法》第89条第2款，根据2004年8月28日《全国人民代表大会常务委员会关于修改〈中华人民共和国票据法〉的决定》修改，原为第90条第2款。——编者注

违约金,甚至请求损害赔偿)。

三、关于票据转让的几个特殊问题

关于票据转让,在实务中易发生禁止背书的纠纷问题。

票据以可自由转让为原则,但《票据法》又允许出票人或背书人在票据上记载“禁止背书”或“禁止转让”字样(《票据法》第27条第2款)。出票人或者背书人这样写了,持票人仍然将票据转让出去,就发生了纠纷,有人认为这时票据成了无效票据,这是不对的,应该分情况处理。

(1)出票人禁止背书。出票人在票据正面写明“禁止转让”或“禁止背书”,并且签字或盖章,这是合法有效的。这种票据就成为不得背书转让的票据。如果这是记名票据或指定式票据,收款人将其背书转让出去,那么他作的背书无效。被背书人拿着票据去请求付款,付款人可以拒绝。这种拒绝是合法的,这时被背书人(即受让人)也不能行使追偿权。既不能向收款人追索(因为它们之间的背书无效),也不能向出票人追索。而且这时被背书人是明知禁止背书而受让票据(因为票据上写着),是恶意取得票据,不能享受票据权利。

(2)票据不能以背书转让,能否作为普通债权依照民法上债权转让的方式转让?对这个问题,有的学者是反对的,认为既然是票据,就不允许当作普通债权来转让。而《日内瓦统一票据法》明文规定,票据可以以普通债权的让与方式转让,大多数国家也允许将票据以普通债权的让与方式转让。这时的背书只能起到证明让与债权的作用。但这时转让不应按《票据法》的背书问题处理,而应按民法上普通债权让与方式处理。普通债权让与至少有两点与票据背书转让不同:第一点,背书人作成背书(票据行为)是单方法律行为,不以被背书人承诺为必要,而普通债权让与是合同行为,须经让与人与受让人达成合意。第二点,普通债权让与,不通知债务人对债务人不生效力,而票据权利经背书转让,无须通知债务人即生效(单方行为)。所以我们在办理票据案件时,遇到一张出票人禁止转让的票据,如持票人将之转让,就要调查其转让是否符合普通债权让与的方式,如不符合,连普通债权让与也不能算。

(3)出票人没有在票据上记载禁止背书,以其他方式向收款人表示禁止背书,应如何处理。首先,既然没有在票据上记载,这时票据仍可以背书转让,收款人在票据上所作背书仍有效,被背书人仍取得票据权利。其次,出票人以其他方式(如信件)向收款人表示禁止背书,不论以口头或书面,如未经收款人同意(承诺),这时出票人单方面的表示不能构成一个约定(合同),不能发生任何效力。如经收款人承诺,也只构成一个特约,具有民法的效力,没有《票据法》上的效力，这时收款人将票据转让，只是违反了收款人与出票人之间的特约，应负民法上的违约责任。

《票据法》也允许背书人做禁止背书的记载，如出票人发出一张票据给收款人甲，甲背书后交给乙，乙背书后给丙，同时乙在票据上写"禁止背书"并签名，这是《票据法》所允许的。背书人禁止背书与出票人禁止背书的效力不同。出票人是创设票据债权的人，他的禁止背书，可起改变票据性质的作用，将可流通的票据变为不能转让的票据。因此，除收款人外，任何人都不能取得票据上的权利。背书人作出禁止背书记载，就不能改变票据的性质，因为背书人不是创设票据的人。背书人禁止背书，只能对以后的后手不负责，但不能完全禁止以后的人背书。也就是说，背书人记载了禁止背书之后，以后的背书人仍可背书，不过以后的被背书人不能向禁止背书的人行使追索权。例如，出票人发出一张票据给收款人甲，甲转让给乙，乙转让给丙。乙在背书转让时同时记载了禁止转让，丙还是可以再背书转让给丁。不过到以后票据被拒付，行使追索权时，丁只可以向丙追索，不能向乙追索。丙仍可以向甲追索。当然，乙丙丁都可以向甲和出票人追索。

《票据法》只允许出票人和背书人可以在票据上记载禁止背书。其他任何人（如付款人、承兑人、保证人等）不能记载禁止背书。这些人记载了禁止背书，其记载无效。

四、票据关系里的善意恶意问题

《票据法》是技术性很强的法，在一般情况下，不讲善意和恶意问题。民法上特别讲诚信原则。《票据法》不能笼统地把民法上的诚信原则搬过来讲。但有几个问题，《票据法》明文规定要讲善意和恶意。

（1）如果一个人通过侵权行为取得票据，如侵占、抢夺、盗窃票据，其虽占有了票据，但不能取得票据上的权利。这不是《票据法》上的问题，而是普通民法上的问题。遇到这样的问题，真正权利人可用民法方式来解决，不必求助于票据法。真正权利人即票据所有权人可以提起两种诉讼：一种是恢复占有之诉，一种是恢复所有物之诉。凡是以侵权行为取得票据的人，都不能享有票据的权利。我国《票据法》第 12 条对此有所规定。

（2）假如票据行为因出票人的原因而无效的，收款人取得票据后，能否享有票据权利？这就要分不同情况：①假如收款人明知出票人无行为能力，还从出票人那里取得票据，那么就是恶意取得票据，其不能享有票据上的权利。这种情况限于汇票和本票，因为支票的发票人一定是和银行订有支票合同的人，不可能是无行为能力的人。如果持票人是善意的，不知道对方无行为能力，持票人将票据拿到付款人那里请求付款，而付款人也不知道出票人无行为能力，只要票据本身是《票据法》上合法格式的票据，付款人的付款是合法的，持票人也可享受票据上的权利，因为他们是善意的，至于因此而发生的其他问题，就用其他方式解决。②假如出票人无行为能力而发出一张票据给收款人，收款人是恶意的，将票据转给另外一个人，这个人是善意的，而且在接受转让时也付出了相当的代价，因此他是善意取得票据的人，就可以享有票据上的权利。如果他请求付款遭拒绝的话，他可以行使追索权，收款人应该对此负责。

(3)票据的善意取得问题。民法上有动产善意取得制度，《票据法》上也有票据的善意取得问题。善意取得制度解决的是票据转让中的问题，所以，若收款人直接从出票人处取得票据，则不存在这个问题。

善意取得是指依《票据法》上票据转让的方式（背书交付与单纯交付）而受让票据的人，如为善意并无重大过失（通常还可加上付有相当对价）而取得票据，即使让与人是无处分权人，受让人仍可取得票据上的权利。

善意取得须合于下列要件：①依《票据法》上的转让方法，即背书交付或单纯交付，而取得票据。②让与人无处分权。所谓无处分权包括两种情形：第一，非法占有票据的人，如窃得票据的人；第二，合法占有票据但无处分权的人，如受他人委托保管票据的人。③取得人为善意，即不知道让与人无处分权。④取得人无重大过失。如果以普通人应有的注意即可查知让与人无处分权而不注意，即为有重大过失。⑤已付出合理的（相当的）对价。

受让人在取得票据时具备上述要件时，即取得票据权利，这时原权利人的权利消灭。

例如，甲的票据被乙偷去，或是甲遗失其票据，为乙拾得。乙将票据依背书方式转让给丙。如丙为善意无重大过失并已付出合理代价，丙即取得票据权利，成为票据的真正权利人。而甲的权利消灭，至于甲的损失，则通过向乙请求损害赔偿来解决。

善意取得的反面为恶意取得，恶意取得人不得取得票据权利。恶意取得是指明知或可得知让与人无让与权利而仍取得。

恶意取得人向票据债务人行使权利时，债务人例如出票人，付款、承兑人可以拒绝履行债务。此时，关于恶意有重大过失一点，应由债务人负举证责任。

善意、恶意以取得票据时主观状态为准。受让人在取得票据时为善意即可行使票据权利，以后是否得知让与人无处分权，在所不问。

还有一种情况,如甲的票据被乙偷去,乙将之转让给丙,丙为善意取得人。丙又将之转让给丁。丁知道票据是甲失窃的,或知道乙是无处分权人。这时由于丙已取得票据权利,是正当权利人,有处分权,丁仍能取得票据权利。

这个善意取得的问题,在办理票据公示催告时很重要。在公示催告程序中,公示催告后,如有人申报权利,就要调查申报人能不能取得票据权利。

(4)恶意抗辩问题。《票据法》上还有一个恶意抗辩问题,这是与善意取得不同的一个问题。

《票据法》上有一种制度,即限制抗辩的规定。票据权利人向债务人行使权利(如请求付款)时,债务人可以对债权人提出种种抗辩,但有两种抗辩不能提出:一为债务人对出票人基于人的关系的抗辩;一为债务人对持票人(债权人)的前手基于人的关系的抗辩,这是为了保护持票人利益、促进票据流通而规定的。但《票据法》又规定,如债权人(持票人)是恶意时,不能得到保护,即债务人仍可以提出上述两种抗辩。此时,债务人提出的抗辩称为"债权人(持票人)恶意的抗辩",简称为"恶意的抗辩"。

关于这一点,《日内瓦统一汇票本票法》第 17 条的规定是:"汇票上的债务人不得以其与发票人或与以前持票人之间基于人的关系的抗辩对抗持票人,但持票人在取得汇票时明知对债务人有损害而取得时除外。"(本票支票也可适用)。《票据法》第 13 条第 1 款的规定是:"票据债务人不得以自己与出票人或者与持票人的前手之间的抗辩事由对抗持票人。但是持票人明知存在抗辩事由而取得票据的除外。"以上条文的但书所规定的就是"恶意抗辩"。

这里的恶意抗辩与前面讲的恶意取得票据不是一回事。二者的区别有:①恶意取得只适用于从无处分权人手中以转让方式受让票据的债权人。恶意抗辩中的债权人无此限制。②恶意取得票据的人根本不得享有票据权利,当然也就不能行使权利。恶意抗辩中的债权人只是受到抗辩,其权利的行使受到阻碍。这里的所谓"恶意"是债权人明知债务人与发票人间、债务人与持票人的前手间有抗辩事由,也就是债权人明知他行使权利对债务人有损害。

恶意抗辩的意义是,持票人(债权人)如在取得票据时明知对债务人有损害而仍取得票据,当他向债务人行使权利时,债务人就不受《票据法》上限制抗辩的规定之限制,仍得主张他与发票人间、或他与持票人的前手之间的抗辩事由,而拒绝持票人的请求(付款请求权)。

如甲买了乙的货物,发本票给乙以支付价金,以后买卖合同解除。乙知道如持本票向甲请求付款,甲有权拒付(即甲可以行使原因关系不存在的抗辩)。

乙遂与丙串通,将本票背书转让给丙,丙明知甲对乙有此抗辩,仍从乙取得本票,持此向甲请求付款。此时,甲得对丙提出恶意抗辩而拒绝付款。(如丙不知,即为善意,甲不得以其与持票人丙之前手乙的抗辩事由对丙提出抗辩。)不过这时必须由甲举证。

又如甲向乙出售货物,为收取货款,以乙为付款人发出汇票交与受款人丙。汇票经乙承兑。此时乙作为承兑人即有付款人义务。实际上甲乙间的买卖合同是无效合同。如丙持汇票请求乙付款,乙不得以他与甲(发票人)之间的抗辩事由向丙提出。但如丙在取得汇票时就知道甲乙间的买卖合同无效,丙取得汇票就是意在损害甲,甲就可以以甲乙间的买卖无效作为对丙的抗辩,这时也必须由甲举证。

(5)付款人的恶意问题。票据付款人在持票人持票请求付款时,负有一定的审查义务。

我国《票据法》第 57 条规定:“付款人及其代理付款人付款时,应当审查汇票背书的连续,并审查提示付款人的合法身份证明或者有效证件。付款人及其代理付款人以恶意或者有重大过失付款的,应当自行承担责任。”这里说的恶意是指付款人明知提示付款人非合法权利人、或者明知票据有瑕疵、不应付款而仍付款。有重大过失是说付款人不尽审查注意义务而付款。这一规定也适用于本票和支票。

付款人有恶意或重大过失而付款,其付款行为不发生应有的效力,即付款人不能免责。

例如付款人明知持票人提示的票据具有《票据法》第 6 条、第 8 条、第 9 条、第 12 条等条中的情形,或者票据业经挂失,或者票据有第 22 条第 2 款、第 75 条第 2 款、第 84 条第 2 款[①]的情形而仍付款的,均为恶意付款。对上述情形虽非明知,而不加审查,或者对其他事项不加审查而付款的,为有重大过失。

对付款人的恶意或重大过失,应由主张付款行为无效、付款人不能免责的人负举证之责。

---

① 《票据法》第 75 条第 2 款、第 84 条第 2 款,根据 2004 年 8 月 28 日《全国人民代表大会常务委员会关于修改〈中华人民共和国票据法〉的决定》修改,原为第 76 条第 2 款、第 85 条第 2 款。——编者注

票据法理论与实践中的两个问题

姜建初*

我主要从《票据法》和我国的票据实践来探讨两个问题。第一个问题讲中国票据的现状和定位；第二个问题讲票据在中国的发展和完善。我想就这两个问题阐述一下自己的认识，就我自己的理解与大家一起探讨。

第一个问题，中国票据的现状和定位。

我国大陆的《票据法》除了语句上以外，大体上和国外立法例以及我国台湾地区与票据有关的规定相差并不大，尤其是在一些具体的、细微的方面。我认为我国大陆的《票据法》参考了外国立法例和我国台湾地区的相关规定。

我国的票据立法创造了期后背书制度。所谓期后背书，指的就是在一定的日期之后进行的背书。关于一定的日期，两大法系中规定的不一样。我国主要规定为付款日和承兑日，在这两个日期之后进行的，拒绝承兑之后和拒绝付款之后再进行的背书，叫作期后背书。

大陆法系期后背书是无效背书，被背书人不得取得票据权。只要能证明这个日期系期后背书，这个背书就无效，其引起的法律后果适用民法普通的债权债务关系而不是票据的债权债务关系。无效的背书，不得取得票据权利，并不是作为丧失任何权利的一种证明。不得享有票据权利并不是说没有任何权利，而是可能形成民事上的债权债务关系。对于英、美、法来讲，尤其是《英国票据法》，期后背书和期前背书一样，如果没有瑕疵，正当持票人取得完全的票据权。两大法系对此规定截然相反。

我国法律规定不得进行期后背书，进行期后背书以后，背书人仍然应当承担票据责任。进行了期后背书以后，背书人不是直接相对人。期后背书的背书人对被背书人，严格来讲还要加上"及其后手"。没有说期后背书不能再背书，

* 作者系最高人民检察院原副检察长、二级大检察官，全国政协委员，郑州大学教授，著名商法学家。1993 年在《法学研究》发表《我国票据立法体例探讨》，1994 年著述《票据原理与票据法比较》。

期后背书的背书人对被背书人仍然要承担票据责任。也就是说,期后背书以后的被背书人还能够再进行背书,但是他们之间仍然是有效的票据关系,都享有票据权利和承担票据责任。但是期后背书的被背书人及其后手,对期后背书的背书人的前手没有票据权利。如此一来,既贯彻了票据关系,也独立于其他关系,这比让它完全无效要好一些。因为票据责任要大于、更加有保障于一般民事的债权债务,所以仍然具有部分的票据权利、票据责任会有更多的保障。

我国的现代票据制度历史不长,从我们结束计划经济直到现在,从最早的中国人民银行颁布的票据条例一直到现在,票据大部分是在银行之间流通,即使是商业票据也都要经过银行。这样一来,中国人民银行颁布的有关票据的部门规章《支付结算办法》实际上体现了票据的使用和流通主要处于中国人民银行和各商业银行的主导之下。票据在我国的实践中,从法律意义和制度意义上讲,只是一种结算支付用的工具。

票据最早仅仅是作为一个汇兑工具,在外汇实践中为避免货币兑换的风险而产生的。随着社会的发展,票据变成了支付工具。作为支付工具的票据在商人之间流转,一个时期一结算,这个时候票据就成了结算工具。把以上两步结合起来就是支付结算。为什么把票据在银行内部文件里叫作支付结算工具,这是和《票据法》的规定以及各大银行之间有一个有关违纪违规的规定是紧密相连的,票据的开出和承兑必须有真实的交易关系。《最高人民法院关于审理票据纠纷案件若干问题的规定》中完善了这一条,审理票据纠纷案件的时候真实的交易关系限于直接当事人,现在在各大银行之间票据运作,仍然是要求有真实的交易关系,而真实的交易关系用什么来证明呢?必须要有一个交易合同,有的时候还需要税票等去证明你有这份关系,才给承兑、贴现等。

现在票据纠纷比较多,银行承兑票据的一个最大的关键点就是银行一旦承兑,就把出票人的商业信用变成了银行信用。承兑是绝对责任,银行一旦承兑之后,承兑人就是第一责任人。银行办理承兑汇票的时候,不一定打足承兑保证金,不是说我给你开出了100万元的票据你必须给我100万元的保证金,有时候30%,最多70%,100万元是不是还有30万元的融资作用呢?其实可以把它当作一个融资的工具。

我们国家经济曾经一度比较过热,民间的借贷十分盛行,利率也很高。融资对我国的企业来讲是非常重要的一方面。因此,企业往往是把票据作为一种融资工具,而银行往往把票据作为一种金融工具,在这种情况下,仅仅作为支付结算工具的票据跟使用票据融资的实践就有了一个非常大的差距。

《票据法》执行中，银行要求票据必须要有真实的交易关系，由此出现了造假、糊弄等情形。票据发展到一定的时候会转变为信用工具，只有到了信用工具这一阶段，越过信用工具再往上发展才有融资工具和金融工具的作用，这只是作为一种信用，而融资和金融工具的作用必须要变形和受到限制。实际操作中，我国《票据法》明确规定，所有能够进入市场的票据，都必须要用中国人民银行统一印制的票据用纸。

除此之外，我国《票据法》当中有一些比较特殊的分类，如我国《票据法》中法定的票据分类，其中很重要的一个就是银行汇票和商业汇票的分类。商业汇票也必须用中国人民银行统一印制的票据用纸。为什么会有这样的限制？这和研究民商法和经济法中所说的"诚信"是分不开的。为什么我国的票据规定的是支付结算工具，到了实践中就变成了融资工具和金融工具呢？因为我们现在缺少的就是信用。

信用工具不仅是银行的信用还是全社会的商业信用，票据做不到这一点就不能正常地发展。我们还要想一想，《票据法》应该怎么样在票据实践中去发展。对个人来讲，票据是一种信用工具，对于社会来讲票据等于节约了现金。这种东西是不是也是一种货币呢？其实它和一般货币不一样，它叫作国家信用担保的货币。票据流通起来虽然没有国家的货币这么大，但是，商业圈里互相都有这种信用的话，其只需要有很小的现金量就可以结算，因此才有一句名言，"商品经济是船，票据是水"，反过来商品经济应该更大，但是现在人讲，商业交易是船，票据是水，商业交易应该在票据的水里漂起来驶向彼岸。

票据作为信用工具，要求发行票据的人和背书转让票据的人，都必须要有诚信，需要双方尽最大的努力，保证这个票据不被落空。只有这样，大家才会接受这个票据；当使用票据的人越来越多，也会向前推动经济。票据是判定一个社会诚信程度的工具，它不但是商人自己的信用工具，也是判定社会有没有信用的工具。所以，在《票据法》中才出现了这么多的规则，《票据法》不是某一个法学家的创作，而是商人及其商人实践智慧的结晶。

《票据法》实践性强于它的理论性。其中最矛盾的一个问题就是空白票据。到现在为止也没有权威的理论能够说圆它。因为《票据法》原来规定，票据在出票的时候都必须记载完全绝对记载事项，如果不记载完全，票据无效。但是商人们做买卖的时候，好多的事项记不上来，好多交易关系不一定记得上来。于是商人们为了钻空子就发明了空白票据。出票的时候绝对应记载事项可以空白，那么《票据法》上记载的事项如果不记载完毕，出票应视为无效，但是到现在为止,为什么不承认空白票据的国家已经几乎没有了?因为空白票据给了商人们更大的便利,使票据的流通更加多了起来,为什么一定要强调在出票的时候就应该是完整的呢?因为在兑付的时候完整就有效,所以到现在为止谁也不能把空白票据理论自圆其说。这样一种实践,使空白票据给保障票据的信用起到了很大的技术推动。所以,《票据法》最核心的一点就是一定要保证票据是一种信用工具,仅仅是支付结算还远远不够。电子签章一打就结算,就不需要票据了,但是即使有电子结算,如果我们现在没有钱做买卖,票据仍然可以作为一种信用工具,但电子票据却起不到信用工具的作用。我没有钱,但是票据一经背书,以背书形式表现保证,就能够融到资,到银行贴现,这就叫作融资。假如我一分钱都没有,只要我有信用,有背书,将其拿到银行就等于现金了。融资也是要建立在信用基础上的,票据到位的话,应该从信用工具做起逐渐地发展,而现在的问题是越位,票据直接成了金融工具和融资工具。

第二个问题,票据在中国的发展和完善。

让票据到位,发展中国票据最基础的不仅把它作为结算支付工具,还应该把它作为一个信用工具,要让它作为信用工具就必须放开其相关规定。票据用纸可以统一使用,因为我国利用票据的技术商人们都不太熟悉,但是不要限定主体,或者最起码要扩大使用票据的主体,尤其应该让商业承兑汇票甚至是本票更多的出现,我们国家的票据实践才能有更多的发展,也能避免出现更多的所谓民间资金的乱集资等问题。因为票据作为一种金融工具有严密的法律规则,比民间集资、地下资金的往来、利用合同等要更好。所以票据是一种商业上的工具,而商业发展到高级阶段必须要以信用为基础,没有信用为基础,现今许多经济的工具是不可能产生出来的,期货、股票、债券的市场,乃至我们进一步要发展的外汇等市场,都是在信用工具的基础上逐步“高级化”了,但是再高级化,它也有其基本的原理。从《票据法》怎么维护信用工具这一点上讲,历史上大体有两个转变:第一个转变是从法国的旧票据主体向德国的新票据主体转变,这是《票据法》的一大发展阶段。第二个转变的规则是为了让票据成为信用工具而集聚起来的,如最大诚信原则。最大诚信原则表现在严格的要式证券。此处的严格有两种含义,不是像要式合同那样仅仅是在形式上的严格。票据上的要式必须是按照法律的规定,规定这些记载事项的原理是《票据法》当中最核心的原理。严格要式证券中有两个要式:第一,必须要严格按照法律规定的形式做成,如果不这样,它就可能无效或者效力就会有瑕疵。比如,绝对记载事项、相对记载事项、不得记载事项、任意记载事项等,这些都反映了严格要式的道理。第二,票据的法律关系都应严格按照票据上的记载来予以解释。例如,一个票据有五个当事人,这个例外是最直接当事人和明知人例外,对不知情人来讲,票据上写的即使都是错的,都是与事实不相符的,但是法律的认定也应该认定为票据上记载的是真实的。票据作为一种流通工具或是一种信用工具,从个人之间的信用理解,这是一个信用。如果再传出去,超出两个直接做买卖的人,它再给别人做买卖,这一串人之间,这个信用就不能仅仅是原来两个人之间的信用了,就必须形成一种公共性的信用。这就是最大诚信。同时,票据的解释一般来讲都倾向于有效解释。就是能让它有效的尽量让它有效。因为这张票据如果转手十次,牵扯到的不是一笔买卖而是十笔买卖,牵扯到的不是一个人而是十个人,其也具有公共性。这就是为了保证公共流通和商人的信用和流通尽量让它有效,一个票据无效而导致十个买卖都无效,这样的损失非常大,商业交易的次序也会变得混乱。正是基于这些原因,《票据法》采用最大诚信原则书写了各项的规则来保证票据的信用,以票据的信用去保证票据的流通,让它起到货币工具的作用。

现在流行的论点,认为票据似乎已经没有多大的存在余地了,一方面是因为各类各样银行卡的盛行。票据有一个作用是代替现金流通,各种各样的银行卡也可以消费、取款甚至透支,因为有信用,不用带支票本,带各种各样的卡就可以了。但是这能不能代替票据呢?我国票据后面的格子,填的大小写的格子最多可以填写到9000多万元,差1分钱是1亿元。但是一般来讲,银行卡、借记卡、信用卡,支付金额到100万元以上的不多,消费、储蓄的多一些,但是作为真正的融资工具和信用工具起不到作用。

另一方面是因为电子票据的出现。电子票据也是票据,只是把纸质的票据改变为电子票据的形式,并没有消灭纸质票据。因此,应该说到现在为止还看不到纸质票据消亡的兆头,可能有一些功能被削弱,尤其是像汇兑、结算,这些可能用纸质票据就不方便了。毕竟是一张纸,容易毁坏,容易被伪造,不如用电子票据、用卡,到那里去取就行了。作为信用工具、融资工具和金融工具来讲,确实票据有不可替代性,最大的不可替代性就在于,它是商人自己发行的货币。只要有信用,就可以发行货币,而这种发行的工具就是票据。别的都难以代替这一点。

总之,《票据法》比较精细,它创造起来就比较难,我国《票据法》虽然有不到位的地方,但是也有好的地方,也有创造。票据发展的问题,最大的也是最核心的,仍然是一个信用工具的问题。什么时候我们能够真正把票据、《票据法》

的制定、《票据法》的审判实践，都能够作为一个信用工具来认识，加以规定、完善和发展，那个时候我国的票据、我国的《票据法》才算是真正的完善。再严密、再传统的法律都要有所发展，法律要不断完善。我们要有信心，不仅是学习外国的法律，还要创造我们自己的法律，创造在世界法律当中我们所能够奉献的精华。

《最高人民法院关于审理票据纠纷案件若干问题的规定》就是个不错的创造，经过20多年司法实践检验，证明其是高质量的解释，而且《民法典》施行之后，该解释又根据《民法典》进行了修正。为充分发挥《最高人民法院关于审理票据纠纷案件若干问题的规定》在推动《票据法》实施、促进法律统一适用方面的作用，为帮助法官、检察官、律师、仲裁员、公证员、公务员以及有关法律职业群体和广大人民群众准确理解司法解释的修改背景和基本精神，准确把握其主旨和适用要点，该解释起草小组负责人、国家法官学院教授、武汉大学特聘教授、博士生导师曹守晔（又称曹票据），率领票据审判专家和理论专家共同编写了本书。本书编写着重全面与重点相兼顾，权威与便利相兼顾，历史与现实相结合，理论与实践相结合。在内容方面，本书将《最高人民法院关于审理票据纠纷案件若干问题的规定》本次修改的条文分为两类处理：一类是适应性修改的条文，只作简要的修改说明；另一类是实质性修改的条文，按照修改内容、修改说明、理解与适用等板块，进行了详细阐述。最后配以修改条文的对照表，具有权威性、实用性和便利性的特点。我相信，本书的出版一定会有助于读者准确理解《最高人民法院关于审理票据纠纷案件若干问题的规定》，从而促进法律适用的统一。

缩略语表

（中国法律，如非对比外国法律，原则上不加“中华人民共和国”）

序号	简　　称	全　　称
一、法　　律		
1	《民法典》	《中华人民共和国民法典》(2020年5月28日第十三届全国人民代表大会第三次会议通过)
2	《民法通则》	《中华人民共和国民法通则》(已被《民法典》废止)
3	《民法总则》	《中华人民共和国民法总则》(已被《民法典》废止)
4	《担保法》	《中华人民共和国担保法》(已被《民法典》废止)
5	《合同法》	《中华人民共和国合同法》(已被《民法典》废止)
6	《物权法》	《中华人民共和国物权法》(已被《民法典》废止)
7	《票据法》	《中华人民共和国票据法》(2004年8月28日第十届全国人民代表大会常务委员会第十一次会议修正)
8	《城市房地产管理法》	《中华人民共和国城市房地产管理法》(2019年8月26日第十三届全国人民代表大会常务委员会第十二次会议第三次修正)
9	《土地管理法》	《中华人民共和国土地管理法》(2019年8月26日第十三届全国人民代表大会常务委员会第十二次会议第三次修正)
10	《民事诉讼法》	《中华人民共和国民事诉讼法》(2021年12月24日第十三届全国人民代表大会常务委员会第三十二次会议第四次修正)
11	《公司法》	《中华人民共和国公司法》(2018年10月26日第十三届全国人民代表大会常务委员会第六次会议第四次修正)
12	《婚姻法》	《中华人民共和国婚姻法》(已被《民法典》废止)
13	《企业破产法》	《中华人民共和国企业破产法》(2006年8月27日第十届全国人民代表大会常务委员会第二十三次会议通过)
14	《城市居民委员会组织法》	《中华人民共和国城市居民委员会组织法》(2018年12月29日第十三届全国人民代表大会常务委员会第七次会议修正)

续表

序号	简　　称	全　　称
15	《村民委员会组织法》	《中华人民共和国村民委员会组织法》(2018 年 12 月 29 日第十三届全国人民代表大会常务委员会第七次会议修正)
16	《农民专业合作社法》	《中华人民共和国农民专业合作社法》(2017 年 12 月 27 日第十二届全国人民代表大会常务委员会第三十一次会议修订)
17	《民办教育促进法》	《中华人民共和国民办教育促进法》(2018 年 12 月 29 日第十三届全国人民代表大会常务委员会第七次会议第三次修正)
18	《企业国有资产法》	《中华人民共和国企业国有资产法》(2008 年 10 月 28 日第十一届全国人民代表大会常务委员会第五次会议通过)
19	《拍卖法》	《中华人民共和国拍卖法》(2015 年 4 月 24 日第十二届全国人民代表大会常务委员会第十四次会议第二次修正)
二、司法解释及文件		
1	《票据法规定》(2020)	《最高人民法院关于审理票据纠纷案件若干问题的规定》(根据法释〔2020〕18 号修正)
2	《民法总则诉讼时效解释》	《最高人民法院关于适用〈中华人民共和国民法总则〉诉讼时效制度若干问题的解释》(法释〔2018〕12 号,已被法释〔2020〕16 号废止)
3	《民法典时间效力规定》	《最高人民法院关于适用〈中华人民共和国民法典〉时间效力的若干规定》(法释〔2020〕15 号)
4	《民法典物权编解释(一)》	《最高人民法院关于适用〈中华人民共和国民法典〉物权编的解释(一)》(法释〔2020〕24 号)
5	《涉外民事法律适用解释(一)》	《最高人民法院关于适用〈中华人民共和国涉外民事关系法律适用法〉若干问题的解释(一)》(法释〔2012〕24 号,根据法释〔2020〕18 号修正)
6	《独立保函规定》	《最高人民法院关于审理独立保函纠纷案件若干问题的规定》(根据法释〔2020〕18 号修正)
7	《担保法解释》	《最高人民法院关于适用〈中华人民共和国担保法〉若干问题的解释》(已被法释〔2020〕16 号废止)
8	《民法典担保制度解释》	《最高人民法院关于适用〈中华人民共和国民法典〉有关担保制度的解释》(法释〔2020〕28 号)
9	《民间借贷规定》	《最高人民法院关于审理民间借贷案件适用法律若干问题的规定》(根据法释〔2020〕17 号修正)
10	《民事诉讼法解释》	《最高人民法院关于适用〈中华人民共和国民事诉讼法〉的解释》(根据法释〔2022〕11 号修正)

续表

序号	简　　称	全　　称
11	《合同法解释（二）》	《最高人民法院关于适用〈中华人民共和国合同法〉若干问题的解释（二）》（法释〔2009〕5号，已被法释〔2020〕16号废止）
12	《买卖合同解释》	《最高人民法院关于审理买卖合同纠纷案件适用法律问题的解释》（根据法释〔2020〕17号修正）
13	《融资租赁解释》	《最高人民法院关于审理融资租赁合同纠纷案件适用法律问题的解释》（根据法释〔2020〕17号修正）
14	《城镇房屋租赁合同解释》	《最高人民法院关于审理城镇房屋租赁合同纠纷案件具体应用法律若干问题的解释》（根据法释〔2020〕17号修正）
15	《公司法解释（三）》	《最高人民法院关于适用〈中华人民共和国公司法〉若干问题的规定（三）》（根据法释〔2020〕18号修正）
16	《民事诉讼证据规定》	《最高人民法院关于民事诉讼证据的若干规定》（法释〔2019〕19号）
17	《票据法规定》（2000）	《最高人民法院关于审理票据纠纷案件若干问题的规定》（法释〔2000〕32号）
18	《九民会议纪要》	《全国法院民商事审判工作会议纪要》（法〔2019〕254号）
19	《民法典总则编解释》	《最高人民法院关于适用〈中华人民共和国民法典〉总则编若干问题的解释》（法释〔2022〕6号）

目录

绪　论

票据制度是以市场经济为基础、为商事活动商品经济和国际贸易服务的民商事法律制度。经过自1984年起实行社会主义有计划的商品经济10年过渡期，继1994年中国决定实行社会主义市场经济之后，作为调整市场经济关系的民商事法律的立法工作得到进一步加强，作为民商事法律体系中典型的商事法律的《票据法》于1995年颁布，自1996年1月1日起施行。《票据法》是市场经济金融领域十分重要的一部法律，与《保险法》、《信托法》和《证券法》一起，构成我国金融法律体系的四大金刚。最高人民法院针对《票据法》在立法过程中遗留和司法应用中出现的法律适用问题，于1995年启动司法解释起草工作（以最高人民法院发布关于学习贯彻《票据法》《担保法》的通知为标志）。经过深入调查研究和多次推演论证，在认真总结票据纠纷案件审判实践经验、参考《英国票据法》《美国统一商法典》《日本票据法》《澳洲票据法》等外国票据立法例[①]以及我国台湾地区"票据法"和判例以及"联合国国际汇票和国际本票公约"、《日内瓦统一汇票本票法公约》《日内瓦统一支票法公约》等基础上，最高人民法院根据《票据法》原理和我国《票据法》《民事诉讼法》等法律，于2000年颁布了《票据法规定》(2000)。全文共10个专题，76个条文。该规定得到立法机关的认可、金融监管机构的欢迎和以中国社科院法学研究所终身研究员、著名票据法专家谢怀栻先生、中国人民大学名誉一级教授、著名民法专家赵中孚，清华大学教授、著名商法专家王保树和时任北京大学法学院票据法主讲教师王小能副教授等法学家为代表的民商法学界的高度赞扬、司法实务的广泛应用，发挥了切实实施《票据法》、规范票据司法行为、维护票据市场秩序、统一法律适用的积极作用。

《票据法规定》(2000)并不是与《民法典》制度直接相关的司法解释，而是针对《票据法》具体司法应用中人民法院审理票据纠纷案件如何统一适用《票据法》而作出的商事法律性质的司法解释。之所以没有称为票据法"解释"而称为审理

① 在外国法制史上，著名民法学家萨维尼在担任德国立法部长时，在立法计划包含众多法律的情形下，完成计划的主要是票据法、婚姻诉讼条例和刑法。其他或推迟，或取消，足见萨翁对票据法之重视。

票据纠纷案件的“规定”,是因为其法律依据除了《票据法》——这当然是主要的——还有程序上涉及管辖和公示催告的《民事诉讼法》。换言之,它既是对《票据法》的实体解释,也是对《民事诉讼法》相关的程序解释,《票据法规定》(2000)意味着对人民法院审理票据纠纷案件的程序规范和实体指引,从票据纠纷案件审理需要出发,集中解决审理票据纠纷案件的法律适用问题。

《票据法》调整的是票据上的债权债务关系,是民法的特别法。[①]《票据法》与《民法典》是特别法与普通法的关系,《民法典》规定的权利担保(如汇票、本票、支票等票据担保)与《票据法》规定的票据权利担保(如汇票质押背书担保)是一般与特殊的关系。《票据法》第18条则十分清晰地区分了票据权利与民事权利。

一、《票据法规定》(2020)与《民法典》

《民法典》颁布后最高人民法院开启的司法解释清理工作,提供了对《票据法规定》(2000)修改的契机。

《民法典》于2020年5月28日颁布后,为切实实施《民法典》,最高人民法院迅速成立《民法典》贯彻实施工作领导小组(前身为《民法典》编纂研究工作领导小组),立即着手清理相关司法解释,根据《民法典》及相关法律相应修改司法解释援引法律名称和条文序号、删除个别条文和表述、增加或调整有关规定内容。对民商事类109件(其中商事类29件)司法解释进行了修改,发布《最高人民法院关于修改〈最高人民法院关于破产企业国有划拨土地使用权应否列入破产财产等问题的批复〉等二十九件商事类司法解释的决定》(法释〔2020〕18号,以下简称《修改二十九件商事类司法解释的决定》),[②]其中第十是对《票据法规定》(2000)的修改,最高人民法院据此修改为《票据法规定》(2020)[③]。2020年12月30日,最高人民法院完成切实实施民法典司法解释全面清理和首批民法典司法解释制定工作。

老子曰:言有宗,事有君。与原解释相比,在《民法典》施行背景下《票据法规定》(2020)维持原解释的基本框架、基本体例、基本内容、基本观点不变,条文数量由76条变更为75条。修改主要分为两个方面:一是技术性修改,譬如修改引用条文、条文顺序等。二是实质性修改,即内容上的增删,增加主要是根据新的法律(《民法典》以及2017年《民事诉讼法》)、新的司法解释(譬如2015年《民事诉讼

---

① 参见谢怀栻:《票据法概论》,法律出版社1990年版,第31页。

② 已于2020年12月23日由最高人民法院审判委员会第1823次会议通过,自2021年1月1日起施行。

③ 《最高人民法院关于审理票据纠纷案件若干问题的规定》(根据法释〔2020〕18号修正),《票据法规定》属于商事类司法解释。

法解释》)，删除的只有涉及非票据权利纠纷民事诉讼管辖权一条:“因非票据权利纠纷提起的诉讼，依法由被告住所地人民法院管辖。”

《民法典》自2021年1月1日起生效，与票据担保有关的《担保法》及其司法解释和《物权法》同时被废止。原《担保法》司法解释已经被新的解释所取代。《民法典担保制度解释》(法释〔2020〕28号)第58条以背书记载“质押”作为票据质权设立的要件，应当理解为《票据法》上的票据质押，其对民法上的票据质押并未作出解释。实际上也无需司法解释。鉴于《民法典》第224条、第388条、第440~442条等关于设立票据质权的规定与《票据法》第35条关于票据质权的规定存在一定的差异，债权人在接受票据质押时应严格按照《票据法》的相关规定，以设质背书的方式取得票据质权，质权实现方式更方便，也更有保障。长期以来，关于票据质押的适用法律到底是《民法通则》《物权法》《担保法》及其解释，还是《票据法》以及《票据法规定》，票据质押的成立要件、对票据质权抗辩等问题，认识不同，解释有别，适用不统一。区分民法上的票据质押与《票据法》上票据质押，是形成共识、统合适用法律的关键。

法律适用冲突问题。《票据法规定》是最高人民法院针对各级人民法院审理票据纠纷案件中应用《票据法》的问题，根据《票据法》和《民事诉讼法》等法律的规定作出的司法解释。因此，凡是当事人的诉讼请求是票据权利、非票据权利，根据最高人民法院《民事案件案由规定》属于票据纠纷的，都应当依照《票据法》以及《票据法规定》审理；涉及票据质押的，首先适用《票据法》、票据法规规章以及《票据法规定》审理；不构成票据质押或者《票据法》、票据法规规章以及《票据法规定》没有规定的，适用《民法典》“物权编”“合同编”等相关规定。

票据质押的成立要件问题。《民法典》“物权编”和《票据法》均对票据质押作出了规定，《民法典》“物权编”规定的票据质权设立的是质押合同有效、票据有效、交付票据三要件，票据凭证交付质权设立；《票据法》规定的票据质权设立的是票据有效、合法的质押背书和有效签章、交付票据四要件。后者适用于票据纠纷案件审理中的票据质押担保问题，前者适用于不构成《票据法》上的票据质押，譬如缺乏“质押”背书或者背书无效的，但构成民法上的质押问题。《票据法规定》第55条当作此解。我国台湾地区“民法”第901条规定，权利质权，准用民法动产质权的规定。第908条对于以证券设定质权的作出特别规定，质权以无记名证券为标的物者，因交付其证券于质权人，而生设定质权之效力。以其他有价证券为标的物者，并应依背书方法为之。[①] 这里的“其他有价证券”包含票据。《德国民

① 参见钟兆民:《票据法论》，正中书局1986年版，第30页。

法典》第1292条规定,为了对票据或其他以背书转让的证券设定质权,经债权人和质权人协议并移交有背书的证券,即可。至于如何背书、背书的效力,则由其《票据法》加以规范。票据上记载“质押”字样是我国《票据法》对票据质权背书的要求,既是构成《票据法》上的票据质押的要件,也是票据质权人对抗票据所有权人、第三人的要件。与纸质票据的交付意义相同,没有纸质权利凭证的电子商业汇票在中国人民银行规定的电子票据系统的质押登记是电子商业汇票票据质权设立的要件。

《票据法》所规范的票据行为因其具有无因性、独立性、文义性、要式性等而成为一种特殊的民事法律行为,一般的民事法律行为由《民法典》所规范。由此可见《票据法》为《民法典》之特别法,特别追求票据流通和交易安全的理念。质权之设立,规定于《民法典》,受民法调整,票据质押背书作为非转让背书之一种规定于《票据法》,首先受《票据法》调整,质押合同关系、权利质权关系则受《民法典》调整。因此,即使没有在票据上背书记载“质押”或“设定质权”字样,有民事质押合同可证明其合法取得并交付票据,仍生民法上设定权利质权之效力。①

票据质权抗辩等问题。对《票据法》上记载“质押”字样的票据质押的质权人为实现质权而行使票据权利,票据付款人等债务人不得以票据质押合同无效为由抗辩,但与质权人存在直接基础关系的出质人根据《票据法规定》(2020)可以抗辩。对票据上没有记载“质押”字样、根据票据质押合同构成民法上质押取得票据的质权人,依照《民法典》的规定,票据基础关系即质押合同的不成立、无效、不履行等影响质权人实现质权,票据付款人等债务人有权抗辩,即票据债务人可以向票据质权人主张由出质人享有的基于基础债权债务关系的抗辩。

二、《票据法规定》(2020)与《民事诉讼法》

《票据法规定》(2020)修正之前,鉴于2007年10月28日全国人大常委会对《民事诉讼法》的修改,最高人民法院决定根据《民事诉讼法》修正版本对司法解释中涉及的《民事诉讼法》的81个相关条文序号予以相应调整,其中《票据法规定》(2000)第33条援引的《民事诉讼法》第194条和第34条援引的第195条分别修改为第196条和第197条,仅此而已,没有任何文字变化。

《票据法规定》(2020)对原解释的修改,共涉及16条。从与《民法典》的关联

---

① 参见曾世雄等:《票据法论》,中国人民大学出版社2002年版,第97页。但作者提出此种情况“对设质当事人以外之第三人言,所发生者乃票据法上背书之效力”的观点,只限于在实际效果的意义上有一些道理,但仍然不等于票据法意义上的“背书”。我国台湾地区“票据法”没有规定设质背书,因此只能适用其“民法”。

度方面看,有直接关联的2条,间接关联的2条,没有关联的12条。没有关联的,因为《票据法规定》(2000)发布之后,《民事诉讼法》先后修改4次、[①]《票据法》2004年修改一次,修改之后该两部法律条文顺序均作了调整,导致原引其法条的《票据法规定》也需要相应调整;也有与法律修改没有关系的,譬如《修改二十九件商事类司法解释的决定》第十个专题"修改《最高人民法院关于审理票据纠纷案件若干问题的规定》"所作出的如下三点修改。

(1)《修改二十九件商事类司法解释的决定》第十个专题修改1,关于票据纠纷的管辖,以"《民事诉讼法》第25条已有规定"[②]为由修改《票据法规定》第6条(删除"票据权利纠纷"中的"权利"一词),将原第6条修改为:"因票据纠纷提起的诉讼,依法由票据支付地或者被告住所地人民法院管辖。票据支付地是指票据上载明的付款地,票据上未载明付款地的,汇票付款人或者代理付款人的营业场所、住所或者经常居住地,本票出票人的营业场所,支票付款人或者代理付款人的营业场所所在地为票据付款地。代理付款人即付款人的委托代理人,是指根据付款人的委托代为支付票据金额的银行、信用合作社等金融机构。"

(2)《修改二十九件商事类司法解释的决定》第十个专题修改2,删除原第7条关于非票据权利纠纷案件由被告住所地人民法院管辖的解释。这两点修改将票据权利纠纷的管辖和非票据权利纠纷的管辖合并为一条,统一按原第6条票据权利纠纷案件的管辖处理:无论是票据权利纠纷案件还是非票据权利纠纷案件,管辖法院均为票据支付地或者被告住所地人民法院。

票据权利,是指持票人向票据债务人请求支付票据金额的权利。与之相对应的非票据权利,是指基于《票据法》的规定而产生的与票据、票据行为相牵连的

---

① 4次修正分别是2007年、2012年、2017年和2021年,《票据法规定》(2020)援引的是2017年6月27日第三次修正的《民事诉讼法》。2007年《民事诉讼法》修改后,最高人民法院据此于2008年调整司法解释引用其条文序号,根据法释〔2008〕18号决定第62~63条,《票据法规定》(2000)第33条、第34条援引的《民事诉讼法》条文分别调整为第196条、第197条。

② 其理论基础在于法律关系说,即票据关系赖以建立的原因关系譬如合同关系,《民事诉讼法》(2017)已有专门管辖规定,删除可解决司法解释与《民事诉讼法》第25条规定不一致的问题。司法解释清理执笔人如此认识的源头虽然不无道理,但似乎将票据的原因关系与非票据权利混为一谈了。《票据法规定》(2000)第6条和第7条的理论基础在于请求权基础说,实践基础在于区分票据权利纠纷与非票据权利纠纷——最高人民法院颁布的《民事案件案由规定》也是如此区分的,票据返还、利益返还请求权纠纷等非票据权利纠纷并不等于原因关系纠纷,譬如合同纠纷。其实,《票据法规定》(2000)制定时的《民事诉讼法》(1991)第27条就有规定,而且一字不差,只是条文顺序不同而已,并非到了2020年才有规定。《民事诉讼法解释》是对《民事诉讼法》的专门解释,其第455条对"票据纠纷"的解释与《票据法规定》(2000)第6条和第7条完全一致。

权利。

原第7条解释是在第1条解释了什么是《民事诉讼法》(第27条,1991年)规定的"票据纠纷","票据纠纷"如何分类的基础之上,分类解释如何管辖,而不在于作出与《民事诉讼法》的规定不一致的司法解释,也不在于特殊地域管辖,而是在《民事诉讼法》第25条规定的范围内对管辖地作出缩小解释,初衷和实际效果是简化规则、明确预期、从源头上减少管辖争议,降低诉讼成本,其理论基础在于非票据权利纠纷不是票据付款纠纷,往往没有支付地。其实,将非票据权利纠纷理解成票据原因关系纠纷,完全是一种误解,混淆了不同的法律关系,实际上最高人民法院《民事案件案由规定》已对"非票据权利纠纷"作出了科学界定和清晰分类。实施20多年来对此并无争议。而且,以"《民事诉讼法》(2021年)第25条已有规定"为由删除了第7条以后,产生了新的问题:一是与现行有效的《民事案件案由规定》(法〔2020〕346号)略显龃龉。因为《民事案件案由规定》是按照票据权利纠纷即票据付款请求权纠纷和票据追索权纠纷(票据纠纷案由340~341)与非票据权利纠纷(票据纠纷案由342~350)的逻辑编排的,这样编排与原解释按照《票据法》和票据原理将"票据纠纷"解释为票据权利纠纷和非票据权利纠纷在逻辑上是统一的、一致的。鉴于票据交付请求权纠纷、票据返还请求权纠纷、[①]票据损害责任纠纷、票据利益返还请求权纠纷、汇票回单签发请求权纠纷、票据保证纠纷、确认票据无效纠纷、票据代理纠纷、票据回购纠纷等非票据权利纠纷并不是付款纠纷,不存在支付问题,往往没有支付地,即使有也不必由很可能完全无关的支付地法院管辖。二是与现行《民事诉讼法解释》(自2022年4月10日起施行)第455条不一致了,因为《民事诉讼法解释》与《票据法规定》(2000)第6条和第7条是一致的,删除第7条反而不一致了。解释思路上,原票据司法解释将《民事诉讼法》规定的"票据纠纷"类型化解释为"票据权利纠纷"和"非票据权利纠纷"的基本思路,与《民事诉讼法》中解释"侵权行为地"为"侵权行为发生地"和"侵权行为结果地"的思路是一致的。三是在《票据法规定》(2020)第1条已经对票据纠纷作了类型化解释的情况下,删除第7条的结果是管辖回到法条本身,而与《票据法

---

① 银川利丰物资贸易有限公司与石嘴山瑞恒源商贸有限公司票据返还请求权纠纷案中,法院认为民间票据贴现行为中权利人无须以"背书连续"证明其享有票据权利,也是民法意义上的。载《商事审判指导》2014年第2辑(总第38辑),人民法院出版社2015年版(可登录 www. faxin. cn 查看)当事人以民间贴现为业的,因该行为违反了特许经营的规定,故应认定无效。武汉某公司与深圳某公司购销合同使用银行承兑汇票预付货款案中,原告请求被告退票,被告反诉请求付款,法院最终判决支持原告请求,判决被告返还原告交付的两张银行承兑汇票。该案实际上就是按照票据返还请求权纠纷定性处理的。参见《一起使用银兑汇票预付货款案的法律思考》,载《人民司法》1991年第10期。

规定》第 1 条的照应不够周延。

(3)《修改二十九件商事类司法解释的决定》第十个专题修改 14,将原第 71 条修改为:“票据法第六十三条所称‘其他有关证明’是指:(一)人民法院出具的宣告承兑人、付款人失踪或者死亡的证明、法律文书;(二)公安机关出具的承兑人、付款人逃匿或者下落不明的证明;(三)医院或者有关单位出具的承兑人、付款人死亡的证明;(四)公证机构出具的具有拒绝证明效力的文书。承兑人自己作出并发布的表明其没有支付票款能力的公告,可以认定为拒绝证明。”修改的新意在于根据具体个案中出现的情形增加了“其他有关证明”的一种情形:“承兑人自己作出并发布的表明其没有支付票款能力的公告,可以认定为拒绝证明。”(原第 71 条,现第 70 条)。持票人能够提供承兑人自认没有支付能力公告的,即可依据《票据法》第 62 条之规定行使追索权。这些都是属于与《民法典》无关、与法律修改无关的修改。

三、《票据法规定》(2020)与《民事诉讼法解释》

(1)《修改二十九件商事类司法解释的决定》第十个专题修改 3,将原第 32 条修改为:“公告应当在全国性报纸或者其他媒体上刊登,并于同日公布于人民法院公告栏内。人民法院所在地有证券交易所的,还应当同日在该交易所公布。”为求一致一字不差抄录《民事诉讼法解释》(法释〔2015〕5 号)第 448 条,具有实际意义,同时引用法条因法律修改而顺序相应调整的,对公示催告平台进行了扩大:从单纯的“全国性的报刊上登载”扩大到“在全国性报纸或者其他媒体上刊登,并于同日公布于人民法院公告栏内。人民法院所在地有证券交易所的,还应当同日在该交易所公布”(原第 32 条,现第 31 条)。

(2)《修改二十九件商事类司法解释的决定》第十个专题修改 4,将原第 33 条修改为:“依照《中华人民共和国民事诉讼法》(以下简称民事诉讼法)第二百一十九条的规定,公告期间不得少于六十日,且公示催告期间届满日不得早于票据付款日后十五日。”公告期间不再分国内票据和涉外票据,统一为不得少于 60 日一个标准。一方面,延续了 2017 年 7 月 1 日起施行的《民事诉讼法》第 219 条规定的标准:“人民法院决定受理申请,应当同时通知支付人停止支付,并在三日内发出公告,催促利害关系人申报权利。公示催告的期间,由人民法院根据情况决定,但不得少于六十日。”另一方面,必须同时满足:“且公示催告期间届满日不得早于票据付款日后十五日。”(原第 33 条,现第 32 条)抄录修改的目的,在于防止伪报票据丧失人在票据到期日以前通过公示催告程序取得除权判决行使票据权利,防止其损害持票人权利。

(3)《修改二十九件商事类司法解释的决定》第十个专题修改 5,将原第 34 条修改为："依照民事诉讼法第二百二十条第二款的规定，在公示催告期间，以公示催告的票据质押、贴现，因质押、贴现而接受该票据的持票人主张票据权利的，人民法院不予支持，但公示催告期间届满以后人民法院作出除权判决以前取得该票据的除外。"条文内容不变，援引《民事诉讼法》第195条按照新法相应修改为第220条（原第34条，现第33条）。

（4）《修改二十九件商事类司法解释的决定》第十个专题修改6，将原第38条修改为："失票人向人民法院提起诉讼的，应向人民法院说明曾经持有票据及丧失票据的情形，人民法院应当根据案件的具体情况，决定当事人是否应当提供担保以及担保的数额。"参照《民事诉讼法解释》（法释〔2015〕5号）第152条弱化了担保要求，变申请人的诉讼附带义务为法官职权。票据丧失后，失票人提起诉讼是否提供担保以及担保数额由法院根据实际情况决定，扩大了自由裁量权，不再明确要求担保，属于与《民事诉讼法》第103条关于保全规定有关而与《民法典》无关的修改（原第38条，现第37条）。利弊分析：减轻了申请人的负担，在新冠肺炎疫情背景下有利于申请人营商环境的改善，但加大了在法院没有依职权要求申请人担保而造成持票人损失之后法院承担国家赔偿责任的概率。《票据法规定》原第38条规定了法院依职权要求申请人在申请公示催告的同时提供相应的担保，20多年来虽然有力遏制了虚假申报的现象，但是也没有根除，特别是在票据民间"贴现"市场出现恶意报失、票据出卖方交付票据后未能如约取得"贴现"款而伪报票据丧失申请公示催告引发的纠纷日益增多，大家有目共睹的是近年来伪报票据丧失、恶意申请公示催告的情形增多，在该问题愈加显现的情况下，弱化申请人担保要求的司法效果如何，尚需接受实践的检验。

（5）《修改二十九件商事类司法解释的决定》第十个专题修改7，将原第39条修改为："对于伪报票据丧失的当事人，人民法院在查明事实，裁定终结公示催告或者诉讼程序后，可以参照民事诉讼法第一百一十一条的规定，追究伪报人的法律责任。"内容不变，引用民事诉讼法条因法律修改而顺序相应调整，伪报票据丧失的追究伪报人的法律责任（原第39条，现第38条）。

（6）《修改二十九件商事类司法解释的决定》第十个专题修改8，将原第40条修改为："依照票据法第一百零八条以及经国务院批准的《票据管理实施办法》的规定，票据当事人使用的不是中国人民银行规定的统一格式票据的，按照《票据管理实施办法》的规定认定，但在中国境外签发的票据除外。"内容不变，引用民事诉讼法条因法律修改而顺序相应调整，将依据的法条第108条相应修正为新法条第109条（原第40条，现第39条）。

（7）《修改二十九件商事类司法解释的决定》第十个专题修改9，将原第51条修改为:“依照票据法第三十四条和第三十五条的规定,背书人在票据上记载‘不得转让’‘委托收款’‘质押’字样,其后手再背书转让、委托收款或者质押的,原背书人对后手的被背书人不承担票据责任,但不影响出票人、承兑人以及原背书人之前手的票据责任。”标点符号删除“不得转让”“委托收款”“质押”之间的顿号(原第51条,现第50条)。本条修改颇有争议,虽非错改,符合标点符号使用规范,但参酌《民法典》第1260条的表达,维持不改似更为合法。

(8)《修改二十九件商事类司法解释的决定》第十个专题修改10,根据《民法典》不沿袭《担保法》将企业法人的分支机构和职能部门排除在不得为保证人范围之外的新规定,将原第60条修改为:“国家机关、以公益为目的的事业单位、社会团体作为票据保证人的,票据保证无效,但经国务院批准为使用外国政府或者国际经济组织贷款进行转贷,国家机关提供票据保证的除外。”本条修改与《民法典》第683条和《民法典担保制度解释》第5条、第11条(原则无效,但相对人善意的除外)保持一致,与《担保法》第10条有关,删除了原第60条关于企业法人的分支机构和职能部门作为票据保证人的,票据保证无效,但企业法人的分支机构在法人书面授权范围内提供票据保证的除外情形,从而完全放开了企业法人的分支机构的担保,实践中应当防止由此可能增加对其所隶属的企业法人担保风险,并产生与《公司法》关于严格担保规定的兼容问题。实务上公司应当加强管理以防范风险。

(9)与《民法典》有直接关联,《修改二十九件商事类司法解释的决定》第十个专题修改11,将原第62条修改为:“保证人未在票据或者粘单上记载‘保证’字样而另行签订保证合同或者保证条款的,不属于票据保证,人民法院应当适用《中华人民共和国民法典》的有关规定。”内容不变,将法律依据由《担保法》相应调整为《民法典》。

(10)与《民法典》有直接关联,《修改二十九件商事类司法解释的决定》第十个专题修改12,将原第63条修改为:“人民法院审理票据纠纷案件,适用票据法的规定;票据法没有规定的,适用《中华人民共和国民法典》等法律以及国务院制定的行政法规。中国人民银行制定并公布施行的有关行政规章与法律、行政法规不抵触的,可以参照适用。”内容不变,将原解释引用的法律依据《民法通则》《合同法》《担保法》相应修改为《民法典》。

四、《票据法规定》(2020)与《票据法》

与《票据法》的修改直接关联,内容不变,引用法条因《票据法》修改而顺序相应调整,即《修改二十九件商事类司法解释的决定》第十个专题修改13(《票据法规定》原第67条现第66条),《修改二十九件商事类司法解释的决定》第十个专题修改15(《票据法规定》原第75条现第74条),[①]《修改二十九件商事类司法解释的决定》第十个专题修改16(《票据法规定》原第67条现第66条)。《修改二十九件商事类司法解释的决定》第十个专题修改15,将原第75条修改为:"依据票据法第一百零四条的规定,由于金融机构工作人员在票据业务中玩忽职守,对违反票据法规定的票据予以承兑、付款、贴现或者保证,给当事人造成损失的,由该金融机构与直接责任人员依法承担连带责任。"《票据法规定》(2020)将《票据法规定》(2000)第75条适用《票据法》第105条修改为适用第104条是完全必要、正确的,因为在《票据法规定》(2000)颁行之后《票据法》条文顺序因为《票据法》修改而作了调整,即调整后的第104条源于等于调整前的第105条。将现行《票据法》第105条与第104条适用范围宽窄不同作为此次"实质性"修改适用条文的理由予以解读,疑为细小疏忽眼生笔误所致的误解。[②]

《票据案件审理规定》(2020)第55条是对票据贴现效力的解释,该规定第55条2020年未予修改维持不变,其指导思想是效力认定从宽,不因贴现银行为申请人的非开户行而无效。在努力改善企业营商环境,加快建设全国统一大市场的背景下,这种效力从宽认定鼓励融通的指导思想仍然具有现实意义。

我国实行票据贴现从业资格管制制度。票据贴现就是未到期票据的买卖,也就是持有未到期票据的人卖出票据以取得现款。[③]《贷款通则》第9条中规定:"票据贴现,系指贷款人以购买借款人未到期商业票据的方式发放的贷款。"由此可见,票据贴现本质上属于贷款方式之一。国务院《非法金融机构和非法金融业务活动取缔办法》(1998年7月13日施行,2021年5月1日废止)规定,经中国人民银行批准的银行业金融机构才可开展票据贴现业务。取而代之的是《防范和处置非法集资条例》,其附则第39条第1款规定:"未经依法许可或者违反国家金融管理规定,擅自从事发放贷款、支付结算、票据贴现等金融业务活动的,由国务院金融管理部门或者地方金融管理部门按照监督管理职责分工进行处置。"上述条例对未经依法许可或者违反国家金融管理规定,擅自从事发放贷款、支付结算、票据贴现的,仍然定性为非法金融机构和非法金融业务活动。上述条例属于《九民会议纪要》之后国务院发布的行政法规,可以成为认定民间"贴现"行为无效的司法依据。

---

① 参见最高人民法院民法典贯彻实施工作领导小组办公室编著:《最高人民法院实施民法典清理司法解释修改条文(111件)理解与适用》(上),人民法院出版社2022年版,第497、499页。

② 参见最高人民法院民法典贯彻实施工作领导小组办公室编著:《最高人民法院实施民法典清理司法解释修改条文(111件)理解与适用》(上),人民法院出版社2022年版,第497、508页。

③ 参见谢怀栻:《票据法概论》,法律出版社1990年版,第23页。

民间票据“贴现”审判实务的考察。最高人民法院在(2014)民申字第2060号民事判决书中认为:民间票据贴现行为无效,持票人通过支付对价从票据前手受让取得案涉汇票的行为,实质上是一种票据买卖或贴现,根据相关法律规定,该票据买卖和票据贴现行为属非法。持票人既未通过背书转让合法取得票据,亦没有通过合法的票据交付而取得票据,持票人对于案涉票据的持有不具有合法的根据。还有法院认为票据当事人之间因不存在真实的交易关系而无效,如在(2014)苏商再提字第0005号案中,原审法院认为:根据我国《票据法》规定,票据的签发、取得和转让,应当遵循诚实信用的原则,具有真实的交易关系和债权债务关系且具合法性。持票人虽然系票据的第六手被背书人,但其取得该汇票的途径是通过购买的方式,持票人与票据前手之间没有任何的交易关系,他们之间的票据买卖关系,直接违反了相关法律法规的禁止性规定,其票据行为不合法,理应不受法律保护。尽管票据本身具有无因性的法律特征,但根据法律规定,票据的后手对前手持有票据的真实性、交易的合法性,负有谨慎审查的义务,而持票人没有尽到审慎义务,取得诉争票据的行为存在重大过失,依照法律规定,不应享有票据权利。与法学界一样,司法实践对于民间票据“贴现”的效力认识也不一致,存在有效与无效之争。对上述案件,江苏省高级人民法院再审认为:票据流转,应当具有真实的交易关系和债权债务关系。基于票据原因关系与票据关系原则上是分离的,只要票据上的背书符合法律规定的连续性,持票人即可依据债务内容向票据债务人主张权利,而无须向其证明取得票据的原因内容。江苏省高级人民法院在《关于当前商事审判若干问题的解答》中指出:票据的私人贴现或买卖,并非不给付对价,也不违背双方当事人的真实意思,而且贴现或买卖本质上也是一种债权债务关系,也是一种真实的交易关系,没有法律规定将其排除在基础关系的范围之外。换句话说,票据转让,或者说买卖本身资金关系就属于票据的基础关系。最高人民法院判例中,一方面主张票据贴现属于国家特许经营业务,合法持票人向不具有法定贴现资质的当事人进行“贴现”的,该行为无效。① 另一方面对贴现规程审查主张从宽,认为“票据贴现时违反操作规程不影响贴现银行的票据权利”。② 这种贴现规程审查主张从宽的立场与《票据案件审理规定》(2020)的立场是一致的。

司法政策的结论。《民法典》虽然没有沿袭《民法通则》第6条将国家政策作

---

① 参见最高人民法院“王春霞、丁艳民间借贷纠纷案”再审审查与审判监督民事裁定书(2020年12月28日)。

② 参见最高人民法院“唐山市变压器厂、威县农村信用合作联社票据损害责任纠纷案”民事裁定书(2020年12月18日)。

为法律渊源加以规定，但国家政策对司法审判的指导作用、对司法自由裁量权的影响不容忽视，尤其是不遵守国家政策有损社会公共利益或者违背公序（包括金融秩序）良俗的，直接影响民事行为的效力。最高人民法院制定发布的司法政策如《九民会议纪要》，同样具有司法参照适用的意义。《九民会议纪要》称：票据贴现属于国家特许经营业务，合法持票人向不具有法定贴现资质的当事人进行"贴现"的，该行为应当认定无效，贴现款和票据应当相互返还。当事人不能返还票据的，原合法持票人可以拒绝返还贴现款。《九民会议纪要》起草人士认为，由于规定票据贴现业务为特许经营业务的规范性文件为部门规章，而非法律和行政法规，虽然不应随意认定民间贴现行为违反了法律和行政法规的强制性规定，但由于违反上述部门规章的强制性规定危害了国家的金融管理秩序，损害了社会公共利益，故其属于《民法总则》第143条规定的"违背公序良俗"或者《合同法》第52条第4项规定的"损害社会公共利益"行为，应认定无效。

民间票据"贴现"行为现在可以直接认定无效。国务院《防范和处置非法集资条例》自2021年5月1日起施行。从此，认定民间"贴现"行为无效，在法律适用上不必再绕道以"违背公序良俗"或者"损害社会公共利益"为理由，直接以上述条例规定为依据即可。如果当事人以民间"贴现"为业，其行为损害了金融秩序，按照《九民会议纪要》精神和上述条例规定，持票人的"贴现"票据行为无效，其不能取得票据权利，票据债务人以此抗辩的，人民法院、仲裁机构应当予以支持。

民间借贷不同于民间票据"贴现"。企业法人之间、非法人组织之间以票据质押方式从事民间借贷行为，或者以虚假的民间票据"贴现"协议为形式实质隐藏的是民间借贷是否受法律保护？《民间借贷规定》第10条规定："法人之间、非法人组织之间以及它们相互之间为生产、经营需要订立的民间借贷合同，除存在民法典第一百四十六条、第一百五十三条、第一百五十四条①以及本规定第十三条规定的情形外，当事人主张民间借贷合同有效的，人民法院应予支持。"根据《民法典》第146条的规定，虚假的意思表示无效，但以虚假的意思表示隐藏的民事法律行为的效力并不当然无效，而是依照有关法律规定处理。被隐藏的民事法律行为属于民间借贷的，则依照有关民间借贷的法律规定处理。《民法典》对民间借贷禁止高利放贷，违反国家有关利率规定的高利部分不受保护。国务院《防范和处置非法集资条例》对未经依法许可或者违反国家金融管理规定，擅自从事发放贷款与

---

① 《民间借贷规定》第13条对民间借贷无效列举6种情形，其中两种与《民法典》第153条的规定完全相同，包括违反法律、行政法规强制性规定和违背公序良俗。《民法典》第153条第2款规定："违背公序良俗的民事法律行为无效。"

票据贴现的，等量齐观，均定性为应遭处置的非法金融活动。

民间借贷以票据质押担保，应受法律保护。党的二十大报告明确要求：健全资本市场功能，提高直接融资比重。在市场经济条件下，票据是有价证券、流通证券，是支付、结算工具，也是一种信用工具、融资工具，在当前疫情防控严厉严峻，市场经济低迷形势下，不宜将民间交付票据获得资金的行为一律称为贴现。最高人民法院要求严格落实"非禁即入"政策，①在国家宏观上需要提升市场信心、"六保六稳"、降低融资成本、营造良好营商环境的条件下，对于中小企业以票据质押借贷，背书记载"质押"字样，应当依照《票据法》的规定予以保护，没有背书记载"质押"字样构不成票据质押但符合民法质押条件的，依照《民法典》的相关规定予以保护。

社会主义市场经济是法治经济。党的二十大报告要求构建全国统一大市场，深化要素市场化改革，建设高标准市场体系。中共中央、国务院《关于加快建设全国统一大市场的意见》指出，建设全国统一大市场，要发挥法治的引领、规范、保障作用。这一点，同样适用于票据市场的建设。因此，最高人民法院前不久明确要求各级法院"支持发展统一的资本市场……妥善审理金融借款、证券、期货交易及票据纠纷等案件，规范资本市场投融资秩序"。② 票据市场作为直接联系货币政策和实体经济的金融市场，政策传导效率高、直达性强，在稳定宏观经济运行、促进产业链供应链循环以及支持中小微企业发展等方面具有较大潜力。2021 年至今虽然新冠疫情在我国散发多发、宏观经济面临多重压力，人民法院依照《票据法》及其司法解释审理票据纠纷案件，在推动实体经济发展、促进产业链供应链循环以及降低企业融资成本、建设统一大市场等方面发挥了职能作用。③

五、票据质权的保护路径选择

《票据法规定》(2020)第 46 条、第 48 ~ 54 条对票据质押问题作了解释。票据质押是个跨越《民法典》"物权编"权利质权和《票据法》背书质押的问题。其中汇

---

① 参见《最高人民法院关于为加快建设全国统一大市场提供司法服务和保障的意见》(法发〔2022〕22 号)。

② 转引自《最高人民法院关于为加快建设全国统一大市场提供司法服务和保障的意见》(法发〔2022〕22 号)。

③ 2021 年票据市场业务总量 167.32 万亿元，同比增长 12.87%。其中，承兑金额 24.15 万亿元，增长 9.32%；背书金额 56.56 万亿元，增长 19.84%；贴现金额 15.02 万亿元，增长 11.93%；转贴现金额 46.94 万亿元，增长 6.41%；回购金额 22.98 万亿元，增长 14.98%。全年转贴现加权平均利率为 2.62%，同比下降 9 个基点；贴现利率为 2.85%，下降 13 个基点；质押式回购利率为 2.15%，上升 28 个基点。参见《2021 年票据市场发展回顾》，载上海票据交易所：http://www.shcpe.com.cn/content/shcpe/index.html，2022 年 6 月 21 日访问。

票质押的设立是否以背书记载“质押”字样作为必要条件,理论界存在思想认识不一致、实践中存在法律适用不统一的问题。论争主要体现为两种学说,可归纳为“民法质权说”与“票据法质权说”。“民法质权说”认为,根据《民法典》“物权编”第441条的规定,以汇票出质的,质权自权利凭证交付质权人时设立,背书记载“质押”并非质权设立的必要条件。汇票质权自汇票交付质权人时设立,本票、支票亦同。“票据法质权说”认为,在《民法典》“物权编”第441条和《票据法》第35条对票据质押均有规定的情况下,有特别法规定的,基于普通法与特别法对同一事项均有规定优先适用特别法规定的原则,因《票据法》对以汇票质权之设立有特别的规定,应当按照《票据法》的规定认定汇票质权的设立条件。“当事人在以汇票出质时,以背书记载‘质押’字样并在汇票上签章,且已将汇票交付质权人的,才能认定质权从汇票交付质权人时设立。”根据《票据法》第35条第2款的规定,汇票可以设定质押;质押时应当以背书记载“质押”字样。未背书记载“质押”字样,甚至有背书记载“质押”字样但出质人未签章的,即使有书面质押合同,因不符合《票据法》关于票据质押的要求,缺乏票据质押的法定生效要件,不构成票据质押,不具有票据质押的法律效力。根据《票据法》第27条的规定,汇票权利转让应当背书并交付汇票。票据行为应当坚持文义性要求,票据权利内容完全依照票据所载文义而定。以汇票设定质权,应当通过设质背书的方式在汇票中载明,并严格遵守《票据法》作为特别法创设的基本规则。因此,质权人设立质权的不仅需要交付汇票,而且应当通过背书记载“质押”字样的方式在票据上背书质押并在汇票上签章,以此作为汇票质押的公示方法,人民法院才能认定质权从汇票交付质权人时设立。①

产生上述分歧很大的原因在于没有正确区分民法质权与票据法质权,没有区分作为普通法的民法上的质押与作为特别法的票据法上的质押。前者符合《民法典》规定的质押条件即可构成,票据交付即可构成,无须背书,而后者则需要背书交付,不仅要交付,还必须背书,背书必须符合法定形式要求,因为质押的客体是票据权利——以背书彰显质押权人的质押权;前者一般都有书面质押合同或者质押条款,而后者则不以书面质押合同有效成立为质权设立的必要条件,因为票据权利质权自权利凭证交付时设立。

① 最高人民法院民事审判第二庭:《最高人民法院民法典担保制度司法解释理解与适用》,人民法院出版社2021年版,第494~495、497页。实践中法院适用法律不统一,具体分以下三种情况:一是《担保法》的规定及其司法解释,即所谓《担保法》上的质押;二是《票据法》的规定及其司法解释,即所谓《票据法》上的质押;三是从《物权法》到《民法典》“物权编”的规定,即所谓《物权法》上的质押。

《民法典》“物权编”第 18 章质权第 2 节“权利质权”中，规定了有权处分的汇票、本票、支票权利可以出质（第 440 条）；质权自汇票、本票、支票交付质权人时设立，没有权利凭证的质权自办理出质登记时设立，法律另有规定的，依照其规定（第 441 条）；兑现日期先于主债权到期的，可以兑现，并与出质人协议将兑现的价款用于提前清偿债务（第 442 条）。第 441 条中的“法律另有规定”，是指《票据法》另有规定。[①]《票据法》另有规定的，优先适用《票据法》；《票据法》没有规定的，适用《民法典》“权利质权”的规定。

《民法典》第 441 条删除了《物权法》第 224 条要求当事人订立书面合同的内容，其规定，以汇票、本票、支票、债券、存款单、仓单、提单出质的，质权自权利凭证交付质权人时设立。对该条的删除不可形式主义过度解读，它只是意味着书面合同不是质押权设立所必需的条件，质押合同生效不是质押权设立的前提条件。删除并非不可以订立书面合同，并非订立的书面合同就一定无效。恰恰相反，设立质权，当事人应当采用书面形式订立质押合同（“物权编”第 427 条）。订立书面合同有利于预防纠纷发生，维护债权人利益。因为质押合同可证明票据取得之合法性，债务人（出质人）不按照约定交付质权标的，构成违约，应当向债权人（质权人）履行交付义务并承担违约责任。

《民法典》“物权编”和《物权法》以及《担保法》关于票据质押合同的规定规范的是票据质押的原因关系。《物权法》规定了票据质押合同和质权自权利凭证交付质权人时设立。《担保法》第 76 条规定：“以汇票、支票、本票、债券、存款单、仓单、提单出质的，应当在合同约定的期限内将权利凭证交付质权人。质押合同自权利凭证交付之日起生效。”据此可认为，一是票据质押合同是实践合同；二是权利凭证不交付质押合同不生效。其弊端在于质押合同不生效就难以追究出质方的违约责任，不利于维护质权人合法权益。

《票据法》规范的是票据行为，调整的是票据关系。票据背书质押属于票据行为，票据质权作为权利质权实现时质权人行使的票据权利。因此，不宜受《德国民法典》和我国台湾地区“民法”规定的权利质权背书的误导而认为我国《票据法》规定票据质押背书问题是抢了民法的地盘。恰恰相反，我国《票据法》作为特别法对此作出规定，《民法典》作出援引性衔接规定是法律体系科学性的体现。《票据法》第 35 条第 2 款规定：“汇票可以设定质押；质押时应当以背书记载‘质押’字样。被背书人依法实现其质权时，可以行使汇票权利。”支票和本票的质押，适用汇票质押的有关规定。

---

① 参见黄薇主编：《中华人民共和国民法典物权编释义》，法律出版社 2020 年版，第 591 页。

那么,当事人在质押时没有在票据上以背书记载“质押”字样,但是另外签订质押合同、质押条款并将票据交付债权人,债权人受让票据并日后据此行使票据质权的,其行为的性质如何,是否应当受到法律保护?《票据法规定》(2020)第54条规定:“……出质人未在汇票、粘单上记载‘质押’字样而另行签订质押合同、质押条款的,不构成票据质押。”司法实践中据此认定的案例,譬如,台州市路桥汇强机车部件厂与张某某票据返还请求权纠纷案,[①]法院认为:“赵某某与张某某虽然签订了质押合同,但张某某从赵某某处取得本案所涉汇票时,赵某某未在汇票及粘单上记载‘质押’字样,根据《最高人民法院关于审理票据纠纷案件若干问题的规定》第55条之规定,赵某某向张某某交付汇票的行为不构成票据质押。”再如,江油科发建筑劳务有限责任公司与南京市江宁区一坤建材经营部票据返还请求权纠纷案,[②]法院认为:“本案诉讼发生时,一坤经营部系案涉票据的持票人,其系通过与汇特公司签订质押合同而取得案涉票据。该票据质押未经背书登记,也未在汇票上记载质押字样,虽另行签订了质押合同,根据法律规定不构成票据质押。”以上案例所述票据质押是指《票据法》上的票据质押。

不构成《票据法》上的票据质押,不等于完全不受法律保护。因为质权人由于票据质押背书记载事项欠缺而丧失的是背书人的票据权利,其享有的民事权利并不因此而丧失。首先是《票据法》,其第4条第2款规定了一般情况下:“持票人行使票据权利,应当按照法定程序在票据上签章,并出示票据。”但是,在特殊情况下,根据《票据法》第31条的规定,“非经背书转让,而以其他合法方式取得汇票的,依法举证,证明其汇票权利”。所谓“其他合法方式”,一是《票据法》规定的其他方式,譬如票据保证人在履行保证义务付款后取得票据、被追索人在偿还追索款项后取得票据等;二是依照民法规定取得票据,包括因普通债权转让取得票据,因税收、继承、赠与而无偿取得的,因公司合并、买卖合同、质押合同取得的等。[③]其次是《民法典》(原来是《物权法》《合同法》《担保法》),质押合同是否有效以“合同编”为准绳,是否符合权利质押以“物权编”为准绳。质押合同有效,权利质押成立的,受《民法典》保护。当然,与背书质押实现质权相比,合同质权人举证的成本和难度要高不少,受保护的成本显然比直接在票据上背书记载“质押”字样的方式,[④]要高出无数倍。总之,不构成《票据法》上的质押,只是不具有《票据法》上

---

① 参见江苏省无锡市崇安区人民法院(2014)崇商初字第0832号民事判决书。

② 参见江苏省南京市江宁区人民法院(2017)苏0115民初4972号民事判决书。

③ 参见国务院法制局财政金融法规司编:《〈中华人民共和国票据法〉讲解》,法律出版社1995年版,第96页。

④ 譬如浙江省高级人民法院(2013)浙商终字第19号民事判决书。

的质押效力。构成民法上质押的，具有民法上的质押效力，受民法保护。

《票据法》与《民法典》对票据质权的设立条件的规定不同，审理票据纠纷案件应以哪个规定为准？从物权角度来说，《民法典》是物权的普通法，而《票据法》关于票据质权的规定构成了物权的特别法，普通法与特别法规定不一致的，特别法优于普通法，优先适用特别法的规定。因而，有关票据质权的设立应当适用《票据法》的规定。《票据法》上的票据质权的设立须具备下列三个条件：一是必须以背书方式为之，出质人为背书人，质权人为被背书人，出质人应当签章，否则背书无效。譬如以汇票设定质押时，出质人在汇票上只记载了“质押”字样未在票据上签章的……不构成票据质押。二是必须记载“质押”字样。因为票据是一种文义证券，而质押背书彰显质押权的权利，不记载“质押”字样则不能以票据出质对抗善意第三人。三是必须将票据交付给质权人。因为票据是一种完全有价证券，质权人持有票据才能行使票据权利，才能行使质权。

虽然《票据法》对票据质押作了规定，而且在与《民法典》相比具有不同规定时优先适用，但是，《民法典》第 440 ~ 442 条对票据权利质押的规定并非毫无意义。《票据法》另有规定的，依照其规定；没有规定的，自然依照《民法典》的规定。当事人未在票据上记载“质押”字样，另外签订了质押合同或质押条款，此时票据质押构成民法上的质押，受民法保护。

票据质权人的权利如何才能得到充分保护？首先，尽可能背书质押，尽可能促成质权人的权利完善为票据权利，使实现担保质权与行使票据权利合二为一。质押合同有效成立、完成质押背书具有可行性的前提下，释明、促成当事人自愿补缺完成背书行为，债务人不予质押背书，债权人以此作为诉讼请求的予以支持。其次，当事人未在票据上记载“质押”字样，虽然不能构成票据法上票据质押的效力，但若符合《民法典》“物权编”第 441 条的规定，质押合同不具有无效情形的，可以将其视为以票据为权利凭证的民法质押，质权人按照“物权编”第 438 条、第 441 条和《民事诉讼法》关于担保物权的实现的规定行使质权。我国《票据法》第 31 条规定，非经背书转让，而以其他合法方式取得汇票的，依法举证，证明其汇票权利。以汇票、支票、本票出质，出质人与质权人没有背书记载“质押”字样，票据出质不具有对抗善意第三人的效力。在不存在善意第三人时，以票据为权利凭证的民法质权应当得到承认和保护。因此，即使未记载“质押”字样，但质权人的民法质权是可以成立的。对于此类质权的行使，持票人可以依据质押合同和票据向人民法院起诉，举证证明自己取得票据的合法方式，证明自己享有质权，请求实现质权。

以签订质押合同并交付票据的方式设定票据质权的，是基于一般的民事法律行为取得质权，为一般的民法质权，质权人并非票据权利人，不同于《票据法》上的背书质权:一是不能依据《票据法》直接行使票据付款请求权。质权人在实现质权时,可要求对票据进行变现以优先受偿。二是付款人拒绝付款的,不能行使追索权。追索权为票据权利。根据《票据法》第 61 条第 1 款的规定,汇票到期被拒绝付款的,持票人可以对背书人、出票人以及汇票的其他债务人行使追索权。以签订书面合同并交付票据的方式取得的质权,为一般的民法质权,经由合法证明司法确认,方可行使票据权利。例如,在招商银行股份有限公司呼和浩特新华东街支行与中国银行股份有限公司包头市九原支行、土默特右旗鑫鑫煤炭有限责任公司票据质权纠纷案①中,法院认为:"2013 年 12 月 10 日,被上诉人中国银行股份有限公司包头市九原支行、土默特右旗鑫鑫煤炭有限责任公司签订的书面《质押合同》以及 2014 年 2 月 26 日签订的《质押合同补充协议》是合同双方当事人的真实意思表示,不违反法律的强制性规定且已实际履行。书面质押合同与质押背书在票据质权的取得上具有相同的证据效力,票据持有人可以凭质押背书或者书面质押合同证明其票据上的权利。被上诉人土默特右旗鑫鑫煤炭有限责任公司已根据约定向中国银行股份有限公司包头市九原支行交付了经过核验的涉案汇票,上述行为符合《物权法》第 224 条的规定,故二被上诉人之间签订的《质押合同》成立并生效。被上诉人中国银行股份有限公司包头市九原支行根据生效的质押合同占有票据,依法享有涉案汇票的质权。"这里的汇票质权是指民法意义上的质权。再如,南京凯盛建设集团有限公司与陈某洪、南京义洪劳务服务有限公司票据损害责任纠纷案②中,法院认为:"《票据法》第 35 条第 2 款规定,汇票可以设定质押;质押时应当以背书记载'质押'字样。被背书人依法实现其质权时,可以行使汇票权利。此条并未规定如果未记载'质押',质押不生效或无效。《担保法》第 76 条规定,质押合同自权利凭证交付之日起生效,质押合同在票据交付给债权人后即生效。因此背书质押不是设定票据质权的唯一方式,订立质押合同、交付票据也可以设定票据质权。《票据法》第 31 条第 1 款规定,以背书转让的汇票,背书应当连续。持票人以背书的连续,证明其汇票权利;非经背书转让,而以其他合法方式取得汇票的,依法举证,证明其汇票权利。可见,以票据出质的,背书质押是表明票据持有人享有票据质权的直接证据,如果无背书质押,书面的质押合同就是票据持有人证明其享有票据质权的合法证据。在票据持有人持有票据,并有书面质押合同的情况下,应当认定持有人享有票据质权……本案中,虽然案涉支票未背书质押,但陈某某与耿某某之间的《借款协议》中明确有将案涉支票作为质押的意

---

① 参见内蒙古自治区包头市中级人民法院(2015)包民五终字第 86 号民事判决书。

② 参见江苏省南京市中级人民法院(2014)宁商终字第 1432 号民事判决书。

思表示,且耿某某已将支票交陈某某占有,故双方成立了有效的票据质押关系,陈某某依法取得票据质权。凯盛公司关于案涉支票未背书质押故陈某某不享有票据质权的上诉意见,无法律依据,本院不予采纳。”这里的票据质权也是民法担保意义上的,而不是《票据法》上的票据权利质权。

当事人在票据上记载“不得转让”或者“不得质押”属于票据行为,不属于票据原因关系。对此,多数法院是能够正确理解和把握的。但是在《票据法》实施的早期实践中,有的法院混淆了票据关系与基础关系。例如,某轻工公司为保证其付款义务的履行,通过质押背书,将6张标明“不得转让”字样的银行承兑汇票交付给某投资银行,形成权利质押。某高级人民法院认为,由于质押仅能使质权人占有质物,并未形成所有权的转移,因此,票面记载的“不得转让”字样不影响双方当事人之间设定质押合同的合法有效性;“不得转让”的约定以及轻工公司同案外人之间发生的合同纠纷,对通过质押占有票据的投资银行来说,是票据的原因关系。票据的原因关系不能对抗通过合法的渠道取得票据并为此支付了对价的善意持票人。据此,该高级人民法院于1996年7月9日判决:确认被告某轻工公司以编号为×××××的6张银行承兑汇票向原告某投资银行设定的质押有效;原告可依质权行使票据权利。在此案中,该高级人民法院将票据上记载的“不得转让”的票据内容混同于合同中的约定,认定为票据的原因关系,显然不妥。

电子商业汇票质押与纸质汇票质押的原理、分类是相同的,电子商业汇票的实质是以数据电文签发流转、以电子签章取代线下实物签章。具体操作上,一是票据签章应当遵循《电子签名法》;二是电子商业汇票的质押信息,按照《电子商业汇票业务管理办法》的规定,当事人应当通过电子商业汇票系统同步传送至票据基础设施,即上海票据交易所;三是当事人应当在商业汇票到期日前在电子商业汇票系统中心进行质押登记,电子商业汇票质权自质押登记时设立。这样认定是完全符合《民法典》第441条关于无凭证的票据质权自出质登记时设立的规定的。

总体来看,此次借《民法典》施行前夕集中清理司法解释之东风,最高人民法院以决定形式对《票据法规定》中16个条款加以修改,是完全必要的、值得肯定的。我们相信,在《民法典》时代票据裁判一线的法官、仲裁员完全有智慧在尊重票据立法精神、遵循票据基本法理的基础上,以《票据法》和《民法典》为准绳,准确理解《票据法规定》(2020)的微言大义,统一法律适用,提升司法公信力,让市场主体感受到票据法治的力量,让人民群众感受到司法公正。

党的二十大报告指出,全面建设社会主义现代化国家,是一项伟大而艰巨的事业,前途光明,任重道远。我国《票据法》及其司法解释既是在中国特色社会主义初级阶段市场经济条件下调整票据关系的法律规则,也是在《民法典》实施背景下面向 21 世纪不断解决公有制与市场经济结合难题过程中与时俱进自我不断完善的一项实践。面向未来，值得我们思考的是，理论上什么是中国式现代化社会主义市场经济条件下的民商法精神？实践中承认市场主体平等人格、意思自治和契约自由（包括票据承兑契约、票据融资契约等）与国家公权金融干预的边界在哪里？这些问题，都是需要我们在票据法理论与实践的结合上不断总结进一步探索的，以为我国票据市场的进一步繁荣和经济高质量发展提供有力司法保障，为我国《票据法》的适时修改提供帮助。谢怀栻先生在谈到民法理论和《民法典》制定时曾经说过，“总之，我们要比我们的先人们前进一大步”。这句话也适用于数字经济、人工智能时代的《票据法》。

一、受理和管辖

票据纠纷不同于票据犯罪,无非涉及票据的利益之争,具体就是票据权利纠纷和非票据权利纠纷。1991 年立法机关修改试行的《民事诉讼法》,最高人民法院提出新增加票据纠纷案件管辖的建议,得到立法机关采纳,第 27 条规定:“因票据纠纷提起的诉讼,由票据支付地或者被告住所地人民法院管辖。”[①]在《票据法》颁布以后一段时间的票据司法实践中,对 1991 年《民事诉讼法》规定的“票据纠纷”的范围,各地人民法院均有不同的认识,由此而产生将非票据纠纷作为票据纠纷处理或者将票据纠纷作为非票据纠纷处理的情况,具体表现在对案件的管辖、案由的确定、诉讼主体的确定、民事责任的承担等方面的不同认定及处理。2021 年《民事诉讼法》第 26 条重申了票据纠纷作为一类特别民事案件实行特殊地域管辖原则,该条规定:“因票据纠纷提起的诉讼,由票据支付地或者被告住所地人民法院管辖。”所以,有必要在《票据法规定》中对票据纠纷这一概念的内涵和外延予以明确,这也是本司法解释所要解决的第一个问题,也是各地司法机关处理各类票据纠纷案件必须明确的问题。

第一条　因行使票据权利或者票据法上的非票据权利而引起的纠纷,人民法院应当依法受理。

【条文主旨】

本条是关于人民法院受理票据纠纷案件范围的规定。

【条文理解】

某一案件属于什么性质的纠纷,是否属于票据纠纷,是否按票据纠纷予以受理,这是审理票据纠纷案件首先需要解决的问题。依据本条规定,票据纠纷包括行使票据权利产生的纠纷和行使非票据权利产生的纠纷两大类;当事人因票据纠

---

① 马原主编:《民事诉讼法的修改与适用》,人民法院出版社 1991 年版,第 27 ~ 28 页。

纷提起诉讼的,人民法院应当依法受理。

票据纠纷包括哪些纠纷,《民事诉讼法》并未明确。因为程序法没有规定,而由实体法即《票据法》及其司法解释予以规定。本条从权利角度对票据纠纷的类型予以划分,是科学的、合理的,《民事案件案由规定》据此细分,实践证明是可行的、有效的。《票据法规定》(2000)第1条是关于票据纠纷的解释,已经区分了票据权利纠纷与非票据权利纠纷,其第6条和第7条分别对其管辖作了解释。2020年修正该司法解释时对第1条维持未动,可认为是对解释"票据纠纷"立场的认可,即司法诉讼意义上的票据纠纷,可分为票据权利纠纷和非票据权利纠纷。

(一)票据纠纷是因票据产生的纠纷

票据纠纷,顾名思义,是指因票据而产生的纠纷,是因行政票据权利或者非票据权利受拒而引起的纠纷。因而对票据概念的准确理解有利于界定票据纠纷的范围,从而在实务中判断哪些纠纷是票据纠纷,哪些纠纷不是票据纠纷。

票据的概念,在学理上有广义和狭义两种理解。广义的票据,相当于有价证券,泛指一切体现商事权利或者具有财产价值的书面凭证。在这一意义上,票据包括汇票、本票、支票、债券、存款单、仓单、提单、基金份额、股票等。钞票是一种最普通的票据。随着商品经济的发展,票据的概念进一步具体化,特别是随着《票据法》成为一门独立的部门法后,使票据的外延和内涵特定化。狭义的票据,仅指票据法上规定的汇票、本票和支票。所以现行法律或者法学上所称票据,如无特别说明,专指狭义的票据,即出票人依票据法规定制作的、载明无条件支付一定金额或者委托他人无条件支付一定金额给收款人或者持票人内容的有价证券。

我国《票据法》第2条第2款规定:"本法所称票据,是指汇票、本票和支票。"由此可知,我国《票据法》对票据种类采用法定主义,而且所规定的票据系指狭义的票据。根据中国人民银行向全国人大常委会所作《关于〈中华人民共和国票据法(草案)〉的说明》,我国《票据法》规定的票据种类与域外票据立法例及日内瓦票据法公约等相一致。

为了准确把握票据纠纷范围,有必要简要了解票据的基本特性。由于票据属于有价证券,其基本特点是权利与证券相结合。票据具有的这种结合关系,不仅表彰票据权利,而且票据权利的发生、移转和行使都必须以证券的存在为前提。即使是电子票据,也必须以数据电文形式制作。除此之外,与其他有价证券相比,票据还具有以下特性。

1. 票据是设权证券

这是指票据的产生必须首先制作票据。制作票据原则上虽然必须存在对价关系,但该对价关系属于票据的基础关系或者原因关系,与票据行为创设的票据债权债务关系可以分别成立。票据制作发行后，就创设了一种新的权利，即票据权利。票据不是证明已存在的权利，而是通过票据行为创设票据权利。无票据即无票据上的权利。设权证券与证权证券不同，证权证券只表明某种权利的存在，起证明作用。如仓单证明持有人对仓储物享有相应权利，但这一权利并非因仓单制作而产生。《民法典》第908条规定："存货人交付仓储物的，保管人应当出具仓单、入库单等凭证。"这表明仓单持有人的权利与仓储物直接相关。

2. 票据是无因证券

这是指票据权利仅以票据法的规定发生，原则上无须考虑票据权利发生的原因或者基础。持有票据，就享有票据权利，就可以行使票据上的权利。至于取得票据与票据权利发生的原因，则在所不问。简言之，这些原因存在与否，有效无效，原则上都不影响票据权利的存在。票据的无因性，是票据流通的必要条件。对此，各国票据法的规定并无二致。

3. 票据是金钱证券

这是指票据上所记载的财产权利仅限于金钱给付。有价证券依其表彰权利的性质，可分为物权、债权或者股东权，进而分为物权证券、债权证券或者团体证券。票据表彰的权利是一种债法上的请求权，而且此项权利以给付一定数额的金钱为内容。所以票据是无条件的金钱债券。如果以金钱以外的给付为标的，即使形式上或名称上称为票据，但只能适用民法上的指示证券或者无记名证券，不是票据法上的票据。

4. 票据是文义证券

这是指票据所创设的权利义务，完全地、严格地依据票据上所记载的文字为准，不得离开票据上记载的文字，而以其他因素确定，也不允许票据债务人提出其他因素作为证据推翻票据上记载的事项。这一点，与民法规定当事人的意思表示错误，可以撤销其行为不同。即使票据所记载的文义有错误，也不允许用票据外的事项证明，并予以修正。这是为了保护善意持票人的权利，维护交易安全。当然，票据上金额之外的记载事项如需变更，可于出票的当时变更，并于变更之处签名或者盖章。

5. 票据是流通证券

这是指票据的一项基本功能在于流通，与民法上的一般财产权利相比，其流通方式更为简便灵活。作为流通证券的票据，票据上的权利，经过背书及交付或者单纯的交付即可转让于他人，无须通过民法有关债权转让规定转让。一般而言，无记名票据，仅依单纯的交付即可转让；记名票据，须经背书并交付才能转让。

6. 票据是要式证券

这是指票据的制作必须依据《票据法》规定的格式进行,而且票据上的记载事项,也必须严格遵守《票据法》的规定。依据《票据法》的规定,票据如果欠缺《票据法》规定的票据上应记载的事项之一的,除法律另有规定外,该票据属无效票据。同时票据上记载了《票据法》未规定的事项时,该记载也不发生票据上的效力。所谓记载事项,分为绝对必要记载事项和相对必要记载事项,欠缺绝对必要记载事项的票据为无效票据。同时,票据的转让、承兑、付款、追索等行为,也必须严格按照《票据法》规定的程序和方式进行。

此外,票据权利与票据的占有不可分离,票据权利的产生、移转、行使都必须持有票据,派生出票据的提示性、交付性和交回性等特性,即票据权利人向票据债务人行使权利时必须提示票据、票据权利移转时必须将票据实际交付受让人、票据权利人实现了自己的权利即从票据债务人受领了票据上记载的金额后必须将票据交回给票据债务人。

(二)票据纠纷是票据当事人之间的纠纷

任何民事纠纷都是当事人之间的纠纷,票据纠纷就是票据当事人之间的纠纷。所以,我们应当准确把握票据当事人的范围以及票据当事人与票据关系人的区别。

票据当事人是指在票据上签章并享有票据权利、承担票据义务的人。按照不同的标准,可以对票据当事人进行分类。按照出现在票据上的时间顺序,票据当事人可以分为基本当事人与非基本当事人。与其他民事法律关系的当事人有所不同,其他民事法律关系一经成立,当事人即确定,而票据关系的当事人随着票据的流通而增加。在票据发行时就存在于票据上的当事人,为基本当事人。如汇票在发行时,有出票人、收款人和付款人。这些当事人是构成票据法律关系的必要主体。当票据制作和发行后,因其他票据行为加入票据关系中的人也可以成为票据当事人。这些当事人为非基本当事人。如收款人取得票据后将票据背书转让与他人,受让票据权利的人在《票据法》上称为受让人,也称被背书人。被背书人就是票据成立后加入票据关系中的当事人。

由于票据当事人在各种票据行为中所处的地位不同,其称谓亦有自己的特点,即一个人可以有两种名称,具有双重身份。如汇票的付款人在承兑后就称为承兑人;第一次背书行为中的被背书人在第二次背书行为后就成为背书人。如果以票据当事人的权利义务为标准,可以把票据上的当事人分为票据债权人与票据债务人。享有票据权利的人是票据债权人,承担票据义务的人是票据债务人。在票据关系中,票据的债权人为票据的持票人。持票人的产生包括两种情况:一是出票人签发票据,使相对人持票而成为持票人;二是通过背书转让票据,受让人即被背书人为持票人。通过背书行为持有票据,其债权债务关系较为复杂,背书在前的人称为前手,背书在后的人称为后手。行使追索权时,前手为债务人,后手为债权人。前后手的关系就是债务人与债权人的关系。不过,票据的债务人与债权人是相对的。在票据关系中,除了持票人外,票据上的其他当事人相对前手为债权人,相对后手为债务人。同时,票据债务人又分为第一债务人与第二债务人。第一债务人又称为主债务人,第二债务人又称为从债务人。前者是指持票人应当首先向其行使付款请求权,依照付款请求而付款的人;后者是指持票人得不到付款或者得不到承兑时,可向其行使追索权,依照追索权而付款的人。我国《票据法》第 62 条第 1 款规定,持票人行使追索权时,应当提供被拒绝承兑或者被拒绝付款的拒绝证明。由此可见,持票人必须先向第一债务人行使付款请求权,请求付款。只有向第一债务人请求付款未果时,才能向第二债务人行使追索权,请求付款。

不同票据的当事人各不相同。汇票的当事人包括出票人、付款人、收款人与背书人、承兑人、保证人等。付款人承兑后就成为第一债务人,出票人、背书人、保证人等成为第二债务人。本票的当事人是出票人、收款人、持票人、背书人与保证人等。我国《票据法》规定,本票是当事人自己签发、自己付款的票据,本票的出票人是第一债务人,背书人、保证人是第二债务人。支票的当事人是出票人与收款人。值得注意的是,由于支票上的付款人是与出票人有资金存储关系的银行或者可以办理支票业务的其他金融机构,因而付款人虽有付款的责任,但该项付款责任不是基于票据关系,而是基于出票人与付款人的资金预约关系。所以支票上的付款人不是票据上的债务人。按照《票据法》的规定,自然人、法人与非法人组织均可成为票据上的当事人。

票据关系人是指票据当事人以外与票据有关的人,如委托背书的被背书人、支票的付款人、抵押背书的被背书人。票据关系人不是票据当事人,无权处分票据权利。票据关系人与票据的关系是民法上的法律关系,不是票据关系。如委托背书属于民事代理关系,背书设质属于民事担保关系,应适用民法上的相关规定。

(三)票据纠纷是因行使票据权利或者《票据法》上的非票据权利而引起的纠纷

民事纠纷是平等主体之间发生的以民事权利义务或者民事责任为内容的法律争议。票据纠纷是民事纠纷的一种。票据纠纷是指以票据权利义务或者票据责任为内容的争议。所以,《票据法规定》(2020)第 1 条明确规定,票据纠纷是指因行使票据权利或者《票据法》上的非票据权利而引起的纠纷。

对于票据纠纷,在理论上有广义说与狭义说之区分,狭义说认为票据纠纷是因行使票据权利而引起的纠纷,即因行使票据付款请求权以及追索权而引起的纠纷;广义说则认为票据纠纷是因行使票据权利或者《票据法》上的非票据权利而引起的纠纷。基于此,对票据诉讼的概念,亦有广义与狭义之分。狭义的票据诉讼,又称票据权利诉讼,是指票据关系的当事人之间在票据流通转让过程中,因票据权利的行使、票据债务的履行发生的纠纷,而就票据金额的支付以及与此相关的法定利息赔偿的请求所提起的诉讼。其他非因票据权利引起的纠纷,虽然与票据有关,但由此而提起的诉讼并不属于票据诉讼。广义的票据诉讼,则是指因当事人就票据权利与《票据法》上的非票据权利的行使产生纠纷而提起的诉讼,它既包括狭义上的票据诉讼,也包括因行使《票据法》的非票据权利引起纠纷而提起的诉讼。从《票据法规定》(2020)第1条的规定来看,司法解释对票据纠纷采广义界定法,自然对票据诉讼的界定也是采广义定义法,此种规定方法实际上是综合考虑了票据诉讼的理论与实践情况的。票据诉讼是民事诉讼的一种。

1. 票据权利

我国《票据法》第4条第4款规定:"本法所称票据权利,是指持票人向票据债务人请求支付票据金额的权利,包括付款请求权和追索权。"根据这一规定可知,票据权利是民事权利的一种,是建立在票据之上的特殊权利,即持票人以取得票据金额为目的,依据票据所赋予的、对票据行为的关系人所行使的权利。票据权利是支付金钱请求权。持票人所享有的金钱债权与普通金钱债权相比,票据金钱债权具有双重性,即有二次请求权,而普通金钱债权只有一次请求权。票据金钱债权的请求权首先表现为付款请求权,即持票人向票据主债务人,请求依据票据记载的金额支付金钱的请求权。其次表现在付款请求权未果或者有其他法定原因时,向背书人、出票人以及除主债务人以外的其他债务人行使票据金额和有关必要费用的请求权。付款请求权是持票人享有的第一顺序权利,付款请求权实现之日就是追索权消灭之时;追索权是持票人享有的第二顺序权利,唯有在付款请求被拒绝或者法定情形出现时才可以行使。

因此,持票人不先行使付款请求权而先行使追索权遭拒绝提起诉讼的,人民法院不予受理,除非有《票据法》第61条第2款和《票据法规定》(2020)第3条所列情形的。付款是付款人按照票据文义支付票据所载金额,以消灭票据关系的行为。汇票付款请求权纠纷的当事人一般是持票人与承兑人或者付款人,本票付款请求权纠纷的当事人一般是持票人与出票人,支票付款请求权纠纷的当事人一般是持票人与办理支票存款业务的银行或者其他金融机构。追索权纠纷的当事人一般是持票人与票据的出票人、背书人、承兑人、保证人等。

2.《票据法》上的非票据权利

《票据法》上的非票据权利,是指基于《票据法》的规定产生的、与票据有关的但不是由票据行为直接产生的权利，是票据价款以外的债权关系。这一权利具有以下特征：

（1）权利人并不限于票据持有人。由于《票据法》上的非票据权利并不依附于票据而是基于《票据法》的直接规定，所以，其与票据权利只能由持票人享有不同，《票据法》上非票据权利不限于票据持有人，票据关系中的非票据持有人可以享有《票据法》上的非票据权利。如依据《票据法规定》（2020）第 2 条规定要求返还票据的权利就是《票据法》上的非票据权利。

（2）不依赖票据而存在。与票据权利严格依附于票据相比，《票据法》上的非票据权利不依附票据而基于《票据法》的直接规定。权利人可以根据自身权益在票据流转过程中的实际受损情形而主张不同的请求，不受制于票据的文义记载。

（3）权利的内容并不限于金钱给付。《票据法》上的非票据权利较为复杂，不像票据权利内容那样简单。票据权利是请求特定人支付票据金额的权利，属于请求权性质，而《票据法》上的非票据权利，包括请求权，如票据利益返还请求权、损害赔偿请求权等，但不限于请求权。

（4）具有辅助性，属于一种从权利。《票据法》所调整的关系中，票据关系是最基本的法律关系，票据权利是《票据法》的核心内容，票据行为的基本内容围绕票据权利人如何实现票据权利而展开。《票据法》上的非票据权利是在票据权利不能实现时，为保障权利人实现票据权利而存在。如果票据权利能够实现，则不产生《票据法》上的非票据权利。

（5）票据权利与《票据法》上的非票据权利可以并存。《票据法》上的非票据权利存在的一个重要原因是保障票据权利的实现，并非只有在票据权利丧失后才出现《票据法》上的非票据权利。如我国《票据法》第 105 条第 2 款规定："票据的付款人故意压票，拖延支付，给持票人造成损失的，依法应当承担赔偿责任。"据此，持票人既可以向付款人主张票据权利中付款请求权，也可以主张损害赔偿请求权。

《票据法》上的非票据权利范围与种类，《票据法》及司法解释并未作系统的规定。这些权利，有些是在票据流通中对保护票据权利人有着重要意义的，如票据利益返还请求权是对失票人的救济权；有些是在票据关系中必然存在的，属于流通中附带性权利，如汇票回单签发请求权等；有些是票据权利派生的权利，如持票人要求票据债务人提供保证、持票人的贴现权利等。对票据当事人无论具有何种意义，其行使非票据权利都必须有《票据法》上的依据。常见的《票据法》上的非票据权利包括以下各种：委托代理权（《票据法》第 5 条）、确认票据效力的权利（《票据法》第 8 条、第 9 条、第 14 条等）、票据返还请求权（《票据法》第 10 条、第 12 条）、票据利益返还请求权（《票据法》第 18 条）、汇票回单签发请求权（《票据法》第 41 条)、票据保证(《票据法》第 45 条至第 52 条)、票据交付请求权(《票据法》第 55 条)、票据损害赔偿请求权(《票据法》第 104 条至第 106 条)与票据回购权利(《票据法》第 10 条等)。

【司法适用】

(一)票据纠纷只有符合《民事诉讼法》规定的受理条件,人民法院才依法受理

当事人因票据纠纷而向人民法院提起诉讼的,只要符合《民事诉讼法》第 122 条的规定,人民法院就必须受理;符合起诉条件的,应当在 7 日内立案并通知当事人,不符合起诉条件的,应当在 7 日内作出裁定书,不予受理。最高人民法院 2020 年 12 月 29 日发布、自 2021 年 1 月 1 日起施行的《民事案件案由规定》确定的票据纠纷案由包括票据付款请求权纠纷、票据追索权纠纷、票据交付请求权纠纷、票据返还请求权纠纷、票据损害责任纠纷、票据利益返还请求权纠纷、汇票回单签发请求权纠纷、票据保证纠纷、确认票据无效纠纷、票据代理纠纷、票据回购纠纷等 11 种案由。当然,随着《票据法》的修改与完善,票据纠纷的范围与种类将相应发生变化,而且朝着扩大范围、增加种类的方向发展。譬如,从法律上明确票据的融资功能等。

(二)在票据诉讼中,除了应当明确票据纠纷的范围以外,还应当注意区分与票据有关的权利和票据权利、《票据法》上的非票据权利的区别

与票据有关的权利源于与票据有关的法律关系,包括票据基础关系以及票据结算关系等法律关系中产生的与票据有关的权利,其中票据基础关系又称为民法上的非票据关系,一般是指票据关系赖以产生的民事基础法律关系,根据一般对票据基础关系的分类,可以将票据基础关系分为票据原因关系、票据资金关系以及票据预约关系三种。[①] 这些权利的存在与行使虽然与票据有一定的关系,但其不以持有票据为前提条件或者依据,而且某些情况下该项权利存在与否也不影响票据权利或者《票据法》上的非票据权利的存在与否。因为与票据有关的票据权利的行使而产生的纠纷,并不属于票据纠纷的范畴,不能作为票据纠纷受理以及处理。对与票据有关的权利而产生争议的当事人民事责任的确定,一般情况下也与票据无关,不应适用票据责任承担的原则进行处理。法官在处理票据有关纠纷的案件时,应当将票据有关的纠纷细化,分清纠纷涉及票据的法律关系,才能更加准确地适用法律。

---

① 参见曹守晔:《票据纠纷案件审理中的几个理论问题》,载孙泊生主编:《经济审判专题研究》(第 1 卷),中国政法大学出版社 1993 年版,第 312 ~ 314 页;王小能主编:《中国票据法律制度研究》,北京大学出版社 1999 年版,第 92 页。

【司法案例】

案例一
岳阳市君山区农村信用合作联社与湖南富兴中小企业担保有限公司票据损害赔偿纠纷案①

最高人民法院认为:本案系湖南富兴中小企业担保有限公司(以下简称富兴担保公司)以岳阳市君山区农村信用合作联社(以下简称君山农信联社)违规兑付与预留印鉴不符的转账支票造成其损失,主张损害赔偿引起的纠纷。争议的主要焦点问题是将涉案800万元交付精米厂是不是富兴担保公司真实意思的表示,即君山农信联社的违规行为是否给富兴担保公司造成了损失。

根据审理查明的事实,本案富兴担保公司在君山农信联社开立了一般存款账户,并利用该账户存入资金和转账。富兴担保公司与君山农信联社之间是出票人与付款人有关票据委托付款的资金法律关系。故本案实质上是君山农信联社是否违规付款造成富兴担保公司财产损失的票据损害赔偿纠纷。最高人民检察院关于本案案由应为票据损害赔偿纠纷并由侵权法律规范调整的抗诉理由成立,本院予以支持。富兴担保公司主张本案应为票据纠纷并基于票据的无因性审理没有事实和法律依据,其主张不予支持。

首先,富兴担保公司与精米厂之间的五笔总额共计3200万元的资金业务都由富兴担保公司业务员刘某具体负责办理。富兴担保公司承认涉案800万元的转账支票由其工作人员刘某填写出具,且涉案800万元的进账单与转账支票的笔迹是同一笔迹,即涉案800万元转账支票的银行进账单由富兴担保公司工作人员填写。富兴担保公司的上述行为属于向君山农信联社提示付款的明确意思表示。其次,富兴担保公司在君山农信联社开设的201138451银行账户于2005年7月22日至2005年9月23日,除五笔共3200万元资金往来外,无其他资金流入和流出。该五笔资金均于当天转入并于当天转出给精米厂,该账户内不留存闲置资金。根据富兴担保公司与精米厂资金往来的交易惯例,按常理若富兴担保公司不同意转款800万元给精米厂,其无须于9月6日分六笔转入700万元并于当天转账700万元,富兴担保公司完全可以将该800万元转给精米厂即可。最后,若如富兴担保公司诉称,其并没有委托君山农信联社付款的意思表示,那么,富兴担保公司的工作人员到场办理转账支票手续,对君山农信联社受理该笔转账业务并未提出异

---

① 参见景汉朝主编:《最高人民法院审判监督指导案例解析》,人民法院出版社2015年版,第435~447页。

议;在知晓账户内800万元资金被君山农信联社转给精米厂的情况下,本应立即与君山农信联社交涉解决上述事宜。然而,在长达两个月的时间内,富兴担保公司在精米厂法定代表人张某某被公安机关采取刑事措施前,并未向君山农信联社提出任何异议或权利主张;相反,其却在案涉转账支票转出800万元后继续向精米厂转款700万元和500万元。这说明富兴担保公司对君山农信联社将本案争议800万元资金支付给精米厂是明知和认可的;而且,富兴担保公司与精米厂存在3200万元的资金转款关系,涉案800万元是3200万元转账资金的一部分。富兴担保公司开出的涉案800万元转账支票的收款人就是精米厂,且君山农信联社将案涉800万元已经转给精米厂,并没有转给其他第三人。故通过君山农信联社将案涉800万元款项交付精米厂应认定是富兴担保公司的真实意思表示。富兴担保公司公然声称支票上缺少一枚印章是其故意所为,这种故意行为人为地加大了交易的风险,其目的在于一旦借出的资金不能回收,可以此追究银行的赔偿责任。富兴担保公司此种所为违反民事行为应遵循诚实信用的基本准则,对加大的风险应由其自行承担,其仅以缺少一枚印章的转账支票作为800万元损失的依据主张赔偿缺乏法律依据,本院不予支持。在转账支票缺少一枚印章的情况下,君山农信联社本应对不符合《票据法》规定的票据予以退票处理,其依照签章不全的支票付款,虽然违反了《票据法》及中国人民银行有关结算支付的规定,但该行为未违背富兴担保公司将款项交付精米厂的本意,也未超出其授权,亦非擅自处分富兴担保公司的财产,而是属于富兴担保公司对自己财产的处分,结果应当由富兴担保公司自行承担。富兴担保公司委托指示君山农信联社付款案涉800万元的真实目的已经实现,所谓的君山农信联社违规兑付造成其800万元的损失无从谈起。即该行为未造成富兴担保公司的损失,不需要对富兴担保公司承担民事责任,最高人民检察院关于富兴担保公司具有向精米厂转款800万元的真实意思表示的抗诉理由成立,本院予以支持。富兴担保公司诉请君山农信联社赔偿其损失无事实和法律依据,本院不予支持。

案例二

贵州省仁怀市茅台镇酒都酒业有限公司、贵州省仁怀市茅台镇金力来酒业有限公司金融借款合同纠纷案①

最高人民法院认为:以承兑汇票及流动资金贷款形式不断借新还旧的过程,开始于流动资金贷款,结束于流动资金贷款,双方之间成立的仍然是金融借款合

---

① 参见最高人民法院(2020)最高法民终451号民事判决书。

同法律关系而非票据法律关系。

1. 本案的法律关系该如何确定

本案系以承兑汇票及流动资金贷款形式不断借新还旧的过程，开始于流动资金贷款，结束于流动资金贷款，贵州银行遵义分行亦是依据借款合同主张权利，而不是依据汇票行使票据请求权，故双方之间成立的仍然是金融借款合同法律关系。酒都酒业公司、贵州省仁怀市茅台镇金力来酒业有限公司（以下简称金力来酒业公司）、胡某某、王某某、梅某某、孙某某称本案为票据法律关系而不是金融借款合同法律关系的上诉理由不能成立，不予支持。

2. 酒都酒业公司是否承担还款责任，欠款本金及利息如何计算

票据无因性，是指票据行为与作为其发生前提的实质性原因关系相分离，从而使票据行为的效力不再受原因关系存废或其效力有无的影响。本案中，酒都酒业公司向贵州银行股份有限公司仁怀市支行出具承兑汇票业务申请书，后又与该行签订综合授信合同、差额循环银行承兑协议，并出具其与贵州省仁怀市金汇源酒业有限公司签订的基酒买卖合同，贵州银行股份有限公司仁怀市支行根据酒都酒业公司申请开具承兑汇票。据此，根据票据无因性，酒都酒业公司与贵州省仁怀市金汇源酒业有限公司之间是否存在真实交易关系不影响票据效力。酒都酒业公司认为开具票据的基础关系不存在，其不应承担偿付责任的上诉理由不能成立，不予支持。据已查明的事实，2014 年 5 月 30 日，贵州银行股份有限公司仁怀市支行向酒都酒业公司发放贷款 11,400 万元，随后从酒都酒业公司账户扣划 11,400 万元，归还了酒都酒业公司尚欠的银行汇票承兑垫付款。据此可以认定，贵州银行股份有限公司仁怀市支行已实际履行了 2014 年 5 月 28 日签订的《流动资金借款合同》约定的合同义务。酒都酒业公司、金力来酒业公司、胡某某、王某某、梅某某、孙某某称案涉借款合同未实际履行的上诉理由不能成立，不予支持。

第二条　依照票据法第十条的规定，票据债务人（即出票人）以在票据未转让时的基础关系违法、双方不具有真实的交易关系和债权债务关系、持票人应付对价而未付对价为由，要求返还票据而提起诉讼的，人民法院应当依法受理。

【条文主旨】

本条是关于票据返还请求权纠纷的规定。

【条文理解】

依据本条规定,丧失票据占有的出票人基于票据转让前的基础关系违法或者不真实或者持票人应付对价而未付对价,有权起诉其直接后手返还票据。

(一)对票据的无因性及其不足的基本理解

票据是现代社会经济生活中典型的金融工具,其作为重要流通证券,具有支付、流通、信用、担保、融资等功能。这些功能主要就是通过票据的无因性予以发挥。同时,《票据法》的诸多规则在很大程度上都是依据票据的无因性原理进行设置。票据具有无因性,是因为票据行为具有无因性。票据行为无因性原则是法律拟制的结果,其诞生于自由竞争资本主义时期,当时快速发展的市场经济迫切需要更为成熟的信用经济与之相匹配。将票据无因性原则从无因债务范畴中抽象出来是适应并促进信用经济发展的必然选择。这种选择不是票据行为自身法律逻辑的产物,而是立法技术对法律制度适应现实需要做出的特殊技术处理。域外立法及相关国际惯例均坚持票据行为的无因性。票据行为的无因性是指票据行为只要具备票据法规定的要件即产生法律效力,与票据行为是否存在原因关系或者基础关系以及产生票据行为的原因关系或者基础关系是否有效无关。当然,现实经济交往中,票据行为大多以买卖、借贷或者其他交易关系为基础,行为人不会无缘无故实施票据行为。只是从法律上看,票据行为依据其自身的要件发生效力,而不受基础关系的影响。票据行为产生票据关系。票据关系是票据当事人之间的债权债务关系,亦即票据上的权利义务关系。票据关系以票据为载体,虽然以基础关系为前提,但票据关系又与其赖以建立的基础关系相分离,票据关系的成立、有效并不以票据基础关系的成立、有效为必要,票据关系的存在与否并不以基础关系的不成立、被撤销、无效为转移。虽然票据、票据行为、票据关系具有不同的含义,但票据的无因性、票据行为的无因性与票据关系的无因性,只是从不同的角度表达相同的意思。现行《票据法》第13条、第26条、第44条、第54条等都体现了票据的无因性。

但是,票据关系与构成其基础的民事关系相分离在一定程度上表现出"双刃剑"的特性:既推动了票据的流通,使票据持票人的利益得以充分保护,也可能对票据债务人有失公正,可能为某些持票人滥用权利提供机会,使票据成为套现或骗取资金的工具。具体表现如下:

一是对票据债务人有失公正。从法律上分析,票据债务人清偿票款的义务乃基于自身的票据行为,但票据行为如同其他法律行为一样,应当根植于现实经济生活,票据行为只是民事法律行为的一种特殊表现方式。然而,票据无因性在赋予票据权利人各种防护措施时,却并没有为票据债务人的意思实现设置有效机制，因而可能使当事人的权利义务失去均衡。在实践中，票据权利人更愿意选择与自己无原因关系的票据债务人清偿票款。依据无因性机制下的抗辩规则与《票据法》的规定，票据债务人不得以自己与出票人或者与持票人的前手之间的抗辩事由，对抗持票人；也不能用持票人的前手与持票人之间的抗辩事由来对抗持票人。这样，在背书的链条足够长时，票据债务人抗辩成立的可能性几乎没有。一旦票据债务人不能实现原因关系中的债权，必将蒙受重大经济损失。由此可见，无因性偏袒于对票据权利人的保护，却在一定程度上忽视票据债务人的利益。

二是为权利的滥用创造了机会。票据关系无因性可能使不享有实质权利之人获取某种利益，或将原因关系中的债权风险转嫁给票据债务人。在实践中，持票人可能设法使自己与票据债务人之间的原因关系断裂，或利用法院分别处理票据纠纷与民事纠纷的时间差，获得占用巨额资金的效益。

三是增加了票据的使用成本。票据债务人一般包括银行等金融机构和其他营利法人两大类。在票据关系无因性机制的作用下，持票人付款请求权实现后，对银行来说，它只能通过票据外关系向与自己有资金关系或承兑协议的出票人求偿，或通过向持票人主张付款无效追回相应款项。较之票据法上的救济，票据法外的救济时间长、费用高，将会增加银行不必要的服务成本，甚至有可能使服务成本高于服务价格。这只会导致银行减少或放弃提供这种金融服务；对其他营利法人而言，要为票据的使用付出更多的成本，这也会使其减少对票据的需求。

（二）我国《票据法》坚持票据无因性的基本原则，同时明确票据无因性具有相对性

适应现实需要的票据立法所应采取的价值取向是：既充分肯定票据关系无因性的价值，将票据行为的独立性作为票据法的基石，将票据权利置于一般民事权利之上加以保护，以促进票据流通；又不容忍利用票据关系无因性从事不正当活动，谋取法外利益的行为。我国《票据法》对票据关系无因性予以一定程度的限制规定，实际上是对票据关系无因性制度的有益补充，以实现票据法律制度适应社会经济发展客观需求的现状。根据我国《票据法》的规定，票据关系在没有充分反对理由的情形下，票据关系与其基础关系相分离；但是，如果这种分离被人为用作割断与票据基础关系联系的手段，或遮盖持票人无实质性权利存在的地位，以及达到其他非法目的，则在处理票据当事人权利义务关系时，应充分考虑其基础关系，甚至还原为一般民事关系处理，使票据持票人在某些场合不享有票据权利。这种对票据关系无因性一定程度的限制，并不是否定票据关系无因性，只是法律在追求票据使用方便与高效的同时，对票据安全所投入的必要关注。票据无因性是其本质特征，否定票据无因性只是例外。

我国现行《票据法》第10条、第21条、第74条、第83条以及第87条等条文,对当事人签发、取得和转让票据等行为,都十分强调原因关系。其中第10条规定:"票据的签发、取得和转让,应当遵循诚实信用的原则,具有真实的交易关系和债权债务关系。票据的取得,必须给付对价,即应当给付票据双方当事人认可的相对应的代价。"根据本条规定,票据的签发、取得和转让应当符合以下三项要求:一是遵循诚实信用原则。诚信原则是民商法的基本原则,是维护良好的社会和经济秩序的必然要求,是市场经济活动中的道德准则。二是票据关系中,直接前后手当事人之间应当具有真实的交易关系和债权债务关系。票据关系的产生和存在,是以真实的商品交易关系和债权债务关系为基础的。在市场经济条件下,商品交易关系范围十分广泛。同时,商品交易关系还要以债权债务关系的形式体现出来。当然,债权债务关系产生的根据并不限于商品交易。商品交易关系都体现为一定的债权债务关系,但债权债务关系并非只反映商品交易关系。真实的商品交易关系和债权债务关系是票据关系产生和存在的基础,它既可能是现时的商品交易关系和债权债务关系,也可能是既往的商品交易关系和债权债务关系,还可能是将来的商品交易关系和债权债务关系。三是取得票据必须给付对价。我国现行法律中只有《企业国有资产法》和《票据法》出现了"对价"的表述,但均未就"对价"作出立法解释。"对价",本是英美合同法的概念,按照1875年英国高等法院在Currie诉Misa案的判决中所下的定义,所谓对价是指"合同一方得到的某种权利、利益、利润或者好处,或是他方当事人克制自己不行使某项权利或遭受某项损失或承担某项义务"。[①] 简言之,是指一方获得某种利益时,必须给付相应的代价。《英国票据法》规定,汇票的对价可由下列构成:任何足以支持一项简单合约的对价;一宗原因债务或负债,不论汇票是即期付款还是远期付款,这种债务即视为对价。《美国统一商法典——票据编》对票据对价的规定较英国更为严格,依该法典第3-303条的规定,持票人在下列情况下是对价取得票据:约定的约因已经履行;持票人以诉讼程序以外的方式取得票据上的担保权益或质权;持票人作为对任何人已经成立的请求权作出清偿或担保而取得该票据,不论该请求权是否到期;为取得该票据曾交付一张票据;因向第三人作出一项不可撤回的义务承担而取得票据。[②] 我国《票据法》第10条则规定,对价是指"票据双方当事人认可的相对应的代价"。按照这一规定,对价包含两层含义:一是取得票据必须给付对方相对应的代价;二是相对应的标准依据当事人双方约定,而非等同于票面金额。

---

① 参见冯大同主编:《国际商法》,对外贸易教育出版社1991年版,第74页。

② 参见吕来明主编:《票据法基本制度评判》,中国法制出版社2003年版,第86~87页。

虽然有观点认为,《票据法》第 10 条、第 21 条等规定无异于完全否定了票据的无因性,这在法理上是不通的,在实践中也是无法贯彻的。因为世界上任何国家的法院都无能力在审理汇票案件时同时审查出票人与付款人之间的资金信用关系。然而,首先,这样的规定并未完全否定票据的无因性,法理上也能成立,多年的实践表明并非无法实施。其次,在社会主义市场经济发展之初,票据制度建立伊始,银行信誉以及其他企业信誉尚需提高、用票据手段骗取银行或者其他票据当事人资金的案件屡有发生的情况下,立法除了追求票据的流通性、快捷性以外,不能不考虑从出票到最后付款整个票据运作过程的安全性。从法律实施的效果上看,现阶段如此规定有利于保护诚实信用者,防止利用票据骗取资金。

(三)出票人要求持票人返还票据的条件

前文已述及,票据作为商品经济的信用工具而存在,必须以真实的交易关系和债权债务关系为根据,否则票据将失去应有的意义。票据虽为无因证券,但并不是指不基于一定的原因就可产生,而只是指票据产生以后即与其原因关系相分离,不受其原因的影响。然而,由于交易关系和债权债务关系,属于基础关系的范畴,因而如果票据当事人未按照《票据法》第 10 条等规定要求,签发、取得和转让了票据,票据并不必然无效。该票据只要符合法定形式要件,一旦进入流通,票据依然可以有效。票据债务人就应当按照票据记载的事项对票据债权人承担票据责任。

为了保护作为票据债务人的出票人的权益,基于《票据法》第 10 条的规定,《票据法规定》(2020)本条明确规定,只要符合下列条件之一的,票据债务人可以向人民法院起诉,要求持票人返还票据。

1. 票据未转让时的基础关系违法

应当准确把握基础关系的含义。票据关系是一种形式的、抽象的法律关系,在票据关系中仅反映票据当事人之间的权利义务关系。票据当事人之间何以授受票据,或者说授受票据的原因或者实质是什么,在票据关系中难以反映。实际上,在每一个票据关系的背后,或者票据关系产生之前就存在相应的民事法律关系。这种民事法律关系就是票据的基础关系,亦即票据的实质关系。票据基础关系通常包括以下三种关系:

(1)票据原因关系。票据原因关系,或称票据原因,是指出票人签发票据并将票据交付给收款人,使自己成为票据债务人以及收款人收受票据并成为票据权利人在法律上的原因。在市场交易中,最常见的票据原因包括买卖、借贷、租赁以及接受服务等。票据原因关系与票据行为无关,属于民事法律关系,由民法调整。同一票据行为可以存在多个票据原因。同时这种原因关系仅指授受票据的直接当事人之间。票据经背书转让,处于流通中的票据,前一票据原因与后一票据原因无任何关联。票据关系与原因关系分别成立,票据关系一经成立,就与票据原因关系相分离。

(2)票据资金关系。这是指汇票或者支票的付款人,与出票人或者其他资金义务人,就资金支付而约定的法律关系。票据资金关系中,付款人愿意付款或者承兑是因为付款人处存在出票人的资金,或者出票人与付款人之间订立有信用协议或者其他协议,付款人愿意为出票人垫付资金或者充当付款人。票据资金关系与票据关系相分离,这样便于票据的流通。但在特定情形下,票据当事人可以票据资金关系对抗票据关系,如汇票承兑人在未受领资金时,不得以此为由向持票人拒绝付款,但如果持票人为出票人时,付款人可以出票人未给付付款人资金为由拒绝付款。

(3)票据预约关系。这是指当事人在授受票据之前,就票据的发行或者转让达成合意,以此预约为授受票据的依据。票据预约关系实属票据原因关系与票据关系之间的中间行为,为票据关系的基础关系。虽然《票据法》未作规定,属民法调整范畴。首先,票据预约关系不产生票据关系,但若当事人不履行预约义务,应承担违约责任,而不是承担票据责任。其次,准确理解基础关系违法的含义。基础关系违法主要指票据原因关系违法,一般情况下,票据资金关系与票据预约关系所涉违法情形罕见。基础关系违法,应当结合《民法典》第 153 条与第 154 条等相关规定予以理解,主要指违反法律、行政法规的强制性规定或者违背公序良俗,并不包括违反法律、行政法规一般规定的情形。

2. 不具有真实的交易关系和债权债务关系

当事人为成立票据关系,满足《票据法》第 10 条规定的要求,极可能虚构交易关系及债权债务关系。在实务中,判断当事人声称的交易关系及债权债务关系是否真实,可以结合《民法典》第 146 条中有关"以虚假意思表示实施的民事法律行为"规定。虚假行为通常需要满足以下要件:一是存在意思表示。在虚假行为中,有一项意思表示在外观上或者表面上存在。二是该意思表示的外在表现形式与表意人的内心真意不符,即在外观上存在的意思表示实际上不具有效果意思。虚假的意思表示外在所表现的内容,与表意人内心所真正追求的内容并不一致。三是行为人与相对人存在"合意",即一致同意该虚假的意思表示并不实际发生效力。就票据关系而言,出票人与持票人期待建立的票据关系的基础关系客观上并不存在或者不真实。

3. 持票人应付对价而未付对价

这包括两种情形:一是持票人未给付对价,即持票人虽取得票据但未付出任何代价。构成“对价”标的包括实物、劳务或者服务；智力成果及其他无形资产；基于合同约定（持票人基于合同取得票据视为给付对价）；当事人认可的其他标的。二是持票人尽管给付了对价，但不被出票人所认可。出票人不认可，通常就是因为持票人给付的代价与其取得的权利不相当。依据《票据法》的规定，持票人取得票据，只要该票据形式上符合法定要求，就依法享有权利，可以向票据债务人请求支付票据金额的权利。因而判断持票人给付的对价是否相当，就应当基于民法中的公平原则与商事交易中的等价有偿原则，比较持票人给付的对价是否与票据记载的款项数额相当。所谓相当，既可以完全相等，也可以适当高于或者低于票据记载的款项数额。无论哪种情形，必须双方当事人认可。

【司法适用】

理解与适用本条规定应当注意的其他事项：

（1）票据法规定》（2020）本条所规定的票据返还请求权主体仅指出票人这一票据债务人，不包括其他票据债务人。

依据《票据法》的规定，票据债务人与票据债权人相对立，除持票人外，其他票据当事人相对其前手为债权人，相对其后手为债务人。票据经依法出票、承兑、背书、保证等票据行为之后，相对最后持票人，其他当事人均为票据债务人。所以本条规定的表述是“票据债务人（即出票人）……”所谓出票人，又称发票人，是指签发票据并将其交付给收款人的人。出票人可以是自然人、法人或者非法人组织。

（2）出票人仅针对其直接后手可要求返还票据，不得针对其他持票人提出返还票据的要求。

票据出票后，经背书转让，进入流通，最后的持票人不与出票人存在基础关系，也不向出票人给付对价。所以本条规定的表述是“票据债务人以……双方不具有真实的交易关系……为由……”这里的“双方”即指出票人及其直接后手“收款人”。

（3）《票据法规定》（2020）本条规定是否适用《票据法》第 12 条规定的情形，需要仔细区分。

《票据法》第 12 条规定：“以欺诈、偷盗或者胁迫等手段取得票据的，或者明知有前列情形，出于恶意取得票据的，不得享有票据权利。持票人因重大过失取得不符合本法规定的票据的，也不得享有票据权利。”如果持票人对出票人“以欺诈、偷盗或者胁迫等手段”或者“因重大过失取得不符合本法规定的票据的”，出票人作为票据债务人可依《票据法规定》（2020）本条要求持票人返还票据。否则，出票人不得要求持票人返还票据，而只能依据《票据法》其他规定主张其不享有票据权利。

【司法案例】

案例一
徐州九鼎机电总厂与江苏协联实业工贸有限公司票据返还请求权纠纷案[①]

法院经审理后认为:九鼎机电厂是讼争汇票收款人,依法享有票据权利。协联公司出于保障自身利益的需要,在出票当日违背中捷公司意愿,不顾九鼎机电厂的利益,强行占有讼争汇票,该种行为客观上扰乱了正常票据流通秩序,影响票据上记载的收款人九鼎机电厂票据权利的顺利实现,应当依法承担法律责任。中捷公司是票据付款义务人,在票据生效后无权对讼争汇票作其他处置,故中捷公司与协联公司在诉讼期间达成的所谓"质押"票据协议,对票据权利人九鼎机电厂没有约束力。协联公司占有讼争汇票没有法律依据,应当向票据权利人九鼎机电厂返还票据并赔偿损失。故依据《票据法》第12条、第20条等规定,判决协联公司向九鼎机电厂返还讼争汇票并赔偿损失。

协联公司不服一审判决提起上诉后,二审法院维持原判。

案例二
雅棉公司诉金园公司票据返还请求权纠纷案

长沙市开福区人民法院经审理后认为:雅棉公司将40万元承总汇票背书转让给金园公司是为在银行贴现,雅棉公司在承兑汇票背书栏盖有公章,背书转让行为有效。双方在承兑汇票背书转让前明确约定,金园公司帮助贴现并将贴现的40万元款项返还给雅棉公司。但金园公司未在银行贴现,而是在第三人黄某某担保前提下,将汇票抵押给调试所并借款21万元。金园公司与调试所之间的抵押借款,不属于票据转让行为,不发生票据转让关系。故依据《票据法》第33条及相关法律规定,判决雅棉公司背书转让的IXIV07366372承兑汇票权利归金园公司享有;金园公司返还40万元给雅棉公司;金园公司归还调试所送变电公司借款21万元及利息;黄某某对金园公司偿还借款本息承担连带责任。

一审判决后,各方当事人均未提出上诉。

---

① 参见江苏省高级人民法院(2014)苏商终字第0079号民事判决书。

第三条 依照票据法第三十六条的规定，票据被拒绝承兑、被拒绝付款或者汇票、支票超过提示付款期限后，票据持有人背书转让的，被背书人以背书人为被告行使追索权而提起诉讼的，人民法院应当依法受理。

【条文主旨】

本条是关于期后背书追索权纠纷的规定。

【条文理解】

依据本条规定，被拒绝承兑、被拒绝付款或者超过提示付款期限，持票人背书转让票据构成期后背书，被背书人有权向背书人行使追索权。

（一）对票据期后背书的基本理解

票据是一种流通证券，票据转让是实现其流通的方式。票据的转让方式有背书转让与直接交付转让两种，记名票据须背书转让，无记名票据则可直接交付转让。依据《票据法》的规定，汇票与本票必须依背书方式转让，因为我国《票据法》不承认无记名汇票与无记名本票，汇票与本票均仅限于记名票据；支票的转让方式则有两种：如果支票上记载了收款人的名称，则该支票为记名支票，须依背书方式转让之；如果该支票上未记载收款人的名称，被授权人也没有补充记载的，则该支票为无记名支票，可依直接交付方式予以转让。由此可见，票据的背书转让是我国票据转让的主要和基本的方式。

票据的背书转让，是指票据的持票人，以转让票据权利为目的，依据《票据法》的规定在票据背面或者票据的粘单上记载相关事项并签章，然后将票据交付给被背书人的一种票据行为。依传统票据法理论，票据的转让背书可分为一般转让背书与特殊转让背书。一般转让背书，是指依《票据法》规定进行相关记载，既不欠缺也不附加记载任何事项，在被背书人方面以及背书的时间方面等也不具有特殊情形的背书，这是现实中最常见的转让背书。特殊转让背书，则是指背书转让时，在权利限制、被背书人或者背书时间方面存在特殊情形的背书。例如，对票据权利进行限制的禁止转让背书，或以票据上原来的某个债务人作为被背书人的回头背书，以及在背书时间上有特殊情形的期后背书等，均为特殊转让背书。

域外票据立法对于期后背书内涵的界定不尽相同，大体可分为两种立法例。其一，以票据到期日经过为标准，即票据到期日前，无论何时均可为背书转让，一旦到期日经过再行转让，则为期后背书。也就是说，期后背书是指票据到期日后所为的背书。例如，《英国票据法》第 36 条第 2 项，《美国统一商法典》第 3－304 条即作如此规定。其二，以作成拒绝付款证书后或作成拒绝付款证书期限经过后为标准。也就是说,当持票人提示付款遭到拒绝并依法作成拒绝付款证书后,或虽未作成拒绝证书但法定的作成拒绝付款证书的期限已经经过,此时所为的背书为期后背书。如《日内瓦统一汇票本票法公约》第20条、《德国票据法》第20条、《法国商法典》第123条及《日本票据法》第20条均作此规定。

无论采取何种立法例的国家,其票据立法均规定,倘若背书未记载日期时,推定为到期日前背书,以使背书有效。例如,《英国票据法》第36条规定,背书未记明日期的,推定其作成于到期日前。《日内瓦统一汇票本票法公约》第20条第2款也规定:"如无相反证明,凡未载明日期的背书,视为在规定作成拒绝证书期限届满前在汇票上所作的背书。"我国《票据法》第29条第2款规定:"背书未记载日期的,视为在汇票到期日前背书。"这一点与国外票据立法及有关国际公约的规定一致。

我国《票据法》中规定的期后背书与以上两种立法例均不同。依据我国《票据法》第36条的规定,期后背书是指持票人在票据被拒绝承兑、被拒绝付款或者超过付款提示期限以后所为的背书。由此可见,我国的期后背书包括三种情形:一为票据被拒绝承兑后所为的背书;二为票据被拒绝付款后所为的背书;三为票据超过提示付款期限后所为的背书。这一规定包含了国外上述两种立法例规定的各种情形,且更具合理性。其规定的前两种情形,即票据被拒绝承兑或付款后所为的背书是期后背书,是因为一旦票据被拒绝承兑或付款,就意味着付款人到期也不会对票据付款,此时,持票人应当依法进行追索,而不应将该票据进行转让。若法律许可这种票据继续流通,对受让人并无多少实益,反而增加了法律事实的复杂性,且极易发生纠纷,故此,法律将此两种情形下的背书规定为期后背书,以限制该票据的流通性。《票据法》规定的第三种情形最为科学,以超过提示付款期限为确定期前期后的标准,比其他国家规定的到期日标准更合理。因为票据不到期,持票人不得提示付款,而只能在到期日或其后的法定提示期间内提示付款。持票人在到期当日提示固然可以,但在法定提示期间内的任何一天提示亦无不可。故此,持票人在到期日后转让票据,而新的持票人在法定提示期间内仍可随时提示付款,法律自无禁止之理由。另外,就即期票据而言,出票日后,持票人随时可以请求付款,从理论上讲,出票日即为到期日,若以到期日作为期后背书的判定标准,必然使即期票据的所有背书均成为期后背书,实则限制了即期票据的背书转让。由此可见,将"提示付款期间的经过"作为期后背书的界定标准的科学合理性。正因如此,我国台湾地区"票据法"第41条规定到期日后的背书为期后背书,但有学者认为,对"到期日"不宜作文义解释,而应做论理解释,以提示期间经过后为准。

综上所述，在我国，期后背书的构成要件有三：其一，时间上的要求，票据已被拒绝承兑或拒绝付款或票据的提示付款期限届满；其二，款式上的要求，持票人以背书方法转让票据权利并记载了背书日期；其三，形式上的要求，持票人将票据交付给被背书人。具备上述三者，期后背书成立。

（二）票据期后背书效力及持票人的权利

虽然域外票据立法对期后背书内涵的界定不同，但对于期后背书效力的规定却是一致的，无论英美法系还是大陆法系国家的票据立法，都规定期后背书不具有票据上的效力，仅具有通常债权转让的效力，即只具有民法中规定的一般债权转让的效力。这是因为，票据已经到期，持票人随时可以提示票据请求付款；从理论上讲，持票人不必再转让票据，而应当直接请求付款，若是持票人不直接请求付款，而以背书方式转让票据权利，与常情相悖；票据已经被拒绝承兑或拒绝付款，持票人即应依法行使追索权，若是持票人此时背书转让票据，则有违事理常理。所以，域外票据立法虽承认期后背书，但对其效力却不约而同地作出了不同于一般转让背书的特别限制，均规定期后背书仅有一般债权转让的效力，而不具备票据法上的效力。如《英国票据法》第 36 条第 2 款规定："过期汇票如流通转让，其流通转让应受到在其到期时该汇票之有瑕疵所有权之制约，并在此以后，任何人都不能取得或给予较其前手所拥有之更优越之所有权。"《香港票据条例》第 36 条有相同规定。《日内瓦统一汇票本票法公约》第 20 条第 1 款规定："汇票到期后的背书与到期前的背书有同等效力。但因拒付而作成拒绝证书后，或规定作成拒绝证书的期限届满后的背书，只具有通常债权转让的效力。"

我国《票据法》对于期后背书的效力作出了完全不同于域外票据立法的规定。《票据法》第 36 条规定："汇票被拒绝承兑、被拒绝付款或者超过付款提示期限的，不得背书转让；背书转让的，背书人应当承担汇票责任。"中国人民银行发布的《支付结算办法》第 31 条作了相同的规定。我国《票据法》第 36 条规定的期后背书，并非只具有"通常债权转让效力"，期后背书的被背书人取得的权利仍然是票据权利，而不是普通债权。

域外票据立法中的所谓通常债权转让的效力，应指民法中规定的债权转让效力。其与《票据法》中票据权利转让效力的根本区别包括：一是票据上债务人的抗辩不因期后背书而切断，票据的债务人对于背书人所能主张的抗辩，无论经过多少次背书，均可以之对抗被背书人。依据传统票据法理论，票据背书之被背书人，因前手的背书而中断债务人的抗辩，票据债务人不得以其与持票人的任何前手间的抗辩事由对抗持票人。也就是说，权利的受让人不承受其所有前手在权利上存在的瑕疵。但是，期后背书的被背书人，则因期后背书仅有通常债权转让效力而不得适用人的抗辩中断理论,所以,票据债务人可以对抗期后背书人的事由,均可以之对抗被背书人,且不因被背书人的善意而有例外;但票据债务人与除期后背书之背书人之外的被背书人的其他前手之间的抗辩事由,则不得以之对抗被背书人。二是期后背书的背书人对被背书人不承担票据上的担保责任,即其对被背书人不承担担保票据承兑和付款的责任。依传统票据法理论,票据的背书人对被背书人及其后手,承担担保票据承兑和担保票据付款的责任,在后手不获承兑或付款时,背书人应当根据其要求偿还一定的金额。但是,期后背书因只能产生一般债权转让效力,背书人并不像一般转让背书那样对被背书人及其后手承担担保承兑和付款责任,而只承担民法中一般债权让与人的责任。如果被背书人不获承兑或付款,其只能依民法的规定向背书人请求承担违约责任或损害赔偿责任。

【司法适用】

理解与适用《票据法规定》(2020)本条规定值得注意的问题:

(1)被背书人享有的票据权利是追索权。

《票据法》第 36 条规定,“背书转让的,背书人应当承担汇票责任”。第 4 条第 5 款中规定:“本法所称票据责任,是指票据债务人向持票人支付票据金额的义务。”所以票据法上的票据责任,实指票据义务,并非通常意义上的民事责任。《民法典》第 176 条规定:“民事主体依照法律规定或者当事人约定,履行民事义务,承担民事责任。”票据责任属于票据关系范畴,是基于票据行为而产生的一种义务,基于当事人意思表示所设定的义务。票据责任的承担者即票据债务人有顺序之分,第一顺序债务人是付款人或者承兑人,票据权利人应首先向其请求履行票据付款义务,第一顺序债务人履行了付款义务后,票据关系消灭。当持票人向第一顺序债务人请求履行付款义务被拒绝或者因其他法定事由出现而请求第一顺序债务人履行存在障碍时,第二顺序债务人才开始承担票据责任。按照《票据法》第 36 条的规定,期后背书的被背书人不可能向第一顺序债务人请求履行付款责任,只能向第二顺序债务人请求履行票据责任,所以期后背书的被背书人对背书人行使的权利是追索权。

(2)期后背书的被背书人向背书人行使追索权只是维护其权益的一种方式,并非只能行使追索权。

票据具有无因性,但票据当事人背书转让票据通常基于原因关系,因而期后背书的背书人通常是原因关系中的债务人。这样,被背书人既可以向背书人主张票据权利即行使追索权,也可基于原因关系要求背书人承担违约责任。按照《票据法》第 70 条的规定,背书人的票据责任包括:被拒绝付款的汇票金额;到期日至清偿日间的利息;取得有关拒绝证明和发出通知书的费用。如果背书人承担违约责任,则包括:货物或者服务价款,即汇票金额;合同约定的履行日至清偿日的利息;背书人违约给被背书人造成的其他损失。两相比较,请求背书人承担违约责任要比请求其承担票据责任的范围广。从举证责任分析,请求承担票据责任,必须提供被拒绝承兑或者被拒绝付款或者退票理由书等相关证明,而请求承担违约责任,则只需证明背书人存在违约事实即可。《票据法》第36条规定的期后背书的票据责任,其初衷应是加重期后背书人的责任,但让背书人承担票据责任并不比其承担民法中的违约责任重,且在举证责任方面不利于被背书人。因此,期后背书的被背书人如何维护其权益,享有选择权。无论被背书人选择何种诉因诉至人民法院,只要符合《民事诉讼法》第122条规定的受理条件,人民法院即应依法受理。

【司法案例】

江苏江阴—靖江工业园区远航商贸有限公司
与中信银行股份有限公司济南分行
票据付款请求权纠纷案①

法院经审理后认为:根据《票据法》第36条的规定"汇票被拒绝承兑、被拒绝付款或者超过付款提示期限的,不得背书转让;背书转让的,背书人应当承担汇票责任",本案中,徐州市钱袋子物资贸易有限公司作为持票人向被告提示付款,被告已拒绝付款,则该汇票根据法律规定不得再背书转让,后该汇票又背书转让给原告远航商贸公司,则根据法律规定背书人徐州市钱袋子物资贸易有限公司应当承担汇票责任。故原告远航商贸公司要求被告中信银行济南分行承兑原告汇票29,735元的诉讼请求,不予支持。综上,依照《票据法》第36条的规定判决如下:驳回远航商贸有限公司的诉讼请求。

一审判决后,当事人未提起上诉。

第四条　持票人不先行使付款请求权而先行使追索权遭拒绝提起诉讼的,人民法院不予受理。除有票据法第六十一条第二款和本规定第三条所列情形外,持票人只能在首先向付款人行使付款请求权而得不到付款时,才可以行使追索权。

① 参见山东省济南市历下区人民法院(2017)鲁0102民初6291号民事判决书。

【条文主旨】

本条是关于持票人无法定理由未行使付款请求权而直接行使追索权遭拒绝提起诉讼的,人民法院不予受理的规定。

【条文理解】

(一)票据追索权的性质与行使条件决定了其为持票人第二顺位的权利

票据权利的实现是持票人获得票据的根本目的。所以,在一定意义上,《票据法》中一系列制度都是围绕票据权利构建的。票据权利包括付款请求权和追索权。

1. 票据追索权的基本特性

票据是一种设权证券。票据发行所创设的权利,主要是指持票人依据票据文义可以请求付款人支付票据金额的权利,即付款请求权。这是票据发行所创设的主要债权。与付款请求权相对应的追索权,主要是票据当事人因发行、转让票据所连带负责的票据担保责任,与一般的担保责任有相似的一面。票据追索权是指票据持票人于到期不能获得付款及期前得不到承兑时,请求其前手清偿票据金额、利息及有关费用的票据权利。追索权的主要特征如下:

(1)追索权是辅助的票据权利。付款请求权体现为第一次请求权,它作为持票人的第一次权利,持票人必须先向付款人行使付款请求权。在票据得不到承兑或者付款时,持票人可以行使第二次权利,即追索权。"与付款请求权作为'主票据权利',而能于到期日当然行使权利相比较,追索权有次要性及附条件性,可称为副票据权利。"追索权具有期待权的性质,但具有极强的现实性。

(2)追索权的行使具有严格的法定性或条件。法定性表现为两个方面:一是追索权的行使必须以法定的事由发生为前提。除被拒绝付款,还包括其他法定事由,如我国《票据法》第61条第2款的规定。二是遵循相关的程序,如按照《票据法》第63条的规定提示票据、作成拒绝证书等。

(3)持票人行使追索权时具有一定的选择权。持票人在行使付款请求权遭拒绝后,按照《票据法》第68条的规定,可以向全体票据债务人包括出票人、背书人、承兑人、保证人等行使追索权。只有这样才能维护持票人的利益,保证票据的顺利流通。《日内瓦统一汇票本票法公约》第47条规定所有出票人、承兑人、背书人,或对汇票作出担保的保证人,对持票人负连带责任。持票人有权对上述所有的人单独或集体追索,无须遵照他们承担责任的先后顺序。对债务人之一追索不影响对其他债务人的追索,即使其他债务人是被追索债务人的后手。此特性通常被称为追索权的飞跃性和转向性。

(4)追索权可以多次行使。我国《票据法》第68条第3款规定,持票人对汇票债务人中的一人或者数人已经进行追索的，对其他汇票债务人仍可以行使追索权。追索权可以这样逐次转移，直到最后债务人清偿后，使票据关系消灭，追索权才会消灭。追索权制度，实为对价关系的法律制度。票据的最后持票人付出代价取得票据后，本应从付款人处获得付款，获得补偿的对价，但若付款人不付款，就对持票人失去对价而显失公平。它是票据权利的一种保障，有了追索权，票据债权具有了完整的安全性，使票据被社会广泛接受和利用，并维护着票据制度的稳定和有效运行。

2. 票据追索权的主体

追索权的主体，或称追索关系的当事人，包括追索权人与被追索人。追索权人，即享有和行使追索权的人。追索权人一般包括两类：一是最终持票人，即到期不获付款或期前有法定原因而可以行使追索权时的持票人。最终持票人是最初行使追索权的人。不过，《票据法》第 69 条规定，持票人为出票人的，对其前手无追索权。持票人为背书人的，对其后手无追索权。这是因为出票人如果作为最终持票人向其前手追索，将会形成循环追索，最后必然追索到自身，丧失追索权，或被重复追索，丧失了追索的意义；如果最终持票人为背书人时，其对其后手无追索权，其中理由与出票人为最终持票人时相同。二是因清偿而取得票据的人。最终持票人行使追索权且得以实现后，向最终持票人清偿票据债务的人，可因清偿而取得票据，并“与持票人享有同一权利”（《票据法》第 68 条），取得追索权。背书人、保证人等均可以对最终持票人进行清偿，偿还债务后，与持票人享受同样的权利，可以对其他票据债务人继续行使追索权。这种因清偿而取得票据，并可以继续追索的情形，就是再追索。因清偿而取得追索权的人称为再追索权人。再追索继续进行，一直可追索到最终的票据债务人。被追索人即偿还义务人，承担担保付款和担保承兑责任的票据债务人。按照《票据法》第 61 条第 1 款的规定，被追索人主要包括：出票人、背书人和汇票的其他债务人。出票人因出票行为而承担担保承兑及付款责任，故其为偿还义务人，但汇票的出票人如已记载有禁止转让字样时，除直接后手外，其他后手对其无追索权。背书人因背书而负有担保承兑及付款责任，如果汇票的背书人记载有禁止转让字样的，除直接后手外，其他后手无追索权。保证人因保证行为而与被保证人承担同一责任，也是票据债务人。

值得注意的是，虽然《票据法》第 68 条第 1 款、第 2 款规定，“汇票的出票人、背书人、承兑人和保证人对持票人承担连带责任。持票人可以不按照汇票债务人的先后顺序，对其中任何一人、数人或者全体行使追索权”，但因出票人最终承担担保付款义务，追索到出票人时，追索结束，故承兑人不是被追索人。结合《票据法》第38条、第61条的规定,承兑人承担付款义务,是第一债务人,被追索人是第二顺序债务人。

3. 票据追索权行使的条件

依据《票据法》第61条的规定,以持票人行使追索权的时间为标准,追索权可以分为到期追索权和期前追索权。到期追索权是指汇票的持票人在到期向付款人提示付款时,付款人拒绝付款的情形下,持票人有权向出票人、背书人及汇票的其他债务人要求支付汇票金额、利息和有关费用。行使到期追索权的法定原因是汇票到期被拒绝付款。域外立法例的规定基本相同,如《日内瓦统一汇票本票法公约》第43条。期前追索权则是指汇票虽未到期,但具有法定事由出现时,持票人可以行使追索权,即持票人有权向汇票的债务人要求支付汇票金额及有关费用的权利。如在汇票到期日之前,持票人依法向汇票上记载的付款人提示承兑而被拒绝,或在汇票到期日前,承兑人或付款人死亡、逃匿的,抑或被依法宣告破产或者因违法被责令终止业务活动的。

追索权的行使要件包括形式要件与实质要件。行使追索权应遵循的程序或要履行的手续即为追索权行使的形式要件,主要包括三点:提示票据、作成拒绝证书、拒绝事由的通知。票据为提示证券,票据权利的行使与占有票据不可分离。票据权利人在请求付款时,应当提示票据,以证明自己为票据权利人或享有票据权利。票据提示既是持票人行使支付请求权的形式要件,也是保全追索权的形式要件。不在法定期间进行票据提示,将丧失追索权。《票据法》第62条、第63条规定,持票人行使追索权时,应当提供被拒绝承兑或者被拒绝付款的有关证明。持票人提示承兑或提示付款被拒绝的,承兑人或付款人必须出具拒绝证明,或者出具退票理由书,否则就要承担由此产生的民事责任。持票人因承兑人或付款人死亡、逃匿或者其他原因,不能取得拒绝证明的,可以依法取得其他有关部门证明。《票据法》第65条规定,持票人不能出示拒绝证明、退票理由书或者未按规定期限提供其他合法证明的,丧失对前手的追索权。

(二)持票人可不先行使付款请求权而直接行使追索权的情形

1.《票据法》第61条第2款规定的情形

按照该款规定,有下列情形之一的,持票人可行使期前追索权:

一是汇票被拒绝承兑。承兑是指汇票付款人承诺在汇票到期日支付汇票金额的票据行为。票据被拒绝承兑,表明持票人已经行使了付款请求权,只是其目的未能实现。

二是承兑人或者付款人死亡、逃匿。此种情形下,持票人无法行使付款请求权,因为付款人死亡或逃匿,没有付款请求的对象,自然可以免除持票人先行使付款请求权的要求。

三是承兑人或者付款人被依法宣告破产或者因违法被责令终止业务活动。此种情形下,即使持票人行使付款请求权已无任何意义,承兑人或者付款人根本不具备履行付款的能力,甚至根本找不到付款的对象。

在上述情形下,为了使持票人的权利及时得以实现,法律允许其向背书人、出票人和票据的其他债务人直接行使追索权。当然,如同被拒绝承兑或者被拒绝付款必须提供有关证明一样,另外情形下,持票人亦需提供相关证明。包括医院或者有关单位出具的承兑人、付款人死亡的证明;公安机关出具的承兑人、付款人逃匿的证明;公证机关出具的具有拒绝证明效力的文书;各级人民政府有关行政主管部门的处罚决定书;人民法院作出的生效裁判文书。

2.《票据法规定》(2020)第3条规定的情形

前文已述及,此处不赘述。

【司法适用】

理解和适用本条解释时,值得注意的问题:

(1)要将本条规定与《票据法规定》(2020)第5条结合起来。该条规定明确了付款请求权是持票人享有的第一顺序权利,追索权是持票人享有的第二顺序权利。

(2)要注意不予受理与登记立案的关系。

自2015年5月1日起施行的《最高人民法院关于人民法院登记立案若干问题的规定》(法释〔2015〕8号)规定,人民法院对依法应该受理的一审民事起诉、行政起诉和刑事自诉,实行立案登记制。实务中,有人误认为,只要当事人起诉至法院,法院就应当登记立案并予以受理。实际上,只有对符合法律规定的起诉,人民法院才予以登记立案。当事人提交的诉状和材料不符合要求且经补正仍不符合要求的,人民法院依法应当裁定不予受理、不予立案。

(3)司法实践中,《票据法规定》(2020)本条内容在司法实践中一直被强调。2015年12月召开的第八次全国法院民事商事审判工作会议上,时任最高人民法院民二庭负责人强调,"行使票据追索权需具备实质要件和形式要件。其中,实质要件是持票人的付款请求权得不到实现。《票据法》第61条规定的'拒绝付款',不仅包括付款人明确表示'拒绝付款'的情形,还包括付款人客观上无力履行付款义务而无法付款的情形。票据追索权行使的形式要件是指持票人应提供被拒绝承兑或被拒绝付款的证明。所谓证明,可以是退票理由书、拒绝证明,也可以是法院的有关司法文书、行政管理机关的处罚决定等。"

【司法案例】

案例一
吉林集安农村商业银行股份有限公司、龙里国丰村镇银行有限责任公司票据追索权纠纷案①

最高人民法院认为:汇票到期被拒绝付款的,持票人可以对出票人以及汇票的其他债务人行使追索权。

关于乌苏农商行是否丧失对前手的票据追索权问题。乌苏农商行向吉林集安农村商业银行股份有限公司(以下简称吉林集安农商行)支付贴现款187,496,666.67元,乌苏农商行依法成为持票人并取得案涉5份商业汇票的票据权利。

(1)关于承兑问题。承兑是指汇票付款人承诺在汇票到期日支付汇票金额的票据行为。提示承兑是指持票人向付款人出示汇票,并要求付款人在票据上表示在票据到期日愿意对票据付款的行为。案涉5份汇票的承兑信息均载明:“出票人承诺:本汇票请予以承兑,到期无条件付款;承兑人承兑:本汇票已经承兑,到期无条件付款。”故案涉5份汇票在出票日即已经承兑,故无须承兑及提示承兑。此外,案涉5份汇票系电子商业汇票,根据《电子商业汇票业务管理办法》第32条关于“电子商业汇票交付收款人前,应由付款人承兑”的规定,案涉5份汇票已经由付款人中核工公司承兑才得以交付收款人。故吉林集安农商行、龙里国丰村镇银行有限责任公司(以下简称龙里国丰村镇行)关于一审法院未能区分承兑和提示承兑有误以及一审法院适用《电子商业汇票业务管理办法》第32条有误的主张,本院不予采信。

(2)关于乌苏农商行是否丧失追索权问题。案涉未付款的4份商业汇票的到期日为2018年6月7日,乌苏农商行在汇票到期日向付款人中核工公司提示付款,中核工公司在2018年6月12日的提示付款回复信息中拒付理由显示为“商业承兑汇票承兑人账户余额不足”,由此乌苏农商行已取得被拒绝付款的证明。根据《票据法》第53条第1款第2项关于“定日付款、出票后定期付款或者见票后定期付款的汇票,自到期日起十日内向承兑人提示付款”的规定,案涉4份商业汇票期提示付款期间为到期日起10日内。鉴于承兑人中核工公司在到期日起10日内,即在提示付款期内作出拒绝付款的意思表示,根据《电子商业汇票业务管理办法》第66条关于“持票人在提示付款期内被拒付的,可向所有前手拒付追索”的

① 参见最高人民法院(2020)最高法民终895号民事判决书。

规定可知,持票人是否丧失对前手的追索权,关键取决于承兑人拒绝付款的时间,即只要承兑人未在票据到期日前拒付,持票人即享有对所有前手的追索权。本案中,持票人到期提示付款,承兑人中核工公司是在提示付款期内作出拒绝付款的意思表示。故,持票人乌苏农商行并不丧失对所有前手即吉林集安农商行、龙里国丰村镇行的追索权。

(3)关于拒付追索和非拒付追索的问题。《电子商业汇票业务管理办法》第65条关于"追索分为拒付追索和非拒付追索。拒付追索是指电子商业汇票到期后被拒绝付款,持票人请求前手付款的行为。非拒付追索是指存在下列情形之一,持票人请求前手付款的行为:(一)承兑人被依法宣告破产的;(二)承兑人因违法被责令终止业务活动的"规定,拒付追索持票人可请求前手付款;非拒付追索需要满足一定条件持票人才可请求前手付款。拒付追索的原因是票据到期提示付款后付款人不予付款,票据权利人根据票据付款人出具的拒付证明向前手追索;非拒付追索的原因是票据付款人死亡或逃逸或被法院宣告破产或中止业务活动,票据权利人行使不安抗辩权进行追索,其追索的依据为具有法律效力的证明或司法文书,而非票据付款人出具的拒付证明。拒付追索的时间仅指到期后被拒绝付款,持票人对其前手行使的追索权,拒付时间以提示付款应答为准;非拒付追索则可在汇票到期前进行,只要相关追索原因存在即可。由此可见,拒付追索和非拒付追索触发的原因和追索时间均不相同,吉林集安农商行、龙里国丰村镇行关于本案系非拒付追索的主张,不符合上述法律规定,本院不予采信。此外,案涉5份汇票拒付追索请求信息中明确载明追索类型为拒付追索,而不是非拒付追索。虽然在该拒付追索请求信息中有关于"承兑人被依法宣告破产"的记载,但该内容不仅与追索类型为拒付追索不一致,且与中核工公司在2018年6月12日的提示付款回复信息中载明拒付理由为"商业承兑汇票承兑人账户余额不足"矛盾。一审法院结合运维中心出具的说明认定乌苏农商行行使的是拒付追索并无不当。故吉林集安农商行、龙里国丰村镇行关于一审法院未能查清拒付追索和非拒付追索的区别,并采纳不合法证据认定乌苏农商行是拒付追索有误的上诉请求,本院不予支持。

案例二

张某某与何某某不先行使对付款人付款请求权而先行使对出票人追索权纠纷案①

一审法院认为:顺德市均安镇新蓝环保材料销售部是何某某开办的个体工商

① 参见广东省佛山市中级人民法院(2004)佛中法民二终字第823号民事裁定书。

户,何某某以该销售部的名义向张某某开具支票,其法律责任应由何某某承担。张某某虽未能提供信用社的退票理由书,但何某某仍应对张某某承担责任,即向张某某支付支票上记载的金额13,000元。张某某的诉讼请求合理,予以支持。何某某称该支票账户在当时有足够的钱支付支票金额,由于何某某未能在期限内提供该支票账户的详细存款情况,故对于何某某的抗辩理由不予采纳。依照《票据法》第65条、第90条等规定,判决:何某某于判决发生法律效力之日起10日内向张某某支付13,000元及利息(利息从2003年6月26日起至判决确定还款之日止,以欠款额按每日万分之二计算)。案件受理费550元,由何某某负担。

上诉人何某某不服原判,上诉称:何某某从未欠张某某款项13,000元,也从未开具支票给张某某,双方之间从未形成债权债务关系。何某某所开具支票对象是何某某经营期间的客户,况且该支票并不是空头支票。张某某没有提供有效证据证明该支票是空头支票,故请求撤销一审判决,改判何某某不应支付13,000元给张某某,全部诉讼费由张某某承担。

被上诉人张某某答辩称:(1)何某某开出的是空头支票,该支票账户上没有足够的款项,这是事实。(2)根据《票据法》的规定,出票人签发的支票金额超过其付款时在付款人处实有的存款金额的,是空头支票,禁止签发空头支票。

广东省佛山市中级人民法院认为:张某某持何某某开具的支票起诉请求何某某支付支票款13,000元,但由于该支票未加盖农村信用社的退票章,张某某也不能提供农村信用社的退票理由书,故可认定张某某未向付款人顺德均安农村信用社请求付款,就直接起诉出票人何某某,以行使追索权。根据《票据法规定》(2000)第4条"持票人不先行使付款请求权而先行使追索权遭拒绝提起诉讼,人民法院不予受理。除有票据法第六十一条第二款和本规定第三条所列情形外,持票人只能在首先向付款人行使付款请求权而得不到付款时,才可行使追索权"之规定,而张某某直接行使追索权并不具备《票据法》第61条第2款和上述规定第3条所列情形,因此,其不先行使付款请求权而先行使追索权提起的诉讼,人民法院不应受理。据此,一审法院受理张某某的起诉并作出实体判决是错误的,应予纠正。依照《最高人民法院关于适用〈中华人民共和国民事诉讼法〉若干问题的意见》第186条以及上述的规定,裁定如下:(1)撤销广东省佛山市顺德区人民法院(2004)顺法民二初字第406号民事判决。(2)驳回张某某的起诉。

案例三
上海浦东发展银行股份有限公司沈阳分行、彰武宁鹏粮食购销有限公司票据追索权纠纷案①

一审法院认为:《票据法》第61条规定,汇票到期被拒绝付款的,持票人可以对背书人、出票人以及汇票的其他债务人行使追索权。汇票到期日前,有下列情形之一的,持票人也可以行使追索权:(1)汇票被拒绝承兑的;(2)承兑人或者付款人死亡、逃匿的;(3)承兑人或者付款人被依法宣告破产的或者因违法被责令终止业务活动的。第62条规定,持票人行使追索权时,应当提供被拒绝承兑或者被拒绝付款的有关证明。持票人提示承兑或者提示付款被拒绝的,承兑人或者付款人必须出具拒绝证明,或者出具退票理由书。未出具拒绝证明或者退票理由书的,应当承担由此产生的民事责任。根据上述规定,追索权是持票人享有的第二顺序权利,汇票到期被拒绝付款或者具有《票据法》第61条第2款所列情形的,持票人可以行使追索权。本案中,承兑人辽宁辉山乳业集团(沈阳)有限公司(以下简称辉山沈阳公司)2018年6月1日出具的回执显示其已收到律师函并承诺愿意按照该函件内容履行,并未拒绝付款,目前辉山沈阳公司在破产程序中,上海浦东发展银行股份有限公司沈阳分行(以下简称浦发银行沈阳分行)已就案涉票据金额申报债权,故其向彰武宁鹏粮食购销有限公司(以下简称宁鹏公司)提起追索权诉讼尚不符合法律规定的行使追索权的条件。根据《票据法规定》(2000)第4条"持票人不先行使付款请求权而先行使追索权遭拒绝提起诉讼的,人民法院不予受理。除有票据法第六十一条第二款和本规定第三条所列情形外,持票人只能在首先向付款人行使付款请求权而得不到付款时,才可以行使追索权"的规定,本案不应受理。裁定驳回浦发银行沈阳分行的起诉。

辽宁省高级人民法院二审认为:《票据法》第61条规定,汇票到期被拒绝付款的,持票人可以对背书人、出票人以及汇票的其他债务人行使追索权。汇票到期日前,有下列情形之一的,持票人也可以行使追索权:(1)汇票被拒绝承兑的;(2)承兑人或者付款人死亡、逃匿的;(3)承兑人或者付款人被依法宣告破产的或者因违法被责令终止业务活动的。第62条第1款规定:"持票人行使追索权时,应当提供被拒绝承兑或者被拒绝付款的有关证明。"浦发银行沈阳分行已就案涉商业汇票贴现业务向辉山沈阳公司申报了债权,辉山沈阳公司承诺愿意按照履行相应义务,并未拒绝付款,且浦发银行沈阳分行庭审中自述辉山沈阳公司现处于破产重

---

① 参见辽宁省高级人民法院(2020)辽民终45号民事裁定书。

整阶段。浦发银行沈阳分行无法提供被拒绝承兑或被拒绝付款的有关证明,亦无证据证明承兑人辉山集团公司被依法宣告破产,故其不具备行使追索权的前提条件。浦发银行沈阳分行所主张的其债权未得到偿付无法成为其行使追索权的法定理由。裁定驳回上诉,维持原裁定。

第五条　付款请求权是持票人享有的第一顺序权利,追索权是持票人享有的第二顺序权利,即汇票到期被拒绝付款或者具有票据法第六十一条第二款所列情形的,持票人请求背书人、出票人以及汇票的其他债务人支付票据法第七十条第一款所列金额和费用的权利。

【条文主旨】

本条是关于持票人行使票据权利顺序的规定,即付款请求权是持票人享有的第一顺序权利,追索权是持票人享有的第二顺序权利。持票人第一顺序权利不能实现或者存在法定理由时,才能行使第二顺序的权利。

【条文理解】

本条是在《票据法规定》(2020)第4条基础上所作的进一步的规定。《票据法规定》(2020)第4条规定,除法定情形外,人民法院对持票人不先行使付款请求权而先行使追索权遭拒绝提起的诉讼不予受理。这是因为付款请求权是持票人享有的第一顺序权利,追索权是持票人享有的第二顺序权利。

之所以明确付款请求权是持票人享有的第一顺序权利,追索权是持票人享有的第二顺序权利,是由以下原因决定的。

(一)由持票人持有票据的目的所决定

1. 票据权利是以直接实现票据金额为目的权利

我国《票据法》第4条第4款规定,票据权利是指持票人向票据债务人请求支付票据金额的权利,包括付款请求权和追索权。票据权利是民事权利的一种,是建立在票据之上的一种特殊权利,即持票人以取得票据金额为目的,依票据所赋予的对票据行为的关系人所行使的权利。票据权利是以直接实现票据金额为目的的权利。也就是说,持票人所享有的权利是票据金钱债权。不过,票据金钱债权与其他金钱债权相比较有所不同,票据金钱债权具有二重性,即有二次请求权。其他金钱债权仅有一次请求权。票据金钱债权的请求权首先表现为付款请求权,即持票人向票据主债务人,包括汇票的承兑人、本票的出票人、付款人以及保付支票的付款人等请求依据票据记载金额支付金钱的请求权。其次表现为付款请求权未果时,行使追索权,即持票人在付款请求权未实现时,或者有其他法定情形,在保全票据权利的基础上,向除主债务人以外的背书人、保证人等行使票据金额和有关必要费用的请求权。正因为票据权利具有二次请求权,才给持票人带来了安全感,促进票据的正常流通。

2. 票据权利是固定性权利

票据权利的固定性是指票据权利的内容从出票人签发票据并交付后起,票据权利就只能依据票据所记载的文义为准,对票据上记载的金额不得扩大或者减少。否则票据行为的前手与后手之间,将无法连带负责。我国《票据法》第 4 条规定,票据出票人制作票据,应当按照法定条件在票据签章,并按照所记载的事项承担票据责任。其他票据债务人在票据上签章的,按照票据所记载的事项承担票据责任。实务中在票据上签章的人有出票人、承兑人、背书人以及其他票据债务人。如果票据权利不固定,任意扩大或者减少,既不利于保护持票人的权益人,也使出票人、承兑人、背书人和其他票据债务人的债务处于不确定状态,违反了票据债务人为自己设立票据债务的目的。

持票人只要获得了票据记载的金钱数额即实现了其票据权利并消灭票据关系。持票人若想获得票据上记载的金钱数额最直接和最有效的方法就是向汇票、支票的付款人或者本票的出票人请求付款。

(二)由《票据法》规定的票据权利行使程序以及追索权的特性所决定

追索权作为一种重要的票据权利,在票据关系中不是孤立存在的,它与付款请求权、票据利益偿还权有着千丝万缕的关系,而且,将追索权与民法上的债权进行分析比较,也能更好地理解追索权的性质和其在票据关系中的地位。

票据权利的行使是票据的持票人即票据的权利人请求票据债务人履行票据债务的行为。通常票据权利的行使包括行使付款请求权和追索权。我国《票据法》第 61 条规定了三种条件下可能行使追索权:一是票据到期被拒绝付款;二是票据到期前,存在汇票被拒绝承兑、承兑人或者付款人死亡、逃匿;三是承兑人、付款人被依法宣告破产或者因违法被责令终止业务活动。

由法律规定可知,追索权是在付款请求权得不到实现的情况下,才可行使。它是持票人因票据到期被拒绝付款或具有法定情形时,请求票据债务人支付票据金额及其他费用的权利。具有如下法律特征:

(1)追索权是由付款请求权派生出来的权利。追索权虽与付款请求权共同构成票据权利,但法律明确规定了持票人行使付款请求权与追索权的顺序。根据《票据法》第 61 条、第 80 条以及第 93 条的规定,汇票、本票和支票的持有人都享有追索权。

(2)追索权行使的原因是票据到期后被拒绝付款或其他法定原因,如票据到期日前拒绝承兑等。行使追索权的原因未出现时,持票人不可行使追索权。

(3)按照《票据法》第70条的规定,追索权请求支付的金额除票据金额外还包括其他费用,如利息、作成拒绝证书的费用等。追索权实现时,持票人似乎取得了比票据金额更多的款项,但这些款项只不过是持票人因未能在票据到期时获得票据金额的利息补偿及实际支出的相关费用补偿,而且持票人实现票据权利的时间要晚许多。

(4)追索权是针对票据所有债务人而行使的权利,其存在直至票据关系消灭时止。因为在票据关系没有消灭时,票据债务人的角色是互动的、可转换的。追索权的行使是不断转移的,只有在票据关系消灭时,所有票据债务人的票据责任都予以解除的情况下,追索权才算真正的消灭。相比较而言,付款这一附属票据行为消灭票据关系的过程要简单得多。

追索权与付款请求权两相比较,持票人行使付款请求权可以更迅速实现其票据权利,行使追索权只是不得已而为之。法律上明确追索权为第二顺序权利只是顺应了票据活动的客观实际。

(三)遵行票据立法的国际惯例

我国《票据法》及司法实践已明确规定追索权是第二顺序的权利,与票据立法的国际惯例一致。

1. 日内瓦、大陆法系票据法的立法规定

一般认为,以《日内瓦统一汇票本票法公约》和《日内瓦统一支票法公约》为蓝本修订本国票据法的国家,即属于大陆法系票据法国家或地区,包括法国、德国和日本等国家和地区。

1934年1月1日生效的《日内瓦统一汇票本票法公约》在第6章付款之后设专章即第7章"不获承兑或不获付款之追索权"对追索权进行了规定。第43条区分了到期日行使追索权的原因是没有获得付款,而到期日前行使的原因是:"(1)汇票之全部或一部分不获承兑时;(2)付款人不论其是否承兑、破产时;付款人未经法院裁定,停止付款时;或对其财产经过执行而无效果时;(3)不获承兑之汇票,其发票人破产时。"第44条规定,"汇票不获承兑或付款时,须以正式行为证明之(作成拒绝承兑或拒绝付款证书)"。第48条至第54条规定了持票人和支付了追索金额的原债务人可追索的款项以及追索权行使的期限,并规定了在不可抗力情况下可以延长行使期限等内容。

《德国票据法》在第1章第7节对追索权进行了规定,其标题为"拒绝承兑和拒绝付款的追索权"(第43条至第54条)。《德国支票法》在第6章规定了拒绝付款的追索权。与《日内瓦统一汇票本票法公约》《日内瓦统一支票法公约》规定相同的是,《德国票据法》也规定了对于持票人行使追索权所追索的款项以及付款人支付追索的金额后向其前手所追索的款项;汇票债务人和背书人在支付被追索金额之后,有权要求持票人交付汇票连同拒绝证书并出具付讫收据;即使是部分承兑也可行使追索权等。《德国票据法》在第3章补充规定中对拒绝证书如何作成进行了详细规定,其中第79条、第80条规定得比较详细。这些详细规定表明了拒绝证书在行使追索权中的重要作用。

《日本票据法》也设专章(第7章)进行规定,标题即为"因拒绝承兑或拒绝付款而产生的追索权"。《日本支票法》在第6章"因付款被拒绝而产生的追索"中对追索权进行规定。

《法国票据法》第8节"不获承兑或不获付款的追索权、拒绝证书、转开汇票"分三部分对追索权的形式要件、实质要件、行使方式、期限进行了规定。

2. 英美法系票据法的立法规定

英美法系的票据法没有设专章或专节对追索权进行规定。因为,英美票据法的立法,主要以票据当事人的责任为线索,所以关于追索权的规定,英国票据法是在"持票人之一般责任""当事人之责任"中规定,美国票据法则主要在"提示、退票通知和拒绝证书"进行规定。不过,英美法票据立法规定行使追索权的原因仅为票据被拒绝承兑或被拒绝付款,同时一般认为票据权利人以适当的方式进行退票通知即可,拒绝证书的作成并非必需的。这显示出英美法系的规定较为灵活,更有利于保护票据当事人的权利。①

我国《票据法》的相关规定与传统上属大陆法系的法国、德国、日本等域外立法例相似。大陆法系立法崇尚交易的安全稳定,保护善意持票人的权益;英美法系则崇尚交易的便利、快捷,强调交易的效率,倾向于保护正当持票人的权益。

【司法适用】

(1)《票据法规定》(2020)的本条内容实际上是对《票据法》第61条等有关追索权规定的司法解释。

现行《立法法》(2015)第104条规定最高人民法院作出的属于审判工作中具体应用法律的解释,应当主要针对具体的法律条文,并符合立法的目的、原则和原意。不过,《票据法规定》(2000)公布时,《立法法》刚刚施行,而且当时的《立法法》并无现行法律第104条的内容。《票据法规定》(2000)不少条文都有与本条类似情形,但不应认为违反了现行《立法法》第104条的规定。

---

① 参见林艳琴:《票据追索权法律制度之立法比较》,载《学术交流》2011年第4期。

（2）本条是对《票据法规定》（2020）第 4 条的补充，其效力体现在第 4 条的执行。

《票据法规定》（2020）第 4 条规定，无法定理由，持票人不先行使付款请求权而先行使追索权遭拒绝提起诉讼的，人民法院不予受理。但是，在票据实务中，持票人无法定理由不先行使付款请求权，而直接向票据背书人或者出票人或者其他票据债务人行使追索权，被追索的票据债务人履行票据责任，该履行行为不应认定为无效。当然，被追索的票据债务人也可以此条规定予以抗辩。下面的案例亦印证背书转让的银行承兑汇票因背书不连续而被拒绝付款，持票人遂向其汇票前手行使追索权，前手在依法向持票人清偿了汇票金额并取得上述汇票之后，可以向出票人等汇票债务人行使再追索权。

【司法案例】

厦门兴宁士包装设备有限公司诉厦门蒙特实业有限公司及东亚银行（中国）有限公司厦门分行票据追索权纠纷案①

福建省厦门市思明区人民法院经审理认为：蒙特实业公司于2008 年6 月5 日和6 月17 日开具的编号为 00015103 的银行承兑汇票及编号为 00015106 的银行承兑汇票，形式上和文义上均符合我国《票据法》的规定，应认定为有效票据。本案中，兴宁士包装设备公司提交的退票理由书及深圳南玻浮法玻璃有限公司出具的收据证明本案讼争的两份银行承兑汇票因背书不连续被东亚银行拒绝付款，同时兴宁士包装设备公司接受持票人的追索并已向持票人清偿了该票据债务，故原告在本案作为持票人依法享有向其他汇票债务人行使再追索权。现兴宁士包装设备公司要求出票人即蒙特实业公司支付汇票金额 30 万元及利息并要求东亚银行承担连带责任的主张符合法律规定，法院予以支持。但原告要求按银行同期同类贷款利率 5.31% 计算利息的主张缺乏事实依据，应自清偿日起至再追索清偿日止，按照中国人民银行规定的利率计算利息。综上，原告兴宁士包装设备公司的诉讼请求，法院予以部分支持。

福建省厦门市思明区人民法院依照《民事诉讼法》（2007）第 64 条第 1 款，《票据法》第 61 条第 1 款、第 68 条、第 71 条及《民事诉讼证据规定》第 2 条之规定，判决：蒙特实业公司应于本判决生效之日起 10 日内向兴宁士包装设备公司支付汇票金额 30 万元及利息（自汇票清偿之日即 2009 年 4 月 21 日起至再追索清偿之日止，按中国人民银行规定的利率计算）；东亚银行厦门分行对上述款项承担连带责

① 参见福建省厦门市思明区人民法院（2009）思民初字第 5933 号民事判决书。

任；驳回兴宁士包装设备公司的其他诉讼请求。

一审判决后，双方当事人均未提起上诉。

第六条　因票据纠纷提起的诉讼，依法由票据支付地或者被告住所地人民法院管辖。

票据支付地是指票据上载明的付款地，票据上未载明付款地的，汇票付款人或者代理付款人的营业场所、住所或者经常居住地，本票出票人的营业场所，支票付款人或者代理付款人的营业场所所在地为票据付款地。代理付款人即付款人的委托代理人，是指根据付款人的委托代为支付票据金额的银行、信用合作社等金融机构。

【条文主旨】

本条是关于票据支付地的规定。

【条文理解】

按照本条规定，票据支付地是指票据上载明的付款地，票据上未载明付款地的，是指票据付款人或者代理付款人的营业场所或者住所地或者经常居住地。

本条规定为两款，其中第1款修改后只是重申《民事诉讼法》第26条的内容，所以本条规定实质是根据《票据法》的规定对《民事诉讼法》第26条中的票据支付地作了详细解释。

（一）《民事诉讼法》关于票据纠纷管辖的一般规定

票据是民事实体法律关系的客体之一，属于有价证券范畴。按照我国《票据法》的规定，票据包括汇票、本票和支票。所谓票据纠纷，是指票据的出票人、背书人、承兑人、保证人、付款人、持票人之间在票据的签发、承兑、转让、贴现、付款等环节产生争议，因行使票据权利或者非票据权利而引起的纠纷。

《民事诉讼法》施行之前的《民事诉讼法（试行）》没有对票据纠纷案件的管辖作出特别规定，票据纠纷案件与其他普通民事纠纷案件一样，适用一般地域管辖的原则，即仅规定被告住所地人民法院享有管辖权。这是因为当时我国的商品经济尚不发达，票据行为很少或没有，因而也几乎没有此类纠纷引起的诉讼。但随着我国商品经济特别是社会主义市场经济的飞速发展，对内和对外经济贸易日益频繁以及金融体制的改革，不同的票据在我国先后出现，其作为商业活动的重要工具，使用范围大幅度增加，因票据产生的纠纷也越来越多地诉诸法院，因而全国人民代表大会在1991年制定《民事诉讼法》时，根据最高人民法院的提议，将票据纠纷作为适用特殊地域管辖的情形之一,以适应现实经济发展的需求。

《民事诉讼法》第26条规定,因票据纠纷提起的诉讼,由票据支付地或者被告住所地人民法院管辖。本条规定明确了票据纠纷适用特殊地域管辖。所谓特殊地域管辖,也称特别管辖或者特殊管辖,是指以诉讼标的物所在地或者民事法律事实所在地为标准而确定第一审法院的管辖制度。特殊地域管辖的基本特点是:各类纠纷管辖均为共同管辖,案件类型比较特殊且与法院辖区的联结标准呈现多元化现象。《民事诉讼法》第24条至第33条规定了十种特殊地域管辖。不过,值得注意的是,除因公司设立等提起的诉讼、因海难求助费用提起的诉讼以及因共同海损提起的诉讼外,包括票据纠纷案件在内的其他适用特殊地域管辖的案件也适用一般地域管辖原则。也就是说,因票据纠纷提起的诉讼,除票据支付地的法院外,被告住所地法院也有权管辖票据纠纷案件。这是因为民事诉讼法确定地域管辖的基本依据是法院辖区和当事人住所地、诉讼标的或者诉讼标的物的关联关系。在此依据下,既要求当事人住所地与法院辖区相关联,即一般案件均可根据当事人住所地所在的辖区确定管辖法院,也要求诉讼标的或者诉讼标的物与法院辖区相关联,即部分案件可以诉讼标的或者诉讼标的所隶属的辖区确定管辖法院。民事诉讼法之所以如此规定,目的在于便于当事人诉讼,便于法院调查、核实证据,迅速查明案情,正确处理民事纠纷;有利于传唤当事人出庭应诉;有利于采取保全和先予执行措施;如果被告败诉,还利于执行;还可防止原告滥用诉权、给被告造成不应有的损失。如果地域管辖标准过于单一,不仅不符合"两便"原则,不能使民事权益争议得到迅速有效的解决,而且也难以保证司法的公平与公正。

(二)对票据支付地的具体理解

1. 付款行为的含义

根据《票据法》的规定,所谓票据权利,是指持票人向票据债务人请求支付票据金额的权利,所谓票据责任,是指票据债务人向持票人支付票据金额的义务。因而所谓支付地就是指票据债务人向持票人支付票据金额的地方,也就是付款人履行付款义务的地方。依据《票据法》的规定,付款只是一种广义上的票据行为,是指付款人或者代理付款人支付票据金额以消灭票据关系的行为。在持票人行使票据权利时,票据债务人承担票据责任支付票据金额有两种类型:一是付款人或者代理付款人向持票人付款。二是发生付款人拒绝承兑或者拒绝付款等使持票人不获付款事由时,持票人向出票人、背书人、承兑人、保证人及其他票据债务人行使追索权,被追索人清偿票据款项及其利息、追索费用。在付款人依法向持票人付款的情况下,票据关系消灭;但被追索的出票人、承兑人、背书人、保证人等票据债务人清偿票据金额、利息及相关费用后,票据关系并不必然消灭,被追索人清偿债务后，可以向其他票据债务人行使再追索权。

2. 付款地的确定

根据《民事诉讼法》第26条和《票据法规定》(2020)本条规定，为了适合票据纠纷的特点，因票据纠纷提起的诉讼可由票据支付地人民法院管辖。票据支付地，是指票据上载明的付款地。票据，是以支付一定金额为目的的有价证券。支付，是票据最主要的作用和目的。在票据运行过程中，承兑和支付阶段，是纠纷最集中的阶段。考虑到票据作为商业活动工具的特殊性及在支付过程中纠纷的多发性和复杂性，法律规定了支付地人民法院管辖的原则。如此规定，首先，方便了人民法院对这类案件的审理；其次，有利于将来裁判的顺利执行；最后，还可及时解决纠纷，以促进商业活动正常进行，保证票据的正常流转，为经济建设的发展铺平道路。

《票据法》第23条就汇票的相对应记载事项及其效力作如下规定："汇票上记载付款日期、付款地、出票地等事项的，应当清楚、明确。汇票上未记载付款日期的，为见票即付。汇票上未记载付款地的，付款人的营业场所、住所或者经常居住地为付款地。汇票上未记载出票地的，出票人的营业场所、住所或者经常居住地为出票地。"《票据法》第76条就本票的相应记载事项规定如下："本票上记载付款地、出票地等事项的，应当清楚、明确。本票上未记载付款地的，出票人的营业场所为付款地。本票上未记载出票地的，出票人的营业场所为出票地。"《票据法》第86条就收款人名称的授权补记与支票的相对应记载事项规定如下："支票上未记载收款人名称的，经出票人授权，可以补记。支票上未记载付款地的，付款人的营业场所为付款地。支票上未记载出票地的，出票人的营业场所、住所或者经常居住地为出票地。出票人可以在支票上记载自己为收款人。"另外，《票据法》第5条就票据代理规定如下："票据当事人可以委托其代理人在票据上签章，并应当在票据上表明其代理关系。没有代理权而以代理人名义在票据上签章的，应当由签章人承担票据责任；代理人超越代理权限的，应当就其超越权限的部分承担票据责任。"付款人的委托代理人即代理付款人，是指根据付款人的委托代为支付票据金额的银行、信用合作社等金融机构。因此，票据实务中，票据的支付地，票据当事人一般在票据上予以载明。但也有些票据未载明具体的支付地，这并不影响票据的效力。毕竟"付款地"是票据相对应记载事项，而非必须记载事项。票据上未记载付款地的，发生纠纷而诉至人民法院后，人民法院则以汇票付款人或者代理付款人的营业场所、住所或者经常居住地，本票出票人的营业场所，支票付款人或者代理付款人的营业场所所在地为票据付款地，并据此确定本纠纷是否应由该法院行使管辖权。

【司法适用】

关于《票据法规定》的修改与本条规定的适用。

《民法典》公布之后,自2020年6月起,最高人民法院对标《民法典》立法精神和法律规定,对中华人民共和国成立以来现行的司法解释及相关规范性文件共计591件进行了全面清理,重点开展了一批社会关注度高、实践急需的司法解释修改制定工作。其中,与《民法典》规定一致的共364件,未作修改、继续适用;对标《民法典》,需要对名称和部分条款进行修改的共111件,经修改颁布后自2021年1月1日起施行。尽管《民法典》并不直接影响《票据法》的内容,但基于现行《票据法》颁布实施于20世纪90年代中期我国计划经济向市场经济过渡阶段,而且《票据法规定》(2000)已经施行了20年,最高人民法院于《民法典》颁布之机,在2020年12月29日公布的《修改二十九件商事类司法解释的决定》(法释〔2020〕18号)之"十、修改《最高人民法院关于审理票据纠纷案件若干问题的规定》",对《票据法规定》(2000)作了16处修改。其中,将《票据法规定》(2000)第6条第1款"因票据权利纠纷提起的诉讼,依法由票据支付地或者被告住所地人民法院管辖"修改为"因票据纠纷提起的诉讼,依法由票据支付地或者被告住所地人民法院管辖";删除《票据法规定》(2000)第7条"因非票据权利纠纷提起的诉讼,依法由被告住所地人民法院管辖"。也就是说,将《票据法规定》(2000)第6条第1款与第7条予以合并。合并后的第6条第1款与《民事诉讼法》第26条"因票据纠纷提起的诉讼,由票据支付地或者被告住所地人民法院管辖"相比,增加了"依法"一词。

《票据法规定》(2000)第7条明确"因非票据权利纠纷提起的诉讼,依法由被告住所地人民法院管辖",实际上是对《民事诉讼法》第26条适用"票据支付地"确定管辖的情况作了限制性解释,即因非票据权利纠纷提起的诉讼,由被告住所地人民法院管辖,排除了"票据支付地"人民法院对因非票据权利纠纷提起的诉讼的管辖权,以增强管辖的确定性,减少或者避免票据纠纷案件的管辖争议,避免诉讼各方在管辖问题上过度博弈无谓耗费时间精力,有利于降低诉讼成本、提高诉讼效率。①

在对《票据法规定》(2020)第1条的理解与适用中,已经阐明,结合《票据法》与2020年修改后的《民事案件案由规定》,"因非票据权利纠纷提起的诉讼",包括票据交付请求权纠纷、票据返还请求权纠纷、票据损害责任纠纷等8种纠纷,基本

---

① 《票据法规定》(2000)第1条、第6条、第7条将《民事诉讼法》所谓"票据纠纷"类型化解释为票据权利纠纷和非票据权利纠纷,与《民事诉讼法解释》将《民事诉讼法》所谓"侵权行为地"解释为侵权行为实施地和侵权结果发生地的思路是一致的。

不是支付纠纷。其中,“票据保证纠纷”可能是票据追索权纠纷,如最后持票人要求保证人承担票据责任而产生的纠纷,也可能构成“因非票据权利纠纷”,如付款人付款后票据关系消灭,如出票人不“具有支付汇票金额的可靠资金来源”(《票据法》第 21 条第 1 款)时,付款人可以要求保证人承担保证责任。“因非票据权利”产生的纠纷中,“票据支付地”与“被告住所地”可能相同,如《票据法》第 105 条,因票据付款人故意压票,拖延支付,给持票人造成损失,提起的“票据损害责任纠纷”诉讼;也可能不相同,如《民事案件案由》列明的最后一种票据纠纷“票据回购纠纷”,由贴现或转贴现的灵活性,票据支付地与票据回购纠纷中的被告住所地极可能不一致。票据回购纠纷是合同纠纷。《九民会议纪要》(法〔2019〕254 号)第 102 条“转贴现协议”中规定,“转贴现行提示付款被拒付后,依据转贴现协议的约定,请求未在票据上背书的转贴现申请人按照合同法律关系返还转贴现款并赔偿损失的,案由应当确定为合同纠纷”。按照《民事诉讼法》第 26 条的规定,因合同纠纷提起的诉讼,由被告住所地或者合同履行地法院管辖。

当然,修改后的《票据法规定》(2020)第 6 条第 1 款回归《民事诉讼法》第 26 条具有积极意义,除了文字上与《民事诉讼法》的规定保持基本一致外,毕竟多个法院对同一票据纠纷案件都有管辖权时,原告向哪一个具有管辖权的法院提起诉讼可以根据自己的诉讼需要作出符合自己诉讼利益的选择。

然而,《票据法规定》(2020)第 6 条第 1 款不仅与《民事案件案由规定》不一致,而且与《民事诉讼法解释》第 455 条也产生了如何适用的新问题。需要注意的是,《民事诉讼法解释》第 455 条规定:“人民法院依照民事诉讼法第二百二十八条规定终结公示催告程序后,公示催告申请人或者申报人向人民法院提起诉讼,因票据权利纠纷提起的,由票据支付地或者被告住所地人民法院管辖;因非票据权利纠纷提起的,由被告住所地人民法院管辖。”尽管最高人民法院在对《票据法规定》(2000)修正的同时对《最高人民法院关于适用〈中华人民共和国民事诉讼法〉的解释》进行修订,但在 2020 年 12 月 29 日公布的《最高人民法院关于修改〈最高人民法院关于人民法院民事调解工作若干问题的规定〉等十九件民事诉讼类司法解释的决定》“二、修改《最高人民法院关于适用〈中华人民共和国民事诉讼法〉的解释》”中对《民事诉讼法解释》第 455 条(原第 457 条)规定的内容未作修改,《票据法规定》(2020)虽然属于特别规定,但公示催告程序属于民事诉讼的特别程序,《民事诉讼法解释》第 455 条是对公示催告程序与票据诉讼程序衔接的解释,相对于《票据法规定》(2020)第 6 条第 1 款一般票据诉讼管辖的规定,该解释是终结公示催告程序后的特别规定,应当优先适用确定管辖,不应当适用《票据法规定》(2020)的规定确定管辖。

【司法案例】

案例一
何某某与伍某某、苏某某涉外票据追索权纠纷案[①]

一审法院认为:因被告苏某某是美国籍人,本案属涉外票据追索权纠纷。被告伍某某的住所地在佛山市顺德区,而被告苏某某对本院管辖不提出异议,并予以应诉答辩,根据《民事诉讼法》(1991)第27条及第245条的规定,一审法院对本案有管辖权。在本案法律适用方面,何某某起诉所依据的是中国内地的法律,而苏某某虽然基于中国内地实体法作出了答辩意见,但其意见之一明确提出本案应当适用付款地法即香港特别行政区的法律,因此,本案当事人未能就法律适用问题达成共识。因本案所涉票据的付款行为发生在香港特别行政区,故该票据属于涉外票据,根据《票据法》(1995)第90条第1款的规定,应当依照该法第5章的相关冲突规范确定本案的准据法。本案纠纷源于何某某在持苏某某开出的20H654966号香港永隆银行有限公司支票要求兑付遭到拒付后,作为票据权利人向伍某某、苏某某行使票据追索权。故首先需要审查的是本案当事人是否票据关系的当事人。根据《票据法》(1995)第98条的规定,支票出票时的记载事项适用出票地法律。苏某某认为本案支票是香港永隆银行有限公司的支票,出票地应当是香港特别行政区。而根据《票据法》(1995)第87条规定,支票上未记载出票地的,出票人的营业场所、住所或者经常居住地为出票地。本案的支票并没有记载出票地,而出票人苏某某的居所在中国内地,根据上述规定,20H654966号支票虽然是香港永隆银行有限公司印发的票据,但其实际出票地应当是中国内地而非香港特别行政区,苏某某的上述主张不予采纳。从该支票上所载内容可见,何某某是收款人,苏某某是开票人,均为票据当事人。而伍某某虽然是从苏某某处取得支票转而交给何某某的人,但是并没有在支票上记载任何背书行为,即伍某某是把支票无背书转让的转让人,既非票据当事人,也非票据关系人。因此,何某某并不享有对伍某某的票据权利,不存在追索权,其请求伍某某支付支票款项缺乏法律依据,不予支持。至于何某某与伍某某的货款关系,是另一法律关系,何某某可另案起诉,本案不予审查。根据前述分析,苏某某与何某某是20H654966号香港永隆银行有限公司支票的票据当事人。持票人何某某行使了其付款请求权,在支票到期不获付款后,取得了付款人出具的退票理由书,即依法保全了其票据权利,则对出票人苏某某享有追索权。苏某某主张该支票已经作废,何某某不享有追索

---

① 参见广东省高级人民法院(2004)粤高法民四终字第226号民事判决书。

权的抗辩理由因缺乏事实根据和法律依据，不予采信。票据权利人应当及时行使其追索权，根据《票据法》(1995)第100条的规定，票据追索权的行使期限适用出票地法律。如前所述，出票地法即是中国内地法律。而《票据法》(1995)第17条第1款第2项规定，持票人对支票出票人的票据权利，自出票日起6个月。故何某某有无在此期间行使其追索权是其是否仍对苏某某享有票据权利的关键所在。本案的20H654966号支票上记载的到期日是2000年11月15日，而没有记载出票日，但按照日常生活经验可知，出票日应当在到期日之前。何某某未能提供证据证明在此前曾向苏某某行使过追索权。根据《票据法》(1995)第17条第1款第1项和《民事诉讼证据规定》(2001)第2条第2款的规定，何某某应当承担举证不能的不利后果，即其对苏某某享有的票据权利因在法定期限内不行使而消灭。综上，何某某要求苏某某支付20H654966号支票的款项及相应利息的诉讼请求，证据不足，依照《票据法》(1995)第17条第1款第2项、第100条等规定，判决驳回何某某的诉讼请求。

广东省高级人民法院二审认为：本案何某某为证明其与伍某某和苏某某之间的法律关系和诉请的事实，向法院提交了NO. 20H654966支票和香港永隆银行有限公司退票的有关材料，依照《票据法》(1995)第95条第2款的规定，原审法院将本案定性为涉外票据纠纷正确。原审被告之一伍某某住所地在广东省佛山市，苏某某为美国籍人，其对管辖权没有提出异议且已应诉答辩。依照《民事诉讼法》(1991)第27条、第245条和《最高人民法院关于涉外民商事案件诉讼管辖若干问题的规定》的规定，一审法院对本案享有管辖权。在涉外票据纠纷中，除《票据法》第98条第2款规定的支票出票时的记载事项，可由当事人协商适用付款地法律之外，票据法律关系的其他环节和事项依照《票据法》(1995)第95条第1款的规定，限制当事人意思自治原则的适用。因此，本案票据纠纷应依照《票据法》(1995)第5章的规定，确定法律适用。本案所涉票据记载的主要事项为出票人、付款人、金额和收款人，并未记载出票地，苏某某在中国内地有居所，中国内地为出票地。依照《票据法》(1995)第98条第2款的规定，支票出票时的记载事项，适用出票地法律。在本案当事人未有协商适用付款地法律的情况下，原审法院适用中国内地法律处理票据记载事项正确。本案所涉票据收款人“何某某”为何某某本人填写，根据《票据法》(1995)第85条的规定，该事项并非必须记载事项，何某某自己填写收款人名称，苏某某没有提出异议，视为授权补记。因此，本案所涉票据的当事人为苏某某和何某某。本案所涉支票虽然是由伍某某交付的，但由于票据具有严格的文义性特点，伍某某并未在该支票上作出某些事项的记载，因此，伍某某不是本案所涉票据关系的当事人。何某某以票据法律关系向伍某某行使追索权没有依据。何某某上诉认为其从开始就与两被上诉人发生经济交往而不单是苏某某代伍某某支付货款,本案是发生于何某某与两被上诉人之间的购销关系,应该适用原《合同法》和原《民法通则》的规定。因何某某在诉讼中没有提供其与伍某某和苏某某之间存在除票据关系之外的有关购销关系的证据,其上诉理由不能成立,不予支持。一审法院驳回何某某依票据关系向伍某某行使追索权的请求正确,应予维持。在本案中,何某某作为支票的收款人和持票人,在向付款人提示付款时被付款人拒绝,获得香港永隆银行有限公司退票通知和退票理由说明,具备了向出票人苏某某行使追索权的条件。苏某某承认退票原因是其在香港永隆银行有限公司账户余额不足。依照《票据法》(1995)第88条第2款的规定,苏某某签发的是空头支票,但其仍应承担向收款人或持票人支付支票项下款项的义务。苏某某认为其以号码为20H663266的支票取代了本案所涉的支票,本案所涉支票已经作废的主张没有依据,不予支持。何某某有权向苏某某行使票据追索权,但该权利应在法律规定的期限内行使,否则将丧失该权利。依照《票据法》(1995)第100条的规定,票据追索权的行使期限,适用出票地法律。本案所涉票据的出票地是中国内地,依照《票据法》(1995)第17条第1款第2项的规定,持票人对支票出票人的权利,自出票日起6个月不行使而消灭。原审法院认定何某某于2002年8月19日第一次行使追索权正确。何某某因超过6个月的期限而丧失了向苏某某追索的权利。何某某上诉认为,一开始何某某都对两被上诉人行使了请求权,就算当作票据纠纷,也没有过6个月追索权的问题,该上诉理由缺乏证据因而不能成立,予以驳回。综上,原审判决认定事实清楚,适用法律基本正确,应予维持。上诉人何某某上诉理由不成立,予以驳回。依照《民事诉讼法》(1991)第153条第1款第1项之规定,判决驳回上诉,维持原判。

案例二

中国农业银行南充市西城支行诉德阳二重冶金材料公司南充分公司等票据纠纷案①

诉讼中,四川省南充市中级人民法院根据农行西城支行提出的先予执行申请,于1999年11月3日作出(1997)南中法经初字第66号民事裁定书裁定,新乡建行营业部向农行西城支行支付持号码为Ⅷ00263520的银行承兑汇票票面金额100万元,并于1999年11月12日已先予执行。最高人民法院认为,因行使票据权利而引起的票据纠纷案件,由票据付款地或者被告所在地人民法院管辖。

① 参见四川省南充市中级人民法院(1997)南中法经初字第66号民事判决书。

二、票 据 保 全

保全制度是《民事诉讼法》的重要制度之一，对于保证人民法院生效裁判的顺利执行，维护当事人的合法权益，具有重要作用。票据纠纷案件审理及执行中的保全，主要是指人民法院在审理、执行票据纠纷案件的过程中，在特定的情况下，依当事人的请求，依法对特定的票据及票据权利采取保全措施或者执行措施，其目的在于阻止非善意持票人行使票据权利。也就是说，票据保全是在票据诉讼过程中，对当事人所持有的票据所采取的一种禁止票据流通的司法强制手段。

第七条　人民法院在审理、执行票据纠纷案件时，对具有下列情形之一的票据，经当事人申请并提供担保，可以依法采取保全措施或者执行措施：

（一）不履行约定义务，与票据债务人有直接债权债务关系的票据当事人所持有的票据；

（二）持票人恶意取得的票据；

（三）应付对价而未付对价的持票人持有的票据；

（四）记载有“不得转让”字样而用于贴现的票据；

（五）记载有“不得转让”字样而用于质押的票据；

（六）法律或者司法解释规定有其他情形的票据。

【条文主旨】

本条是关于票据诉讼中采取保全措施以及在民事案件的执行过程中采取票据保全、执行措施的规定，即在何种情况下，人民法院可以对相关票据权利采取保全或者执行措施。

【条文理解】

（一）票据保全的性质

保全制度，是指人民法院在受理民事诉讼前或者诉讼过程中，根据利害关系人或者当事人提出的申请，或者由人民法院依职权对当事人的财产或争议的标的物作出强制性保护措施,以保证将来作出的判决能够得到有效执行的制度。

对票据能否采取保全措施,多年来一直是一个有争议的问题。有观点主张不能对票据采取保全措施,其理由是:票据是流通证券,任何单位都不应当对票据采取保全措施,所以人民法院也无权保全。多数观点则认为可以对票据采取保全措施,其理由为:票据属于有价证券,是财产的一种形式,人民法院对这种财产进行保全,于法有据,即《民事诉讼法》关于财产保全的规定,票据保全就是财产保全的一种。笔者认为,为了保障票据的正常流通和使用,人民法院在一般情况下不应轻易对票据采取保全措施,只有在法律或者司法解释规定的特定情况下,为了防止当事人规避法律,钻票据无因性的空子,在票据恶意当事人(不正当持票人)、与票据债务人有直接债权债务关系的票据当事人的行为,或者有其他原因的出现,可能使人民法院的判决或者裁定不能执行或者难以执行时,人民法院可以对票据采取保全或者执行措施。也就是说,对票据可以采取保全或者执行措施,《票据法规定》(2020)也采纳了这一观点。

对于票据诉讼及执行中票据保全的性质,实践中仍有不同的认识。一种观点认为,票据保全与民事诉讼中的财产保全一样,应当适用民事诉讼财产保全的规定。另一种观点则认为,票据不是财产,票据诉讼不同于财产保全,不适用《民事诉讼法》关于财产保全的规定。笔者认为,票据诉讼虽然有不同于普通民事诉讼的地方,但是从票据诉讼的本质上来讲,仍然属于民事诉讼的范畴,有关诉讼的程序仍然应当适用《民事诉讼法》的一般原则和制度。票据作为一种有价证券,是一种债权证券,即票据可以代表一定的财产权利,所以,票据权利或者票据法上的非票据权利争议,仍然属于财产争议的范畴,就此争议而提起的诉讼一般亦属于财产权诉讼的范畴。而且,票据并非普通的印刷纸张,其具有财产价值,所以票据权利可以成为财产保全的对象。只是票据相对于其他财产而言,在权利行使、转让及流通方面与一般的动产或者权利有所不同,有着较为特殊的操作方法及流程,但民事诉讼票据保全一是财产保全,二是行为保全,如受理公示的同时发止付通知,要求付款人不再付款。

(二)采取票据保全的条件

票据是流通证券,又属于文义证券与无因证券,票据的流通性很强,票据流通过程中善意持票人的利益应当得到保障,因而长期以来,票据保全成为困扰人民法院与金融机构的一个难题,如人民法院在审理票据纠纷中,如果对已经多次背书转让的票据采取保全措施,对票据款项进行冻结,而作为票据债务人的付款银行对票据的善意持票人又不能拒付票据款项,使付款人处于两难的境地;而且在付款人以票据款项被有关人民法院冻结为由拒付时,持票人就会向人民法院提起诉讼，特别是票据追索权诉讼，受诉人民法院常常与采取票据保全措施的人民法院协调不成，直接判令付款人承担票据责任，尤其是当境外持票人在境外起诉时，则付款人败诉的可能性更大，不仅给付款人带来损失，而且还影响了作为付款人的金融机构的声誉。所以，最高人民法院多年以来一直强调采取票据保全措施时应当注意保护善意当事人的合法权利，即使在《票据法规定》(2020)中明确规定在票据诉讼中可以采用票据保全措施的同时，对票据保全也规定了严格的条件，即原则上根据《票据法》第13条、第14条的规定，可以在申请人提供担保的情况下对票据进行保全；如果此时被申请人已经将票据转让给他人，则该票据新的持有人与申请人之间不存在直接的债权债务关系与授受票据的直接关系，根据票据的无因性，只要申请人不能证明持票人明知其前手与票据债务人之间存在抗辩事由而取得票据的，则不能对该票据采取保全措施，否则将会影响票据的正常流通，不当增大持票人的风险。《票据管理实施办法》第24条所规定的“依法背书转让的票据，任何单位和个人不得冻结票据款项；但是，法律另有规定的除外”。这是票据保全的一般原则性要求，即可以对票据采取保全措施，但是一定要慎重，不得滥用。笔者认为，对票据采取保全措施的一般原则是，被保全票据现实持票人为非法持票人或者系被起诉要求确认为非法持票人，即持票人不享有票据权利或者被诉要求确认其不享有票据权利。

具体而言，根据《票据法规定》(2020)第7条的规定，人民法院在审理、执行票据纠纷案件时，对具有下列情形之一的票据，经当事人申请并提供担保，可以依法采取保全措施或者执行措施。

1. 不履行约定义务，与票据债务人有直接债权债务关系的票据当事人所持有的票据

《票据法》第13条第1款、第2款规定：“票据债务人不得以自己与出票人或者与持票人的前手之间的抗辩事由，对抗持票人。但是，持票人明知存在抗辩事由而取得票据的除外。票据债务人可以对不履行约定义务的与自己有直接债权债务关系的持票人，进行抗辩。”符合该条规定可以主张票据抗辩的票据债务人，既可以对持票人行使票据基础关系的抗辩而不支付票据款项，也可以提起票据返还请求权的诉讼。在票据债务人是作为被告而提出原告不享有票据权利的抗辩时，一般情况下没有必要采取保全措施。在票据债务人不是行使抗辩权而是主动提起票据返还请求权诉讼的情况下，原告一方为了防止持票人在诉讼中转让票据，导致出现善意取得票据权利的第三人，从而对票据债务人的权利造成损害的情形，即可以向人民法院申请对涉诉的票据及票据权利采取保全措施。此时人民法院采取保全措施，其目的是防止人民法院作出裁判前持票人再行转让票据权利。

此种情况下,申请采取保全措施的是票据债务人,被采取保全措施的票据尚在与票据债务人即原告有直接债权债务关系的持票人手中,如果持票人在人民法院采取票据保全措施以前已经将相关票据转让给第三人的,则除非该第三人取得票据时明知存在抗辩事由,否则人民法院不得对相关票据采取保全措施。

2. 持票人恶意取得的票据

依票据法原理,持票人取得票据时主观上应是出于善意,方能取得相关的票据权利,即持票人取得票据时对从票据外观无法查知的瑕疵,事实上不知道而且也不应当知道的主观认识状态。与善意相对应的主观心理状态即恶意以及重大过失。《票据法》第 12 条第 1 款规定:"以欺诈、偷盗或者胁迫等手段取得票据的,或者明知有前列情形,出于恶意取得票据的,不得享有票据权利。持票人因重大过失取得不符合本法规定的票据的,也不得享有票据权利。"也就是说,所谓恶意取得票据,一般是指持票人在取得票据时对票据上的瑕疵出于明知的心理状态而取得票据。各国票据法都采取限制解释的原则,即一方面限制决定恶意的时间,一般规定以受让票据时为准,受让以后为善意或者恶意在所不问。另一方面对受让人明知票据让与人无票据行为能力或者意思表示有瑕疵的情况排除在恶意之外,设专条予以规定。

对于恶意取得票据的举证责任,依据《票据法》的规定,一般情况下,票据债务人认为持票人有欺诈、偷盗或者胁迫等手段非法取得票据或者出于重大过失而取得票据的,应由该票据债务人负举证责任。根据《票据法》的有关规定,因恶意而取得票据的持票人,不得享有票据权利,此时票据债务人同样可以向持票人提起票据返还请求权之诉,在诉讼中为了防止该恶意取得票据的持票人再次转让票据,从而防止出现善意的第三人,原告也可以向人民法院申请采取保全措施,以限制持票人转让票据权利。

当持票人是因重大过失而取得票据时,虽然《票据法规定》(2020)并未作出是否可以采取保全措施的明确规定,但是根据《票据法》第 12 条第 2 款的规定,持票人因重大过失取得不符合本法规定的票据的,也不得享有票据权利的规定,此时也可以采取保全措施。另外,只要持票人取得票据是出于重大过失,则根据民法上的过错责任原则,即使持票人所取得的票据是符合《票据法》规定要求的票据的,持票人亦不得享有票据权利,人民法院对此种票据亦可以采取保全措施。

3. 应付对价而未付对价的持票人持有的票据

取得票据的当事人必须依给付对价而取得票据。《票据法》第 10 条第 2 款规定:"票据的取得,必须给付对价,即应当给付票据双方当事人认可的相对应的代价。”也就是说，持票人不得无对价而取得票据，否则不得享有票据权利。但是支付对价仅仅是一般原则，即该条应当是宣言式的规定；这一原则在票据实务中存在例外，在实践中也有无须给付对价而取得票据权利的可能性，如合法的赠与、继承等，如《票据法》第 11 条规定：“因税收、继承、赠与可以依法无偿取得票据的，不受给付对价的限制……”因此，除《票据法》第 11 条所规定的几种情形外，取得票据权利的持票人均应当向其前手支付对价。

根据《票据法规定》(2020)的规定，未支付对价而持有票据的，票据债务人可以向持票人提起票据返还请求权的诉讼，在诉讼中为了防止持票人再次转让票据，损害票据债务人的权利，票据债务人可以在诉讼中申请采取相应的保全措施，采取保全措施的目的亦是防止持票人再行转让票据权利。

4. 记载有“不得转让”字样而用于贴现的票据

中国人民银行《商业汇票承兑、贴现与再贴现管理暂行办法》规定，票据贴现系指商业汇票的持票人在汇票到期日前，为了取得资金贴付一定利息将票据权利转让给金融机构的票据行为，是金融机构向持票人融通资金的一种方式。《支付结算办法》第 93 条规定：“……贴现、转贴现、再贴现时，应作成转让背书，并提供贴现申请人与其直接前手之间的增值税发票和商品发运单据复印件。”背书是一种重要的票据行为，而贴现背书的目的和效果是转让票据权利，所以票据贴现最终将产生转让票据权利的结果。贴现银行由贴现而取得票据权利，并可以继续转让。①

各国票据法中均有允许票据关系当事人在票据上记载限制票据流通的字样，即允许票据的出票人或者背书人在票据上书写“禁止转让”或者“不得转让”字样。如果是出票人在票据上记载有“不得转让”或者“禁止转让”字样的，票据即丧失了可流通性，不得再行背书转让，如果进行转让则为无效票据行为；当票据背书人在票据上记载“不得转让”或者“禁止转让”字样的，则票据本身不丧失可流通性，仅是背书人对被背书人的后手不再承担担保付款的票据责任。

票据上记载“不得转让”或者“禁止转让”字样时，票据是否可以贴现，对此问题在司法实践中曾有过不同的认识。笔者认为，票据的贴现不是一种单纯的商业贷款行为，而是包含票据权利转让的内容，其中票据转让部分应当受到《票据法》的约束与调整，所以在出票人记载有“不得转让”字样时，票据收款人再将票据向金融机构申请贴现的，贴现银行不得享有票据权利，《票据法规定》(2020)第 52 条规定：“依照票据法第二十七条的规定，出票人在票据上记载‘不得转让’字样，其

---

① 参见刘心稳：《票据法》(第 4 版)，中国政法大学出版社 2018 年版，第 216 页。

后手以此票据进行贴现、质押的,通过贴现、质押取得票据的持票人主张票据权利的,人民法院不予支持。”

当背书人为背书行为在票据上记载“不得转让”字样时,《票据法规定》(2020)第53条还规定:“依照票据法第三十四条和第三十五条的规定,背书人在票据上记载‘不得转让’字样,其后手以此票据进行贴现、质押的,原背书人对后手的被背书人不承担票据责任。”

5. 记载有“不得转让”字样而用于质押的票据

出票人记载“不得转让”的票据、背书人记载“不得转让”的票据是否可以质押,《票据法规定》(2020)第52条、第53条也作了相应的规定,此种情况可以参照前述记载有“不得转让”字样而用于贴现的票据的处理规则。

6. 法律或者司法解释规定有其他情形可以采取保全措施的票据

结合票据实务,实际上在票据诉讼中需要对票据采取保全措施的主要是在行使非票据权利而提起的票据诉讼之中,因行使付款请求权或者追索权而提起的票据诉讼,一般不存在票据保全的问题。在票据返还请求权诉讼、票据交付请求权、票据缴回、确认票据无效、票据回购等诉讼以及票据公示催告程序之中,则有对票据采取保全措施的需要。

【司法适用】

(一)对票据采取保全措施的主要方法

由于票据与其他动产或者民事权利相比,有其不同的特征,特别是其可流通性与无因性,所以在票据保全的方法亦有所不同。结合司法实践,笔者认为可以采取的保全方法主要有以下几种。

1. 止付通知

止付通知是指票据的持票人所持有的票据丢失、灭失、被盗即票据丧失的情况下,通过向人民法院提起公示催告程序时,申请人民法院向票据的付款人或者代理付款人发出止付通知书,要求票据付款人或者代理付款人暂停支付公示催告票据项下的金额。在人民法院为止付通知的情况下,不需要对票据进行冻结。《票据法规定》(2020)第30条规定:“付款人或者代理付款人收到人民法院发出的止付通知,应当立即停止支付,直至公示催告程序终结。非经发出止付通知的人民法院许可擅自解付的,不得免除票据责任。”

2. 冻结止付

冻结止付是人民法院以通知的形式向相关票据的付款人或者代理付款人发出的,要求付款人或者代理付款人在收到止付通知后,不得向任何人支付票据金额的保全行为。需要采取这一措施的条件是既要止付票据金额,又需要冻结票据,目的是防止票据权利被不法行使。在人民法院向票据的付款人或者代理付款人送达冻结止付通知后,付款人及代理付款人即不得再向持票人付款,否则将自行承担责任,其支付行为不能产生《票据法》上付款的效力。

3. 扣押票据

为了保障票据当事人的合法权益,防止票据的非法持票人再行转让票据,给其他人再造成不应有的损害,人民法院对确知下落的票据,依申请人的申请,除采取冻结止付措施外,还可以扣押涉诉的票据。特别是在票据流转越来越容易、手续越来越简单的情况下,票据的代理付款人较多,仅向票据付款人发出止付通知书或者冻结止付通知还不足以控制对票据的付款,所以对票据采取扣押措施,是票据保全中最为有效的措施。在对相关票据采取扣押措施的同时,还应当向票据的付款人及代理付款人通知相关票据被人民法院扣押的情况,防止持票人通过其他欺诈方法提示付款而使付款人或者代理付款人受到不应有的损失。

在人民法院采取保全措施,对票据采取止付通知或者冻结止付措施的情况下,有关付款人、代理付款人即不得向持票人付款,如果擅自向持票人付款的,则属于违反民事诉讼程序的违法行为,人民法院可以对有关付款人及代理付款人进行处罚。另外,该付款人或者代理付款人还应当就其行为给票据权利人所造成的损失承担损害赔偿责任,除非经人民法院认定该持票人是合法的票据权利人时,该责任才可以免除。在票据被采取保全措施期间,因背书等方式转让票据的,除受让人出于善意外,否则不能取得票据权利,相应的转让行为应当确定为无效行为。

另外,在人民法院审理公示催告案件中,在公告期内,如果有利害关系人提出异议,并出示公示催告的票据时,笔者认为,为了防止异议人在公示催告期内再行转让票据权利,从而对第三人的利益造成损害,人民法院可以对异议人提出的票据采取扣押的保全措施。

(二)票据保全的时间和场所

就诉讼进程而言,票据保全,既可以在诉讼中采取,即诉讼中的财产保全;也可以在诉前进行,即诉前票据保全;还可以在执行程序中采取。就票据的付款过程而言,对票据采取保全措施,原则上应当在票据到期日以前进行,但是对于尚未提示付款或者尚未获得付款的票据,在到期日以后、付款以前采取保全措施也是可以的。

《票据法》第 16 条规定:“持票人对票据债务人行使票据权利,或者保全票据权利,应当在票据当事人的营业场所和营业时间内进行,票据当事人无营业场所的,应当在其住所进行。”参照该条规定,在票据诉讼中,对票据采取止付、冻结措施的,应当在付款人的营业场所进行,没有营业场所的,应在其住所地进行。如果有多个营业场所的,应在其总营业场所或者主营业场所进行;如果营业场所关系不清的,则可以在其中一个营业场所进行;票据关系人无营业场所的,保全措施应在其住所地进行。对票据采取扣押措施的,则可不受这些限制,一般应在票据的存放地或者保管地进行。

(三)票据保全费用的承担

票据在签发、转让后,对票据的保全有一定的难度,特别是在未能扣押票据的情况下,对票据所采取的冻结止付保全措施有较大的难度。其中对银行汇票的保全,因为票据的代理付款人比较多,仅向出票人发出止付通知书还不足以控制票据的流转以及付款,因此,在需要向其他相关的金融机构发出止付通知书时,就需要耗费一定的人力与物力。我国各商业银行均有众多的网点,向所有的营业网点发出止付通知书,会产生一定的费用。对于这一费用应当由谁来承担,笔者认为,在民事诉讼程序中,因财产保全而支出的费用应当由申请保全的一方当事人预交,由最终的败诉方承担;而票据保全属于诉讼中的保全程序,在保全过程中产生的费用应当由申请保全的一方当事人预交,案件审理终结后,由败诉一方当事人负担。原则上保全费用不应由协助保全的金融机构承担。

(四)票据保全的解除

对票据的保全措施如果不能达到冻结止付的目的,并且不利于金融机构开展正常结算工作的,冻结止付措施应当及时解除。其主要包括:

(1)票据的持有人系合法的票据权利人,在法院对有关票据采取保全措施后,由于不能通知所有付款人的代理付款人,从而代理付款人向合法持票人进行付款的,则票据保全措施已无必要。相关争议应当通过票据诉讼来解决。

(2)票据权利人在丧失票据后,如票据的不法持有人向票据付款人或者其代理付款人冒领票据款项,而支付票据款项的付款人或者代理付款人按照《票据法》和相关行政法规及规章的规定又属于正当付款的,人民法院应当解除冻结止付措施,因为止付的目的已经不能达到。相关的争议也应当通过票据诉讼来解决。

(3)发生票据诈骗或者民事欺诈行为时,对票据采取冻结止付措施的,因为票据具有流通性,一旦票据被背书转让,就有可能产生善意的正当持票人,在不能控制票据的情况下对票据采取冻结止付措施,就有可能损害善意正当持票人的合法权益,因此,对已经背书转让并出现了正当持票人的票据不宜继续采取冻结止付措施。在采取冻结止付措施后,如果查明票据已经为正当持票人持有的,则应当解除冻结止付措施。[①]

当法院在其审理的票据纠纷案件中对票据采取保全措施后，持票人对该法院的保全措施提出异议，该法院不予答复或者驳回持票人的异议时，持票人很可能以行使票据付款请求权或者票据追索权为由在另一法院提起票据诉讼。此时，就前一法院对票据所采取的保全措施如何解决？笔者认为，持票人如果持有票据是符合《票据法》规定的，也就是说，持票人享有票据时，其向对票据采取保全措施的法院提出异议而不被采纳的，就有权行使票据权利而提起诉讼，要求票据债务人支付或者清偿票据金额。后一法院生效裁判支持持票人的诉讼请求的，采取保全措施的法院应当解除票据保全。

在票据诉讼中，发现有关公安机关已经以涉嫌经济犯罪为由对涉诉的票据采取保全措施，而经法院审理认为持票人属于合法的持票人，应当享有票据权利的，应当由法院与相关的公安机关进行交涉、协调，由公安机关解除对相关票据的保全措施；如果公安机关不予理涉的，则可以由受理票据诉讼案件的法院直接就持票人是否享有票据权利进行裁判，如果经生效判决认定持票人享有票据权利的，则公安机关的保全措施不得对抗法院的生效裁判文书。

（五）票据保全期间资金利息的归属

票据的付款人或者其代理付款人因法院对相关票据采取冻结止付措施而可以暂不付款，但由于其并非资金所有人，只是在冻结止付期间暂时占有资金，故该部分资金在票据付款人占用期间的利息所得，应返还给票据权利人。《中国人民银行、最高人民法院、最高人民检察院、公安部关于查询、冻结、扣划企业事业单位、机关、团体银行存款的通知》（银发〔1993〕356 号）规定："被冻结的款项，不属于赃款的，冻结期间应计付利息，在扣划时其利息应付给债权单位；属于赃款的，冻结期间不计付利息，如冻结有误，解除冻结时应补计冻结期间利息。"

此外，对票据采取保全措施也并非只能在票据诉讼的审理及执行中才能采取，在其他民事诉讼中，有必要时也可以对有关票据权利采取保全措施。

由于票据保全也是民事诉讼的财产保全的一种，所以票据保全的程序还应当与《民事诉讼法》的相关规定条件相符合，如法院可以在票据保全时责令申请人提供相应的担保等。

---

① 参见曹士兵整理：《关于票据的冻结止付》，载最高人民法院经济审判庭编：《经济审判指导与参考》（第 1 卷），法律出版社 1999 年版，第 228 ~ 230 页。

【司法案例】

案例一
贴现人工行潍坊市东关支行诉付款人中行青州支行以承兑汇票被法院冻结为理由到期拒绝付款请求立即付款案①

法官提示:被申请人已将票据转给他人,申请人无法证明持票人明知其前手与票据债务人之间存在抗辩事由的,不得申请票据保全。

青州市人民法院认为:案外人永茂公司与黎纳公司的购销关系是产生40万元银行承兑汇票关系的原因关系,但票据关系不仅存在于该两公司之间。永茂公司又因与汇源公司的购销关系,便将该汇票交付给汇源公司,汇源公司持票向其开户银行东关工行申请贴现,东关工行在办理贴现时,以电报的方式查询该汇票的签发情况,青州中行复电确认该汇票系其签发,并传真汇票第一联供东关工行核对,东关工行在审查后办理贴现手续,尽到了谨慎注意义务。永茂公司将汇票交付给汇源公司,汇源公司又将汇票交给东关工行时,两次交付仅仅在背书人栏内签章,而未记载被背书人名称和日期,造成背书不连续。根据《票据法》第31条的规定,非经背书转让,而以其他方式取得汇票的,依法举证,证明其汇票权利。本案证据证实,东关工行经贴现支付合理对价取得汇票,事实清楚,证据充分,且在开庭审理中青州中行未对汇票背书欠缺记载事项提出抗辩,故东关工行属善意合法持票人,依法享有票据权利。青州市人民法院作出的青州中行停止支付本案汇票项下款额民事裁定书时,该汇票已由东关工行贴现,持票人已不是汇源公司。东关工行作为持票人,并不是该票据基础关系的当事人。据此,民事裁定不能阻止东关工行行使票据权利。东关工行在汇票到期日前提示付款时,银行承兑汇票款项已停止支付,故青州中行存在法定的拒付事由。但青州中行未出具到期日拒绝付款说明,亦未作退票处理,故东关工行享有付款请求权。青州市人民法院依照《票据法》第4条第4款、第17条第1款第1项、第62条第2款之规定,判决青州中行支付东关支行银行承兑汇票票款40万元及按中国人民银行规定的同期银行贷款利率计算的利息。

---

① 参见最高人民法院中国应用法学研究所编:《人民法院案例选》2003年第3辑(总第45辑),人民法院出版社2004年版,第321~329页。

案例二
中国工商银行远安县支行诉中国银行长阳支行、中国银行远安支行汇票纠纷案①

法官提示：持票人在依法举证证明自己为合法票据权利人的，票据保全措施应予解除。

① 参见最高人民法院中国应用法学研究所编：《人民法院案例选·商事》(1992～1999合订本)，中国法制出版社2000年版，第764页。

三、举 证 责 任

票据诉讼是民事诉讼的一种。因此,票据诉讼当事人的举证责任的分配原则上适用《票据法》、《民事诉讼法》第 67 条以及《民事诉讼法解释》、《民事诉讼证据规定》的相关规定加以确定。其中就行为意义上的举证责任来说,仍然与一般民事诉讼相同,《民事诉讼法解释》第 91 条规定:“人民法院应当依照下列原则确定举证明责任的承担,但法律另有规定的除外:(一)主张法律关系存在的当事人,应当对产生该法律关系的基本事实承担举证证明责任;(二)主张法律关系变更、消灭或者权利受到妨害的当事人,应当对该法律关系变更、消灭或者权利受到妨害的基本事实承担举证证明责任。”“谁主张,谁举证”,也就是《票据法规定》(2020)所规定的基本举证规则,即票据诉讼的举证责任由提出主张的一方当事人承担。

第八条　票据诉讼的举证责任由提出主张的一方当事人承担。

依照票据法第四条第二款、第十条、第十二条、第二十一条的规定,向人民法院提起诉讼的持票人有责任提供诉争票据。该票据的出票、承兑、交付、背书转让涉嫌欺诈、偷盗、胁迫、恐吓、暴力等非法行为的,持票人对持票的合法性应当负责举证。

【条文主旨】

本条是关于票据诉讼中当事人举证责任分配原则的一般规定。[①]

---

① 《民事诉讼法解释》使用举证证明责任的表述,其目的在于强调明确当事人在民事诉讼中负有提供证据的行为意义的责任,只要当事人在诉讼中提出于己有利的事实主张的,就应当提供证据;当事人提供证据的行为意义的举证责任,应当围绕其诉讼请求所依据的事实或者反驳对方诉讼请求所依据的事实进行;当事人在诉讼中提供证据,应当达到证明待证事实的程度,如果不能使事实得到证明,则当事人应当承担相应的不利后果。在具体内容上,举证证明责任与举证责任、证明责任内容一致。参见最高人民法院修改后民事诉讼法贯彻实施工作领导小组编著:《最高人民法院民事诉讼法司法解释理解与适用》(上),人民法院出版社 2015 年版,第 312 页。

【条文理解】

民事诉讼的举证责任,也称证明责任,是指证明主体依据法定职权或举证负担在诉讼证明上所应承担的相应责任。[①] 理论上通常认为,举证责任具有双重含义:一种是行为意义上的举证责任,又称提供证据的责任或者主观上的举证责任,是指当事人为避免败诉的风险,负有提供证据证明其事实主张存在的责任。《民事诉讼法解释》第90条第1款规定:"当事人对自己提出的诉讼请求所依据的事实或者反驳对方诉讼请求所依据的事实,应当提供证据加以证明,但法律另有规定的除外。"另一种是结果意义上的举证责任,又称客观上的举证责任,是指当案件事实真伪不明时,主张该事实的当事人承担不利诉讼后果的责任;即《民事诉讼法解释》第90条第2款规定的,"在作出判决前,当事人未能提供证据或者证据不足以证明其事实主张的,由负有举证证明责任的当事人承担不利的后果"。行为意义上的举证责任是诉讼过程中无条件出现的一种举证责任,其在外在形式上受到当事人主张的影响。凡有诉讼必有请求,而请求又须以主张为依托,只要当事人提出主张,就会发生提供证据的责任问题。行为意义上的举证责任也是一种动态的举证责任,随着双方当事人证据证明力的强弱变化在同一当事人身上可能发生多次,围绕法官对待证事实的心证程度的变化而在当事人之间发生转移。[②]

鉴于票据的时效性、流通性和票据欺诈违法行为的多样性、票据诈骗犯罪行为的复杂性,考虑到举证的难易、诉讼成本、诉讼效率和司法公正等因素,《票据法规定》(2020)依照《票据法》第4条、第10条、第12条、第21条的规定,区别了持票人的举证责任与正常的单纯提示义务,要求特定情况下的持票人证明票据的有效性和持票的合法性。具体来讲,在提起票据权利诉讼中,当事人所应当承担的举证责任主要包括以下几个方面。

(一)提起票据权利诉讼的举证责任负担原则及举证范围

《票据法》第4条第2款规定:"持票人行使票据权利,应当按照法定程序在票据上签章,并出示票据。"该条第4款规定:"本法所称票据权利,是指持票人向票据债务人请求支付票据金额的权利,包括付款请求权和追索权。"因此,《票据法》第4条规定了行使票据权利时的举证责任的具体负担,其中最为主要的是:出示票据。

之所以将出示票据作为行使票据付款请求权与追索权时的主要举证责任范

---

① 参见毕玉谦主编:《证据法要义》,法律出版社2003年版,第364页。

② 参见最高人民法院修改后民事诉讼法贯彻实施工作领导小组编著:《最高人民法院民事诉讼法司法解释理解与适用》(上),人民法院出版社2015年版,第310页。

围，是因为票据是完全的有价证券。所谓完全的有价证券，是指证券与权利在任何情况下都不可分离的证券。与其相对应的是不完全的有价证券，即证券与权利在一定的情况下可以分离的有价证券。票据作为一种完全的有价证券，票据权利不能够脱离票据而单独存在，票据权利的产生始于出票行为（作成并交付票据）；票据权利的享有以持有票据为必要；转移票据权利以票据的转让（背书并交付或者直接交付票据）为必要；行使票据权利以提示票据为必要；票据权利的实现以缴回票据为必要（持票人从票据债务人处收到票据金额后必须将票据缴还给票据债务人，否则票据债务人有权拒绝支付票据金额）；票据灭失的，不得以其他凭证主张票据权利，而必须依照《票据法》和《民事诉讼法》的规定通过失票救济程序如公示催告以及除权判决等，才能够行使票据权利。所以，基于这一特征，票据也被称为提示证券和缴回证券。持票人如提起票据权利诉讼，首先应当证明自己是票据的持有人，即向人民法院以及对方当事人出示票据。非经法定程序（如公示催告与除权判决），行使票据权利以持有票据为必要条件，在主张权利的一方当事人持有票据的前提下，举证责任的承担才有继续确定的必要。

（二）持票人证明自己持有票据的合法性

票据具有无因性的特征，因此一般情况下，只要持有票据，即可以推定该持票人享有票据权利，持票人在一般情况下无须举证证明其取得票据是基于合法方式，因为从权利的外观来讲，一般情况下即推定持票人是以合法方式取得票据的，所以就行使票据权利而言，持票人只要出示票据就可以视为已经完成举证责任。

但是，在特殊情况下，出于对当事人权利的公平、公正考虑的需要，对某些持票人行使票据权利时，也需要其举证证明其取得票据的合法性。在审理票据纠纷案件中，要求持票人承担持票合法性的举证证明责任的条件包括以下几点：

（1）票据债务人对持票人提出票据基础关系的抗辩，是持票人对持票合法性负举证责任的前提。

票据的取得理由或者取得方式，实际上是属于票据基础关系的范畴。所以，只有在票据债务人对持票人提出票据基础关系的抗辩时，才有要求持票人就其票据取得的合法性承担举证责任的必要。由于一般情况下可以推定持票人系合法取得票据，所以在一般情况下无须就票据基础关系进行审理，也就无须要求持票人对其票据取得方式的合法性承担举证责任。要求持票人承担合法取得票据的举证责任的特殊情况应当由法律作出明确的规定，不能随意扩大其范围。根据《票据法规定》(2020)第 8 条的规定，只有在票据的出票、承兑、交付、背书转让涉嫌欺诈、偷盗、胁迫、恐吓、暴力等非法行为的，持票人才对持票的合法性负有举证证明的责任。因此，持票人请求行使票据权利，在出票合法、票据有效以及证明票据背书连续的情况下，还应当证明取得票据合法，没有欺诈、偷盗、胁迫等非法行为。《票据法规定》(2020)之所以作出这样的规定，其依据是《票据法》的相关规定。《票据法》第10条规定："票据的签发、取得和转让，应当遵循诚实信用的原则，具有真实的交易关系和债权债务关系。票据的取得，必须给付对价，即应当给付票据对方当事人认可的相对应的代价。"第12条规定："以欺诈、偷盗或者胁迫等手段取得票据的，或者明知有前列情形，出于恶意取得票据的，不得享有票据权利。持票人因重大过失取得不符合本法规定的票据的，也不得享有票据权利。"第21条规定："汇票的出票人必须与付款人具有真实的委托付款关系，并且具有支付汇票金额的可靠资金来源。不得签发无对价的汇票用以骗取银行或者其他票据当事人的资金。"

也就是说，在票据债务人提出上述几个方面的基础关系的抗辩时，持票人就有了对其取得票据方式合法性的举证责任。但是，并不是票据债务人一旦提出持票人取得票据是基于非法手段时，持票人即需要对其取得票据的合法性进行举证，票据债务人首先应当举出令人对持票人取得票据的合法性产生合理怀疑即持票人有非法取得票据嫌疑的证据时，才应由持票人对此事实举证。理由是票据为无因证券，持票人持有票据为行使票据权利的条件，票据上记载事项以外的其他事项不应成为票据权利行使的条件与障碍，持票人所持有的票据在形式上是符合《票据法》规定时，即可以推定其为合法票据持有人。

(2)在人民法院合并审理票据纠纷与票据基础关系的纠纷时，需要持票人承担取得票据合法性的举证责任。

也就是说，即使票据债务人提出票据基础关系的抗辩，但是如果该票据基础关系的抗辩与持票人行使票据权利并无直接的关联性时，人民法院无须将二者合并审理，即此种情况下票据基础关系对持票人的权利不能产生实质性的影响。只有票据债务人所提出的票据基础关系的抗辩一旦成立，将对持票人的权利产生实质性影响时，人民法院才有必要将二者合并审理，持票人才有举证证明其取得票据方式合法性的必要。

【司法适用】

(一)以背书方式取得票据的，持票人应当以背书的连续证明其票据权利

《票据法》第31条规定："以背书转让的汇票，背书应当连续。持票人以背书的连续，证明其票据权利；非经背书转让，而以其他合法方式取得汇票的，依法举证，证明其汇票权利。前款所称背书连续，是指在票据转让中，转让汇票的背书人与受让汇票的被背书人在汇票上的签章依次前后衔接。"背书既是《票据法》规定的重要票据行为之一，也是票据转让的主要方式。背书行为将票据的流通性和票

据的信用功能密切结合在一起,交付方式将票据的流通性和票据的支付功能密切结合在一起。通过背书取得票据的持票人对背书的连续性负举证责任,通过交付取得票据的持票人对交付方式的合法性负举证责任。①

另外,根据《票据法》第31条的规定,取得票据的方式除了背书以外,还可以以交付而取得票据,即该条所规定的"以其他合法方式取得汇票的"的情形,而在持票人是以《票据法》规定的其他方式取得票据的场合,则持票人本应当就其取得票据合法性负举证证明的责任,而无须对方当事人提出票据的出票、承兑、交付、背书转让涉嫌欺诈、偷盗、胁迫、恐吓、暴力等非法行为的抗辩。

(二)行使票据追索权的其他举证责任

票据权利人行使票据追索权时,根据《票据法》第62条第1款的规定,持票人除了应当出示票据外,还应当提供被拒绝承兑或者被拒绝付款的有关证明,除非有《票据法》第63条规定的情况出现。因为票据追索权是第二顺序的票据权利,持票人只有在行使了票据付款请求权以后才能行使票据追索权。

(三)因行使《票据法》上的非票据权利而提起诉讼时的举证责任负担

因当事人行使《票据法》上的非票据权利的类型较多,情况比较复杂,所以应当结合具体情况确定举证责任的承担。

(1)票据返还请求权诉讼中,原告应当举证证明其是票据的合法持有人,这也是提起票据返还请求权诉讼的前提条件;在此基础上,由提出请求的一方当事人举证证明对方不具有合法持票资格,但是持票人在形式上不是收款人或者连续背书的被背书人时,应当由持票人对其持有票据的合法性负举证责任。

(2)票据利益返还请求权诉讼中,应当由原告一方举证证明具备行使此种权利的条件,包括持票人未能获得付款或者清偿,而出票人或者承兑人因此而获得额外利益;但是出票人或者承兑人提出未获得额外利益时,应当由出票人或者承兑人举证。

(3)票据交付请求权诉讼中,应当由原告一方举证证明已经履行了票据义务,即当持票人向其主张付款请求权时已经向其付款;或者当追索权人向其追索后已经向追索权人清偿票据金额的事实。如果持票人主张付款人或者被追索人未履行相关义务的,则由其举证证明。

(4)汇票回单签发请求权诉讼中,也应由原告一方证明已经将票据交给付款人。

---

① 参见曹守晔、王小能等:《〈关于审理票据纠纷案件若干问题的规定〉的理解和适用》,载《人民司法》2001年第4期。

(5)票据损害赔偿请求权纠纷中,原告一方当事人应当对被请求的一方当事人所实施的违反《票据法》规定的程序要件承担举证责任,但是在票据行为形式上存在瑕疵,与该行为相关的人进行抗辩时,应就抗辩理由承担举证责任。

【司法案例】

案例一
恒丰银行股份有限公司泉州分行、通榆县农村信用合作联社票据追索权纠纷案①

最高人民法院认为:上诉人没能证明民生银行长春分行存在票据法上足以丧失票据权利的情形。

《票据法规定》第9条规定:"票据诉讼的举证责任由提出主张的一方当事人承担。依照票据法第四条第二款、第十条、第十二条、第二十一条的规定,向人民法院提起诉讼的持票人有责任提供诉争票据。该票据的出票、承兑、交付、背书转让涉嫌欺诈、偷盗、胁迫、恐吓、暴力等非法行为的,持票人对持票的合法性应当负责举证。"依据该条规定,票据诉讼遵循"谁主张,谁举证"的举证责任分配原则,本案民生银行长春分行应负责证明其享有合法票据权利。该行提供的案涉304号、305号两张汇票,必要记载事项齐全、签章合法、背书连续,根据《票据法》第31条关于"以背书转让的汇票,背书应当连续。持票人以背书的连续,证明其票据权利"的规定,民生银行长春分行完成了证明其所持票据合法的举证证明责任。在此情况下,恒丰银行股份有限公司泉州分行(以下简称恒丰银行泉州分行)、通榆县农村信用合作联社(以下简称通榆合作社)应对恶意持票的抗辩主张承担举证证明责任。《票据法》第12条规定:"以欺诈、偷盗或者胁迫等手段取得票据的,或者明知有前列情形,出于恶意取得票据的,不得享有票据权利。"据此,关于是否恶意取得票据应审查持票人取得票据是否存在欺诈、偷盗或者胁迫等行为。经审查恒丰银行泉州分行、通榆合作社所提恶意取得票据的理由和证据,本院认为:

其一,本案恒丰银行泉州分行、通榆合作社与民生银行长春分行的票据背书系基于汇票转贴现关系,各贴现主体均签订了贴现合同,依据相关贴现合同载明的有关背书主体对票据合法性及真实性已审查、承诺其为合法持票人的内容,以及案涉各金融机构自愿充当过桥通道、参与汇票金额倒打款的事实来看,恒丰银行泉州分行、通榆合作社对案涉票据采取倒打款的过桥模式办理贴现业务,在票据上签章的法律后果是明知的,作为专业金融机构其对此种业务的商业风险亦应

① 参见最高人民法院(2017)最高法民终223号民事判决书。

有所预期,故其在票据上的签章并非受欺诈、胁迫所为。以倒打款的模式办理票据贴现业务虽不符合行业管理要求,但并无法律、行政法规对此作出效力性否定规定,在票据形式合法、签章真实、背书连续的情况下,不能以倒打款模式来否定票据债务人依据票据记载事项而承担的票据责任。

其二,案外人王某某涉嫌骗取票据承兑罪一案,虽由公安机关立案侦查,但公安机关并未对民生银行长春分行或该行相关人员进行立案,经本院了解该案刑事侦查尚无实质进展,恒丰银行泉州分行、通榆合作社提交的二审新证据基于前述认证意见亦不能作为证据采信,故尚无充分证据证明民生银行长春分行与王某某有恶意串通骗取票据承兑的行为或者该行以欺诈、偷盗、胁迫等非法手段取得案涉票据。

其三,恒丰银行泉州分行、通榆合作社关于案涉票据的出票人与收款人无真实交易关系和对价,案外人王某某操纵北京和信融辉投资咨询有限公司,北京易和昌远商贸有限公司进行虚假背书的上诉理由,涉及票据权利发生原因的真实性审查问题。票据的流通功能决定了其无因性的本质属性,票据一经签发,票据法律关系即与其发生原因的基础法律关系相分离。《票据法规定》(2000)第14条规定:"票据债务人以票据法第十条、第二十一条的规定为由,对业经背书转让票据的持票人进行抗辩的,人民法院不予支持。"据此,恒丰银行泉州分行、通榆合作社所提出票人与收款人无真实交易关系和对价的主张,依法不能成为否定民生银行长春分行享有并行使票据权利的抗辩理由。

综上,依据现有证据不足以认定民生银行长春分行存在《票据法》第12条规定的足以丧失票据权利的情形,恒丰银行泉州分行、通榆合作社的此项上诉主张不成立,本院不予支持。

案例二

清河县忆言自行车销售有限公司、江西同欣机械制造股份有限公司票据追索权纠纷案[①]

法官提示:票据债务人主张持票人通过非法手段取得讼争汇票存在具有高度可能性的,持票人应对持票的合法性举证。

法院认为,首先,上诉人忆言公司所取得的汇票共7张,票面金额共计398万元,均为同一出票人北汽银翔汽车有限公司,本案诉争4张承兑汇票到期日均为2018年9月20日,另3张承兑汇票中,两张汇票到期日为2018年9月16日,一张

---

① 参见江西省上饶市中级人民法院(2020)赣11民终836号民事判决书。

汇票到期日为2018年9月20日,上诉人忆言公司取得本案诉争4张承兑汇票的时间分别为2018年9月10日、9月12日,而出票人企业经营状况困难的信息,于2018年7月开始在网络上披露,上诉人忆言公司为防范商业风险按常理在取得汇票之前对出票人的情况会做一定的了解。结合本案讼争汇票共4张,其直接前手有两个不同的公司(案外另外3张其直接前手不详)。但就这4张不同的直接前手如何又背书给同一被背书人,在出票人经营状况困难的情况下,从同一出票人、不同的直接前手获得汇票匪夷所思,上诉人忆言公司汇票来源的确蹊跷。其次,结合上诉人忆言公司企业自身情况来看,原审法院根据被上诉人同欣公司的申请,前往上诉人忆言公司所在地的税务机关、开户银行进行调查取证,从调取的材料中证明上诉人忆言公司于2016年8月29日办理营业执照,自登记以来,未申报生产经营收入,未缴纳过税费。从上诉人忆言公司开户银行查询,没有相应地反映经营活动的银行流水,银行流水未反映出员工工资的支付情况。而上诉人忆言公司营业执照显示其注册资本为50万元,经营自行车销售的公司,上述如此状况的公司与其直接前手又如何交易、如何取得金额巨大的7张承兑汇票,在该公司不能提供证据证明其基础法律关系且经法院询问上诉人忆言公司对如何从其直接前手合法取得讼争汇票未作出合理说明的情形下,其汇票的合法性存疑。因此,本院经审查并结合相关事实,被上诉人同欣公司主张上诉人忆言公司通过非法手段取得本案讼争汇票,该待证事实的存在具有高度可能性。根据《票据法规定》(2020)第9条第2款,《票据法》第4条第2款、第10条、第12条、第21条的规定,向人民法院提起诉讼的持票人有责任提供诉争票据。该票据的出票、承兑、交付、背书转让涉嫌欺诈、偷盗、胁迫、恐吓、暴力等非法行为的,持票人对持票的合法性应当负责举证。《票据法》第32条第1款规定:"以背书转让的汇票,后手应当对其直接前手背书的真实性负责。"由此可知,票据虽然具有无因性,但其前提是合法性,法律保护的是合法权利。在被上诉人同欣公司对上诉人忆言公司所持汇票合法性提出抗辩,上诉人忆言公司所持汇票如上分析其合法性确实存疑,为防止非法权利得到司法保护,本院认为,上诉人忆言公司作为持票人依法应对汇票的合法性负责举证,亦应对直接前手背书的真实性负责。上诉人忆言公司在一审中提供了2019年12月12日原济南奥征本焊材有限公司的法人温某某及股东刘某出具的证明以及2019年12月12日青岛雨洁商贸有限公司出具的证明,欲证明上诉人忆言公司是经合法背书转让取得本案讼争汇票,共计支付188万元。但一方面,该两份证明系证人证言,证人无正当理由未出庭作证,不能单独作为认定案件事实的依据;另一方面,该两份证明无法证明上诉人忆言公司与其前手存在真实的交易关系和债权债务关系,且上诉人忆言公司未能提供转账凭证、财务账目账册予以佐证其实际支付了188万元,故该两份证据不足以证明上诉人忆言公司合法取得本案讼争汇票,上诉人忆言公司在一、二审中对取得本案讼争汇票的合法性并未提供充分的证据证实,未完成举证责任。在此情况下,上诉人忆言公司作为本案讼争汇票持有人对作为背书人之一的被上诉人同欣公司行使追索权,因其未举证证明其合法享有汇票权利,其应承担举证不能的不利后果,故原审法院对上诉人忆言公司向被上诉人同欣公司行使追索权的诉请予以驳回,并无不当。

案例三

张家口顶善商贸有限公司、张家口鑫海超硬材料有限公司票据返还请求权纠纷、返还原物纠纷案①

最高人民法院认为:本案再审审理争议焦点问题是:张家口顶善商贸有限公司(以下简称顶善公司)应否将案涉票据返还给张家口鑫海超硬材料有限公司(以下简称鑫海公司)。

(1)顶善公司基于其与鑫海公司之间的真实交易关系和债权债务关系取得案涉票据,给付了双方当事人认可的相对应的代价。

《票据法》第10条规定:“票据的签发、取得和转让,应当遵循诚实信用的原则,具有真实的交易关系和债权债务关系。票据的取得,必须给付对价,即应当给付票据双方当事人认可的相对应的代价。”《票据法规定》(2020)第2条规定:“依据票据法第十条的规定,票据债务人(即出票人)以在票据未转让时的基础关系违法、双方不具有真实的交易关系和债权债务关系、持票人应付对价而未付对价为由,要求返还票据而提起诉讼的,人民法院应当依法受理。”本案中,鑫海公司和顶善公司均认可双方存在民间借贷法律关系。针对双方因民间借贷形成债务的偿还问题,2017年7月11日,鑫海公司与顶善公司签订一份还款协议,约定鑫海公司偿还顶善公司借款3475万元,其中用开具商业承兑汇票还款3115万元。商承票号:0010006225462030,金额3115万元,到期日2017年8月10日。由上述事实可见,鑫海公司是为偿还民间借贷法律关系项下的债务而开具案涉票据给顶善公司,顶善公司是基于民间借贷法律关系取得该票据。票据金额3115万元是依据双方当事人约定的借款利率计算的本息数额进行的确定,是当事人双方合意确认的数额。从符合当事人约定本意的角度分析,可以认定顶善公司取得票据之时支付了双方认可的对价。因此,顶善公司关于其与鑫海公司之间存在真实的民间借

① 参见最高人民法院(2020)最高法民再86号民事判决书。

贷债权债务关系，其取得票据合法的再审申请理由成立，本院予以支持。但需予以指出的是，《票据法规定》(2020)第9条规定："票据债务人依照票据法第十三条的规定，对与其有直接债权债务关系的持票人提出抗辩，人民法院合并审理票据关系和基础关系的，持票人应当提供相应的证据证明已经履行了约定义务。"依据《民间借贷规定》(2015)第24条的规定，在出具案涉票据之时，案涉当事人之间基于民间借贷法律关系形成的本金和合法利息债权债务总数额为23,223,212元。扣除唐某某替鑫海公司还款370万元，鑫海公司欠付顶善公司的借款本金和合法利息余额为19,523,212元，并非票据载明的数额。根据上述规定，在鑫海公司对于双方之间存在的基础交易法律关系项下的债务数额提出异议、据此抗辩的情形下，人民法院在确定顶善公司依法能够得到支持的债权数额时，应合并审理票据关系和基础关系，确定该数额为两者在基础法律关系项下的合法债权本息数额。

(2)顶善公司是合法持票人，享有票据权利。

《票据法》第12条规定："以欺诈、偷盗或者胁迫等手段取得票据的，或者明知有前列情形，出于恶意取得票据的，不得享有票据权利。持票人因重大过失取得不符合本法规定的票据的，也不得享有票据权利。"案涉票据系由鑫海公司出具，票据上加盖了该公司印章。因在鑫海公司出具案涉票据之时，该公司的公章由顶善公司的法定代表人郭某某持有，故该公章系由郭某某加盖。如前文所述，2017年7月11日，鑫海公司与顶善公司签订还款协议约定，鑫海公司开具案涉商业承兑汇票用以偿还顶善公司借款。鑫海公司对签订该还款协议的事实并未否认，其根据该还款协议开具案涉票据用以偿还双方之间的债权债务是其真实意思表示。鑫海公司也无充分证据证明郭某某系以胁迫方式取得该公司公章。因此，鑫海公司仅以票据上的公章是由郭某某加盖为由主张顶善公司是以胁迫方式取得案涉票据，事实依据不足，故对于其该主张，本院不予支持。

此外，本案为鑫海公司提起的返还票据之诉，本院在认定顶善公司合法持有票据并依法享有票据权利的基础上，判决驳回鑫海公司关于返还票据的诉讼请求。

第九条　票据债务人依照票据法第十三条的规定，对与其有直接债权债务关系的持票人提出抗辩，人民法院合并审理票据关系和基础关系的，持票人应当提供相应的证据证明已经履行了约定义务。

【条文主旨】

本条是关于票据债务人对与其有直接债权债务关系的持票人主张抗辩时，持票人举证责任负担问题的规定。

【条文理解】

(一)票据基础关系与票据纠纷合并审理的条件

《票据法》第13条第1款、第2款规定:“票据债务人不得以自己与出票人或者与持票人的前手之间的抗辩事由,对抗持票人。但是,持票人明知存在抗辩事由而取得票据的除外。票据债务人可以对不履行约定义务的与自己有直接债权债务关系的持票人,进行抗辩。”其中,票据债务人对不履行约定义务的与自己有直接债权债务关系的持票人的抗辩,又称票据基础关系的抗辩。

票据关系与票据基础关系尽管都是与票据制度相联系的法律关系,但是票据基础关系毕竟不是票据关系的组成部分,而是独立于票据关系的另一法律关系,它与票据关系的性质是不相同的。票据关系是票据上的关系,受《票据法》的调整;票据基础关系并不是票据上的关系,其受民事法律调整。在票据关系与票据基础关系的关系中,两者之间的分离是主要方面,也是司法实践中所应当予以强调的方面,即票据只要具备了《票据法》上所规定的条件,票据关系即可以成立,票据关系一经成立,即与其基础关系相分离,至于票据赖以产生的原因则与票据关系的存在无关,特别是票据关系与票据基础关系存在于不同的当事人之间时更是如此,这就是票据关系与票据基础关系相分离基本原则的内容。因此,在票据诉讼中,一般情况下是不可能也不应当将票据关系所产生的纠纷(票据权利纠纷)与《票据法》上的非票据权利纠纷合并审理的。

但是,在某些情况下,根据民法的基本原则,票据关系与票据基础关系又是存在某种联系的,即此时票据的基础关系对票据关系的认定是有影响的,不过这种联系是一种例外,而不是一般原则。但是由于这种例外联系的存在,使票据关系与票据基础关系的合并审理成为可能。合并审理的理由就是票据基础关系的抗辩构成票据关系抗辩的正当事由,即票据债务人可以因行使票据基础关系的抗辩而不支付票据金额,持票人取得票据缺乏基础关系的正当理由而成为非正当持票人。对此种基于票据基础关系的抗辩事由,依据《票据法》原理,一般情况下只能在具有票据基础关系的直接当事人之间行使,如果当事人之间不存在直接的票据基础关系,则票据基础关系的抗辩就不能向持票人主张,也就谈不上举证责任的承担问题。

(二)票据债务人对与其有直接债权债务关系的持票人主张基础关系抗辩时,持票人举证责任的负担

如前文所述,持票人行使票据权利时,应当承担提示票据的举证责任,持票人持有票据的,则一般情况下就可以推定该持票人是合法的票据权利人,享有票据

权利,票据债务人应当向其承担付款责任,也就是说,在一般情况下,持票人无须就其取得票据合法性负举证证明的责任。

但是,正如关于票据诉讼举证责任的一般原则中所述,并非持票人在任何情况下都无须就取得票据的合法性负举证责任。当持票人向票据债务人主张票据权利时,如果持票人与票据债务人之间属于存在直接债权债务关系的票据当事人,则当票据债务人向持票人主张票据基础关系的抗辩时,人民法院合并审理票据关系和基础关系,持票人除了依《票据法规定》(2020)第8条的规定承担应当承担的举证责任外,还应当依据本条规定提供相应的证据证明已经履行了约定义务,实质上即举证证明其取得票据的合法性。该举证责任的分配,是在人民法院合并审理票据纠纷和票据基础关系纠纷时的举证责任分配方式。该种分配是依据诉讼经济原则和举证能力而进行的,可使票据债务人免于陷入客观上举证不能的境地。

【司法适用】

根据《票据法》原理,票据债务人在特定情况下可以向持票人主张票据基础关系的抗辩,但是,由于票据基础关系的抗辩属于票据上特定的票据债务人对特定的持票人所行使的抗辩,而不是票据债务人对一切票据持票人所能够行使的抗辩,所以只有在符合法律及司法解释所规定的条件下,才可以适用《票据法规定》(2020)此条所规定的举证责任分配原则。具体来说,就是在票据债务人对与其有直接债权债务关系的持票人主张票据基础关系的抗辩时,法院才可以将票据纠纷与票据基础关系的纠纷合并审理,此种情况下才可以适用此种举证责任的分配原则。在司法实践中,不能无限制地扩大此条规定的适用范围,从而不合理地增加持票人的举证责任。

【司法案例】

案例一
河北中储物流中心与河北金鲲商贸有限公司票据追索权纠纷案①

最高人民法院认为:由于本案实质涉及河北中储、金鲲公司、奇石麟公司三方交易主体以及河北中储与金鲲公司、河北中储与奇石麟公司分别签订的《购买协议》《销售协议》两份合同,故对河北中储与金鲲公司之间成立的法律关系的性质

① 参见最高人民法院民事审判第二庭编:《商事审判指导》(总第29辑),人民法院出版社2012年版,第194~206页。

界定，应综合三方当事人签订的两份合同的目的及其内容作出整体判定。从三方签订目的进行分析，曹某某系金鲲公司和奇石麟公司法定代表人、且同时为奇石麟公司控股股东，其在2008年7月11日石家庄市公安局经侦支队对其所做的询问笔录中认可，金鲲公司、奇石麟公司与河北中储进行本案所涉及交易的目的是获得资金，河北中储对该目的也无异议，因此，本案当事人签订合同的真实目的在于融资。对《购买协议》和《销售协议》的内容进行整体分析，当事人各方建立的法律关系实质是借款法律关系，在实际操作上，是采取了关联企业对相关货物进行回购的形式。曹某某为金鲲公司的法定代表人，同时又是奇石麟公司的法定代表人和控股股东，根据公司法的相关规定，应认定金鲲公司和奇石麟公司为关联公司。本案所涉《购买协议》和《销售协议》同日签订，其内容相同或者相互关联，为不可分割的整体。依据上述协议的约定，作为买方，河北中储不承担货物验收义务；作为转售方，河北中储不承担由于市场的风险可能导致的不定差价的亏损风险，而是在一个月的期间从奇石麟公司处收回购买金鲲公司货物的货款并获取固定的收益回报。出资购买和销售货物但不承担转售的交易风险，而且在一定期限后收回本金且获得固定的利息回报，这符合借款合同的特征。尽管金鲲公司提交了其不断供货给河北中储的证据，用以证明本案存在货物流转，但其不能否定当事人之间以买卖为形式，实质进行融资的真实目的。河北中储并无出借资金的法定资质，因此，其与金鲲公司、奇石麟公司之间以签订买卖合同为名，进行企业间借贷，属于《合同法》第52条第3项规定的以合法形式掩盖非法目的的情形，违反了有关金融法规的规定，故本案所涉购买合同应确认无效。

本案为票据纠纷。由于持票人与出票人为直接具有票据基础法律关系的当事人，故作为票据债务人的河北中储可以以票据基础法律关系对金鲲公司进行抗辩。本案中，当事人双方对于是否就第七笔货物处理购销合同法律关系存在争议，但无论是否成立该法律关系，由于双方订立的基础合同属于无效合同，该合同不具有可履行性，故双方依据该无效合同所约定的内容不受法律保护。换言之，河北中储无须承担给付第七笔合同项下出借资金的义务，相应地，其也无须履行票据付款义务。因此，金鲲公司关于其与河北中储之间有效成立第七笔货物的买卖合同法律关系、河北中储应给付相应货款的理由不能成立，金鲲公司以持票人身份请求判令河北中储履行票据义务没有事实和法律依据，不予支持。

案例二
重庆市九龙坡区九龙园区雅景建材经营部与重庆德欣建筑工程有限公司票据纠纷案[①]

法官提示：票据纠纷中，持票人以与自己有直接债权债务关系的持票人不履行基础关系中约定义务为由抗辩的，人民法院应当对票据关系和基础关系合并审理，持票人除证明票据关系合法有效外，还应证明其已履行基础关系约定的相应义务。

重庆市江北区人民法院经审理认为：雅景经营部合法持有的涉案支票必要记载事项齐全、形式完备，系有效票据。雅景经营部持德欣公司签发的票面金额为70万元的支票未能在银行获得相应款项，德欣公司作为出票人应当向雅景经营部支付该支票载明的票面金额，但票据债务人可以对不履行约定义务的与自己有直接债权债务关系的持票人进行抗辩。雅景经营部与德欣公司是支票的直接前后手，双方存在直接的债权债务关系，故票据债务人德欣公司对持票人雅景经营部享有抗辩权。本案中雅景经营部与德欣公司的债权债务关系为双方签订的购销合同，该合同系双方真实意思表示，合法有效，德欣公司应当履行向雅景经营部支付货款的义务。虽然德欣公司签发票面金额为70万元的支票向雅景经营部支付货款，但购销合同不能作为雅景经营部履行了70万元供货义务的依据。雅景经营部未举示任何送货单，亦未提供其他证据证明其与德欣公司签订购销合同后履行了供货义务，故对供货金额，法院以德欣公司自认的金额予以确定，德欣公司应当履行给付雅景经营部货款466,137元的义务，但其已支付的定金10万元和货款3万元应从中充抵。综上所述，德欣公司应当返还雅景经营部票面金额336,137元，并支付雅景经营部自2014年5月11日起按中国人民银行公布的同期同类贷款基准利率计付的资金占用利息损失。综上，法院遂判决：(1)德欣公司于本判决生效之日起10日内返还雅景经营部票面金额336,137元；(2)德欣公司于本判决生效之日起10日内支付雅景经营部自2014年5月11日起至付清款项之日止的资金占用利息损失（以未返还的票面金额为基数，按中国人民银行公布的同期同类贷款基准利率计算）；(3)驳回原告雅景经营部的其他诉讼请求。

一审判决后，原告和被告双方均未提起上诉。

---

① 参见曹海燕、谭中平、任中杰：《票据关系与基础关系合并审理时的举证责任分配》，载《人民司法·案例》2016年第23期。

案例三

袁某某诉北京市紫阳福源建筑装饰有限责任公司票据追索权案[①]

法官提示:持票人的直接前手以基础原因关系进行抗辩的,持票人应对其履行了基础关系中约定的义务承担举证责任。

北京市第一中级人民法院二审认为:根据法律规定,票据的签发、取得和转让,应当遵循诚实信用的原则,具有真实的交易关系和债权债务关系。票据债务人可以对不履行约定义务的与自己有直接债权债务关系的持票人,进行抗辩。本案双方之间存在买卖合同关系。袁某某虽持有福源公司出具的转账支票,但福源公司对票据金额的真实性提出异议。对此,袁某某作为供货方,应当对其供货事实承担举证责任,以便确定双方之间真实的债权债务关系。现袁某某未履行相应的举证责任,应当承担不利后果。

第十条　付款人或者承兑人被人民法院依法宣告破产的,持票人因行使追索权而向人民法院提起诉讼时,应当向受理法院提供人民法院依法作出的宣告破产裁定书或者能够证明付款人或者承兑人破产的其他证据。

【条文主旨】

本条是关于在付款人或者承兑人破产的情况下,持票人行使票据追索权时应当负担的举证责任内容的规定。

【条文理解】

(一)票据付款人或者承兑人破产的,持票人可以行使票据期前追索权

票据追索权一般可以分为到期追索和期前追索两种。一般情况下,票据追索权的实质原因是到期不能获得付款。因此,在票据到期日前,持票人是不能行使其票据权利的,票据债务人也没有期前付款的义务,所以票据追索权一般是发生于票据到期日以后,即到期追索权。

但是,在票据实践中,有时会出现某些特殊情况,如承兑人死亡、逃匿或者破产等,而使持票人在到期时获得付款的可能性已显著减少甚至成为不可能,即持票人的权利处于无法保障的不安全状态下,这时如果仍然要求持票人等到票据到

① 参见北京市房山区人民法院(2011)房民初字第01941号民事判决书;北京市第一中级人民法院(2011)一中民终字第10563号民事判决书。

期后才行使其追索权，显然是不公平的，最终也会严重损害票据的信用。所以在某些特别情况下持票人即有了于票据到期日前行使追索权的必要，即期前追索权。《日内瓦统一汇票本票法公约》第 43 条规定："汇票到期不获付款时，持票人得对背书人、出票人及其他债务人行使追索权。有下列情形之一者，虽在到期前，持票人亦得行使追索权：(1)汇票之全部或一部分不获承兑时。(2)付款人不论其已否承兑、破产时，付款人未经法院裁定停止付款时，或对其财产经过执行而无效果时。(3)不获承兑之汇票，其出票人破产时。"

我国《票据法》第 61 条第 2 款也对持票人可以行使期前追索的原因作了列举式的规定，包括：汇票被拒绝承兑；承兑人或者付款人死亡、逃匿；承兑人或者付款人被依法宣告破产或者因违法被责令终止业务活动等。也就是说，《票据法》第 61 条规定的"拒绝付款"，不仅包括付款人明确表示"拒绝付款"的情形，还包括付款人客观上无力履行付款义务而无法付款的情形。① 承兑人或者付款人被依法宣告破产的，与付款人或者承兑人死亡具有相同的性质，在这种情况下，持票人将来根本没有可能获得付款或者承兑，票据到期显然无法得到清偿。因此，《票据法》允许持票人在此种情况发生时，可以行使期前追索权。

（二）票据付款人或者承兑人破产时持票人期前追索权行使的形式要件

行使票据追索权的形式要件是保全追索权的手续，只有具备了追索权的形式要件，即完成了保全追索权的手续，追索权不致丧失，才可行使追索权。其中提示票据以及提供拒绝证明或者其他有关证明是行使追索权形式要件的内容。

拒绝证明或者拒绝证书，是指用以证明持票人曾经依法行使票据权利而被拒绝或者无法行使票据权利的一种要式证书。按照《票据法》的规定，持票人提示票据，请求承兑或者付款被拒绝后，在行使追索权之前，应当对被拒绝的事实负举证责任，而作成拒绝证书则为履行举证责任的法定证明方法。② 持票人行使追索权，以作成拒绝证明为原则，但在一定条件下，不作成拒绝证明，也可以行使追索权，即拒绝证明的免除，主要包括三种情形：一是法定免除，包括已经作成拒绝承兑证明的，无须再请求作成拒绝付款证明，或者发生不可抗力；二是约定免除；三是拒绝证明的代替，即《票据法》在第 61 条第 2 款的规定情形，其中就包括承兑人或者付款人被依法宣告破产。

付款人或者承兑人破产，在我国是指作为付款人或者承兑人的企业法人不能

---

① 参见杨临萍：《关于当前商事审判工作中的若干具体问题》，载杜万华主编：《商事法律文件解读》（总第 134 辑），人民法院出版社 2016 年版，第 20 页。

② 参见汪世虎：《票据法律制度比较研究》，法律出版社 2003 年版，第 243 页。

清偿到期债务,由人民法院依据债权人或者债务人自身的申请,通过一定的程序,将企业法人的财产公平分配给债权人的一种司法活动。当付款人或者承兑人破产后,付款人或者承兑人的身份地位即受到限制而失去了处置自己财产的权利,没有资格作出同意或者拒绝支付票据金额的表示,其债权债务只能由管理人按照债权人会议通过的破产财产处理分配方案,依据法定的清偿顺序予以分配,因为票据债权相对于其他债权而言,并没有优先受偿的效力;一旦破产清算程序终结,依据《企业破产法》第121条的规定,管理人应当自破产程序终结之日起10日内,持人民法院终结破产程序的裁定,向破产人的原登记机关办理注销登记。《民法典》第68条规定,法人被宣告破产并依法完成清算、注销登记的,法人终止。因此,注销后原企业法人的主体资格即消灭,此种情况下,持票人即没有可能得到相应的承兑或者付款,所以应当允许持票人行使期前追索权。

由于持票人在此种情况下所行使的追索权属于期前追索权,所以持票人不可能得到承兑人或者付款人拒绝承兑或者拒绝付款的拒绝证明或者退票理由书。《票据法》第64条第1款规定:"承兑人或者付款人被人民法院依法宣告破产的,人民法院的有关司法文书具有拒绝证明的效力。"也就是说,持票人在此种情况下行使票据的期前追索权的,虽然不能提供付款人或者承兑人拒绝证明或者退票理由书,但是应当提供人民法院的有关司法文书,人民法院的有关司法文书具有拒绝证明的效力。但是由于《票据法》第64条所规定的"有关司法文书",并没有明确其含义,在实践中有可能形成歧义,因为在破产案件程序中,人民法院的司法文书很多,什么样的司法文书可以起到拒绝证明或者企业法人破产证明的作用,存在争论。所以《票据法规定》(2020)即对此作了明确的解释,即持票人在此种情况下因行使追索权而向人民法院提起诉讼时,应当向受理法院提供人民法院依法作出的宣告破产裁定书或者能够证明付款人或者承兑人破产的其他证据。

《企业破产法》第107条规定:"人民法院依照本法规定宣告债务人破产的,应当自裁定作出之日起五日内送达债务人和管理人,自裁定作出之日起十日内通知已知债权人,并予以公告。债务人被宣告破产后,债务人称为破产人,债务人财产称为破产财产,人民法院受理破产申请时对债务人享有的债权称为破产债权。"人民法院对债务人进行破产宣告,意味着破产案件已经确定无疑地进入了清算程序,债务人将不可避免地陷入破产倒闭的境地,并会带来一系列其他的法律后果,而企业宣告破产的法律文书即为人民法院的裁定书。

【司法适用】

付款人或者承兑人破产重整、破产和解情形的处理。

宣告破产是破产清算制度的内容。破产清算制度是通过宣告债务人破产后,由破产管理人对破产财产进行清算、评估、处理,并按照规定的程序和分配规则对破产财产进行分配,最终使债务人不复存在的一套制度。破产清算的目的是使破产企业的债权人公平受偿,使破产企业归于消灭。

破产重整是指专门针对可能或已经具备破产原因但又有维持价值和再生希望的企业,经由各方利害关系人的申请,在人民法院的主持和利害关系人的参与下,进行业务上的重组和债务调整,以帮助债务人摆脱财务困境、恢复营业能力的法律制度。其在性质上,重整制度具有债务清理和企业拯救的双重目的,而后者是主要方面。

破产和解制度着眼于通过债权人与债务人的协商,减免债务数额及延缓债务履行期限,使债务人摆脱经济困难、避免破产,从而维护社会正常交易秩序,兼顾当事人个体利益与社会利益。

如前文所述,人民法院对债务人进行破产宣告,意味着破产案件已经确定无疑地进入了破产清算程序,债务人将不可能再对票据进行付款,否则即构成个别清偿。债务人进入破产重整或者和解程序,并不一定会对票据债务拒绝付款,因此需要在作成拒绝证明或者拒绝证书时,持票人才能行使票据追索权。

【司法案例】

案例一

上海浦东发展银行股份有限公司沈阳分行、彰武宁鹏粮食购销有限公司票据追索权纠纷案①

法官提示:无法提供被拒绝承兑或被拒绝付款的有关证明,亦无证据证明承兑人被依法宣告破产的,不具备行使追索权的前提条件。

辽宁省高级人民法院认为:《票据法》第61条规定:“汇票到期被拒绝付款的,持票人可以对背书人、出票人以及汇票的其他债务人行使追索权。汇票到期日前,有下列情形之一的,持票人也可以行使追索权:(一)汇票被拒绝承兑的;(二)承兑人或者付款人死亡、逃匿的;(三)承兑人或者付款人被依法宣告破产的或者因违法被责令终止业务活动的。”第62条第1款规定:“持票人行使追索权时,应当提供被拒绝承兑或者被拒绝付款的有关证明。”浦发银行沈阳分行已就案涉商业汇票贴现业务向辉山沈阳公司申报了债权,辉山沈阳公司承诺愿意按照票据记载履行相应义务,并未拒绝付款,且浦发银行庭审中自述辉山沈阳公司现处于破产重整阶段。浦发银行沈阳分行无法提供被拒绝承兑或被拒绝付款的有关证明,亦无证

① 参见辽宁省高级人民法院(2020)辽民终45号民事裁定书。

据证明承兑人辉山集团公司被依法宣告破产,故其不具备行使追索权的前提条件。浦发银行沈阳分行所主张的其债权未得到偿付无法成为其行使追索权的法定理由。

案例二

乌鲁木齐柳富达机械设备有限公司与新疆昌吉市菏泽腾达矿业有限责任公司票据追索权纠纷案①

法官提示:仅依据银行业务凭证中的记载来证明承兑人被依法宣告破产进而主张持票人向其前手追索的合法性,证据不足。

新疆维吾尔自治区昌吉回族自治州中级人民法院认为:关于乌鲁木齐柳富达机械设备有限公司是否享有向其前手的追索权。第一,根据《票据法》第65条的规定,持票人不能出示拒绝证明、退票理由书或者未按照规定期限提供其他合法证明的,丧失对其前手的追索权。但是,承兑人或者付款人仍应当对持票人承担责任。本案中根据乌鲁木齐柳富达机械设备有限公司提交的证据,并不能证实持票人杭州永明不锈钢有限公司向出票人或承兑人进行过提示付款;乌鲁木齐柳富达机械设备有限公司也未提交持票人因被拒绝付款的拒绝证明、退票理由书或其他合法证明,乌鲁木齐柳富达机械设备有限公司提交的证据并不能证实持票人取得向其前手的追索权。第二,根据《票据法》第62条规定"持票人行使追索权时,应当提供被拒绝承兑或者被拒绝付款的有关证明。持票人提示承兑或者提示付款被拒绝的,承兑人或者付款人必须出具拒绝证明,或者出具退票理由书。未出具拒绝证明或者退票理由书的,应当承担由此产生的民事责任",《票据法》第64条规定"承兑人或者付款人被人民法院依法宣告破产的,人民法院的有关司法文书具有拒绝证明的效力。承兑人或者付款人因违法被责令终止业务活动的,有关行政主管部门的处罚决定具有拒绝证明的效力"。本案中乌鲁木齐柳富达机械设备有限公司一审中主张汇票系非拒付追索,而在二审中主张汇票是拒付追索。如果是拒付追索,乌鲁木齐柳富达机械设备有限公司应当提交证据证实持票人提示付款,并被拒绝付款的有关证明,持票人才享有追索权;如果是非拒付追索,乌鲁木齐柳富达机械设备有限公司应当提交证据证实确实存在非拒付追索的证据,而其并未提交该法律规定中的有效证据,仅依据农业银行业务凭证中的记载来证明承兑人被依法宣告破产进而欲证明持票人向其前手追索的合法性,证据不足。

---

① 参见新疆维吾尔自治区昌吉回族自治州中级人民法院(2019)新23民终1191号民事判决书。

第十一条　在票据诉讼中，负有举证责任的票据当事人应当在一审人民法院法庭辩论结束以前提供证据。因客观原因不能在上述举证期限以内提供的，应当在举证期限届满以前向人民法院申请延期。延长的期限由人民法院根据案件的具体情况决定。

票据当事人在一审人民法院审理期间隐匿票据、故意有证不举，应当承担相应的诉讼后果。

【条文主旨】

本条是关于票据诉讼中当事人举证期限的规定。

【条文理解】

举证时限，是指负有举证责任的当事人应当在法律规定或者人民法院指定的期限内提供证据证明其事实主张的相应证据，逾期不提供将承担相应不利后果的一项民事诉讼制度。[①] 举证时限属于民事诉讼期间制度的范畴，而期间则是人民法院、当事人和其他诉讼参与人有效实施诉讼行为的期限和日期。期间依据其确定方式可以分为法定期间和指定期间，前者是由法律明文规定的期间，后者是由人民法院确定的期间。举证时限主要是属于人民法院指定期间的范围，由法院根据案件审理的具体情况依职权确定。[②] 举证时限是举证责任制度不可缺少的重要组成部分，是落实举证责任制度的重要保障之一，是确定当事人是否承担不利诉讼后果的关键因素。

票据是流通证券，流通是票据的基本特征，票据流通的快慢直接制约、影响着商品交易的效率和频率，因此《票据法》对票据权利时效作出了特别的规定，所以为了提高诉讼效率，适应民事审判方式改革中完善证据规则的要求，《票据法规定》（2000）第12条以司法解释的形式对举证时限作出较为明确的规定，而且还规定当事人在一审中故意不举证时应当承担的法律后果，虽然该条规定还是没有对当事人故意不在一审程序中举证所造成的法律后果作出详细明确的规定，但是该条规定对完善我国民事诉讼的证据制度，对制定民事诉讼的证据规则起到了积极的促进作用。

《票据法规定》在民事（票据）诉讼中率先确立举证时限制度提出的诉讼理念

---

① 参见最高人民法院修改后民事诉讼法贯彻实施工作领导小组编著：《最高人民法院民事诉讼法司法解释理解与适用》（上），人民法院出版社2015年版，第334页。

② 参见最高人民法院民事审判第一庭编著：《最高人民法院新民事诉讼证据规定理解与适用》（下），人民法院出版社2020年版，第484页。

主要有以下四个方面:(1)落实举证责任的要求。在现代诉讼中,法院对当事人的请求是承认还是否认,必须依赖一定的事实,而这些事实的存在与否应当由谁来证明;不能证明时应当由谁承担相应的法律后果,这就涉及举证责任及其分配原则问题。如果对举证期限及逾期举证的后果不作明确规定,举证责任将形同虚设。因此,《民事诉讼法》第68条第1款规定:"当事人对自己提出的主张应当及时提供证据。"第2款规定:"人民法院根据当事人的主张和案件审理情况,确定当事人应当提供的证据及其期限……"举证期限制度的功能,正在于通过规定当事人若不在举证期限内提供证据,将失去证据的提出权利和证明权,承担败诉风险,由此举证责任将得以切实贯彻。(2)贯彻诚实信用原则。当事人在举证期限内不举证而逾期提出新证据,有时或许也是因为有正当理由不能提出新证据,但更可能是出于当事人实施证据突袭的故意,因此有必要在民事诉讼中确立诚实信用原则,倡导当事人的真实义务,追求诉讼的公开、公平与公正,而举证时限制度就是强调当事人在提出证据层面上的诚实信用。只有双方当事人遵循举证时限制度的要求,才能真正做到平等地攻击和防御,展开充分有效的言词辩论,人民法院也才能在此基础上作出公正的裁判。(3)彰显程序安定原则。民事诉讼的运作应当依法定时间先后和空间结构展开并作出终局裁决,从而使诉讼保持有条不紊的稳定状态,程序运作的安全必须贯穿于整个诉讼进程,如果允许当事人有权随时提出证据,则既判力将不复存在,法院的裁判根本不具有终局效力,当事人的权利义务也将始终处于不确定的状态。(4)体现票据的流通性。票据是流通证券,流通是票据的基本特征,票据流通的快慢直接制约并影响着商品交易的效率和频率,因此,各国票据法均对票据时效作了特别的规定。之所以规定票据的举证时限,也是与《票据法》关于票据时效的规定相符合,以提高诉讼效率,适应民事审判方式改革中完善证据规则的要求。

票据诉讼的举证时限制度,包含举证期限的确定、举证期限的延长和逾期举证的后果三个方面的内容。

(一)票据诉讼举证期限的确定

《票据法规定》(2020)本条第1款规定:"在票据诉讼中,负有举证责任的票据当事人应当在一审人民法院法庭辩论结束以前提供证据……"将票据诉讼的举证期限统一截至一审法庭辩论终结前。

《民事诉讼法》第68条第2款规定:"人民法院根据当事人的主张和案件审理情况,确定当事人应当提供的证据及其期限。"《民事诉讼法解释》第99条第1款、第2款规定:"人民法院应当在审理前的准备阶段确定当事人的举证期限。举证期限可以由当事人协商,并经人民法院准许。人民法院确定举证期限,第一审普通程序案件不得少于十五日，当事人提供新的证据的第二审案件不得少于十日。”《民事诉讼证据规定》第 51 条第 1 款、第 2 款亦规定：“举证期限可以由当事人协商，并经人民法院准许。人民法院指定举证期限的，适用第一审普通程序审理的案件不得少于十五日，当事人提供新的证据的第二审案件不得少于十日。适用简易程序审理的案件不得超过十五日，小额诉讼案件的举证期限一般不得超过七日。”

《民事诉讼证据规定》第 56 条规定：“人民法院依照民事诉讼法第一百三十三条[①]第四项的规定，通过组织证据交换进行审理前准备的，证据交换之日举证期限届满。证据交换的时间可以由当事人协商一致并经人民法院认可，也可以由人民法院指定。当事人申请延期举证经人民法院准许的，证据交换日相应顺延。”

对于当事人在诉讼中补强证据的，《民事诉讼法解释》第 99 条第 3 款规定：“举证期限届满后，当事人对已经提供的证据，申请提供反驳证据或者对证据来源、形式等方面的瑕疵进行补正的，人民法院可以酌情再次确定举证期限，该期限不受前款规定的限制。”《民事诉讼证据规定》第 51 条第 3 款亦规定：“举证期限届满后，当事人提供反驳证据或者对已经提供的证据的来源、形式等方面的瑕疵进行补正的，人民法院可以酌情再次确定举证期限，该期限不受前款规定的期间限制。”也就是说，增加了补强证据允许人民法院酌情指定举证期限的规定。

（二）票据诉讼举证期限的延长

《票据法规定》（2020）本条第 1 款规定：“……因客观原因不能在上述举证期限以内提供的，应当在举证期限届满以前向人民法院申请延期。延长的期限由人民法院根据案件的具体情况决定。”也就是说，为在举证期限内因客观原因导致提供证据确有困难的当事人，规定了延长举证期限的救济措施。所谓客观原因，主要包括：一是因不可抗力、社会事件等原因，当事人在指定的举证期限内无法完成举证。二是当事人具有客观上不能举证或者难以举证的情形，主要是指需要通过勘验、鉴定、评估、审计才能证明的，或者涉及国家秘密、商业秘密的资料，或者因客观原因不能自行收集的其他证据等。[②] 当然，当事人提出的延长举证期限的申请，是否符合条件，赖于法官的判断和裁量。

《民事诉讼法》第 68 条第 2 款规定，“当事人在该期限内提供证据确有困难的，可以向人民法院申请延长期限，人民法院根据当事人的申请适当延长”。《民

---

① 2021 年 12 月 24 日修改《民事诉讼法》第 136 条。

② 参见最高人民法院民事审判第一庭编著：《最高人民法院新民事诉讼证据规定理解与适用》（下），人民法院出版社 2020 年版，第 494 页。

事诉讼证据规定》第 52 条第 1 款规定:“当事人在举证期限内提供证据存在客观障碍,属于民事诉讼法第六十五条[①]第二款规定的‘当事人在该期限内提供证据确有困难’的情形。”第 2 款规定:“前款情形,人民法院应当根据当事人的举证能力、不能在举证期限内提供证据的原因等因素综合判断。必要时,可以听取对方当事人的意见。”《票据法规定》(2020)本条规定的延长举证期限的条件与《民事诉讼法》及《民事诉讼证据规定》的要求基本一致。

《民事诉讼法解释》第 100 条规定:“当事人申请延长举证期限的,应当在举证期限届满前向人民法院提出书面申请。申请理由成立的,人民法院应当准许,适当延长举证期限,并通知其他当事人。延长的举证期限适用于其他当事人。申请理由不成立的,人民法院不予准许,并通知申请人。”《民事诉讼证据规定》第 54 条亦规定:“当事人申请延长举证期限的,应当在举证期限届满前向人民法院提出书面申请。申请理由成立的,人民法院应当准许,适当延长举证期限,并通知其他当事人。延长的举证期限适用于其他当事人。申请理由不成立的,人民法院不予准许,并通知申请人。”第 56 条还规定,“当事人申请延期举证经人民法院准许的,证据交换日相应顺延”。

(三)票据诉讼中逾期举证的后果

1. 对当事人逾期提供证据的审查

《民事诉讼法》第 68 条第 2 款规定,“当事人逾期提供证据的,人民法院应当责令其说明理由”。《民事诉讼法解释》第 101 条第 1 款规定:“当事人逾期不提供证据的,人民法院应当责令其说明理由,必要时可以要求其提供相应的证据。”因此,人民法院对当事人是否逾期提供证据的审查,是适用相应后果的前提。

《民事诉讼法解释》第 101 条第 2 款规定:“当事人因客观原因逾期提供证据,或者对方当事人对逾期提供证据未提出异议的,视为未逾期。”

2. 当事人逾期提供证据的后果

关于当事人逾期未提供证据的法律后果,是举证时限制度的核心,也是举证时限制度发挥其价值功能的关键。关于逾期举证的后果,一般认为涉及以下三方面:一是证据失权,即当事人逾期提供的证据,丧失证据效力。证据失权的后果意味着逾期提供证据的当事人丧失提出证据证明自己的事实主张和反驳对方的权利,法院也不会对当事人逾期提供的证据进行审理。二是额外的证明责任,即当事人逾期提供证据确有正当理由的,该证据作为失权后果的例外,允许提出,但当事人就正当理由的存在负担举证责任。三是承担不利的诉讼后果,由于举证时限

① 2021 年 12 月 24 日修改后《民事诉讼法》第 68 条。

是证明责任的内在要求，对待证事实负有举证责任的当事人未能按照举证期限的要求有效完成举证，在待证事实处于真伪不明状态时，应当承担不利的诉讼结果。[①]

《票据法规定》(2020)本条第2款规定："票据当事人在一审人民法院审理期间隐匿票据、故意有证不举，应当承担相应的诉讼后果。"这是对票据诉讼当事人不按期举证时法律后果的规定，即"应当承担相应的诉讼后果"，从该条规定的含义来讲，是指票据当事人在举证期限内隐匿或者故意不提供证据，在二审期间甚至在再审期间时再提供的，人民法院可以不作为"新证据"加以认定。对于票据当事人在举证期限内是否存在隐匿证据或者故意不提供证据的情形，则应当由对方当事人举证证明。[②]

《民事诉讼法》第68条第2款规定："……当事人逾期提供证据的，人民法院应当责令其说明理由；拒不说明理由或者理由不成立的，人民法院根据不同情形可以不予采纳该证据，或者采纳该证据但予以训诫、罚款。"《民事诉讼法解释》第102条规定："当事人因故意或者重大过失逾期提供的证据，人民法院不予采纳。但该证据与案件基本事实有关的，人民法院应当采纳，并依照民事诉讼法第六十八条、第一百一十八条第一款[③]的规定予以训诫、罚款。当事人非因故意或者重大过失逾期提供的证据，人民法院应当采纳，并对当事人予以训诫。当事人一方要求另一方赔偿因逾期提供证据致使其增加的交通、住宿、就餐、误工、证人出庭作证等必要费用的，人民法院可予支持。"因此，《民事诉讼法》及《民事诉讼法解释》的规定更为具体，应当适用其规定，具体而言，包括以下四个方面：

(1)根据当事人逾期提供证据的主观过错程度，适用不同的责任和后果。

(2)当事人因故意或者重大过失逾期提供证据的，原则上发生证据失权后果，但该证据涉及基本事实的证明的，不失权但要训诫、罚款。

(3)对于非因故意或者重大过失逾期提供证据的，均不发生证据失权后果，人民法院均应采纳但应当对当事人予以训诫。

(4)无论当事人逾期提供证据基于什么程度的主观过错，均不能免除对方当事人要求其赔偿相应损失的责任。

【司法适用】

在《票据法规定》(2000)施行以前，当时的《民事诉讼法》并没有对当事人的

---

① 参见最高人民法院修改后民事诉讼法贯彻实施工作领导小组编著：《最高人民法院民事诉讼法司法解释理解与适用》(上)，人民法院出版社2015年版，第343页。

② 参见曹守晔、王小能等：《〈关于审理票据纠纷案件若干问题的规定〉的理解和适用》，载《人民司法》2001年第4期。

③ 2021年12月24日修改后《民事诉讼法》第68条、第118条第1款。

举证期限作出明确的规定,并且依据有错必纠的原则,在当事人有新的证据时可以对生效裁判申请再审或者申诉,当时的《民事诉讼法》规定可能会使一些当事人滥用诉权,会造成当事人的讼累。《最高人民法院关于适用〈中华人民共和国民事诉讼法〉若干问题的意见》[①]第76条虽然规定,人民法院对当事人一时不能提交证据的,应根据具体情况,指定其在合理期限内提交,当事人在指定期限内提交确有困难的,应在指定期限届满之前,向人民法院申请延期,延长的期限由人民法院决定。这是关于民事诉讼举证期限的第一次规定,但这一规定内容并不具体明确,而且也没有相应法律后果的规定,所以该条规定并未在实践中得到很好的贯彻落实。

《票据法规定》(2000)对票据诉讼的举证期限作了规定,为日后《民事诉讼法》修改正式建立举证期限制度奠定了实践基础。在《票据法规定》(2000)施行后,《民事诉讼证据规定》(2001)也对人民法院指定的举证期限、当事人在举证期限不提供证据的法律后果等均作了更为明确详细的规定。因2012年全国人大常委会对《民事诉讼法》进行了修改,最高人民法院于2014年制定了《民事诉讼法解释》(2014),将《民事诉讼证据规定》(2001)的若干内容予以吸收。其后,最高人民法院于2019年又对《民事诉讼证据规定》(2001)进行了修改,形成目前的《民事诉讼证据规定》(法释〔2019〕19号);《票据法规定》(2020)对《票据法规定》(2000)关于举证期限的原则未予修改,继续适用。票据诉讼属于民事诉讼,因此,关于票据诉讼举证期限的一般问题,应当适用现行《民事诉讼法解释》以及《民事诉讼证据规定》的规定。

【司法案例】

广西联航投资有限公司与攀枝花市大河锦城投资有限责任公司、攀枝花重介质工贸有限责任公司票据纠纷申请案[②]

四川省高级人民法院认为:关于是否有新的证据足以推翻二审判决的问题。广西联航投资有限公司(以下简称联航公司)申请再审时提交的新证据包括以下几点。

证据一:南宁市某某刑事侦查支队三大队提供的询问笔录及涉案人员常住人口基本信息,拟证明涉案汇票由杨某1联系购买的事实。证据二:周某和杨某1手机号交费发票,拟证明周某介绍杨某1购买涉案汇票。证据三:渡口商场公司、

① 1992年7月14日发布,法发〔1992〕22号,现已废止。

② 参见四川省高级人民法院(2014)川民申字第433号民事裁定书。

攀枝花重介质工贸有限责任公司(以下简称重介质公司)、龙发商业公司和攀枝花市大河锦城投资有限责任公司(以下简称大河锦城公司)在攀枝花市房产局十楼办公的照片和视频光盘,拟证明四家公司是“一套人马,多块牌子”的关联公司。证据四:2012 年 12 月 12 日的攀枝花日报及互联网公布的龙发商业公司简介,拟证明杨某 2 为龙发商业公司董事长,渡口商场公司、重介质公司、大河锦城公司同属龙发商业公司旗下。证据五:2014 年 2 月 27 日攀枝花日报及多家网站公布的龙发商业公司、大河锦城公司简介,拟证明杨某 2 一直系龙发商业公司董事长以及大河锦城公司的对外代表,渡口商场公司、重介质公司、大河锦城公司同属龙发商业公司旗下。证据六:四川省公安厅物证鉴定中心《文件检验鉴定书》[川公物鉴(2012)40075 号]及所附材料,拟证明案发时苏华某经营掌控大河锦城公司。证据七:杨某 2、苏华某、杨某 1、杨某 3、苏云某常住人口基本信息,拟证明大河锦城公司明知并参与涉案汇票买卖。证据八:四川省攀枝花市中级人民法院(2013)攀刑初字第 45 号刑事判决,拟证明苏华某和杨某 1 实际操纵四家公司进行汇票背书,恶意持有汇票。

联航公司认可上述证据一、二、三已在二审程序中向二审法院提交。根据《最高人民法院关于适用〈中华人民共和国民事诉讼法〉审判监督程序若干问题的解释》第 10 条第 2 款的规定,当事人在原审中提供的主要证据,原审未予质证、认证,但足以推翻原判决、裁定的,应当视为新的证据。经查二审庭审笔录,二审法院已将上述证据交由各方当事人进行了质证;二审判决虽未对证据进行逐项罗列和分析,但认为联航公司未提供充分证据证明大河锦城公司知道重介质公司购买汇票,已对相关证据进行了概括性的总体认证,故证据一、二、三均不属于上述司法解释规定的“新的证据”的范畴。

联航公司提交的其他证据中,证据四和证据七在二审庭审前已客观存在,但联航公司未在二审举证期限届满之前及时收集提交,也未对迟延举证给出正当理由,故不属于申请再审阶段的新证据;证据五网页摘录内容与大河锦城公司工商登记资料不符,且无法确认相关信息真实性,故不能证明杨某 2 系大河锦城公司的法定代表人,亦无法证明苏华某和杨某 1 操纵四家公司进行汇票贴现;证据六《文件检验鉴定书》侧重于物证鉴定分析,且与本案一、二审中其他证据反映出来的苏华某并非大河锦城公司股东或管理层人员的事实不符,故不能仅以此认定苏华某经营掌控了大河锦城公司;证据八(2013)攀刑初字第 45 号刑事判决对案件相关事实有较为充分的反映,但不能据此得出苏华某和杨某 1 操作四家公司进行恶意背书的结论。因此,联航公司关于有新的证据足以推翻二审判决的再审事由不能成立。

四、票据权利及抗辩

票据权利包括付款请求权和追索权两个方面；票据抗辩，一般认为是指票据上记载的债务人提出一定的合法事由对于票据债权人提出的请求予以拒绝的行为，它属于民法中广义抗辩的范畴，与此相应，票据债务人依法所享有的这样的权利，即称为票据抗辩权。

《票据法》第13条第3款对“票据抗辩”进行了定义，即“票据债务人依据本法规定对票据债权人拒绝履行义务的行为”。根据该条规定，票据抗辩具有以下特征：其一，票据抗辩是票据债务人所为的行为。票据债务人不仅包括票据上的主债务人（付款人），而且包括所有在票据上签章的第二债务人。其二，票据债务人应根据《票据法》的规定，提出一定的抗辩原因或抗辩事由进行抗辩。其三，票据债务人享有的对票据债务人拒绝履行义务的权利称为抗辩权。[①] 票据抗辩的功能在于限制票据权利的滥用及促进票据的流通。票据权利人可以行使如付款请求权、追索权等《票据法》上的权利，为保护票据债务人不受票据权利滥用的影响，票据债务人亦被赋予了票据抗辩的权利。但票据债务人所享有的票据抗辩权，并不必然随着票据流通而移转，实际上限制了票据债务人的抗辩权，使其抗辩权不随着票据的转让有逐渐增加的可能，从而保证票据的正常流通。《票据法》对抗辩事由的承认、限制及要件规定，体现了法律对于票据债务人及债权人（尤其是正当持票人）之间的利益取舍。

第十二条　票据法第十七条第一款第（一）、（二）项规定的持票人对票据的出票人和承兑人的权利，包括付款请求权和追索权。

【条文主旨】

本条明确了《票据法》第17条第1款第1项、第2项有关持票人权利的具体

① 参见董安生主编：《票据法》，中国人民大学出版社2009年版，第108页。

内容。

【条文理解】

《票据法》第 17 条第 1 款规定，票据权利在下列期限内不行使而消灭：(1)持票人对票据的出票人和承兑人的权利，自票据到期日起 2 年。见票即付的汇票、本票，自出票日起 2 年；(2)持票人对支票出票人的权利，自出票日起 6 个月；(3)持票人对前手的追索权，自被拒绝承兑或者被拒绝付款之日起 6 个月；(4)持票人对前手的再追索权，自清偿日或者被提起诉讼之日起 3 个月。

《票据法》第 17 条是有关票据权利时效的规定，该条第 1 款区分不同的票据和不同的权利规定了不同的票据时效，其中第 3 项、第 4 项明确了是对追索权和再追索权的时效，但对于第 1 项、第 2 项中是何种票据权利并不明确。为此，《票据法规定》(2020)第 12 条明确了《票据法》第 17 条第 1 款第 1 项、第 2 项规定的持票人权利包括付款请求权和追索权。

(一)《票据法》第 17 条第 1 款第 1 项的理解和适用

我国《票据法》第 2 条规定，票据类型分为汇票、本票和支票三类。汇票是出票人签发的，委托付款人在指定日期无条件支付确定的金额给收款人或者持票人的票据。本票是出票人签发的，承诺自己在见票时无条件支付确定的金额给收款人或者持票人的票据。支票是出票人签发的、委托办理支票存款业务的银行在见票时无条件支付确定的金额给收款人或者持票人的票据。

《票据法》第 73 条明确本票仅指银行本票。本票和支票为见票即付的票据，又称即期票据，其权利时效起算点为出票日。汇票的付款日期可分为见票即付、定日付款、出票后定期付款、见票后定期付款四种，见票即付的汇票称为即期汇票，定日付款、出票后定期付款、见票后定期付款三种汇票则称为远期汇票。所以，远期汇票的票据权利时效起算点为到期日。远期汇票的主债务人为承兑人，因此远期汇票的持票人对承兑人的权利时效期间为 2 年，自到期日起算。持票人对于即期汇票付款人的权利人的权利时效，为出票日起 2 年。

本票的持票人对出票人的权利时效期间为 2 年，自出票日起算。由于本票的出票人为票据的主债务人，故本票的持票人对出票人权利时效期间为 2 年，自出票日起算。

《票据法》第 2 章第 19 条至第 72 条规定了汇票有关出票、背书、承兑、保证、付款、追索等票据行为，在第 80 条中规定本票的背书、保证、付款行为和追索权的行使适用有关汇票的规定，而第 93 条中规定支票的背书、付款行为和追索权的行使也适用有关汇票的规定。但对于汇票的有关规定对本票和支票的准用不包括承兑。

同时,《票据法》规定见票即付的汇票无须提示承兑。可以看出,承兑是定日付款、出票后定期付款和见票后定期付款三种远期汇票特有的票据行为。

(二)对《票据法》第 17 条第 1 款第 2 项的理解和适用

支票属于短期支付的工具,权利的行使要求更为迅速,因此规定持票人对出票人权利的期限为自出票日起算 6 个月,其目的是督促权利人尽快行使权利。支票属于委付票据,支票的付款人并不是票据的主债务人,主债务人仍是出票人。支票属于见票即付的票据,支票不存在承兑。

(三)关于远期汇票出票人票据权利时效的理解

票据上的债务人分为主债务人和偿还义务人,对于主债务人和偿还义务人,通常情况下在立法中会规定不同的时效期间。在票据时效期间上,各国的立法例也并不相同。由于远期汇票的主债务人是承兑人,故大多数国家对于承兑人的权利时效期间规定得较长,而对于出票人和其他背书人,则适用较短的权利时效期间。可是,我国与之相反,采取对出票人与承兑人相同的权利时效期间,其原因在于我国的商业汇票以银行承兑汇票为主。

所谓银行承兑汇票,是由出票人签发的、由银行承兑的、委托付款人在指定日期无条件支付确定的金额给收款人或者持票人的票据。通常,出票人与银行之间签订有资金委托支付协议,出票人在银行缴存保证金。票据到期后,如果出票人的资金不足以偿还票据债务,则银行会代为偿还,票据金额与保证金金额之间的差额转化为银行对出票人提供借款,出票人按照事先约定的利息向银行支付,通常的利率为日万分之五。由此可见,银行承兑汇票是以银行的信用代替了出票人的信用,不过,票据债务的最终承担责任主体依然是出票人,故《票据法》将持票人对于出票人和承兑人的权利时效采用相同的期间,就是出于这种考虑。

(四)关于持票人对出票人和承兑人的票据权利内容的理解

《票据法》第 17 条第 1 款第 1 项、第 2 项规定的权利是何种权利并没有进一步细化、明确,笔者认为,对于该项的理解和适用需要注意以下问题:持票人对于承兑人和出票人的票据权利是否仅限于付款请求权?持票人在票据到期后,对承兑人具有付款请求权,而持票人在提示付款被拒付后,其票据权利如何?持票人对承兑人的付款请求权是否消灭?由于针对这些问题有不同观点,导致在司法实践中出现了不同的做法。

第一种观点认为,《票据法》第 17 条第 1 款第 1 项、第 2 项规定限于付款请求权的时效;第 3 项、第 4 项规定限于追索权的时效。[①] 持票人对票据的出票人和承

① 参见梁英武主编:《中华人民共和国票据法释论》,立信会计出版社 1995 年版,第 50 页。

兑人付款请求权，自票据到期日起2年内不行使，其权利归于消灭；持票人对见票即付的汇票、本票的付款请求权，自出票日起2年内不行使，其权利归于消灭。第二种观点认为，远期汇票到期后，持票人对承兑人具有付款请求权；即期汇票、本票、支票的持票人可随时提示付款，对付款人具有付款请求权。如果票据到期被拒绝付款，则转化为追索权。其中，远期汇票的持票人对承兑人、出票人行使追索权期间为自票据到期后2年内；即期汇票、本票的持票人对付款人、出票人行使追索权期间为自出票日后2年内；支票的持票人对出票人行使追索权期间为自出票日后6个月内。第三种观点则认为，远期汇票到期后，持票人对承兑人具有付款请求权。在票据被拒付后，持票人对出票人和票据债务人可以行使追索权，且并不意味着对承兑人的付款请求权消灭。远期汇票的追索权时效为汇票到期后2年。即期汇票、本票在出票后，持票人对付款人、出票人有付款请求权，在被拒付后，持票人对付款人、出票人既有追索权，又有付款请求权，付款请求权和追索权的时效为出票后2年。支票在出票后持票人对付款人具有付款请求权，在被拒付后，持票人对出票人具有付款请求权和追索权，付款请求权和追索权时效为出票后6个月。

《票据法规定》(2020)第12条采纳第三种观点。不过，从以上分析可以看出三种观点的主要区别在于以下两点：(1)票据权利是否根据不同的对象有所区分，对承兑人或者出票人是否只有付款请求权，而对其他前手是否只有追索权。(2)票据被拒付后，持票人对承兑人或者出票人是否还有付款请求权，还是全部转化为了追索权？

要回答以上问题，必须回到付款请求权和追索权的本质去理解。付款请求权与追索权具有以下不同：(1)付款请求权的产生时间是在票据的付款日后，而追索权的产生时间在被拒付后；(2)付款请求权的请求内容为票据金额，追索权的请求内容为票据金额、利息、各种必要费用；(3)付款请求权的行使对象是主债务人，追索权的行使对象是所有票据债务人；(4)在行使权利的必要要件上，付款请求权只需要出示背书连续的票据即可，而追索权除了出示背书连续的票据，还需要提供拒付证明等资料。

了解了这些区别后，我们再回头看以上两个问题，可以知道，付款请求权和追索权的内容和行使方式均不同，相互之间无法代替。从内容上看，追索权的范围较广，但是行使的条件要求较高，必须提供拒付证明等书面材料。毫无疑问，让持票人同时拥有两个权利，有利于持票人选择对自己最有利的方式行使权利。但是，付款请求权和追索权产生的时间，仍然需要区分，追索权是在付款请求被拒绝后才产生的，也就是说，付款请求被拒绝之前，持票人行使追索权的程序无法启动。

厘清了这些关系，笔者认为，对以上两个问题可以按照如下办法解决，即持票人对出票人和承兑人既有付款请求权，又有追索权。《最高人民法院研究室对〈票据法〉第十七条如何理解和适用问题的复函》［2000 年 9 月 29 日，法（研）明传〔2000〕21 号］亦明确，《票据法》第 17 条第 1 款第 1 项规定的“持票人对票据的出票人和承兑人的权利”，包括付款请求权和追索权。不过在付款请求被拒绝之前，持票人对主债务人，即承兑人（远期汇票）或者出票人（本票、支票）只有付款请求权。在付款请求被拒绝之后，持票人对于所有的债务人都有追索权。需要注意的是，持票人对原主债务人的付款请求权并不因此消灭，其理由是付款请求权的行使方式较为简单，持票人可以通过较为简单的方法行使。

是故，持票人在付款请求被拒绝后，既可以继续行使付款请求权的方式向主债务人提示付款，也可以直接向法院起诉主债务人。持票人行使追索权的方式，既可以向票据上的出票人、承兑人、背书人、保证人等票据债务人发出追索通知，也可以直接向法院起诉票据债务人。

实践中，在付款请求被拒绝后，以付款请求权起诉主债务人的多为支票，因为支票不是流通票据，而是作为支付工具使用，故其提示付款期限较短，背书转让的可能性也较低，因此票据上的票据债务主体较为简单，通常为出票人一人。这个时候，不论是行使付款请求权，还是行使追索权，其对象往往是一致的。

同样，需要说明的是，认可持票人在付款请求被拒绝后仍享有付款请求权，并非否认付款请求权是第一顺序权利，追索权是第二顺序权利这一票据法基本原理，而是笔者认为付款请求权并不因追索权产生而消灭，这样可以更好地保护持票人的利益。

【司法适用】

关于票据时效性质的理解和适用。

根据传统的民商法理论，时效分为三种：取得时效、诉讼时效和消灭时效。①取得时效又称“占有时效”，是指无权占有人在法定条件下占有他人财产持续地经过法定期间而对该项财产取得所有权的制度；诉讼时效是指民事权利受到侵害的权利人在法定的时效期间内不行使权利，当时效期间届满时，债务人获得诉讼时效抗辩权；消灭时效是指权利人在法定期间内不行使请求权依法将丧失实体权利的制度。同时，传统的民商法理论中，还有关于除斥期间的规定，除斥期间是指法律规定的某种民事权利有效存续的期间。除斥期间也是某种法律事实，权利人在

---

① 参见陈运雄：《对我国票据时效制度的反思与重构》，载《学术界》2007 年第 1 期。

法律规定的期限内不行使其权利，其权利即被除斥。

票据权利是一种在交易过程中形成的债权。从我国《票据法》关于票据时效的规定来看，票据时效属于消灭时效，票据权利人如果不行使权利达到法定期限，即丧失了请求票据义务人履行票据义务的实体权利。《票据法》第17条明确规定，"票据权利在下列期限内不行使而消灭"，可见该条规定的时效是消灭时效。

票据时效与诉讼时效不同，诉讼时效期间的经过仅消灭胜诉权，而票据时效期间经过后，则产生票据权利消灭的效果。票据时效不是除斥期间，除斥期间为不变期间，不会出现中止、中断，其仅以一定期间的经过为要件，适用于形成权；票据时效期间为可变期间，可能出现中止、中断，适用于票据上的请求权。

有观点认为票据时效既不同于消灭时效，又不同于除斥期间，而是一种独特的时效制度。[①] 其主要基于票据时效届满，持票人还享有利益返还请求权。对于利益返还请求权的立法定性，长期以来学界存在"票据权利说""损害赔偿请求权说""不当得利请求权说"等观点。不过，最近有一种新的学说认为，从我国《票据法》第18条本身充分说明了利益返还请求权实质是票据法上的特别权利，[②]而非民事权利，也非票据权利。

【司法案例】

招商银行股份有限公司上海创智天地支行与中十冶集团有限公司、中十冶集团有限公司华东分公司、上海革善坊贸易有限公司、石某、周某某等票据追索权纠纷案[③]

法官提示：票据权利时效属于消灭时效，其有别于诉讼时效，票据时效的经过将直接导致票据权利的消灭。

一审法院认为：我国《票据法》第17条规定，持票人对票据的出票人和承兑人的权利，自票据到期日起2年；持票人对前手的追索权，自被拒绝承兑或者被拒绝付款之日起6个月。该条是票据权利时效的规定，其法律后果是票据权利人在上述期限内不行使权利，将丧失票据的实体权利，其与诉讼时效的法律后果不同。故招行创智天地支行对本案出票人中十冶公司、承兑人中十冶华东公司的追诉权

---

① 参见覃有土、吴京辉：《略论票据时效》，载《中南财经政法大学学报》2005年第2期。

② 参见曾大鹏：《为我国票据利益返还请求权制度辩护——基于〈票据法〉第18条的法教义学分析》，载《华东政法大学学报》2020年第5期。

③ 参见上海市第二中级人民法院（2017）沪02民终3929号民事判决书；上海市高级人民法院（2018）沪民申88号民事裁定书。

受法律保护,对前手革善坊公司行使追索权因超过了票据时效而丧失票据权利。此外,由于票据保证责任从属于被保证债务,招行创智天地支行亦丧失了要求石某、周某某承担票据责任的权利。中十冶华东公司系中十冶公司的分公司。因此,判决:中十冶公司支付招行创智天地支行票据款100万元及相应利息;驳回招行创智天地支行的其余诉讼请求。一审法院宣判后,招行创智天地支行提起上诉。

上海市第二中级人民法院二审认为:首先,招行创智天地支行称该行已在票据时效期间内多次向善革坊公司及周某某、石某催讨,但未提供任何证据证明,故对此说法依法不予采信。其次,关于人民法院可否主动适用票据权利时效的问题。二审法院认为,《票据法》第17条规定,持票人对前手的追索权,自被拒绝承兑或者被拒绝付款之日起6个月内不行使而消灭。该条文明确了票据权利人在一定期间内不行使权利的法律后果,即为票据权利的消灭。票据权利时效有别于诉讼时效。诉讼时效期间届满,义务人可进行诉讼时效抗辩,权利人丧失了胜诉权,但实体权利依然存在,而票据时效的经过将直接导致票据权利的消灭。但同时,票据时效届满仅消灭了票据权利,也并不必然导致持票人其他实体上权利的丧失。因此,二审法院认为,票据权利时效是《票据法》上的特别规定,它与票据的流通功能相适应,旨在维护票据法律关系的稳定与秩序。原审法院主动适用票据权利时效的规定,认定招行创智天地支行票据权利对相应前手的票据权利归于消灭,符合法律规定,并无不当。至于招行创智天地支行所提及的"《票据法》第17条规定的票据权利发生中断的,只对发生时效中断事由的当事人有效"这一条文,二审法院认为,该条目的在于区分票据上不同当事人(如出票人、背书人、保证人等)以认定票据权利时效,体现了票据行为的独立性,而不是将票据权利时效制度等同于诉讼时效制度。另外,鉴于周某某、石某作为票据保证人系为被保证人善革坊公司提供票据保证,在善革坊公司因票据时效经过而免除票据责任的情况下,周某某、被上诉人石某的相应票据责任亦可免除。二审法院作出驳回上诉、维持原判的判决。二审判决后,招行创智天地支行申请再审。

上海市高级人民法院再审认为:根据《票据法》第17条的规定,票据权利人在一定期间内不行使权利的法律后果为票据权利的消灭,故票据权利时效有别于诉讼时效。票据时效的经过将直接导致票据权利的消灭。票据权利时效是《票据法》上的特别规定,原审法院主动适用票据权利时效的规定,认定招行创智天地支行对相应前手的票据权利归于消灭,符合法律规定,并无不当。再审驳回招行创智天地支行的再审申请。

第十三条　票据债务人以票据法第十条、第二十一条的规定为由，对业经背书转让票据的持票人进行抗辩的，人民法院不予支持。

【条文主旨】

本条是关于对票据基础关系和票据关系的规定，体现了票据无因性原则。

【条文理解】

票据关系是基于票据行为而发生的票据债权债务关系，是一种特殊的民事法律关系。票据关系的主体是固定的，只有出票人、付款人、承兑人、背书人、保证人、持票人等几类。票据关系的客体是固定的，即票据所记载的金钱。票据关系的内容是票据债务人向持票人进行付款的关系，是一种单项的债权债务关系，即持票人只有收取票据款项的权利，而没有支付票据款项的义务；其他票据当事人只有支付票据款项的义务，而无收取票据款项的权利。

根据票据行为的不同，票据关系分为以下几种：(1)票据的发行关系。票据的发行关系是出票人在票据上记载应记载的事项后将票据交付给收款人而发生的票据关系，既包括出票人和收款人的关系，也包括付款人和收款人的关系。票据发行关系是票据上债权债务产生的基础，票据发行关系的效力影响到其他票据关系的效力。(2)票据的背书转让关系。票据流通转让主要依靠背书的形式，尤其是在电子票据时代，已经不可能通过单纯交付的形式转让票据。票据背书是票据原持有人在票据背书页记载相关事项将票据转让给被背书人的行为。票据背书产生背书人担保被背书人取得票据款项的效力。(3)票据的承兑、付款关系。票据的付款关系产生于所有类型的票据，包括汇票、本票和支票。票据的承兑关系只存在于汇票之中。汇票上的付款人一旦对票据进行承兑后则成为承兑人，承担付款义务，票据到期后，持票人有权利向承兑人要求付款。如果付款人拒绝承兑，则不承担付款义务，持票人只能向出票人、背书人等进行追索。换言之，在汇票被承兑之前，汇票付款人只是概念上的付款人，而在付款人对汇票承兑以后，其具有双重身份，既是付款人又是承兑人，其付款义务成为确定的义务。我国票据实践中，出票人在将票据交付给收款人之前，大多已经由付款人承兑。根据电子商业汇票规则，电子商业汇票只能先承兑后出票。因此，大多数情况下，汇票的付款人和承兑人的身份是重合的。实践中，需要区分的是付款和承兑的概念，承兑的意思是承诺付款，而不是实际付款行为。(4)票据保证关系。票据的保证是保证人对持票人取得票据款项的担保，被保证人既可以是出票人，也可以是背书人。

票据基础关系是发生票据关系的前提，是民法上的债权债务关系，受民法调整。票据基础关系包括三种:原因关系、资金关系和预约关系。

1. 票据基础关系和票据关系的分离

虽然票据关系基于基础关系而产生,但是票据关系一经成立即与基础关系分离。这种分离表现在以下三个方面:(1)票据的出票、背书、承兑等行为,只要具备了法定的形式要件,就具备票据权利产生、转移的效果,基础关系的无效或者不存在,不影响持票人的票据权利。(2)持票人在行使票据权利时不需要证明取得票据的原因,只以持有票据为必要。(3)票据债务人不得以票据原因的不存在或者无效而对抗善意持票人。①

票据的这种特性与其作为一种流通证券的特性有着密切的关系。票据作为一种流通证券,票据权利义务关系只有与基础权利义务关系相分离,才能满足安全、快速流通的需要。以简单的商品交易为例,受让票据的人,只有其票据权利在不继受前手基础关系义务的情况下,才愿意接受票据作为获得价款的方式,否则,一旦前手没有履行其基础关系的义务导致票据权利归于无效,则受让票据的人必将遭受损失,结果是人人谈票据色变,票据的生命力将不复存在。

2. 票据关系与基础关系的牵连

票据关系与基础关系的分离是原则,但是也有例外。基础关系对票据关系的效力产生影响或者对票据权利的行使产生影响,主要有以下几种情况:

(1)直接有债权债务关系的票据前后手之间。如果后手没有履行基础关系的义务或者基础关系归于无效、解除等,则前手可以不履行对后手的票据义务。因为这个时候票据关系与基础关系的当事人完全重合,在直接前后手之间不存在票据安全快速流通的考量。如果支持不履行基础关系义务的持票人向其直接前手主张票据权利,无助于票据的流通且有害于正常市场秩序的建立。

(2)以无对价或者无相当对价取得票据者,其票据权利不得优于前手。根据《票据法》第 10 条第 2 款的规定,票据的取得必须支付对价。因此,票据的取得以支付对价为原则,不以对价方式取得票据者,其基础关系多数是出自赠与、继承、企业合并等原因,持票人的票据权利继受于其直接前手,其票据权利自当不优于前手。前手的票据权利有瑕疵的,持票人的票据权利得继受这一瑕疵。如果持票人直接前手取得票据时也没有支付对价,则其直接前手的票据权利亦不得优于他的前手。以此类推,直到有一个前手支付了对价为止。

(3)以不法方式支付取得票据的,不享有票据权利。不法方式主要包括欺诈、偷盗或者胁迫等方式。明知或者应当知道转让人以不法方式取得票据,出于恶意

---

① 参见董惠江主编:《票据法教程》,对外经济贸易大学出版社 2009 年版,第 28 ~ 29 页。

或者重大过失取得票据的,也不享有票据权利。

(4)恶意取得票据。持票人明知存在抗辩事由而取得票据的。持票人取得票据时明知票据债务人对其前手的抗辩事由的,则其应继受该抗辩事由,票据债务人可以以其对持票人前手的抗辩对抗持票人。

3.票据无因性在《票据法》中的休现

我国《票据法》采用了票据无因性原则。我国票据无因性的直接法律依据是建立在以下两个法条的基础之上,即必须在票据上记载“无条件支付的委托”或者“无条件支付的承诺”(《票据法》第22条第1款第2项、第75条第1款第2项)。根据这两条规定,票据上不得有任何的原因记载,不得附加任何条件(单纯性)。同时,《票据法》还明确规定票据为文义证券,票据债务人在票据上签章的,按照票据所记载的事项承担票据责任(文义性)(《票据法》第4条第3款)。笔者认为,《票据法》要求票据必须保持单纯性和文义性特点,这双重特性乃是证明我国票据法坚持无因性立场的有力依据。[①]

此外,《票据法》第13条第1款规定:“票据债务人不得以自己与出票人或者与持票人的前手之间的抗辩事由,对抗持票人……”该条文表明一旦票据转让后,票据债务人不可以援引对持票人前手的抗辩事由继续对抗持票人。这被称为债务人的抗辩限制原则。票据理论认为,票据抗辩限制的理论基础是源于票据的无因性。既然我国《票据法》有票据抗辩限制的专门规定,那么从这一点反过来恰能证明我国票据法采用了票据无因性原则。[②]

当然,绝对无因性只是票据流转的理想状态,在例外的情况下,票据债务人还是可以对抗持票人的。例外情形主要表现为《票据法》第13条第3款规定涉及四种情形。《票据法》将这四种情形分别规定于第11条第1款、第12条第1款和第2款、第13条第1款但书和第2款中。因此,从这一个角度讲,也可以认为我国票据法实际上采用相对无因性原则。

有观点认为,《票据法》第10条和第21条有可能模糊了我国票据无因性和有因性之间的界线。第10条第1款规定:“票据的签发、取得和转让,应当遵循诚实信用的原则,具有真实的交易关系和债权债务关系。”第21条第1款规定:“汇票的出票人必须与付款人具有真实的委托付款关系,并且具有支付票据金额的可靠资金来源。”前者强调了交易关系、债权债务关系的存在,后者强调了资金关系的存在。从这个意义上说,直接有债权债务关系的票据前后手之间可以进行抗辩,

---

① 参见李伟群:《我国票据法上票据无因性问题研究》,载《政治与法律》2005年第2期。

② 参见李伟群:《我国票据法上票据无因性问题研究》,载《政治与法律》2005年第2期。

它体现了票据关系和基础关系的牵连,也是相对无因性的体现。对《票据法》第10条和第21条的不同理解,也导致裁判差异和适法不统一。有的裁判引用《票据法》第10条的规定,认定即使持票人的直接前手并非被告,都要求持票人证明自己与其直接前手之间的基础关系,这既加大了持票人的证明负担,又在一定程度上造成了法律适用的困惑。

为了纠正对《票据法》理解的错误倾向,《票据法规定》(2020)第13条规定"票据债务人以票据法第十条、第二十一条的规定为由,对业经背书转让票据的持票人进行抗辩的,人民法院不予支持"。详言之,根据这条规定,即使"没有交易关系""可靠资金来源"这些事实存在,也不成为票据抗辩的理由。《票据法规定》(2020)明确表明我国《票据法》采用了票据无因性的原则。《票据法》第10条第1款和第21条的规定,通过司法解释得到了一定程度的完善。

笔者认为,《票据法规定》(2020)第13条规定与《票据法》第13条第1款一起筑起了我国《票据法》无因性原则的基石。基础关系对票据关系的影响只能限于直接前后手之间。对于持票人的其他前手,其既不能以对持票人直接前手的抗辩事由来对抗持票人,也不能以持票人的直接前手对持票人的抗辩事由来对抗持票人。这就意味着,持票人与直接前手之间的基础关系的效力、履行情况等的审查只限于他们二者之间,如果说存在抗辩事由,也只能是持票人的直接前手可以对持票人进行抗辩,票据上其他债务人不得援用这一抗辩事由对持票人进行抗辩。同时,持票人取得票据的方式只要是符合《票据法》规定方法、取得票据时是出于善意的并且支付了对价的,其就是一个正当持票人,拥有无可争议的票据权利,其取得票据权利,不继受其前手的票据权利瑕疵,任何票据债务人对其前手的抗辩事由都被阻隔或者切断,不得对持票人提出。

【司法适用】

民间贴现又称买卖票据,即背书人和被背书人双方没有直接真实的交易关系和债权债务关系,背书人收取被背书人低于票据面额的金钱,然后将票据转让给被背书人,被背书人取得票据的目的一般是将票据用于其他款项的支付或者用于向银行贴现。

《九民会议纪要》第101条明确规定:"票据贴现属于国家特许经营业务,合法持票人向不具有法定贴现资质的当事人进行'贴现'的,该行为应当认定无效,贴现款和票据应当相互返还。当事人不能返还票据的,原合法持票人可以拒绝返还贴现款。"根据该规定,民间票据贴现行为被认定为无效。如果持票人是通过民间贴现行为取得的票据,票据债务人能否以其获得票据不具有真实的交易关系和债权债务关系为由,拒绝支付票据款项。

我们认为,民间贴现行为无效的抗辩仅适用于直接前后手之间,对于直接前手以外的其他票据债务人以持票人与其前手之间的关系属于民间贴现或者买卖票据为由进行抗辩的,应不予支持。但是如果当事人以民间贴现为业的,其行为损害了金融秩序,按照《九民会议纪要》的精神,持票人的票据行为无效,其不能取得票据权利,其他票据债务人以此抗辩的,应予以支持。

【司法案例】

上海新喜广告装饰工程有限公司与上海骁麦信息科技有限公司票据追索权纠纷案[①]

法官提示:票据债务人与持票人并非票据基础关系的直接债权债务人,不能以持票人未履行其与前手之间的基础关系进行抗辩。

上海金融法院认为:票据的签发、取得和转让,应当遵循诚实信用原则,具有真实的交易关系和债权债务关系。骁麦公司依据真实的交易关系合法取得系争汇票,依法享有票据权利,现系争汇票到期被拒绝付款,其有权向新喜公司行使追索权。关于新喜公司以系争汇票基础关系提出的抗辩,因骁麦公司、新喜公司并非票据基础关系直接债权债务人,其抗辩意见并无法律依据,故不予采纳。

第十四条　票据债务人依照票据法第十二条、第十三条的规定,对持票人提出下列抗辩的,人民法院应予支持:

(一)与票据债务人有直接债权债务关系并且不履行义务的;

(二)以欺诈、偷盗或者胁迫等非法手段取得票据,或者明知有前列情形,出于恶意取得票据的;

(三)明知票据债务人与出票人或者与持票人的前手之间存在抗辩事由而取得票据的;

(四)因重大过失取得票据的;

(五)其他依法不得享有票据权利的。

【条文主旨】

本条是关于票据抗辩事由的规定。

---

① 参见上海金融法院(2020)沪74民终183号民事判决书。

【条文理解】

(一)人的抗辩的基本内涵

票据抗辩,是被请求清偿票款的人对于持票人的请求的对抗事由,是对持票人提出付款请求的拒绝。票据抗辩的主体只能是票据债务人,票据抗辩的对象只能是持票人的债权请求。

实践中存在多种多样的票据抗辩原因或票据抗辩事由,通说按照可对抗人的范围,将票据抗辩分为物的抗辩和人的抗辩两类。[①] 物的抗辩是指基于票据本身的内容而发生的事由所进行的抗辩。对于票据债务人与特定的票据权利人之间存在的一定个人因素的关系,而非基于票据本身内容而发生的抗辩,票据法学上将之称为人的抗辩。在物的抗辩中,票据债务人通过行使票据抗辩权可以对抗所有持票人的付款请求;在人的抗辩中,票据债务人通过行使票据抗辩权可以对抗特定持票人的付款请求。[②]

物的抗辩是对票据本身瑕疵的抗辩,如票据欠缺记载内容、票据系伪造等。人的抗辩是对持票人是否具有向特定票据债务人行使票据权利的抗辩,如原因关系无效、原因关系消灭等。

票据抗辩制度对于《票据法》具有重要意义,体现了平衡票据关系当事人之间的权利义务关系的目的。票据抗辩—票据抗辩限制—票据抗辩限制的例外,一起构成了《票据法》的票据抗辩制度。

首先,票据的抗辩制度体现了票据关系与原因关系具有相关性。《票据法》第13条第2款规定,票据债务人可以对不履行约定义务的与自己有直接债权债务关系的持票人进行抗辩。在直接当事人之间原因关系的履行情况直接关系到票据权利的行使。《票据法》第12条规定了持票人取得票据非以交付的方式,或者票据交付行为意思表示瑕疵的,持票人不享有票据权利。票据的取得方式影响到票据权利的取得。

其次,票据抗辩限制制度集中体现了票据的无因性原则。票据的无因性,是指票据行为不受票据原因关系的影响,原因关系无效、被撤销或不存在,票据行为的效力不受影响。我国《票据法》第10条规定了"票据的签发、取得或者转让,应当遵循诚实信用的原则,具有真实的交易关系和债权债务关系"。对此,引发了我国《票据法》采取的是不是票据无因性原则的争论,但是《票据法》第13条第1款同时规定"票据债务人不得以自己与出票人或者出票人前手之间的抗辩事由,对

---

① 参见董惠江:《票据抗辩的分类》,载《法学研究》2004年第1期。

② 参见赵新华主编:《票据法问题研究》,法律出版社2007年版,第250页。

抗持票人”。第13条对票据抗辩限制的规定被视为我国《票据法》坚持票据无因性的反证。目前,我国大多数学者均认为,《票据法》第10条的规定属于宣示性条款,票据关系的效力不以基础交易关系的真实有效为条件,《票据法》第10条更多的是对我国宏观调控金融政策对票据性质取舍的选择。其真实目的在于限制票据融资,而非无因性之承认与否。[①]

最后,票据抗辩的例外制度体现了对票据相对无因性原则的回归。《票据法》第13条第1款另规定,“票据债务人不得以自己与出票人或者出票人前手之间的抗辩事由,对抗持票人。但是,持票人明知存在抗辩事由而取得票据的除外”。该条规定体现了票据抗辩限制的例外,也说明了我国的票据无因性是相对的无因性。

为了促进票据的流通和交易安全,票据抗辩相对于一般的民事抗辩,具有极大的不同。首先是票据抗辩限制制度,票据转让后票据上的抗辩并不随之转让给受让人,也就是说,票据债务人不能以对持票人前手的抗辩来对抗持票人,这与民事债权转让后债务人仍得以对原债权人的抗辩对抗受让人完全不同。其次,民事抗辩一般是对票据权利暂时停止行使的抗辩,如同时履行抗辩权、先诉抗辩权等,票据抗辩则还包括彻底否认持票人实体权利的抗辩,如票据抗辩中的物的抗辩。

票据抗辩制度集中体现了《票据法》的促进票据快速流通和交易安全两大立法目的。《票据法》是保护票据权利人(持票人)的法。为了促进票据安全迅速地流通,票据法设置了大量的条款保护票据权利人,如票据权利人可以有付款请求权和追索权两次请求权,票据权利丧失后,还可以行使票据利益返还请求权等。为了平衡票据债务人和票据权利人的利益,《票据法》设置了票据抗辩制度,体现了票据债务人对票据权利人的制约。为了不使票据抗辩影响到票据的安全迅速流通,《票据法》对票据抗辩进行了限制,规定只能在特定情况下才能行使票据抗辩权,票据抗辩的范围远比民事抗辩窄。

同样,为了平衡票据债务人与票据权利人的利益,《票据法》又设置了票据抗辩限制的例外制度,使一些恶意的持票人的权利受到限制。《票据法》就是在对票据抗辩不断的否定之否定的循环中,将《票据法》的促进票据快速流通与交易安全两大立法目的贯彻其中。值得注意的是,票据抗辩与票据抗辩限制的例外,均为对持票人的权利提出抗辩,但是二者本质上并不相同,不能混为一谈。

---

① 参见李伟群:《对我国〈票据法〉第10条修改之建议》,载《法学》2011年第9期。刘宏华:《票据有因性观念的坚守与超越——对真实交易规则背景的辩护》,载《法学杂志》2007年第3期。郑孟状等:《中国票据法专家建议稿及说明》,法律出版社2014年版,第48页。

(二)人的抗辩的具体事由

人的抗辩分为原因关系的抗辩、无对价抗辩、特约的抗辩、无权的抗辩等。《票据法规定》(2020)第13条第1项即直接当事人之间不履行原因关系义务的抗辩,第2项、第4项是关于无权的抗辩,第5项是关于其他人的抗辩的规定。

(1)本条第1项是关于不履行原因关系抗辩的规定。这里的不履行原因抗辩实际上是持票人的前手在行使同时履行抗辩权。也有学者认为,在对价抗辩关系中,票据义务人作为抗辩事由的对价,不限于与票据上关系直接相联系的对价,也包括票据上关系以外的其他对价。① 但通说认为,只有持票人不履行与票据关系有关的原因关系,其直接前手才可以据此抗辩持票人的债权。

(2)关于无权的抗辩,实际上包括了两种情形:一种是票据行为瑕疵抗辩,是指票据因票据行为的瑕疵而无法生效时,票据债务人对相应的持票人进行的抗辩,票据行为的瑕疵包括持票人因欺诈或者胁迫而取得票据的情形。② 因欺诈或者胁迫而为的票据行为不是票据转让方的真实意思表达,故持票人不享有票据权利,票据债务人可以对此进行抗辩。这里的票据债务人不仅是持票人的直接前手即转让方,也包括持票人所有的前手。另一种是偷盗等非法方式取得票据,这时候的持票人为无权利人,所有的票据债务人都可以对其进行抗辩。

为了防止持票人滥用票据制度,将从无权利人手中的票据通过背书转让后"洗白",再行使票据权利,为此,《票据法》规定持票人明知转让人以欺诈、偷盗或者胁迫等非法手段取得票据而受让票据的,不享有票据权利。即使持票人取得票据支付了对价,其也不享有票据权利。这里的明知指的是认识到转让人的票据来源不合法,不需要与转让人之间有恶意串通的行为,也不要求持票人对债务人有损害其利益的故意。或者说,只要持票人明知或者应当知道转让人票据来源不合法,就推定其具有恶意。

此外,持票人因为重大过失取得上述票据的,也不得享有票据权利。这里的"重大过失",是指对于转让人的票据权利非法性应该能够预见,出于重大过失没有预见而取得票据的,依法不享有票据权利。重大过失的判断标准,一般是根据票据交易的行业惯例、当事人本身的情况及生活经验、票据本身的性质、有偿无偿、对价高低等因素,受让人稍加注意就能知悉转让人没有处分权。关于无权取得的证明责任,应该由票据债务人承担,因为票据是无因证券,在票据债务人没有举证证明持票人不享有票据权利之前,就推定持票人享有票据权利,持票人凭背

① 参见赵新华:《票据法论》,吉林大学出版社1998年版,第121页。

② 参见李青:《票据权利司法救济》,中国政法大学出版社2018年版,第137页。

书连续记载合规的票据,就可以主张票据权利。

需要说明的是,以上讨论的这些内容,均规定于《票据法》第12条。根据《票据法》第12条第1款的规定,在明知转让人是以欺诈、偷盗或者胁迫等手段取得票据的情形下,出于恶意取得票据的,不得享有票据上的权利。该条第2款规定,持票人因为重大过失取得上述票据的,也不得享有票据权利。反之,当受让人从上述列举的主要三类无权利人手中善意、无重大过失取得票据时,持票人能够成为票据上的权利人并享有票据权利。该条实际上是关于票据善意取得的规定。

(3)本条第5项规定的其他情形,是指《票据法》虽然没有明文规定,但是依照《票据法》理论,持票人不享有票据权利的其他情形。其主要有如下情形:①原因关系的抗辩。其主要包括,原因关系不合法,如甲为支付赌债而签发票据给乙,乙不享有票据权利;原因关系无效、解除或者被撤销。如甲为支付货款签发票据给乙,后甲乙之间的购销合同关系解除,乙应返还票据给甲,乙不享有票据权利。②双方直接有特殊约定。比如,双方有分期付款等特别约定,特定的票据债务人可以以此对抗持票人。这种抗辩是指授受票据的直接当事人之间对于票据签发或者转让有特别的约定,若持票人违背该项特别约定,则票据债务人可以以此为由主张抗辩。国外票据法中往往在所谓融通票据领域适用该种抗辩事由。出票人与收款人之间一般约定有所谓的融通契约,如果收款人违反此项特殊约定,则票据债务人可以该特别约定为由主张抗辩。在票据实务中,当事人之间存在特别约定的情况主要发生于空白票据领域,特别是金额空白的授权票据,即票据行为人仅在票据上签章,而将票据上的其他应当记载事项全部或者部分授权他人补充完全的票据,空白票据的补充权的授受,可以认为是一种典型的票据当事人之间的特别约定,如果补充权人违背与授权人的约定滥用空白票据的补充权而为补记行为时,空白票据的授权人即可以对补充权人行使相应的补充权滥用的抗辩。③非金融机构以贴现为业,以民间贴现方式取得票据,也属于本条第5项“其他依法不得享有票据权利的”情形,票据债务人可以据此抗辩。

(三)人的抗辩的限制及其例外

1. 人的抗辩的限制

人的抗辩的限制,是指《票据法》规定的票据债务人不得对特定持票人进行抗辩的限制,即“抗辩切断”。为了促进票据的快速安全流通,我国《票据法》对人的抗辩两种情况进行消极的限制,《票据法》第13条规定,票据债务人不得以自己与出票人或者与持票人的前手之间的抗辩事由,对抗持票人。

(1)票据债务人不得以自己与出票人之间的抗辩事由对抗持票人。例如,甲签发汇票给丙,并委托乙付款,甲与乙约定自己将在6个月内支付全额票据款项给乙,乙对汇票进行了承兑,票据到期后,持票人向乙要求提示付款,乙不得以甲尚未向自己提供票据款项为由拒绝。

(2)票据债务人不得以自己与持票人前手的抗辩事由对抗持票人。例如,甲为购买一批钢材将汇票背书给乙,用于支付钢材款,乙又将汇票转让给丙,票据到期后丙未获付款,向甲发起追索,甲不得以乙未履行钢材购销合同为由拒绝向丙承担票据债务。

关于票据抗辩限制的适用范围,有观点认为,抗辩限制是为了保护票据流通而特别认可的原则,对于非基于背书转让取得票据的场合,如继承、公司合并等,或者在票据到期失去流通性后,以期后背书转让的方式取得票据的,则不适用该原则,换言之,在这些场合票据债务人可以以对持票人前手的抗辩来抗辩持票人。①

2. 人的抗辩限制的例外

票据抗辩限制制度主要是为了保护票据流通中的善意持票人,同时为了防止持票人利用票据抗辩限制的规定逃避自己的责任,《票据法》规定了票据抗辩限制例外制度,《票据法》理论上又称为恶意抗辩制度,即本条第3项规定的,持票人明知票据债务人与出票人或者与持票人的前手之间存在抗辩事由而取得票据的,票据债务人可以对其进行抗辩。例如,甲为购买一批钢材将汇票背书给乙,用于支付钢材款,乙又将汇票转让给丙,票据到期后丙未获付款,向甲发起追索,甲不得以乙未履行钢材购销合同为由拒绝向丙承担票据债务。但若丙受让票据时知道乙并未履行对甲的钢材购销合同的,甲可以不向丙承担票据债务。

关于此处的前手是直接前手还是包括持票人的所有前手,存在争议。有学者认为,该前手包括所有的前手②,有学者认为仅指直接前手。笔者认为,对该恶意抗辩的范围,不应区分票据债务人的抗辩是源于持票人的直接前手与否,只要持票人为恶意,其就不得对相应的票据债务人行使票据权利。

关于恶意的认定标准,在理论上有通谋说、害意说、认识说三种,通谋说认为持票人与其前手或者出票人恶意串通损害特定票据债务人的利益,利用票据抗辩的限制,逃避责任。害意说认为持票人只要取得票据时明知特定债务人对持票人的前手或者出票人具有抗辩事由,但仍对该票据债务人存在害意,并不需要其与前手或者出票人恶意串通。认识说仅要求持票人在取得票据时明知特定债务人对持票人的前手或者出票人具有抗辩事由即可。我国在恶意抗辩制度上采取的

---

① 参见张凝、[日]末永敏和:《日本票据法原理与实务》,中国法制出版社2012年版,第205页。

② 参见王小能编著:《票据法教程》,北京大学出版社2001年版,第111页。

是认识说，因为该说的证明标准较为客观，可以通过持票人知晓相关事实，推定其具有害意，相对其他两种学说较为容易证明。关于持票人恶意时间的认定，通说认为应该是以取得票据时为准。《票据法》第 13 条也规定持票人在明知抗辩事由存在而取得票据时，特定的票据债务人才会产生恶意抗辩。《票据法》这样规定是为了保障票据的流通。此外，持票人在取得票据时明知抗辩事由，但是在行使票据权利时，抗辩事由已经消失的，则特定票据债务人不得再提起恶意抗辩。[①] 对于持票人恶意的认定，应该由主张恶意抗辩的特定票据债务人承担举证责任。

【司法适用】

通过上述分析可知，中国票据法制度的善意取得不仅指对于无权处分的前手的无权处分不知情，而且还包括对前手的权利瑕疵的不知情。只有善意且支付对价的持票人才享有完全的票据权利，不受前手的权利瑕疵的影响，也不受前手无权取得的影响。恶意抗辩既包括对持票人无权取得票据的抗辩，也包括持票人明知特定债务人对其前手或者出票人有抗辩事由的抗辩，恶意抗辩的目的是否定持票人的票据权利。对于持票人无权取得的恶意，既包括持票人明知其前手无权取得票据，也包括持票人重大过失没有发现其前手无权取得票据。对于持票人明知特定票据债务人抗辩事由的恶意，仅指其明知，不包括重大过失。原因是后者是对抗辩事由的认识，如果要求持票人无重大过失，则对其的注意义务要求过高，显然不利于票据的流通。此外，前者的场合是票据债务人非基于自己的意思丧失了对票据的占有，而后者是票据债务人基于自己的意思转让票据。因此对于持票人来说，前者的注意义务更高，必须善意而且无重大过失。[②]

【司法案例】

案例一

中国民生银行股份有限公司南昌分行与上海红鹭国际贸易有限公司票据追索权纠纷案[③]

法官提示：票据活动为各方通谋的虚伪行为，所涉相关合同应认定为无效，持票人主张的票据权利不应予以支持，票据债务人可以对其进行抗辩。

---

① 参见王小能编著：《票据法教程》，北京大学出版社 2001 年版，第 113 ~ 114 页。

② 参见张凝、[日]末永敏和：《日本票据法原理与实务》，中国法制出版社 2012 年版，第 209 页。

③ 参见最高人民法院（2017）最高法民终 41 号民事判决书，（2018）最高法民申 4623 号民事裁定书。

最高人民法院二审认为：

（1）中国民生银行股份有限公司南昌分行（以下简称民生银行南昌分行）与有色金属公司在本案中的真实意思表示是借款。

首先，根据已生效828号刑事判决所认定的事实，本案商业承兑汇票开立、贴现源于正拓公司对民生银行南昌分行负有7000余万元的逾期贷款未还。基于此，同为正拓公司与有色金属公司实际控制人的罗某某，向民生银行南昌分行金融市场部副总经理严某某提出，由有色金属公司向上海红鹭国际贸易有限公司（以下简称红鹭公司）购买阴极铜，有色金属公司以商业承兑汇票形式支付货款，再由红鹭公司持该票据向民生银行南昌分行申请贴现，罗某某并承诺会确保红鹭公司将所得贴现款用于归还正拓公司的逾期贷款。之后，上述协商过程经双方操作实际发生，正拓公司所欠民生银行南昌分行的逾期贷款已用本案票据贴现款归还，其余贴现款亦被罗某某实际使用。为实现上述协商事宜，民生银行南昌分行还向有色金属公司单笔授信本案票据票面金额的商业承兑汇票贴现额度。可见，民生银行南昌分行与有色金属公司在本案中的真实意思表示是借款，并且双方约定所借款项必须保证归还正拓公司所欠民生银行南昌分行逾期贷款，票据贴现只是双方商定的具体融资方式。其次，本案原一审中，民生银行南昌分行系依《民法通则》及《合同法》规定，以借款合同纠纷案由提起本案诉讼，请求有色金属公司和红鹭公司支付民生银行南昌分行垫付的资金。该事实表明，民生银行南昌分行亦认为其与有色金属公司之间实为借款关系。再次，有色金属公司的法定代表人罗某某不论是在案涉刑事案件中还是在本案诉讼中，一直主张本案是先有逾期贷款再有票据贴现，其与民生银行南昌分行之间就是借新还旧的借款关系，而且亦陈述双方之前的借贷都是以与本案相同的票据贴现方式进行。而罗某某这一陈述与原审判决认定的2012年9月14日，民生银行南昌分行与正拓公司及有色金属公司之间签订《商业汇票贴现协议》后所发生的以票据贴现方式融资的事实相印证，可以证明罗某某所述有事实依据。最后，生效的828号刑事判决亦认定有色金属公司及罗某某在本案中的行为属于以欺骗手段骗取银行贷款，给银行造成特别重大损失，其行为已构成骗取贷款罪。据此，根据上述双方当事人协商过程、事实发生结果、诉讼中双方陈述以及生效刑事判决的认定，民生银行南昌分行与有色金属公司之间在本案中的实际法律关系应为借款关系，票据贴现只是双方商定的具体融资方式。

（2）本案票据活动是各方通谋虚伪行为，所涉民事行为无效，民生银行南昌分行主张本案票据权利依法不应支持。

本案中，有色金属公司的法定代表人罗某某为达到向民生银行南昌分行借款之目的，在与该行协商以票据贴现形式借款并保证以所借款项归还正拓公司逾期贷款的同时,亦与红鹭公司总经理房某某协商,由正拓公司、有色金属公司分别与红鹭公司签订无实物交割的阴极铜连环贸易合同,红鹭公司将钱款转手并从中赚取差价。罗某某与民生银行南昌分行及红鹭公司商妥后,各方即开始实施并在同一天完成了上述协商的所有事宜,即2012年12月28日早晨,有色金属公司的法定代表人罗某某与其公司员工,及民生银行南昌分行员工严某某等人先一同前往红鹭公司,由红鹭公司在没有真实交易内容的《阴极铜购销合同》、有色金属公司开立的商业承兑汇票、《贴现宝合作协议》、贴现申请表等一系列材料上盖章。之后,民生银行南昌分行员工立即携带上述材料赶回该行办理贴现手续。当日下午,民生银行南昌分行将贴现款转入红鹭公司账户,红鹭公司在扣除其所述的差价款后将余款全部转入正拓公司在民生银行南昌分行开立的账户,民生银行南昌分行即扣划收回了正拓公司所欠的逾期贷款。上述行为中,首先,有色金属公司与民生银行南昌分行均明知本案票据开立、贴现及系列合同签订的真实意思表示是借款,只是就民生银行南昌分行而言,其上述行为的主要目的在于能够实现正拓公司归还其逾期贷款,而有色金属公司的目的则除了用该笔借款归还正拓公司的逾期贷款外,还能够再继续获得一部分借款以解决其资金困难问题。其次,对于红鹭公司而言,虽按其所述,其系出于赚取差价签订了案涉合同及相关文书,红鹭公司并不知晓有色金属公司与民生银行南昌分行借新还旧、转嫁风险的真实意图,但是红鹭公司至少明知其与正拓公司、有色金属公司分别签订的《阴极铜购销合同》没有真实交易内容。故对于本案票据的签发、取得和转让不具有真实的交易关系,红鹭公司账户收到的票据贴现款的用途亦并非用于向正拓公司支付票据项下《阴极铜购销合同》的货款,有色金属公司、民生银行南昌分行、红鹭公司均属明知。三方虽然明知本案票据项下无真实交易关系,但出于不同真实目的,相互合谋实施了该票据行为,属于通谋虚伪行为。因此,本案票据活动是各方伪装行为,所掩盖、隐藏的真实行为实际是借款。根据《民法通则》第55条及2017年10月1日起施行的《民法总则》第146条规定,民事法律行为应当意思表示真实,行为人与相对人以虚假的意思表示实施的民事法律行为无效,以虚假的意思表示隐藏的民事法律行为的效力,依照相关法律规定处理。据此,本院对本案通谋虚伪的票据活动所订立的《阴极铜购销合同》及其《补充协议》《贴现宝合作协议》《贴现申请书》《担保合同》,均确认无效。虽然上述票据活动所涉合同均因属各方伪装行为而应认定为无效,但是,民生银行南昌分行持有的本案票据在形式上符合《票据法》第22条规定,应属有效票据。只是,由于民生银行南昌分行取得该票据,系出于实现正拓公司能够归还所欠其逾期贷款的目的,而在明知该票据的签发、转让均无真实交易关系的情况下,与有色金属公司及其法定代表人罗某某以通谋虚伪行为取得。而且,为取得该票据,作为有色金属公司和正拓公司的开户行,民生银行南昌分行亦在明知有色金属公司并不具有支付该票据项下款项能力的情况下,为其单笔授信了该票据票面金额的贴现额度,而本案票据贴现占用的正是该贴现额度。因此,民生银行南昌分行取得本案票据属于《票据法》第12条第1款及《票据法规定》(2000)第15条第2项规定的以非法手段取得的情形,据此,民生银行南昌分行依法不得享有票据权利。退一步来说,即便民生银行南昌分行享有票据权利,但因其在取得票据时,明知票据债务人红鹭公司与出票人有色金属公司之间并无真实的交易关系,因此,红鹭公司以此抗辩其不应承担本案票据义务,亦符合《票据法》第13条第1款"票据债务人不得以自己与出票人或者与持票人的前手之间的抗辩事由,对抗持票人。但是,持票人明知存在抗辩事由而取得票据的除外"的规定,依据《票据法规定》第15条第3项规定,对于红鹭公司的抗辩,本院应予以支持。

综上,本案票据活动为各方通谋的虚伪行为,所涉相关合同应认定为无效,民生银行南昌分行主张本案票据权利不应予以支持。

最高人民法院再审认为:

(1)本案系借款法律关系而非票据追索权关系。①上海市黄浦区人民法院于2016年9月27日作出(2015)黄浦刑初字第828号刑事判决认定:罗某系正拓公司和有色金属公司的实际控制者及经营人。2012年年底正拓公司对民生银行南昌分行有7000余万元的逾期贷款未归还。罗某向民生银行南昌分行工作人员提出,由有色金属公司向红鹭公司购买阴极铜,以商业承兑汇票形式支付货款,再由红鹭公司持该票据向民生银行南昌分行申请贴现,罗某承诺会确保红鹭公司将所得贴现款用于归还正拓公司的逾期贷款。故刑事判决认定有色金属公司、罗某的行为属于以欺诈手段骗取银行贷款,已构成骗取贷款罪。基于上述刑事判决的认定,原判决关于"民生银行南昌分行与有色金属公司在本案中的关系应为借款法律关系,双方的具体融资方式是通过票据贴现完成"的认定并无不当。②有色金属公司、民生银行南昌分行、红鹭公司均明知案涉票据关系并不是为了履行《阴极铜购销合同》的基础交易。基于上海市黄浦区人民法院于2016年9月27日作出(2015)黄浦刑初字第828号刑事判决查明的关于"罗某与红鹭公司总经理房某某商议,由正拓公司、有色金属公司分别与红鹭公司签订无实物交割的阴极铜贸易连环合同,红鹭公司将钱款转手并从中赚取差价。房某某同意后,将上述事宜交由财务经理胡某某具体操作"的事实,案涉票据活动系有色金属公司、民生银行南昌分行、红鹭公司三方虚伪意思表示,所掩盖的真实关系是借款法律关系,故原判决认定有色金属公司、民生银行南昌分行、红鹭公司之间系通谋虚伪行为并无不当。③本案应以虚假的意思表示所隐藏的真实法律关系即借款关系处理。民生银行南昌分行持有的票据在形式上符合票据法规定,应属有效票据,但该行明知出票人并不具有支付该票据项下款项能力的情况下,为其单笔授信了该票据票面金额的贴现额度,属于以非法手段取得的情形,故不得享有票据权利。因此,民生银行南昌分行不享有本案票据权利,但其与有色金属公司双方之间的借款行为应属有效,故有色金属公司应当向民生银行南昌分行归还上述欠款本金及利息。故民生银行南昌分行关于本案系票据追索权关系的再审主张,不符合《民事诉讼法》第 207 条第 2 项规定的情形,本院不予采信。

(2)关于原判决法律适用问题。票据行为具有无因性,但该无因性并不是绝对的,如果持票人取得票据的过程存在违法性则丧失票据权利。本案中,不仅民生银行南昌分行知晓前手红鹭公司取得票据不是用于真实交易,而且民生银行南昌分行贴现亦明知是为了发放贷款的目的。根据《票据法》第 12 条第 1 款关于"以欺诈、偷盗或者胁迫手段取得票据的,或者明知有前列情形,出于恶意取得票据的,不得享有票据权利"的规定,原判决认定民生银行南昌分行不享有票据权利,而只能向有色金属公司主张还款责任,并无不当。

案例二

中国建设银行股份有限公司常州分行、中国建设银行股份有限公司常州清凉路支行、中国农业银行股份有限公司常州天宁支行、交通银行股份有限公司常州分行与河北省永清县实业建材物资总公司、中国包装物资常州有限公司、中国银行股份有限公司廊坊分行票据纠纷案①

法官提示:明知持票人不享有票据权利,贴现后又将大部分票款强行扣收旧贷,属恶意取得票据,不享有票据权利。

最高人民法院认为:河北省永清县实业建材物资总公司(以下简称建材公司)与中国包装物资常州有限公司(以下简称常州公司)订立虚假购销合同,骗取银行承兑汇票,意图套取银行资金。建材公司起诉要求常州公司返还汇票,永清中行要求确认所签发汇票无效,不予解付票款,因四申请再审人作为票据持有人,与本案处理有法律上的利害关系,原审法院追加其为本案第三人参加诉讼,并未违反《民事诉讼法》的规定。对四申请再审人关于不应列其为本案第三人的再审请求,本院不予支持。

---

① 参见最高人民法院审判监督庭编:《审判监督指导》(总第 29 辑),人民法院出版社 2010 年版,第 108～120 页。

四申请再审人在接受建材公司、常州公司关于汇票贴现的咨询时,在明知两公司违规利用承兑汇票套取银行资金的情况下,仍利用本案所涉承兑汇票为各自谋取利益,其主观上不具有善意。

7524号银行承兑汇票票面有重大瑕疵,且记载的承兑期限超过6个月。为此,曾被常州建行营业部拒收。7524号银行承兑汇票票面有重大瑕疵,依法应认定该汇票为无效票据。

交通银行股份有限公司常州分行(以下简称常州交行)于汇票到期后,在常州公司票载款项被人民法院依法冻结的情况下,仍强行为常州交行朝阳办事处扣收逾期贷款,该行为不具有合法性,依法不予保护。

四申请再审人在受理银行承兑汇票后,银行承兑汇票尚未到期,永清中行分别以加急电报告知四申请再审人,常州公司与建材公司有伪造交易合同、骗取票据使用权的行为,请其不要受理票据;同时,永清县人民法院业已冻结常州公司在四申请再审人处的票据账户。四申请再审人并未终止其票据业务或采取相应的补救措施,而是兑付票载款项后,将绝大部分款项汇入常州公司临时开设的账户,尔后扣贷,仅有40万元进入常州公司在交行设立的被冻结票款账户。四申请再审人明知建材公司与常州公司违规套现,但为了实现清偿常州公司的旧贷,仍然违反银行结算制度受理了汇票,之后,又采用非法强行另开账户的方式扣贷,其违规实现自身利益的意图是很显然的,属转嫁金融风险的行为。

综上所述,建材公司与常州公司之间并无真实的购销合同关系,双方合谋订立虚假购销合同套现,故常州公司不享有票据权利。7524号银行承兑汇票票面有重大瑕疵,依法应认定为无效票据。常州建行营业部、常州城郊建行、常州城郊农行、常州交行为实现债权,明知建材公司、常州公司违规套现,仍违反银行结算制度受理了本案所涉7张银行承兑汇票,并以扣贴现款或在汇票到期后,利用另行设立的账户强行扣贷的方式,将大部分票载款项扣收旧贷,从而转嫁金融风险。四申请再审人取得票据不属善意,依法不享有票据权利。

案例三

中国农业银行南通市经济技术开发区支行与华夏银行济南分行、中国电子进出口山东公司、南通市蓝泽精细化工公司银行承兑汇票纠纷案①

法官提示:因重大过失取得不符合票据法规定的票据,不得享有票据权利。

---

① 参见最高人民法院审判监督庭编:《审判监督指导》(总第19辑),人民法院出版社2007年版,第79~87页。

最高人民法院认为：中国电子进出口山东公司（以下简称中电公司）对本案三张银行承兑汇票是否享有票据权利，应当审查中电公司是否为票据上记载的合法持票人。依据《票据法》的规定，以背书转让的票据，背书应当连续，持票人以背书的连续，证明其票据权利。非经背书转让，而以其他合法方式取得票据的，应依法举证，证明其票据权利。根据票据所具有的文义性，票据的合法流转应见于票据本身的记载，合法持票人是在票据上进行权利记载并持有票据的人。中电公司持有的三张银行承兑汇票其文义记载表明三张银行承兑汇票背书不连续，中电公司既非三张银行承兑汇票的背书人又非三张银行承兑汇票记载的被背书人；且在本案审理时中电公司亦未能举证证明其以其他合法方式取得本案三张银行承兑汇票。因此，中电公司不是本案三张银行承兑汇票的合法持票人，不能凭借该三张银行承兑汇票主张票据权利。

华夏银行济南分行（以下简称华夏济南分行）在为中电公司办理贴现申请时，根据中国人民银行《商业汇票承兑、贴现与再贴现管理暂行办法》和《支付结算办法》的规定，应当审查中电公司是否为合法的持票人，即中电公司持有的三张银行承兑汇票背书是否连续。华夏济南分行尽管在为中电公司办理贴现前，曾向该票据的付款行中国农业银行南通市经济技术开发区支行（以下简称农行南通支行）进行过电话查询，但农行南通支行也只是答复“该票据系其签发，真伪自辨”，并没有确认中电公司是合法的持票人。华夏济南分行作为专业的金融机构，应当知道办理贴现的有关规定，其应审查而未审查本案三张银行承兑汇票背书是否连续，就为不是合法持票人不享有票据权利的中电公司办理票据贴现，应当认定其存在重大过失。依据我国《票据法》第 12 条第 2 款的规定，华夏济南分行因重大过失取得不符合《票据法》规定的票据的，对该票据不享有票据权利。虽然华夏济南分行为中电公司办理贴现后，完善了本案三张票据的背书手续，背书为连续，但该三张票据因涉嫌犯罪已被南通市公安局崇川分局调取，并冻结止付票据款 1000 万元，农行南通支行以此为由拒绝向华夏济南分行付款，是履行法律规定的协助执行义务，并无不当；农行南通支行依据南通市崇川区人民法院（2000）崇刑初字第 57 号刑事判决书和南通市崇川区人民法院协助扣划存款通知书，将三张票据款 1000 万元划拨到南通市崇川区人民法院账上，亦是履行法律规定的协助执行义务；本案三张票据款 1000 万元已由南通市崇川区人民法院发还受害单位南通市商业银行环南支行。据此，农行南通支行依据南通市崇川区人民法院（2000）崇刑初字第 57 号刑事判决书，已经向南通市商业银行环南支行支付了本案三张票据款 1000 万元，履行了本案三张票据的付款义务，其没有义务再向华夏济南分行付款。

案例四
汕头经济特区龙信商贸发展公司与中国工商银行荆州市分行营业部汇票承兑纠纷案[①]

法官提示:未支付对价,且取得票据存在重大过失的,不享有票据权利。

最高人民法院认为:和联房产公司经理黄某某明知汇票的承兑付款人中国工商银行荆州市分行营业部(以下简称工行荆州营业部)已宣布汇票作废,拒绝兑付票款,仍然背着工行荆州营业部将两张汇票背书转让给汕头经济特区龙信商贸发展公司(以下简称汕头龙信公司)。依照《票据法》第36条的规定,和联房产公司应当对汇票背书后所产生的法律后果负责。《票据法》第12条第2款规定:"持票人因重大过失取得不符合本法规定的票据的,也不得享有票据权利。"和联房产公司经理黄某某将两张银行承兑汇票和两张汇票解讫通知交给汕头龙信公司经理廖某某时,其中一张汇票和解讫通知从中间被撕成两半,并用透明胶纸粘贴而成,此汇票具有明显瑕疵。而汕头龙信公司经理廖某某对明显有瑕疵的汇票在接收时不向汇票承兑行工行荆州营业部查询,盲目接收汇票,未尽到谨慎和注意义务,且根据《票据法》第10条"票据的签发、取得和转让,应当遵循诚实信用的原则,具有真实的交易关系和债权债务关系。票据的取得,必须给付对价,即应当给付票据双方当事人认可的相应的代价"的规定,持票人汕头龙信公司始终不能提供从和联房产公司取得票据时,其与和联房产公司之间具有真实的商品交易和债权债务关系的有关证据。汕头龙信公司虽然提供了其与和联房产公司的购销合同和与河南省镇平神州玉雕厂的购销合同。但不能证明汕头龙信公司与和联房产公司具有真实履行购销合同的事实,也不能说明汕头龙信公司从河南省镇平神州玉雕厂购进的玉雕已卖给了和联房产公司。原审庭审后限期由汕头龙信公司举证,但该公司未能提供有效证据,原审调查收集证据时,也无法收集到有效证据。根据汕头龙信公司不能就其主张提供证据加以证实的事实,应当认定汕头龙信公司与和联房产公司在汇票背书转让时无相应的对价,汕头龙信公司所取得的两张银行承兑汇票不符合《票据法》的规定。故汕头龙信公司不能享有该两张银行承兑汇票的权利。

---

① 参见最高人民法院经济审判庭编:《经济审判指导与参考》(第3卷),法律出版社2000年版,第282~288页。

第十五条　票据债务人依照票据法第九条、第十七条、第十八条、第二十二条和第三十一条的规定，对持票人提出下列抗辩的，人民法院应予支持：

（一）欠缺法定必要记载事项或者不符合法定格式的；

（二）超过票据权利时效的；

（三）人民法院作出的除权判决已经发生法律效力的；

（四）以背书方式取得但背书不连续的；

（五）其他依法不得享有票据权利的。

【条文主旨】

本条是关于票据债务人对物抗辩事由的规定。

【条文理解】

具体而言，本条第1项中欠缺法定必要记载事项或不符合法定格式的票据系无效，持票人不享有票据权利；第2项中持票人在一定期间不行使票据权利的法律后果为票据权利的消灭；第3项所涉票据自除权判决公告之日起丧失效力，持票人丧失票据权利；第4项中背书不连续的票据，持票人应当举证证明背书在实质上连续；第5项所指称的其他依法不得享有票据权利的抗辩包括票据法未明确规定，但学理上公认系属物的抗辩，如对票据伪造、更改的抗辩。

（一）票据上物的抗辩的立法现状分析

我国《票据法》第9条规定："票据上的记载事项必须符合本法的规定。票据金额、日期、收款人名称不得更改，更改的票据无效。对票据上的其他记载事项，原记载人可以更改，更改时应当由原记载人签章证明。"第17条规定："票据权利在下列期限内不行使而消灭：（一）持票人对票据的出票人和承兑人的权利，自票据到期日起两年。见票即付的汇票、本票，自出票日起两年；（二）持票人对支票出票人的权利，自出票日起六个月；（三）持票人对前手的追索权，自被拒绝承兑或者被拒绝付款之日起六个月；（四）持票人对前手的再追索权，自清偿日或者被提起诉讼之日起三个月。票据的出票日、到期日由票据当事人依法确定。"第18条规定："持票人因超过票据权利时效或者因票据记载事项欠缺而丧失票据权利的，仍享有民事权利，可以请求出票人或者承兑人返还其与未支付的票据金额相当的利益。"第22条规定："汇票必须记载下列事项：（一）表明'汇票'的字样；（二）无条件支付的委托；（三）确定的金额；（四）付款人名称；（五）收款人名称；（六）出票日期；（七）出票人签章。汇票上未记载前款规定事项之一的，汇票无效。"第31条规定："以背书转让的汇票，背书应当连续。持票人以背书的连续，证明其汇票权利；

非经背书转让,而以其他合法方式取得汇票的,依法举证,证明其汇票权利。前款所称背书连续,是指在票据转让中,转让汇票的背书人与受让汇票的被背书人在汇票上的签章依次前后衔接。”

虽然《票据法》分别在第 9 条、第 17 条、第 18 条、第 22 条等条文中对票据有效性、持票人票据权利成立的要件进行了规定,但并未从这些条款中明确列举出票据债务人可以对抗持票人的抗辩事由,也就是说,没有从物的抗辩的角度对各种抗辩事由进行归纳和梳理。这样的立法模式,容易产生同案不同判的现象,甚至在审判实践中可能会出现放任票据当事人滥用票据抗辩权的情况,在一定程度上损害了司法的权威性与公正性。

因此,从司法实践的需要出发,亟须对票据债务人的具体抗辩事由予以明确。《票据法规定》(2020)第 15 条结合《票据法》第 9 条、第 17 条、第 18 条、第 22 条和第 31 条的规定,明确列举了五类票据债务人可以对票据债权人行使物的抗辩之事由,从而使得司法实务更具可操作性。

根据可抗辩人的范围不同,物的抗辩可分为一切票据债务人可以对一切票据债权人行使的抗辩,和特定票据债务人可以对一切票据债权人行使的抗辩。

1. 一切票据债务人可以对一切票据债权人行使的抗辩

所有票据债务人可以主张的抗辩包括:(1)票据欠缺绝对必要记载事项的抗辩;(2)更改不得更改事项的抗辩;(3)违反票据金额记载规则的抗辩;(4)记载了票据上不得记载的事项的抗辩;(5)依票据上的文义不得提出请求的抗辩;(6)票据债权因法院的除权判决而失效的抗辩;(7)票据债权因依法付款而消灭的抗辩;(8)票据债权因提存而消灭的抗辩等。

2. 特定票据债务人可以对一切票据债权人行使的抗辩

特定票据债务人可主张的抗辩包括:(1)欠缺票据行为能力的抗辩;(2)票据伪造的抗辩;(3)票据变造的抗辩;(4)无权代理的抗辩;(5)欠缺保全手续的抗辩;(6)时效消灭的抗辩;(7)背书不连续的抗辩;(8)签章不符合规则的抗辩;(9)期后背书的抗辩;(10)禁止转让的抗辩;(11)免责的抗辩等。①

1997 年,中国人民银行制定了《支付结算办法》,并于 12 月 1 日起施行,同时废止 1988 年 12 月 19 日印发的《银行结算办法》。该《支付结算办法》对票据债务人的抗辩事由进行了较为具体的规定。其中第 38 条规定:“票据债务人对下列情况的持票人可以拒绝付款:(一)对不履行约定义务的与自己有直接债权债务关系的持票人;(二)以欺诈、偷盗或者胁迫等手段取得票据的持票人;(三)对明知有

---

① 参见姜建初主编:《票据法》,人民法院出版社 1998 年版,第 124、125 页。

欺诈、偷盗或者胁迫等情形，出于恶意取得票据的持票人；（四）明知债务人与出票人或者持票人的前手之间存在抗辩事由而取得票据的持票人；（五）因重大过失取得不符合《票据法》规定的票据的持票人；（六）对取得背书不连续票据的持票人；（七）符合《票据法》规定的其他抗辩事由。”通过对内容分析可知，该条对票据债务人可以提出抗辩的七类情况作了列举，其中既有属于物的抗辩部分，也有归属于人的抗辩部分，却没能就物的抗辩及人的抗辩进行细分。

为此，《票据法规定》（2000）第 16 条对《票据法》第 9 条、第 17 条、第 18 条、第 22 条和第 31 条所涉及的物的抗辩事由进行了归类、明确，票据债务人依照《票据法》上述规定，对持票人提出下列抗辩的，人民法院应予支持：（1）欠缺法定必要记载事项或者不符合法定格式的；（2）超过票据权利时效的；（3）人民法院作出的除权判决已经发生法律效力的；（4）以背书方式取得但背书不连续的；（5）其他依法不得享有票据权利的。2020 年 12 月《票据法规定》（2020）中，该条的条文序号调整为第 15 条。

（二）物的抗辩的具体事由

1. 违反票据行为要式性的抗辩

由于票据关系的无因性以及需保证票据的可流转性，《票据法》对票据行为采取严格要式主义和文义主义原则。如《票据法》第 9 条第 1 款、第 2 款规定：“票据上的记载事项必须符合本法的规定。票据金额、日期、收款人名称不得更改，更改的票据无效。”根据《票据法规定》（2020）第 15 条第 1 项的规定，针对欠缺法定必要记载事项以及不符合法定格式等违反票据行为要式性的行为，票据债务人可以进行抗辩。结合《票据法》规定对物抗辩事由进行分析，我国《票据法》第 22 条、第 75 条、第 84 条分别对汇票、本票及支票的绝对必要记载事项及其效力进行了规定，包含票据种类的字样、无条件支付的委托（或承诺）、确定的金额、付款人名称、收款人名称、出票日期、出票人签章等信息，未记载上述规定事项之一的，系无效票据。再如，《票据法》第 8 条规定：“票据金额以中文大写和数码同时记载，二者必须一致，二者不一致的，票据无效。”具体而言，票据是一种要式证券，必须包括绝对必要记载事项、具备法定格式，否则归于无效，票据债务人当然得以援引该抗辩事由进行抗辩，旨在保障票据效力的确定性及维护社会交易安全。

2. 票据权利时效经过的抗辩

根据《票据法》第 17 条的规定，持票人对票据的出票人和承兑人的权利，自票据到期日起 2 年。见票即付的汇票、本票自出票日起 2 年。持票人对支票出票人的权利，自出票日起 6 个月。持票人对前手的追索权，自被拒绝承兑或被拒绝付款之日起 6 个月。持票人对前手的再追索权，自清偿日或被提起诉讼之日起 3 个月。依据《票据法规定》(2020)第15条第2项的规定,票据债务人可以超过票据权利时效进行抗辩。也就是说,经过一定的期间不行使票据权利,持票人不能有效地行使票据法上的请求权,票据义务人当然得拒绝其请求。

3. 生效除权判决的抗辩

一般而言,持有票据是行使、证明票据权利的必要条件,故一旦持票人丢失票据,虽然其仍为票据的真实权利人,但无法对外有效行使、证明其票据权利。为向失票人提供必要救济措施,我国《票据法》第15条规定了公示催告制度,即法院依当事人的申请,用公示方法催告不明利害关系人在一定的时间内申报权利,如没有人申报,则申请人获得该权利而不明利害关系人就丧失该权利的制度。[①]

经过法院公示催告之后,若无人申报相应票据权利,法院将做出除权判决,该判决会产生两方面的效力:一方面,票据失去效力,此时的持票人不再享有票据权利;另一方面,公示催告的申请人将取得票据权利,其有权向付款人请求付款。换言之,除权判决起到了将票据权利从票据中分离出来的效果。[②] 因此,除权判决之后,票据即与普通纸张无异,不再具有《票据法》上的效力及票据应有的一切功能,票据债务人自然可据此抗辩持票人的付款主张。这一点在《九民会议纪要》第106条中也可得到充分印证:"……(1)在除权判决作出后,付款人尚未付款的情况下,最后合法持票人可以根据《民事诉讼法》第223条[③]的规定,在法定期限内请求撤销除权判决,待票据恢复效力后再依法行使票据权利。最后合法持票人也可以基于基础法律关系向其直接前手退票并请求其直接前手另行给付基础法律关系项下的对价。(2)除权判决作出后,付款人已经付款的,因恶意申请公示催告并持除权判决获得票款的行为损害了最后合法持票人的权利,最后合法持票人请求申请人承担侵权损害赔偿责任的,人民法院依法予以支持。"也就是说,即使存在恶意公示催告情形,但法院已作出除权判决后,票据即失效,合法持票人也无法再行使票据权利。除非除权判决被撤销,才可重新行使票据权利,否则持票人只能通过票据法律关系以外的其他请求权基础,即基础法律关系和侵权损害赔偿责任来寻求救济。

4. 票据背书不连续的抗辩

背书是否连续关涉票据权利移转的有效性,进而影响到票据的流通,是票据

---

① 参见邵明:《民事诉讼法理研究》,中国人民大学出版社2004年版,第366页。

② 参见李伟群:《除权判决的效力与票据善意取得之间的关系——从中、日票据法比较的角度》,载《法学》2006年第6期。

③ 2021年12月24日修改后《民事诉讼法》第230条。

制度中难以忽视的问题之一。该条司法解释明确规定票据债务人可以背书不连续为由进行抗辩。从我国《票据法》的规定上来说,不同法条的规定对票据背书连续的界定存在张力。

根据《票据法》第 31 条第 2 款的规定,背书连续是指转让汇票的背书人与受让汇票的被背书人在汇票上的签章依次前后衔接。因此,持票人所持票据只需其背书在形式上连续,除非存在票据上其他绝对必要记载事项不符合《票据法》的规定等抗辩事由的,都不能否定持票人可以行使票据权利。但是,《票据法》第 32 条第 1 款却规定,以背书转让的汇票,后手应当对其直接前手背书的真实性负责。也即,后手应当对实质上不连续的背书承担责任。

在司法实践中,对于票据背书连续的判断主要是以形式判断为原则,实质判断为例外。票据的无因性以及促使票据流通功能发挥的立法背景下,票据背书形式上的连续对持票人享有票据权利仅为证明作用,换言之,持票人持有形式上背书连续的票据可以免除主张票据权利时的举证责任。① 故在判断票据背书是否连续时,应当基于票据无因性首先从形式上予以判断。同时在司法实践中,常会出现公司合并、分立、改制或住所迁移等变更登记事项,其公章也发生变更,但变更前后的公章极为相似等情况。此时则需要考虑票据的流通功能以及保障真实票据权利人权利的需要,以实质判断的方式确定持票人是否享有票据权利,持票人可以提出证据进行补正。

5. 其他依法不得享有票据权利的抗辩

主要包括因票据上记载的到期日未至或者票据上记载的付款地与持票人请求付款的地点不符而对持票人可以行使的抗辩、票据已经得到全部付款或者票据款项已经被依法提存的抗辩、票据上记载的债务人是欠缺民事行为能力人的抗辩、票据上记载的债务人是被伪造人的抗辩、票据上记载事项发生变造而票据上记载的债务人是在变造前签章的抗辩、票据上记载的债务人是被他人无权代理的或者越权代理的抗辩、票据上记载的债务人是被法院宣告破产或者被行政主管部门责令终止业务活动的抗辩、持票人欠缺权利保全手续而解除了票据责任的抗辩,等等。②

【司法适用】

票据权利时效有别于诉讼时效。诉讼时效期间届满,义务人可进行诉讼时效抗辩,权利人丧失了胜诉权,但实体权利依然存在。票据权利时效的经过将直接

---

① 参见陈芳:《票据法》,厦门大学出版社 2012 年版,第 228 页。

② 参见王小能主编:《中国票据法律制度研究》,北京大学出版社 1999 年版,第 125 ~ 129 页。

产生票据权利消灭的效果，但同时票据权利时效届满也仅是消灭了票据权利，并不必然导致持票人其他实体上权利的丧失。因此，票据权利时效仅是票据法上的特别规定。票据权利时效旨在保障票据的流通功能，其督促票据权利人尽快行使票据权利，使票据债务人摆脱票据关系，最终达到促进票据流通的目标。票据作为金融活动的工具，其具备支付功能、信用功能不言而喻，法院在审理案件过程中即使票据债务人尚未提出票据权利时效抗辩，仍可主动适用票据权利时效的规定，维护票据法律关系的稳定与金融秩序。

【司法案例】

案例一
杭州雷恩化工有限公司与杭州新芙美纺织品有限公司、杭州永安阻燃材料有限公司票据纠纷案①

法官提示：持票人未根据《票据法》第17条规定的时效期间行使票据权利，则票据权利消灭，票据债务人可进行抗辩。

浙江省杭州市余杭区（市）人民法院认为：持票人对前手的追索权，自被拒绝承兑或者被拒绝付款之日起6个月，持票人对前手的再追索权，自清偿日或者被提起诉讼之日起3个月，票据权利在该期限内不行使则消灭。鹏翔公司持案涉商业承兑汇票于2016年4月28日向中铁公司申请付款被拒，至此鹏翔公司得行使追索权且应在6个月期限内行使，然而现无证据显示鹏翔公司在此期间内曾向雷恩公司行使追索权，也无证据证明原告雷恩公司向鹏翔公司支付的款项系因鹏翔公司行使追索权而支付，且原告雷恩公司自认鹏翔公司于2017年8月向其行使追索权，故鹏翔公司因未在自被拒绝付款之日起6个月内向其前手即原告雷恩公司行使追索权，其对前手的票据权利消灭，原告雷恩公司亦无权行使再追索权。被告永安公司关于原告雷恩公司无权向其前手行使再追索权的相关抗辩，理由成立，予以采纳。综上，判决驳回原告雷恩公司的诉讼请求。

案例二
新泰市建新煤矿诉中国建筑第八工程局第一建筑公司青岛分公司等票据追索权纠纷案②

法官提示：票据已被生效判决除权后，持票人行使票据追索权的，票据的所有

① 参见浙江省杭州市余杭区（市）人民法院（2018）浙0110民初7880号民事判决书。

② 参见法信网，http://faxin.cn。

债务人均可对其提出对物的抗辩。

青岛市李沧区人民法院认为:票据追索权与票据付款请求权为票据权利。票据权利作为一种特殊的民事权利,有别于基础民事权利义务关系,也不同于《票据法》上的其他权利,票据权利的行使必须依据合法有效的票据。本案中,银行承兑汇票在山东泰山生力源集团股份有限公司和建新煤矿行使票据追索权时,已经青岛市市南区人民法院生效判决宣告无效,票据权利在法院生效判决除权后,实际占有的人丧失票据权利。此外,根据《票据法》的相关规定,本案汇票因公示催告除权所导致汇票项下的款项未能支付,并非票据追索权产生的法定原因。根据《票据法规定》(2000)第16条的规定,票据债务人以人民法院作出的除权判决已经发生法律效力对持票人提出抗辩,人民法院应予支持。本案原告建新煤矿,在票据已被生效判决除权后,行使票据追索权,没有法律上的依据,故法院不予支持。虽然,建新煤矿作为本案承兑汇票利害关系人,其主张的票据权利不能得到《票据法》上的支持,但其仍享有基础民事权利,有权依据基础民事交易关系,向交易相对人主张权利,获得法律上的救济。据此,李沧区人民法院判决:驳回原告建新煤矿的诉讼请求。

第十六条　票据出票人或者背书人被宣告破产的,而付款人或者承兑人不知其事实而付款或者承兑,因此所产生的追索权可以登记为破产债权,付款人或者承兑人为债权人。

【条文主旨】

本条是关于票据付款人或承兑人的权利在破产程序中行使的规定。

【条文理解】

票据作为一种由出票人自己或委托他人无条件支付确定的金额给持票人的有价证券,其生命力在于流通性,只有在最大程度上保障票据能够顺利得到支付,才能最大化发挥票据的流通作用。本条设定的目的在于保护票据付款人或承兑人的权利,平衡票据关系及破产程序中各方主体的利益,维护票据交易的正常秩序,鼓励票据合法有序的市场流通。票据付款人或承兑人在票据出票人或背书人出现了被宣告破产的情况下,依旧可以通过申报破产债权实现自身支付票据所付出的利益。通过这样的制度安排,极大地免除了票据付款人或承兑人的后顾之忧,提升了票据被付款或承兑的可能性,提高了票据流通的安全和效率。

(一)票据付款人或承兑人为债权人

票据付款人,是指偿付票据的主体,其可以是出票人自己,也可以是出票人委托的其他人。由于本票是指出票人自己于到期日无条件支付一定金额给收款人的票据,这种票据只涉及出票人和收款人两方,付款人就是出票人本人,由出票人自行支付票据金额。与此相对,汇票是一种委付证券,因委托付款而产生的承兑关系是汇票中的特有关系,使其区别于本票、支票。由于汇票的付款人是汇票上的关系人,而非债务人,不承担票据法上的义务,没有责任对票据进行付款。然而,汇票一经承兑,付款人便上升为承兑人,成为票据债务人,开始承担票据义务。所谓承兑,是指汇票付款人承诺在汇票到期日支付汇票金额的票据行为,而作出付款承诺的主体则被称为"承兑人"。

承兑人只存在汇票交易之中,因为本票的付款人与出票人为同一主体,因此不需要通过承兑确认付款主体;支票具有见票即付的性质,在其流通过程中也不存在承兑环节。在商业承兑汇票交易过程中,"付款人"和"承兑人"一般为同一主体,可是在承兑行为作出前后两个阶段票据责任截然不同。在汇票未经承兑时,付款人不是汇票上的债务人,也不会因为其拒绝付款而承担票据法上的任何责任。汇票一旦得到承兑,付款人转为承兑人,也就成为票据债务人,其对该汇票持有人则负有绝对的付款责任,从这个角度来看,付款人与承兑人都属于实际的票据偿付主体。

票据的价值最终要以得到支付来实现,而对于委托付款的票据来说,最终的票据付款人或承兑人并不是出票人,此时付款人或承兑人属于接受出票人委托代为付款。但付款人或承兑人不会无缘无故地接受出票人的委托支付票据,一般情况下付款人或承兑人与出票人之间存在金钱、实物、信用关系或者其他财产性债权关系,这种关系也称票据资金关系。正是基于此种票据资金关系,付款人或承兑人可以请求出票人偿付其支付票据的价款。一旦票据出票人出现破产的情况,付款人或承兑人则通过申报债权的方式实现。破产债权是指破产程序启动前对破产企业所成立的,并且只通过破产程序才可以从破产财产中获得公平受偿的一种请求权。破产债权的成立条件应当具备:(1)具有债权请求权性质;(2)可以强制执行;(3)债权成立时间在破产宣告前;(4)无财产担保或者放弃财产担保。

如果票据到期前出票人被宣告破产的,承兑人或者付款人付款后,则票据承兑人或者付款人可以根据其与出票人之间的资金关系向出票人行使请求权,该请求权可以列为破产债权。反之,票据到期后出票人被宣告破产的,承兑人或者付款人付款后,其对出票人的请求权产生于破产宣告之后,根据一般的破产法原则,这是不能列为破产债权的。为了鼓励票据能得到及时的偿付,保护票据的流通性及公信力,《票据法规定》(2020)第16条将出票人破产宣告后付款人和承兑人所做的付款或承兑也纳入破产债权申报的范围内,以保障其为支付票据所付出的利益。

《票据法规定》(2020)本条源于1991年《最高人民法院关于贯彻执行〈中华人民共和国企业破产法(试行)〉若干问题的意见》(已失效)第62条规定,即"票据(汇票、本票、支票)发票人或背书人被宣告破产,而付款人或者承兑人不知其事实而付款或者承兑,因此所产生的债权为破产债权,付款人或者承兑人为债权人"。除个别文字表述有差异外,可以说两个司法解释文件中的前后之间的条款意旨是完全一脉相承的。

《企业破产法》于2007年6月1日起施行,《企业破产法(试行)》同时废止。该法第55条明确指出:"债务人是票据的出票人,被裁定适用本法规定的程序,该票据的付款人继续付款或者承兑的,付款人以由此产生的请求权申报债权。"细加分析可知,该条删去了背书人,只将出票人列入被宣告破产对象,还删去了"不知其事实"作为付款人付款的限定条件,逻辑上变得更加严密,实务操作更容易落地,进步十分明显。显见,《最高人民法院关于贯彻执行〈中华人民共和国企业破产法(试行)〉若干问题的意见》第62条为《企业破产法》第55条所吸纳。

(二)票据出票人或背书人被宣告破产

本条规定了在出票人或背书人被宣告破产后,票据付款人或承兑人依旧可以通过申报破产债权的方式行使对出票人或背书人的权利,保障了付款人或承兑人的合法权益,能够起到促进票据到期顺利获得付款或承兑并鼓励票据流通的积极效果。

当然,破产申请受理与破产宣告是需要被区分的,破产申请的受理是破产宣告的前置程序,两者发生的时间点不同。人民法院受理破产申请后债务人就进入了破产程序,但并不代表其必然被破产清算,还存在破产重整或破产和解的可能性。此外,只有出票人被破产宣告后其财产才会变为破产财产,才能被变价分配。因此破产宣告标志着破产清算程序的开始,与破产申请的受理大不相同。

这里特别值得注意的是,本条使用了"被宣告破产"这一时间点。根据我国《企业破产法》的规定,破产宣告是人民法院判定债务人不能清偿到期债务、资不抵债而应当依法进行破产清算的法定程序。人民法院一旦完成破产宣告程序,债务人随即进入破产清算阶段,其财产作为破产财产将被破产管理人变价并分配给之前申报破产债权的债权人。通常情况下,在此阶段不得再进行破产债权的申报,本条恰是破产程序中的一个例外。因为在破产宣告之前形成的债权,当然可以通过正常的破产债权申报程序获得保护。根据本条的规定,即使在票据出票人或背书人宣告破产后,票据付款人或承兑人仍可以通过申报破产债权参与到破产分配之中。本条将申报债权的时间节点置于“出票人或者背书人被宣告破产之后”,其目的在于扩大票据付款人或票据承兑人受保护的范围,更有利于保障票据付款人或承兑人的权益得到实现,从而降低了票据承兑与付款的交易成本,达到鼓励票据流通交易的效果。

(三)票据付款人或承兑人不知破产事实而付款或承兑

一般而言,票据出票人或背书人被宣告破产的,从金融风险防范和自身利益自我保护的角度考虑,知情的票据付款人或者受申请承兑人是有权拒绝承兑或者拒绝付款的。因为是否接受承兑申请人的申请是受申请人在审查承兑申请人的信誉、信用和资产等情况评估风险以后的合同自由,知情的票据付款人拒绝付款也是其自我救助紧急规避风险的行为,试图以正常情况下的付款义务强人所难有悖情理,况且持票人遭受拒付以后可以行使追索权,并非救济无道、走投无路。票据付款人或者承兑人不知票据出票人或背书人被宣告破产的事实而付款或者承兑的,它们作为持票人,当然有权申报债权。换言之,付款人或者承兑人知晓出票人进入破产程序的事实,可以拒绝承兑或者付款。其理由不在于票据法律的规定,而在于票据出票人或背书人被宣告破产的事实对他们形成的现实风险。本条允许票据付款人或承兑人在票据出票人被宣告破产后依旧可以通过破产债权实现自身的权益,实际上是体现了对于票据付款人或承兑人的一种特殊保护,如果再不对其破产债权的申报设定一些限定条件,则恐怕会造成对票据付款人或承兑人过度保护的局面,其结果不利于实现破产程序公平清偿的作用。所以,付款人或承兑人在“明知票据出票人被宣告破产”的情形下继续付款或者承兑的,可以考虑限制其以破产债权人身份参与破产分配,否则可能会打乱破产程序的正常秩序,使破产债权的范围处于不确定的状态。由此可见,本条以“付款人或者承兑人不知破产事实”作为限定条件有其一定的合理性和适法性,旨在对付款人或承兑人的利益保护与权利限制之间保持一种平衡关系。

当然,在票据流通的实践中,票据付款人或承兑人大多是银行、金融公司等大型金融机构,他们往往都建立了较为严格的风险防控体系,在其明知票据出票人破产的情况下,为防止信用风险发生,一般不会同意进行承兑或付款,可见,本条作出如此规定的内容与票据业务实务操作是能够保持融合和贯通的。

【司法适用】

根据本条规定,付款人或者承兑人不知票据出票人被宣告破产的事实而付款或者承兑,因此所产生的票据追索权可以登记为破产债权,付款人或者承兑人为债权人。《企业破产法》第 55 条指出,债务人是票据的出票人,被裁定适用本法规定的程序,该票据的付款人继续付款或者承兑的,付款人以由此产生的请求权申报债权。这里使用的“债权”,与前述破产债权的含义是相同的。追索权其实就是债权。

根据《票据法》第4条第4款的规定,追索权是票据权利的一种,是持票人向票据债务人请求支付票据金额的权利。所谓追索权,是指持票人行使付款请求权遭到拒绝或有其他法定原因存在时,持票人获得请求其前手偿还汇票金额及有关损失和费用的权利,是法律上为补充付款请求权而设定的第二次请求权。由此可见,追索权是在票据权利人的付款请求权得不到满足时,法律赋予持票人对票据债务人进行追偿的权利。我国《票据法》第61条规定:“汇票到期被拒绝付款的,持票人可以对背书人、出票人以及汇票的其他债务人行使追索权。汇票到期日前,有下列情形之一的,持票人也可以行使追索权:(一)汇票被拒绝承兑的;(二)承兑人或者付款人死亡、逃匿的;(三)承兑人或者付款人被依法宣告破产的或者因违法被责令终止业务活动的。”从上述条款分析可知,汇票追索权的行使必须是以持票人不获付款或不获承兑为前提,只有在持票人的付款请求权无从实现的情况下,才能依法行使追索权。

《票据法》第68条还规定,汇票的出票人、背书人、承兑人和保证人对持票人承担连带责任。持票人可以不按照汇票债务人的先后顺序,对其中任何一人、数人或者全体行使追索权。从该条的具体规定分析不难得出这一结论,追索权制度是《票据法》为了加强票据交易安全、促进票据流通而特设的一项制度,该制度还为持票人权益保护创造了诸多便利,最为典型的就是在持票人对于追索权对象的确定上,法律允许其可以任意选择和变更。

付款人或者承兑人之所以可以行使追索权,是因为其付款后对出票人享有因代为付款而产生的债权请求权,付款人可以基于其与出票人约定的资金委托付款关系而向出票人追偿其代付的票据款项。

【司法案例】

温州华明会计师事务所有限公司与上海浦东发展银行股份有限公司温州乐清支行破产撤销权纠纷案①

法官提示:票据出票人破产的,票据付款人可以通过申报破产债权的方式受偿为票据所支付的款项。

---

① 参见浙江省乐清市人民法院(2014)温乐商初字第975号民事判决书;浙江省温州市中级人民法院(2015)浙温商终字第94号民事判决书。

浙江省乐清市人民法院一审认为:浦发乐清支行依约为出票人矿业公司的两张汇票承兑,到期日由浦发乐清支行付款。因浦发乐清支行的承兑行为,相对于汇票收款人或持票人等债权人来讲,浦发乐清支行是对汇票金额负有付款义务的债务人。汇票出票人矿业公司依《开立银行承兑汇票协议书》对浦发乐清支行负有到期足额支付融资款的义务,对汇票收款人或持票人不具有直接付款义务,矿业公司到期是否足额向浦发乐清支行付款不影响浦发乐清支行在汇票到期时支付汇票票面金额款项的义务。因此矿业公司在2012年8月29日电汇给浦发乐清支行的1500万元在性质上不属于支付票据的款项,应为用于清偿浦发乐清支行即将到期的债权。2012年9月24日是在矿业公司破产申请被法院受理前6个月内,且扣划行为发生时矿业公司已出现不能清偿到期债务,全部资产不足以清偿全部债务的情形。人民法院受理破产申请前6个月内,债务人有《企业破产法》第2条第1款规定的情形的,仍对个别债权人进行清偿的,管理人有权请求人民法院予以撤销。但是,个别清偿使债务人财产受益的除外。

浦发乐清支行与矿业公司的其他债权人债权地位平等,即使按协议约定扣划存款偿债,亦属个别清偿行为。对浦发乐清支行的债权实行偏颇性个别清偿,明显不能使破产债务人财产受益,反而使债务人破产后可供分配的财产减少,损害了其他债权人可获清偿的利益,因此浦发乐清支行在矿业公司破产申请被法院裁定受理前6个月内扣划其存款偿债行为不符合法律规定,应予撤销。个别清偿行为被撤销后,其行为自始无效,浦发乐清支行应返还1500万元,该款项返还后,浦发乐清支行可就1500万元债权向华明公司补充申报债权。

浙江省温州市中级人民法院二审认为:浦发乐清支行主张其于2012年9月24日划扣矿业公司的1500万元不属于个别清偿行为,缺乏事实和法律依据。第一,银行汇票是指由银行保证在指定日期无条件支付确定金额给收款人或持票人的票据,故上诉人浦发乐清支行对收款人或持票人负有直接的付款义务,矿业公司在交付银行承兑汇票给收款人后便不再负有付款义务,收款人或持票人对矿业公司享有的是追索权。第二,本案的协议书中明确约定保证金比例为0%。矿业公司支付1500万元时注明的亦是“归还借款”,故上诉人浦发乐清支行上诉提出1500万元系矿业公司为履行协议书约定而交付的保证金,缺乏合同依据,亦无其他证据予以证实,不予采信。第三,上诉人援引商业承兑汇票相关规定,但本案所涉的票据为银行承兑汇票,银行承兑汇票的付款人为银行,而商业承兑汇票的付款人为出票人,上诉人主张本案应适用《商业汇票承兑、贴现与再贴现管理暂行办法》,不予支持。第四,矿业公司在其被法院裁定破产前6个月内,向上诉人个别清偿1500万元债务,损害了其他债权人的合法利益,管理人华明公司请求法院撤销该个别清偿行为，有事实和法律依据，应予支持。综上，原审法院认定事实清楚，适用法律正确，程序合法。判决驳回上诉，维持原判。

第十七条　票据法第十七条第一款第（三）、（四）项规定的持票人对前手的追索权，不包括对票据出票人的追索权。

【条文主旨】

本条旨在对当出票人成为票据法律关系中的被追索人时，持票人向出票人行使追索权的时效期间作出具体解释，解决《票据法》第 17 条第 1 款第 1 项与第 3 项、第 4 项因用语模糊产生的适用冲突。

【条文理解】

（一）相关立法分析

根据《票据法》第 17 条第 1 款第 1 项的规定，持票人对票据的出票人和承兑人权利的时效期间，自票据到期日起 2 年。按照《票据法》第 4 条第 4 款之规定，持票人的票据权利是指持票人向票据债务人请求支付票据金额的权利，包括付款请求权和追索权。结合上述两条文规定，持票人对于票据出票人所享有的付款请求权与追索权的时效期间，应当为自票据到期日起 2 年。

然而，《票据法》第 17 条第 1 款第 3 项和第 4 项分别规定，持票人对前手的追索权，自被拒绝承兑或者被拒绝付款之日起 6 个月不行使而消灭；持票人对前手的再追索权，自清偿日或者被提起诉讼之日起 3 个月不行使而消灭。按照《票据法》第 11 条第 2 款，前手是指在票据签章人或者持票人之前签章的其他票据债务人。结合上述两个条文规定，当票据出票人作为被持票人行使追索权或再追索权的前手，持票人所拥有票据权利的时效期间应为自被拒绝承兑或者被拒绝付款之日起 6 个月或自清偿日或者被提起诉讼之日起 3 个月。由此，《票据法》第 17 条第 1 款第 1 项与第 3 项、第 4 项便产生了冲突，并引发了司法实践的困惑，即当票据出票人成为持票人的追索对象时，持票人可行使权利的期限究竟是 2 年、6 个月还是 3 个月？针对其中存在的逻辑冲突与实践争议，司法解释作出了该条规定。

（二）理论基础及法理分析

由我国《票据法》第 17 条“票据权利在下列期限内不行使而消灭”可知，票据权利在我国适用的是消灭时效，即若权利人未按照票据记载日期及法律有关规定及时行使其权利，就彻底丧失该项票据权利，不得再向票据债务人进行主张。

对追索权行使时间以法律明文形式进行限制，在国际上是较通行的做法。其中影响力最大、应用范围最广的自然是《日内瓦统一汇票本票法公约》与《日内瓦统一支票法公约》,该两部公约都以专章形式对票据追索权的行使起算日及时效期间作了明确规定。《日内瓦统一汇票本票法公约》第 11 章第 70 条规定:"汇票上对承兑人主张权利的一切诉讼,自到期日起算,3 年后丧失时效。持票人对背书人和出票人主张权利的诉讼,自在恰当时间内作成拒绝证书之日起算,或如有'退票时不承担费用'的规定者,自到期日起算,1 年后丧失时效。背书人相互间和对出票人主张权利的诉讼,自背书人接受并清偿汇票之日起算,或自其本人被诉之日起算,6 个月后丧失时效。"根据该法第 77 条的规定,本票也适用于上述规则。《日内瓦统一支票法公约》第 9 章第 52 条规定:"持票人对背书人、出票人及其他债务人的追索权,自规定的提示期限届满日起算,6 个月后丧失时效。支票的债务人对其他债务人的追索权,自清偿之日或被诉之日起算,6 个月后丧失时效。"此外,在一些票据制度较发达,票据使用广泛的国家也有类似的规定。如《德国票据法》第 1 章第 11 节第 70 条规定:"一、对承兑人的汇票合法请求权从到期日起 3 年内有效。二、持票人对背书人和出票人的请求权,从及时作成拒绝证书之日起,或在载明'不负担费用'文句的情况下,从到期日起 1 年内有效。三、背书人对另一背书人和出票人的请求权,从该背书人支付汇票票款日起,或从为向该背书人索赔而将汇票送交法院之日起,6 个月内有效。"《日本票据法》第 11 章第 70 条对有关票据权利(包含付款请求权与追索权)的时效问题进行了明确:"汇票承兑人之请求权,自到期日起 3 年后因时效而消灭。持票人对背书人及发票人之请求权,自在决定期限内作成拒绝证书日起,有免费偿还文句之记载时,自到期日起,均于 1 年后因时效而消灭。背书人对其他背书人及发票人之请求权,自该背书人因而受返还之日起,或自其受追诉之日起 6 个月后,因时效而消灭。"

关于票据权利时效的规定,在世界范围内主要有两种立法例。第一种是葡萄牙、法国等国采用的"均一主义",即对不同票据权利、不同行使对象都适用同一时效期间。第二种是《日内瓦统一汇票本票法公约》等所采用的"差别主义",即根据票据权利及行使对象的不同适用不同的时效期间。从我国《票据法》第 17 条不难看出,我国适用的是"差别主义"。然而,由于该条存在前述语义模糊的问题,当出票人成为持票人所追索的前手时,围绕其时效期间、起算点等产生较大争议,而且在司法实践中直接影响到持票人可行使追索权的期间究竟是 2 年还是 6 个月,原被告双方往往就此同一条文针锋相对地提出不同的主张,进而导致"同案不同判"现象的出现。

法律对出票人、背书人、保证人、承兑人等票据债务人适用不同的追索时效,是否因不同票据债务人追索时效的不同,对持票人选择追索对象的自由产生限制呢？笔者认为，无论是教学理解或学术解释法律，尤其是制定司法解释，都应当尊重立法原意而不可偏离立法原意。从《票据法》第 17 条第 1 款各项内容的设置方式来看，第 1 项将持票人对出票人的权利行使期间单列，显然是一种特别规定，如果认为当出票人作为被追索对象时，也应按第 3 项、第 4 项的规定适用 6 个月或 3 个月的时效，无疑是架空了第 1 项的规定，而个别学者这样的理解明显是偏离《票据法》第 17 条的立法原意的。

（三）司法解释的规定

《票据法规定》（2000）第 18 条明确规定了本条文的内容。2020 年《票据法规定》（2020）修正部分条文内容后，继续沿用了该规定，只是该条的序号由第 18 条变为了第 17 条。其间，在《最高人民法院研究室对〈票据法〉第十七条如何理解和适用问题的复函》［2000 年 9 月 29 日，法（研）明传〔2000〕21 号］也明确，《票据法》第 17 条第 1 款第 3 项规定的“持票人对前手的追索权”，不包括对票据出票人的追索权。因此，司法解释及相关司法文件就此问题的立场是鲜明的、一贯的，其主要理由如下：

虽然在我国商业实践中，银行承兑汇票在商业承兑汇票占据了大多数比例，银行较多地承担了承兑人角色，但是从实质上，债权债务关系及相应的票据上的付款义务均因企业的交易行为产生，故我国《票据法》通过第 18 条、第 26 条、第 38 条等相关条文，规定出票人和承兑人都是承担票据最终付款义务的主体，以此让企业切实承担起应有的付款义务，避免商业银行被过度透支信用。

基于上述原因，既然出票人应当承担与承兑人同等的付款义务，那么相应地持票人可对他们二者行使票据权利的时效期间也应当是相同的。因此，《票据法》第 17 条第 1 款第 3 项所规定的持票人对前手的追索权，其中的前手不能包括出票人，由此才能从法律制度上实现出票人与承兑人真正地承担起同样程度的付款义务。

【司法适用】

持票人对出票人行使再追索权不适用《票据法》第 17 条第 1 款第 4 项的规定。

按照对《票据法规定》（2020）第 17 条的文义解释，持票人对出票人行使再追索权，也应当在票据到期日或出票日后 2 年内行使。若票据债务人在向持票人清偿票据金额、利息及费用后，成为新的持票人，但此时已超过票据到期日或出票日后 2 年，那么新的持票人可向出票人主张票据利益返还请求权。

因为在票据到期日或出票日 2 年后，持票人无法律依据再向出票人行使再追索权。

【司法案例】

案例一
烟台鑫发投资咨询有限公司、烟台银行股份有限公司胜利路支行票据追索权纠纷案①

法官提示:持票人对前手的追索权因已过时效期间而消灭。

最高人民法院二审认为:关于案涉票据在烟台鑫发公司主张票据权利时是否已过票据权利时效问题。

2012年3月6日,烟台鑫发公司委托其开户行中国银行股份有限公司烟台芝罘支行向付款人烟台裕霖木业有限公司的开户行烟台银行胜利路支行收款。2012年3月20日,烟台银行股份有限公司回复中国银行股份有限公司烟台芝罘支行称:“你行3月6日发起的6笔商业承兑汇票托收,承兑人为:烟台裕霖木业有限公司。此6笔商业承兑汇票为我行‘1·31’案件的关联票据,我行已报‘1·31’专案组,票据已交公安审查,待审查结束后回复你行。特此函告。”上述事实表明,案涉六张商业承兑汇票已被拒绝付款。烟台鑫发公司关于烟台银行股份有限公司的回函不能视为案涉票据付款人的拒绝付款行为的答辩意见,与其提起本案诉讼对案涉票据的背书人主张票据追索权的事实相悖,不能成立,本院不予支持。根据《票据法》第17条第1款第3项的规定,持票人对前手的追索权,应当自被拒绝承兑或者被拒绝付款之日起6个月内行使。本案中,烟台鑫发公司于2012年10月16日向原审法院提起本案诉讼,请求判令案涉票据的背书人哈尔滨高金丰公司和烟台银行胜利路支行承担案涉票据款及利息的给付责任,此时,已经超过6个月的票据权利时效期间。根据《票据法》第17条的规定,烟台鑫发公司对前手的追索权因已过时效期间而消灭。原审法院未考虑烟台鑫发公司主张票据权利是否已过时效期间的因素,直接认定持票人烟台鑫发公司有权向背书人哈尔滨高金丰公司和烟台银行胜利路支行行使追索权不当,本院予以纠正。烟台鑫发公司关于为追索案涉票据的票据权利,其在提起本案诉讼之前,不仅向哈尔滨高金丰公司和烟台银行胜利路支行主张过权利,还向烟台市公安局主张过权利的答辩意见,没有证据支持,不能成立,本院不予支持。烟台银行胜利路支行关于烟台鑫发公司主张票据权利已过时效期间,烟台鑫发公司对前手的追索权已经消灭的上诉主张成立,本院予以支持。

---

① 参见最高人民法院(2017)最高法民终249号民事判决书;(2018)最高法民申3506号民事裁定书。

最高人民法院再审审查认为:原判决认定烟台鑫发公司行使追索权超过票据权利时效具有证据支持。

《票据法》第17条第1款第3项规定,持票人对前手的追索权,自被拒绝承兑或者被拒绝付款之日起6个月不行使而消灭。上述规定中的时效属消灭时效,本案中烟台鑫发公司于2012年3月20日便已知被拒绝付款,直至2012年10月16日才向法院提起追索权诉讼,此时,已经超过6个月的票据追索权利的消灭时效期间。虽然超过票据追索权消灭时效期间不能行使追索权,但并不影响烟台鑫发公司依据其与哈尔滨高金丰公司和烟台银行胜利路支行之间所形成的基础法律关系向上述两公司提出相应的权利主张。对此,原审已经释明,烟台鑫发公司可通过另案诉讼的方式对其权利予以救济。

案例二

成都创亿嘉科技有限公司与成都九洲迪飞科技有限责任公司、陕西长岭电子科技有限责任公司等票据追索权纠纷案①

法官提示:持票人对出票人以外的前手行使追索权,适用《票据法》第17条第1款第3项计算时效期间;持票人对出票人行使追索权,适用《票据法》第17条第1款第1项计算时效期间。

成都高新技术产业开发区人民法院经审理认为:案涉两张汇票形式完备、必要记载事项齐全、背书连续、签章完备真实,应为有效票据。同时,原告亦证明了其取得案涉汇票的基础法律关系,原告系通过合法途径取得该汇票,故对其持票人的身份及票据权利应予确认。该汇票到期后,原告的托收行向付款人即被告宏炬公司的开户行提示付款被拒绝,并取得了宏炬公司开户行出具的载明"无款支付"的支付结算通知查询复查书。在此,原告委托中信银行金牛支行向付款人宏炬公司开户行提示付款的行为,应视为原告向付款人宏炬公司提示付款、行使付款请求权的行为,原告取得的载明"无款支付"的支付结算通知查询复查书,即被拒绝付款的有关证明。根据《票据法》第17条第1款第1项、第3项,第61条第1款,第62条第1款,第65条;《票据法规定》(2000)第18条、第19条、第20条之规定,原告应在其被拒绝付款之日起6个月内向其前手行使追索权,且应同时提供被拒绝付款的有关证明,否则即丧失了对出票人以外的前手的追索权。本案中,原告在2014年5月13日即被拒绝付款,至2015年9月17日本院立案受理其起诉,已经超过了6个月。由于原告及被告九洲公司均认可原告在被拒付后6个月

① 参见四川省成都高新技术产业开发区人民法院(2015)高新民初字第6638号民事判决书。

内即告知了九洲公司并将被拒付的2张商业承兑汇票及支付结算通知查询复查书原件交给了九洲公司,九洲公司在2015年3月底才将上述材料原件退还给原告,且原告在持续向其主张权利,故原告向被告九洲公司行使票据追索权因中断事由的发生,至起诉时尚未超过6个月的时效。但原告及被告九洲公司所提交材料均不足以证明其在起诉前向被告长岭公司及迈腾公司依法行使了追索权,故原告在本案中仅有权向出票人即付款人宏炬公司,以及九洲公司行使追索权,而无权向其他被告行使追索权。根据《票据法》第68条第1款的规定,原告有权诉请被告宏炬公司、九洲公司连带向其支付40万元票款以及该款从汇票到期日起至清偿日止按照中国人民银行同期贷款利率计算的利息。原告在本案中对其他被告提出的相关诉讼请求,则依法不能得到支持。

第十八条　票据法第四十条第二款和第六十五条规定的持票人丧失对前手的追索权,不包括对票据出票人的追索权。

【条文主旨】

本条是关于对追索权保全制度的规定。

【条文理解】

一般认为,除非法律另有规定,需要两次按期提示,才能保全汇票的追索权。这两次票据提示包括提示承兑和提示付款。票据提示制度设置的目的是保障票据顺利实现流通,这是由票据系提示证券这一特点决定的,票据权利作为一种特殊的债权,其始终处于流通的状态之中,就汇票而言,不经过提示承兑就难以确定付款人是不是有付款义务,付款人一旦对票据进行了承兑,也就确定了承兑人开始作为票据上真正的责任主体。如果付款人拒绝承兑,则持票人在到期时获得付款的可能性大为减少,则需要提前采取预备措施。提示承兑是汇票特有的制度,但提示付款是所有票据都有的制度。不经过提示付款,付款人就无法得知谁是最后的票据持有人,即谁是最后的票据债权人。持票人要想获得票据金额,必须向票据的债务人进行票据的提示,使票据的债务人确认其是票据的债权人,并可及时结清票据款项。

票据提示行为既是行使票据权利的行为同时又是保全票据权利的行为。持票人唯有按照法律或当事人约定的方式提示承兑或提示付款,其票据权利才能实现或者得到保全。通俗来说,持票人通过票据提示,一方面,行使票据权利,获得承兑或者付款,实现了相应的权利;另一方面,即使没有获得承兑或者付款,也保全了票据权利,其可以向前手进行追索。票据提示行为既是实现票据权利的方式,也是票据追索权开始产生的标志。

本条主旨在于,持票人必须按照期限提示票据,提示票据超过了法律规定或者当事人约定的期限,持票人的权利将受影响,即丧失对前手的追索权,也就是说,未能保全追索权。

票据提示承兑和票据提示付款都必须向付款人或者承兑人出示票据,并且在规定的期限和地点进行提示,此外,还应该取得相应的拒绝承兑或者拒绝付款的证明。本条规定的提示承兑或者提示付款的期限在《票据法》上又称为票据权利保全时效(与票据权利消灭时效不同,超过票据权利保全时效是丧失追索权,而超过票据权利消灭时效是已经产生的追索权再次归于消灭)。

(一)提示承兑、提示付款与票据追索权

承兑,是指汇票付款人对于出票人的付款委托表示承诺负担付款义务,并将该意思表示于汇票票面上的票据行为。承兑是汇票所独有的制度。根据《票据法》的规定,持票人在汇票到期日前,定日付款或者出票后定期付款的汇票,持票人应当在汇票到期日前向付款人提示承兑。付款人经承兑后,称为承兑人,成为汇票的主要债务人,对持票人应负付款的义务。出票人在汇票上所记载的付款人,是否负付款责任,持票人事先并不知道。所以《票据法》允许持票人于到期日前,向付款人请求承兑。我国《票据法》第 40 条第 1 款规定:"见票后定期付款的汇票,持票人应当自出票日起一个月内向付款人提示承兑。"定期付款的汇票,持票人应在到期日前提示承兑。这一法定的期间不允许当事人以约定予以变更。该条第 2 款规定:"汇票未按照规定期限提示承兑的,持票人丧失对其前手的追索权。"

提示付款,是持票人向承兑人或者付款人出示票据,请求承兑人或者付款人支付票据金额的行为。提示是《票据法》规定的付款的必经程序,提示付款必须满足以下要求:(1)持票人应当按照《票据法》规定的期限为付款的提示,对于定日付款的汇票来说,就是到期日后 10 天内;(2)提示付款必须出示汇票,否则不产生提示付款的效力。需要说明的是,按照通说,持票人超过提示付款期限后提示付款的,丧失对前手的追索权,超期提示付款仍保留持票人的追索权对票据从债务人不公平,也不符合规定提示付款期限的本意。我国《票据法》未规定定日付款的汇票持票人超过提示付款期限内提示付款的,丧失对前手的追索权。但是,司法实务中,可以从《票据法》第 53 条、第 61 条和第 65 条推论出该结论。第 53 条第 1 款第 2 项规定:"定日付款、出票后定期付款的汇票或者见票后定期付款的汇票,自到期日起十日内向承兑人提示付款。"第 61 条第 1 款规定:"汇票到期被拒绝付款的，持票人可以对背书人、出票人以及汇票的其他债务人行使追索权。”第 65 条规定：“持票人不能出示拒绝证明、退票理由书或者未按照规定期限提供其他合法证明的，丧失对其前手的追索权。但是，承兑人或者付款人仍应对持票人承担责任。”以上三条规定隐含了持票人未按期提示付款将丧失对前手的追索权的含义，可以作为司法实践中对未按期提示付款的持票人不享有对前手的追索权的依据。

追索权是持票人在提示承兑或者提示付款被拒绝后，转而向其前手行使要求偿还票据金额及利息、费用的权利。追索权和付款请求权统称为票据权利。付款请求权是第一位的权利，追索权是第二位的权利，追索权是付款请求权不能得到实现后的备位性的权利。提示承兑遭拒绝的，持票人可以立即向前手追索，不受票据到期日的限制，这又叫期前追索。提示付款遭拒绝的，持票人也可以向前手发起追索，这是一般追索。被追索人在向追索人偿还追索金额后，向其前手进行追索的，称为再追索。追索权的行使要件包括两个：一是实质要件，即持票人在规定的期限内提示请求被拒绝，包括提示承兑受到拒绝和提示付款受到拒绝。二是形式要件，即获得相应的拒绝证明或者其他证明。

（二）持票人未按期提示，是否丧失对出票人的追索权

一种观点认为，出票人包括在《票据法》第 40 条的“前手”概念内。承兑人是票据的主要付款义务人，即使持票人为出票人，承兑人亦须应出票人之请求而付款。在见票后定期付款的汇票或汇票上载有应请求承兑并指定其期限者，持票人必须请求付款人承兑，并须在所指定的期限内为之，否则，对于出票人及背书人，即丧失追索权。[①] 这种观点认为承兑人是主要票据义务人，出票人和背书人一样，都是作为票据的从票据债务人存在的，出票人和背书人的地位是相同的。由于追索权是在持票人不获承兑或者不获付款时，向票据上的次债务人行使的一种票据权利，因此，如果持票人丧失追索权，就丧失了对出票人的追索权。日内瓦公约也规定，汇票未按期提示的，持票人丧失对包括出票人在内的前手的追索权。持票人如果按期保全了追索权，即使对其他前手的票据权利时效已经经过，但是对出票人的权利时效未经过的，仍可对出票人主张追索权。[②]

另一种观点则认为，我国票据立法没有将出票人和一般背书人同等对待。就汇票的消灭时效来说，在日内瓦票据公约和世界上很多国家和地区的《票据法》都对出票人和背书人规定了相同的消灭时效。我国《票据法》在权利消灭时效上没有将出票人和承兑人区别对待，而是均规定了相同的时效期间。这是为了加重出

① 参见施文森：《票据法新论》，台北，三民书局 1987 年版，第 133 页。

② 参见吕来明主编：《票据法前沿问题案例研究》，中国经济出版社 2001 年版，第 119 页。

票人的义务。因为在我国的票据实务中，使用的汇票多是银行承兑汇票，承兑银行是基于出票人的委托而进行承兑的，虽然从形式上讲，承兑银行应当对汇票承担无条件的付款责任，但实质上，承兑银行是为了弥补出票人商业信用的不足而加入票据关系的，所以我国《票据法》对汇票的出票人规定了较长时间的时效期间。① 因此，我国《票据法》规定出票人和承兑人承担相同的责任，以定日付款汇票为例，持票人对于承兑人和出票人的票据权利同为票据到期后 2 年。基于同样理由，在其他制度上，出票人与承兑人应承担同样的义务，在票据权利保全制度上，应采纳的是同样的标准。

笔者赞同第二种观点，一个国家的法律制度，必须根植于其法律文化和实际需要，才能获得长久的生命力。虽然我国《票据法》并未规定出票人与承兑人在票据保全制度上，承担相同的责任，但基于与《票据法》第 17 条规定持票人对出票人和承兑人的权利时效均为票据到期后 2 年的同样理由，让未按期提示的持票人仅丧失对除出票人以外的其他前手的票据权利，而让出票人和承兑人承担相同的责任，具有合理性。

此外，从体系解释的角度出发，如果不将出票人从“前手”的概念中排除出去，《票据法》第 17 条第 1 款第 1 项持票人对出票人和承兑人的票据权利为 2 年的规定将成为空文，因为此处的票据权利于承兑人为付款请求权和追索权，于出票人则仅为追索权。而第 17 条第 1 款第 3 项同时规定，持票人对前手的追索权，自被拒绝承兑或者拒绝付款之日起 6 个月，如果持票人按期提示付款被拒绝的，则对出票人和其他前手的追索权时效为 6 个月，则与第 17 条第 1 款第 1 项，出票人的追索权时效为 2 年的规定相矛盾。故出票人应在本条前手的概念之外，基于同样的理由，《票据法》第 40 条第 2 款和第 65 条所规定的“前手”概念，也不包括出票人。从体系解释的角度出发，唯有将出票人排除出《票据法》第 40 条第 2 款“前手”的概念之外，才能体现《票据法》规定的前后一致性。也就是说，不管持票人在提示付款期前提示付款还是在提示付款期后提示付款，只要其被拒绝的，持票人对出票人的追索权都是 2 年。

【司法适用】

（一）持票人因没有按期提示丧失对前手的追索权的，还有哪些票据权利可以行使

根据《票据法》第 53 条的规定，已承兑的汇票未按期提示付款，不影响持票人对承兑人行使付款请求权。前文已经论及，提示付款既是向承兑人或者付款人行

---

① 参见王小能主编：《中国票据法律制度研究》，北京大学出版社 1998 年版，第 79 页。

使票据权利的行为,又是保全票据追索权的行为。在持票人以取得票据金额为目的时,可以在票据权利消灭时效到来前的任何时候,进行提示付款,既可以在票据法规定的提示付款期限届满前,也可以在提示付款期限届满后。在持票人在保全对前手的追索权为目的时,则必须在《票据法》规定的提示付款期限届满前进行提示付款,否则将丧失对前手的追索权。① 当然由于出票人的特殊性,其并不包含在《票据法》第 40 条和第 65 条规定的"前手"的概念之内。也就是说,持票人在没有按期提示付款的情况下,还可以继续行使对付款人的付款请求权,并仍可以对出票人行使追索权。

(二)本条规定对出票人不是前手的解释,是否具有普遍性

"前手"概念的内涵是什么。从理论上说,对票据上某一特定签章人来说,凡是在其之前在票据上签章的债务人,均是其前手;对持票人来说,所有在票据上签章的债务人均是其前手。在这个意义上说,出票人是所有人的"前手"。持票人在到期日提示票据遭拒的,可以向所有前手行使追索权。但是,承兑人无论在某一特定签章人之前签章还是之后签章,其承担的付款责任都是确定的,所有的票据债权人都可以向其行使追索权,因此承兑人是超出"前手"这一概念之外的。

然而,《票据法》上的前手概念有时候是指直接前手,有时候是指所有前手,有时候是指出票人以外的前手,表现为立法技术的不严谨。② 以出票人是不是前手来说,《票据法》第 11 条规定,前手是指在票据签章人或者持票人之前签章的其他票据债务人。根据这一规定,出票人是第一个在票据上签章的人,出票人是持票人的前手。《票据法》第 13 条又规定,票据债务人不得以自己与出票人或者与持票人的前手之间的抗辩事由,对抗持票人。这一条明确将出票人排除在持票人的前手之外。上文已论及《票据法》第 17 条第 1 款第 1 项对出票人和第 17 条第 1 款第 3 项前手的追索权时效的规定也不相同,说明出票人和前手不是一个概念。无视《票据法》规定的追索时效,超出持票人对出票人的 2 年权利时效,将面临不能再向出票人再追索的风险,违反《票据法》承兑人或出票人才是主债务人的原则,而由从债务人承担了最终的付款义务,显然是不合理的。

综合《票据法》第 11 条和第 13 条、第 17 条的规定来看,由于《票据法》规定的前手概念的模糊性,实务中该如何确定,还是需要根据上下文义体系以及《票据法》的立法目的,按照体系解释和目的解释的解释方法作出合理的解释,才能正确适用前手的概念。

---

① 参见赵新华:《票据法论》,吉林大学出版社 1998 年版,第 311 页。

② 参见郑孟状等:《中国票据法专家建议稿及说明》,法律出版社 2014 年版,第 15 页。

（三）电子商业汇票持票人提示付款行为的特殊性

电子商业汇票的票据行为要求在电子商业汇票系统内进行，如果持票人未在系统内发起提示付款，不具有提示的效力，不认为保全了对前手的追索权。

关于持票人期前提示付款的效力，纸质票据时代，持票人在票据到期前提示付款的，该提示付款的效力持续到到期后，即使到期后没有再提示付款，也认为持票人已经进行了提示。对于电子商业汇票，根据电子商业汇票的规则，持票人期前提示付款的，如果承兑人没有应答，一直到到期 10 天后才拒付的，视为持票人没有进行过提示付款，丧失对前手的追索权。在司法实践中，有两种观点：第一种观点认为，基于电子商业汇票数据电文可以在承兑人的信息系统持续储存的特点，确认持票人的提示付款行为可具有持续性，认定持票人在到期日前提示付款行为在承兑人不做拒绝付款操作的情况下，汇票到期后发生到期日提示付款效力。第二种观点认为，在《电子商业汇票业务管理办法》有明确规定的情形下，应当适用《电子商业汇票业务管理办法》，《电子商业汇票业务管理办法》未尽事宜，遵照《票据法》《票据管理实施办法》等法律法规规定。电子商业汇票提示付款期的安排一方面可以督促持票人及时行使付款请求权，明确票据上的权利义务关系，让付款人及其他票据债务人在合理期限内获知权利主体，提高交易效率与可预期性；另一方面明确票据债务人期限利益的范围，保障票据债务人正常的经营活动，避免票据债务人无期限地被请求付款与追索。① 笔者赞同第一种观点，电子商业汇票系统设计的票据状态规则，实际上没有忠实地解释《票据法》。《票据法》并未明确规定未提示付款期限的后果，正是由于残缺式体系违反，而形成了《票据法》上的不真正漏洞。对这种漏洞的填补，不能超出合理区间，对《票据法》第 53 条规定的解读只能是，超出该提示付款期的提示无效，然而，只要提示付款的发起时间点落在了期末时间点之前，该提示付款就是有效的。

【司法案例】

长春化工（江苏）有限公司与上海观轩实业有限公司、上海凯杜实业发展有限公司票据追索权纠纷案②

法官提示：票据到期前的提示付款在电子商业汇票系统中呈持续状态，期前

---

① 参见北京金融法院关于北京航天新立科技有限公司与湖北江耀机械股份有限公司票据追索权纠纷案的（2021）京 74 民终 162 号民事判决书，载中国裁判文书网，https://wenshu.court.gov.cn。

② 参见上海市嘉定区人民法院（2019）沪 0114 民初 11631 号民事判决书；上海金融法院（2020）沪 74 民终 48 号民事判决书。

提示付款的效力及于汇票到期后的提示付款期,具有法定提示付款期内提示付款的效力。

上海金融法院二审认为:根据《电子商业汇票业务管理办法》第10条的规定,接入机构应保证内部系统存储的电子商业汇票信息与电子商业汇票系统存储的相关信息相符,长春公司现已提供由花旗银行(中国)有限公司上海分行出具的案涉汇票相关材料,可以证明长春公司系合法持票人以及案涉票据的交易状态,凯杜公司称上述证据不具有证明力缺乏依据。本案二审的争议焦点为:(1)长春公司是否有效行使了票据付款请求权;(2)长春公司行使票据追索权的条件是否已经具备。

关于争议焦点一,法院认为,首先,根据《电子商业汇票业务管理办法》第5条的规定,电子商业汇票的提示付款必须通过电子商业汇票系统办理,故长春公司在提示付款期内向宝塔财务公司开户行寄送书面材料的行为,不能认为有效行使了付款请求权。其次,《票据法》第53条第1款第2项规定了定日付款票据的持票人应当自票据到期日起10日内向承兑人提示付款,《支付结算办法》第36条明确了持票人超过规定期限提示付款的法律后果,但两者均未对持票人在票据到期日前提示付款作出限制性规定。《电子商业汇票业务管理办法》第59条规定"持票人在票据到期日前提示付款的,承兑人可付款或拒绝付款,或于到期日付款。承兑人拒绝付款或未予应答的,持票人可待票据到期后再次提示付款"。对于持票人若未在票据到期后再次提示付款是否导致丧失部分追索权,法院认为,提示付款期间的设置主要是为了敦促持票人早日行使票据权利、消灭票据上的全部权利义务关系,以提高经济交易的快捷和效率,并使除承兑人或付款人之外的前手能够合理预期其责任是否解除,防止除承兑人或者付款人之外的前手是否应承担相应票据责任在汇票到期后长期处于不确定的状态,或者承担因持票人长期未提示付款而导致被拒绝付款后的风险。长春公司于2018年9月4日、9月10日分别对两张争议汇票提示付款后,该提示付款由于宝塔财务公司未予应答而在电子商业汇票系统中呈持续状态,汇票到期后宝塔财务公司在系统中可以看到该提示付款申请,故长春公司期前提示付款的效力及于汇票到期后的提示付款期,具有法定提示付款期内提示付款的效力。虽然长春公司在两张争议汇票提示付款期后又撤销了原先的提示付款,重新发起提示付款,导致目前票据状态为"逾期提示付款",但如前文所述,因长春公司已有效行使了付款请求权,故并不丧失对于出票人、承兑人之外其他前手的追索权。凯杜公司称长春公司未依法行使付款请求权并因此丧失对其追索权,该意见缺乏法律依据,不予支持。

关于争议焦点二,长春公司在有效行使票据付款请求权且被拒绝付款的情况下，可向凯杜公司、干洪公司以及观轩公司行使票据追索权。凯杜公司认为，长春公司未提供法定的“拒付证明”，不能证据其已被拒绝付款，而长春公司认为，宝塔财务公司已客观上无法履行付款义务，且宝塔财务公司于2018年12月17日向其出具的票据兑付材料提交回执函中载明了拒绝付款日期、拒付理由等信息，可以作为宝塔财务公司拒绝付款的“有关证明”。法院认为，《票据法》规定持票人行使票据追索权应当提供拒绝证明等文件，其目的在于约束持票人按照票据法规定的行权顺序行使票据权利，拒绝证明等文件的作用在于证明持票人确实已依法提示付款但被拒绝或因法定原因无法提示付款。案涉票据性质为电子银行承兑汇票，根据目前的电子商业汇票系统，若该种类型汇票的承兑人对于持票人的提示付款不应答，持票人客观上无法通过电子商业汇票系统取得拒付证明。宝塔财务公司于2018年7月10日发布公告自认已出现票据未能如期兑付的情形，在电子商业汇票系统中对于长春公司的提示付款请求一直不予应答，又于2018年12月17日向长春公司出具票据兑付材料提交回执函，称“将根据相关流程尽快审核答复”，综合判断可认定宝塔财务公司已“拒绝付款”，故法院支持长春公司对其前手行使票据追索权。

第十九条　票据法第十七条规定的票据权利时效发生中断的，只对发生时效中断事由的当事人有效。

【条文主旨】

本条是关于票据权利时效中断制度的规定。

【条文理解】

在票据关系中，随着票据的流通，票据当事人逐渐增加，在票据法律关系最终消灭前，票据权利义务的主体一直处于不确定的状态，各当事人之间互相主张权利的，如果任何当事人的行为都引起票据权利时效的中断，将违背《票据法》规定的票据权利较短时效的宗旨，达不到敦促权利人尽早行使票据权利以消灭票据权利义务关系、避免票据债务人一直处于被追责的不确定状态的目的。因此，本条规定，票据权利时效中断的，只对发生时效中断事由的当事人有效。

（一）票据权利时效的性质

我国《票据法》对票据权利时效的规定较为复杂。对不同性质的权利规定了不同的权利时效，对不同种类的票据也规定了不同的权利时效。具体来说：(1)持票人对票据的出票人和承兑人的权利，自票据到期日起2年。见票即付的汇票、本票，自出票日起2年。(2)持票人对支票出票人的权利，自出票日起6个月。(3)持票人对前手的追索权，自被拒绝承兑或者被拒绝付款之日起6个月。(4)持票人对前手的再追索权，自清偿日或者被提起诉讼之日起3个月。

通说认为，票据权利时效是一种权利消灭时效。票据权利消灭时效与我国《民法典》规定的诉讼时效是有所区别的，那就是票据权利经过消灭时效后，实体权利归于消灭，而民事权利经过诉讼时效后，其实体权利并不消灭，只是权利人失去了胜诉权。[①] 但是票据权利消灭时效与诉讼时效也有相联系的地方，超过时效，票据权利人丧失请求权，没有了请求权，也就不存在诉权，因此权利人同时也丧失了诉权，更何谈胜诉权。民事权利超过诉讼时效，就失去胜诉权，也可能导致权利的最终消失。票据权利没有超过权利时效，自然同时也没有超过诉讼时效，因此，可以通过诉讼方式行使权利。诉讼时效适用中断制度，票据权利也适用中断制度。

因为票据是一种流通证券，为了鼓励票据快速流通，票据债务人比一般民事债务人的债务负担较重。为了使票据债务人早日脱离债务，各国《票据法》都将票据时效规定为短期时效制度。但同时出于利益平衡考虑，为了保护持票人的票据权利，如《日内瓦统一汇票本票法公约》和《日本票据法》等都规定了票据权利诉讼时效中断制度，即为了避免票据权利因时效期间届满而消灭，持票人可通过时效中断制度保全票据权利。

我国《票据法》未规定票据权利时效的中断制度，而是在《票据法规定》中对此作了规定，其原因在于《票据法》作为民法体系的组成部分，自应受民法典诉讼时效制度的约束。例如，我国台湾地区“票据法”也未规定票据权利时效中断制度，学者认为，“票据权利时效之中断，票据法不另作规定，应回归民法之有关规定”。[②]

（二）票据权利时效中断的独立性

本条把票据权利发生时效中断的效力范围只限于发生时效中断事由的当事人，即时效的限制，体现了票据行为的独立性。[③] 票据债务具有独立性，票据上的债务人包括出票人、承兑人、背书人、保证人等，各个票据债务人独立对持票人承担票据债务。如在追索的时候，持票人可以选择对某一个票据债务人行使权利，

---

① 参见董惠江主编：《票据法教程》，对外经济贸易大学出版社2009年版，第85页。

② 参见曾宛如、曾陈明汝、曾世雄：《票据法论》，中国人民大学出版社2002年版，第79页。

③ 参见曹守晔、王小能等：《〈关于审理票据纠纷案件若干问题的规定〉的理解和适用》，载《人民司法》2001年第4期。

也可以选择多个票据债务人行使权利。所谓票据权利时效中断的独立性，是指在票据关系中，一方面，持票人仅对自己的向法院提起诉讼或向票据债务人提示票据等行为，主张自己的票据时效中断，不得以他人的引起时效中断的事由，主张自己的时效中断。另一方面，持票人对某一前手行使追索权引起的追索时效中断，对其他的票据债务人无效，即持票人对其他前手票据债务人的追索时效并不随之中断，[①]即持票人对其他前手票据义务人的追索时效不随之中断。民事连带之债具有不可分性，当权利人向某一义务人主张债权时，该主张对其他债务人均有效。票据债务除具有连带性外，还具有独立性，每一个票据债务人都独立地对持票人负票据责任。当持票人向某一前手行使追索权时，引起对该前手的票据追索时效的中断，但该追索请求对其他前手不产生法律效力，因而对其他前手的追索时效并不随之中断。同民法的规定一样，票据时效中断是不受次数限制的，如果持票人对某一前手进行连续追索请求，必然引起时效的多次中断，当累计追索时间超过对其他前手的追索时效期间，而又没有向其他前手行使追索权时，则丧失对其他前手的追索权。如持票人对票据某一背书人的追索时效发生中断，该追索行为不会引起持票人对承兑人的追索时效发生中断，反之亦然。票据时效中断的独立性目的在于通过督促票据权利人及时对所有的票据义务人行使追索权，以避免加重票据义务人的票据义务。[②]

（三）引起票据权利时效中断的原因

有观点认为，对于何谓“中断”，应准用《民法典》第195条的规定，有下列情形的，诉讼时效中断，从中断、有关程序终结时起，诉讼时效期间重新计算：(1)权利人向义务人提出履行请求；(2)义务人同意履行义务；(3)权利人提起诉讼或者申请仲裁；(4)与提起诉讼或者申请仲裁具有同等效力的其他情形。

也有观点认为，《票据法》上的时效中断事由是指持票人向出票人、承兑人提示票据并催告履行、持票人向前手通知提起诉讼，以及持票人向前手行使追索权。[③]

这里的争议焦点是，持票人在未出示票据的情况下，是否可以仅凭请求付款中断时效。笔者认为，权利人的请求客观上表达了行使权利的意思，就应该产生时效中断的效果，这与是否出示票据或者是否持有票据并无关系。时效制度的目的，只是不保护在权利上“睡觉”之人。时效中断制度与是否真正的票据权利人并

---

① 参见汪世虎：《票据法制度比较研究》，法律出版社2003年版，第289页。

② 参见王宇、张敬春：《论票据时效制度》，载《法商研究》1999年第2期。

③ 参见赵新华主编：《票据法》，吉林人民出版社1996年版，第72页。

不是一个制度,两者不应混为一谈。这种见解在《日本票据法》和我国台湾地区“票据法”上也有例证。[①]

【司法适用】

(一)对出票人和承兑人的票据权利经过两年时效后,持票人是否还能向其发起追索

以汇票为例,如果持票人在发起追索时,未向出票人和承兑人追索,则有可能发生经过长期的诉讼后,其前手清偿票据债务后,其对出票人和承兑人的票据权利从票据到期日起算已经超过两年的情况。其是否还可以向出票人和承兑人发起追索。

有观点认为,由于各票据债务人的义务是分别独立的,故其时效亦独立进行、完成。因而,时效中断亦仅就发生该中断事由者产生效力。但是,即使在追索权时效尚未完成的场合,如果出票人或承兑人的时效已经完成,则应认为不能再行使追索权。也有观点认为,票据债务各自独立,主债务(承兑人或出票人的债务)因清偿、抵销等原因消灭的,从债务(其他背书人的债务)自然消灭。但如果主债务的消灭是因为消灭时效,则债权目的没有达成,因此从债务人的偿还义务不能随之消灭。因此如果追索权尚未完成时效,即不受主债权(付款请求权)时效的影响,否则付款请求权之外,追索权的存在将毫无意义。[②]

笔者认为,由于持票人的行为导致其后手对出票人或承兑人的时效超过,对出票人或承兑人的权利归于消灭,这显然有违诚信原则,不应予以支持,否则就会出现一个矛盾的现象,一边持票人要求其前手履行票据债务,一边又为出票人和承兑人免去偿还义务的机会,即使持票人的前手可以发起票据利益返还请求权诉讼,但因为诉讼标的差异,其诉请如包含支付给持票人的利息和发起追索的费用,能否获得支持仍未可知。因此,即使持票人对承兑人或出票人的付款请求权因为经过两年时效期间归于消灭,其对承兑人或出票人仍享有追索权。

《电子商业汇票业务管理办法》第 68 条第 1 项规定,持票人对承兑人或者出票人的追索和再追索权利时效不得短于持票人对其他前手的追索和再追索权利时效,该规定可否适用,存在争议,有观点认为,该办法是行政规章,无权对时效问题作出规定。也有观点认为,该规定有效解决了《票据法》的漏洞,可以作为电子票据审理的依据。

---

① 参见张凝、[日]末永敏和:《日本票据法原理与实务》,中国法制出版社 2012 年版,第 265 ~ 269 页。郑洋一:《票据法之理论与实务》,台北,文太印刷企业有限公司 1984 年版,第 133 页。

② 参见梁宇贤:《票据法新论》(修订新版),中国人民大学出版社 2004 年版,第 105 ~ 106 页。

笔者认为,从法律适用方法看,立法者的原意,应该是对出票人和承兑人的权利时效晚于对前手的时效,如果出现持票人的前手清偿后无法向承兑人或者出票人再追索的情形时,应该对《票据法》的规定进行法律漏洞填补,保障持票人的权利。如上文所述,持票人的行为导致其后手对出票人或承兑人的时效超过,而导致其对出票人或承兑人的权利归于消灭,有违诚信原则,不应予以准许,如果持票人追索权尚未完成时效,即不受主债权(付款请求权)时效的影响,持票人对付款人和出票人的追索权仍未消灭,自然可以向其发起追索。这个问题通过法官发挥填补法律漏洞的作用即可解决,没有必要规定"对承兑人或者出票人的权利时效不得早于对持票人前手的权利时效"。

(二)保证人的票据时效是否与被保证人相同

实务界有观点认为,时效中断只能及于发生该事由的票据权利,就对票据被保证人的权利发生中断事由的,因票据保证债务具有独立性,其效力不及于票据保证人的票据权利,该票据权利仍因其未在时效期间内行使而消灭。[①] 也有观点认为,保证人的责任与被保证人相同,如被保证人为出票人,则与出票人时效相同;如被保证人为背书人,则与被背书人时效相同。

笔者认为,时效中断的效果具有独立性,同样适用于保证人和被保证人的关系。如果持票人仅对保证人行使追索权的,持票人对票据保证人的追索时效发生中断,该追索行为不会引起持票人对被保证人的追索时效发生中断。

(三)持票人向付款人提示付款,是否产生中断出票人时效的效力

票据债务与一般债务不同,可以由债务人直接履行义务,票据债务是由债务人委托金融机构作为付款人,由付款人履行票据债务。因此,持票人行使票据上的权利,除利益偿还请求权外,应视为持票人是以提示的方式向付款人和出票人行使,这个提示,具有中断出票人时效的效力。

实务界反对的观点认为,票据上持票人的权利有二:付款请求权和追索权。各权利的行使对象不同,行使付款请求权,应该对付款人;行使追索权,应该对出票人、背书人、付款人。持票人向付款人进行提示付款,是向付款人行使付款请求权,与行使追索权并不是一回事。故持票人向付款人的提示,是行使其付款请求权,不能视同持票人对出票人行使追索权,没有中断对出票人追索权时效的效力。

笔者赞同后者,为避免时效的争议,持票人如果只向付款人提起付款请求权诉讼,为了保留对出票人的诉权,应同时发起对出票人的追索,以中断时效。同时

① 参见刘甲一:《票据法新论》,台北,五南图书出版公司1978年版,第133页。

还应指出的是,付款请求权诉讼和追索权诉讼是根本不同的两种诉讼,不仅起诉的对象不同,而且诉讼请求也不同,付款请求权诉讼仅能要求支付票据款项,而追索权诉讼还可以要求支付利息和发出追索的费用。

(四)电子商业汇票的持票人通过线下对债务人发起追索的,是否发生时效中断的效力

《电子商业汇票业务管理办法》第 5 条规定:"电子商业汇票的出票、承兑、背书、保证、提示付款和追索等业务,必须通过电子商业汇票系统办理。"《电子商业汇票系统管理办法》第 3 条第 2 款规定:"电子商业汇票的登记、流转和结清等业务必须通过上海票据交易所电子商业汇票系统等相关系统办理。"实践中,有的当事人不通过票交所系统向前手追索,而是通过发纸质追索通知书或律师函等方式追索。如果持票人以发线下追索通知的方式,是否能够达到中断诉讼时效的效果,存在争议。

一方面,《票据法》规定了持票人可以通过发追索通知等方式向票据债务人进行追索,《电子商业汇票业务管理办法》是下位法,不应因为该办法的规定否定线下追索的效力,因此线下追索可以中断诉讼时效,持票人在票据到期后 6 个月内曾经通过线下追索的方式追索的,票据到期后 6 个月期间经过后,仍有权向所有前手追索。另一方面,电子票据的所有票据行为都必须以数据电文的形式传递,不得在线下进行。应该审慎认定电票系统外追索的法律效力,主要理由如下:电票应通过系统追索是票据法的应有之义。囿于时代限制,我国票据法制定时没有对电票作出特别规定。但《票据法》第 4 条第 2 款规定:"持票人行使票据权利,应当按照法定程序在票据上签章,并出示票据。"电票持票人在系统外行使追索权,难以满足《票据法》关于"出示票据"等要求,难以证明票据权利人的身份,欠缺行使票据权利的基本条件。电票只有通过系统追索才能交付以及再追索。被追索人清偿债务时,持票人应当交出汇票。电票追索如果不通过票交所系统进行,被追索人即使愿意清偿,持票人也无法交出汇票,导致追索流程难以完成。实践中有的被追索人清偿后又无法取得票据,同样在票交所系统外发起再追索,造成票据权利人的混乱以及追索秩序失控。

笔者认为,当事人通过线下发出追索通知或者律师函等方式追索的,与电子商业汇票的基本规则相违背,不应予以支持。关于电子商业汇票的线下追索的效力问题是《票据法》的法律漏洞,因为《票据法》制定时间较早,不可能对电子票据的追索规则进行规定,因此形成了一个法律漏洞,该法律漏洞属于《票据法》隐藏的法律漏洞,可以通过合目的性限缩解释的方式进行解决。具体方法是,针对电子商业汇票,对《票据法》追索规则进行合目的性限缩解释,是否可以将线下纸质

追索的效力限于纸质票据，经被追索人提醒仍不采取线上追索的，排除出电子商业汇票有效追索方式，以满足平衡各方利益关系，稳定电子商业汇票商业秩序的需要。

如果原告虽然未在票据到期日 6 个月内线上追索，但通过起诉的方式向被告发起追索的，该诉讼追索的效力应该予以维持，不能认为被告在 6 个月后丧失了对其他前手的追索权。因诉讼追索是不同于持票人自力追索的另外一种追索方式，是一种公力救济的手段，《电子商业汇票业务管理办法》第 5 条的规定并不能排除线下诉讼追索的效力。从诉讼追索的必要性看，如果持票人线上追索后，不能获得清偿的，其仍要通过诉讼方式行使自己的权利，使其得到国家强制力的保障，如果诉讼追索不能支持，势必损害持票人的利益。

考虑到稳定电子商业汇票秩序的需要，法官在审理电子商业汇票追索权案件时，如果原告尚未在线上发起过追索，应向其释明，尽快通过线上方式发起追索，以利于判决后的执行。

【司法案例】

台州合力革业有限公司与宁夏宝塔能源化工有限公司、宝塔石化集团有限公司等票据追索权纠纷案①

法官提示：原告被追索清偿后向前手提起诉讼，但只对前手发生票据权利时效中断的效力；原告对其他前手的再追索权因超过 3 个月再追索时效而消灭。

宁夏回族自治区银川市中级人民法院认为：关于原告行使追索权的问题。票据权利分为付款请求权和追索权。付款请求权是指票据持票人向票据主债务人或者其他付款义务人请求按照票据记载的金额付款的一种票据权利。追索权是指票据到期不获付款或期前不获承兑或有其他法定原因时，持票人在依法履行了保全手续以后，向其前手请求偿还票据金额、利息及其他法定款项的一种票据权利。本案中，因案外人非拒付追索至原告处，原告已经清偿票据款后签收，故原告为涉案票据的持票人，依法享有相应的票据权利。被告宝塔财务公司作为承兑人，承诺汇票到期无条件付款。根据《票据法》的规定：汇票到期被拒绝付款的，持票人可以对背书人、出票人以及汇票的其他债务人行使追索权。持票人行使追索权时，应当提供被拒绝承兑或者被拒绝付款的有关证明。持票人提示承兑或者提示付款被拒绝的，承兑人或者付款人必须出具拒绝证明，或者出具退票理由书，未出具拒绝证明或者退票理由书的，应当承担由此产生的民事责任。因此，出具拒

① 参见宁夏回族自治区银川市中级人民法院（2019）宁 01 民初 1562 号民事判决书。

绝证明或者退票理由书是承兑人或付款人的法定义务,也是持票人行使追索权的必备形式要件。承兑人宝塔财务公司的公告写明其存在"造成持有宝塔票据的客户不能如期兑付"的问题,其作为付款义务人向所有持票人以发布公告的方式作出的意思表示,表明其存在拒绝付款的事实,该公告一经发布即对所有持票人发生效力,该公告可以认定为拒付证明。故,原告行使追索权的条件成就。

原告所持汇票信息完整、背书连续,其享有票据再追索权。汇票的出票人、背书人、承兑人和保证人对持票人承担连带责任。且持票人可以不按汇票债务人的先后顺序,对其中任何一人、数人或者全体行使追索权。但根据《票据法》第 17 条第 1 款第 4 项的规定,持票人对前手的再追索权,自清偿日或者被提起诉讼之日起 3 个月不行使而消灭。原告被追索清偿,票据显示清偿日期为 2019 年 1 月 15 日,原告于 2019 年 4 月 15 日对海宁亚兰公司提起诉讼,但诉讼只针对海宁亚兰公司发生票据权利时效中断的效力。原告于 2019 年 5 月 5 日向本院提起诉讼,已经超过 3 个月的票据追索权利时效期,故原告对被告张家港科贝奇公司、青岛银承公司、青岛轶昌公司的再追索权消灭,对被告海宁亚兰公司的再追索权未消灭,海宁亚兰公司应对原告承担票据责任。出票人宝塔能源公司,其签发汇票后,即承担保证该汇票承兑和付款的责任。承兑人宝塔财务公司,承诺到期后无条件付款,故承兑人及出票人仍应承担付款责任。

第二十条　票据法第六十六条第一款规定的书面通知是否逾期,以持票人或者其前手发出书面通知之日为准;以信函通知的,以信函投寄邮戳记载之日为准。

【条文主旨】

本条是关于对票据追索中拒绝事由书面通知的规定。

【条文理解】

(一)票据追索拒绝事由的通知期限

根据《票据法》第 62 条第 1 款的规定:"持票人行使追索权时,应当提供被拒绝承兑或者被拒绝付款的有关证明。"第 65 条规定:"持票人不能出示拒绝证明、退票理由书或者未按照规定期限提供其他合法证明的,丧失对其前手的追索权。但是,承兑人或者付款人仍应当对持票人承担责任。"《票据法》第 62 条第 2 款、第 63 条、第 64 条,《票据管理实施办法》第 27 条、第 28 条等对拒绝证书的形式和内容作出了进一步规定。根据《票据法》的规定,持票人行使追索权的程序包括:

(1)票据的提示;(2)拒绝证书的制作;(3)拒绝事由的通知。票据的提示和拒绝证书的制作是持票人行使追索权的形式要件,是持票人保全追索权的必备要件,如不履行即丧失对其前手的追索权。就拒绝事由的通知,我国采"义务主义"原则,认为拒绝事由的通知并非追索权行使的要件,仅为持票人对其前手的义务,如果持票人不为通知,不至于丧失追索权,需负相应的赔偿责任而已。

在规定持票人行使追索权时为拒绝事由的通知义务时,《票据法》还规定了拒绝事由通知的期限,即指《票据法》规定的持票人向其前手或者接收通知的被通知人再向其前手发出拒绝事由通知的时间。一般来说,持票人在取得拒绝证明、退票理由书或者其他合法证明后,应当尽快向其前手发出拒绝事由的通知,以使自己的票据权利能够尽快得到行使,同时也使被通知人早做准备。为此各国票据法都规定了较短的通知期限。如《日内瓦统一汇票本票法公约》第 45 条规定,持票人应在拒绝证书作成后 4 个营业日内,将不获承兑或不获付款的事由通知背书人及出票人……背书人应于收到通知后 2 个营业日内,将其收到通知之事由通知其前手。《日本票据法》对持票人也有相同要求。不过对于背书人,《日本票据法》第 45 条第 1 款规定,背书人应当自收到通知之日起两日内书面通知其再前手。

我国《票据法》第 66 条也对持票人为追索通知的期限作了规定,即持票人应当自收到被拒绝承兑或者被拒绝付款的有关证明之日起 3 日内,将被拒绝事由书面通知其前手;其前手应当自收到通知之日起 3 日内书面通知其再前手。持票人也可以同时向各汇票债务人发出书面通知。也就是说,我国《票据法》规定与国际上的主流观点趋同,与域外相关立法在天数上略有差异,鲜有学者对此进行探讨。我们认为,该天数的框定应结合我国的票据实务来进行,就当前的司法实践看,3 天的规定并无不妥。

(二)拒绝事由通知是否逾期的计算

拒绝事由的书面通知系一种意思表示行为,民法理论中关于意思表示的接受规则,最为常见的是两种,即"发信主义"(又称"投邮主义")和"到达主义"。发信主义指意思表示于通知发出之后即生效,如函件的付邮,行为人只要将信件的相应要素写完并签名,然后投递进邮筒,即认为已经发出。到达主义则是指意思表示必须到达相对人时才生效①,其强调的是意思表示要进入相对人可了解的范围之内,包括可以收到和实际收到两种。相较而言,到达主义课以意思表示行为人更严格的要求,将风险主要分配给意思表示行为人承担;发信主义则更倾向保护意思表示行为人,将风险更多地转移给到达人承担。

---

① 参见胡康生主编:《中华人民共和国合同法释义》,法律出版社 1999 年版,第 39 页。

对票据追索通知是否逾期的确定,《日内瓦统一汇票本票法公约》第45条第5款规定:“前款通知人必须证明其在规定期限内发出通知,在规定期限内将通知付邮递送者,视为遵守通知期限。”《美国统一商法典——票据编》第3-508条第4款规定:“书面通知一经寄送,即使未收到,也视为收到。”第15款规定:“如退票通知上载明正确的地址,向其前手当事人发出此项通知,不论邮局在传递过程中是否有误,可认为寄发人系及时发出通知。”英国、德国票据法皆有类似的规定。从域外相关立法看,皆不以到达为必要,采发信主义。

我国《票据法》对票据追索拒绝事由通知的期限也作了规定,《票据法》第66条第3款规定,在规定期限内将通知按照法定地址或者约定的地址邮寄的,视为已经发出通知。从该条款的规定可以推出,在我国《票据法》上判断持票人或者其他通知义务人是否在规定期限内向其前手发出拒绝事由的通知,采用的是发信主义,而并未采取到达主义,即以持票人或者其他通知义务人发出拒绝事由通知之日为依据,只要通知人具备在法定期限内将通知按照正确的地址邮寄发出这一条件,即完成相应的通知义务并产生通知的效力。

由上文可以看出,各国票据法包括我国《票据法》,对拒绝事由的通知期限均作了规定,虽然在具体的期限上规定有所不同,但是关于持票人或者其他通知义务人是不是在规定的期限内向其前手发出追索通知,则都是以持票人或者其他通知义务人发出拒绝事由之日为依据,而不是以被通知人收到拒绝事由通知之日为依据。且持票人或者其他通知义务人对其在规定期限内发出的拒绝事由通知,应负举证责任。所以《票据法规定》(2020)第20条为了再一次明确此期限的计算标准,作了补充规定与解释。其中对于以一般的书面方式为通知义务的,则通知人应当举证证明其已经向被通知人发出拒绝事由的时间,如是以传真方式发出通知的,则应当证明传真发出的具体时间;以电子邮件发出通知的,亦应证明电子邮件发出的具体时间。一般而言,以书面方式发出通知的,发出通知的时间与行为人发出通知的行为实际时间是一致的;但是对于以信函方式发出通知的,则有所不同,由于以信函发出通知时,通知人向邮政机构交投信函的时间一般在信函上没有相应的记载,而是由邮政机构在信函上加盖邮戳,虽然邮戳记载的时间与当事人向邮政机构实际交邮的时间并不一致,但是邮戳记载的时间往往是信函上所能表明当事人何时交邮的唯一书面记载时间,所以邮戳记载的时间更具有可确定性,因此《票据法规定》(2020)是以发出通知的信函投寄邮戳记载之日为准。

(三)拒绝事由通知的方式

关于票据追索通知的方式,国外票据法均采自由主义立法例,即可以以任何方式为之。如《日内瓦统一汇票本票法公约》第45条第4款规定:“应作通知之人,其通知得以任何方法为之,甚至只将汇票退还之。"《日本票据法》的规定与之基本相同,第45条第4款后段规定:"不事先通知,单直接提示票据要求偿还,也视为已通知"。《英国票据法》第49条第5款则规定,通知的发出方式应通过书面或者个人传达进行,并应足以鉴别汇票及说明汇票曾因不获承兑或不获付款而退票的任何方式进行。《英国票据法》第49条第6款又规定,就形式而言,将退票的汇票退还发票人或背书人的,足以视为通知。《美国统一商法典——票据编》第3-508条第3款则规定,退票通知得以任何合理的方式作出,或用口头或书面,以及任何可辨别该票据和表明其已被拒绝的文句;如果说明中存在错误,但并未使被通知人误解,通知仍然有效;将票据加盖印章或附有便条,或其他书面凭证说明承兑或付款已被拒绝,然后将票据寄送,即足以构成通知。由此可知,英美票据立法规定,持票人或者其他负有通知义务的人,发出拒绝事由的通知方式可以有多种,既可用面谈的方式,也可用书信的方式;既可用打电话的方式,也可通知拍发电报、发传真的方式。总之,既可以用口头方式,也可以用书面方式。不过对于已履行通知义务的事实,应由通知义务人负举证责任。

我国《票据法》第66条第1款规定的拒绝事由的通知方式为书面方式。这样规定使拒绝事由的通知更为规范,既有助于被通知人了解被拒绝付款人或者拒绝承兑的情况以及被追索的情况,也有助于出现纠纷时有据可查。但书面方式比口头方式较为缓慢。根据《票据法》所规定的通知方式,《票据法规定》(2020)也是在此基础上对通知期限作出相应规定的。

但是在票据实践中,如果当事人是以口头方式为拒绝事由的通知,而被通知人亦承认的,即双方当事人对通知的事实均无异议的,依据民法基本原理,亦可以认定其效力。

【司法适用】

(一)关于拒绝证书的制作

关于拒绝证书的出具者,域外相关立法略有区别。《美国商法典——票据编》第3-508条第1款规定,退票通知可以由"持票人或持票人的代表,或任何收到通知的当事人,或任何其他有可能被强制支付该票据金额的人发给任何对该票据负有责任的人";第3-509条第1款规定,拒绝证书由"美国的领事或副领事或公证人或依退票发生地法,经授权准予签订退票事宜的其他人亲笔签名并盖章出具"。《英国票据法》规定"退票通知必须由持票人或代表持票人之人,背书人或代表背书人之人发出[①]",只是在国外汇票遭退票时,须作成公证记录以作为拒绝

① 参见《英国票据法》第49条第1款。

证明。《德国票据法》《法国票据法》《日内瓦统一汇票本票法公约》均认为拒绝证书是公证书。

从上述规定可以看出,域外立法皆认可公证机关出具证明的合法性,同时英美法系票据法皆赋予持票人及持票人的代表以制作权。我国《票据法》规定由承兑人或者付款人作出。

为防止拒绝证书制作者拖延拒绝证书的制作,影响追索权的行使,给相关票据义务人造成损失与不便,域外票据法一般均对拒绝证书的作成期限予以明确的规定。但因为各国实情不尽相同,各国票据法的规定不一。《日内瓦统一汇票本票法公约》第 44 条规定,拒绝付款证书及拒绝承兑证书,须于拒绝日或其后 4 个营业日作成。《美国商法典——票据编》第 3 – 508 条第 2 款规定:"任何必要的退票通知,银行应在午夜截止之前作出,任何其他人应在其第 3 个营业日的午夜之前作出";第 3 – 509 条第 4 款规定:"除法律另有规定外,拒绝证书的作成期限与退票通知的作成期限相同",根据上述条款的规定,拒绝证书的出具者为银行时,应在拒绝当日午夜截止之前作出,其他人应在其第三个营业日的午夜之前作出。虽然规定略有不同,但均对拒绝证书的制作期限予以缩限,这一期限如不加以明确,极易影响追索权的行使,造成不好的后果。

持票人因不可抗力,不能于规定期限内为承兑或付款提示的,此并非个人所能抗拒的事变,如果由持票人负责,确实有违公平原则,故各国(地区)的立法例均规定发生不可抗力致使持票人不能提示的,应当免除提示。①《日内瓦统一汇票本票法公约》第 54 条规定,"汇票、本票的持票人因不可克服的障碍,延至到期日后 30 日以外仍无法进行提示的,持票人可径行行使追索权"。《日本票据法》第 54 条第 1 款、第 3 款、第 4 款规定:"于法定期限内,对于汇票之提示或拒绝证书之作成有不可避免之障碍(依国家法定禁止规定或其他不可抗力事变)发生时,延长其期限;不可抗力之事变终止后,持票人应从事为汇票之承兑或付款之提示,必要时应作成拒绝证明;如不可抗力之事变延至到期日后 30 日以外时,持票人无须提示或作成拒绝证明,得径行行使追索权。"基于此,不可抗力事件的发生需存在于承兑或付款之提示期限的到期日,此时持票人无法进行票据提示的,应当免为提示、免予出具拒绝证明,且并不因此丧失追索权。如果在法定期间开始时或期间中发生不可抗力事由,在其到期日时即已解除,其期间不得延长。②

---

① 参见王志诚:《票据法》,台北,元照出版有限公司 2004 年版,第 247 页。

② 参见[日]伊泽孝平:《手形法 · 小切手法》(第 20 版),有斐閣 1970 年版 ,第 482 页。

（二）持票人的通知义务与偿还义务人的损害赔偿请求权

在具备追索权行使的实质要求和形式要件的前提下，持票人可以向承担担保责任的前手背书人或者出票人行使追索权，拒绝事由的通知是其中的重要一环。追索原因对于偿还义务人有重大利害关系，但自己往往无法第一时间得知。是故，《票据法》课以持票人迅速将事由通知各该偿还义务人的义务，体现在我国《票据法》第66条之规定。英美法系以及日本等国家法律均对这一义务做出了明确，但是对于拒绝事由通知的性质，各国票据法理论与实践存在较大的分歧。

英美法系国家票据法[①]认为，拒绝事由的通知是追索权行使的必备形式要件，如果持票人未在规定的期限内为追索通知，则丧失追索权，不可进入追索程序，即采"要件主义"立法例。日内瓦法系国家及日本票据法认为，拒绝事由的通知不是追索权行使的必备要件，而只是程序之一，如果持票人不为追索通知，仍可以为追索，并不会完全丧失追索权，偿还义务人不得以未受通知为理由而不履行偿还义务，但是由此给偿还义务人造成的损失，需负赔偿责任。因为持票人或者背书人通知其前手的目的，是使其前手得知被追索的原因事实业已发生，事先好有所准备，如果怠于通知，持票人或背书人即丧失追索权，在理论上显失平衡。[②]

根据我国《票据法》第66条第2款的规定："未按照前款规定期限通知的，持票人仍可以行使追索权。因延期通知给前手或者出票人造成损失的，由没有按照规定期限通知的汇票当事人承担对该损失的赔偿责任，但是所赔偿的金额以汇票金额为限。"由此可见，我国对于拒绝事由的通知采日内瓦法系票据法之观点，系"义务主义"。同时，当通知义务人怠于通知时，偿还义务人无法采取措施防止损害进一步发生。是故，偿还义务人对于怠于通知人，可以请求损害赔偿，该损害赔偿以不超过票据金额为限。

我国的票据业务起步较晚，发展不如英美法系国家成熟，对拒绝事由的通知课以较严格的要求，容易阻断追索，致使持票人的利益无法得到保障，降低票据的流通性，不利于票据业务的发展。

（三）前手住址不明或者未记载情形的处理

《日本票据法》第45条第3款规定，未在票据上记载住所或记载不明的背书人，原本属于放弃受通知的权利，通知义务人可不必对其通知，但其若受通知时，受通知后的背书人则要向其前手负通知义务；当背书人所记载的住所难以识别

---

① 参见《英国票据法》第48条第1款，《美国统一商法典——票据编》第89条U. C. C. 3－501 Ⅱ①②等之规定。

② 参见王德槐：《新票据法释论》（第3版），1987年自版，第175页。

时,如果其能被得知而受通知,受通知后的背书人也应向其前手负通知义务。① 我国台湾地区"票据法"也有类似规定。也就是说,在上述情况下,由于背书人未记载或未载明地址系自身行为,这一行为可以视为其放弃受追索通知的权利,因此免予通知义务人通知的义务。持票人无须承担向其通知,可径行行使追索权。相关立法和学界对于"票据追索拒绝事由书面通知"的生效标准规定趋同,鲜有争议,原因主要是:票据具有强流通性,持票人的前手及相关票据债务人往往有很多个,且相距甚远,同时,前手背书人的地址存在模糊、不明确甚至空缺的可能,即使持票人尽最大可能地履行了通知义务,仍存在前手无法收到通知的巨大不确定性。若采通知主义,科以善意持票人较大的责任,不利于追索权的行使,加剧了持票人的风险,难以保障其权益,降低票据相关权利人对于票据的信任度,不利于票据业务的健康发展。

但是,我国法律在此方面的规定系空白。背书人地址不详的情况在票据实务中实为常见,在我国的票据实务中更甚,就此进行明确是必要的。笔者认为,在背书人地址不详的情况下,持票人无须承担向其通知的义务,不影响其追索权的行使。

(四)《票据法》第 66 条第 3 款规定的"法定地址"的确定

《票据法》第 66 条第 3 款规定:"在规定期限内将通知按照法定地址或者约定的地址邮寄的,视为已经发出通知。"该款规定的"法定地址"的含义,《票据法规定》(2020)并未作出进一步明确的解释,在票据司法实践中也对此问题存在一定的争论。

笔者认为,所谓法定地址,应当是指票据上未载明被通知人的住所、营业场所时,以其法定的营业场所、住所或者经常居住地为通知应当送达的处所。

对于自然人而言,根据《民法典》第 25 条的规定,自然人以户籍登记或者其他有效身份登记记载的居所为住所;经常居所与住所不一致的,经常居所视为住所。对于法人而言,根据《民法典》第 63 条的规定,法人以其主要办事机构所在地为住所;依法需要办理法人登记的,应当将主要办事机构所在地登记为住所。实践中对于法定地址的确定,还可以参照《最高人民法院关于以法院专递方式邮寄送达民事诉讼文书的若干规定》的规定,即当事人拒绝提供自己的送达地址,经人民法院告知后仍不提供的,自然人以其应户籍登记中的住所地或者经常居住地为送达地址;法人或者其他组织以其工商登记或者其他依法登记、备案的住所地为送达地址。

---

① 转引自[日]田中诚二等:《コンメンタ－ル手形法》,劲草书房 1971 年版,第 874 页;参见周东威:《票据追索权问题研究》,吉林大学 2016 年博士学位论文,第 28 页。

【司法案例】

大连金玛硼业科技集团股份有限公司、上海智硼经贸有限公司票据追索权纠纷案[①]

一审法院认为:上海智硼与通辽金玛签订的《购销合同》系双方真实意思表示,应为合法有效,上海智硼基于该真实的交易关系,从通辽金玛处通过背书得到三张案涉商业承兑汇票,票据来源合法,上海智硼系该汇票的合法持有人,依法享有票据权利。上海智硼委托上海农商银行北蔡支行依法向案涉三张商业承兑汇票出票人大连金玛提示承兑,但均遭到拒绝,上海智硼依法享有对汇票出票人大连金玛的追索权,出票人大连金玛应就汇票金额及相应利息向上海智硼承担给付义务,同时,通辽金玛作为案涉商业承兑汇票的背书人,对案涉三张商业承兑汇票的金额及相应利息同大连金玛一起对上海智硼承担连带给付义务,上海智硼的诉请于法有据,应予支持。

辽宁省大连市中级人民法院二审认为:首先,本案系票据追索权纠纷案件,所谓票据追索权是指持票人在票据不获付款或期前不获承兑或者有其他法定原因时,在依法行使了或保全了票据权利后,向其前手请求偿还票据金额、利息及其他法定款项的一种权利。由此可作理解的是,持票人在票据到期不获付款或期前不获承兑或有其他法定原因时,在依法行使了或保全了票据权利并将拒绝事由通知前手后,既可以向其直接前手提出偿还请求,也可以在其前手中选择一个或多个要求偿还,还可以向全体前手提出偿还请求。票据权利人的追索权可以基于第二债务人的主动偿还而实现,也可以基于权利人的非诉讼请求而实现,还可以通过权利人的诉讼请求即权利人通过向法院提起追索权纠纷诉讼的方式得以实现。

其次,需要说明的是,追索权在性质上是票据的第二次请求权,它只能是在行使付款请求权不获实现或者出现"票据到期之前承兑人或者付款人死亡、逃匿,或者被宣告破产或者因违法责令终止业务活动"的情形下才能行使。在不获承兑或者不获付款时,必须在法定期间内作成拒绝证明,《票据法》第 62 条第 1 款规定,持票人行使追索权时,应当提供被拒绝承兑或者被拒绝付款的有关证明。取得并出示拒绝证书或者拒绝证明文件是证明票据权利人的兑付请求权被拒绝或者不能实现的形式要件,也是票据持票人行使追索权的必要条件。

最后,本案中,上诉人大连金玛系案涉汇票的出票人和付款人,作为收款人的被上诉人通辽金玛通过背书将汇票权利转让给被上诉人上海智硼,上海智硼系合

---

① 参见辽宁省大连市中级人民法院(2019)辽 02 民终 10069 号民事判决书。

法持票人，在其提示承兑被拒付并已经取得拒绝付款理由书的情形下，有权依照《票据法》第 68 条关于"汇票的出票人、背书人、承兑人和保证人对持票人承担连带责任。持票人可以不按照汇票债务人的先后顺序，对其中任何一人、数人或者全体行使追索权。持票人对汇票债务人中的一人或者数人已经进行追索的，对其他汇票债务人仍可以行使追索权。被追索人清偿债务后，与持票人享有同一权利"的规定，向大连金玛和通辽金玛行使追索权，要求大连金玛和通辽金玛就被拒绝付款的汇票金额及相应利息承担连带支付责任。

第二十一条　票据法第七十条、第七十一条所称中国人民银行规定的利率，是指中国人民银行规定的企业同期流动资金贷款利率。

【条文主旨】

本条是关于持票人行使追索权时，请求被追索人或者被追索人向其他汇票债务人行使再追索权时，如何确定票据利息的规定。

【条文理解】

追索权是持票人在付款请求权不能实现的情况下，通过特定程序，请求前手背书人或其他票据债务人偿还票据债务的救济性权利。持票人可追索之相对人为出票人、背书人、承兑人及其保证人。同时，行使追索权的目的在于想要达到与付款请求权正常实现后的相同效果，因此，追索的票据金额利息具有补偿性。通常情况下，票据一经提示就应付款，持票人自提示付款之日起获得利息，却因被追索人拒绝付款而引发追索环节，其导致持票人损失了自提示日至清偿日的利息，故应将利息纳入追索金额的范畴之内。

对于追索及再追索金额中相关利息，各国票据立法有不同计算标准的规定，《日内瓦统一汇票本票法公约》第 48 条第 1 款所规定，持票人向汇票债务人行使追索权，得要求偿还下列金额：(1)被拒绝承兑或者付款之汇票金额，如有约定利息者，支付其利息；(2)自到期日起依年利六厘计算之利息；(3)作成拒绝证书与通知及其他必要费用。《日内瓦统一汇票本票法公约》第 49 条则规定，已为清偿的票据债务人，可向其他票据债务人要求偿还以下金额：(1)已清偿之全部金额；(2)前款金额自清偿日起按年息六厘计算之利息；(3)所支付的其他费用。德国及日本票据立法也作相同的规定。《英国票据法》第 57 条第 2 款则只规定，此时索赔的金额除前款规定的金额外，还加上因货币兑换所受的损失及利息。

本条是追索金额、再追索金额中有关票据利息的规定。我国《票据法》第 70

条第 1 款规定："持票人行使追索权，可以请求被追索人支付下列金额和费用：（一）被拒绝付款的汇票金额；（二）汇票金额自到期日或者提示付款日起至清偿日止，按照中国人民银行规定的利率计算的利息；（三）取得有关拒绝证明和发出通知书的费用。"第 71 条第 1 款规定："被追索人依照前条规定清偿后，可以向其他汇票债务人行使再追索权，请求其他汇票债务人支付下列金额和费用：（一）已清偿的全部金额；（二）前项金额自清偿日起至再追索清偿日止，按照中国人民银行规定的利率计算的利息；（三）发出通知书的费用。"

《票据法》第 70 条第 1 款第 2 项只规定"按照中国人民银行规定的利率计算的利息"，但未明确具体标准。中国人民银行制定的《票据管理实施办法》（2011）第 29 条明确为"是指中国人民银行规定的流动资金贷款利率"，《票据法规定》（2020）第 21 条进一步明确为"是指中国人民银行规定的企业同期流动资金贷款利率"。又因为现行政策已实现贷款利率市场化，贷款利率划分为基准利率和浮动利率，后者具有不确定性，故上述贷款利率应指贷款"基准利率"。但是经过多年来利率市场化改革持续推进，我国的贷款利率上、下限已经放开，同时保留存贷款基准利率，故存在贷款基准利率和市场利率并存的"利率双轨"问题。实践中，银行发放贷款时大多仍参照贷款基准利率定价，特别是个别银行通过协同行为以贷款基准利率的一定倍数（如 0.9 倍）设定隐性下限，对市场利率向实体经济传导形成了阻碍，是市场利率下行明显但实体经济感受不足的一个重要原因，这也是当前利率市场化改革迫切需要解决的核心问题。

为深化利率市场化改革，提高利率传导效率，推动降低实体经济融资成本，中国人民银行于 2019 年 8 月 16 日就改革完善贷款市场报价利率（LPR）形成机制发布 2019 年第 15 号公告。根据公告要求，自 2019 年 8 月 20 日起，中国人民银行已经授权全国银行间同业拆借中心于每月 20 日（遇节假日顺延）9 时 30 分公布贷款市场报价利率，中国人民银行贷款基准利率这一标准已经取消。是故，自此之后贷款利息的基本标准已经调整为全国银行间同业拆借中心公布的贷款市场报价利率。

【司法适用】

（一）票据利息的起算点如何确定

关于票据利息的起算点问题，《票据法》第 70 条第 1 款第 2 项规定，持票人行使追索权，可以请求被追索人支付汇票金额自到期日或者提示付款日起至清偿日止，按照中国人民银行规定的利率计算的利息；同时，《票据法》第 71 条第 1 款第 2 项规定，被追索人依照前条规定清偿后，可以向其他汇票债务人行使再追索权，请求其他汇票债务人支付前项金额自清偿日起至再追索清偿日止，按照中国人民银行规定的利率计算的利息。

值得关注的是,票据利息的起算点按照不同票据分类,一般可以分为以下两种:提示付款日和票据到期日。对于见票即付的票据而言,持票人自提示付款之日起即应获得给付,却因被追索人拒绝付款而引发后续追索环节,应由被追索人自提示付款之日承担持票人的损失,故见票即付票据的利息起算点为提示付款日;对于有付款期限的票据而言,持票人自票据到期之日起即应获得给付,却因被追索人拒绝付款而引发后续追索环节,应由被追索人自票据到期之日承担持票人的损失,故有付款期限的票据利息起算点为票据到期日。

实务中,少数观点认为,结合案件的实际情况,即使是票据到期日次日、提示付款日次日、退票日、被追索人收到追索人通知之日及追索人向法院起诉之日等时间也应当作为起算点计算利息。

笔者认为,该观点不符合《票据法》的立法原意,票据利息的起算点应严格按照《票据法》的规定,限于提示付款日和票据到期日。

同时,针对票据利息的计算是否包含到期日的问题,《民事诉讼法》第 85 条[①]规定:"期间包括法定期间和人民法院指定的期间。期间以时、日、月、年计算。期间开始的时和日,不计算在期间内。期间届满的最后一日是法定休假日的,以法定休假日后的第一日为期间届满的日期。期间不包括在途时间,诉讼文书在期满前交邮的,不算过期。"其中第 2 款规定,期间开始的时和日,不计算在期间内。据此,笔者认为,票据利息的计算不应包含到期日。

(二)票据利息是否包含约定利息

《票据法》第 70 条第 1 款第 2 项规定,"汇票金额自到期日或者提示付款日起至清偿日止,按照中国人民银行规定的利率计算利息"。因此,持票人在到期日或者提示付款日请求支付利息为法定利息。那么,如此规定,是否排除了约定利息的适用空间,即当事人之间是否可以在法定利息之外自行约定利息。目前司法实务中,已经出现法院支持约定利息的案例,即《票据法》有关票据利息的规定并不排除当事人之间自行约定利息。

值得关注的是,我国台湾地区"票据法"第 28 条第 1 款规定,汇票及本票的出票人,可以记载对于票据金额支付利息及利率,此为约定利息。利率未经载明时,定为年利六厘,除有特约外,利息自出票日起算,此为法定利息。上述条款实际上认可了约定利息的适用空间,即充分尊重当事人之间意思自治的前提下,当事人在协商一致的情况下可以约定利率。

---

① 2021 年 12 月 4 日修改前《民事诉讼法》第 82 条。

【司法案例】

案例一
中国工商银行股份有限公司嘉峪关分行与中国邮政储蓄银行股份有限公司青海省分行票据纠纷案[①]

嘉峪关市中级人民法院一审认为：青海邮储银行所持有的银行承兑汇票形式完备，各项记载事项齐全，且背书连续，符合《票据法》的规定，为合法有效的票据，青海邮储银行作为最后持票人，依法享有票据权利。被告作为付款行，负有汇票到期日无条件付款的义务。根据票据的无因性，该汇票已经背书转让，公安机关在汇票到期日前冻结诉争汇票，但并不因此免除被告所负的汇票义务，故嘉峪关工行以该票据被公安机关冻结为由拒绝付款进行抗辩理由不能成立。嘉峪关工行应以该汇票记载的金额为由拒绝付款，还应支付汇票到期日到偿付日期间按同期贷款利率计算的利息。现青海邮储银行已向被告支付了汇票本金，故对青海邮储银行要求被告支付该3张汇票被冻结期间的利息予以支持。

嘉峪关工行不服一审判决，提起上诉。

甘肃省高级人民法院二审认为：本案涉诉银行承兑汇票由长城公司出票交付勤峰公司后，经过勤峰公司、双顺公司、嘉峪关邮储银行、甘肃邮储银行连续背书后，最后为被上诉人青海邮储银行所持有，青海邮储银行作为最终的持票人。

被上诉人青海邮储银行在付款请求权遭到上诉人嘉峪关工行拒绝后，其在2013年和2014年向嘉峪关市人民法院与嘉峪关市中级人民法院先后提起了票据付款请求权之诉与票据追索权之诉，尽管在2014年7月3日嘉峪关公安局对涉诉票据解结后上诉人嘉峪关工行及时对涉诉票据所载的票据款进行了付款，但是，其从涉诉票据付款之日至票据解结日期间拒绝付款的行为给被上诉人青海邮储银行还是造成了一定的经济损失，被上诉青海邮储银行请求支付这期间的损失是有一定法律依据的。被上诉人青海邮储银行作为本案涉诉银行承兑汇票的最后合法持有人，在票据付款请求权遭到拒绝后，其有权行使票据追索权，其追索对象包括出票人长城公司，背书人勤峰公司、双顺公司、嘉峪关邮储银行、甘肃邮储银行，而且，根据《票据法》第61条与第68条的规定，本案的承兑人嘉峪关工行也同时属于被追索的主体。

被上诉人青海邮储银行要求上诉人嘉峪关工行按照中国人民银行规定的企业之间同期流动资金贷款利率计算利息作为标准承担给其造成损失也是有法律

---

① 参见甘肃省高级人民法院（2015）甘民二终字第48号民事判决书。

依据的。《票据法》第70条规定,持票人行使追索权,可以请求被追索人支付汇票金额自到期日或者提示付款日起至清偿日止,利息按照中国人民银行规定的利率计算,《票据管理实施办法》第29条和《票据法规定》(2000)第22条规定,《票据法》第70条规定的利率,是指中国人民银行规定的流动资金贷款利率。基于此,被上诉人青海邮储银行要求按照上述标准支付利息是合理与合法的,因此,嘉峪关市中级人民法院按照中国人民银行规定的流动资金贷款利率判决并无不当。正是由于上诉人嘉峪关工行未及时付款才给被上诉人造成了损失,因此,上诉人提出的冻结票据行为系公安机关行为,不存在上诉人因工作差错及故意压票、退票、拖延支付的前提,而应以冻结期间实际产生的中国人民银行发布的活期存款利率计算利息的理由是不能成立的。

案例二

东营市东明石油化工有限责任公司、中国民生银行股份有限公司东营分行票据追索权纠纷案[①]

东营市中级人民法院一审认为:《票据法规定》(2000)第22条并没有排除当事人之间自行约定利息的适用空间,但两者只能择一适用。

民生银行东营分行与东明石油公司签订的《商业汇票贴现协议》是双方当事人的真实意思表示,且不违反法律、行政法规的强制性规定,合法有效。民生银行东营分行根据协议约定,为东明石油公司办理了涉案电子商业汇票的贴现业务,后民生银行东营分行将该汇票背书转让,该汇票的最后合法持票人上海浦东发展银行股份有限公司广州分行在票据到期后向承兑人要求付款时被拒付。《票据法》第61条第1款规定,汇票到期被拒绝付款的,持票人可以对背书人、出票人以及汇票的其他债务人行使追索权。上海浦东发展银行股份有限公司广州分行向民生银行东营分行行使追索权,民生银行东营分行向其支付票款4000万元。根据《票据法》第71条第1款的规定:“被追索人依照前条规定清偿后,可以向其他汇票债务人行使再追索权,请求其他汇票债务人支付下列金额和费用:(一)已清偿的全部金额;(二)前项金额自清偿日起至再追索清偿日止,按照中国人民银行规定的利率计算的利息;(三)发出通知书的费用。”因此,民生银行东营分行作为被追索人享有继续追索的权利,其主张涉案汇票的前手背书人东明石油公司和承兑人黄河工贸公司向其支付票款和利息,具有事实和法律依据。

---

① 参见山东省东营市中级人民法院(2018)鲁05民初603号民事判决书;山东省高级人民法院(2019)鲁民终189号民事判决书。

《票据法规定》(2000)第22条规定,《票据法》第70条、第71条所称中国人民银行规定的利率,是指中国人民银行规定的企业同期流动资金贷款利率。但是,民生银行东营分行主张东明石油公司既根据《票据法》的规定支付利息,又根据《商业汇票贴现协议》的约定支付利息,法院认为,民生银行东营分行不应重复主张利息,对于两部分利息只能择一予以支持。因当事人约定利息高于法定利息,且不违反法律规定,故法院根据《商业汇票贴现协议》的约定对民生银行东营分行对东明石油公司主张的利息予以支持。

山东省高级人民法院二审对该判项予以维持。

第二十二条　代理付款人在人民法院公示催告公告发布以前按照规定程序善意付款后,承兑人或者付款人以已经公示催告为由拒付代理付款人已经垫付的款项的,人民法院不予支持。

【条文主旨】

本条是关于在公示催告程序中代理付款人与承兑人或者付款人之间责任承担的规定。

【条文理解】

(一)关于公示催告程序

我国《民事诉讼法》在第十八章设专章对公示催告程序进行了规定。《民事诉讼法》第225条规定:"按照规定可以背书转让的票据持有人,因票据被盗、遗失或者灭失,可以向票据支付地的基层人民法院申请公示催告……申请人应当向人民法院递交申请书,写明票面金额、发票人、持票人、背书人等票据主要内容和申请的理由、事实。"第226条规定:"人民法院决定受理申请,应当同时通知支付人停止支付,并在三日内发出公告,催促利害关系人申报权利。公示催告的期间,由人民法院根据情况决定,但不得少于六十日。"

票据作为一种有价证券,票据权利根据记载于票据上的实质内容所定,所以票据权利的行使与票据的持有具有不可分割的关系,可以说票据权利的行使以持有票据为前提。一旦票据因被盗、遗失或者灭失等原因去向不明时,那么失票人虽说仍是该票据的真实权利人,却处于既不能行使票据权利,也不能转让票据的尴尬境地。公示催告程序就是为失票人恢复行使自己票据权利提供的一种有效补救措施。

人民法院在决定受理失票人的公示催告申请后,会依法向支付人出具停止支付通知书,通知支付人对载明具体收款人、号码、出票日期和票面金额的某特定票据立即停止支付,待法院作出裁定或判决后再做处理。人民法院会在 3 日内发布公告并将其张贴于人民法院公告栏内,同时在有关报纸或其他宣传媒介上刊登(通常刊登于《人民法院报》)。《民事诉讼法》第 227 条规定:"支付人收到人民法院停止支付的通知,应当停止支付,至公示催告程序终结。公示催告期间,转让票据权利的行为无效。"

利害关系人如在公示催告期间向人民法院申报权利的,人民法院应通知其向法院出示票据,并通知公示催告申请人在指定的期间查看该票据。如果票据不一致的,则人民法院裁定驳回利害关系人的申报。如果一致的,则人民法院将裁定终结公示催告程序,公示催告申请人或者利害关系人可以向有管辖权的法院另行起诉。在公示催告期间无人申报或者申报被驳回的,公示催告申请人应自申报权利期间届满次日起一个月内申请人民法院作出除权判决。逾期不申请判决的,人民法院将终结公示催告程序。除权判决生效后,公示催告申请人有权依据生效判决向票据付款人请求支付。原票据为无效票据,失去效力。

(二)善意付款的界定

善意付款的概念该如何去界定,目前相关法律并没有从正面给出一个明确的定义,但我们可以从一些表述中去进行理解。我国《票据法》第 57 条规定:"付款人及其代理付款人付款时,应当审查汇票背书的连续,并审查提示付款人的合法身份证明或者有效证件。付款人及其代理付款人以恶意或者有重大过失付款的,应当自行承担责任。"另外,《票据法规定》(2020)第 68 条第 1 款规定:"付款人或者代理付款人未能识别出伪造、变造的票据或身份证件而错误付款,属于票据法第五十七条规定的'重大过失',给持票人造成损失的,应当依法承担民事责任。付款人或者代理付款人承担责任后有权向伪造者、变造者依法追偿。"《票据法规定》(2020)第 69 条进一步明确规定:"付款人及其代理付款人有下列情形之一的,应自行承担责任:(一)未依照票据法第五十七条的规定对提示付款人的合法身份证明或者有效证件以及汇票背书的连续性履行审查义务而错误付款的;(二)公示催告期间对公示催告的票据付款的;(三)收到人民法院的止付通知后付款的;(四)其他以恶意或者重大过失付款的。"

由此可以总结出以下善意付款的标准:一是审查背书的连续性;二是对提示付款人的身份进行审查;三是对票据的效力进行审查,包括对伪造票据、变造票据的识别,以及对票据的必要记载事项、票据格式等影响到票据效力事项的审查等。有些重大过失的标准不是法律直接规定的,但是依据其他条文的规定可以推理出来。

据此，我们可以将公示催告程序分为三个阶段。第一个阶段为法院向付款人出具止付通知前，这个阶段除非付款人或者代理付款人未能识别出伪造、变造的票据或身份证件而错误付款，会被认定为“重大过失”，其他在尽到形式审查义务后进行付款，通常认为是“善意付款”。第二个阶段为法院向付款人出具止付通知后，但又在发布公告前，这期间有一个短暂的阶段，虽然公告尚未发布，但付款人或者代理付款人已知晓止付的相关通知，在此情况下依旧进行付款的，属于恶意或重大过失，应承担民事责任。第三个阶段为公告发布之后，在公示催告期间对公示催告的票据进行付款的，属于恶意或重大过失，应承担民事责任。

（三）代理付款人的责任承担范围

《票据管理实施办法》第 18 条对代理付款人给出了定义：“票据法所称‘代理付款人’，是指根据付款人的委托，代其支付票据金额的银行、城市信用合作社和农村信用合作社。”《支付结算办法》第 37 条第 3 款规定：“本条所称的‘代理付款人’是指根据付款人的委托，代理其支付票据金额的银行。”规定虽存在些微差异，但实践中通常以《支付结算办法》为准，代理付款人特指银行。根据《支付结算办法》的规定，代理付款人并不是银行汇票的必要记载事项，因此，在银行汇票明确记载代理付款人的情况下，则由代理付款人付款；在没有记载代理付款人的情况下，则以持票人提示付款地的任何一家与出票银行属于同一系统的银行作为代理付款行。如果持票人提示付款地没有与出票银行属于同一系统的银行，以当地的人民银行为代理付款银行。①

在这种情况下，就会导致代理付款人的不确定性，法院无法掌握代理付款行的准确信息并将公示催告的止付通知送达代理付款行。此时就会发生承兑人或者付款人收到了法院的止付通知，而代理付款人未收到，并在不知情的情况下向持票人进行兑付的情况发生。

代理付款人在人民法院公示催告公告发布以前按照规定程序善意付款，仅存在两种情况。一种即为上述的第一阶段，无论是代理付款人还是承兑人或者付款人都没有收到法院的止付通知，此时两者都不存在责任承担的问题。另一种即上述讨论的情况，承兑人或者付款人收到了法院的止付通知，而代理付款人未收到，并在不知情的情况下向持票人进行兑付，此时代理付款人并未符合《票据法规定》（2020）第 69 条规定的四种情形中的任一种，不应自行承担责任。因此，承兑人或者付款人不能以已经公示催告为由拒付代理付款人已经垫付的款项。

---

① 参见王小能编著：《票据法教程》（第 2 版），北京大学出版社 2001 年版，第 26 页。

【司法适用】

票据代理付款人与票据承兑人或者付款人之间的关系是票据结算关系的范畴。根据《支付结算办法》第 3 条的规定,支付结算是指单位、个人在社会经济活动中使用票据、信用卡和汇兑、托收承付、委托收款等结算方式进行货币给付及资金清算的行为。票据结算则是指单位、个人在社会经济活动中使用票据进行清算的行为,是一种通过票据的信用货币形式进行的货币资金收付行为。银行是支付结算和资金清算的中介机构,因此,票据支付结算关系实际上是银行通过票据进行款项划转和资金收付过程中与办理支付结算的个人或者单位之间存在的权利义务关系。票据支付结算关系与票据关系是两种不同的法律关系,前者是票据款项具体划转与收付过程中产生的法律关系,后者则是票据上所反映的当事人有权请求支付一定金额的债权债务关系。票据结算关系一般通过中介机构(银行)进行,因而结算关系的当事人不一定都是票据关系的当事人。总体而言,票据结算关系不属于票据法调整的范围,而属于支付结算制度与民商法的相关制度调整的范围。但是,票据结算的工具是票据,结算关系中的某些内容或者某些环节涉及在票据上实施一定的行为或者票据责任的承担时,应当符合《票据法》的规定,同时受《票据法》调整。从这个意义上讲,票据关系与票据结算关系又是具有密切联系的,票据关系与票据支付结算制度中的某些内容,在一定情形下成为票据关系与票据结算关系共同适用的规则。

代理付款人与承兑人及付款人之间的关系就是票据结算关系的一种,即代理付款关系,是票据付款人委托其代理人向持票人本人或者持票人委托的代收人付款所形成的法律关系。票据代理付款关系在性质上也属于付款人与代理付款人之间的代理关系。

代理付款人与承兑人、付款人之间是委托代理关系,只要代理付款人的付款为善意,即为有效付款,产生消灭票据关系的法律后果,对代理付款人来说即为完成了代理事项,其后果依据民法关于代理人代理行为法律后果承担的规定,自然应转归委托人。

五、失 票 救 济

失票救济，实际上包含票据丧失与权利救济两个范畴。

票据丧失是指持票人并非出于自己的本意而丧失对票据的占有。一般来说，对票据丧失可以分为绝对丧失与相对丧失两类，前者是指票据本身的绝对灭失如票据因被焚、毁损、涂销而丧失；后者持票人虽然丧失对票据的占有，但是票据本身并没有灭失，如票据因被盗、遗失而丧失等。依据《票据法》的一般理论，票据丧失的构成要件主要包括以下三个方面：(1)票据的持票人丧失对其所持有票据的占有。持票人丧失对其所持票的占有，第一种是票据被盗、遗失，即一般所说的票据的相对丧失的情形，这是因票据权利人非出于自己的本意而丧失对票据占有的典型表现，对此在票据实务中基本上没有争议。第二种是票据被焚烧、撕碎、涂销、洗烂等，即一般所说的票据绝对丧失的情形。但是要认定票据是否丧失，还必须依持票人的主观来作出判断，如果持票人自己故意实施上述行为而使票据灭失的，则就其本意而言，有消灭票据权利的意思表示，此时不能按票据丧失处理，而应当视为持票人抛弃票据权利。如果持票人并无抛弃票据权利的意思表示，但是其所持有的票据因外力被焚烧等而使其丧失对票据的占有的，则可以认定为票据丧失。(2)票据丧失是指票据权利人并非出于自己的本意而丧失对票据的占有，而且票据权利人不仅须丧失对票据的直接占有，还须丧失对票据的间接占有。如果票据权利人仅丧失对票据的直接占有，而没有丧失对票据的间接占有，则不构成票据丧失。如委任背书中的背书人，虽然已经丧失对票据的直接占有，但是仍然是票据的间接占有人，所以，对委任背书的背书人来说，并不构成票据丧失。如果是票据的权利人自己主动将票据转让给他人或者以出质方式将票据权利授予他人行使的，则其虽然已经丧失对票据的占有，但是并不属于票据丧失的情形。(3)票据丧失的主体一般是持有票据的权利人。

票据丧失后的权利救济，即票据丧失后的补救方法。在票据相对丧失的情况下，丧失的票据还存在被他人冒领的危险或者可能，所以《票据法》专门对票据的丧失规定了一定的补救方法，以保护票据上的真正权利人。票据丧失后的补救方法,由于已经超出了《票据法》的独立规范范畴,所以《日内瓦统一汇票本票法公约》《日内瓦统一支票法公约》没有专门进行规定,而是由参加国根据本国的情况进行规定。

第二十三条　票据丧失后,失票人直接向人民法院申请公示催告或者提起诉讼的,人民法院应当依法受理。

【条文主旨】

本条是关于对失票人可以采取向人民法院申请公示催告或者提起诉讼方式进行权利救济的规定。

【条文理解】

票据为完全有价证券,票据权利的行使以占有和提示票据为必要。因此,在持票人丧失票据的情形下,其权利行使受到阻碍,尤其在票据相对灭失的情况下,更有被他人获得票款的风险。为保障失票人的票据权利不受损害,保障票据交易安全和善意取得人的权利,平衡保护各方主体的利益,各国均制定了失票救济制度。

关于票据丧失的补救,国外立法主要有三种情况:英美法系国家基本采用普通诉讼制度,包括失票人在丧失票据后,可以向出票人申请另行补发票据;如果出票人要求失票人担保时,失票人应提供担保;如果出票人在失票人提供担保的情况下拒绝补发票据副本,失票人可以向法院提起诉讼,请求法院强制补发,或者主张票据权利。一些大陆法系国家采用公示催告制度,票据丧失时,失票人可以申请法院进行公示催告,经过催告期后,申请法院作出除权判决,失票人可依据除权判决,再行使票据权利,如德国、瑞士、日本等国票据法的规定;有的国家则未作规定。

我国《民事诉讼法》规定的公示催告制度,自实施以来,失票人不因意外丧失票据而丧失票据权利,因而发挥了救济失票人权利,维护票据正常流通的作用。只是在操作上有一定难度,一是票据流通范围很广,企业和银行难以注意到收受的票据是否已被公示催告,承担着较大风险;二是见票即付的票据,特别是银行汇票,其付款银行遍及全国各地,公示催告的止付书难以送达一个确定的付款银行,使公示催告难以实行;三是由于"公示催告期间,票据转让行为无效",多少有碍于票据的流通使用。鉴于只靠公示催告办法难以解决票据运行中存在的实际问题,在票据法律制度中规定失票人、付款人的权利义务,可以通过普通诉讼程序受到保障是必要的,也比较可行。大多数法律专家和银行界对此表示赞成。

因此,失票人并不因丧失票据而丧失票据权利,可以请求债务人付款,被请求付款的债务人可以要求失票人提供抵押或其他担保等。同时,考虑到与我国现行法律相衔接,对公示催告也作了规定。两种补救措施,可由失票人选择。[①] 基于上述立法理由,《票据法》第15条对失票救济制度进行了规定:"票据丧失,失票人可以及时通知票据的付款人挂失止付,但是,未记载付款人或者无法确定付款人及其代理付款人的票据除外。收到挂失止付通知的付款人,应当暂停支付。失票人应当在通知挂失止付后三日内,也可以在票据丧失后,依法向人民法院申请公示催告,或者向人民法院提起诉讼。"由上述规定可见,我国规定的票据丧失救济措施有挂失止付、公示催告和提起诉讼三种。本条是对后两种救济措施的规定。

(一)关于公示催告程序及其适用

《民事诉讼法》第十八章以及《民事诉讼法解释》第二十章对公示催告程序进行了规定。《票据法》以及《票据法规定》(2020)也有关于公示催告程序的规定。根据相关规定,主要从以下五个方面对公示催告程序进行阐释。

1. 公示催告的概念及性质

公示催告程序是票据的最后合法持有人在票据被盗、遗失或灭失后,通过申请法院公示催告、宣告票据无效、申请人可以持除权判决行使票据权利的程序。其是票据丧失后的一种权利补救和保全程序。该程序建立在对票据权利没有争议的基础上,故其性质属于非讼程序。"公示催告既然系不经诉讼程序而确定票据权利人之权利而特设之制度,本质上属非讼事件。"[②]公示催告程序的特点为:

(1)没有明确的相对人,被申请人是处于不明状态的利害关系人。

(2)没有民事权益之争。如果有利害关系人在公示催告期间申报权利并提出了与申请人对立的主张,则应终结公示催告程序。如需解决申请人与其持对立意见的利害关系人之间的民事权益纠纷,则需以诉讼方式解决。当然,在有他人申报权利时,人民法院也需进行必要的审查,并非当然终结公示催告程序,如果利害关系人提交的票据与公示催告申请人提交的票据不一致的,则应裁定驳回利害关系人的申报,继续公示催告程序。《民事诉讼法解释》第449条规定:"利害关系人申报权利,人民法院应当通知其向法院出示票据,并通知公示催告申请人在指定

---

① 参见中国人民银行原副行长周正庆:《关于〈中华人民共和国票据法(草案)〉的说明》,1995年2月21日在第八届全国人民代表大会常务委员会第十二次会议。

② 参见施文森:《票据法新论》,台北,三民书局1987年版,第68页。

的期间查看该票据。公示催告申请人申请公示催告的票据与利害关系人出示的票据不一致的,应当裁定驳回利害关系人的申报。”

(3)实行一审终审制。对于公示催告程序不服的,不能提起上诉。

2. 公示催告程序的适用条件

我国《民事诉讼法》第225条规定:“按照规定可以背书转让的票据持有人,因票据被盗、遗失或者灭失,可以向票据支付地的基层人民法院申请公示催告。依照法律规定可以申请公示催告的其他事项,适用本章规定。”《票据法规定》(2020)第25条规定:“票据法第十五条第三款规定的可以申请公示催告的失票人,是指按照规定可以背书转让的票据在丧失票据占有以前的最后合法持票人。”根据上述规定,公示催告程序的适用条件是:

(1)可以背书转让的有效票据丧失。无效票据不是票据权利凭证,故无须担心丧失后损害票据权利人权利问题。公示催告的目的是以公告方式通知利害关系人向法院申报权利,以避免票据被善意第三人取得,丧失票据者无法行使票据权利。因此,对于不能背书转让的票据而言,由于其丧失后不存在他人取得票据、行使票据权利的情形,故其不适用公示催告程序。

(2)存在票据被盗、遗失或者灭失等失票事实。这里的丧失,依据《民事诉讼法》第225条的规定,是指票据被盗、遗失或者灭失。前两种情形主要指票据的相对丧失,后一种情形主要指票据的绝对丧失。关于失票的理解,应明确以下两点:①这里的失票,是指非因持票人本意丧失对票据的占有。在持票人因其本意丧失票据的情形下,持票人丧失票据正是其依法处分票据权利的结果,不存在因丧失票据而导致其无法行使权利或者其权利被不法处分的问题,故不应适用公示催告程序。例如,持票人为了贴现而将票据交给他人或者采取撕毁票据的方式免除债务人债务等。②这里的失票,是指丧失的票据下落不明,不知占有人为谁。公示催告的过程实际上是寻找票据的过程。其以公示票据丧失事实的方式,达到向占有票据的利害关系人进行催告的目的,如果利害关系人能够在公示催告期间申报权利,则公示催告程序终结,由申请人与权利申报人通过民事诉讼程序解决票据归属。“公示催告程序,在于宣告不明之利害关系人对公示催告事项的权利无效。在此程序中,没有特定的相对人,如果相对人是明确的,应当提起诉讼,不得适用公示催告程序。”[①]因此,在失票人知道票据下落、占有票据人为特定主体的情形

---

① 参见姚红主编:《中华人民共和国民事诉讼法释义》,法律出版社2007年版,第309页。

下,不能申请公示催告,失票人可以向持有票据人提起返还票据之诉。[①]

正因如此,笔者认为,可以申请公示催告的情形,应不仅限于票据被盗、遗失或者灭失三种情形(详见本书关于《票据法规定》(2020)第25条的释义)。

3. 公示催告程序流程及法律效力

公示催告程序的一般流程是:失票人向有管辖权的人民法院递交申请书,写明票面金额、出票人、持票人、背书人等票据主要内容和申请的理由、事实。人民法院决定受理申请后,应同时通知支付人停止支付,受理法院通知支付人停止支付的,可以要求申请人提供担保。受理法院在3日内发出公告,催促利害关系人申报权利,公示催告的期间,不少于60日,且公示催告期间届满日不得早于票据付款日后15日。在公示催告期间有利害关系人申报权利并未经法院裁定驳回的,受理法院裁定终结公示催告程序,公示催告申请人或者利害关系人可以向有管辖权的法院另行起诉。在公示催告期间无人申报或者申报被驳回的,公示催告申请人应在公示催告期间届满之日起一个月内申请受理法院作出判决,逾期不申请的,终结公示催告程序。公示催告申请人依据除权判决行使票据权利。

公示催告及除权判决的功能,首先在于限定票据债务人向公示催告申请人以外的持票人付款,从而保全申请人的票据权利;其次,确定申请人的合法持票人身份,使其获得行使票据权利的合法凭证。根据上述立法目的和制度规定,公示催告程序具有以下效力:

(1)停止支付的效力。人民法院决定受理申请人的申请后,应当同时通知支付人停止支付。支付人收到人民法院停止支付的通知,应当停止支付,至公示催告程序终结。

(2)否定转让票据权利行为的效力。《民事诉讼法》第227条规定,公示催告期间,转让票据权利的行为无效。

(3)除权效力和行权效力。公示催告期间,没有人申报的,或者申报被驳回的,公示催告申请人应自申报权利期间届满之日起一个月内申请人民法院作出判决。逾期不申请判决的,终结公示催告程序。公示催告申请人依法申请人民法院作出判决的,人民法院作出除权判决。判决应当公告,并通知支付人。自判决公告之日起,申请人有权向支付人请求支付票款。

4. 关于申请公示催告的时间

《票据法》第15条规定,失票人应当在通知挂失止付后3日内,也可以在票据

---

① 参见最高人民法院民事审判第一庭编:《民事审判实务问答》,法律出版社2021年版,第437~439页。

丧失后，依法向人民法院申请公示催告。应予明确的是，《票据法》规定的三种失票救济措施，并不存在彼此为前置程序的问题。失票人丧失票据，在符合申请公示催告程序的情形下，失票人可以直接向人民法院申请公示催告。之所以《票据法》第 15 条规定了失票人应当在通知挂失止付后 3 日内依法向人民法院申请公示催告，是因为，申请挂失止付时，付款人的停止支付只是“暂停支付”，需要通过申请公示催告的方式取得法院的停止支付通知继续止付。《支付结算办法》第 50 条规定：“付款人或者代理付款人收到挂失止付通知书后，查明挂失票据确未付款时，应立即暂停支付。付款人或者代理付款人自收到挂失止付通知书之日起 12 日内没有收到人民法院的止付通知书的，自第 13 日起，持票人提示付款并依法向持票人付款的，不再承担责任。”

5. 关于受理的法院和法院受理应审查的内容

公示催告程序的受理法院为票据支付地的基层人民法院。《票据法规定》(2020)第 6 条第 2 款规定：“票据支付地是指票据上载明的付款地，票据上未载明付款地的，汇票付款人或者代理付款人的营业场所、住所或者经常居住地，本票出票人的营业场所，支票付款人或者代理付款人的营业场所所在地为票据付款地。代理付款人即付款人的委托代理人，是指根据付款人的委托代为支付票据金额的银行、信用合作社等金融机构。”

依据《民事诉讼法解释》第 443 条的规定，人民法院收到公示催告的申请后，应当立即审查，并决定是否受理。经审查认为符合受理条件的，通知予以受理，并同时通知支付人停止支付；认为不符合受理条件的，7 日内裁定驳回申请。

（二）关于提起诉讼

1. 国外立法

如前文所述，英美法系国家主要采取了提起诉讼的方式对失票人进行救济，相关规定可资借鉴。如《美国统一商法典》第 3 - 804 条规定：“因毁灭、被盗或其他原因而丧失票据的，其所有人应就其所有权、阻止其提示票据的事实和票据条款作出适当证明后，以自己的名义提起诉讼，并向票据上负责的任何当事人追偿。法院应要求其提供保证，以担保被告不因就票据提出的其他权利主张而受损失。”《英国票据法》第 70 条规定：“关于汇票丧失的任何诉讼，法院或法官应裁定不得挂失，若能提供使法庭或法官认为满意的担保以对抗该汇票主张权利的任何人的，不在此限。”由上述规定可知，英国和美国票据法规定，失票人在丧失票据后可以对票据债务人提起诉讼的方式实现自己的票据权利，但为避免其滥诉，其需向法院提供担保。提起诉讼具有更为便捷救济失票人权利的优势。

一般而言，票据丧失，在符合《民事诉讼法》第 122 条关于“诉”的条件的情形，失票人可以通过提起诉讼的方式主张权利。

2. 管辖法院

《票据法规定》(2020)第6条第1款规定:“因票据纠纷提起的诉讼,依法由票据支付地或者被告住所地人民法院管辖。”《民事诉讼法》(1991)第27条规定:“因票据纠纷提起的诉讼,由票据支付地或者被告住所地人民法院管辖。”《票据法规定》(2000)第6条和第7条对这里的“票据纠纷”解释为因行使票据权利引发的票据纠纷和因行使《票据法》上的非票据权利引发的票据纠纷。区分因行使票据权利引发的票据纠纷和因行使《票据法》上的非票据权利引发的票据纠纷的目的在于类型化处理,对两者的管辖法院作了不同的规定,增加管辖的可预期性和确定性,避免管辖争议。《票据法规定》(2020)不再区分两种票据纠纷类型,实际上回归《民事诉讼法》第26条的规定本身将原第6条和第7条合并规定,规定所有票据纠纷均可由票据支付地或者被告住所地人民法院管辖。

【司法适用】

《票据法规定》(2020)第34~36条规定了失票人提起诉讼的情形(详见相关条文论述),主要包括:一是失票人起诉出票人请求判令其补发票据之诉。二是失票人起诉票据付款人或者承兑人请求判令票据付款人或者承兑人付款之诉。三是失票人诉请非法持有票据人请求返还票据之诉。此外,根据《民事诉讼法》第228条的规定,在公示催告期间,如果有利害关系人申报票据权利,则公示催告程序终结。申请人可以向法院提起诉讼请求确认其合法票据权利人身份。因此,申请人据此提起诉讼的,人民法院应予受理。根据《民事诉讼法》第230条的规定,利害关系人因正当理由不能在判决前向人民法院申报的,自知道或者应当知道判决公告之日起一年内,可以向作出判决的人民法院起诉,请求撤销除权判决。该诉讼在性质上是普通诉讼。应予明确的是,在审判实务中,因丧失票据引发的权利纠纷多样,故实际存在的纠纷并不限于上述情形。例如,在公示催告申请人伪报票据丧失、持除权判决已取得票款的情形下,利害关系人可以以其侵权为由诉请赔偿票款损失。

对于失票救济的司法程序,在我国仅指公示催告以及提起诉讼两种,对于失票人的挂失止付,依其法律性质,应当是失票人在丧失票据后的自救行为,而不是司法程序的范畴,如果当事人仅向法院申请挂失止付的,则不应予以受理。

另外,关于票据的遗失声明,笔者认为,亦不能成为票据的救济程序。在现实经济生活中,由于一些单位的财会人员对基本的票据知识不甚了解,在票据丧失后,不是积极地采取正确的救济方法和措施,而是通过报纸和电视等新闻媒介发布一则票据的“遗失声明”,便认为万事大吉。但是,从民法和《票据法》的有关规定来看,票据遗失声明只是一种单方民事行为,是失票人的单方面的意思表示,是其防止损失的一种习惯性的做法。从法律规定来看,这种行为一般情况下不具备法律约束力,除非接受票据的人对此遗失声明属明知后再取得票据的。因此,遗失声明只是起到引起票据付款人或者其他受票人注意的一种单方行为,可以在一定程序上防止非票据权利人转让票据或者冒领票据金额,从而起到一定程度的防范作用。但是必须引起注意的是,遗失声明并不是我国《票据法》所承认的救济方法,自然也就不具备《票据法》上的效力。同时,遗失声明在民法上只是一种单方意思表示行为,社会公众或者有关当事人对该遗失声明并无法律上的注意义务,即该遗失声明对他人并不具有法律约束力。失票人因未采取法定程序予以救济而造成的后果应由其自身承担完全的法律责任。

【司法案例】

案例一

本溪市溪铁实业有限公司与石家庄兴华建筑有限公司、本溪剑鸿贸易有限公司等票据纠纷案①

辽宁省中级人民法院认为:溪铁实业公司作为汇票持有人,因汇票遗失,其已向一审法院申请公示催告,催告期间,兴华建筑有限公司向一审法院进行申报。依照《民事诉讼法》(2017)第221条"利害关系人应当在公示催告期间向人民法院申报。人民法院收到利害关系人的申报后,应当裁定终结公示催告程序,并通知申请人和支付人。申请人或者申报人可以向人民法院起诉"及《票据法规定》(2000)第24条"票据丧失后,失票人直接向人民法院申请公示催告或者提起诉讼的,人民法院应当依法受理"之规定,溪铁实业公司提起本案诉讼符合《民事诉讼法》(2017)第119条之规定,起诉被告适格,应予受理。

案例二

鞍山市华俊钢材有限公司、深圳市联诚医药有限公司票据返还请求权纠纷、返还原物纠纷案②

法官提示:申请公示催告与向人民法院提起诉讼是并列关系,不是前置关系,失票人可以直接向人民法院提起诉讼。

辽宁省高级人民法院认为:《民事诉讼法》(2017)第221条的规定是赋予公示

---

① 参见辽宁省本溪市中级人民法院(2018)辽05民终684号民事裁定书。

② 参见辽宁省高级人民法院(2018)辽民申532号民事裁定书。

催告申请人向法院起诉的权利,该法条并没有限定该起诉权利只能由公示催告的申请人和申报人行使,失票人作为该票据的利害关系人亦应该可以行使该诉权。《票据法》第 15 条第 3 款明确规定:“失票人应当在通知挂失止付后三日内,也可以在票据丧失后,依法向人民法院申请公示催告,或者向人民法院提起诉讼。”此款规定的申请公示催告与向人民法院提起诉讼是并列关系,不是前置关系,失票人可以直接向人民法院提起诉讼。《票据法规定》(2000)第 24 条明确规定:“票据丧失后,失票人直接向人民法院申请公示催告或者提起诉讼的,人民法院应当依法受理。”此规定也未给失票人向人民法院起诉设置前置程序。

第二十四条　出票人已经签章的授权补记的支票丧失后,失票人依法向人民法院申请公示催告的,人民法院应当依法受理。

【条文主旨】

本条是关于对出票人已经签章的授权补记的支票丧失后可否申请公示催告问题的规定,主要涉及空白支票的效力以及出票人已经签章的授权补记支票是否具有可背书转让性问题。

【条文理解】

关于出票人已经签章的授权补记支票丧失后,失票人可否向人民法院申请公示催告问题,曾存在争议。有观点认为,空白票据持有人既然丧失空白票据,则无法行使补充权。在行使补充权之前,空白票据实际上为未完成票据,由于空白授权支票上的必要记载事项尚不完备,持票人尚不享有票据权利,故其不能申请公示催告。也有观点认为,空白票据作为被法律承认效力的票据种类,失票人获得挂失止付与公示催告程序的救济也理所当然。

本书认为,申请公示催告程序的条件包括丧失的票据具有有效性和可背书转让性。因此,在审判实务中,本条所涉问题主要为出票人已经签章的授权补记的支票是否具有有效性和可背书转让性。

(一)关于空白支票的效力

我国《票据法》第 85 条规定,未补记前的支票,不得使用。我国《支付结算办法》将“不得使用”解释为还包括不得转让的内容。《票据法规定》(2020)第 44 条规定:“空白授权票据的持票人行使票据权利时未对票据必须记载事项补充完全,因付款人或者代理付款人拒绝接收该票据而提起诉讼的,人民法院不予支持。”其他国家立法例也有类似规定,如《美国统一商法典》第 3 - 115 条规定,在签发时其内容显示意图成为票据的文件,在任何必要部分仍未记载完全时就已签名的,在补填记载完全之前,不能行使票据权利,在补填完全之后,得依完全票据行使票据权利。由上述规定可知,持票人持未补充完全的空白授权票据行使票据权利的,人民法院不予支持。该票据在未补记前不具有完全效力,但如前文所述,基于其预定性和经济性,事实上存在可流通性,在补记后具有完全效力。

(二)关于空白支票的可转让性及是否适用公示催告程序

关于空白支票是否具有可转让性以及是否具有适用公示催告程序的必要性。各个国家和地区的票据法均承认空白票据具有预定效力。依据法律规定,该票据的空白事项系法定的可以由被授权人补记的事项,一旦空白事项补记完备,持票人即可以据此主张和行使票据权利。尽管空白支票不具有完全票据的效力,原则上,其在授权补记事项补记完全之后才具有流通性,但在实务中,基于其具有预定效力和经济上的合理性,在未予补记完全之前,其也存在事实上的流通性。在空白授权支票丧失后,存在被补记后使其具有可背书转让性、被他人取得票据权利的可能和风险。因此,规定该类票据丧失可适用公示催告程序符合法理和法律规定。正因如此,本条作出相应规定。我国台湾地区"票据法施行细则"也有相应规定,第5条第4项规定:通知止付之票据,如为业经签名而未记载完成之空白票据,于丧失后经补充记载完成者,亦得为止付之通知,故票据权利人对于此项票据为公式催告之声请者,法院自得裁定予以准许。

在审判实务中,一般而言,空白票据申请公示催告应符合以下条件:(1)票据上必须有出票人的签章;(2)必须有出票人的授权;(3)授权补记的内容限于法定事项;(4)授权补记的票据种类限于支票。应注意的是,票据金额的补充权可以在除权判决书中予以体现。

【司法适用】

与本条规定相关的问题是,空白支票丧失后,失票人可否通知挂失止付?

在司法实务中,对于金额及收款人空白的支票丢失、失票人申请挂失止付的情形应否受理,存在争议。有观点认为,《票据管理实施办法》第19条和《支付结算办法》第49条规定,挂失止付通知书需记载金额和收款人。由于空白授权支票在补记之前,其未记载金额和收款人,故不符合《票据管理实施办法》的规定,不能挂失止付,只能采取公示催告的程序进行失票救济。另有观点认为,挂失止付制度的立法目的在于防止失票人权利被侵害。对于付款人而言,在其已收到挂失止付通知、能够从形式上确定持票人提示付款的票据存在权利争议的情形下,应对丧失票据予以挂失止付。尽管空白支票在未予补记完全之前,不具有完全票据的效力,但其丧失后也存在被他人补记后转让及取得票款的风险,因此,在付款人有

合理理由能够判断申请人非冒名挂失、恶意挂失的情形下应予挂失止付。本书认为,对于该问题的解决,应从以下几个方面进行分析:

一是挂失止付制度的设定目的和价值取向。挂失止付制度为在失票人发现其失票,但又来不及请求司法机关保护其权利的情形下,采取的使其权利免受紧迫损害的一种应急性临时措施,因此,其具有防止权利侵害的目的和功能。应当说,在票据法律关系中,失票人与票据付款人在法律上处于平等的地位,并不存在互相强加义务的问题。但客观而言,实务中使用的票据,大多是由银行充任付款人或者代理付款人,而银行大部分是国有银行,因此,有观点认为,在失票人和付款人之间的利益砝码上,相关规定倾向于付款人利益的保护,如《支付结算办法》关于可以挂失止付票据的范围限定等。正如前文所述,挂失止付是防范失票人权利被侵害的临时性措施,具有时间上的紧迫性,因此,在付款人收到挂失止付通知书、对申请支付的票据权利人可以形成合理怀疑的情形下,如果仅因空白支票合法授权补记事项未补记完全即绝对拒绝受理挂失止付通知,将会给他人冒领或者骗取票款以可乘之机,导致失票人的权利受损,引发关于付款人不予挂失止付有违诚信原则,具有疏于协助过错的质疑。

二是《票据管理实施办法》第 19 条规定的理由以及该规定的性质。本书认为,《票据管理实施办法》第 19 条的制定理由是:第一,确定金额是支票必须记载事项,无该事项则支票为无效票据,无法办理挂失止付。第二,防止止付申请人逃避签发空头支票的责任。第三,该条是防止申请人冒名挂失、恶意挂失的主要措施。止付申请人是否了解支票金额、收款人名称是核实申请人身份的重要依据。第四,该规定与票据法并不冲突。应当说,上述理由确有合理性,对于防止申请人冒名挂失、恶意挂失确有必要。具有上述办法以及《支付结算办法》规定的关于挂失止付申请书必备事项的票据具有唯一性和特定性,能够使付款人确定对何票据进行止付,并使其信赖挂失止付申请人具有票据权利人的合法身份,将付款人错误止付的风险尽量降到最低。从这一角度分析,该条更多地带有行政主管部门防范金融机构风险、加强对金融机构管理的意图,故将其在性质上定性为管理性强制性规定似更适宜。

三是其他地区相关规定的借鉴和分析。我国台湾地区对空白支票的可挂失性持肯定态度。如其"票据挂失止付信息处理须知"第 2 条规定:本须知所称票据包括已记载完成之票据、未记载完成之空白票据……"票据挂失止付处理准则"第 11 条规定:通知止付之票据如为业经签名而未记载完成之空白票据,而于丧失后经补充记载完成者,准照前 3 条规定办理,付款行应就票载金额限度内予以止付。前项票据之止付通知书,票据权利人未能记载之事项,以嗣后提示请求付款之票据所记载之事项,视为止付通知书所记载之事项。但应予明确的是,空白支票进行挂失止付的通知与完全票据的挂失止付通知存在不完全相同之处,即该止付权是附法定条件的。详言之,由于空白支票具有补记后才发生行使和票据权利效力的特性,故规定空白支票的失票人在票面金额、付款人未补记之前,可以为挂失止付,但挂失止付通知应在空白支票被补充完全并向票据债务人提出支付请求时才发生效力。

【司法案例】

案例一
乌鲁木齐维特商贸有限公司因支票遗失申请公示催告案[①]

法官提示:空白支票遗失可以申请公示催告。

乌鲁木齐维特商贸有限公司向新疆维吾尔自治区乌鲁木齐市东山区人民法院提交公示催告申请称:2001年2月3日下午3时,其不慎将两张支票遗失,支票号为00990795、00990796,票据账号为801014249,开户行为乌鲁木齐市农业银行石化营业部,持票人为维特商贸公司。支票为空白支票,印章齐全。《民事诉讼法》(1991)第193条第1款规定:“按照规定可以背书转让的票据持有人,因票据被盗、遗失或者灭失,可以向票据支付地的基层人民法院申请公示催告……”依据上述规定,维特商贸有限公司请求法院作出停止支付通知书,确认该票据无效。

新疆维吾尔自治区乌鲁木齐市东山区人民法院于2001年2月5日收到申请后,当日立案后向票据支付地银行发出停止支付通知书,并发出公告,告知利害关系人应在公告之日起60日内申报权利,届时如无人申报权利,法院将依法作出判决,宣告上述票据无效。在公示催告期间,转让该票据权利的行为无效。公告届满1个月后无人申报,东山区人民法院裁定终结公示催告程序。

案例二
重庆市沙坪坝区五金交电化工商行与重庆海来科贸有限公司票据付款请求权纠纷案[②]

一审法院认为:支票是出票人签发,委托办理支票存款业务的银行或者其他金融机构在见票时无条件支付确定的金额给收款人或者持票人的票据。持票人(原告)在票据遗失后,依法向人民法院申请了公示催告。依除权民事判决书判决

---

① 参见新疆维吾尔自治区乌鲁木齐市东山区人民法院(2001)东民催字第2号民事裁决书。

② 参见重庆市第一中级人民法院(2006)渝一中民终字第243号民事判决书。

原告有权向被告请求支付。

重庆市第一中级人民法院二审认为：五交化商行取得空白支票有合法性和合理性。根据我国《票据法》第86条的规定，支票上未记载收款人名称的，经出票人授权，可以补记。同时《票据法》第31条规定了“以其他合法方式取得”票据的途径。以上法条制定的初衷在于方便商业交往中的票据流通，减少背书次数和被追索的程序和次数，也符合商业交易惯例。本案中，出票人海来公司因业务上的关系，将未填写收款人名称的支票交付精益重庆公司，即可推定出票人授予他人对收款人名称的补充权，而且对收款人的范围可理解为未作限制。持票人精益重庆公司可以不记载自己为收款人，而依单纯交付方式将票据让予他人。被上诉人五交化商行正是基于其同精益重庆公司的买卖关系，合法取得精益重庆公司交付的空白支票并补记自己为收款人，其作为最后持票人，依法享有票据付款请求权。五交化商行作为本案支票的最后持有人，在遗失票据后，及时要求海来公司协助办理了银行挂失手续，并向法院申请公示催告。法院依法判决宣告遗失的支票无效，申请人自判决公告之日起有权向支付人请求支付。可见，该除权判决的法律效力不仅导致遗失的支票无效，而且使失票人五交化商行重新获得了票据上的权利，其中包括票据付款请求权。海来公司作为付款人，非因法定事由不得拒绝支付票据款项。

第二十五条　票据法第十五条第三款规定的可以申请公示催告的失票人，是指按照规定可以背书转让的票据在丧失票据占有以前的最后合法持票人。

【条文主旨】

本条是关于对适格公示催告申请人即票据失票人的规定。

【条文理解】

公示催告程序是票据的最后持有人在票据丧失后的一种权利补救和保全程序，其本为对合法持票人的救济程序，但在票据实务中却成为部分以民间贴现方式买卖票据但出卖方在未获得票款情形下，通过伪报票据丧失事实申请公示催告、阻止合法持票人行使票据权利的工具。因此，确定适格公示催告申请人，避免恶意滥用公示催告程序，具有重要意义。

关于公示催告适格申请人，《票据法》和《民事诉讼法》均进行了规定。《票据法》第15条将其表述为失票人。《民事诉讼法》几经修改，但规定的实质内容没有变化,均表述为“按照规定可以背书转让的票据持有人”。① 尽管两者文义不同,但内涵和外延是相同的。

关于本条规定的理解,应注意把握以下三点。

(一)失票人应为丧失票据的最后合法持有人

首先,申请人应为持票人。票据为完全有价证券,票据权利的产生、转让和行使一般以证券的存在为必要,因此,持有票据,一般可推定持有人为票据权利人。在其丧失票据时,出现了权利人与权利凭证的分离。公示催告程序是不经诉讼程序而确定票据权利人权利的特设制度,其通过规定失票人向法院提出申请,请求确认票据无效,从而使票据权利与票据本身相分离来保障失票人在失票的情形下也可以通过持有除权判决而行使票据权利。因此,失票人可采用公示催告程序,通过取得除权判决行使票据权利。

其次,申请人为最后合法持票人。这里应注意两个限定词,即“最后”“合法”。票据背书转让可能有多手,中间流转的曾经持票人在依法转让票据后,已不是最后的票据权利人,不存在失票问题,也就不存在申请公示催告的情形。此外,最后持票人不一定是最后合法持票人。在司法实务中,存在最后持票人并非合法持票人的情形,如采用欺诈、胁迫、抢夺、恐吓等非法手段取得票据或者基于恶意、重大过失取得票据的人,尽管为最后持票人,但并非合法持票人,并不享有票据权利,不是适格申请人。一般而言,下列人员可认定为最后合法持票人:(1)以继承、赠与等合法方式取得票据的持票人;(2)经过背书转让的最后一位被背书人;(3)未经背书转让的票据的收款人;(4)已履行了票据义务持有票据的被追索人;(5)票据质权人。

最后,这里的失票人,是指丧失可背书转让票据的失票人。如前文所述,可背书转让的票据存在在失票后被他人取得行使票据权利的情形,故此处的失票人是指丧失可背书转让票据的失票人,因此,本条作出该规定。

在审判实务中,存在记载有“不得转让”字样的票据是否具有可转让性、该票据的失票人是否可以申请公示催告程序的问题。本书认为,依据《票据法》原理,票据具有流通性,票据流通主要采取背书方式。但为减轻票据债务人的票据责任,法律规定了背书的可禁止性。因此,《票据法》对禁止转让票据和禁止转让背

① 1991 年 4 月 9 日起颁布施行的《民事诉讼法》第 193 条规定:“按照规定可以背书转让的票据持有人,因票据被盗、遗失或者灭失,可以向票据支付地的基层人民法院申请公示催告。”2007 年 10 月 18 日修改的《民事诉讼法》将其变更为第 195 条,2012 年 8 月 31 日修改的《民事诉讼法》将其变更为第 218 条,2021 年 12 月 24 日修改的《民事诉讼法》将其变更为第 225 条。上述修改只是对法条编号进行了调整,具体内容并没有变化。

书票据进行了规定。《票据法》第 27 条第 2 款规定了禁止转让的票据，即“出票人在票据上记载‘不得转让’字样的票据”。对于禁止转让票据而言，该票据丧失了可背书性，不再发生票据背书转让的权利转移效力、资格授予效力及权利担保效力。即使背书转让该票据，但由于背书行为被认定无效，故其不能发生背书转让票据权利的法律效力。正因如此，《票据法规定》(2020)第 47 条规定：“依照票据法第二十七条的规定，票据的出票人在票据上记载‘不得转让’字样，票据持有人背书转让的，背书行为无效。背书转让后的受让人不得享有票据权利，票据的出票人、承兑人对受让人不承担票据责任。”由于背书禁止转让的票据并不发生票据权利转移的效力，因此，即使该票据丧失的，也无须担心拾得人通过虚假背书的方式取得票据权利，故无利害关系人的存在，不适用公示催告程序。

《票据法》第 34 条对禁止转让背书票据进行了规定，即背书人在票据上记载“不得转让”字样的票据。尽管禁止转让背书票据在法理上不具有可背书性，但在原背书人的后手违反规定进行背书的情形下，并非完全不发生票据背书的效力，只是原背书人对进行背书转让背书人的后手不承担票据责任，但不影响其他票据债务人的票据责任。《票据法规定》(2020)第 50 条规定：“依照票据法第三十四条和第三十五条的规定，背书人在票据上记载‘不得转让’……字样，其后手再背书转让……的，原背书人对后手的被背书人不承担票据责任，但不影响出票人、承兑人以及原背书人之前手的票据责任。”因此，该票据丧失，仍可能存在利害关系人，故可进行公示催告。

(二)关于票据丧失的具体情形

本条规定的失票，是指票据被盗、遗失或者灭失等持票人意志以外的原因导致可背书转让的票据脱离其有效控制而丧失票据。

关于票据丧失的具体情形，《票据法》第 15 条没有规定，本条只是原则性地将其规定为可以背书转让的票据丧失票据占有。《民事诉讼法》第 225 条将其规定为“被盗、遗失或者灭失”三种情形。但在司法实务中，存在因被抢劫、抢夺、欺诈、胁迫而丧失票据的，能否适用公示催告程序的争论。关于该问题，主要有两种观点：第一种观点认为，既然我国《民事诉讼法》明确列明适用公示催告程序的三种情形，那么，公示催告程序只适用于该法规定的三种情形，不能扩大适用。第二种观点则认为，关于公示催告程序的适用情形，应结合该程序的立法目的进行分析。一般认为，如前文所述，申请公示催告的法定事由应当理解为票据持有人意志以外的原因导致可背书转让的票据脱离其有效控制。对于司法实务中存在的因被抢劫、抢夺、欺诈、胁迫丧失票据的，并非一概不能适用公示催告程序，可以根据个案的情形进行裁量。[①] 因此,凡属于票据持有人意志以外的原因导致可背书转让的票据脱离其有效控制的情形,均可以适用公示催告程序。

本书同意第二种观点。在2015年制定《民事诉讼法解释》时对该问题即进行了讨论。讨论时倾向为第二种观点。国外相关立法例也有相应规定,如《美国统一商法典》第3－804条规定:“因毁灭、被盗或其他原因而丧失票据的,其所有人应就其所有权、阻止其提示票据的事实和票据条款作出适当证明后,以自己的名义提起诉讼,并向票据上负责的任何当事人追偿。法院应要求其提供保证,以担保被告不因就票据提出的其他权利主张而受损失。”虽然该条规定的是提起诉讼进行救济的方式,但其关于“失票”情形的规定我们可以借鉴。

实践中,对于以民间贴现方式出卖票据的申请人而言,由于其丧失票据是基于其本意(出卖票据)将票据交付给他人,故其不是适格的公示催告申请人。[②]

【司法适用】

(一)关于因被胁迫丧失对票据占有的,可否申请公示催告问题的分析

在审判实务中,关于因被胁迫丧失对票据占有的,票据持有人可否申请公示催告问题,也存在两种观点。第一种观点认为,票据持有人因被胁迫而交付票据,明显违反权利人意思,构成票据丧失,票据权利人可以申请公示催告。[③] 第二种观点认为,票据持有人因被胁迫而交付票据,票据丧失,确非其本意,但在实施胁迫的当事人为特定当事人,且票据并未被转让的情形下,其完全可以通过提起返还票据之诉的方式救济自己的权利,而无须申请公示催告。如果欺诈、胁迫、抢夺、恐吓等行为构不成犯罪,也应当赋予当事人以救济手段,允许当事人以请求返还票据为由提起民事诉讼。当事人因此类纠纷起诉的,人民法院应当作为“票据返还请求权纠纷”予以受理。[④] 如果该被胁迫丧失票据无法确定票据持有人的,则可以申请公示催告。本书同意第二种观点。

(二)关于因被诈骗丧失对票据占有的,可否申请公示催告问题的分析

在审判实务中,还存在因被诈骗丧失对票据占有,失票人可否申请公示催告的问题。关于该问题,存在三种观点。第一种观点认为,不能申请公示催告。理由为:由于双方的身份关系都较为固定,且一般而言,利害关系人都是明确的,原

① 参见最高人民法院民事审判第一庭编:《民事审判实务问答》,法律出版社2021年版,第437～439页。

② 参见张雪楳:《票据纠纷案件新型疑难问题研究》,载《中国应用法学》2021年第5期。

③ 参见高言、刘辅华主编:《票据法理解适用与案例评析》,人民法院出版社1996年版,第61页。

④ 参见最高人民法院民事审判第一庭编:《民事审判实务问答》,法律出版社2021年版,第437～439页。

持票人在被骗过程中都是自愿交付,并未违背其意志,原票据的合法持有者本身存在一定的主观过错,故其提出的公示催告申请不符合公示催告的法定条件。即使认定在构成诈骗的情形下,交付票据行为并非持票人的本意,但由于流动性是票据的一个重要特征,票据行为具有外观性,不问转让票据的原因(适用有因性情形的除外)。故对于在买票人或贴现人之后受让票据的善意第三人而言,如果允许卖票人或申请贴现人申请公示催告并持除权判决行使票据权利,则有损于票据的流通性、不利于保护善意第三人的权利。第二种观点认为,应允许失票人申请公示催告。理由为:由于票据持有人系被诈骗而交付票据,所以其在交付票据之时并非出于本意,且票据被诈骗分子取得后,存在被流转给不特定的利害关系人的可能性,故应允许失票人申请公示催告。第三种观点认为,应区分情况进行分析。主要应从两个方面进行分析:一是是否基于失票人本意丧失票据;二是是否知晓票据下落。如果非基于持票人本意丧失票据,且不知票据下落的,则可以适用公示催告程序。如果知晓票据被特定当事人占有,则不适用公示催告程序,失票人提起票据返还之诉即可。本书同意第三种观点。

(三)关于因被抢劫、抢夺丧失对票据占有的,可否申请公示催告问题的分析

在审判实务中,关于因被抢劫、抢夺而丧失票据,失票人能否适用公示催告的问题,有观点认为,由于票据持有人并非基于本意丧失对票据的占有,存在抢劫人或抢夺人将所抢票据非法转让他人,损害失票人权利的可能性,且相对于持票人而言,抢劫、抢夺人具有不特定性,故该情形符合公示催告利害关系人不特定的特征,因而可以适用公示催告程序。另有观点认为,一般而言,在第一种观点所述情形中,失票人可以申请公示催告,但失票人知道票据下落的,则不能申请公示催告,而应提起票据返还之诉。本书同意后一种观点。

【司法案例】

案例一

中国光大银行武汉硚口支行与交通银行
郑州分行营业部等票据纠纷案

法官提示:具有申请公示催告资格的主体为票据失票前的最后合法持有人。

河南省高级人民法院审理后认为:中岳公司和大业公司所签订的购销合同是虚假合同。大业公司办理贴现后,即将贴现款中的1366.5万元转汇给出票人中岳公司,并参与票据丢失报案,足以证明其与中岳公司串通。中岳公司已将四张银行承兑汇票交付给投资银行,又以投资银行工作人员所持票据被抢劫为由报警,并向法院申请公示催告,在法院作出除权判决后,索走其作为保证金的1000

万元的存单,其行为明显属于欺诈。投资银行在贴现过程中,存在违规操作。投资银行的工作人员携带票据,在同中岳和大业公司人员就餐时,中岳公司人员以投资银行客人银行承兑汇票被抢为由报警,投资银行人员在场,故投资银行称对票据丢失报案之事实不知情不能成立。交行营业部依据中原区人民法院的除权判决拒付,并无过错,且其已依据除权判决将中岳公司的1000万元保证金返还,判令其承担付款责任明显不公。综上,投资银行在本案中有明显过错,其请求没有过错的交行营业部支付票面金额、承担违约责任无法无据,不予支持。中岳公司和大业公司具有明显欺骗行为,以不正当手段获取的款项,应予返还。判决:(1)中岳公司向光大银行返还1366.5万元,赔偿相应的利息损失。(2)大业公司向光大银行返还579,312元,并赔偿相应的利息损失。(3)驳回光大银行对交行营业部的诉讼请求。

一审宣判后,光大银行向最高人民法院上诉称,除权判决所宣告的银行承兑汇票并非交行营业部承兑的银行承兑汇票,而是百花路支行出具的,二者是不同的主体。交行营业部在作出承兑并出具确认书后,见到法院的止付通知和除权判决,明知有错误却不指出,有意逃避1500万元的付款责任,具有明显的过错,而且在接到除权判决后,并未向申请人中岳公司支付票款1500万元,而是将交付的1000万元保证金退回,这不能认为交行营业部已履行票据义务。投资银行工作人员虽被抢并协助警方查找罪犯,但从未声明汇票被抢,对中岳公司报案过程和内容也并不知晓,而且报案票据丢失并未申请公示催告,毫不影响票据权利。中原区人民法院的除权判决不仅不能作为交行营业部拒付的理由,而且该判决本身就是根本无法产生判决效力的错误判决,原审基于错误的判决作出有关事实的认定与判决,严重违反诉讼程序。经最高人民法院在二审中调解,中岳公司与光大银行自愿达成调解协议。

案例二

任丘市至尚传动配件有限公司申请公示催告案①

法院经审查认为,《票据法规定》(2000)第26条规定:"《票据法》第十五条第三款规定的可以申请公示催告的失票人,是指按照规定可以背书转让的票据在丧失票据占有以前的最后合法持票人。"对于"最后合法持票人"的概念,法院认为,票据权利的产生、转让和行使都以票据记载的主体为准,从汇票作出并交付相对人之时,相应的票据权利就从出票人转移到收款人,如若再经过背书,则相应的票

① 参见辽宁省本溪市平山区人民法院(2020)辽0502民催2号民事裁定书。

据权利又从收款人(背书人)转移给被背书人。公示催告申请人基于票据遗失等事由申请公示催告应举证证明票据背书的辗转形式连续。本案中,申请人任丘市至尚传动配件有限公司为证明其是最后合法持票人提供了顺丰速运电子回单截图、临沂市蓝山区强盛机械厂的证明、丢失汇票的正面复印件、发货单。申请人提供的上述现有证据材料不足以证明其是最后合法持票人,故任丘市至尚传动配件有限公司依据现有材料作为申请人提起公示催告的申请,应当予以驳回。

案例三

利津县强盛塑料制品有限责任公司诉青州贝特化工有限公司票据返还请求权案①

法官提示:行为人私下交易丧失对票据的占有,不具申请公示催告的主体资格。

山东省济南市市中区人民法院认为:本案诉争的银行承兑汇票,形式完备,各项必要记载事项齐全,符合票据法的规定,属于有效票据。《票据法规定》(2000)第26条规定:"票据法第十五条第三款规定的可以申请公示催告的失票人,是指按照规定可以背书转让的票据在丧失票据占有以前的最后合法持票人。"《民事诉讼法》(2007)第195条规定:"按照规定可以背书转让的票据持有人,因票据被盗、遗失或者灭失,可以向票据支付地的基层人民法院申请公示催告。"在本案中,原告并非丧失本案票据占有的失票人,原告工作人员将涉案票据交给潍坊程氏汽车销售有限公司进行贴现,欲将票据权利转化为相应的对价。原告系因贴现行为将涉案票据进行了处分而丧失对票据的占有,而非被盗、遗失或者灭失,因此不具有申请公示催告的主体资格。被告基于买卖合同关系于2011年12月20日从青州市精源助剂厂取得涉案票据作为买卖合同标的的对价,在取得涉案票据后在背书栏内记载自己的名称,与背书人记载其名称具有同等的法律效力。上述行为的时间早于原告申请公示催告的时间,故被告已通过背书转让取得涉案票据,为本案诉争票据的合法持有人。在取得涉案票据后,被告又基于业务关系将票据背书转让给中国石油化工股份有限公司化工销售华北分公司齐鲁经营部,该经营部又背书转让给本案被告,故本案被告为涉案票据的最后合法持有人。原告要求确认票据权利为其所有的诉讼请求,无事实和法律依据,不予支持。判决驳回原告利津县强盛塑料制品有限责任公司的诉讼请求。

---

① 参见国家法官学院、中国人民大学法学院编:《中国审判案例要览(2013年商事审判案例卷)》,中国人民大学出版社2015年版。

第二十六条　出票人已经签章但未记载代理付款人的银行汇票丧失后,失票人依法向付款人即出票银行所在地人民法院申请公示催告的,人民法院应当依法受理。

【条文主旨】

本条是关于对出票人已经签章但未记载代理付款人的银行汇票丧失后,可否申请公示催告的规定。

【条文理解】

根据《支付结算办法》第53条的规定,银行汇票是出票银行签发的,由其在见票时按照实际结算金额无条件支付给收款人或者持票人的票据。

如前文所述,根据《民事诉讼法》的规定,按照规定可以背书转让的票据持有人,因票据被盗、遗失或者灭失,可以向票据支付地的基层人民法院申请公示催告。因此,本条所规定的银行汇票在丧失的情形下,能否申请公示催告,主要应从两个方面分析。

(一)出票人已经签章但未记载代理付款人的银行汇票的有效性

《支付结算办法》第56条规定:"签发银行汇票必须记载下列事项:(一)表明'银行汇票'的字样;(二)无条件支付的承诺;(三)出票金额;(四)付款人名称;(五)收款人名称;(六)出票日期;(七)出票人签章。欠缺记载上列事项之一的,银行汇票无效。"第58条第2款、第3款规定:"申请人和收款人均为个人,需要使用银行汇票向代理付款人支取现金的,申请人须在'银行汇票申请书'上填明代理付款人名称,在'汇票金额'栏先填写'现金'字样,后填写汇票金额。申请人或者收款人为单位的,不得在'银行汇票申请书'上填明'现金'字样。"第55条第2款规定:"银行汇票的代理付款人是代理本系统出票银行或跨系统签约银行审核支付汇票款项的银行。"由上述规定可见,一般而言,银行汇票的必须记载事项不包括代理付款人。因此,出票人已经签章的银行汇票,具有有效性。当然,《支付结算办法》第58条规定了需要填写代理付款人的特殊情形,即申请人和收款人均为个人,而且需要支取现金的,才必须填写代理付款人名称。之所以作此规定,是因为如果出票时填写了代理付款人名称,那么最后持票人拿到汇票后,只能到代理付款人所在地提示付款,限制了持票人获得票款的广泛性。因此,有些主体可能会不接受代理付款人在异地的汇票,这不利于汇票的流通,所以该条规定签发银行汇票时,不得填写代理付款人名称,以有利于促进银行汇票的流通转让。

（二）出票人已经签章但未记载代理付款人的银行汇票的可背书转让性

关于该类银行汇票是否具有可背书转让性，是否存在被他人取得汇票获得票款的可能。银行汇票可以用于转账，填明“现金”字样的银行汇票（仅限于个人使用）也可以用于支取现金。银行汇票见票即付，无金额起点限制，无地域的限制，无申请人限制，企业和个人均可申请，个人还可签发现金银行汇票。根据《支付结算办法》第27条的规定，票据可以背书转让，但填明“现金”字样的银行汇票、银行本票和用于支取现金的支票不得背书转让。有效的、不禁止背书转让的银行汇票具有可流通性，因此，其在丢失后，存在被他人取得、提示付款的可能性，故为救济失票人的权利，该类票据丧失，可以采取公示催告的方式救济失票人权利。在符合条件的情形下，公示催告申请人可以通过获得法院除权判决的方式，向出票银行行使票据权利。《支付结算办法》第71条即规定：“银行汇票丧失，失票人可以凭人民法院出具的其享有票据权利的证明，向出票银行请求付款或退款。”

鉴于出票人已经签章但未记载代理付款人的银行汇票具有有效性和可背书转让性，故其符合申请公示催告的条件，失票人可申请公示催告。

【司法适用】

在对本条规定进行理解时，应明确以下两点：

一是丧失的银行汇票，出票人已经签章，只是未记载代理付款人。

二是公示催告的受理法院为付款人即出票银行所在地基层人民法院。因为未记载代理付款人的银行汇票支付地一般为付款人也就是出票人的营业场所、住所或者经常居住地。

曾有观点认为，无法确定付款人及其代理付款人的票据不能适用公示催告，因为虽然《民事诉讼法》和《票据法》未直接规定无法确定付款人及其代理付款人的票据不能适用公示催告，但《民事诉讼法》规定，人民法院决定受理公示催告申请的，应当同时通知支付人停止支付。《票据法》第15条第1款亦规定：“票据丧失，失票人可以及时通知票据的付款人挂失止付，但是，未记载付款人或者未确定付款人及其代理付款人的票据除外。”这些虽然是对挂失止付的要求，但是，对于无法确定付款人及其代理付款人的票据，由于无法向付款人或者代理付款人送达止付通知，因而不应适用公示催告程序。[1]《票据法规定》（2020）本条否定了这种观点，规定未记载代理付款人的银行汇票丧失后，失票人可以向人民法院申请公示催告。一是因为挂失止付不等于公示催告程序；二是因为《民事诉讼法》规定的人民法院决定受理公示催告申请以后的通知是以付款人及其代理付款人明确特

---

① 参见康玉坤主编：《票据法实务》，对外经济贸易大学出版社2004年版，第70页。

定为条件的,但不可将该条件前置为受理公示催告申请的条件;三是因为人民法院依法发布的公告具有权利保全、除权授权的司法效力,广而告之不同于定向止付通知。

对于上述出票人已经签章但未记载代理付款人的银行汇票,依《支付结算办法》第55条第2款规定,该银行汇票的代理付款人是代理本系统出票银行或者跨系统签约银行审核支付汇票款项的银行。也就是说,此时的代理付款人实际上是尚不确定的,其范围是比较广的,所以,相关商业银行对人民法院适用公示催告程序依法发布的公告,都有注意义务,以防范风险。况且,在大数据搜索时代,做到这一点并不难。

第二十七条　超过付款提示期限的票据丧失以后,失票人申请公示催告的,人民法院应当依法受理。

【条文主旨】

本条是关于对超过付款提示期限的票据丧失,失票人可否申请公示催告问题的规定。

【条文理解】

关于对本条规定的理解,主要取决于对付款提示期限的法律意义以及超过付款提示期限,持票人是否仍享有票据权利这两个问题的分析。

(一)付款提示期限的法律意义

票据是提示证券,行使票据权利需向付款人提示票据。提示付款是持票人为取得票据金额的支付,而向票据上所载的付款人或承兑人出示票据,请求其付款的行为。

《票据法》对付款提示期限进行了规定,如第53条第1款规定:"持票人应当按照下列期限提示付款:(一)见票即付的汇票,自出票日起一个月内向付款人提示付款;(二)定日付款、出票后定期付款或者见票后定期付款的汇票,自到期日起十日内向承兑人提示付款。"第78条规定:"本票自出票日起,付款期限最长不超过二个月。"第91条规定:"支票的持票人应当自出票日起十日内提示付款;异地使用的支票,其提示付款的期限由中国人民银行另行规定。超过提示付款期限的,付款人可以不予付款……"上述条文针对我国《票据法》规定的三种票据分别规定了付款提示期限。持票人需依法在提示付款期限内向付款人提示付款,主张付款请求权。

(二)超过提示付款期限后,持票人是否享有票据权利

《票据法》第 53 条第 2 款规定:“持票人未按照前款规定的期限提示付款的,在作出说明后,承兑人或者付款人仍应当继续对持票人承担付款责任。”第 79 条规定:“本票的持票人未按照规定期限提示见票的,丧失对出票人以外的前手的追索权。”第 91 条第 2 款规定:“支票……超过提示付款期限的,付款人可以不予付款;付款人不予付款的,出票人仍应当对持票人承担票据责任。”《支付结算办法》第 36 条也规定:“商业汇票的持票人超过规定期限提示付款的,丧失对其前手的追索权,持票人在作出说明后,仍可以向承兑人请求付款。银行汇票、银行本票的持票人超过规定期限提示付款的,丧失对出票人以外的前手的追索权,持票人在作出说明后,仍可以向出票人请求付款。支票的持票人超过规定的期限提示付款的,丧失对出票人以外的前手的追索权。”

根据上述规定,依据票据种类的不同,持票人未在法定付款提示期限内向付款人进行付款提示,则丧失对其前手的追索权。但是,因票据的主债务人负有绝对的付款责任,其票据责任除因消灭时效完成外,不得免除,故尽管付款提示期限经过,但在持票人作出说明后,主债务人,如本票的出票人、汇票的承兑人或付款人、支票的出票人,仍应承担付款责任。

综上所述,超过付款提示期限的票据持票人仍然可以行使票据权利、获得付款。基于该事实,超过付款提示期限的票据丧失后,存在他人取得票据、获得票款的可能。因此,持票人丧失超过付款提示期限的票据的,应当允许该持票人通过公示催告进行救济。

【司法适用】

关于本条规定的理解,应注意以下两个问题。

(一)本条规定如何与《票据法》第 36 条、《票据法规定》(2020)第 57 条规定相衔接问题

《票据法》第 36 条规定:“汇票被拒绝承兑、被拒绝付款或者超过付款提示期限的,不得背书转让;背书转让的,背书人应当承担汇票责任。”《票据法规定》(2020)第 57 条规定:“依据票据法第三十六条的规定,票据被拒绝承兑、被拒绝付款或者超过提示付款期限,票据持有人背书转让的,背书人应当承担票据责任。”有观点认为,既然超过付款提示期限的票据不得转让,其丧失了流通性,故其丧失后不存在被他人取得、行使票据权利的问题,因此,该票据丧失后不能申请公示催告。本书认为,尽管上述规定超过提示付款期限的票据持有人不得背书转让,但同时规定,如果进行背书转让的,背书人仍需承担票据责任。质言之,尽管法律规定该类汇票不能背书转让,但其仍然存在被他人进行转让背书的可能。该背书虽

属于期后背书,但该背书转让同样具有权利转移、权利证明、权利担保的法律效力。《日内瓦统一汇票本票法公约》第20条对此进行了相应规定,即汇票到期以后的背书与到期以前的背书有同等效力的规定是一致的。因此,该类票据的受让人仍然享有票据权利,故最后的持票人在提示付款期经过后通过背书转让取得票据又丧失票据的,其票据权利仍可能被他人行使,而且,失票人也因丧失票据无法行使票据权利,因此,该类票据仍然存在需进行公示催告的问题。但应注意的是,该情形下,承担票据责任的主体为背书人。

(二)丧失超过票据时效的票据可否采取公示催告的方式进行救济问题

票据时效与民法上的时效并不相同。根据《民法典》第188条关于"向人民法院请求保护民事权利的诉讼时效期间为三年。法律另有规定的,依照其规定"的规定,以及第192条关于"诉讼时效期间届满的,义务人可以提出不履行义务的抗辩"的规定,我国《民法典》对诉讼时效的效力采用了"抗辩权产生说"。质言之,诉讼时效期间经过,民事实体权利并不消灭,只是产生了诉讼时效抗辩权。关于票据时效,我国《票据法》第17条规定,票据权利在规定期限内不行使而消灭,即票据权利本身归于消灭,因此,其采用了权利消灭说,也有观点将其认识成为消灭时效。关于超过票据权利消灭时效的票据丧失,失票人是否可以申请公示催告或通过普通诉讼进行救济的问题,《票据法规定》(2020)第34条规定:"票据丧失后,失票人在票据权利时效届满以前请求出票人补发票据,或者请求债务人付款……"该条仅对票据时效届满前失票人可以行使票据请求权和付款请求权进行了规定,并据此规定,在出票人和付款人拒绝后,失票人可以提起诉讼。但对于诉讼时效期间届满后,失票人可否提起诉讼以及可否申请申请公示催告,该条则没有明确的规定。

有观点认为,是否可以申请公示催告,关键在于票据时效完成后,持票人是否仍可以对票据债务人行使票据上的权利。如果票据时效完成后,仅仅是请求权的消灭,债权人的实体权利仍然存在,债务人仍有可能付款,则失票人就有申请公示催告的必要。但因票据时效属于消灭时效,票据权利在规定期限内不行使而消灭,票据权利人丧失了票据权利,故票据成为一张废纸,失票人不能申请公示催告。另有观点认为,超过提示付款期同时超过了票据时效期间的,持票人丧失票据权利。但根据《票据法》第18条关于"持票人因超过票据权利时效或者因票据记载事项欠缺而丧失票据权利的,仍享有民事权利,可以请求出票人或者承兑人返还其与未支付的票据金额相当的利益"的规定,持票人虽因超过票据权利时效丧失票据权利,但基于公平原则,仍享有利益返还请求权。尽管利益返还请求权并非票据权利,但其属于《票据法》上的非票据权利。票据丧失,仍存在他人获得票据行使利益返还请求权、失票人因丧失票据无法行使利益返还请求权的问题，故失票人可以申请公示催告。

【司法案例】

东莞市商业银行等申请公示催告案①

法官提示：超过付款提示期限的票据丧失以后，失票人可以向人民法院申请公示催告。

申请人东莞市商业银行持有的一张银行承兑汇票遗失，票据票码00335119，票面金额人民币15万元，出票人泉州市安兴鞋业贸易有限公司，收款人福建省晋江市鑫强鞋塑有限公司，付款行兴业银行晋江支行，出票日期2004年10月26日，汇票到期日2005年4月26日。该票据已背书转让[福建省晋江市鑫强鞋塑有限公司背书转让给晋江市安海镇益民电器经营部，晋江市安海镇益民电器经营部背书转让给惠州TCL电器销售有限公司泉州经营部，惠州TCL电器销售有限公司泉州经营部背书转让给TCL王牌电器(惠州)有限公司，TCL王牌电器(惠州)有限公司背书转让给深圳晶辰电子科技有限公司，深圳晶辰电子科技有限公司背书转让给东莞市泰和电子有限公司，东莞市泰和电子有限公司背书转让给东莞市商业银行]。

申请人于2005年6月16日向法院申请公示催告，虽然已超过付款提示期限法院决定依法受理，并予以公告。

第二十八条　失票人通知票据付款人挂失止付后三日内向人民法院申请公示催告的，公示催告申请书应当载明下列内容：

(一)票面金额；

(二)出票人、持票人、背书人；

(三)申请的理由、事实；

(四)通知票据付款人或者代理付款人挂失止付的时间；

(五)付款人或者代理付款人的名称、通信地址、电话号码等。

【条文主旨】

本条是关于对公示催告申请书应当载明内容的规定。

① 参见法信网，https://www.faxin.cn。

【条文理解】

申请人提交公示催告申请书，是为了表明其是法定的适格公示催告申请人，即公示催告申请书能够表明以下内容：一是票据为可背书转让的有效票据；二是存在法定的丧失票据情形；三是该申请人是最后合法持票人。此外，该申请书还应写明申请请求。为便于法院受理后能及时依法发出止付通知和催收公告，使利害关系人能通过公告确定丧失票据的唯一性，公示催告申请书还应具备上述内容。据此，本条规定公示催告申请书应当载明下列内容：(1)票面金额；(2)出票人、持票人、背书人；(3)申请的理由、事实；(4)通知票据付款人或者代理付款人挂失止付的时间；(5)付款人或者代理付款人的名称、通信地址、电话号码等。《民事诉讼法》第225条第2款也作出相应规定："申请人应当向人民法院递交申请书，写明票面金额、发票人、持票人、背书人等票据主要内容和申请的理由、事实。"其中，本条规定的票面金额、出票人、持票人、背书人、付款人或者代理付款人的名称、申请的理由以及事实等涉及票据的有效性、可转让性、唯一性以及申请人是否为适格申请人问题；通知票据付款人或者代理付款人挂失止付的时间，以及付款人或者代理付款人的名称、通信地址、电话号码等涉及止付通知的发出时间和接收主体问题。

本条第4项涉及挂失止付与公示催告申请的衔接问题。如前文所述，如果失票人在失票后，先进行了挂失止付，则失票人应在通知票据付款人挂失止付后3日内向人民法院申请公示催告。正因如此，本条第4项写明，在公示催告申请书中应包括"通知票据付款人或者代理付款人挂失止付的时间"这一内容。但在审判实务中，在失票人失票后直接申请公示催告，没有进行挂失止付的情形下，公示催告申请书可不包括"通知票据付款人或者代理付款人挂失止付的时间"这一内容。

【司法适用】

在审判实务中，除申请书需载明上述内容外，申请人还需提交相关证据证明上述事实，以便法院对是否为适格公示催告申请人进行判定。在立案阶段，人民法院主要应审查申请人是否提交了能够证明其为"可以转让的票据被盗、遗失或者灭失前的最后持有人"的证据材料。《民事诉讼法解释》第444条规定："因票据丧失，申请公示催告的，人民法院应结合票据存根、丧失票据的复印件、出票人关于签发丧失票据的证明、申请人合法取得票据的证明、银行挂失止付通知书、报案证明等证据，决定是否受理。"根据该条规定，公示催告申请人在提交公示催告申请时，应当提交下列证据材料：

一是用以证明丧失的票据是有效票据的证据材料。申请人用以证明票据为有效票据的证据材料可以是票据复印件、出票人签发案涉票据的说明、票据存根等。

二是用以证明存在失票事实的证据材料。申请人用以证明失票事实的证据材料可以是银行挂失止付通知书、报案证明等。

三是用以证明丧失的票据是可以转让的票据的证据材料。申请人据以证明上述事实的证据材料可以是票据复印件、出票人出具的其签发案涉票据的说明、申请人的前手关于将票据转让给申请人的证明等。

四是用以证明申请人是票据丧失占有以前的最后合法持票人。申请人据以证明上述事实的证据可以是票据的复印件、出票人出具的申请人为收款人的证明、申请人前手关于转让票据给申请人的证明等。

关于受理问题,《民事诉讼法解释》第 443 条规定:"人民法院收到公示催告的申请后,应当立即审查,并决定是否受理。经审查认为符合受理条件的,通知予以受理,并同时通知支付人停止支付;认为不符合受理条件的,七日内裁定驳回申请。"

第二十九条　人民法院决定受理公示催告申请,应当同时通知付款人及代理付款人停止支付,并自立案之日起三日内发出公告。

【条文主旨】

本条是关于对人民法院受理公示催告申请后通知停止支付和发出公告的规定。

【条文理解】

本条主要包括两项内容:一是人民法院通知停止支付,二是人民法院发出公告。

(一)通知停止支付

票据丧失,法院受理公示催告申请后,为避免他人取得票据、获得票款,损害失票人权利,本条对通知停止支付进行了规定。法院作出的法律文书为通知书而非裁定书。法院发出停止支付通知的时间,为人民法院决定受理公示催告申请的同时。通知的接受主体,为付款人及代理付款人。

停止支付在性质上是行为保全措施。失票人以其是最后合法持票人、丧失票据为由申请公示催告,如果失票人之外的主体持票据向付款人或者代理付款人请求付款,则必然存在票据权利争议。此时,采取停止支付的行为保全措施,有助于在查清票据权利人的事实后保护合法持票人权利,因此,本条作出相应规定。《民事诉讼法解释》第 443 条也规定:"人民法院……经审查认为符合受理条件的,通知予以受理,并同时通知支付人停止支付……"

在审判实务中,应注意挂失止付与公示催告申请受理后通知停止支付的衔接问题。如前文所述,《票据法》第15条第3款规定:"失票人应当在通知挂失止付后三日内……依法向人民法院申请公示催告,或者向人民法院提起诉讼。"《支付结算办法》第50条规定:"付款人或者代理付款人收到挂失止付通知书后,查明挂失票据确未付款时,应立即暂停支付。付款人或者代理付款人自收到挂失止付通知书之日起12日内没有收到人民法院的止付通知书的,自第13日起,持票人提示付款并依法向持票人付款的,不再承担责任。"我国台湾地区"票据法"也对两种方式的衔接进行了规定,如第18条规定:"票据丧失时,票据权利得为止付之通知,但应于提出止付通知后5日内,向付款人提出为申请公示催告之证明,未依前项但书规定办理者,止付通知丧失效力。"

(二)发出公告

人民法院决定受理公示催告申请,应当自立案之日起3日内发出公告。公告的目的在于催促利害关系人申报权利。因此,公告应载明以下内容:(1)申请人的情况;(2)丧失的权利凭证的情况;(3)申报权利的期间;(4)在公示催告期间转让票据等权利凭证,利害关系人不申报的法律后果。其中,第二项内容,丧失的权利凭证的情况,应载明权利人、义务人、权利期限、权利内容等内容。根据上述内容,公告权利凭证载明的内容应足以使丧失的票据具有特定性和唯一性,使看到公告的主体足以判断是哪一张票据丧失,自己是否为利害关系人。据此,《民事诉讼法解释》第445条规定:"人民法院依照民事诉讼法第二百二十六条规定发出的受理申请的公告,应当写明下列内容:(一)公示催告申请人的姓名或者名称;(二)票据的种类、号码、票面金额、出票人、背书人、持票人、付款期限等事项以及其他可以申请公示催告的权利凭证的种类、号码、权利范围、权利人、义务人、行权日期等事项;(三)申报权利的期间;(四)在公示催告期间转让票据等权利凭证,利害关系人不申报的法律后果。"

【司法适用】

(一)关于应否提供担保的问题

《民事诉讼法》第103条第2款规定:"人民法院采取保全措施,可以责令申请人提供担保,申请人不提供担保的,裁定驳回申请。"该条规定的目的在于防止申请人恶意申请采取保全措施,损害对方当事人合法权利。根据该条规定,人民法院可以根据案件的具体情况,责令申请人提供担保。在《民事诉讼法解释》修改过程中,关于申请公示催告的申请人在申请公示催告时应否提供担保问题,存在争议。有观点认为,应提供担保。理由为:目前,法院在受理公示催告申请时主要是进行形式审查,票据是否到期、是否丧失等事实主要建立在申请人的陈述上,不要求提供担保,这给了伪报者以可乘之机。在立案后,依照法律规定,人民法院要对付款人发停止支付通知书。在伪报票据丧失的情形下,将给合法持票人权利造成损害。综观其他国家立法例,无论是采用公示催告制度还是采取诉讼的方式救济失票人,都规定了要提供担保,如英美法系国家(或地区)对票据丧失主要规定了提起诉讼的救济方法,且为避免滥诉,法律规定原告方需向法院提供担保。《票据法规定》(2020)也规定,失票人向人民法院提起诉讼的,除向人民法院说明曾经持有票据及丧失票据的情形外,还应当提供担保。担保的数额相当于票据载明的金额。

另有观点认为,不应规定提供担保。理由为:一般而言,当事人提供担保需耗费一定的时间,而在司法实践中,公示催告的停止支付通知书需要尽快发出,以避免票据被非法转让而损害失票人的权利。而且,失票人由于失票不能及时行使票据权利已经受到了权利损害,如果再要求其提供担保,则加重了其财产负担。

本书认为,公示催告程序在救济合法失票人权利的同时确实也存在成为恶意申请人损害合法持票人权利工具的问题。前述观点争论的实质问题是,我国的立法导向,究竟是偏重对合法失票人权利的及时保护,还是偏重对伪报票据损失、恶意申请公示催告行为的防止。这实质需要综合考量恶意申报的宏观大数据和微观对真正失票人的适时保护以及防止伪报票据丧失、申请人欺诈申请公示催告两种因素,根据个案情况做出决定。因此,应否由申请人提供担保以及担保的数额,应由人民法院根据案件的具体情况决定。

(二)关于通知停止支付的时间

关于公示催告程序中人民法院止付通知的时间,《民事诉讼法》及《民事诉讼法解释》均将其规定为受理公示催告申请的同时,《票据法规定》(2020)也作了相同的规定。本书认为,在实践中,对同时的概念应当作正确的理解。一般情况下,同时是指受理公示催告申请的当日,而不是物理学意义上的同时。为避免他人冒领票据款项,人民法院在决定受理公示催告申请后,应当在受理申请的当日通知付款人或者代理付款人停止支付。

【司法案例】

鄂尔多斯市恒元清洁新能源股权投资中心公示催告案①

申请人鄂尔多斯市恒元清洁新能源股权投资中心(有限合伙)申请公示催告

---

① 参见新疆维吾尔自治区乌鲁木齐市天山区人民法院(2020)新0102民催15号民事判决书。

一案，法院于2020年12月8日立案后，依法于当日发出公告，催促利害关系人在60日内申报权利。现公示催告期间已满，无人向法院申报。依照《民事诉讼法》（2017）第222条、《民事诉讼法解释》（2020）第452条规定，判决宣告鄂尔多斯市恒元清洁新能源股权投资中心（有限合伙）持有的票号3130005149844388，出票人上海优茂国际贸易有限公司，收款人上海严颐商贸有限公司，背书人上海严颐商贸有限公司，票据金额100,000元，出票日期2020年5月11日，汇票到期日2020年11月11日的银行承兑汇票无效；自判决公告之日起，申请人鄂尔多斯市恒元清洁新能源股权投资中心（有限合伙）有权向支付人请求支付。

第三十条　付款人或者代理付款人收到人民法院发出的止付通知，应当立即停止支付，直至公示催告程序终结。非经发出止付通知的人民法院许可擅自解付的，不得免除票据责任。

【条文主旨】

本条是关于法院止付通知的效力以及违反止付义务法律责任的规定。

【条文理解】

（一）止付通知的效力

付款人或者代理付款人收到人民法院发出的止付通知，应当立即停止支付，停止支付通知是付款人停止付款的法律依据。

（二）止付时间

根据《票据法规定》（2020）本条的规定，付款人或者代理付款人收到人民法院发出的止付通知后应当立即停止支付，直至公示催告程序终结。

公示催告程序终结共有五种情形。一是《民事诉讼法解释》第453条规定的情形，该条规定："公示催告申请人撤回申请，应在公示催告前提出；公示催告期间申请撤回的，人民法院可以径行裁定终结公示催告程序。"二是《民事诉讼法》第228条规定的情形，该条规定："利害关系人应当在公示催告期间向人民法院申报。人民法院收到利害关系人的申报后，应当裁定终结公示催告程序，并通知申请人和支付人。申请人或者申报人可以向人民法院起诉。"三是公示催告期间届满，法院作出除权判决之前，利害关系人提出权利申报，法院裁定终结。四是《民事诉讼法》第229条规定的情形，该条规定："没有人申报的，人民法院应当根据申请人的申请，作出判决，宣告票据无效。判决应当公告，并通知支付人。自判决公告之日起，申请人有权向支付人请求支付。"五是《民事诉讼法解释》第450条规定的情形，该条规定："在申报权利的期间无人申报权利，或者申报被驳回的，申请人应当自公示催告期间届满之日起一个月内申请作出判决。逾期不申请判决的，终结公示催告程序。裁定终结公示催告程序的，应当通知申请人和支付人。"

（三）关于违反止付义务的法律责任

只有在作出止付通知的法院同意解除止付的情形下，付款人或者代理付款人才可以解付款项。付款人或者代理付款人擅自解付的，并不发生合法付款责任，不能免除其对法院确定的合法票据权利人的票据责任，仍然需要承担票据责任。作此规定的原因在于，在法定止付期间，法院并未同意解付，往往是因为存在票据权利不明的事实，在该情形下，付款人或者代理付款人擅自解付的，将损害合法持票人权利。

【司法适用】

与此相关的问题是，《民事诉讼法解释》第 454 条对支付人拒不止付的法律责任进行了规定，该条规定："人民法院依照民事诉讼法第二百二十七条规定通知支付人停止支付，应当符合有关财产保全的规定。支付人收到停止支付通知后拒不止付的，除可依照民事诉讼法第一百一十四条、第一百一十七条规定采取强制措施外，在判决后，支付人仍应承担付款义务。"该条规定是对《民事诉讼法》第 227 条关于"支付人收到人民法院停止支付的通知，应当停止支付，至公示催告程序终结"规定的解释，其对停止支付的性质以及支付人拒不执行的法律后果进行了规定。

《民事诉讼法》第 114 条规定："诉讼参与人或者其他人有下列行为之一的，人民法院可以根据情节轻重予以罚款、拘留；构成犯罪的，依法追究刑事责任……（三）隐藏、转移、变卖、毁损已被查封、扣押的财产，或者已被清点并责令其保管的财产，转移已被冻结的财产的；（四）对司法工作人员、诉讼参加人、证人、翻译人员、鉴定人、勘验人、协助执行的人，进行侮辱、诽谤、诬陷、殴打或者打击报复的；（五）以暴力、威胁或者其他方法阻碍司法工作人员执行职务的；（六）拒不履行人民法院已经发生法律效力的判决、裁定的。人民法院对有前款规定的行为之一的单位，可以对其主要负责人或者直接责任人员予以罚款、拘留；构成犯罪的，依法追究刑事责任。"第 117 条规定："有义务协助调查、执行的单位有下列行为之一的，人民法院除责令其履行协助义务外，并可以予以罚款：（一）有关单位拒绝或者妨碍人民法院调查取证的；（二）有关单位接到人民法院协助执行通知书后，拒不协助查询、扣押、冻结、划拨、变价财产的；（三）有关单位接到人民法院协助执行通知书后，拒不协助扣留被执行人的收入、办理有关财产权证照转移手续、转交有关票证、证照或者其他财产的；（四）其他拒绝协助执行的。人民法院对有前款规定行为之一的单位,可以对其主要负责人或者直接责任人员予以罚款;对仍不履行协助义务的,可以予以拘留;并可以向监察机关或者有关机关提出予以纪律处分的司法建议。"

【司法案例】

中国建设银行股份有限公司广州新市支行、中国建设银行股份有限公司广州白云支行与庞某某票据付款请求权纠纷案①

法官提示:付款行在收到法院停止支付通知书后而公示催告程序尚未终结期间所发生的付款行为不具有法律效力。

一审法院认为:中国建设银行广州市新市办事处收到人民法院停止支付的通知后,应当停止支付,直至公示催告程序终结。但中国建设银行广州市新市办事处由于内部原因,未经发出止付通知的人民法院许可,擅自解付,违反了有关法律规定,中国建设银行广州市新市办事处应当根据人民法院判决予以支付,或承担相应的赔偿责任。被上诉人持人民法院生效判决,向支票的付款行中国建设银行广州市新市办事处请求支付,符合有关法律规定,而中国建设银行广州市新市办事处无正当理由拒绝支付,损害了被上诉人的合法权益,现被上诉人要求被告中国建设银行广州市新市办事处(中国建设银行股份有限公司广州新市支行)支付支票金额31,933元,予以支持。

广州市中级人民法院二审认为:公示催告程序是人民法院根据当事人的申请,以公示的方式催告不明的利害关系人在法定期间内申报权利,如无人申报,则根据当事人的申请,作出除权判决的程序。被上诉人以持有的支票被他人冒领为由,向原审法院申请公示催告。原审法院据此向上诉人发出止付通知。上诉人收到人民法院支付通知书后,应当停止支付,直至公示催告程序终结。上诉人未经原审法院许可擅自解付并不属于《票据法》规定的付款行为,不产生付款的法律效力。人民法院作出的除权判决生效后,他人对该票据享有的权利受到排除,判决书代替所丧失的票据成为支付凭证,被上诉人持除权判决向上诉人请求支付,上诉人即有付款义务。判决驳回上诉,维持原判。

---

① 参见广东省广州市中级人民法院(2005)穗中法民二终字第1471号民事判决书。

第三十一条　公告应当在全国性报纸或者其他媒体上刊登，并于同日公布于人民法院公告栏内。人民法院所在地有证券交易所的，还应当同日在该交易所公布。

【条文主旨】

本条是关于对公告载体和公告时间的规定。

【条文理解】

关于公告的载体。公告本身具有广而告之，拟制告知的效力，其范围越广越符合该制度的设立目的，因此，本条规定公告具有多种载体。本条规定公告应当在全国性报纸或者其他媒体上刊登，并于同日公布于人民法院公告栏内。人民法院所在地有证券交易所的，还应当同日在该交易所公布。《民事诉讼法解释》第446条对该问题也进行了规定："公告应当在有关报纸或者其他媒体上刊登，并于同日公布于人民法院公告栏内。人民法院所在地有证券交易所的，还应当同日在该交易所公布。"《票据法规定》(2000)第32条规定："人民法院决定受理公示催告申请后发布的公告应当在全国性的报刊上登载。"为了与其后施行的《民事诉讼法解释》规定相一致，《票据法规定》(2020)对原《票据法规定》(2000)第32条内容作了相应修改。

在司法实务中，尤其在人民银行建立电子商业票据系统以前，反映出最大的问题是，由于全国性的报刊较多，利害关系人往往难以注意到公告的事实，而不能在申报权利的期间内及时申报权利，权利受损，尤其是在申请人伪报票据丧失事实的情形下，利害关系人如不关注公告的事实，可能会遭受损害。在实际运作中，票据的流通范围很广，尤其我国幅员辽阔，注意或调查收受流通性极强的票据是否已被公示催告非易事。

鉴于该类问题的出现，本书认为，明确规定便利、权威、统一的公告载体确有必要。在讨论过程中，有观点认为，可以明确规定公告的载体为《人民法院报》。还有观点认为，可以通过建立计算机公示催告公告查询系统的方式有效防止伪报票据丧失、损害票据权利人权利的问题。关于该系统的建立，也有不同的思路。有观点认为，应由最高人民法院建立"计算机公示催告公告查询系统"，各金融机构与该系统联网、查询。也有观点认为，应由人民银行组织建立该系统，各金融机构与该系统联网、查询。因在2015年制定《民事诉讼法解释》时倾向观点认为，不宜在司法解释中明确指定某一份报纸为刊登媒介，对于刊登公告的载体不予修改为宜，所以《民事诉讼法解释》未明确指定某一份报纸作为刊登媒介。

但应予以注意的是,催促公告是人民法院向社会公布的法律文告,是人民法院审判工作的重要组成部分。法院公告刊登应坚持“权威性、严肃性、有效性”的要求,及时准确发布。为满足上述要求,加强法院公告工作的管理,最高人民法院先后发了多份通知,对公告的刊登进行规定。1992 年 9 月 8 日最高人民法院办公厅下发了法办〔1992〕93 号《关于法院公告一律由〈人民法院报〉刊登的通知》、1993 年 4 月 16 日最高人民法院下发了法〔1993〕29 号《关于重申法院公告一律由〈人民法院报〉统一刊登的通知》、2001 年 12 月 21 日最高人民法院办公厅下发了法办〔2001〕246 号《关于改进人民法院公告发布工作的通知》。上述通知要求各级法院严格按照通知要求统一在《人民法院报》刊登法院公告。2005 年 1 月 21 日最高人民法院发布的法〔2005〕72 号《关于进一步规范法院公告发布工作的通知》指出,近来不少群众反映,有一些公告在《人民法院报》以外的报纸刊登,引起对方当事人及利益相关方对公告权威性、有效性的疑虑,影响了诉讼活动的顺利进行;有的混淆公告与广告的性质,不按最高人民法院通知要求发布公告。有的媒体许诺给以较高回扣向法院乱拉公告,造成不良影响和后果。对此,各级法院必须引起重视并认真纠正。《人民法院报》在做好公告发布工作的同时,现已实现了在《人民法院报》电子版、中国法院网上同步免费刊载。该通知强调,实践证明,法院公告在《人民法院报》统一刊登,对便利当事人及社会公众及时有效查询了解公告,保障诉讼活动顺利进行,起到了积极的促进作用。各级人民法院的法官及案件当事人普遍把《人民法院报》作为查询、阅读人民法院公告,从中了解全国法院案件审判工作、执行工作有关信息的重要载体。因此,各级法院应认真执行最高人民法院文件关于法院公告一律由《人民法院报》刊登的规定。人民法院报社要严格按照最高人民法院办公厅下发的《法院诉讼文书样式》制作公告,严格按标准收费。要按照最高人民法院办公厅法办〔2001〕246 号文件的要求,提高公告刊登效率。普通公告一般 10 天至 20 天之内刊登;加急件 5 天之内刊登;特急件当日刊登。要切实完善公告查询工作,保证公告查询便捷、高效,确保公告见报后第一时间即可通过《人民法院报》、《人民法院报》电子版和中国法院网或者专门查询电话进行查询。

2016 年,中国人民银行来函反映,由于司法解释只是原则性规定了公示催告公告的载体,导致在金融实务中,出现了由于进行公示催告的报纸分散,银行作为权利人难以全面查询公示催告信息,未能如期申报权利、权利受损的问题,尤其是公示催告申请人伪报票据丧失的情形。为解决该问题,最高人民法院于 2016 年颁布了法〔2016〕109 号《关于人民法院发布公示催告程序中公告有关问题的通知》,载明:“为切实规范公示催告程序中公告的发布工作,解决风险票据发布公告平台不统一不规范的问题，现通知如下……人民法院受理公示催告申请后发布公告的，应当在《人民法院报》上刊登，《人民法院报》电子报、中国法院网同步免费刊载。”

除在报纸上发布公告外，本条还规定，公告还应张贴于人民法院公告栏内或人民法院所在地的证券交易所。这样规定的目的在于尽量扩大受众群体，减少善意受让人受让的机会，避免失票人权利受损。

由于不同载体的公告时间不同，为避免因其不一致而产生的公告时间以何时为准的争议，2015 年在制定《民事诉讼法解释》时对在不同载体进行公告的时间进行了统一规定，即应为同一日。

【司法适用】

（一）关于公告的内容

《票据法规定》（2020）未对公告的内容作出明确的要求，《民事诉讼法解释》第 445 条规定：“人民法院依照民事诉讼法第二百二十六条规定发出的受理申请的公告，应当写明下列内容：（一）公示催告申请人的姓名或者名称；（二）票据的种类、号码、票面金额、出票人、背书人、持票人、付款期限等事项以及其他可以申请公示催告的权利凭证的种类、号码、权利范围、权利人、义务人、行权日期等事项；（三）申报权利的期间；（四）公示催告期间转让票据等权利凭证，利害关系人不申报的法律后果。”实践中应当适用《民事诉讼法解释》的规定。

（二）关于“其他媒体”的理解

特别值得说明的是，近年来随着互联网的发展，无纸化的电子阅读盛行，即便是仍在发行纸质版的全国性报纸，基本上有网站电子版同时提供浏览查询。所以，一方面更便利了利害关系人关注公告信息，提升了检索手段；另一方面在实务中也不应强求必须要在纸质的报纸上刊载，只要是“全国性报纸”，即便其不再发行纸质版，仅发行网络在线的电子版，也符合司法解释的要求。至于“或者其他媒体上刊登”所指的“其他媒体”，则是一个兜底性的规定，广播、电视、微博和微信以及抖音上的官方媒体账号等，均属于“其他媒体”，但其认定标准在性质上应与“全国性报纸”类似，不宜过于宽泛地认为当事人自媒体发布的信息也属于在“其他媒体上刊登”，公告在讲求便利性的同时，也要保证其权威和统一。①

---

① 参见最高人民法院民法典贯彻实施工作领导小组办公室编著：《最高人民法院实施民法典清理司法解释修改条文（111 件）理解与适用》（上），人民法院出版社 2022 年版，第 501 ~ 502 页。

【司法案例】

营口银行股份有限公司沈阳分行与石家庄市日恒物资贸易有限公司票据纠纷案①

辽宁省高级人民法院认为:石家庄市日恒物资贸易有限公司(以下简称日恒公司)向营口银行股份有限公司沈阳分行(以下简称营口银行)申请挂失止付及向沈河区法院申请公示催告的银行承兑汇票均为3130005120418261号,沈河区人民法院作出的90号除权判决也是宣告3130005120418261号银行承兑汇票无效。所以,日恒公司申请对3130005120418261号银行承兑汇票公示催告,是其真实意思表示,该汇票的正、背面应为不可分割的统一整体。由于旭阳公司工作人员的失误,导致日恒公司提供的3130005120418261号银行承兑汇票复印件的背面被错误印为3130005120418251号的背面,旭阳公司在发现提供错误后予以更正不属于程序违法,也不违反法律规定。营口银行将更正错误的时间2013年12月认为是日恒公司从其前手旭阳公司取得票据背书的时间,没有事实及法律依据。故对营口银行关于原审认定事实错误、适用法律错误、程序违法的上诉理由,不予支持。

对于营口银行所提原审草率处理本案,有悖于体现法律的公平与正义的上诉理由,亦不予支持。虽然沈河区人民法院在《辽宁法制报》上刊登《申请公示催告》,与《最高人民法院关于进一步规范法院公告发布工作的通知》中关于"法院公告一律由《人民法院报》刊登的规定"要求不相统一,但《辽宁法制报》作为法制专业性报纸,具有全国统一刊号、在全国范围内发行。所以,沈河区人民法院在《辽宁法制报》上刊登《申请公示催告》,并未违反法律法规的强制性规定,也不能否定90号除权判决的效力,应为有效。且日恒公司向沈河区法院申请对3130005120418261号银行承兑汇票公示催告及请求通知营口银行对该承兑汇票停止支付的时间是2011年9月26日,而吕梁信用社于2011年11月14日向营口银行查询本案诉争汇票的查复结果却是"暂无冻结扣划口头挂失",吕梁信用社因此履行兑付。所以,吕梁信用社据此向沈河区人民法院起诉后又提起上诉,现又向本院申诉,均不能影响本案日恒公司依据沈河区人民法院90号除权判决请求营口银行支付票据款及相应利息的权利。故本案无须中止审理,原审法院依据已发生法律效力的沈河区人民法院90号、第314号,原审法院第166号判决作为本案判决依据,并无不当。故对营口银行的这一上诉理由,不予支持。

---

① 辽宁省高级人民法院(2014)辽民二终字第00073号民事判决书,转引自中国裁判文书网,https://wenshu.court.gov.cn。

第三十二条　依照《中华人民共和国民事诉讼法》(以下简称民事诉讼法)第二百一十九条的规定,公告期间不得少于六十日,且公示催告期间届满日不得早于票据付款日后十五日。[①]

【条文主旨】

本条是关于公示催告公告时间的规定。

【条文理解】

本条是对《票据法规定》(2008)第33条进行修改后作出的规定,《票据法规定》(2008)第33条规定:"依照《中华人民共和国民事诉讼法》(以下简称《民事诉讼法》)第一百九十六条的规定,公示催告的期间,国内票据自公告发布之日起六十日,涉外票据可根据具体情况适当延长,但最长不得超过九十日。"司法实务中,法院大多按照《票据法规定》(2008)的规定确定公示催告的期间,即国内票据公示催告的期间为自公告发布之日起60日。但该规定实施中笔者发现,将银行承兑汇票的公示催告期间确定为60日,除权判决作出并公告之日可能早于票据到期日。具体而言,《支付结算办法》第87条第1款规定:"商业汇票的付款期限,最长不得超过6个月。"因此,银行承兑汇票存在付款期限为6个月的情形。持票人可能在付款期限6个月即将届满时丧失,也可能出票不久就丧失票据。如果持票人在出票不久就丧失票据,其向法院申请公示催告后,法院将公示催告的期间定为60日,则60日期满,没有人申请权利的,依申请人申请,法院作出除权判决,申请人可以持除权判决向付款人请求付款。在该情形下,如果法院作出的除权判决忽视了提示付款期限而对行使权利的时间未予明确,可能出现在提示付款期届满前申请人即可以取得除权判决主张权利的现象。

在伪报失票的特殊情况下,这会带来两个问题:第一,由于付款期限为6个月,在票据没有真正丧失的情形下,合法持票人不会预想到存在公示催告公告,有可能不注意查询公告,也不会去申报权利。这导致合法持票人在票据被除权后才进行提示付款,但因除权判决作出而无法持票行使票据权利。第二,由于除权判决公告日早于票据付款期限,申请人"丧失"票据后实现票据权利的时间可以早于其未丧失票据时的时间,有利于虚报丧失票据的申请人,却不利于保护付款人的

---

① 原为1991年4月9日通过的《民事诉讼法》第194条规定,2007年10月28日《民事诉讼法》修改后条文序号调整为第196条;2012年8月31日修改后《民事诉讼法》为第219条。《票据法规定》(2020)在对《票据法规定》进行修改时对相应条文修正为第219条。《票据法规定》(2020)之后,2021年12月24日修改的《民事诉讼法》又将原第219条调整为第226条。

期限利益。近年来，伪报票据丧失、恶意申请公示催告的情形增多，该问题越加显现。因此，如果不在除权判决中明确行权时间，那么合理确定公示催告期间就成为必要。

为解决上述问题，在审判实践中，部分法院突破了《票据法规定》(2008)的规定，在票据的提示付款期距出票日期长于60日的情形下，采取了将公示催告期延长到票据提示付款日之后，或者虽将公示催告期规定为60日，但将除权判决公告期确定在票据提示付款期之后的做法，系审判实践部门回应司法实践需要进行的有益探索。

2015年在制定《民事诉讼法解释》时，多数意见认为，根据《民事诉讼法》关于公示催告期间不得少于60日的规定，将公示催告的期间与票据提示付款期限相结合进行规定能够有效避免上述问题。具体理由为：首先，符合《票据法》法理和公示催告制度的立法目的。公示催告制度，是失票人向法院提出申请，请求宣告票据无效，从而使票据权利与票据本身相分离的一种权利救济制度。其目的是对失票人的票据权利进行确认和救济，而非由除权判决创设新的票据权利，因此，申请人根据除权判决获得的票据权利不能大于或优于其原有票据权利。其次，《票据法》第40条第1款规定："见票后定期付款的汇票，持票人应当自出票日起一个月内向付款人提示承兑。"第53条第1款规定："持票人应当按照下列期限提示付款：(一)见票即付的汇票，自出票日起一个月内向付款人提示付款；(二)定日付款、出票后定期付款或者见票后定期付款的汇票，自到期日起十日内向承兑人提示付款。"第54条规定："持票人依照前款规定提示付款的，付款人必须在当日足额付款。"第77条规定："本票的出票人在持票人提示见票时，必须承担付款的责任。"第78条规定："本票自出票日起，付款期限最长不得超过二个月。"第91条规定："支票的持票人应当自出票日起十日内提示付款；异地使用的支票，其提示付款的期限由中国人民银行另行规定。超过提示付款期限的，付款人可以不予付款；付款人不予付款的，出票人仍应当对持票人承担票据责任。"因此，在票据未丧失的情形下，持票人提示付款需在法定期限内进行。在票据丧失的情形下，申请人依据除权判决向付款人请求支付的，其权利不能优于票据未丧失情形下的持票人。故公示催告期的上限应与票据的提示付款期相衔接。再次，我国《民事诉讼法》第226条规定的本意是对公示催告的期间设定一个最低天数，具体天数由人民法院根据案件所涉票据情况自由裁量决定，并没有设定上限。《票据法规定》(2008)将法律规定的下限日期规定为固定日期有欠妥当。最后，德国、日本等外国立法例，以及我国台湾地区的相关规定的公示催告期均长于60日，均为6个月，可供参考。

关于具体衔接思路，讨论中存在不同观点：第一种观点认为，可以规定公示催告期间的截止日不得早于票据到期日。第二种观点认为，《票据法》第53条第2款规定："持票人未按照前款规定期限提示付款的，在作出说明后，承兑人或者付款人仍应当继续对持票人承担付款责任。"第79条规定："本票的持票人未按照规定期限提示见票的，丧失对出票人以外的前手的追索权。"第80条第1款规定："本票的背书、保证、付款行为和追索权的行使，除本章规定外，适用本法第二章关于汇票的规定。"因此，根据上述规定，持票人在法定的提示付款期届满后提示付款的，在持票人作出说明后，承兑人或者付款人仍应当继续对持票人承担付款责任。在该情形下，如果因恶意申请公示催告、合法持票人没有关注公告，而公告催告期届满日早于票据提示付款期限届满日的，则可能出现合法持票人不能在催告期内申报权利、除权判决作出后损害其合法权利的问题。因此，公示催告期间的截止日应酌情定在票据付款期限届满之后数日。关于该天数，有观点认为应为15日，也有观点认为应为1个月，还有观点认为应区分票据的种类不同而定。《民事诉讼法解释》(2020)最终采纳了15日的观点。《民事诉讼法解释》(2020)第449条也规定："公告期间不得少于六十日，且公示催告期间届满日不得早于票据付款日后十五日。"《票据法规定》(2020)根据《民事诉讼法解释》(2020)第449条的规定作出了相应修改。

【司法适用】

在对本条规定进行理解时，应注意把握的是，"票据付款日"实质是指"票据提示付款期限届满日"。在确定公示催告期间时，"60日"和"票据付款日后15日"是两个均需考虑的因素，缺一不可。如果"票据付款日后15日"早于60日，则公示催告期不能少于60日；如果"票据付款日后15日"晚于60日，则公告期间不得少于60日，且公示催告期间届满日不得早于"票据付款日后15日"。[①]

应予明确的是，本条使用的是"付款日"的表述。票据付款日、到期日并非同一概念。到期日，是指汇票上记载的应该付款的日期。换言之，到期日是票据债务人依照汇票上所载文义履行付款义务的日期，相当于民事一般债权的履行期。由于票据债务属于权利人主动请求履行的债务，因而，只有当持票人在到期日届至后，为付款的提示而未达到目的时，票据债务人才负迟延的责任。所以又可将到期日称为持票人对票据债务人请求支付票款的始期。关于到期日的记载，必须具有确定性，包括出票时就已确定，或者将来见票后确定。我国《票据法》第25条

---

① 参见最高人民法院民事审判第一庭编：《民事审判实务问答》，法律出版社2021年版，第436～437页。

第 1 款对票据付款日进行了规定,该条规定:“付款日期可以按照下列形式之一记载:(一)见票即付;(二)定日付款;(三)出票后定期付款;(四)见票后定期付款。”第 23 条第 2 款规定:“汇票上未记载付款日期的,为见票即付。”“到期日的法律效力是:持票人如不在到期日或者到期日之后一定日期内提示付款,则将丧失对前手的追索权……到期日前,持票人不得请求付款,也不得接受付款人的期间付款。或者是其遭付款人拒付的并不向前手追索,或者付款人自负其责……到期日与实际付款日并不相同。有时二者是同一日,有时则不然。如果持票人在到期日这一天向承兑人请求付款,承兑人当即付款,这种情况属于到期日与实际付款日为同一日……我国《票据法》第 53 条将定日付款、见票后定期付款的汇票提示付款期间规定为到期日起 10 日。持票人如在到期日后的 10 天内任意某一天提示付款,并得到付款时,到期日与实际付款日就不在同一日。”[①]特殊情形下,如果持票人未按照《票据法》第 53 条第 1 款规定期限提示付款的,在持票人作出说明后,承兑人或者付款人仍应当继续对持票人承担付款责任。该日期显然超出了提示付款期限。正因如此,在综合考虑了正常情形下,针对持票人在法定提示付款期内提示付款和特殊情形下可能超出提示付款期提示付款的情形,司法解释作出了公示催告期间的截止日不得早于提示付款期限届满日后 15 日的规定。

在司法实践中,应当根据本条规定以及《票据法》关于提示付款期的相关规定确定公示催告期间,由于不同票据种类的付款日各不相同,在公示催告程序中确定公示催告期间时,也应当根据本条规定,依案涉票据的种类、到期日、提示付款日来具体确定公示催告期间。

【司法案例】

新疆睿盛纺织有限公司与四川宝光电器设备有限公司票据纠纷案[②]

新疆生产建设兵团第八师中级人民法院二审认为:本案的争议焦点为,石河子市人民法院作出的(2018)兵 9001 民催 3 号判决中关于票号×××2/×××7,金额为 100 万元的商业承兑汇票的除权判决应否撤销及四川宝光电器设备有限公司作为涉案票据的合法持有人有无事实和法律依据。《民事诉讼法解释》(2020)第 449 条规定,公告期间不得少于 60 日,且公示催告期间届满日不得早于票据付款日后 15 日。在石河子市人民法院(2018)兵 9001 民催 3 号案件中,该院

---

① 王小能编著:《票据法教程》,北京大学出版社 1994 年版,第 266 页。

② 新疆生产建设兵团第八师中级人民法院(2020)兵 08 民终 829 号民事判决书。

公示催告期间届满日早于票据付款日。因此,被上诉人作为涉案票据的利害关系人因公示催告程序中未按法定方式公告,不能在判决前向人民法院申报权利,在石河子市人民法院作出除权判决之后提起撤销之诉,理由正当,合法有据。

第三十三条　依照民事诉讼法第二百二十条第二款的规定,在公示催告期间,以公示催告的票据质押、贴现,因质押、贴现而接受该票据的持票人主张票据权利的,人民法院不予支持,但公示催告期间届满以后人民法院作出除权判决以前取得该票据的除外。①

【条文主旨】

本条是关于对以公示催告的票据质押、贴现法律效果的规定。

【条文理解】

关于本条规定的理解,主要注意以下两个问题。

(一)对《民事诉讼法》第227条规定的理解

《民事诉讼法》第227条第2款规定:“公示催告期间,转让票据权利的行为无效。”该规定自1991年制定《民事诉讼法》以来,在历次修改《民事诉讼法》过程中得以保留。其立法目的在于保护失票人的权利,避免其合法持有的票据在公示催告期间被他人取得而损害失票人权利。自该条规定制定以来,争论就一直存在,主要争议点集中在否定公示催告期间票据流转效力的规定是否有悖票据流通性、与票据善意取得原则相悖等。

本条仍然坚持依照《民事诉讼法》第227条规定,明确在公示催告期间,以公示催告的票据质押、贴现,因质押、贴现而接受该票据的持票人主张票据权利的,人民法院不予支持。其原因,起草者认为,利害关系人对票据丧失是否知情,并不是法律是否保护的事实依据。即使利害关系人对票据丧失不知情,法律也推定其知情,或者说在人民法院公告期间,他应当知道。因为人民法院的公告具有公示的法律效力,根本不同于商业广告。利害关系人的受让行为(如通过背书转让、交付转让、质押转让、贴现转让等方式)如果发生在公示催告期间,受让人取得票据是否善意,就不是人民法院审理公示催告申请人与利害关系人之间的纠纷依法需要考虑的因素。换言之,在公示催告程序期间,以公示催告的票据背书转让、交付

---

① 原为1991年4月9日通过的《民事诉讼法》第195条第2款规定;2012年8月31日修改后《民事诉讼法》为第220条第2款。《票据法规定》(2020)之后,2021年12月24日修改后《民事诉讼法》又将原第220条调整为第227条。

转让、质押转让、贴现转让等方式取得票据的持票人主张票据权利的,人民法院不予支持。但是,在公示催告期间以外,利害关系人对票据丧失是否知情,受让人取得票据是否善意,人民法院就应当予以关注、予以考虑。故本条规定明确了两点:一是代理付款人在人民法院公示催告公告发布以前按照规定程序善意付款的行为有效,承兑人或者付款人以已经公示催告为由拒付代理付款人已经垫付的款项的,人民法院不予支持;二是公示催告期间届满以后人民法院作出除权判决以前取得票据并据此主张票据权利的,人民法院应当支持。由此可见,取得票据的时间是在公告期内还是公告期外足以决定票据转让行为的有效与否。据此,利害关系人受让行为如果发生在公示催告期间,其行为当然无效。①

本书认为,关于《民事诉讼法》第227条规定以及本条规定的理解,应从其立法目的出发,做全面正确的解读。这里的公示催告期间,应指真实的、适格的公示催告申请人申请公示催告情形下的公示催告期间,不包括伪报票据丧失不适格的情形。具体理由如下:在失票人并非适格公示催告申请人的情形下,由于该失票人并非合法票据权利人,故不享有票据权利,不属于本条所保护的票据权利人。一般而言,如果失票人并非适格公示催告申请人,那么该失票人提出公示催告申请时,人民法院经审查将裁定不予受理,或者受理后裁定驳回公示催告申请。但在审判实务中,不排除在立案阶段,由于认识的问题,存在法院认为该公示催告申请人为适格公示催告申请人,受理案件并发出公示催告的情形。在公示催告期间,由于作为真正票据权利人的利害关系人申报权利,故人民法院裁定终结公示催告程序。经诉讼程序,确定公示催告申请人并非适格公示催告申请人,故由该申请人申请公示催告程序而发出的公示催告并不属于本条所规定的公示催告,不具有否定在该期间票据转让行为的效力。在审判实务中,也存在作为真正票据权利人的利害关系人因正当理由未能在公示催告期间申报权利而使不适格公示催告申请人得以申请法院作出除权判决的情形。但应明确的是,公示催告程序并非诉讼程序,故除权判决非经过对权利争议的实质审理作出的,该判决只是恢复了申请人作为持票人的形式资格,并非将申请人确定为实质票据权利人。利害关系人可以根据《民事诉讼法》第230条关于撤销除权判决的规定,诉请撤销除权判决。2015年制定《民事诉讼法解释》时,就在第460条列举的“正当理由”中规定了伪报票据丧失情形。除权判决被撤销的同时,利害关系人的合法票据权利人的身份得以依法确定,公示催告申请人并非适格公示催告申请人的事实也得以明

① 参见曹守晔、王小能、汪治平、吕方:《〈关于审理票据纠纷案件若干问题的规定〉的理解和适用》,载《人民司法》2001年第4期。

确,非适格公示催告申请人申请的公示催告程序中的催告期间也不具有否定该期间内票据转让行为的效力。因此,那种认为在除权判决作出的情况下,此前公示催告期间所进行的票据转让行为均无效的观点有失绝对。

(二)关于因票据质押、贴现而接受票据的持票人主张票据权利,人民法院不予支持的理解

1. 关于公示催告期间的票据质押

依《票据法》原理,被背书人取得票据质权时,质权人并不是票据权利人,票据权利人仍然是票据的背书人即设质人,质权人无权再行转让或者出质已经设质的票据。但是,当作为基础关系的债权到期后,则质权人依法可以实现其质权,质权人可以成为票据权利人。我国《票据法》第 35 条第 2 款规定,被背书人依法实现其质权时,可以行使汇票权利。因此,如果质押发生在公示催告期间,根据《民事诉讼法》第 227 条第 2 款的规定,应认定该质押行为无效,持票人据此主张票据权利的,人民法院不予支持。

2. 关于公示催告期间的票据贴现

我国《票据法》并未对贴现问题进行规定。关于贴现的相关规定,主要体现在中国人民银行颁布的相关部门规章规定中。根据中国人民银行《贷款通则》的有关规定,票据贴现,系指贷款人以购买借款人未到期商业票据的方式发放贷款的行为。也就是贷款人根据中国人民银行规定的贴现利率,按票据票面所记载的金额,在扣除贴现利息后,以贷款方式付出票据对价而获得票据权利。根据中国人民银行《商业汇票承兑、贴现与再贴现管理暂行办法》(1997 年 5 月 22 日,银发〔1997〕216 号)的规定,贴现系指商业汇票的持票人在汇票到期日前,为了取得资金贴付的一定利息而将票据权利转让给金融机构的票据行为,是金融机构向持票人融通资金的一种方式。《电子商业汇票业务管理办法》第 42 条第 1 款规定:"贴现是指持票人在票据到期日前,将票据权利背书转让给金融机构,由其扣除一定利息后,将约定金额支付给持票人的票据行为。"

根据《贷款通则》对票据贴现定义的界定,票据贴现的性质为金融机构对持票人的贷款行为。《商业汇票承兑、贴现与再贴现管理暂行办法》则是将贴现作为一种票据转让行为予以界定。《支付结算办法》第 93 条规定,票据贴现、转贴现、再贴现时,应作成转让背书。由此规定可以看出,贴现人要取得票据,须依照《票据法》关于背书转让的规定操作,才能取得票据权利。所以虽然在票据贴现的过程中,表面上看是由贴现人向持票人支付扣除利息后的贴现款项,以取得票据权利,该情形似与买卖票据行为的情形相符,即持票人以一定的价格将票据卖给贴现人;但是从实质内容来看,票据权利从持票人手中转移到了贴现人手中,票据权利

由持票人转让给了贴现人，完全符合《票据法》中关于票据转让与授予他人行使票据权利的规定，票据转让是票据贴现的法律特征，而买卖票据或者贷款行为仅仅是贴现人取得票据权利而与持票人之间形成的票据基础关系的一种，这种关系与票据背书转让过程中一般背书人与被背书人之间的基础关系如买卖、加工等关系并无本质上的区别，所以票据贴现即票据权利转让的行为。《九民会议纪要》第102条关于票据转贴现的认定也可以支持此观点，该条明确："转贴现是通过票据贴现持有票据的商业银行为了融通资金，在票据到期日之前将票据权利转让给其他商业银行，由转贴现行在收取一定的利息后，将转贴现款支付给持票人的票据转让行为。"因此票据贴现有效与否，应当依照《票据法》中关于票据权利转让的规定主要是票据背书的规定予以审查认定。

将票据贴现简单地作为一种金融机构的贷款行为也值得探讨。因为金融机构向企业发放贷款，是双方约定由企业向金融机构借得款项后，使用一段时间后再向金融机构归还借款本息的一种行为。在票据贴现业务中，持票人向贴现人申请贴现后，其取得贴现款项，同时持票人也将其所持有的票据背书转让给贴现人，票据权利转让给贴现人所有及行使。正如票据的概念所指，票据是一种有价证券，持有票据即可以行使票据权利，所以自持票人将票据背书转让给贴现人开始，贴现人即已经依背书取得票据权利，可以视为持票人已经将款项归还给贴现人，这一点却不符合贷款行为的法律特征，即持票人没有使用借款达一定期限，而是于贴现款取得同时或者之前已经将款归还给贴现人，所不同的只是支付了贴现利息而已。这与金融机构以持票人所持有的票据进行质押而进行的贷款行为也并不相同，票据质押贷款到期，金融机构行使的是债权人的票据质权，而在贴现行为中，票据到期时贴现人所行使的就是一般的票据持有人的权利。《支付结算办法》第95条规定，贴现、转贴现、再贴现到期，贴现、转贴现、再贴现银行应向付款人收取票款；不获付款的，贴现、转贴现、再贴现银行应向其前手追索票款。从该条规定来看，贴现人到期所行使的是完全的票据权利，而不是票据质权人的质权或者收回贷款的权利。另外，《商业银行法》中所规定的商业银行可以经营的银行业务中，是将票据贴现单独作为一种银行业务规定的，而不是作为贷款业务。

此外，由于票据贴现是贴现人向持票人支付扣除利息后的款项而取得票据的一种票据转让行为，所以其适用范围也是有限制的。从有关规定来看，票据贴现仅限于对商业汇票的贴现，即对远期汇票的贴现。即期汇票是见票即付的汇票，不存在贴现的问题，因为持票人凭票便可以向付款人提示付款；远期商业汇票因为记载有付款日期，持票人于到期日提示付款时才能得到付款，因此才具有贴现与再贴现的意义。

票据的贴现虽然是票据行为,但是应属于一种特殊的票据行为。由于票据贴现具有融通资金的功能,所以票据贴现是一项金融业务,而不是普通的民商事行为。

票据贴现也是票据权利转让的一种方式。因此,如果贴现发生在公示催告期间,根据《民事诉讼法》第227条第2款的规定,应认定该贴现行为无效,持票人据此主张票据权利的,人民法院不予支持。

【司法案例】

案例一

山东钢铁股份有限公司莱芜分公司、峰峰矿区大兴煤炭运销有限责任公司与罗某某票据返还请求权纠纷案①

一审法院认为:本案涉案汇票系原告峰峰矿区大兴煤炭运销有限责任公司与河北经邦贸易有限公司因煤炭购销合同关系取得,虽然未经背书,但原告已提供了与河北经邦贸易有限公司的煤炭购销合同、增值税发票及河北经邦贸易有限公司的证明,足以证明原告失票前曾是该涉案汇票的合法持有人。从本案查明的情况看,该涉案汇票系通过被告罗某某与山东悦丰农业发展有限公司、莱芜市金瑞源经贸有限公司、莱芜市钏锋矿业有限公司之间的非法买卖转让到莱芜市益民经贸有限公司。该涉案汇票经法院公示催告后,在尚未确定该涉案汇票票据权利归属的情况下,莱芜市益民经贸有限公司在与被告山东钢铁股份有限公司莱芜分公司的购销业务中将该涉案汇票转让给被告山东钢铁股份有限公司莱芜分公司。被告山东钢铁股份有限公司莱芜分公司知道或者应当知道受让该涉案承兑汇票的后果,且未作审查或怠于审查,应属重大过失取得。虽然被告山东钢铁股份有限公司莱芜分公司与莱芜市益民经贸有限公司有业务来往,由真实的交易关系而取得该涉案汇票,但被告山东钢铁股份有限公司莱芜分公司未提供自己没有重大过失的相关证据。违法取得和不能证明没有重大过失的持票人不构成对票据的善意占有,依法也不享有票据权利。因此被告山东钢铁股份有限公司莱芜分公司不是该涉案汇票的合法持有人,依法不得享有票据权利。

上诉人山东钢铁股份有限公司莱芜分公司不服上述判决,提起上诉。

二审法院认为:关于上诉人山东钢铁股份有限公司莱芜分公司是否享有票据权利问题。该涉案汇票系原审被告罗某某从被上诉人峰峰矿区大兴煤炭运销有限责任公司取走后,与耿某某、山东悦丰农业发展有限公司、莱芜市金瑞源经贸有

① 参见河北省邯郸市中级人民法院(2019)冀04民再26号民事判决书。

限公司、莱芜市钏锋矿业有限公司之间进行非法买卖转让。被上诉人峰峰矿区大兴煤炭运销有限责任公司得知后,向付款行申请挂失止付,并向人民法院申请公示催告。在人民法院2011年10月17日公示催告期间,莱芜市钏锋矿业有限公司于2011年10月31日持该汇票向人民法院申报权利,从而导致公示催告程序终结。被上诉人峰峰矿区大兴煤炭运销有限责任公司在终结公示催告程序后已提起诉讼,此后,在该涉案汇票尚未确定票据权利归属的情况下,莱芜市钏锋矿业有限公司明知该汇票存在争议,又将该汇票背书转让给莱芜市益民经贸有限公司,而莱芜市益民经贸有限公司又将该汇票背书转让给上诉人山东钢铁股份有限公司莱芜分公司,上诉人山东钢铁股份有限公司莱芜分公司知道或者应当知道该涉案承兑汇票的存在上述情形,又不作审查或怠于审查,应属重大过失取得。依据《票据法》第12条第2款"持票人因重大过失取得不符合本法规定的票据,也不得享有票据权利"之规定,上诉人山东钢铁股份有限公司莱芜分公司不享有票据权利。判决驳回上诉,维持原判。

再审法院认为:

(1)关于原审判决认定大兴公司是案涉票据的最后合法持票人是否有事实依据的问题。大兴公司曾持有过讼争票据,取得票据方式为非经背书转让取得,但是大兴公司持有票据后并未签章将自己记载为被背书人,而是将汇票交由罗某某办理贴现,罗某某将票据交给耿某,后耿某失去联系,票据不知去向。可见,本案票据并非在大兴公司持有期间意外失票,而是大兴公司基于贴现目的自主将票据交给罗某某,后罗某某未支付贴现款,而票据也未能追回。票据丧失是指票据权利人并非出于自己的本意而丧失对票据的占有,汇票是完全有价证券,票据权利仅由合法持票人享有,转移汇票的占有,票据权利随之转移。大兴公司提起本案诉讼请求的前提是享有票据权利,但其在将票据交付罗某某时已经自主丧失了对汇票的持有,已无法行使《票据法》第4条所规定的票据权利。大兴公司在不享有票据权利的情况下,主张莱芜公司阻却其行使票据权利的请求也就不应得到支持。大兴公司可基于与罗某某之间形成的法律关系另行主张权利。原审判决认定大兴公司为案涉票据的最后合法持票人与本案事实不符,应予纠正。

(2)关于莱芜公司是否合法持有票据并享有票据权利的问题。《票据法规定》(2000)第34条规定:"依照民事诉讼法第一百九十五条第二款的规定,在公示催告期间,以公示催告的票据质押、贴现,因质押、贴现而接受该票据的持票人主张票据权利的,人民法院不予支持,但公示催告期间届满以后人民法院作出除权判决以前取得该票据的除外。"大兴公司于2011年10月17日向法院申请公示催告,2011年10月24日莱芜市钏锋矿业有限公司持案涉汇票向某区人民法院申报权利。法院遂终结公示催告程序。根据上述规定,莱芜公司在公示催告程序终结后除权判决以前,通过真实的交易关系取得案涉票据,其取得汇票行为合法有效。原判认定莱芜公司因重大过失取得票据,不享有票据权利依据不足。莱芜公司作为案涉票据最后合法持票人,依法享有票据权利。

莱芜公司再审理由成立,予以支持;原判决认定事实、适用法律错误,依法应予纠正。判决如下:(1)撤销一、二审民事判决;(2)驳回大兴公司诉讼请求。

案例二
澳洋集团有限公司与上海华冠电子设备有限责任公司票据纠纷案[①]

法官提示:在公示催告期满后除权判决作出前通过背书取得汇票有效。

江苏省无锡市崇安区人民法院认为:我国法律并未禁止汇票在公示催告期满后除权判决作出之前背书,且华冠公司背书时未超过提示付款期限,因此应认定华冠公司背书取得票据有效。本案所涉汇票,在除权判决作出之前的汇票权利应由华冠公司享有。澳洋公司通过公示催告程序取得票面金额的行为,侵害了华冠公司享有的汇票权利。遂判决澳洋公司于判决生效后立即返还华冠公司30万元及利息。

一审宣判后,澳洋公司不服,提起上诉。

江苏省无锡市中级人民法院二审经审理认为:华冠公司在公示催告期满后除权判决作出前通过背书取得的汇票有效。首先,法律并未否认公示催告期满后除权判决作出前背书取得票据的效力;其次,《票据法规定》(2008)第34条明确规定,在此期间因票据质押、贴现取得该票据的持票人有权主张票据权利,即在此期间通过背书取得票据也并不违反该条规定的精神;最后,公示催告程序的目的在于将票据丧失的事实通过公示的方式向占有票据的利害关系人进行告知并催促利害关系人行使权利,其实质为寻找票据的过程。公示催告期满后,票据已不再处于公示状态,在除权判决作出前,票据权利仍然存在。华冠公司基于合法的基础关系支付了合理的对价从湘能公司处背书取得汇票,该汇票应为有效。票据是一种设权证券,票据上的权利只能依票据上记载的内容为准,而不允许以票据记载以外的证据来变更、推翻票据上的权利,否则将有违票据的流通性。即使澳洋公司确实是失票人,一旦其丧失的票据被善意第三人取得,就在这一时刻失去了

① 参见江苏省无锡市崇安区人民法院(2009)崇民二初字第636号民事判决书;江苏省无锡市中级人民法院(2010)锡商终字第007号民事判决书。

票据上的权利，此后即使是除权判决，也只是使失票人恢复到原持有票据同一地位而已，并不是恢复失票人所持票据上的实质权利。除权判决作出后，票据权利与票据本身相分离，票据无效。本案汇票已被除权，票据权利已不存在，故华冠公司以澳洋公司凭借除权判决取得票据金额导致华冠公司票据权利的丧失为由，要求澳洋公司返还票据金额以及相应利息的诉求，应予支持。判决驳回上诉，维持原判。

第三十四条　票据丧失后，失票人在票据权利时效届满以前请求出票人补发票据，或者请求债务人付款，在提供相应担保的情况下因债务人拒绝付款或者出票人拒绝补发票据提起诉讼的，由被告住所地或者票据支付地人民法院管辖。

【条文主旨】

本条是关于失票人请求出票人补发票据，或者请求债务人付款之诉的规定。

【条文理解】

我国《票据法》第 15 条只是原则性地规定，失票人可以通过提起诉讼的方式救济其权利。但关于诉的种类和被告，该条均没有进行规定。本条是对提起诉讼的具体化规定。

本条主要规定两方面内容：

一是失票人可以提起请求出票人补发票据，或者请求债务人付款之诉。我国《票据法》借鉴了英美法系的提起诉讼这一失票救济制度。《英国票据法》第 69 条对补发票据制度进行了规定，即“汇票在到期日前丧失的，汇票持有人应请求发票人另行给予相同意旨的汇票，必要时应向发票人提供保证，如果所声称丧失的汇票再度出现时，担保发票人得以对抗全体第三人”。我国香港特别行政区《香港汇票条例》中也有类似规定。该条例第 69 条规定，执票人遗失汇票以后可以要求出票人发给副本，如果发票人拒绝发出该汇票副本则可能被强迫发出。第 70 条规定，如果法庭或者法官对当事人所提供的保证感到满意，则可以命令无须确立汇票遗失。

二是上述诉讼的管辖法院。上述诉讼属于票据诉讼，根据《民事诉讼法》第 26 条和《票据法规定》(2020) 第 6 条的规定，票据支付地或者被告住所地人民法院均享有管辖权。

【司法适用】

关于请求出票人补发票据诉讼的理解，应注意以下两点：

一是丧失的票据时效期间需尚未届满。如果票据权利时效期间届满，则失票人的票据权利已消灭，已无补发票据的必要。

二是失票人提起诉讼，应提供相应担保。在采用诉讼方式救济失票人的英美国家，为避免失票人滥诉，规定了担保制度。如《英国票据法》第 70 条规定，关于汇票丧失的任何诉讼，法院或法官应裁定不得挂失，若能提供使法庭或法官认为满意的担保以对抗该汇票主张权利的任何人的，不在此限。我国也借鉴了该制度。为防止原告恶意提起诉讼损害合法持票人利益，本条司法解释规定，原告提起诉讼的，应提供相应担保。这里的“相应”，应根据个案情况由法院依法确定。

第三十五条　失票人因请求出票人补发票据或者请求债务人付款遭到拒绝而向人民法院提起诉讼的，被告为与失票人具有票据债权债务关系的出票人、拒绝付款的票据付款人或者承兑人。

【条文主旨】

本条是关于失票人请求出票人补发票据或者请求债务人付款之诉的被告的规定。

【条文理解】

本条主要包含两部分内容：一是失票人请求出票人补发票据之诉的被告如何确定；二是失票人请求债务人付款之诉的被告如何确定。

（一）失票人请求出票人补发票据之诉的被告如何确定

该诉的被告为与失票人具有票据债权债务关系的出票人。

根据我国《票据法》的规定，票据分为汇票、本票、支票三种。根据《支付结算办法》《票据管理实施办法》的规定，上述票据，又分为银行汇票、商业汇票、银行本票和支票。

票据的出票，又称票据的发票、票据的签发和票据的发行等。我国《票据法》第 20 条规定：“出票是指出票人签发票据并将其交付给收款人的票据行为。”根据《票据管理实施办法》第 6 条、第 7 条、第 8 条第 1 款、第 11 条的规定，银行汇票的出票人，为经中国人民银行批准办理银行汇票业务的银行；银行本票的出票人，为经中国人民银行批准办理银行本票业务的银行；商业汇票的出票人，为银行以外的企业和其他组织；支票的出票人，为在经中国人民银行批准办理支票存款业务的银行、城市信用合作社和农村信用合作社开立支票存款账户的企业、其他组织和个人。票据补发也属于票据出票的范畴，补发票据的义务主体只有出票人，不包括背书人、保证人、承兑人等其他债务人,故失票人提起补发票据之诉的被告人也应当是票据的出票人。

(二)失票人请求债务人付款之诉的被告如何确定

该诉的被告为拒绝付款的票据付款人或者承兑人。根据《支付结算办法》的规定,银行汇票的付款人为出票银行,商业汇票分为商业承兑汇票和银行承兑汇票,其付款人为承兑人;银行本票的付款人是出票银行机构;支票的付款人为支票上记载的出票人开户银行。

【司法适用】

在票据没有经过背书转让的情况下,失票人请求出票人补发票据,尚有一定的可操作性。但当失票人系经票据背书转让取得票据时,尤其是在经过多次背书转让的情况下,背书人如何向出票人证明其持票人的地位?背书人在补发的票据上处于被背书人还是收款人的地位?是否需要所有的背书人在补发的票据上签章?对上述问题,本条并未作出明确规定,只能通过本条规定得出除出票人之外的其他票据义务人并不是补发票据的义务主体的结论。因此,其他义务人也不可能配合失票人补发票据,这就制约了补发票据的适用范围。也就是说,只有在票据没有经过背书转让的情况下,补发票据才有可操作性。

【司法案例】

元宝油漆经销处在取得支票灭失后诉出票人百渠物资经销处再行给付货款案①

法官提示:支票持票人丧失票据,补发票据请求被拒,出票人承担付款责任。

铁岭县人民法院经审理认为:原被告的购销行为合法有效,应受法律保护。油漆经销处在物资经销处购得油漆后,货款虽以支票方式付给了物资经销处,但由于物资经销处不慎将支票遗失,事实上物资经销处并未实际收到此笔货款,油漆经销处账户内也未将此笔货款支出,因此,物资经销处请求合理,应予支持。

第三十六条　失票人为行使票据所有权,向非法持有票据人请求返还票据的,人民法院应当依法受理。

---

① 参见法信网,https://www.faxin.cn。

【条文主旨】

本条是关于失票人提起返还票据之诉的规定。

【条文理解】

《民事诉讼法》第122条规定:"起诉必须符合下列条件:(一)原告是与本案有直接利害关系的公民、法人和其他组织;(二)有明确的被告;(三)有具体的诉讼请求和事实、理由;(四)属于人民法院受理民事诉讼的范围和受诉人民法院管辖。"

因失票人知晓票据下落,故该情形并不符合适用公示催告程序的条件。但因失票人知道其丧失的票据的持有主体,故其可以向持票人提起返还票据之诉。在该诉符合《民事诉讼法》第122条规定的情形时,人民法院应予受理。

一般而言,原告的诉讼请求能够得到支持,应具备以下事实:

一是原告证明其为丧失票据的最后合法持票人,享有票据权利。这里应注意原告为票据的最后合法持票人。在票据几经转让的情形下,收款人以及最后合法持票人的前手在转让票据之前,都是合法持票人,但二者在依法转让票据后就不再是合法持票人,不能再就已转让的票据主张权利,除非二者承担了被追索责任后行使再追索权。

二是被告在起诉之时持有票据。如果被告曾经持有票据,但在起诉之时已将票据转让,不再持有票据,则其并不是适格被告。

三是被告为非法持票人。本条中的"非法持有票据人"是指采用欺诈、胁迫、抢夺、恐吓等非法手段而取得票据的人。欺诈、胁迫、抢夺、恐吓等行为如果构成犯罪,票据作为赃物当然应当物归原主;如果不构成犯罪,也应当赋予当事人救济手段,允许当事人以请求返还票据为由提起民事诉讼。当事人因此类纠纷起诉的,人民法院应当作为"票据返还请求权纠纷"予以受理。①

应当说,票据行为具有无因性是票据法的基本原则,但规定票据行为无因性的立法目的是促进票据流通,保护善意第三人,而非保护非法持票人。因此,世界各国票据法及世界票据公约均规定了无因性的"例外"情形,即持票人取得票据的手段不合法,不得取得票据权利。如《日内瓦统一汇票本票法公约》第16条规定,汇票之持有者,以背书之连续,证明其对汇票之权利时,即使最后之背书为空白背书,亦作为合法之持票人……但其取得汇票有恶意或重大过失者,不在此限。《日本票据法》第16条也有相同规定。《美国统一商法典》第3-302条(a)规定,依据

---

① 参见曹守晔、王小能、汪治平、吕方:《〈最高人民法院关于审理票据纠纷案件若干问题的规定〉理解与适用》,载《人民司法》2001年第4期。

(c)和第3－106条(d)的规定,正当持票人是指在下列情形下持有票据的人:……(2)持票人取得票据符合下列条件:(i)支付对价,(ii)善意……[①]我国《票据法》第12条规定:"以欺诈、偷盗或者胁迫等手段取得票据的,或者明知有前列情形,出于恶意取得票据的,不得享有票据权利。持票人因重大过失取得不符合本法规定的票据的,也不得享有票据权利。"从票据法法理和上述规定可知,持票人只有以合法方式取得票据,才为合法持票人,才依法享有票据权利。

从《票据法》法理进行分析,持票人在取得票据时主观上应当具备善意。这里讲的善意,是指持票人在取得票据时对从票据外观无法查知的瑕疵,事实上不知道也不应知道的主观心理状态。与之相对的是"恶意"或者"重大过失"。恶意是指取得票据时明知票据上存在瑕疵的主观心理状态。从反面说,以恶意取得票据的,不得享有票据权利。这里所指恶意,泛指各种不正当的方法,包括明知原持票人不是票据上的真正权利人,没有处分票据的权利而受让票据。[②]

关于重大过失的认定。罗马法认为,未尽一个疏忽之人的注意为重过失,而未尽一个"良家父"的注意则为轻过失。德国联邦法院认为,重大过失是指特别严重地未尽到特定环境所要求的谨慎的行为,或者一个人没有注意到在此种环境中任何人都应当注意到的事情。[③] 有学者认为,我国《票据法》第12条第2款和《票据法规定》(2000)第15条第4项规定的权利人因重大过失取得票据的情形,是指取得票据人虽不是明知,但如果按照一般的工作经验稍加合理注意,就可以知道票据转让人没有处分权,但因疏忽大意未加注意而接受了票据。[④]

【司法适用】

应注意本条规定与《票据法规定》(2020)第2条的规定不同。两者虽均为持票人非法持有票据,且均为原告诉请被告返还票据,但两者所基于的法律事实不同,权利主体也不同。前者诉讼的事实基础是原告为票据的最后合法持票人,在原告失票后,其票据被被告非法持有,故原告诉求返还;后者原告是票据债务人(出票人),其是基于票据基础法律关系不合法、出票人与持票人不具有真实的交易关系和债权债务关系、持票人未支付合理对价等原因,诉请持票人返还票据。

---

① ALI(美国法学会)、NCCUSL(美国统一州法委员会):《美国〈统一商法典〉及其正式评述》(第2卷),李昊等译,中国人民大学出版社2005年版,第52页。

② 参见谢怀栻:《票据法概论》,法律出版社1990年版,第61页。

③ 参见BGH11 May 953,BGHZ10,10,14,16;RG25 May 1933,RGZHI,129,131。

④ 参见梁英武主编:《中华人民共和国票据法释论》,立信会计出版社1995年版,第32页。

【司法案例】

案例一
银川源鑫磊贸易有限公司与石嘴山瑞恒源商贸有限公司其他合同纠纷案①

法官提示：不能证明持票人取得票据是基于恶意或者重大过失的，不能要求其返还票据。

最高人民法院认为：本案二审审理的争议焦点问题是：利丰公司请求石嘴山瑞恒源商贸有限公司（以下简称瑞恒源公司）返还本案诉争汇票或赔偿票面损失1000万元，并赔偿利息损失437万元、经营损失573万元，其主张是否有事实和法律依据。

本案票据纠纷系由双方当事人从事涉案商业汇票贴现、转让行为而引发，其交易的本质是民间借贷、融通资金活动。本案一、二审查明的事实表明，刘某某、丁某某等人得知强某某可办理汇票贴现，遂决定将其持有的银行承兑汇票交予强某某贴现，并委托丁某某、蔡某、王某某等具体办理。在交票、付款时，按照强某某的安排，由强某某委派的绳某某带丁某某等人到瑞恒源公司办理。丁某某、王某某、蔡某均不认识马某，在交易当天仍认为是与强某某进行交易。在此次交易之前，刘某某、丁某某找强某某办理过类似汇票贴现，应当知道彼此交票、付款的操作方式及其风险。在马某向强某某付款的过程中，从填写转账支票到去银行办理转账，蔡某一直在现场，并与丁某某保持联系。丁某某也与强某某电话联系转款事宜，强某某谎称让其在营业部等待，丁某某亦轻信了强某某的承诺。上述事实证明，从与强某某联系到等待强某某转款，利丰公司始终是与强某某进行汇票贴现交易。后强某某违反转款承诺，致使利丰公司没有收到贴现款。原审认定利丰公司联系汇票贴现的相对方是强某某，符合本案的实际情况。利丰公司上诉主张其交易的相对方是瑞恒源公司，因证据不足，不予采纳。

瑞恒源公司在与强某某转让汇票时，核验了票据真伪，得到强某某关于其合法持有汇票、无挂失止冻等书面保证，并依约向强某某支付了2200万元票款，且没有证据证明在其取得汇票时存在恶意或重大过失的情形。因此，依据《票据法》第10条、第12条的相关规定，瑞恒源公司已依法取得了案涉票据，并享有了票据权利。原审判决确认涉案银行承兑汇票归瑞恒源公司所有，适用法律并无不当，

---

① 参见最高人民法院民事审判第二庭编：《商事审判指导》2014年第2辑（总第38辑），人民法院出版社2015年版，第244～254页。

应予维持。利丰公司诉请瑞恒源公司返还该汇票或赔偿其相应损失,没有事实和法律依据,不予支持。

案例二

浙江省宁波浩盟工贸有限公司诉江苏省扬州港口污泥发电有限公司等票据追索权纠纷案①

法官提示:失票人无权要求票据善意受让人返还票据。

慈溪市华盛科研填料厂为支付利祥公司购买毛绒货款于2011年10月3日向利祥公司出具本案讼争汇票,慈溪市华盛科研填料厂交付汇票时未办理背书等手续。2011年10月29日,利祥公司又将该汇票交付金苹果公司,用于支付其对金苹果公司因染色加工应付款项。2011年10月31日,金苹果公司将票据填写后又转让给港口公司用于支付所欠港口公司汽费。利祥公司、金苹果公司、港口公司分别提交了有关前后手之间发生业务往来的凭证。

江苏省扬州市广陵区人民法院经审理认为:票据具有流通性,原告自称包括涉案汇票在内的6张汇票于2011年10月在浙江遗失,并未能举证证明,且在2011年12月才向法院提出公示催告申请,与情理不符,故不能认定原告系因遗失而丧失汇票的持有。对于已经背书转让票据的当事人之间,一律应当适用票据无因性原则,如果认为持票人是以欺诈、偷盗或者胁迫等手段取得票据或者明知有前列情形或者出于恶意取得票据的,主张者应对此负有举证责任。背书转让的汇票,背书应当连续。背书连续仅指形式上的连续。无锡和晶科技股份有限公司在转让汇票时未记载被背书人名称即将票据交付他人,金苹果公司在票据被背书人栏内记载自己名称与背书人记载具有同等法律效力。涉案汇票的最后持有人为被告港口公司,其取得票据系基于前手金苹果公司的背书转让,港口公司与其前手之间具备真实的基础法律关系,而利祥公司、金苹果公司也分别证明了其取得汇票的基础关系。原告未能提交证据证明作为最后持票人的港口公司系基于恶意或重大过失取得票据。本案为票据返还请求权纠纷,原告主张返还票据,如原告主张依法成立,只能向票据的实际持有人主张,且也只能向原告的直接后手主张。本案三被告均非原告丧失票据占有后的直接后手,港口公司取得票据并无恶意或重大过失,故本案被告利祥公司、金苹果公司和港口公司均无向原告返还票据或赔偿相应票据损失的义务。被告利祥公司在庭审中通过证据展示已向原告披露了其上手的相关情况,原告可依法向真正非法取得汇票,并非法转让汇票权

---

① 参见徐金余:《失票人无权要求票据善意受让人返还票据》,载《人民司法》2012年第24期。

利的当事人主张追究相应的法律责任,补偿自身的经济损失,维护合法权益。判决:驳回原告浩盟公司的诉讼请求。

原告浩盟公司不服一审判决,提起上诉。

江苏省扬州市中级人民法院经审理认为:浩盟公司的诉讼请求是要求法院将涉案汇票的权利判归其享有,但因受理公示催告的法院并未对涉案汇票作出除权判决,因此浩盟公司实际是行使票据返还请求权,要求港口公司返还涉案汇票,这属于票据法所调整的非票据关系。根据《票据法规定》(2000)第37条的规定,法院应予受理,但本案中浩盟公司的诉讼请求却不应得到支持。理由在于:其一,港口公司应当享有本案涉案汇票权利。票据作为文义证券,其所创设的一切权利和义务,完全地、严格地依票据上所记载的文字为准,不得离开票据上的记载文字而以其他事实或因素来确定,且对于记名票据须经背书交付方能转让票据权利。本案中,港口公司持有涉案汇票且为该记名汇票记载的最后被背书人,而涉案汇票签章完整、背书连续,应依法认定港口公司为涉案汇票合法权利人并享有票据权利。相反,浩盟公司既未加入背书,也不持有涉案汇票,不能享有票据权利。其二,浩盟公司认为港口公司系非法占有人不应享有涉案汇票权利的主张缺乏依据。(1)浩盟公司自称涉案汇票系于2011年10月被发现遗失,但该公司直至2011年12月7日才向法院申请公示催告,有悖常理,且一审和二审期间其对票据遗失过程的陈述也不尽一致,因此涉案汇票是否确为遗失存在疑问;(2)即使浩盟公司确实曾经是持票人,后又遗失了票据,其也只能向拾得票据的人或基于《票据法》第12条的规定向不法占有人要求返还,然而,港口公司并不是拾得涉案汇票的人,也没有证据表明港口公司是以偷盗、欺诈等非法手段取得票据,而浩盟公司认为港口公司取得涉案汇票存在恶意或重大过失却无相关证据证明,港口公司对取得涉案汇票的来源、事由等能合理解释并有证据加以佐证,因此在此情况下应当认定港口公司系善意合法取得涉案汇票;(3)根据《票据法》第29条的规定,并结合该法第30条的规定可见,背书转让汇票时只有被背书人名称是必须记载的,背书日期并非必须记载的事项,如果未记载背书日期则视为背书人在汇票到期日前背书,而且该款规定的目的也是尽可能保障汇票记载的被背书人能够享有汇票权利而不是相反。同时在本案中,根据第29条的规定,只能得出涉案汇票是在2012年1月26日前背书的结论,而从浩盟公司声称2011年10月遗失汇票到2011年12月30日苏州市相城区人民法院发出公告之间还有长达2个月左右的时间,根本不可能推导出各被上诉人就是在法院已发出公告后转让汇票的结论。何况三被上诉人取得、转让涉案汇票的时间、过程、基础法律关系等均有相关证据证明,三被上诉人转让涉案汇票的时间均在法院进行公示催告之前,故浩盟公司认为根据《票据法》第29条的规定即可认定三被上诉人之间转让涉案汇票的行为无效的主张也不能成立。其三,正当持票人的权利优于失票人的权利。票据是流通证券,票据的流通性是票据生命力的重要体现,且票据的流通方式与民法上的一般财产权利转让相比更为灵活、简便,只要依法让渡票据本身,即能产生票据权利转让的效果。同时,票据权利的行使,以持有票据为条件,没有票据就没有票据权利可言。本案中,如前文所述,涉案汇票系港口公司善意合法取得,港口公司作为正当持票人依法享有票据权利,而浩盟公司即便确为失票人,但票据丧失后一旦已被第三人善意取得,浩盟公司在这一时刻即失去了票据上的权利。至于浩盟公司失去的票据权利则可向日后查明的盗窃或拾得票据的人主张而不应要求正当持票人返还,否则将有违票据的流通性。综上,二审法院判决驳回上诉,维持原判。

第三十七条　失票人向人民法院提起诉讼的,应向人民法院说明曾经持有票据及丧失票据的情形,人民法院应当根据案件的具体情况,决定当事人是否应当提供担保以及担保的数额。

【条文主旨】

本条是关于失票救济诉讼的当事人证明规定和担保规定的规定。

【条文理解】

对本条规定的理解,应注重以下两个问题。

(一)失票人负有证明其曾经持有票据及丧失票据的义务

《民事诉讼法》第122条规定:"起诉必须符合下列条件:(一)原告是与本案有直接利害关系的公民、法人和其他组织;(二)有明确的被告;(三)有具体的诉讼请求和事实、理由;(四)属于人民法院受理民事诉讼的范围和受诉人民法院管辖。"失票人是基于其失票的事实提起诉讼,因此,失票人提起诉讼救济票据权利,需要证明其为最后合法持票人,是与本案具有直接利害关系的公民、法人和其他组织等事实。因此,本条规定,失票人应向人民法院说明曾经持有票据及丧失票据的情形。

(二)关于当事人应否提供担保的问题

本条规定,人民法院应当根据案件的具体情况,决定当事人是否应当提供担保以及担保的数额。

本条是在对《票据法规定》(2000)第38条进行修改的基础上作出的规定。

《票据法规定》(2000)第38条规定:“失票人向人民法院提起诉讼的,除向人民法院说明曾经持有票据及丧失票据的情形外,还应当提供担保。担保的数额相当于票据载明的金额。”该条规定要求失票人提起诉讼时,应当提供担保,且担保的数额要相当于票据载明的金额。在2020年修改本条规定时,倾向意见认为,应删除必须提供担保以及担保的数额相当于票据载明的金额的规定。理由为:

一是相关法律并未要求申请人必须提供担保和担保数额必须相当于票据载明的金额。《民事诉讼法》(2017)第100条第2款规定:“人民法院采取保全措施,可以责令申请人提供担保,申请人不提供担保的,裁定驳回申请。”该条规定提供担保的目的在于防止原告恶意申请采取财产保全措施,损害对方当事人合法权利。但该条规定的表述为“可以”,而非“必须”。《民事诉讼法解释》第152条进一步规定:“人民法院依照民事诉讼法第一百零三条、第一百零四条规定……在诉讼中,人民法院依申请或者依职权采取保全措施的,应当根据案件的具体情况,决定当事人是否应当提供担保以及担保的数额。”失票人因失票提起诉讼时,为避免付款人或者代理付款人付款造成票款损失,会申请对票据进行保全。在该情形下,应适用财产保全关于担保的相关规定。《最高人民法院关于人民法院办理财产保全案件若干问题的规定》第5条规定:“人民法院依照民事诉讼法第一百条规定责令申请保全人提供财产保全担保的,担保数额不超过请求保全数额的百分之三十;申请保全的财产系争议标的的,担保数额不超过争议标的价值的百分之三十……财产保全期间,申请保全人提供的担保不足以赔偿可能给被保全人造成的损失的,人民法院可以责令其追加相应的担保;拒不追加的,可以裁定解除或者部分解除保全。”

二是由法院视个案案情确定申请人是否应提供担保以及提供担保的数额具有现实合理性。一般而言,当事人提供担保需耗费一定的时间,在司法实践中,停止支付通知书需要尽快发出,以避免票据被非法转让损害失票人的权利。而且,失票人由于失票不能及时行使票据权利受到了权利损害,如果再要求其提供担保,则加重了其财产负担。因此,对于适格原告而言,令其提供担保尤其是与票面金额相应的担保,确实加重了其负担。但不可否认的是,近年来,恶意诉讼有增无减,民间票据贴现增多,买票人取得票据却不给付贴现款,导致买票人伪报票据丧失事实进行起诉,并请求法院采取对案涉判决停止支付的财产保全措施,给真正票据权利人造成损失。提供相应担保,有助于防止当事人滥诉,保护真正票据权利人权益。正因如此,综合考虑保护真正失票人和防止伪报票据者滥诉两种因素,本条规定,应否由申请人提供担保以及担保的数额,由人民法院根据案件的具体情况决定。

【司法适用】

《票据法规定》(2020)本条规定对于担保期限及担保物的种类并未作出更加明确的规定。

关于担保物的种类,即担保物是否应当以金钱担保为限,《民法典》所规定的担保方式,不以金钱担保为限,人的保证或者其他物的担保均可以成立有效的担保,只要该担保方式不违反《民法典》《公司法》及其他法律的禁止性规定即可。依《最高人民法院关于人民法院办理财产保全案件若干问题的规定》第7条、第8条规定,保人可以以其与申请保全人签订财产保全责任保险合同的方式为财产保全提供担保;金融监管部门批准设立的金融机构可以以独立保函的形式为财产保全提供担保。

【司法案例】

案例一
银川利丰物资贸易有限公司与石嘴山瑞恒源商贸有限公司票据返还请求权纠纷案[①]

宁夏回族自治区高级人民法院一审认为:关于原告提起票据返还请求权诉讼,是否应提供担保的问题。

《票据法规定》(2000)第38条属于该规定第五部分失票救济中的规定,该规定要求失票人行使失票救济权利要在起诉时提供担保,旨在防止诉讼给合法持票人造成损失。本案中,虽然原告在起诉时没有向法院提供相应担保,但在诉讼过程中,经原告申请,法院对诉争票据已采取诉讼保全措施,原告为申请诉讼保全已经向法院提供了足额的担保,已经能够实现保护合法持票人和防止票据恶意转让造成损失的目的。这与《票据法规定》(2000)第38条规定的精神相符合,故对被告关于原告在起诉时未按照《票据法规定》(2000)第38条的规定提供相当于诉争汇票载明金额的担保,起诉不符合人民法院立案受理条件,应当裁定驳回起诉的答辩意见不予采纳。

一审判决后,当事人未对该项提出上诉。

---

① 参见最高人民法院民事审判第二庭编:《商事审判指导》(总第38辑),人民法院出版社2015年版,第244~254页。

案例二
张家港市金港镇广裕机械配件厂与张家港市恒美纺织有限公司票据纠纷案[①]

法官提示:失票人向人民法院提起诉讼的,应向人民法院说明曾经持有票据及丧失票据的情形。

江苏省高级人民法院经审查认为:依据《票据法规定》(2000)第37条、第38条的规定,失票人一是在票据丧失以前最后持有票据的人;二是能够举证证明失票原因的人。对最后持票人的含义,应作宽泛解释,即不仅包括姓名或名称已被记载于票面上的权利人,而且包括基于票据权利人意思委托占有的保管人、代收款项人等,以及通过直接交付方式受让票据的人。票据受让人如能证明自己最后合法占有票据,亦可成为适格的票据权利人。本案中,张家港市金港镇广裕机械配件厂(以下简称广裕配件厂)主张存在遗失票据的事实,并未提供充分的证据加以证明。从案涉票据的背书内容来看,广裕配件厂从张家港中集圣达因低温装备有限公司处取得票据,但此仅能证明广裕配件厂曾合法持有票据,不能当然认定其系票据的最后合法持票人。即使广裕配件厂遗失票据,失票后票据一旦被第三人善意取得广裕配件厂即失去票据权利,失票受损的权利可向拾得或盗得等以恶意方式取得票据的人主张,而不应要求正当持票人返还,否则有违票据的流通性原则。

张家港市恒美纺织有限公司(以下简称恒美纺织公司)所举证据能证明其系通过支付对价方式且系在公示催告及承兑到期日前从其前手合法取得案涉汇票。广裕配件厂未能举证证明恒美纺织公司系以欺诈、偷盗或者胁迫的手段,或明知有前列情形出于恶意,或因重大过失取得票据,存在《票据法》第12条规定的不得享有票据权利的情形,故恒美纺织公司系诉争票据的合法持票人,依法享有票据权益,广裕配件厂要求恒美纺织公司返还其合法取得的票据及项下款项依据不足,二审法院驳回其诉请的处理,并无不当。

---

① 江苏省高级人民法院(2016)苏民申3712号民事裁定书,载中国裁判文书网,https://wenshu.court.gov.cn。

第三十八条　对于伪报票据丧失的当事人,人民法院在查明事实,裁定终结公示催告或者诉讼程序后,可以参照民事诉讼法第一百一十一条[①]的规定,追究伪报人的法律责任。

【条文主旨】

本条是关于对伪报票据丧失的当事人,人民法院可以裁定终结公示催告或者诉讼程序,以及采取妨害民事诉讼的强制措施的规定。

【条文理解】

本条包括两方面内容:

一是人民法院查明伪报票据丧失事实,对案件的处理。

本条规定,该情形下,人民法院应裁定终结公示催告或者诉讼程序。这里,裁定终结诉讼程序,应理解为查明原告不具有适格原告身份,裁定不予立案或者立案后裁定驳回起诉。

二是对于伪报票据丧失的当事人,人民法院可以根据《民事诉讼法》第 114 条的规定采取妨害民事诉讼的制裁措施。

妨害民事诉讼的强制措施,是指在民事诉讼活动中,为了排除干扰,维护正常的诉讼秩序,保障民事诉讼和执行活动顺利进行,对有实施妨害民事诉讼秩序的行为人,人民法院所采取的具有制裁性质的强制手段。妨害民事诉讼的强制措施是民事诉讼法规定的强制性手段,其目的在于排除妨害,保证民事诉讼顺利进行。构成妨害民事诉讼的行为必须具备以下条件:(1)必须有妨害民事诉讼的行为的发生(包括作为和不作为),且该行为在客观上妨碍了民事诉讼的进行。(2)必须是在诉讼过程中实施的行为。但以下两种情形除外:①诉前财产保全中遇有妨害行为时,应采取强制措施予以排除,原因在于诉前财产保全同之后进行的诉讼程序和判决的实现联系密切,符合设定该强制措施的立法目的。②在人民法院执行完毕后,被执行人或者其他人对已执行的标的有妨害行为的。妨害民事诉讼的强制措施适用于民事诉讼的全过程,既包括审判阶段也包括执行阶段。(3)适用的对象比较广泛,既包括案件当事人和诉讼代理人以及其他诉讼参与人,也包括妨害民事诉讼的案外人。

《民事诉讼法》第 114 条规定:"诉讼参与人或者其他人有下列行为之一的,人

---

① 原为 1991 年 4 月 9 日通过的《民事诉讼法》第 102 条规定;2012 年 8 月 31 日修正后《民事诉讼法》为第 111 条。《票据法规定》(2020)在对《票据法规定》(2000)进行修改时相应修正为第 111 条。2021 年 12 月 24 日修改后《民事诉讼法》又将原第 111 条调整为第 114 条。

民法院可以根据情节轻重予以罚款、拘留;构成犯罪的,依法追究刑事责任:(一)伪造、毁灭重要证据,妨碍人民法院审理案件的;(二)以暴力、威胁、贿买方法阻止证人作证或者指使、贿买、胁迫他人作伪证的;(三)隐藏、转移、变卖、毁损已被查封、扣押的财产,或者已被清点并责令其保管的财产,转移已被冻结的财产的;(四)对司法工作人员、诉讼参加人、证人、翻译人员、鉴定人、勘验人、协助执行的人,进行侮辱、诽谤、诬陷、殴打或者打击报复的;(五)以暴力、威胁或者其他方法阻碍司法工作人员执行职务的;(六)拒不履行人民法院已经发生法律效力的判决、裁定的。人民法院对有前款规定的行为之一的单位,可以对其主要负责人或者直接责任人员予以罚款、拘留;构成犯罪的,依法追究刑事责任。"显然,伪报票据丧失,可以适用该条第 1 项、第 2 项的规定。因公示催告程序并非诉讼程序,故本条表述为可以参照《民事诉讼法》第 114 条(原第 111 条)的规定。

根据上述规定,采取对妨害民事诉讼的强制措施必须由人民法院决定。制裁措施包括予以罚款、拘留;构成犯罪的,依法追究刑事责任。

关于罚款和拘留。对个人的罚款金额,为人民币 10 万元以下。对单位的罚款金额,为人民币 5 万元以上 100 万元以下。拘留的期限,为 15 日以下。被拘留的人,由人民法院交公安机关看管。在拘留期间,被拘留人承认并改正错误的,人民法院可以决定提前解除拘留。罚款、拘留必须经院长批准。罚款、拘留应当用决定书。对决定不服的,可以向上一级人民法院申请复议一次。复议期间不停止执行。

这里所涉的刑事责任主要包括:(1)《刑法》第 305 条所涉伪证罪。该条规定:在刑事诉讼中,证人、鉴定人、记录人、翻译人对与案件有重要关系的情节,故意作虚假证明、鉴定、记录、翻译,意图陷害他人或者隐匿罪证的,处 3 年以下有期徒刑或者拘役;情节严重的,处 3 年以上 7 年以下有期徒刑。(2)《刑法》第 306 条所涉辩护人、诉讼代理人毁灭证据、伪造证据、妨害作证罪。该条规定:在刑事诉讼中,辩护人、诉讼代理人毁灭、伪造证据,帮助当事人毁灭、伪造证据,威胁、引诱证人违背事实改变证言或者作伪证的,处 3 年以下有期徒刑或者拘役;情节严重的,处 3 年以上 7 年以下有期徒刑。辩护人、诉讼代理人提供、出示、引用的证人证言或者其他证据失实,不是有意伪造的,不属于伪造证据。(3)《刑法》第 307 条所涉妨害作证罪。该条规定:以暴力、威胁、贿买等方法阻止证人作证或者指使他人作伪证的,处 3 年以下有期徒刑或者拘役;情节严重的,处 3 年以上 7 年以下有期徒刑。帮助毁灭、伪造证据罪:帮助当事人毁灭、伪造证据,情节严重的,处 3 年以下有期徒刑或者拘役。司法工作人员犯前两款罪的,从重处罚。

应当明确的是,在适用对妨害民事诉讼的强制措施时,依照行为人妨害民事诉讼的程度轻重不同,既可以单独适用某一种强制措施,也可以将几种强制措施合并适用。

【司法适用】

由于上述强制措施是法院对妨碍民事诉讼的行为人所采取的强制手段,此项责任的承担并不影响行为人对其他票据当事人赔偿等民事责任的承担,即仅仅要求伪报票据丧失者承担妨害民事诉讼程序的责任是不够的。需要进一步明确在伪报者已取得除权判决的情形下,合法持票人的权利如何救济。《九民会议纪要》第106条对公示催告申请人恶意申请公示催告已取得除权判决情形下,合法持票人的权利救济问题,区分付款人“已付款”和“未付款”两种情形进行了规定。第106条规定:“公示催告程序本为对合法持票人进行失票救济所设,但实践中却沦为部分票据出卖方在未获得票款情形下,通过伪报票据丧失事实申请公示催告、阻止合法持票人行使票据权利的工具。对此,民事诉讼法司法解释已经作出了相应规定。适用时,应当区别付款人是否已经付款等情形,作出不同认定:(1)在除权判决作出后,付款人尚未付款的情况下,最后合法持票人可以根据《民事诉讼法》第230条的规定,在法定期限内请求撤销除权判决,待票据恢复效力后再依法行使票据权利。最后合法持票人也可以基于基础法律关系向其直接前手退票并请求其直接前手另行给付基础法律关系项下的对价。(2)除权判决作出后,付款人已经付款的,因恶意申请公示催告并持除权判决获得票款的行为损害了最后合法持票人的权利,最后合法持票人请求申请人承担侵权损害赔偿责任的,人民法院依法予以支持。”

关于上述规定的理解,从以下两个方面具体阐释:

一是关于除权判决作出后、付款人尚未付款,持票人被拒付情形下的权利救济问题。该问题实质上涉及票据债权和原因债权的行使顺位问题。关于该问题,存在理论争议。有学者认为:“如果当事人之间对代物清偿没有明确约定时,两种债权并存,债权人应先行使票据债权,如行使票据债权而无效果,则可以行使原因债权。”①“至于行使票据债权要到何种程度方能行使原因债权,一般认为只要行使票据上的付款请求权而遭到拒绝,债权人(持票人)作出拒绝证书后,即可行使原因债权。实际上,此时持票人对债务人行使的,既是票据关系里的追索权,也是原因债权,可以说是两种权利的合并行使(当然两种权利的行使方法是不同的,行使追索权以持有票据为必要,而且时效期较短,行使原因债权不以持有证券为必要,而且时效期较长)。如果因为票据经过转让,当事人又变更,持票人不行使票

① 参见谢怀栻:《票据法概论》,法律出版社2002年版,第41页。

据上的追索权而直接行使原因债权更为有利时,即可直接行使原因债权(此时可一并请求损害赔偿,所以可能比行使票据债权为有利)。"[①]《九民会议纪要》第106条基本采纳了该观点,采用了票据权利救济程序和原因债权救济程序"并行"的方式进行了规定。

除上述理由外,其理由还包括:除权判决作出并公告的情形下,票据被除权,并非有效票据,故合法持票人无法持有无效票据行使票据权利。对于合法持票人而言,其已经行使了票据付款请求权,但未获付款,故其行使票据权利受到阻碍。在票据被除权的情形下,虽然我国《民事诉讼法》规定了撤销除权判决之诉这一救济途径,但最后持票人能否在这一诉讼中胜诉,实质处于不稳定状态。而且,诉讼耗时较长,即使最后持票人胜诉,其利益的实现也具有滞后性。此外,在司法实践中,由于票据具有较强的专业性,不少的最后合法持票人可能因并不了解法律规定了撤销除权判决之诉这一票据权利救济方式,而未能及时通过提起诉讼的方式救济其权利。如果苛求其必须承担接受票据则必须先完成所有票据权利的救济途径才能以原因法律关系主张自己的原因债权的法律后果,这就需要最后持票人具有较高的法律水平。

当然,应该说,从票据法法理角度分析,既然持票人选择了接受票据支付这一支付方式,其就应当承担行使票据权利的相应风险,包括权利救济程序复杂的风险。但如果该风险过大,也会产生不良的作用,即相关主体不愿接受票据作为支付结算工具,这不利于票据功能的充分发挥。由于持票人在行使第一位票据权利时已经被拒绝,且票据被除权,从表面形式上分析,持票人不可能基于无效票据行使票据权利,故赋予其直接基于基础法律关系项下的原因债权向其直接交易相对方主张另行给付对价并退票,可以及时全面救济持票人的权利。

综上所述,基于全面及时救济持票人权利的考虑,《九民会议纪要》规定了两种权利救济途径。当然,如果当事人有明确的意思表示,约定交付票据后原因债权消灭的,则持票人只能采取票据权利救济途径救济权利,而不能行使原因债权的救济途径。

在对该条第1款规定进行理解时,应注意把握以下三点:(1)关于基于票据权利救济途径进行救济的方式,主要是根据《民事诉讼法》第230条的规定,利害关系人可以提起撤销除权判决之诉。利害关系人在法定期限内请求撤销除权判决得到支持后,票据恢复效力,其依法行使票据权利。当然,在采取票据权利救济途径时,应注意遵守票据法关于行使票据追索权的相关规定。(2)关于基于基础法

---

① 参见谢怀栻:《票据法概论》,法律出版社2002年版,第42页。

律关系进行权利救济的救济途径是指,由于持票人不能行使票据权利,故应认定基础法律关系的债务人没有清偿债务,持票人可以向其退回票据,并要求另行给付相应对价。(3)应注意避免权利人同时使用两种程序产生重复受偿问题。该款规定持票人可以使用两种途径进行权利救济,这并不意味着两种程序可以并用。权利人在通过一种程序救济权利后,不能采取另一种方式进行权利救济,以避免重复受偿。在持票人基于基础法律关系主张权利的情形,相对人另行给付基础法律关系项下对价的,持票人应将票据退还给基础法律关系相对方。

二是除权判决作出后,付款人已付款情形下的权利救济问题。该条第2款对其进行了规定。因付款人已付款,恶意申请公示催告人恶意申请公示催告并持除权判决获得票款的行为损害了最后合法持票人的权利,构成侵权,故该条规定,最后合法持票人据此请求申请人承担赔偿责任的,人民法院应予支持。

【司法案例】

江苏沙钢三中国际贸易有限公司与交通银行股份有限公司南阳分行、张家港市联华纱业有限公司等票据追索权纠纷案①

江苏省高级人民法院再审认为:根据《票据法》第4条第2款、第54条、第55条的规定,票据权利的行使须以提示票据为要件,汇票持票人依法提示付款时,付款人必须在当日足额付款,持票人获得付款的,应在汇票上签收,并将汇票交给付款人。提示付款是持票人为取得票据金额的支付而向票据所载的付款人或承兑人出示票据、请求其付款的行为。票据是提示证券,票据权利与票据紧密结合为一体,不提示票据,就无从证明权利人享有票据权利。本案中,向付款人交通银行股份有限公司南阳分行(以下简称交行南阳分行)提示付款的是受江苏沙钢三中国际贸易有限公司(以下简称沙钢公司)委托的最后持票人新三中公司,但交行南阳分行未将票款支付给持票人新三中公司,而是支付给了未依法提示付款的星宇公司。

作为案涉汇票载明的收款人,星宇公司如确因丧失票据而无法提示付款,根据现行法律规定,星宇公司的救济方式有两种,即普通诉讼程序和公示催告程序。

根据《票据法规定》(2000)第35条、第36条的规定,票据丧失后,失票人在票据权利时效届满以前可以请求出票人补发票据,或者请求债务人付款,出票人拒绝补发票据或者在提供相应担保的情况下付款人或承兑人拒绝付款,失票人可以提起补发票据之诉或请求付款之诉,即通过普通诉讼程序救济。据此,星宇公司

① 参见江苏省高级人民法院(2019)苏民再131号民事判决书。

可以失票为由起诉要求出票人中大公司补发票据,获得补发的票据后,再依法向付款人交行南阳分行提示付款,此情形下,星宇公司最终仍是通过提示付款获得票款;星宇公司也可以失票为由起诉要求与其具有票据债权债务关系的出票人中大公司、拒绝付款的付款人交行南阳分行直接对失票进行付款,此情形下,星宇公司的诉讼请求如获支持,其依据生效判决的执行即能获得票款,而非通过提示付款获得票款。

根据《民事诉讼法》(2017)第218条至第222条的规定,失票人往往申请公示催告,公告期满,无人申报权利的,人民法院根据失票人的申请作出除权判决,宣告失票无效。除权判决在形式上代替了丧失的票据,不再需要失票人提示付款,自除权判决公告之日起,失票人有权凭该除权判决及人民法院出具的除权判决生效的证明向支付人请求支付票款。此即失票人通过公示催告程序救济。在公示催告期间内,若利害关系人向人民法院申报权利,人民法院则依法裁定终结公示催告程序,失票人可依据《票据法规定》(2000)第37条之规定,对现实非法持票人提起返还票据之诉。失票人胜诉后重新占有票据,若要取得票款,仍需依法向付款人提示付款。

本案中,出票人中大公司将案涉汇票交付给了收款人星宇公司,星宇公司因委托联华公司办理贴现而将汇票背书转让给联华公司,此后,汇票依次空白背书转让至沙钢公司。因星宇公司声称遗失汇票,中大公司申请了公示催告。但是,《票据法规定》(2000)第26条规定,可以公示催告的失票人是指按照规定可以背书转让的票据在丧失票据占有以前的最后合法持票人。出票人中大公司将汇票交付给收款人星宇公司后已不是持票人,更不可能是最后的合法的持票人,根本无资格就该汇票申请公示催告。星宇公司将汇票背书转让给了联华公司,同样无资格就该汇票申请公示催告。中大公司、星宇公司实际是伪报票据丧失,即使其公示催告申请被受理,根据《票据法规定》(2000)第39条的规定,其请求最终也不能得到支持,人民法院应裁定终结公示催告程序,并追究其法律责任。

受理公示催告的南阳市卧龙区人民法院尚未查明中大公司、星宇公司系伪报票据丧失,公示催告程序即因沙钢公司持汇票申报权利而终结。星宇公司随即以联华公司、中国石油技术开发公司、沙钢公司在公示催告期间转让票据权利的行为无效为由起诉沙钢公司,要求确认案涉汇票上的权利为星宇公司所有,但并未向持票人沙钢公司主张返还票据。河南省南阳市中级人民法院作出的判决虽确认星宇公司为案涉汇票的票据权利人,但该确权判决并非因公示催告期内无人申报权利或者申报被驳回后星宇公司请求人民法院作出的宣告失票无效的除权判决,不具有除权力及执行力,不能像除权判决一样在形式上代替丧失的票据。星宇公司无权依据该确权判决直接向付款人交行南阳分行请求支付票款,在交行南阳分行拒不支付时亦无权申请法院强制执行。如未提示票据、仅依据确权判决即可请求支付票款,将使得票据返还请求权之诉的设置失去存在的意义,更违反了票据的基本法律特征,无法保障票据流通的安全。

在河南省南阳市中级人民法院作出上述确权判决后,案涉汇票仍系有效票据,星宇公司要求交行南阳分行支付票款时的提示付款义务并不能免除。交行南阳分行明知案涉汇票依然有效、已为新三中公司持有并通过工行张家港市锦丰支行托收票款,且其作为专业的金融机构应当知道河南省南阳市中级人民法院作出的确权判决不同于除权判决,并未免除星宇公司请求付款时的提示付款义务,在星宇公司未交付汇票的情况下,交行南阳分行将票款支付星宇公司,于法无据。《票据法》第60条规定,付款人依法足额付款后,全体汇票债务人的责任解除。交行南阳分行将票款支付给星宇公司的行为不属于依法足额付款行为,其对合法持票人的付款责任并不能免除。

嗣后,河南省高级人民法院作出再审判决,撤销了河南省南阳市中级人民法院及南阳市卧龙区人民法院前述错误的确权判决,改判确认沙钢公司系案涉汇票的票据权利人,并驳回星宇公司要求确认案涉汇票上的权利为其所有的诉讼请求。在新三中公司按约将汇票退回沙钢公司后,沙钢公司与最后持票人新三中公司之间的权利义务已经终止,沙钢公司依法享有对其他汇票债务人的再追索权,交行南阳分行作为汇票付款人依法应当向沙钢公司支付票款及该汇票自到期日至实际清偿日止的利息。

六、票据效力

票据效力，是指票据的法律效力，即票据本身以及票据行为是否获得法律上的肯定，并由此而产生的一系列法律后果。《票据法规定》(2020)第 39 条至第 45 条所涉及的票据效力包括两个部分：一是票据文本格式的法律效力问题；二是票据行为的法律效力。

票据效力与票据行为的效力是既有区别又存在联系的两个概念。票据是一种要式有价证券，票据有效是指票据本身符合法定要件而在客观上可以作为一种有价证券存在；票据行为是一种要式法律行为，票据行为有效是指当事人在票据上实施的行为符合法律规定的要件而可以形成当事人预期希望产生的票据权利义务关系。前者所反映的是某种书面文件在物质形式上是属于票据法调整的有价证券——票据，后者所反映的是当事人在票据上的行为能否在他们之间产生相应的效力。票据有效是各当事人之间产生票据关系的必要条件，如果某一书面文件不属于票据或者不属于有效的票据，则各当事人之间均不能形成票据权利义务关系，当事人在票据上实施的任何行为，均不能产生预期的票据法上的约束力，谈不上票据行为的有效。但是，票据有效并不意味着当事人所实施的票据行为必然有效。一个人持有形式上有效的票据，并不表明当事人接受票据的行为当然有效，也就是说，持有有效票据的人并不一定享有票据权利，要享有票据权利，还必须具备相应的票据行为有效的条件。一个人因相应的票据行为无效而不能取得票据权利，也并不意味着他持有的票据是一张无效的票据。在一张票据上存在多个票据行为的情况下，某一特定票据行为无效导致特定持票人不能取得票据权利，只要票据本身有效，其他人持有票据时，仍然可能成为票据权利人。从这个意义上讲，票据有效要件与票据行为的有效要件是不完全相同的。票据有效与票据行为有效的联系在于，票据格式用纸本身不具有任何法律效力，只有经过出票人在票据格式用纸上记载必要内容才能“制作”成有效的票据。出票人在票据上记载相关事项本身又是出票人行为的必要组成部分，没有出票行为，就不可能产生有效的票据。因此，出票行为是创设票据关系的行为，当出票行为因记载事项不符合票据法规定而无效时，票据本身也归于无效。

第三十九条　依照票据法第一百零八条[1]以及经国务院批准的《票据管理实施办法》的规定，票据当事人使用的不是中国人民银行规定的统一格式票据的，按照《票据管理实施办法》的规定认定，但在中国境外签发的票据除外。

【条文主旨】

本条是关于票据格式以及当事人未使用规定格式票据时法律后果的规定，是对《票据法》第108条规定的法律后果的补充解释。

【条文理解】

格式，是指一定的规格样式；票据格式，是指票据制作的规格样式。对于票据格式的严格性要求，是否影响对票据效力的判断，尚有不同的认识。多数国家的票据法及有关票据的国际条约规定，票据的作成格式和记载事项，必须遵照法律规定的方式，才能产生正常的票据效力，否则票据效力将受到一定程度的影响。不过，各国及国际票据法律文件规定的具体格式要求和内容往往有所不同。其中，《日内瓦统一汇票本票法公约》和以该法典为基础的国家的法律规定严于英美法国家的法律规定，强调票据为要式证券，为避免票据文义的混乱和欠缺，票据的作成格式和记载事项，必须遵照法定方式，才能产生票据的效力，所以票据行为有着严格的形式要件。[2] 英美票据法则认为，流通性问题只是一个形式问题，不应与有效性相混淆。总的来说，日内瓦票据法系偏重形式严格，而英美法系则较为灵活。

在我国票据立法中，由于特别强调票据的流通性，所以为了加强与保证票据的可流通性，法律法规确立了严格性的要求，对票据的格式均作了较为严格的规定。《票据法》第108条规定："汇票、本票、支票的格式应当统一。票据凭证的格式和印制管理办法，由中国人民银行规定。"但是，《票据法》并未对不符合票据法该条规定的票据的效力作出明确的规定。《票据管理实施办法》第35条规定："票据的格式、联次、颜色、规格及防伪技术要求和印制，由中国人民银行规定。中国人民银行在确定票据格式时，可以根据少数民族地区和外国驻华使领馆的实际需

① 原为1995年5月10日通过的《票据法》第109条规定；2004年8月28日修改《票据法》的决定删去第75条规定，将该条的条序调整为第108条。《票据法规定》(2020)在修改时也相应调整。

② 参见姜建初：《票据原理与票据法比较》，法律出版社1994年版，第6页。

要，在票据格式中增加少数民族文字或者外国文字。”此条属于授权性规范，即关于票据的具体格式，由中国人民银行规定。《支付结算办法》第9条规定：“票据和结算凭证是办理支付结算的工具。单位、个人和银行办理支付结算，必须使用按中国人民银行统一规定印制的票据凭证和统一的结算凭证。未使用按中国人民银行统一规定印制的票据，票据无效；未使用中国人民银行统一规定格式的结算凭证，银行不予受理。”《中国人民银行关于施行〈中华人民共和国票据法〉有关问题的通知》第8条也明确规定：“1996年1月1日起仍继续使用现行格式的票据。为了做好新旧凭证的衔接，现行格式票据的使用量先匡算到1996年5月底。新的银行汇票、商业汇票由中国人民银行总行制定统一格式、联次、颜色、规格，并在指定的厂家印制。各家银行总行负责组织定货和管理。新的银行本票由中国人民银行总行制定统一格式、联次、颜色、规格，并在指定的厂家印制；使用清分机的支票由中国人民银行总行制定统一格式、联次、规格，并在指定的厂家印制。由中国人民银行各省、自治区、直辖市、计划单列市分行负责组织各商业银行定货并管理。其他支票由中国人民银行总行统一格式、联次、规格，由中国人民银行各省、自治区、直辖市、计划单列市分行指定厂家印制。由人民银行当地分支行负责组织各商业银行定货并管理。”[①]中国人民银行《关于启用2010版银行票据凭证的通知》要求，自2011年3月11日起一律使用新版票据。近年来，中国人民银行不定期地改换票据凭证，用新版票据凭证取代先前使用的票据凭证，其目的主要是加强票据凭证的安全性，防范可能出现的票据伪造行为。

依据《支付结算办法》的规定，在中国境内使用的票据，如果不符合中国人民银行规定的统一格式的，则应当认定票据无效。《支付结算办法》从其立法形式上看属于中国人民银行部门规章的范畴，一般而言，不应以部门规章的规定作为确定民事行为无效的依据，但是，《支付结算办法》的该条规定是依《票据管理实施办

---

① 关于当事人使用旧版票据的问题，《最高人民法院关于江西省九江外贸发展有限公司与中国建设银行深圳市分行罗湖支行、深圳艾尔迪实业有限公司票据纠纷案的答复》（1998年3月25日，〔1998〕经他字第22号函）认为，本案票据行为发生时，《票据法》已施行，但是与《票据法》配套的新的票据格式还未启用，根据中国人民银行有关文件规定，在新版汇票未印制启用前，仍使用旧版汇票。同时，《银行结算办法》（已经失效。——编者注）亦未废止。因此在认定本案银行承兑汇票有效性问题时，应结合《银行结算办法》的规定考虑。按照《银行结算办法》的有关规定，银行承兑汇票的签发人可以是收款人，也可以是承兑申请人，在由承兑申请人签发银行承兑汇票时，汇票的签发人则与承兑申请人为同一人。本案承兑申请人在“承兑申请人盖章”处签章后，承兑银行也在汇票上盖章，承诺承兑，如认定汇票无效，发生止付票款，不仅使持票人处于不利地位，而且也不利于票据流通。因此，对使用旧版银行承兑汇票的，签发人与承兑申请人为同一人时，如果签发人仅在“承兑申请人盖章”处签章，其签章即视同为签发人签章，应认定该银行承兑汇票有效。

法》的授权而制定的,不是单纯的部门规章。参照《九民会议纪要》第31条关于违反规章的合同效力的认定,“违反规章一般情况下不影响合同效力,但该规章的内容涉及金融安全、市场秩序、国家宏观政策等公序良俗的,应当认定合同无效。人民法院在认定规章是否涉及公序良俗时,要在考察规范对象基础上,兼顾监管强度、交易安全保护以及社会影响等方面进行慎重考量,并在裁判文书中进行充分说理”。另外,《票据法》授权中国人民银行作为票据主管部门,根据《票据法》的规定制定具体的票据管理实施办法,报国务院批准以后施行。所以结合《票据法》、《票据管理实施办法》以及《支付结算办法》的规定,可以认定不符合中国人民银行规定的统一格式的票据为无效票据,而且从我国票据流通的现状来看,有必要强调票据格式的统一。此外,对票据格式的要求,不应作机械的理解,如按原格式票据复印等手法获得的凭证,虽然其格式与中国人民银行所规定的票据格式相同,但亦不能作为有效票据认定处理。

《票据法规定》(2020)将票据格式对票据效力的影响分为不同的情况处理,其中对于在中国境内签发的票据,应按国务院《票据管理实施办法》的规定处理,而对于在中国境外签发的票据,则应当按照《票据法》第五章“涉外票据的法律适用”的相关规定认定及处理。

【司法适用】

(一)关于票据用纸问题

票据用纸属于票据的记载介质范畴,是指作成票据所使用的物质材料,通常为印制成统一格式的专门用纸。从票据的发展过程来看,在票据产生之后的相当长时期内,法律并未明确规定使用统一格式的票据凭证或者票据用纸,所用物质材料亦无特别限制,除了纸张之外,也可以使用木材、布片、化学材料,只要记载的内容符合法律规定,即构成票据,发生票据的效力,这种票据被称为“私制票据”。由于私制票据在格式上缺乏统一性,不易确认其记载的效力,经常受到付款人的拒付,影响票据自身的信用,使票据的使用与流通发生障碍,因而其后开始实行统一票据凭证或者票据用纸格式的制度,规定在签发票据时应当使用统一格式的票据凭证或者票据用纸。[①]

我国《票据法》第108条规定:“汇票、本票、支票的格式应当统一。票据凭证的格式和印制管理办法,由中国人民银行规定。”因此,当事人只能使用中国人民银行所制定的统一格式用纸,不能自行选择票据用纸,凡没有使用统一格式用纸而由当事人自己选择用纸的,所制作的文书都不属于我国《票据法》上的票据。

---

① 参见邹德刚、王艳梅:《票据效力认定研究》,载《法学杂志》2012年第4期。

（二）关于汇票的联次及其效力

这也是我国票据使用上的特殊问题，亦即票据凭证格式上的多联问题。我国的银行汇票为四联，即“银行汇票（卡片）1”“银行汇票 2”“银行汇票（解讫通知）3”“银行汇票（多余款收账通知）4”；银行承兑汇票为三联，即“银行承兑汇票（卡片）1”“银行承兑汇票 2”“银行承兑汇票（存根）3”；商业承兑汇票与银行承兑汇票联次结构相同。依《票据法》第 22 条第 1 款第 1 项规定，汇票必须记载表明“汇票”的字样，因此，可以认为，银行汇票、银行承兑汇票以及商业承兑汇票第二联的名称记载才符合《票据法》的规定，发生票据的效力。其他各联均不属于票据，只能是具有证据证券性质的结算凭证。

（三）关于票据粘单的格式问题

关于票据粘单，也是票据的书面延伸，与票据本身有同一效力。《支付结算办法》第 34 条的规定，票据背书栏不敷背书的，可以使用统一格式的粘单，黏附于票据凭证上规定的粘接处。但该条规定表述所使用的是“可以”，故未使用规定统一格式粘单的，不影响相关票据及票据行为的效力。

（四）关于电子票据的格式问题

电子票据，是指以数据电文形式作成的票据。目前，国际上推动电子结算支付的手段很多，但具有票据功能或者被作为与票据相联系的主要是电子票据和支票影像交换制度。2006 年 11 月 9 日，中国人民银行颁布《全国支票影像交换系统业务处理办法》，支票影像交换制度建立。2009 年 9 月 10 日，中国人民银行颁布《电子商业汇票系统运行管理办法》，同年 10 月 16 日，中国人民银行颁布《电子商业汇票业务管理办法》，11 月 2 日，中国电子商业汇票系统建成运行。《电子商业汇票业务管理办法》第 2 条第 1 款规定：“电子商业汇票是指出票人依托电子商业汇票系统，以数据电文形式制作的，委托付款人在指定日期无条件支付确定金额给收款人或者持票人的票据。”目前的电子商业汇票分为电子银行汇票和电子银行承兑汇票。

关于电子商业汇票的格式，《电子商业汇票业务管理办法》第 83 条规定：“电子商业汇票的数据电文格式和票据显示样式由中国人民银行统一规定。”

（五）关于使用非格式票据的责任承担

在票据实务中，在中国境内未使用中国人民银行规定格式的票据的，应当确认该票据为无效票据，相关当事人的权利不能得到我国《票据法》的保护。票据债务人对该种“票据”可以行使“对物抗辩权”，因票据不合格而拒绝承兑或者拒绝付款。

如果因当事人使用这种非格式票据而给他人造成损失的，则应按相关当事人的过错大小,确定其应当承担的民事责任,此种责任不是票据责任,而是民法的其他民事责任如侵权民事责任等。

【司法案例】

案例一
赛格进出口公司诉中国农业银行无锡市郊区支行票据承兑纠纷案①

法官提示:银行承兑汇票第一联复印件不符合《票据法》对汇票的规定,不是有效票据。

江苏省高级人民法院二审认为:票据是要式证券,票据的制作必须严格符合法律的规定。上诉人赛格进出口公司(以下简称赛格公司)从案外人恒昌公司得到的银行承兑汇票第一联复印件,不符合《票据法》对汇票的规定,不是有效票据,赛格公司不能据此主张行使票据权利。原审判决驳回赛格公司的诉讼请求,是正确的,应当维持。《票据法》第18条规定:"持票人因超过票据权利时效或者因票据记载事项欠缺而丧失票据权利的,仍享有民事权利,可以请求出票人或者承兑人返还其与未支付的票据金额相当的利益。"恒昌公司是因赛格公司为其代理进口了摩托车发动机总成,才给赛格公司出具汇票。赛格公司虽因票据无效而丧失了票据权利,但是其因代理行为而对恒昌公司享有的债权并未丧失,原审也没有否定赛格公司的这一民事权利。赛格公司起诉时,只是主张对被上诉人中国农业银行无锡郊区支行(以下简称郊区农行行)使票据权利,本案据此以票据纠纷立案。赛格公司与恒昌公司之间的债权债务系原因关系,属民法调整,与本案的票据关系无关,不应一并审理,赛格公司可另行起诉。本案赛格公司的上诉理由不能成立,应予驳回。

案例二
杨某某与贵州众世铭辉商砼有限公司票据追索权纠纷案②

实时通付款凭证是否为票据的认定,最高人民法院认为:关于本案实时通付款凭证是否为票据的问题。

基于现有证据,杨某某关于案涉实时通付款凭证为转账支票的主张成立,理由如下:(1)案涉凭证清晰记载了票据金额、日期、付款人和收款人的名称及签章等要件,符合《票据法》第7条至第9条关于票据形式要件的规定。(2)该实时通

---

① 转引自《最高人民法院公报》1999年第6期。

② 参见最高人民法院(2019)最高法民再19号民事判决书。

付款凭证虽然在"现金支票功能、转账支票功能、汇兑功能、银行汇票申请功能、银行本票申请功能"上未作任何勾选,但是根据该凭证的操作流程,贵州众世铭辉商砼有限公司(以下简称众世公司)应在出具时勾选其中某一选项。众世公司未作任何勾选即在该凭证上签章并交付他人,应视为其将勾选的权利作出了让渡,持有人有补充勾选的权利。杨某某陈述其系为避免票据瑕疵影响使用而未擅自勾选。虽该凭证尚未作出勾选,但这并非不可更改的票据瑕疵,按照银行操作惯例,持票人在银行付款时再行勾选亦无不可。故该凭证未作勾选并不影响其票据效力。(3)从该凭证的表面形式,可以推定该票据选择的是支票功能。①案涉凭证背面载明:"本凭证选择支票功能,左联作客户存根联;选择汇兑、汇(本)票申请功能,左联应一并提交银行作业务办讫回单联。"双方当事人均认可在众世公司向案外人何某某交付该凭证时,凭证的左联已经被撕下,据此可以推定众世公司选定的为支票功能。②该凭证下方注明:"使用转账支票功能,收款人账号、收款行名称可以授权收款人补记,且提示付款无须填写进账单;使用现金支票、银行汇(本)票申请功能,收款人账号、收款行名称无须填写。"案涉凭证中收款人名称、账号、收款行名称全部填写完毕。根据该注明,该凭证应作为转账支票功能使用。③案涉凭证的支付密码填写完整。《中国人民银行支付密码器系统业务管理指引》第9条规定:"支付密码的编码要素由支付凭证上的签发人账号、签发日期、凭证号码、金额和业务种类组成。业务种类是指本细则第七条所述的支付凭证种类。"根据该规定,在众世公司填写支付密码时,案涉凭证的功能性质已经确定,而众世公司可以证明该票据的功能性质但其未能提供证据证明,依照《民事诉讼证据规定》(2001)第75条,可推定该凭证支付密码对应的为支票功能。

第四十条　票据出票人在票据上的签章上不符合票据法以及下述规定的,该签章不具有票据法上的效力:

(一)商业汇票上的出票人的签章,为该法人或者该单位的财务专用章或者公章加其法定代表人、单位负责人或者其授权的代理人的签名或者盖章;

(二)银行汇票上的出票人的签章和银行承兑汇票的承兑人的签章,为该银行汇票专用章加其法定代表人或者其授权的代理人的签名或者盖章;

(三)银行本票上的出票人的签章,为该银行的本票专用章加其法定代表人或者其授权的代理人的签名或者盖章;

(四)支票上的出票人的签章,出票人为单位的,为与该单位在银行预留签章一致的财务专用章或者公章加其法定代表人或者其授权的代理人的签

名或者盖章；出票人为个人的，为与该个人在银行预留签章一致的签名或者盖章。

【条文主旨】

本条是关于票据出票人在票据上的签章在《票据法》上的效力的规定。

【条文理解】

出票是一种严格的要式行为，必须由行为人签章，一方面表明票据行为成立，另一方面表明行为人意思表示明确，愿意为自己的行为承担票据上的责任。尽管《票据法》对出票人在票据上的签章行为有严格的规定，但由于法律条文本身具有一定的原则性，所以，在司法实践中如何把握是一个重要的问题，在审判实践中也曾出现大量的如何准确确认签章效力的具体问题。此条规定即是对《票据法》第7条规定的详细解释与完善。

（一）票据签章的法律意义

签章，是指签名、盖章或者签名加盖章。在票据法上，票据签章属于确定票据权利义务的最基本要素。

就票据行为的形式要件来看，票据签章是确认票据行为人的意思表示是否存在的根本依据。票据签章是票据行为人确定参加票据关系，决定承担票据债务这一主观意思的外在表现，行为人依据票据签章而加入票据关系，成为票据义务人，也就是说，票据行为人即为票据义务人。尽管票据行为的内容不同，但"签章"是法律对每一种票据行为所作的强制性要求。根据票据行为的文义性，对票据负责任的人必须是票据上的签章人，只有签章才能确定谁将对什么行为负责，实际上签章是确定票据义务人的最基本因素；票据签章也是确认实际的票据行为人与票据上所记载的票据行为人为同一人即进行票据行为人同一性判断的标准，可以依据票据上签章的真实性来确定应当承担票据义务的票据行为人的真实性。因此，相对于其他票据行为而言，票据签章就成为更具重要性的形式要件。票据上如果未经票据行为人签章，即使票据上的其他全部事项都已具备，该票据行为亦不产生票据法上的效力。以出票行为为例，如果欠缺出票人签章，即使其他事项齐全以及其他票据行为都符合票据法的要求，此票据也应属无效票据，即基本的票据行为欠缺法律要求的形式要件导致整个票据无效。

（二）关于票据出票人签章方式的相关规定

关于票据签章的方式，在我国，《票据法》及相关的法律、行政法规和规章都有较为详细的规定。

《票据法》第7条规定:“票据上的签章,为签名、盖章或者签名加盖章。法人或者其他使用票据的单位在票据上的签章,为该法人或者该单位的盖章加其法定代表人或者其授权的代理人的签章。在票据上的签名,应当为该当事人的本名。”但是,《票据法》该条规定未对不同的票据出票人的签章方式作出不同的规定,对于票据实践而言,较为原则,尚不完善。

《票据管理实施办法》第13条规定:“银行汇票上的出票人的签章、银行承兑商业汇票的签章,为该银行的汇票专用章加其法定代表人或者其授权的代理人的签名或者盖章。银行本票上的出票人的签章,为该银行的本票专用章加其法定代表人或者其授权的代理人的签名或者盖章。银行汇票专用章、银行本票专用章须经中国人民银行批准。”第14条规定:“商业汇票上的出票人的签章,为该单位的财务专用章或者公章加其法定代表人或者其授权的代理人的签名或者盖章。”第15条规定:“支票上的出票人的签章,出票人为单位的,为与该单位在银行预留签章一致的财务专用章或者公章加其法定代表人或者其授权的代理人的签名或者盖章;出票人为个人的,为与该个人在银行预留签章一致的签名或者盖章。”第16条规定:“票据上所称‘本名’,是指符合法律、行政法规以及国家有关规定的身份证上的姓名。”《支付结算办法》第23条规定:“银行汇票的出票人在票据上的签章,应为经中国人民银行批准使用的该银行汇票专用章加其法定代表人或者其授权经办人的签名或者盖章……银行本票的出票人在票据上的签章,应为经中国人民银行批准使用的该银行本票专用章加其法定代表人或其授权经办人的签名或者盖章。单位在票据上的签章,应为该单位的财务专用章或者公章加其法定代表人或其授权的代理人的签名或者盖章。个人在票据上的签章,应为该个人的签名或者盖章。支票的出票人和商业承兑汇票的承兑人在票据上的签章,应为其预留银行的签章。”

《票据法》对票据行为人的签章方式作了规定,但并未将出票人的签章方式与其他票据行为人如背书人、保证人的签章方式作出区分,而事实上出票行为与票据上的其他票据行为的效力是不一样的,前者是基础票据行为,而后者则是附属票据行为。另外,《票据法》也未区分不同票据的票据行为人的签章方式要求,不同的票据对出票人签章的要求也是不同的。所以《票据法规定》(2020)本条结合《票据管理实施办法》以及《支付结算办法》的合理性规定,对不同票据出票人的签章方式作出了详细的规定。

(三)关于不同票据出票人签章的不同要求

1. 关于商业汇票出票人的签章

《票据法规定》(2020)本条第1项规定,商业汇票上出票人的签章,为该法人或者该单位的财务专用章或者公章加其法定代表人、单位负责人或者其授权的代理人的签名或者盖章。

法人在票据上签章,与自然人相比有其复杂性,一般应当具备两项内容:一是加盖法人的印章;二是法人的法定代表人或者其授权代理人的签名或者加盖其印章。

在我国,商业汇票的使用范围也是有所限制的,依《票据管理实施办法》第8条、《支付结算办法》第72条至第75条的规定,商业汇票是出票人签发的,委托付款人在指定日期无条件支付确定的金额给收款人或者持票人的票据。商业汇票分为商业承兑汇票和银行承兑汇票,商业承兑汇票的出票人,为在银行开立存款账户的法人以及其他组织。虽然从《票据法》的规定以及《票据法》理论不能直接得出禁止自然人签发商业汇票的结论,但是《支付结算办法》的该规定仍然是我国票据结算中行之有效的规定,因而在我国的票据实务中,尚未承认个人可以签发商业汇票。所以商业汇票出票人的签章,如果出票人为独立法人单位的,则为该法人的财务专用章或者公章加其法定代表人或者其授权的代理人的签名或者盖章;出票人为其他组织的,则其签章为该组织的财务专用章或者公章加其负责人或者其授权的代理人的签名或者盖章。个人签章中既可以手写签名,也可以只盖印章,票据实务中,习惯做法是盖个人印章。

2. 关于银行汇票出票人的签章和银行承兑汇票承兑人的签章

依《票据法规定》(2020)本条第2项的规定,银行汇票出票人及银行承兑汇票承兑人的签章,应为该银行汇票专用章加其法定代表人或者其授权的代理人的签名或者盖章。

银行汇票是出票银行签发的,由其在见票时按照实际结算金额无条件支付给收款人或者持票人的票据;银行承兑汇票则是由银行作为承兑人的商业汇票。银行汇票虽然与银行承兑汇票分属银行汇票与商业汇票,但是二者具有共同点,即银行汇票的出票人和银行承兑汇票的承兑人均为银行。在我国,主要的商业银行在其管理体制方面,是在全国设立总行即法人单位,而在各地设不具备法人资格的分支机构如分行、支行等,所以要求银行汇票或者银行承兑汇票的出票人或者承兑人都使用法人签章不符合票据使用的实践。另外,各银行所经营的业务远不仅票据结算一种,为了与其他业务相区分,并加强对银行汇票签发及银行承兑汇票承兑的管理,中国人民银行规定,银行汇票的出票人或者银行承兑汇票的承兑人所使用的单位印章为该银行的汇票专用章。

3. 关于银行本票出票人的签章

依《票据法规定》(2020)本条第3项的规定,银行本票出票人的签章,为该银行的本票专用章加其法定代表人或者其授权的代理人的签名或者盖章。此要求与银行汇票出票人的签章和银行承兑汇票承兑人的签章的理论与实践基础相同。

4. 关于支票出票人的签章

依《票据法规定》(2020)本条第 4 项的规定,支票的出票人为单位的,出票人的签章应为与该单位在银行预留签章一致的财务专用章或者公章加其法定代表人或者其授权的代理人的签名或者盖章;出票人为个人的,为与该个人在银行预留签章一致的签名或者盖章。

支票出票人为个人即自然人时,《票据法规定》(2020)本条第 4 项规定其签章为与该个人在银行预留签章一致的签名或者盖章。实践中自然人的签章并非必须由本人亲自签章。从《票据法》的规定来看,自然人在票据上的签章包括签名或者盖章,签名是书写姓名,盖章则是盖上刻有该自然人姓名的印章。以签名作为其签章方式的,应当由该自然人本人书写进行。盖章则除了由其本人盖章以外,也允许其授权他人加盖其印章。

关于支票出票人的签章问题,我国与域外票据立法也有所不同。在我国支票的运作实践中,对出票人签章非常关注,要求支票出票人必须是在银行办理了支票存款的单位或者个人。在办理支票存款时,存款人必须在银行预留印鉴,银行在对支票付款时必须检验出票人在票据上的签章与在银行预留的印鉴是否一致。由于种种原因,实践中出票人签章被假冒的情况很多,致使出票人的支票存款被冒领、金融秩序受到影响。为了防范支票存款被冒领,确保支票出票人的存款安全,同时为了尽可能地减少票据诉讼的发生,各商业银行积极推行比签章更为安全的电子印鉴、变码印鉴、电子密码等不易被伪造和仿造的印鉴,中国人民银行《支付结算办法》第 123 条规定:"支票的出票人预留银行签章是银行审核支票付款的依据。银行也可以与出票人约定使用支付密码,作为银行审核支付支票金额的条件。"不过,在支票实务中,此种支付密码并不能等同于出票人的签章。

【司法适用】

(一)关于签章不符合规定的效力

从《票据法》、《票据管理实施办法》以及《支付结算办法》的规定,可以看出我国票据法律法规对票据出票人签章的规定与其他票据行为相比较,规定相当详细,也就是说,在我国票据实务中,签章的意义更为重要。其他国家和地区票据立法关注的是票据有没有票据行为人的签章,而我国《票据法》关注的不仅是有没有票据行为人的签章,同时关注签章是否符合《票据法》以及其他法律法规的严格要求。如《票据管理实施办法》第 17 条规定:"出票人在票据上的签章不符合票据法和本办法规定的,票据无效;背书人、承兑人、保证人在票据上的签章不符合票据法和本办法规定的,其签章无效,但是不影响票据上其他签章的效力。"《支付结算办法》第 24 条亦规定:"出票人在票据上的签章不符合《票据法》、《票据管理实施办法》和本办法规定的,票据无效;承兑人、保证人在票据上的签章不符合《票据法》、《票据管理实施办法》和本办法规定的,其签章无效,但不影响其他符合规定签章的效力;背书人在票据上的签章不符合《票据法》、《票据管理实施办法》和本办法规定的,其签章无效,但不影响其前手符合规定签章的效力。"因此,我国《票据法》等法律法规是将签章作为票据行为的绝对必要记载事项规定的,票据行为人在票据上的签章是票据行为有效成立的要件,其中出票人的签章则是票据有效的要件,没有签章的票据行为自然无效;签章不符合法律要求的票据行为也无效。

《票据法规定》(2020)本条规定了四种情形下票据行为人签章的要求,其中,出票人在票据上的签章不符合这四种情形的,其直接的法律后果是票据无效。而不像票据背书人、承兑人、保证人在票据上的签章,如果不符合上述条件,仅其签章无效,并不导致票据无效,其他符合规定的签章仍然具有法定效力。这一点与《票据法规定》(2020)第 45 条的规定相辅相成,其法理基础是一致的。由于签章没有票据法上的效力,该出票行即不能产生票据债权债务效力,但不能免除出票人在民事上的法律责任。

实践中需要注意的是,如果单位出票人以及汇票的承兑人仅在票据上加盖票据专用章、财务专用章或者公章,而无法定代表人或者其授权的代理人的签章,该票据行为的效力如何认定?对此问题有两种观点:一种观点认为,票据行为有单位的印章,如果能够真实地反映该单位的意思,即使没有其法定代表人或者其授权的代理人的签章,也应认定该票据行为有效。另一种观点则认为,票据上只加盖了单位印章而无法定代表人或者其授权的代理人的签章,因无法辨认系何人代表法人所为,应当认定该票据行为无效,如系出票行为的,则应认定该票据无效。[①] 本书倾向于第二种观点,既然《票据法》及《票据管理实施办法》等均已明确规定,法人盖章和其法定代表人或者其授权的代理签章二者应当同时记载,欠缺任何一项内容的记载,票据行为应当归于无效。从《支付结算办法》第 24 条关于"出票人在票据上的签章不符合《票据法》、《票据管理实施办法》和本办法规定的,票据无效"的规定表述来看,也应得出这样的结论。而且,这种单位加盖其印章,再由法定代表或者其授权的代理人签章的习惯,在我国有其法理上、操作上的好处,不能

① 参见汪世虎主编:《票据法律制度比较研究》,法律出版社 2003 年版,第 67 页。

以外国的习惯为标准,轻易否定这一习惯。①

(二)关于签名是否应当为签名人的本名

一种观点认为,对于签名所使用的名字,法律并未规定必须和户籍或者身份证上的名字相一致,只要求为当事人的本名即可,即只需要证明是签名人本人即可,所以签章者签以别名、艺名、雅号都具有票据上签名的效力,并有外国票据立法上的条文为例证明此观点。② 另一种观点则认为,在外国法上,确有比较灵活的规定,在票据法理论上也不将本名之外的签名归于无效。但是,外国法律是基于其传统的社会生活规则所设置的,个人签名习以为常,我国有自己的国情民意,使用艺名、雅号等自然人特有的符号签发或者转让票据,缺乏基础和客观条件。因为人的本名与别名、艺名、雅号等相区别,本名虽然可以改变,但无论如何变,都不等同于别名、艺名、雅号等。就纸质票据的签章而言,本书倾向于第二种观点,《票据法》第 7 条第 3 款规定:"在票据上的签名,应当为该当事人的本名。"《票据管理实施办法》第 16 条亦明确规定:"票据上所称'本名',是指符合法律、行政法规以及国家有关规定的身份证件上的姓名。"《支付结算办法》第 11 条第 3 款也规定:"个人在票据和结算凭证上的签章,应为该个人本名的签名或盖章。"

(三)关于电子商业汇票的签章

电子商业汇票的签章即电子签名。《票据法》对电子票据及票据的电子签名均未作规定。

《电子签名法》第 13 条第 1 款规定:"电子签名同时符合下列条件的,视为可靠的电子签名:(一)电子签名制作数据用于电子签名时,属于电子签名人专有;(二)签署时电子签名制作数据仅由电子签名人控制;(三)签署后对电子签名的任何改动能够被发现;(四)签署后对数据电文内容和形式的任何改动能够被发现。"《电子商业汇票业务管理办法》第 14 条规定:"票据当事人在电子商业汇票上的签章,为该当事人可靠的电子签名。电子签名所需的认证服务应由合法的电子认证服务提供者提供。可靠的电子签名必须符合《中华人民共和国电子签名法》第十三条第一款的规定。"第 18 条第 1 款规定:"接入机构应对通过其办理电子商业汇票业务客户的电子签名真实性负审核责任。"由于电子商业汇票采用电子方式签章,其以电子方式的签字即不可能是《票据法》第 7 条所规定的"本名"。

(四)伪造签章的效力认定

《票据法规定》(2020)本条规定的票据出票人的签章,应当是票据出票人的真

---

① 参见刘心稳主编:《票据法》(第 4 版),中国政法大学出版社 2018 年版,第 64 页。

② 参见刘家琛主编:《票据法原理与法律适用》,人民法院出版社 1996 年版,第 68 页。

实签章,而不是伪造的签章。

(五)在中国境外签发票据的签章问题

在中国境外签发的票据,应遵照《票据法》第五章“涉外票据的法律适用”的规定,从而被排除于票据管理实施办法之外。

【司法案例】

案例一
南京苏冶机械制造有限公司与江阴一建建设有限公司南京分公司、江阴建工集团有限公司票据利益返还请求权纠纷案①

法官提示:支票上的出票人签章与银行预留签章不一致的,签章不具有票据法上的效力。

江苏省高级人民法院认为:本案中,南京苏冶机械制造有限公司(以下简称苏冶公司)所持支票虽有出票人的签章,但由于出票人在银行预留签章包括3枚印章,分别为江阴一建建设有限公司南京分公司(以下简称一建公司南京分公司)财务专用章、陈某某章和戴某某章,而案涉支票因缺少戴某某章,无法与银行预留印章核对一致而被银行作退票处理。根据《票据法规定》第41条第4项的规定,支票上的出票人签章与银行预留签章不一致的,签章不具有票据法上的效力,而出票人签章又属于支票必要记载事项,该签章无效将直接导致票据因缺乏必要记载事项成为无效票据。苏冶公司以无效票据向一建公司南京分公司及江阴建工集团有限公司(以下简称建工集团)主张利益返还请求权,要求支付票据账面金额于法无据,不能成立。

案例二
南京金龙客车制造有限公司、中国工商银行股份有限公司深圳坪山支行票据追索权纠纷案②

法官提示:票据当事人在电子商业汇票上的签章,为该当事人可靠的电子签名。

广东省深圳市中级人民法院认为:关于电子商业汇票线下追索是否满足票据的要式性。票据行为具有法定的形式,凡违反票据法关于票据行为要式规定的,

---

① 参见江苏省高级人民法院(2018)苏民申5470号民事裁定书。

② 参见广东省深圳市中级人民法院(2020)粤03民终20972号民事判决书。

除法律另有明确规定者外，所为行为无效。票据的签章系票据行为要式性的重要表现形式之一。《票据法》第4条前3款规定："票据出票人制作票据，应当按照法定条件在票据上签章，并按照所记载的事项承担票据责任。持票人行使票据权利，应当按照法定程序在票据上签章，并出示票据。其他票据债务人在票据上签章的，按照票据所记载的事项承担票据责任。"《电子商业汇票业务管理办法》第14条规定："票据当事人在电子商业汇票上的签章，为该当事人可靠的电子签名。电子签名所需的认证服务应由合法的电子认证服务提供者提供。可靠的电子签名必须符合《中华人民共和国电子签名法》第十三条第一款的规定。"电子商业汇票是以数据电文形式制作的票据，需要通过特定的信息系统的记录、解读才能以被人理性感知的形式呈现，必须依赖电子商业汇票系统这一载体来运行和完成。电子商业汇票业务活动中应当使用数字证书作为票据活动的电子签名，通过电子商业汇票系统审核的电子签名系电子商业汇票唯一合法有效的签章。《电子商业汇票业务管理办法》第5条规定："电子商业汇票的出票、承兑、背书、保证、提示付款和追索等业务，必须通过电子商业汇票系统办理。"因此，电子商业汇票的线下追索因不具备有效签章，不符合《电子商业汇票业务管理办法》第5条、第14条关于电子商业汇票签章和追索等票据行为要式性的要求而无效。

第四十一条　银行汇票、银行本票的出票人以及银行承兑汇票的承兑人在票据上未加盖规定的专用章而加盖该银行的公章，支票的出票人在票据上未加盖与该单位在银行预留签章一致的财务专用章而加盖该出票人公章的，签章人应当承担票据责任。

【条文主旨】

本条是关于出票人及承兑人未按规定使用专用印章时，签章人应当承担票据责任的规定。

【条文理解】

（一）关于单位印章的分类及其效力

关于法人或者其他组织的印章，一般认为可以分为四种：

（1）公章，即刻有单位法定名称且代表该单位的印章。单位公章的出现，一般情况下即无疑地代表该单位的出现。签章人加盖单位公章代替专用章，视为有效。

（2）单位的专用章，也就是刻有单位的法定名称，并且也刻明某些事项专用的印章,如合同专用章、财务专用章、银行汇票专用章或者银行本票专用章等。严格地讲,单位专用章只能在特定的方面或者特定的范围内代表单位,而不能全方位地代表单位。

(3)法人分支机构印章,即刻明法人的分支机构的名称的印章,这类印章不能代表法人,而只能代表法人的分支机构。

(4)法人职能部门的印章,即刻有法人的法定名称及其职能部门名称的印章。法人的职能部门与法人分支机构并非同一概念,法人的职能部门是行使法人的某些职能的部门,实际上属于法人本身的有机组成部分,无法独立于法人而以自己的名义进行民事活动。

在我国的票据实务中,并未按此效力来处理。票据法律法规要求法人在票据上的签章应当为法人印章或者法人的票据专用章或者财务专用章,除此以外的法人其他印章,其效力是不被承认的。

事实上,在我国的民商事交往过程中,当事人对相对一方当事人所使用的公章的效力普遍是认同的,且一般情况下认为其效力是高于其他印章的。从以上关于法人或者其他组织印章的分类与分析也可以看出,单位公章的效力一般也应当高于其他专用印章的效力,所以《票据法规定》(2020)对此作了明确规定,承认出票人加盖公章的效力。这样规定也是与《票据法》关于商业汇票出票人签章的规定要求精神是一致的。

(二)关于出票人及承兑人未使用规定的专用印章时票据行为效力的认定

根据《票据法》、《票据管理实施办法》、《票据法规定》(2020)以及《支付结算办法》的相关规定,银行汇票上的出票人的签章和银行承兑汇票的承兑人的签章,为该银行汇票专用章加其法定代表人或者其授权的代理人的签名或者盖章;银行本票上的出票人的签章,为该银行的本票专用章加其法定代表人或者其授权的代理人的签名或者盖章;支票上的出票人的签章,出票人为单位的,为与该单位在银行预留签章一致的财务专用章或者公章加其法定代表人或者其授权的代理人的签名或者盖章。如前文所述,《票据管理实施办法》、《支付结算办法》以及《票据法规定》(2020)之所以对银行汇票、银行本票的出票人、银行承兑汇票的承兑人以及支票的出票人所应当使用的单位印章分别作了限制性的规定,主要目的是加强对上述几种票据的管理,保证票据权利人的权利,防止上述票据使用中的混乱现象的发生。

在票据实务中,有些票据的出票人或者承兑人在票据上签章时所使用的印章并不完全符合《票据法》等法律法规的规定,如银行汇票、银行本票的出票人或者银行承兑汇票的承兑人,依上述规定在票据上作为出票人或者承兑人签章的,则其在票据上加盖的印章应当为相应的票据专用章，包括银行汇票专用章及本票专用章等。事实上有的银行在签发票据或者作出承兑时，并未加盖相应的票据专用章而是加盖了银行的公章；而在支票中，支票的出票人可能未加盖其预留在开户银行的财务专用章，而是加盖其公章。在上述情况下，票据行为人的签章是否有效，票据行为人是否应当承担票据责任，在票据实务中曾经存在不同的看法。

依《票据法规定》(2020)第40条的规定，票据出票人在票据上的签章上不符合《票据法》以及该条规定的，该签章不具有《票据法》上的效力。所以，依《票据法规定》(2020)的上述规定，严格地讲，银行汇票、本票的出票人，银行承兑汇票的承兑人未使用票据专用章，则其出票行为是无效的行为。由于票据出票行为是基础票据行为，由该基础票据行为的无效可以得出票据无效的结果，所以此时出票人不应当承担票据责任。

但是，由于在票据实务中，《票据法》对银行汇票、本票的出票人、银行承兑汇票的承兑人规定了较高的义务，应当加盖规定的票据专用章，而出票人或者承兑人在签章时应尽的合理、谨慎的注意义务要求更高，其未使用专门的印章却使用公章代替的行为，过错在于出票人或者承兑人，由此而产生的一系列票据纠纷应当由其承担责任。此时如果要求票据持票人对此尽到注意义务，则对持票人来讲不公平，如此认定将会对票据债权人不利。所以《票据法规定》(2020)第41条作出了特别的规定，即上述票据的出票人或者承兑人未使用规定的银行票据专用章而使用其他公章的，人民法院不应因此而认定相关票据或者票据行为无效，出票人及承兑人仍然应当承担票据责任。

(三)支票出票人为单位时的印章使用

《票据法规定》(2020)第40条第4项规定："支票上的出票人的签章，出票人为单位的，为与该单位在银行预留签章一致的财务专用章或者公章加其法定代表人或者其授权的代理人的签名或者盖章……"《票据管理实施办法》第15条规定："支票上的出票人的签章，出票人为单位的，为与该单位在银行预留签章一致的财务专用章或者公章加其法定代表人或者其授权的代理人的签名或者盖章……"对《票据法规定》(2020)及《票据管理实施办法》所规定的"与该单位在银行预留签章一致"的表述是修饰"财务专用章"还是"财务专用章或者公章"，本书倾向于认为，其修饰的应当是"财务专用章或者公章"，因为《支付结算办法》第23条第3款规定："支票的出票人和商业承兑汇票的承兑人在票据上的签章，应为其预留银行的签章。"

因此，《票据法规定》(2020)本条另行明确，"支票的出票人在票据上未加盖与该单位在银行预留签章一致的财务专用章而加盖该出票人公章的，签章人应当承担票据责任”。但是,该条规定应是指出票人仅在银行预留了财务专用章的签章,而未在银行预留公章签章的情形。

【司法适用】

关于不同票据未使用规定印章时的责任承担。虽然出票人或者承兑人在未使用专用章而使用公章的情况下,仍然应当承担票据责任,但是对于银行汇票、本票的出票人及承兑人而论,其所应当承担的责任与支票的出票人应当承担的责任在形式上仍然有所区别。

在银行汇票、本票或者银行承兑汇票中,出票人或者承兑人是票据上的第一债务人,持票人可以直接提示票据要求其付款,出票人或者承兑人一般也是自己向持票人付款;而在支票结算中,付款人是出票人开户银行,在出票人未使用预留在银行的财务专用章而使用公章的场合,其开户银行可以以支票印鉴与预留印鉴不符为由而拒绝付款,但出票人此时仍然应当向持票人承担付款义务,这是与银行汇票及本票的不同。

此外,我国现行票据制度对自然人以及法人作为票据出票人的范围作了限制,自然人目前仍不能成为商业汇票的出票人;银行以外的人不能成为银行本票的出票人,即银行以外的法人也不能成为银行本票的出票人;否则相关出票人的出票行为无效,票据也无效。

【司法案例】

案例一

广州志成电器有限公司、胡某票据追索权纠纷案①

广东省广州市中级人民法院认为:《票据法规定》(2000)第41条第4项规定,出票人为单位的,支票上的出票人的签章,不符合该单位在银行预留签章一致的财务专用章或公章加其法定代表人或者其授权的代理人的签名或盖章的,该签章不具有《票据法》上的效力。第42条规定:“银行汇票、银行本票的出票人以及银行承兑汇票的承兑人在票据上未加盖规定的专用章而加盖该银行的公章,支票的出票人在票据上未加盖与该单位在银行预留签章一致的财务专用章而加盖该出票人公章的,签章人应当承担票据责任。”本案中,广州志成电器有限公司(以下简称志成公司)签发的支票上的公司签章与该司在银行预留签章不一致,尽管志成公司关于支票印签不符存在多种解释,但根据上述法律规定该签章不具有《票据法》上的效力,签章人志成公司仍应承担票据责任。胡某作为支票的合法持有人,

---

① 参见广东省广州市中级人民法院(2021)粤01民终6354号民事判决书。

有权依据票据记载的金额请求出票人志成公司承担票据责任。胡某主张其因与万某之间的买卖关系取得案涉支票,有其提交的相关报价单、提货单若干,《结婚证》及“中山市杰能电机制造有限公司工商信息”等为证,一审法院据此认定胡某合法取得案涉支票正确,本院予以维持。志成公司主张胡某取得票据存在非法手段或者恶意、重大过失,但未对此举证证明,应由其承担举证不能的不利后果。此外,志成公司主张案涉支票遗失但未向人民法院申请公示催告或提起诉讼,而是在银行退票之后登报公告遗失支票,不能免除其票据责任。综上,胡某有权向志成公司行使追索权要求该司承担票据责任。双方当事人对于票据追索金额及赔偿责任的计算方式无提出异议,本院予以确认。

案例二

绍兴来德机械有限公司、绍兴华夏印染有限公司票据纠纷案①

浙江省绍兴市中级人民法院认为:第一,《票据法》第7条第2款规定:“法人和其他使用票据的单位在票据上的签章,为该法人或者该单位的盖章加其法定代表人或者其授权的代理人的签章。”案涉支票上出票人的签章为绍兴华夏印染有限公司(以下简称华夏公司)的财务专用章加盖其法定代表人曹某某的签章,故该支票的出票人签章符合票据法规定的形式要件。且被上诉人华夏公司对签章的真实性并无异议,故该签章真实,应视为出票人具有真实的付款意思表示。第二,银行基于其与出票人之间的资金委托支付关系,必须严格依据双方之间关于预留印鉴的约定进行形式审查,并在“签章与预留印鉴完全一致”的前提下履行付款义务。“印鉴不符”势必引发银行拒绝付款的后果,但“印鉴不符”并不当然导致支票无效。根据《票据法规定》(2000)第41条规定:“票据出票人在票据上的签章不符合票据法以及下述规定的,该签章不具有票据法上的效力……(四)支票上的出票人的签章,出票人为单位的,为与该单位在银行预留签章一致的财务专用章或者公章加其法定代表人或者其授权的代理人的签名或者盖章。”该条规定是指支票上的出票人签章与银行预留印鉴不符,该签章不具有票据法上的效力,银行可以将此作为拒绝付款的理由。但对于其他的票据当事人,只要签章真实,支票仍然有效,持票人可以向出票人或者其他票据义务人行使追索权。由此,虽案涉支票的出票人签章与银行预留印鉴不符,该签章不具有票据法上的效力,银行可以据此拒绝付款。但因签章符合票据法规定的形式要件,且签章真实,故案涉支票仍然有效,持票人绍兴来德机械有限公司(以下简称来德公司)可以向出票人华

① 参见浙江省绍兴市中级人民法院(2017)浙06民终1243号民事判决书。

夏公司主张票据权利。故本院对上诉人要求被上诉人依据票据支付人民币44,029元的诉请予以支持。因上诉人于2016年9月8日向银行提示付款,同日银行以印鉴不符为由予以退票,故上诉人要求被上诉人支付该款自2016年9月8日起至实际履行日止按中国人民银行同期同类贷款利率计算的利息损失,合理有据,本院亦予以支持。

第四十二条　依照票据法第九条以及《票据管理实施办法》的规定,票据金额的中文大写与数码不一致,或者票据载明的金额、出票日期或者签发日期、收款人名称更改,或者违反规定加盖银行部门印章代替专用章,付款人或者代理付款人对此类票据付款的,应当承担责任。

【条文主旨】

本条是关于付款人对票据金额书写要求、更改票据记载事项、以银行部门印章代替专用章此类事项未尽审查义务而错误付款时责任承担的规定。

【条文理解】

《票据法规定》(2020)本条规定实际上涉及票据法上的多个问题,主要包括以下几个方面:

(一)关于票据金额的书写要求及付款人的审查责任

《票据法》第8条规定:“票据金额以中文大写和数码同时记载,二者必须一致,二者不一致的,票据无效。”《支付结算办法》第13条第1款以及《中国人民银行关于施行〈中华人民共和国票据法〉有关问题的通知》第3条也作了相同的规定。

相比较而言,我国《票据法》关于票据金额记载的规定是比较严格的。例如,英国《1882年票据法》第9条第2项规定:汇票应付金额同时以文字和数字表示,在二者不相符时,应以文字表示金额为应付金额。也就是说,在《英国票据法》中,当票据金额的文字记载与数字记载不一致时,并不导致票据无效。《日本票据法》等也都有相同的规定。在瑞士、澳大利亚的票据法中,票据金额的文字与数码记载不一致时,以较小数额者为票据金额。《日内瓦统一汇票本票法公约》第6条也规定:当票据应付金额同时以文字或者数字表示,但两者之间存在差异时,由文字表示的金额为应付金额;如果汇票应付金额多次以文字或者多次以数字表示,而且存在差异时,则以较小的数额为应付金额。《联合国国际汇票和国际本票公约》第8条第1款规定,以文字表明的金额与以数码表明的金额不符时,票据应付金额即以文字金额为准；第 2 款规定，如果金额不止一次以文字表示，而其间有不符之处，应付金额以较小金额为准；如果金额不止一次以数码表示，而其间有不符之处，则适用同样规则。①

我国《票据法》颁布实施之前，在票据实务中长期存在以大写为准的通行习惯。如中国人民银行 1987 年《关于认定和兑付大小写金额不一致凭证问题的复函》，即明确可以认定大小写不一致凭证的有效性。1988 年《上海市票据暂行规定》第 11 条第 1 款也曾规定："票据金额应当以文字大写和阿拉伯数字同时记载。两数不符时，以文字大写金额为准。"现行《票据法》这样的规定体现了我国《票据法》对票据制度安全的重视，对于促使出票人签发票据时谨慎行事和稳定交易秩序有一定的好处。

关于票据金额的大写，《支付结算办法》第 13 条第 2 款例外规定："少数民族地区和外国驻华使领馆根据实际需要，金额大写可以使用少数民族文字或者外国文字记载。"

票据上金额记载的大写与小写数额是否相符，是付款人及代理付款人进行付款时应当审查的内容，如果未能审查出而进行付款的，则应由付款人或者代理付款人承担责任。

（二）关于不得更改的事项及付款人的审查责任

票据更改，是指有更改权限的人更改票据上记载事项的行为。

《日内瓦统一汇票本票法公约》中没有就票据更改作出规定。英美票据法则有较为详细的规定，如英国《1882 年票据法》第 64 条、《美国统一商法典》第 3－407 条等规定。我国台湾地区"票据法"第 11 条第 3 款也规定："票据上之记载，除金额外，得由原记载人于交付前改写之，但应于改写处签名。"上述国家和地区的法律法规对于票据可更改事项方面的规定存在较大的差异。

我国《票据法》等法律法规有关于票据更改的规定。一般认为，票据更改具有以下几个方面的特征：一是票据更改是有更改权限的人的行为。有更改权限的人，即为原记载人。二是原记载人只能更改票据法允许更改的记载事项。票据中法律特别规定的事项不得更改。《票据法》第 9 条第 2 款即规定："票据金额、日期、收款人名称不得更改，更改的票据无效。"三是原记载人应当在票据更改之处签章证明。第 9 条第 3 款规定："对票据上的其他记载事项，原记载人可以更改，更改时应当由原记载人签章证明。"《中国人民银行关于施行〈中华人民共和国票

① 参见张雪楳：《完善票据法律制度，推进票据审判业务发展》，载最高人民法院民事审判第二庭编：《商事审判指导》（总第 23 辑），人民法院出版社 2011 年版。

据法〉有关问题的通知》第1条第5款明确规定:“对《票据法》规定允许更改的事项进行更改时,原记载人为单位的,应加盖规定的公章和授权的经办人名单证明;原记载人为个人的,由其签章证明。”四是票据交付后更改的,须经其他票据关系人同意。原记载人在交付票据后改写的,应当经全体票据关系人(持票人与在票据上签名的人)同意。

票据经过更改后产生如下法律效力:符合《票据法》规定的票据更改为合法更改,更改后的记载事项即取代原记载事项而发生法律效力;不符合《票据法》规定的更改为非法更改,可能使票据无效(如更改票据金额、日期及收款人名称的更改行为),也可能产生票据伪造或者变造的法律后果。

1. 关于票据金额

确定的金额是票据有效的前提条件,所谓确定的金额就是指票据上记载的金额必须是具体确定的。即使金额空白的授权支票,在持票人提示付款时也应当将票据金额补记完全。关于什么是确定的金额,有两种立法例:一种是规定金额在付款时能够确定即可,如英国《1882年票据法》第9节第1款规定等;另一种是要求金额在出票完成之时就应当确定,如我国《票据法》。

依我国《票据法》等法律法规规定,票据金额记载必须确定有如下要求:(1)票据上只能记载一定数量的货币,而不能记载具有一定价值的其他财产,至于货币的种类则既可以是人民币,也可以是外币。《中国人民银行关于进一步加强银行结算管理的通知》①(1997年4月16日,银发〔1997〕143号)要求严格银行汇票的签发,严禁签发空头银行汇票,各商业银行签发银行汇票,必须坚决先将汇款人的存款或现金转入汇出汇款专户存储,并经复核后,才能签发汇票。(2)金额的数量应当是具体的,不能使用笼统的或者模糊的词汇。如果票据上已经记载了金额但是属于不确定的金额的,如在票据上记载的付款金额为“人民币若干元”“人民币十万元左右”“人民币约五万元”等时,即为对票据金额不确定的记载,此种记载是无效的记载方式,将会导致票据本身无效。(3)为了确保票据金额的记载准确无误,便于支付时对票据金额的确认,且考虑到使票据金额不易被变造,对于票据金额的记载通行重复记载的做法。《票据法》第8条规定:“票据金额以中文大写和数码同时记载……”但票据金额的中文大写与数码的记载应当一致。这种对票据金额记载的严格一致的要求,反映了票据金额的确定性本质。

2. 关于出票日期或者签发日期

票据的出票,又称票据的发票、票据的签发和票据的发行等,因此出票日期一

① 现已失效。

般就是指票据的签发日期。出票日期对于票据具有重要的意义，它既是确定某些法律事实的根据，如确定出票人签发票据时是否具有票据行为能力等；也是确定某些期限的起算点的根据，如确定利息起算日的根据等；还是某些权利消灭时间的根据，如持票人对见票即付的汇票出票人的权利，自出票日起 2 年内消灭等。正因如此，多数国家的票据法都将出票日期规定为绝对必要记载事项，即票据上必须记载出票日期。

票据上记载的出票日期与实际出票日期不一致的，是否会影响票据的效力？本书倾向认为，票据上记载的出票日期并不必须与实际的出票日期相一致，即出票日期以票据上记载的为准，而不论其与实际出票日期是否相符，即使某些权利根据记载的出票日期或者实际的出票日期计算，会在《票据法》上得到不同的结果，也应当以记载的出票日期为准。这是因为票据是文义证券，当事人是否为票据行为只需根据票据上的记载作出判断，所以必须维护票据记载的公信力。当然，出票记载的日期如果晚于实际出票日期时，尚具有以套取银行或者其他付款人信用的方式，达到延缓支付票款目的的嫌疑。但原则上还是应坚持票据的文义性，记载出票日期晚于实际出票日期不影响票据的有效性。

对出票日期的记载应当符合以下要求：(1)出票日期的记载应当完整、具体，如年、月、日应当记载齐全。(2)出票日期的记载必须符合事实逻辑，如果出票日期晚于票据的到期日的，则该记载将导致票据的无效。(3)出票日期的记载有两个以上时，不得相互矛盾。(4)出票日期必须记载日历上存在的日期，如果记载的日期是历法上不存在的日期，则该记载将导致票据无效。(5)在我国，统一印制的票据格式中，出票日期应以中文大写记载。

3. 关于收款人名称

收款人是票据关系中的基本当事人之一，是出票时票据上的权利人，称为最初的权利人。汇票上收款人名称的记载方式有三种，其中记名汇票上必须记载收款人名称，指示汇票上除记载收款人名称外还附记“或其指定的人”字样，无记名汇票则无须记载收款人名称或者将收款人名称作笼统记载为“来人”“持票人”等。《日内瓦统一汇票本票法公约》以及我国《票据法》都不承认无记名式汇票，故此，在我国汇票制度中，收款人是绝对必须记载事项之一。对支票则有不同的规定，收款人名称允许在出票时空白，并由出票人授权持票人进行补记。但是，对于票据上已经记载了收款人名称时，该记载一般情况下应当符合以下基本要求：(1)收款人的姓名或者名称应当是真实的。收款人不应是虚构的，当收款人名称为虚构时，在英美法系票据法中对此视为无人票据；在我国则是不承认此种票据的，对于收款人为虚构时，如果未经背书转让的，则该出票行为因不存在真实的收款人而未完成，不产生票据法上的效力；如果背书转让且被背书人是出于善意而取得时，则被背书人可以取得票据权利，出票人仍得承担票据责任。(2)票据上记载的收款人只能是一个。在英美票据法上，收款人可以是两个；《日内瓦统一汇票本票法公约》以及我国《票据法》上对此均未作明确的规定，在理论上虽然不能排斥两个以上的收款人，但从我国现行票据的统一格式分析，应当理解收款人只能是一个，出票人填写两个或者两个以上的收款人时，将会导致票据无效。(3)收款人是自然人时，应以其身份证上记载的姓名为准，不可任意记载别名、艺名、雅名等。因为付款人在付款时需要审查收款人是否票据权利人，需要验看收款人的身份证明，如果票据上记载的收款人姓名与其身份证上的姓名不符，便会徒增麻烦，需要另求其他证明，影响票据权利的实现。收款人为单位的，应记载登记或者批准名称的全称，不可记载简称。

4. 关于票据更改与付款人的审查责任

《票据法》第 9 条第 2 款规定："票据金额、日期、收款人名称不得更改，更改的票据无效。"《支付结算办法》第 12 条第 1 款规定："票据和结算凭证的金额、出票或签发日期、收款人名称不得更改，更改的票据无效；更改的结算凭证，银行不予受理。"由此，付款人对因此而导致无效的票据，不得向票据的持票人付款，也就是说，票据上记载的金额、出票日期、签发日期以及收款人名称是否更改，属于票据付款人以及代理付款人于持票人提示付款时的审查范围。如果付款人未能审查而进行付款的，则付款人及代理付款人应当自行承担责任。

(三)关于违反规定加盖银行部门印章代替专用章的效力及付款人的审查责任

正如前文关于单位印章中所述(详见第 41 条)，法人的职能部门与法人分支机构并不相同，法人的职能部门是行使法人某些职能的部门，实际上属于法人本身的有机组成部分，无法独立于法人之外以自己的名义进行民事活动，当然也不能以自己的名义为票据行为。所以法人或者其他组织的职能部门不能以自己的名义在票据为签章，此原则对银行也一样适用。所以当银行违反规定加盖部门印章代替票据专用章时，该签章行为应当认定无效，不能产生相应的票据效力。对此种票据付款的，也应由付款人或者代理付款人承担责任。

【司法适用】

(一)关于票据金额书写不规范问题的处理

实践中，票据书写不规范主要发生在票据金额及出票日期的大小写上。在票据金额书写方面，时常出现漏掉了大写的"壹"字的情况，如某个体经营者彭某在第三人处取得某公司开具的面额为 18 万元的支票，大写金额处写明"拾捌万元整”,小写金额处为“￥180000.00”。彭某持该支票去银行承兑,银行以支票大写不规范为由拒绝承兑。彭某向法院提起了票据利益返还请求权之诉,要求该公司返还其18万元。一审法院认为票据有效,现因该支票不能承兑,原告丧失了票据权利,依据《票据法》第18条规定,可请求被告返还其与未支付的票据金额相当的利益,支持了原告的诉讼请求。二审法院以支票大写不规范否认了票据的效力,认定票据权利自始未存在过,故原告不享有票据利益返还请求权,撤销了一审法院作出的民事判决书,驳回了原告的全部诉讼请求。还有票据金额本应当顶格书写的,填写时却留出了一定的空格的情况。出票日期书写方面的瑕疵主要表现在,除了容易漏掉“零”“壹”字之外,还容易将中文大写写成阿拉伯数字。

本书倾向于认为,以上关于票据金额书写不规范的问题,并不属于《票据法》第8条规定的大小写不一致的情形。此种情形下票据效力的认定,可以按大小写结果一致无异议原则处理,如果仅仅是大小写书写不规范,但是,从一般人正常的认知能力来看,大小写金额是一致的,则属于不违反上述原则的情形,应当认定为票据有效。①

(二)关于票据更改与票据变造

在票据实务中,应当将票据的更改与票据变造相区分,我国《票据法》规定了票据变造与票据更改。理论上一般认为,票据变造是没有更改权限的人改变票据上签章以外的记载事项。《支付结算办法》第14条第4款即规定:“本条所称的变造是指无权更改票据内容的人,对票据上签章以外的记载事项加以改变的行为。”票据更改则是有更改权限的人改变票据上的记载事项。票据变造是一种违法行为,除按《票据法》的规定承担责任外,还应承担民事责任、行政责任以至于刑事责任。

(三)关于票据更改与票据涂销

应当将票据的更改与票据的涂销区分开来,所谓票据的涂销,是指将票据上的签名或者其他记载事项抹去或者消除的行为。我国《票据法》并未规定票据涂销制度,但是在票据实务中存在涂销行为。从某种意义上说,涂销是广义的更改行为,但与票据更改仍然存在区别:(1)票据涂销是涂去票据上包括签章在内的某些记载内容,而票据更改则是对原有内容的改变,并不是单纯地涂去,而且更改不包括签章的改变。(2)票据更改必须由原行为人记载,而涂销则不一定是原记载人,享有涂销权的人既包括原记载人,也包括票据权利人。(3)票据涂销时不需要在涂销的地方签章。

---

① 参见曾维亮、范伟红:《不能仅以书写不规范认定票据无效》,载《人民司法》2015年第16期。

【司法案例】

案例一
十堰大自然能源科技有限公司与中捷控股集团有限公司、熊某某票据追索权纠纷案①

法官提示:收款人开户行不属于票据必要记载事项,可进行补正更改。

湖北省高级人民法院认为:《票据法规定》(2000)第16条规定:"票据债务人依照票据法第九条、第十七条、第十八条、第二十二条和第三十一条的规定,对持票人提出下列抗辩的,人民法院应予支持:(一)欠缺法定必要记载事项或者不符合法定格式的;(二)超过票据权利时效的;(三)人民法院作出的除权判决已经发生法律效力的;(四)以背书方式取得但背书不连续的;(五)其他依法不得享有票据权利的。"《票据法规定》(2020)第43条规定:"依照票据法第九条以及《票据管理实施办法》的规定,票据金额的中文大写与数码不一致,或者票据载明的金额、出票日期或者签发日期、收款人名称更改,或者违反规定加盖银行部门印章代替专用章,付款人或者代理付款人对此类票据付款的,应当承担责任。"《票据法》第9条规定:"票据上的记载事项必须符合本法的规定。票据金额、日期、收款人名称不得更改,更改的票据无效。对票据上的其他记载事项,原记载人可以更改,更改时应当由原记载人签章证明。"根据上述规定,票据债务人基于票据填写错误的抗辩应系法定必要记载事项错误,而涉案汇票填写错误的收款人开户行不属于必要记载事项,亦可进行补正更改。故该事项填写错误不影响票据的效力,也不影响票据权利人票据权利的行使。中捷控股集团有限公司认为涉案汇票收款人开户行填写错误而无效的上诉理由不符合法律规定。

案例二
中信银行股份有限公司武汉分行金融借款合同纠纷案②

法官提示:约定以票据设立质权,将票据上原"委托收款"背书划去并加盖"质押"字样但未在修改处签章的,不能产生票据法上的质押背书效力。

最高人民法院认为:关于第一个焦点问题,即案涉票据质权是否设立。本案中,中信银行股份有限公司武汉分行(以下简称中信银行武汉分行)与金储物资公司签订了(2015)鄂银权质第103号《权利质押合同》,金储物资公司将案涉商业承

① 参见湖北省高级人民法院(2015)鄂民二终字第00176号民事判决书。

② 参见最高人民法院(2019)最高法民申3089号民事裁定书。

兑汇票交付给中信银行武汉分行。根据《物权法》第224条“以汇票、支票、本票、债券等出质的，当事人应当订立书面合同。质权自权利凭证交付质权人时设立；没有权利凭证的，质权自有关部门办理出质登记时设立”的规定，应认定中信银行武汉分行享有质权。但该质权的设立仅产生普通担保效力即成立民法上的质权，仅在出质人金储物资公司和质权人中信银行武汉分行之间产生法律效力。根据《物权法》第8条“其他相关法律对物权另有特别规定的，依照其规定”的规定，中信银行武汉分行若要以票据权利人的身份向票据债务人主张票据质权，则应举证证明案涉票据的质押背书符合《票据法》相关规定。关于票据质权的设立，《票据法》第35条第2款规定：“汇票可以设定质押；质押时应当以背书记载‘质押’字样。被背书人依法实现其质权时，可以行使汇票权利。”《票据法规定》(2000)第55条规定，以票据设定质押时，出质人未在票据或粘单上记载质押字样而另行签订质押合同、质押条款的，不构成票据质押。《担保法解释》第98条规定：“以汇票、支票、本票出质，出质人与质权人没有背书记载‘质押’字样，以票据出质对抗善意第三人的，人民法院不予支持。”以上规定均体现了票据质押的背书公示原则，即设立票据质权应以背书的文义记载为依据。故中信银行武汉分行若要行使票据质权，需证明案涉票据背书连续且记载“质押”字样。案涉票据背书原记载“委托收款”字样，金储物资公司在背书人签章处加盖了财务章及法人章，后该字样被划去并加盖“质押”字样，金储物资公司并未在修改的背书“质押”处签章。虽然金储物资公司出具说明一份，表示由于工作人员失误，在背书人签章处误写上“委托收款”字样并划去，金储物资公司愿意承担由此带来的所有经济责任及损失，但根据前述法律和司法解释规定，票据权利应以背书记载为准，该说明并不能产生票据法上的背书效力，故不能认定案涉票据质权已设立。二审法院关于中信银行武汉分行与金储物资公司之间仅设立民法上质权但未设立票据法上的质权，以及中信银行武汉分行并非票据权利人的认定，符合法律和司法解释规定。中信银行武汉分行再审主张其为票据权利人，于法无据，本院不予支持。

第四十三条　因更改银行汇票的实际结算金额引起纠纷而提起诉讼，当事人请求认定汇票效力的，人民法院应当认定该银行汇票无效。

【条文主旨】

本条是关于票据当事人更改银行汇票的实际结算金额时，对该银行汇票效力认定的规定。

【条文理解】

(一)银行汇票相关金额记载的关系

根据《票据法》第 9 条的规定,票据金额不得更改;《票据法规定》(2020)第 42 条规定,票据载明的金额是不得更改的记载事项。票据金额一经记载,即不得更改,否则票据将会因此而无效,这是《票据法》的一般性规定。

在票据实务中,银行汇票的记载事项具有其特殊性,其对票据金额的记载不同于其他票据。根据中国人民银行规定的银行汇票的格式,银行汇票记载事项特殊性的一个重要表现就是,银行汇票上的金额有出票金额、实际结算金额和多余金额三个金额的格式供记载。三种金额同时并存,但又有内在的联系与制约关系。银行汇票的出票金额是汇票金额,属于票据上的绝对应当记载的事项,对于银行汇票而言,出票人可以不填写实际结算金额和多余金额,但是必须填写出票金额。根据《票据法》第 9 条以及《票据法规定》(2020)第 42 条的规定,银行汇票的汇票金额不得更改,否则将导致银行汇票被认定为无效票据。

实际结算金额及多余金额在理论上并不是《票据法》上所规定的银行汇票的金额,从此角度而言,不具备《票据法》上的意义。不过,银行汇票出票时虽然可以不记载实际结算金额和多余金额,但是持票人于提示付款时应当填写实际结算金额和多余金额。也就是说,持票人行使付款请求权时主张的金额不是以出票金额为准,而是以实际结算金额为准。根据《支付结算办法》第 61 条的规定,收款人受理申请人交付的银行汇票时,应在出票金额以内,根据实际需要的款项办理结算,并将实际结算金额和多余金额准确、清晰地填入银行汇票和解讫通知的有关栏内;未填写实际结算金额和多余金额或者实际结算金额超过出票金额的银行汇票,持票人不得提示付款,银行不予受理。也就是说,实际结算金额实际上相当于银行汇票上应当记载的特殊事项。实际结算金额必须小于或等于出票金额,实际结算金额与出票金额的差额为多余金额,多余金额在付款后由出票银行退还申请人。

(二)更改银行汇票实际结算金额的效力

我国《票据法》对银行汇票的实际结算金额和多余金额并未作出相应的规定,对其记载与否以及被更改后的效力也就不能依《票据法》的规定而得出相应的结论,但是在票据实践中确实存在更改银行汇票实际结算金额的情况,但由于实际结算金额不同于出票金额,所以对此更改行为的效力认定即产生了争议。

有观点认为,银行汇票的实际结算金额一旦填入银行汇票即成为该银行汇票的票据金额,根据我国《票据法》第 9 条的规定,票据金额为不得更改事项。如果更改了银行汇票的实际结算金额,也就违反了该条的规定,将因为对票据金额的更改而导致票据无效。《中国人民银行关于施行〈中华人民共和国票据法〉有关问题的通知》第 3 条第 2 款明确规定:“银行汇票的实际结算金额不得更改,更改实际结算金额的银行汇票无效。”《支付结算办法》第62 条规定:“银行汇票的实际结算金额不得更改,更改实际结算金额的银行汇票无效。”依此规定,更改银行汇票的实际结算金额的,将会导致银行汇票无效。《支付结算办法》虽属于行政规章,而非法律或者行政法规,但该规定有其合理性,所以《票据法规定》(2020)即将《支付结算办法》的此条规定作为依据,规定更改银行汇票实际结算金额的将导致票据无效。

【司法案例】

天津静海外贸联营机械设备公司与中国工商银行绥棱县支行、中国银行绥化支行、中国银行静海支行票据纠纷案①

法官提示:更改银行汇票的实际结算金额,当事人请求认定汇票效力的,应认定票据无效。

天津市静海县人民法院认为:被告中行绥化支行受理新世纪木业制造厂交来的汇票,虽发现汇票实际结算金额栏小写格外多个“0”,与大写“壹万伍仟元整”不相对应,但并未严格依照《中国人民支行银行结算办法》进行审查和处理。且于当日办理了汇票金额解付手续,其行为已违反了《中国人民银行支付结算办法》、《银行结算会计核算手续》及《票据法》的有关规定,应对造成静海设备公司余款被解付一事承担责任。

第四十四条　空白授权票据的持票人行使票据权利时未对票据必须记载事项补充完全,因付款人或者代理付款人拒绝接收该票据而提起诉讼的,人民法院不予支持。

【条文主旨】

本条是关于空白授权票据的持票人未对空白事项补记完全时票据效力认定的规定。

---

① 参见天津市静海县人民法院(1996)静经初字第 349 号民事判决书。

【条文理解】

(一)关于空白授权票据的基本理论

空白票据有广义与狭义之分,狭义上的空白票据,又称空白授权票据,或者未完成票据,是指出票人预先签名于票据,而将票据上的其他应当记载事项全部或者部分空缺,授权他人补充完成的票据。广义上的空白票据,则是指行为人对于票据应当记载事项的部分或者全部不进行记载,就在票据上签章,预定其后由他人进行补充记载,并依据所载文义发生票据效力的一种特殊票据。前者的主体仅限于出票人,而后者的主体则不限于出票人,包括出票人以外的其他票据行为人。《票据法规定》(2020)本条规定的是狭义上的空白票据。

1. 空白授权票据的特征

空白授权票据有其独有的特征,主要包括以下几个方面:(1)空白授权票据是已经由出票人签章的票据。出票人的签章,不仅是出票人向收款人表示承担票据责任的依据,而且是出票行为有效成立的一个至关重要的形式要件。出票人未为签章行为,则票据的出票行为未完成,即无有效票据以及票据权利可言,此时论述空白授权票据即失去其价值与意义。(2)空白授权票据一般是欠缺了《票据法》所规定的绝对应当记载事项的票据。至于欠缺的程度如何,一般可以不论,通常以票据金额、出票日期、到期日、收款人名称的记载欠缺为多见。空白授权票据欠缺应当记载事项是暂时的,空白授权票据在被授权补充记载的人补充记载以后即可以转化为完全票据。票据的任意记载事项本身就具有可以不记载的属性,票据空缺了此类记载事项,效力不受影响,不作补记也可以。(3)空白授权票据是对他人授予空白补充权的票据(关于空白授权票据的补充权,详见后文)。(4)空白授权票据在补记完整之后才能具有票据效力。

2. 空白授权票据与相关概念的区别

结合空白授权票据的以上特征,可以将空白授权票据与票据实务中的其他相关概念予以区别:

(1)空白授权票据不同于空白的票据用纸。对于由中国人民银行统一印制完成的具有票据统一款式的票据用纸,在习惯上被俗称为“空白票据”,但此类空白票据用纸并不属于空白授权票据的范畴,这种票据用纸上既无出票人的签章,也没有任何票据绝对应当记载事项的记载,故不能称为票据。通常所说的《票据法》意义上的空白授权票据,是指已经有出票人签章以及记载部分绝对应当记载事项,只是由于种种原因,未能完成《票据法》所要求的全部绝对应当记载事项记载的票据,即依《票据法》的规定可以确定票据的出票行为已经完成的票据。

(2)空白授权票据不同于不完全票据。不完全票据是指票据行为已经完成但欠缺绝对应当记载事项的票据。不完全票据由于票据上绝对应当记载事项的欠缺,根据《票据法》的规定,属于无效票据。空白授权票据虽然从形式上看其绝对应当记载事项可能也是不完全的,但是系出票人或者背书人为票据签章时故意欠缺,以待日后由其后手或者持票人进行补充使之完全有效,所以空白授权票据是一种未完成票据,并不一定属于无效票据。

(3)空白授权票据不同于空头票据。空头票据中,如空头支票,是一种由欺诈行为或者过失行为而产生的票据,空白不等于空头。空白授权票据是票据行为人将票据上绝对应当记载的事项有意不填写,待以后由被授权人进行补充,其使用空白授权票据则是为了使票据的流通更为方便。从《票据法》及《票据法规定》(2020)的相关规定来看,空白授权行为是一种有效行为。空头则是透支行为,是对票据流通的一种破坏行为,属于非法行为的范畴。

(4)空白授权票据不同于票据行为的代理。空白授权票据与票据行为的代理,同为本人授权第三人为相应的票据行为,从民法角度而言,均为委托行为的范畴。但是,二者具有本质上的区别,首先,对于空白授权票据而言,行为人出票时在票据上签章,被授权的第三人则无须在票据上签章;票据代理过程中,代理人本人则还必须作为代理人在票据上签章。其次,空白授权票据只需将空白授权票据交付第三人即成立授权,至于是否确有授权契约的存在一般没有影响;票据代理则须以代理契约关系的存在为前提。最后,空白票据出票人授权第三人所为的是补充票据上绝对应当记载事项的一部分;票据行为代理则完全是由代理人完成票据行为的全部记载。

3. 关于空白授权票据的性质

关于空白授权票据的性质,在理论上存在较大的争论。第一种观点认为,票据行为的要式性是票据的基本性质,因此空白授权票据只有在行使补充权而转化为完全票据以后,才能称为票据,补充权未行使以前,当然不构成票据;补充权与票据关系不能并立,空白授权票据不过是类似于票据的一种有价证券。第二种观点认为,票据行为要式性的目的在于保障票据的流通,要式性仅仅是保护第三人的法律技术而已。如果必须贯彻要式性反而阻碍第三人的利益,就属于对要式性的滥用,所以票据法为确保交易者对于证券记载的信赖,应当对要式性作放宽的规定,因此,空白授权票据仍属于票据。第三种观点则认为,票据行为必须具备要式性,空白授权票据不是票据,但因考虑到贯彻《票据法》促进票据流通的理念,而适用外观主义,进而适用票据的流通规则,空白授权票据从其权利的性质上说,是一种期待权。①

(二)空白授权票据存在的合理性及我国立法

在立法例上,《日内瓦统一汇票本票法公约》、《日内瓦统一支票法公约》、日内瓦法系各国票据法、英美票据法,都有关于空白授权票据的规定,都认可空白授权汇票、本票和支票。我国《票据法》不承认空白汇票以及空白本票,但是《票据法》第85条却规定:“支票上的金额可以由出票人授权补记,未补记前的支票,不得使用。”表明我国票据法承认金额空白的支票。事实上在票据实务中,空白授权汇票以及空白本票、金额以外绝对应当记载事项空白的支票也是大量存在的。空白授权票据之所以在票据实务中存在,有其合理性。

1. 金额空白授权票据存在的合理性

在票据实务中,签发票据或者转让票据权利,一般情况下都是以票据法律关系的存在为前提的。但是在很多情况下,票据基础关系上的债权债务金额或者债务的履行期限还不能在为票据签发等行为之时就能完全确定。然而,基础关系交易的快捷又要求此时必须签发票据或者转让票据权利,那么,债务人就可能将票据金额栏作空白记载并将票据交付给债权人,并授权债权人在以后债务金额确定的情况下进行补充记载,此时,金额空白的授权票据即有存在的必要,这是金额空白的票据得以存在的客观原因。

2. 收款人或者被背书人名称空白授权票据存在的合理性

对于被背书人或者收款人名称,有时为了票据流通的方便,尽量减少票据上的背书次数,并减少被追索的程序与次数,也会作空白记载,此时持票人可以依单纯交付而将票据权利转让。

3. 日期空白授权票据存在的合理性

对于票据基础关系而言,有时因为当事人之间存在长期合作的关系,付款人可以与供货方约定待供货方所供货物达到一定金额时才支付货款。为了取得供货方的信任,付款方有可能签发日期空白的票据交给供货方,由其在供货金额达到约定数额时补记票据有关的日期,再提示付款,这就是日期空白授权票据得以存在的合理性。

综上,空白授权票据的意义就在于因商事交易或者其他需要,在不能完全记载或者不想完全记载票据的绝对应当记载事项时,将空白授权票据作为将来完成的票据予以利用。如果票据权利安全足以保障,出票人出票时有意不记载某些事项,授权持票人在向付款人提示承兑或者付款时补充完整,对票据当事人是存在

① 参见赵新华主编:《票据法问题研究》,法律出版社2002年版,第286~287页。

较大的方便利益的。

我国《票据法》对空白授权票据的有关规定,仅仅有两个条文,即第 85 条与第 86 条,集中于支票一章,其与《支付结算办法》的有关规定共同构成对空白授权票据的规则。这并不符合票据实务的现状和客观要求。并且,由于《票据法》对空白授权票据的规定十分简单,无法对票据实务中存在的错综复杂的空白票据纠纷进行调整。因此,票据实务迫切要求对《票据法》中有关空白授权票据立法进行修改与补充,或者由司法机关对空白授权票据作出相应的司法解释,以适应司法实践中不断出现的空白授权票据纠纷的审理需求。

(三)空白授权票据的构成要件分析

结合票据司法实践,通常认为,空白授权票据的构成要件主要包括以下几个方面。

1. 出票人签章不能欠缺

票据签章的意义在于,通过签章使票据行为人意识到应当慎重决定是否承担票据债务,使票据流通中的后手票据关系人确知行为人是谁,资信如何,从而决定是否接受票据。另外,还可以通过笔迹或者印文的同一性防止票据的伪造与变造,因此票据上的签章者对于票据负有责任,是《票据法》上的一项基本原则。由于空白授权票据主要是因出票而产生,因此出票人的签章最不可欠缺。没有出票人的签章,空白授权票据就不能发生票据法上的效力。同时,出票人的签章也是空白授权票据区别于票据用纸的根本点。正因为有了出票人的签章,使空白授权票据成为一种预定将来生效的票据。①

2. 空白授权票据应当是欠缺绝对应当记载事项的票据

空白授权票据行为人的意思表示不能仅通过票据的签章表现出来,还必须要有票据的记载事项或者相关要素。《票据法》根据记载事项相应的后果不同,将票据上的记载事项分为绝对应当记载事项、相对应当记载事项、可以记载的事项、不得记载的事项和记载使票据无效的事项几种。对于可以记载的事项、不得记载事项以及记载使票据无效的事项,其不记载当然不会影响票据行为的有效成立,也当然不产生空白授权票据的问题。对于票据上的相对应当记载事项的欠缺,则可以依据任意性规范推定当事人的意思表示以作为补充,因此欠缺相对应当记载事项的,并不影响票据行为的有效成立。空白授权票据制度的根本任务不在于调整相对应当记载事项空白的票据法律关系,而是在于调整绝对应当记载事项空白的票据上的法律关系。

---

① 参见汪世虎:《票据法律制度比较研究》,法律出版社 2003 年版,第 128 页。

3. 授予他人补充权

在空白授权票据中,有一个最为重要的概念就是空白授权票据的补充权,即补充空白授权票据欠缺的绝对应当记载事项从而使其成为完全票据的一种权利。

因为空白授权票据是授权票据取得人在日后补充票据上的空白内容而使之流通的票据,故空白授权票据的行为人在签章后,须向接受票据的人授予补充记载票据上所欠缺绝对应当记载事项的权利,这就是空白授权票据补充权的授予关系。在《票据法》理论中,通说认为空白授权票据的补充权是一种形成权,空白授权票据在补充权人完成补充以后,依票据的外观主义就拟制其为完全票据,票据权利从此而生成。[①] 空白授权票据的补充权享有创设的效力,依形成权的行使,票据关系即成立。享有这种空白票据补充权的人即空白票据的相对人,通常情况下是指票据的取得者,包括该空白授权票据的最初取得者以及后来的正当取得者。空白授权票据的补充权自空白票据出票人将空白授权票据交付给相对人时成立,之后,即使该空白授权票据出票人死亡或者成为无行为能力人,均不影响其已经向他人授予空白票据补充权的效力。空白授权票据补充权授予后,除非空白授权票据的出票人将空白授权票据本身收回,否则不能依其一方的意思表示而撤回这种授权。空白票据补充权的授予是票据基础关系的范畴,一般不会对票据行为的效力产生影响。除非就直接授受空白授权票据的当事人,票据债务人可以行使补充权授受关系的抗辩,而对其他票据持票人,票据债务人一般不得行使补充权授受关系的抗辩。

4. 交付空白授权票据

票据的交付应当是票据行为的构成要件之一。空白授权票据的票据行为成立的时间与其他票据行为相同,也应当以交付给相对人的时间为成立时间,即空白授权票据行为自空白授权票据交付时成立。空白授权票据经交付后,相对人就享有空白授权票据的补充权。当空白授权票据未经交付而遗失或者被盗并进入流通时,则应当视不同情况而定:如果持票人即拾得该票据或者以偷盗方法取得该空白授权票据的人,则其在空白授权票据上补充记载空白事项的行为属于非法行为,同时由于空白授权票据的交付行为尚未完成,所以该持票人不得依此而向空白授权票据行为人主张票据权利。至于该种持票人将票据空白事项补充完全后又向其他人背书转让票据的,如果被背书人是出于善意而取得该票据的,则原空白授权票据行为人应向持票人承担票据责任;如被背书人是出于恶意或者重大过失而取得上述票据的,则不享有票据权利,原空白授权票据行为人也无须向持

---

① 参见赵新华主编:《票据法问题研究》,法律出版社 2002 年版,第 318 ~319 页。

票人承担票据责任。

(四)空白授权票据的法律效力

1. 空白授权票据具备普通票据的转让效力

空白授权票据的效力,首先就表现在空白授权票据是否具备普通票据的转让效力,即是否承认空白授权票据背书转让有效的问题。我国《票据法》只规定未经补记的空白支票不得使用。《支付结算办法》第 119 条规定,支票的金额、收款人名称,可以由出票人授权补记;未补记前不得背书转让和提示付款。从该条规定来看,空白授权票据未补记前不得背书转让。此条是对空白授权票据的转让问题进行的补充规定。实际上在承认并允许签发空白授权票据的国家或者地区,其票据立法以及票据实务中均对空白授权票据的转让予以限制,但不是确认其无效。因为空白授权票据不同于无效票据,无效票据由于出票时欠缺绝对应当记载事项从而使出票行为无效,并导致其后发生的背书、承兑、保证等附属票据行为也无效。但是,对于空白授权票据来说,虽然出票时也欠缺某些票据上的绝对应当记载事项,但是法律特别承认其出票行为有效,只是对其附加了一个特别的要件即必须等到所欠缺的绝对应当记载事项完成后,才能最终发生法律效力。

《票据法》及相关规定并不禁止空白授权票据的流通,也不禁止尚未补充完全的空白授权票据的流通。空白授权票据可以依普通转让的方式、方法进行转让流通。对票据上记载了收款人的空白授权票据,可以以持票人即收款人直接背书的方式进行转让;未记载收款人的空白票据,持票人可以将其自己补充记载为收款人而后以背书的方式转让票据,也可以不将自己补充记载为票据的收款人,而直接以交付方式转让票据权利。空白授权票据的转让,不仅发生普通票据转让所具有的一般效力,而且还发生补充权转移的特殊效力,此外,还包括善意取得和抗辩限制的效力。

2. 空白授权票据被补充完全后的效力

空白授权票据一经补充权人补充记载,将票据上的空白记载事项补充完全,则空白授权票据成为完全票据,发生完全票据的法律效力。也就是说,经过补充权人补充记载完全的票据,与普通的票据并无本质上的区别,二者在票据法上的效力是相同的。在补充记载完全以前所发生的空白授权票据出票、承兑、背书以及保证行为,自空白票据空白事项补充记载完全后发生法律效力。

3. 补充权人滥用空白票据补充权时的效力[详见《票据法规定》(2020)第 67 条相关内容。]

4. 空白授权票据被补充记载完成前的法律效力

我国《票据法》第 85 条规定,支票上的金额可以由出票人授权补记,未补记前的支票,不得使用。因此,作为持票人或者收款人不得以未补记的空白授权票据实施《票据法》上有关行使票据权利或者保全票据权利的行为,其提示付款的行为不构成票据法上的效力。因为空白授权票据未补充前属于未完成的票据,未完成的票据的权利义务关系无法确定,持票人自然不能持空白授权票据行使票据上的权利。如不得以尚未补充完全的空白授权票据提示付款,以空白授权票据提示付款则不发生保全票据追索权的效力,债务人在此种情况下拒绝对持票人付款的,也不承担迟延给付的责任。票据上的出票人以及其他票据债务人虽然不承担完全现实的票据责任,但由于空白授权票据的抗辩一般情况下是暂时的抗辩,票据债务人应承担基于空白授权票据的签发而发生的预期的票据责任,即承担空白授权票据一旦被补充完全即负有完全票据责任的担保义务。但是,即使是持票人在被拒绝付款之后又对空白授权票据进行了必要的补记,其补充的效力也不能溯及未补充前的票据提示行为,只能依补充完成后的再次提示确认其所发生的法律效力。同时,空白授权票据一经签发,出票人既不得要求返还票据,也不能擅自撤回或者变更空白授权票据的有关内容。

【司法适用】

(一)关于空白授权票据的范围

《票据法规定》(2020)虽然以此条规定承认空白授权票据的效力,但是未规定空白授权票据的种类及范围,是否可以突破《票据法》所承认的空白票据的范围,应当在票据司法实践中结合具体案件进行认定。

本书认为,在票据实践中,空白授权票据可以按照票据的种类分为空白授权汇票、空白授权本票和空白授权支票三个大的种类。

此外,在一般情况下,人们习惯于按照空白票据出票人签章后预留的空白内容的不同,将空白授权票据分为以下几种:

1. 将收款人名称作空白记载的空白授权汇票和空白授权本票

空白授权汇票和空白授权本票出票人之所以不记载收款人名称,主要是因为票据记载中权利人未指定,可以任意补充记载收款人,在收款人填写后也可以依据记载主张完全的票据权利,从而在票据实务中大大减少了背书的次数与程序。在票据实务中,收款人名称为空白记载的票据主要是发生于融资性票据和支付票据之中。

由于支票的收款人并非绝对必须记载事项,缺少收款人名称的支票应当是无记名支票,是有效的支票,不属于真正意义的空白授权票据,至多只能称为“准空白票据”。

2. 不记载票据到期日的空白授权票据

出票人签发票据时,不记载票据的到期日,即将空白授权票据交付给收款人,持票人则可以根据其自己的需要或者待双方约定的条件出现时再补充记载票据的到期日。票据结算实务中以银行为付款人的情况下,如出票人愿意向银行事先提供资金,则银行可能同意签发票据到期日空白的银行汇票,以便银行能够作为付款人在任何时间内进行付款,此时银行并不担心其权利被侵害的事实发生。

3. 不记载票据出票日期的空白授权票据

与不记载票据到期日的票据一样,基于相同的目的,出票人在创设票据时,也可以不记载票据出票日期,而授权持票人在其自己需要或者双方约定的条件成就时再补充记载票据出票日期,然后再依补充完全的票据出票日期计算相应的提示承兑或者提示付款以及票据权利的消灭时效期间。不记载出票日期的空白授权票据主要出现于支票结算过程中,由于支票是见票即付的票据,票据法规定了其提示付款的期限,而该提示付款期限又较短仅为 10 天,所以如果出票人将出票日期作空白记载,则可以起到与出票后定期限付款的汇票一样的效果,从而经常被运用。

4. 不记载票据金额的空白授权票据

在票据实务中,预留票据金额的空白授权票据较为常见,这是因为交易双方在经常业务往来中确定按期结算,而在交易中又不能事先确定交易金额,因此,将票据的金额作空白记载,授权持票人之后再补充记载,以确定持票人的权利。大多数国家的票据立法对票据金额空白的票据予以肯定。我国《票据法》第 85 条也规定,支票的金额可以由出票人授权补记。

(二)空白授权票据权利的行使及其限制

1. 空白授权票据权利的行使

空白授权票据持有人权利的行使可以分为两个阶段:一为补充前的阶段;二为补充后的阶段。

在补充前的阶段,空白授权票据的持有人可依其与空白授权票据行为人之间的授权协议的约定或者有关授权文件的表示,以自己认为适当的文义对票据空白记载事项行使补充记载的权利;同时可以行使空白授权票据的转让权,只不过在其转让流通时,空白授权票据的补充权也应当一并转让。此时空白授权票据行为人也即授权人不得随意撤回其授权,所以空白授权票据转让的法律效力及于空白授权票据转让与空白票据补充权的转让两个方面。

在补充后的阶段,因空白授权票据的空白事项被补充记载完全、被视为没有缺陷的票据,各国票据法都规定,此时的票据具有与自始即记载完全的票据同样的法律效力。持票人得依票据文义向相对人即票据债务人主张实质性的票据权利即付款请求权,并最终实现其票据权利的内容。相对人此时不能以原票据存在绝对应当记载事项的空白为由主张票据无效的抗辩。

2. 空白授权票据权利行使的抗辩

《票据法》对普通票据权利的行使设置了限制,对空白授权票据权利的行使理所当然也应有所限制。对空白授权票据权利行使的限制,本书认为,主要体现对票据付款请求权行使的限制。既然我们主张承认空白授权票据的效力,则空白授权票据即当然应当具有其效力,但这种效力并不等同于记载事项完整的普通票据所具有的法律效力,而是指已经完成了出票行为,但是尚未经补充权人进行补充记载行为的空白授权票据所具有的相应的效力。空白授权票据不同于记载事项完全的票据,其效力也不能当然等同,即持票人不能像记载事项完全的票据那样行使票据上的付款请求权。持空白票据提示付款,不发生行使和保全票据权利的效力,而票据债务人对空白授权票据如拒绝付款,不产生迟延给付的后果。也就是说,在持票人所提示的票据空白事项未经补充记载完全时,票据债务人有权拒绝付款或者承兑。

根据上述关于空白授权票据的《票据法》原理,《票据法规定》(2020)规定,空白授权票据的持票人未将空白事项补充完全以前行使票据权利的,人民法院不予支持。所以持票人必须在合理的期限内,严格依照空白票据行为人的授权进行补充填写,否则票据债务人可以据此向持票人主张抗辩而不付款。因此,在审判实践中,对于空白授权票据持有人提起诉讼以前怠于行使自己的补充义务,债务人据此抗辩的,人民法院应当予以支持。

【司法案例】

案例一

中信商业保理有限公司与国中医药有限责任公司票据纠纷案[①]

法官提示:汇票记载的出票日期可以事后予以补记。

最高人民法院认为:双方当事人均确认 00100061 - 20003860 商业承兑汇票收款人的账号及开户银行存在填写颠倒的问题,但该记载错误的事项并不属于汇票的绝对应记载事项,不影响对收款人的确认和票据自身的效力。国中医药有限公司(以下简称国中医药公司)主张案涉汇票出票时未填写出票日期,出票日期为实际出票后倒签,但其未提供充分证据予以证明。同时,虽然出票日期属于汇票的绝对应记载事项,但按照票据法的基本原理,记载的出票日期可以与实际出票日不一致而事后予以补记。只要当事人在主张票据权利时,出票日期有所记载,票

① 参见最高人民法院(2015)民二终字第 134 号民事判决书。

据就具有完整性。故对于国中医药公司的该项抗辩理由,本院不予支持。

案例二

高时石材(上海)有限公司诉利胜石材装饰有限公司、刘某票据付款请求权纠纷案[①]

法官提示:支票出票日期空白,支票付款的时间也因以出票日期补充记载而定。

上海市松江区人民法院一审认为:根据结算协议,上海利胜石材装饰有限公司应于2008年10月16日付清系争货款76,830元。在实际履行过程中,上海利胜石材装饰有限公司通过票面金额为76,830元的116号支票向高时石材(上海)有限公司进行付款,但该张支票并未解入银行提示付款,并在之后由票面金额相同的117号支票更换。在审理中,虽然高时石材(上海)有限公司与上海利胜石材装饰有限公司对于两张支票的更换原因、时间有不同陈述,但对当事人均同意更换支票以及更换时117号支票的出票日期为空白两项事实均无异议。对于交付117号支票时为何出票日期为空白的问题,上海利胜石材装饰有限公司在审理中表示:出票日期等高时石材(上海)有限公司向银行提示付款时由高时石材(上海)有限公司自行填写就可以了,其对于高时石材(上海)有限公司自行填写及所发生的效力都是确认的,因为其一直同意付款。在诉讼中,上海利胜石材装饰有限公司虽又表示其同意高时石材(上海)有限公司自行填写的出票日期应为2008年10月16日,但由于上海利胜石材装饰有限公司未能提供证据证实,原审法院对此不予采信。据此,综合当事人一致同意更换支票、117号支票出票日期空白的事实以及当事人在诉讼中的陈述,原审法院认为在高时石材(上海)有限公司与上海利胜石材装饰有限公司未能根据结算协议约定的以116号支票付款的情况下,双方就更换支票;以117号支票付款达成一致意见。但由于117号支票交付时出票日期空白,而在本案中出票日期又直接决定着高时石材(上海)有限公司可于何时向银行提示付款,从而使系争货款得以清偿,故双方通过该支票进行付款的时间也因出票日期的空白而待定。又鉴于上海利胜石材装饰有限公司对于高时石材(上海)有限公司自行填写出票日期及所发生的效力均表示确认,故根据双方的意思,通过117号支票支付系争货款的付款时间在高时石材(上海)有限公司填写完毕出票日期、收款人,并进行提示付款时方得以确定。现高时石材(上海)有限公司填写的117号支票的出票日期为2011年2月28日,并在此后的支票付款期

---

① 参见(2011)松民二(商)初字第717号、(2011)沪一中民四(商)终字第1569号民事判决书。

限内进行了提示付款,上海利胜石材装饰有限公司履行票据债务以支付系争货款的付款时间也在高时石材(上海)有限公司提示付款时明确。2011年3月9日,117号支票因存款不足发生退票,系争货款未受清偿,相应的诉讼时效从该支票退票时起算,而自退票之日至高时石材(上海)有限公司提起本案诉讼之日未逾两年,故上海利胜石材装饰有限公司提出的高时石材(上海)有限公司诉请偿付货款已逾诉讼时效的抗辩不成立。

上海市第一中级人民法院二审认为:上诉人收取被上诉人货物,理应支付货款,现上诉人将仅填写金额,出票人、出票日期为空白的支票交予被上诉人。被上诉人自行填写日期后,交银行提示付款,并未违反相关法律法规,现上诉人以交付的日期为2008年10月16日,已超过诉讼时效为由,要求驳回被上诉人的原审诉请,无事实和法律依据,本院不予支持。

第四十五条　票据的背书人、承兑人、保证人在票据上的签章不符合票据法以及《票据管理实施办法》规定的,或者无民事行为能力人、限制民事行为能力人在票据上签章的,其签章无效,但不影响人民法院对票据上其他签章效力的认定。

【条文主旨】

本条是关于出票人以外的其他票据行为人,其在票据上的签章被确认无效后法律后果的规定。

【条文理解】

(一)票据行为人签章方式不合法时的效力认定

票据的背书人、承兑人以及保证人在票据上签章不符合《票据法》以及《票据管理实施办法》关于票据行为人签章的法律规定要求的,应当认定该签章为无效签章,不能产生票据法上的效力,相应的行为人不承担票据责任,而只承担相应的民法上的民事责任。此时对票据行为人签章效力的规定,是与出票人签章方式的要求基本一致的。

(二)因票据行为人缺乏票据行为能力时其签章的效力认定

《票据法》与民法的关系属于特别法与普通法的关系,票据行为与民法上的民事法律行为也属于特殊与一般的关系。票据行为作为一种特殊的民事法律行为,在符合民法上对民事法律行为规定的基本要件的同时,必须符合《票据法》的特别规定。①

一般而言,票据行为有效成立的实质要件包括票据能力和意思表示两个方面。票据能力包括票据权利能力和票据行为能力两个方面。

票据权利能力,是指能够成为票据关系的当事人,享有票据权利和承担票据义务的资格。根据《民法典》第 13 条的规定,自然人从出生时起至死亡时止,均具有民事权利能力,因而也都具有票据权利能力。

票据行为能力则是指当事人以独立的意思,为有效的票据行为的资格。票据行为能力是票据行为有效成立的实质要件,因当事人不具备票据行为能力而在票据上签章的,该签章无效。

具有票据权利能力但是并不一定都具有票据行为能力。民法上关于自然人行为能力的规定基本上都适用于自然人的票据行为能力。具体来讲,包括以下几点:

1. 完全民事行为能力人签章的效力

根据《民法典》第 17 条、第 18 条的规定,18 周岁以上的自然人为成年人即完全民事行为能力人,16 周岁以上的未成年人以自己的劳动收入为主要生活来源的视为完全民事行为能力人,他们可以独立进行民事活动,在票据关系中,也就可以独立为票据行为,其所为票据行为就可以有效成立。

2. 无行为能力人、限制民事行为能力人签章的效力

根据《民法典》第 20 条及第 21 条的规定,不满 8 周岁的未成年人、8 周岁以上的未成年人不能辨认自己行为的以及不能辨认自己行为的成年人为无民事行为能力人,应由其法定代理人代理民事法律行为,也就是说,无民事行为能力人单独所为的票据行为属于无效行为。

对于限制民事行为能力人在票据上签章的效力,《民法典》第 19 条规定,8 周岁以上的未成年人为限制民事行为能力人,依法可以独立实施纯获利益的民事法律行为或者与其年龄、智力相适应的民事法律行为,其他民事活动应由其法定代理人代理或者其以法定代理人同意、追认;《民法典》第 22 条规定,不能完全辨认自己行为的成年人为限制民事行为能力人,依法可以独立实施纯获利益的民事法律行为或者与其智力、精神健康状况相适应的民事法律行为,其他民事活动应由其法定代理人代理或者其以法定代理人同意、追认。显然,票据行为不属于与其年龄、智力、精神健康状况相适应的民事活动,所以须由其法定代理人为之,或者

---

① 参见刘志新主编:《票据法的理论与实践》,中国人民公安大学出版社 1996 年版;张德荣主编:《票据基础理论与票据纠纷处理》,法律出版社 2018 年版,第 59 页。

事先征得法定代理人同意,否则亦为无效。

限制民事行为能力人,有因不达法定成年年龄,有因精神疾病而行为能力受限制者,总的来说,这些人在票据上的签章应为无效;间歇性精神病人在发病期间实施的票据签章行为无效,但持票人能够举证证明该票据行为是在未发病期间实施的,应当认定有效。

对于法人,一般情况下,法人自登记时起均有票据权利能力,也均有票据行为能力。由于票据是无因证券,法人的票据行为能力不受其章程所定目的的限制,即法人存续期间,不存在因超越其章程所定目的而使票据行为无效的问题。

(三)因上述原因而致票据签章无效后的处理

票据的背书人、承兑人以及保证人因上述原因,使其签章行为缺乏票据行为人有效成立的形式要件以及实质要件而致其签章无效的,则行为人不应承担票据责任,而只需依其过错承担相应的民法上的民事责任。

但是,背书人、承兑人以及保证人的签章被确认无效后,是否影响票据的效力或者影响票据上其他签章的效力,却是司法实践中所关注的问题。这一问题的解决涉及票据行为的分类问题。

票据行为,根据其性质不同,可以分为基本票据行为和附属票据行为两种。基本票据行为,又称基础票据行为,是指票据出票行为,即创设票据的行为,票据上的权利义务都是根据票据的发行而产生的,出票行为有效成立后,票据才可以有效存在。但是对于无民事行为能力人或者限制民事行为能力人出票行为的影响,《票据法规定》(2020)第65条规定,出票人为无民事行为能力人、限制民事行为能力人时,如果票据未经背书转让的,票据债务人不承担票据责任;如果票据已经背书转让的,票据无效不影响其他真实签章的效力。

附属的票据行为则是指出票行为以外的其他票据行为,以出票行为为前提,在已经作成的票据上所为的票据行为。背书、承兑以及保证都是附属票据行为,所以当该附属票据行为无效后,并不影响票据上其他票据行为的效力认定问题,即背书人、承兑人以及保证人的签章被确认无效后,并不影响人民法院对票据上其他票据当事人签章效力的认定。《票据法》第6条即规定:"无民事行为能力人或者限制民事行为能力人在票据上签章的,其签章无效,但是不影响其他签章的效力。"也就是说,人民法院仍然应当以《票据法》的相关规定来认定其他票据当事人签章的效力而不受该无效签章的影响,其他票据签章人仍然应当依票据上记载的文义负票据责任。

【司法适用】

本条虽然是关于无效票据签章行为的法律后果的规定,但是应当在司法实践中引起注意的是,本条是关于票据的背书人、承兑人和保证人在票据上为无效签章的行为的效力问题,而不能适用于出票人所为的无效签章的法律后果,出票人的签章如果被认定为无效,则该出票行为无效。因为出票行为是基本的票据行为,该类行为均将影响票据的效力,所以《票据法规定》(2020)本条规定不适用于出票人所为的签章行为,关于出票人签章不真实或者出票人欠缺民事行为能力的,应当适用《票据法规定》(2020)第65条的规定处理。

【司法案例】

凯里东南村镇银行有限责任公司与黔东南州凯福商贸有限公司、吴某某票据纠纷案①

贵州省凯里市人民法院认为:根据《票据法》第14条第1款、第2款"票据上的记载事项应当真实,不得伪造、变造。伪造、变造票据上的签章和其他记载事项的,应当承担法律责任。票据上有伪造、变造的签章的,不影响票据上其他真实签章的效力"及《票据法规定》(2000)第46条"票据的背书人、承兑人、保证人在票据上的签章不符合票据法以及《票据管理实施办法》规定的,或者无民事行为能力人、限制民事行为能力人在票据上签章的,其签章无效,但不影响人民法院对票据上其他签章效力的认定"的规定,涉案银行承兑汇票中瑞安公司的印章与瑞安公司自身提供的印章不一致,票据上有该伪造或变造的签章无效,即不发生合法签章的法律效力。但现有证据不能证明票据上其他签章不具备真实效力,其他签章真实,背书连续,是双方的真实意思表示,不违反法律、法规禁止性规定,各方当事人应当按照票据记载事项承担票据责任。

① 参见贵州省凯里市人民法院(2018)黔2601民初4528号民事判决书。

七、票 据 背 书

票据背书，是指持票人为了将票据权利转让给他人或者将一定的票据权利授予他人行使，而在票据背面或者粘单上记载有关事项并签章，然后将票据交付他人的一种附属的票据行为。背书可以分为转让背书和非转让背书，前者以转让票据权利为目的；后者则不以转让票据权利为目的，只是将票据权利授予他人行使。通常所说的背书为转让背书，如以买卖、赠与、还债等为目的而将票据背书转让给他人。由于票据行为具有无因性，转让背书的目的通常在票据上无须记载。

票据是一种流通证券，转让是使其流通的手段，背书是重要的票据行为。票据的转让方式有交付与背书两种，由此可见，背书在票据制度上是非常重要的。背书具有以下法律特征：(1)背书是一种附属票据行为，即背书是出票行为以外的其他票据行为。背书以出票行为为前提，因此，出票行为的效力会影响背书的效力，但是反过来讲，背书行为的效力不会影响到出票行为的效力，即使背书行为不符合法律规定，只是使其本身无效，不会影响票据的效力。(2)背书是持票人所为的票据行为。背书的目的是将票据权利转让给他人或者将一定的票据权利授予他人行使，因此为背书行为的人必须是票据的持有人，但并不是说所有的持票人都可以为背书行为，法律对持票人是否可以为背书有相应的限制性规定。(3)背书以转让票据权利或者将一定的票据权利授予他人行使为目的。票据权利的转让方式有两种：一种是背书，另一种是交付。将一定的票据权利授予他人行使，也可以采用背书的方式。(4)背书的作成必须是在票据背面或者粘单上记载有关事项并签章。在我国，可以背书转让的票据背面都印有背书栏，背书人欲作成背书，只需在背书栏中完成记载，如背书栏已满，背书人可以在票据的粘单上为背书行为，但是粘单上的第一记载人，应当在票据和粘单的粘接处签章。

第四十六条　因票据质权人以质押票据再行背书质押或者背书转让引起纠纷而提起诉讼的，人民法院应当认定背书行为无效。

【条文主旨】

本条是关于已经设定质押的票据能否再行背书质押以及转让效力问题的规定。

【条文理解】

（一）票据质押的概念

票据质押是权利质押的一种，依照《民法典》第440条的规定，权利质押是指为了担保债权得到清偿，就债务人或者第三人有权处分的权利而设定的质权。

票据质押，是票据基础关系中的债务人为担保其债务的履行而以其（或者第三人）持有的票据设定质权的行为，即作为债务人（或者第三人）的持票人为担保主债务的履行，而在票据上为设质背书并将票据交付给债权人占有，债权人如届期得不到清偿，有权通过对设质的票据行使票据权利而实现债权的权利担保。票据质押不仅是权利质押的一种，而且是证券债权质押的一种，即以证券债权为质权标的而设定的质押。

（二）关于已设质票据再行背书质押、转让的效力认定

在票据上已经设定质权以后，对质押票据的质权人，即出质人的被背书人是否可以再以背书的方式转让票据权利或者以背书的方式将票据权利再次向他人质押，如果质权人实施了上述行为，是否影响票据背书的效力，票据的最后被背书人能否享有票据权利？对上述问题，由于对票据质押性质或者效力认识的不同，在理论界也存在较大的争论。第一种观点认为，以票据设定质押仅仅是一种普通的债权担保，并非票据行为，此时经质押背书取得票据的持票人就该票据享有的是质权，而非票据权利，只是持票人在实现质权时可以行使票据权利。[①] 质权人因背书取得的仅是收款的权利，票据权利并未因背书而转移给质权人。[②] 因此，设定质押背书的质权人，只能为委托收款而进行背书，不能再行转让背书，也不能再行设定质押背书。[③] 第二种观点认为，票据质押背书应当理解为票据行为，其具有票据行为的要式性、无因性、文义性、独立性和连带性等特征。所以对票据质押行为的效力应当依票据法对票据行为效力的规定来确定。第三种观点认为，如果设质的票据的到期日在票据质押所担保的债权的到期日之前，质权人不得再背书转让票据权利或者再设定质押；如果票据到期日在票据质押担保的债权到期日之后的，则质权人可以再背书转让或者再设定质押。第四种观点认为，对票据质押行

① 参见王小能：《论票据背书的连续性》，载《中国法学》1999年第1期。

② 参见刘家琛主编：《票据法原理与法律适用》，人民法院出版社1996年版，第288页。

③ 参见姜建初主编：《票据法》，北京大学出版社1998年版，第203页。

为的性质认定,应当分两个阶段来分析与判断,第一个阶段在质权人实际行使票据质权阶段以前,这一阶段的票据质押行为的判断应当认定其为一般的权利质押担保行为,因为出质人的本意仅仅是创设了一种债权证券的质押担保方式,并无转让票据权利的意思表示,此阶段亦不涉及质权人的质权是否成就以及如何行使的问题;第二个阶段即自质权人实际行使质权之时起,质权成就或者票据到期日届至,质权人需要实现其债权时,需要通过行使其以设定质押而持有的票据权利来实现债权,此时应视为出质人同意转让其票据权利,这一阶段中,票据质押行为就已经完全符合《票据法》所规定的票据权利转让的特征,票据质押行为则演化为具有票据权利转让性质的范畴。而且,在票据质权人实现其质权时,其行为即具有追溯效力,使先前的票据质押行为产生票据法上票据权利转让的票据行为的效力,该行为具有票据行为的所有特征。

《票据法规定》(2020)第 46 条规定,因票据质权人以质押票据再行背书质押或者背书转让引起纠纷而提起诉讼的,人民法院应当认定背书行为无效。该条是禁止质权人再行背书转让票据或者再以票据设质的,从保护出质人的权利角度出发,还是必要的。本书认为,《票据法规定》(2020)此条规定的理由主要有以下三方面:

(1)票据质押背书是非转让背书。《票据法》理论中,一般将票据背书分为转让背书与非转让背书两种,即是以票据背书的目的为依据进行的分类,其中转让背书是以转让票据权利为目的而为的背书,非转让背书是以授予他人行使一定的票据权利为目的而为的背书。非转让背书又包括委托收款背书和质押背书两种。票据质押背书并不产生当然的票据权利转移的效力,仅发生票据权设立的效力和证明票据质权的效力。票据质押背书不以转让票据权利为目的,票据权利人仍然是背书人,被背书人是代理背书人行使票据权利,在这一点上质押背书与委任背书相同,与委任背书相区别的是质押背书的被背书人是为自己的权利行使票据权利,即使自己的担保债权得以实现。① 所以,从《票据法》理论的角度而言,票据设定质押后,出质人即背书人并非以转让票据权利为目的,而是以担保债务的履行为目的,所以质权人依票据法无法取得该质押票据的票据权利,自然也就无权将该票据再为背书转让。《日内瓦统一汇票本票法公约》第 19 条亦规定"背书中有'因担保'、'因设质',或其他表示设定质权的文句的,持票人得行使汇票上的一切权利。但持票人再为背书时,只能为委任背书"。

(2)质权人在质权未实现前无处分质物的权利。这是从担保的角度而言,因

① 参见王小能:《中国票据法律制度研究》,北京大学出版社 1999 年版,第 220 页。

为在票据质押关系中，在签订质押合同以至于出质人向质权人交付票据而使票据质押设立之时，出质人并没有转让票据权利的意思表示，在质押合同所担保的主债务履行完毕的情况下，质权人还应当向出质人返还质押的票据，质权人在实现其质权以前，还负有相应义务。如《民法典》第 432 条规定，质权人负有妥善保管质押财产的义务；因保管不善致使质押财产毁损、灭失的，质权人应当承担赔偿责任。第 431 条规定，质权人在质权存续期间，未经出质人同意，擅自使用、处分质押财产，造成出质人损害的，应当承担赔偿责任。

(3)从设质票据的到期日与主债权履行期限的关系区分是否可以再行背书转让，在操作上具有较大的难度。因为票据质权人再次转让或者出质的受让人或者质权人，其在接受票据时无法对其前手(第一次背书的质权人)与其出质人之间的基础关系进行审查，无法确定其所接受的票据转让或者质押是否有效，反而不利于票据流转关系的确定性与稳定性。所以，直接明确已经设定质押的票据不得再背书转让或者再设定质押，具有较强的可操作性与合理性。

依《票据法》原理，被背书人取得票据质权时，质权人并不是票据权利人，票据权利人仍然是票据的背书人即设质人，质权人无权再行转让或者出质已经设质的票据。但是，当作为基础关系的债权到期后，质权人则依法可以实现其质权，成为票据权利人。在票据质押中，当设定质押的基础关系的债权到期后，质权人质权的实现并非按一般权利质押的质权实现来操作的，因为票据是完全的有价证券，票据上的权利具有与其他权利不同的地方。持有票据是行使票据权利的前提条件，而且作为一种有价证券，其权利价值是确定的，无须拍卖、变卖或者折价即可以确定其价值，所以票据质权的实现是以质权人直接行使票据权利为实现方式，由质权人直接行使付款请求权或者向票据债务人行使追索权来实现其质权。从这一角度可以认为，票据质押是出质人于质权实现时将票据权利授予质权人行使的一种担保。我国《票据法》第 35 条第 2 款规定，被背书人依法实现其质权时，可以行使汇票权利。对票据金额超过其到期债权金额的部分，应当由质权人向债务人返还；票据金额不足清偿到期债权的，质权人仍然有权要求债务人继续清偿债务。

【司法适用】

票据质押是债务人为履行其对债权人的债务而提供的一种权利质押担保。因此，债权人债权的实现与质押合同的签订以及质权的设立之间一般存在一定的时间差。如果债务人以银行汇票或者银行本票、支票等设定质押，则因这些票据是见票即付的，所以债务人完全可以自己通过提示付款的方式取得票据金额，而不必再向债权人以提供质押担保的形式获取款项。我国《票据法》对于可以质押的票据种类，在第35条第2款中规定，汇票可以设定质押，第80条、第93条对本票、支票等的背书、保证作了援引性规定。有观点认为，《中国人民银行关于施行〈中华人民共和国票据法〉有关问题的通知》第4条第3款以及《支付结算办法》第27条第1款规定，填明“现金”字样的银行汇票、银行本票和用于支付现金的支票不得背书转让，所以上述三种票据不得设定质押，票据质押仅是就商业汇票或者转账支票设定的质押。本书倾向于认为，上述通知和规章关于填明“现金”字样的银行汇票、银行本票和用于支付现金的支票不得背书转让的规定，不适用票据质押，因为票据质押不是转让背书。《民法典》第441条规定，汇票、本票和支票均可以出质，第442条规定，汇票、本票或者支票的兑现日期先于主债权到期的，质权可以兑现，并与出质人协议将兑现的价款提前清偿债务或者提存。故至少其民法效力应该得到认可。

【司法案例】

上海市医药保健品进出口公司浦东公司与上海大庆能源有限公司票据追索权纠纷案①

法官提示：票据的债务人不能以其与持票人前手之间关于票据质押不得转让的约定对抗持票人的票据权利。

上海市第一中级人民法院认为：因案外人洛亚公司承认欠原告的货款约865万元，才将被告签发的二张汇票背书后质押给原告。原告已支付了相应的对价。在案外人未能兑现2000年5月23日的承诺后，原告自然、合法取得上述票据。汇票是出票人签发的委托付款人在见票时或者在指定日期无条件支付确定的金额给收款人或持票人的票据。现原告作为持票人，应享有票据的权利，可以要求出票人即被告给付票面确定的金额。被告认为以口头与案外人洛亚公司约定汇票是作抵押、不得转让的辩称理由，与事实不符，不予采信。被告提供的案外人支付原告货款的凭证，也不能证明原告与案外人之间的经济往来账已偿清，故该凭证没有证据的效力。根据《票据法》第13条第1款、第2款的规定，票据债务人不得以自己与出票人或持票人的前手之间的抗辩事由，对抗持票人。但是，持票人明知存在抗辩事由而取得票据的除外。所以被告不得以与案外人洛亚公司之间的经济往来事实来抗辩原告的诉请。原告的诉请有事实和法律依据，应予支持。

① 参见上海市第一中级人民法院（2000）沪一中经初字第428号民事判决书。

第四十七条　依照票据法第二十七条的规定，票据的出票人在票据上记载"不得转让"字样，票据持有人背书转让的，背书行为无效。背书转让后的受让人不得享有票据权利，票据的出票人、承兑人对受让人不承担票据责任。

【条文主旨】

本条是关于出票人在票据上记载"不得转让"字样时，票据持有人再将此票据背书转让的，该背书转让行为效力认定的规定。

【条文理解】

（一）出票人记载"不得转让"字样的合理性

出票人记载"不得转让"字样，是指出票人在出票时在票据上记载"不得转让"或者具有相同意思的文句。

通常认为，出票人在票据上记载"不得转让"字样时，该事项的记载属于票据出票人出票时的任意记载事项，是否记载由出票人自己选择，但是一经记载即发生票据法律效力的事项。票据是当然指示证券，并且具有可流通性，出票人本应当允许票据权利人依背书而指定新的权利人，从而使票据得以流通。因为背书是一切有价证券权利的重要转让方式，票据较之其他有价证券最重流通，票据的流通除了交付转让外，主要是通过背书完成。但是出票人在签发票据时，可能会基于某种特别的原因而需要限制票据进入流通，出票人记载"不得转让"字样时，通常是为了达到如下目的：防止收款人以外的第三人向其行使追索权而与之发生票据关系，从而造成票据追索金额的扩大，简言之，就是为了限制票据的背书流通。例如，出票人出于对收款人履行约定义务能力的怀疑，为了保持对收款人基于票据基础关系的抗辩权，不希望自己签发的票据通过流通而转让到他人手中，从而丧失对持票人的票据基础关系的抗辩权即抗辩切断，在这种情况下，出票人可依票据法的规定在票据上记载"不得转让"的文句。有的情况下，如银行汇票或者银行本票的出票人即银行往往并不需要保留对收款人的抗辩权，其在票据上记载"不得转让"的字样多是应银行汇票或者银行本票申请人的要求而记载的，其目的主要是保留申请人对收款人的抗辩权。虽然票据流通的最理想状态应为对背书转让不设置任何障碍和限制，但是基于票据权利的私权性质，以及保护债权人的立法目的和维护票据信用和票据安全的需要，在保障票据流通的同时，允许对票据流通的某些限制，即票据流通性应当在保障票据的流通与允许权利人对流通进行一定程度的限制之间实现有机统一。①

(二)出票人记载“不得转让”字样效力的理论与立法例

出票人在票据上记载了“不得转让”的字样后,会产生何种法律效力,对此理论界有不同的观点。第一种观点认为,出票人在票据上记载“不得转让”字样的,表明该票据不得进行票据上的转让,也就是说,收款人不能以《票据法》规定的转让方式将票据权利转让,即使收款人实际进行了背书转让,也不能发生背书转让的法律效果。但是该记载并不妨碍票据仍可以进行《票据法》规定的背书以外的其他方式的转让,也就是说,依一般债权转让方式,在通知出票人并经其同意的情况下,将该票据转让。此种情况下,持票人又转让的,不发生《票据法》上票据转让的法律效力,仅发生一般债权转让的效果。② 在付款人拒绝承兑或者拒绝付款后,收款人的后手只能以契约等为依据而依照民法上关于债权债务的有关规定寻求《票据法》以外的司法保护与救济。③ 第二种观点认为,出票人在票据上记载“不得转让”字样的,不仅表明该票据不得进行票据上的转让,同时表示禁止该票据进行《票据法》规定方式之外的转让,也就是禁止票据进行任何形式的转让。

关于出票人记载“不得转让”字样的法律效力,各票据法系及国家的立法均有不同的规定。《日内瓦统一汇票本票法公约》第 11 条规定:“如出票人在汇票上注有‘不可付指定人’字样或相同词语,该票据只能按照通常债权转让方式让与,并且有该种转让方式的效力。”《联合国国际汇票和国际本票公约》第 17 条第 1 款规定:“出票人或签票人在票据上加入‘不得流通’‘不得转让’‘不可付指定人’‘仅向(某人)’等字样,或类似含义的字样时,除为托收目的外,该票据不得转让。”若进行了转让,任何背书都视为委托收款背书。英国《1882 年票据法》第 8 条第 1 款规定,凡汇票含有禁止转让或者表明有不可转让之意向,它只能在票载当事人之间有效,而是不可议让的(不可转让的)。《日本汇票本票法》第 11 条第 2 款也规定:“发票人于汇票载有‘禁止指示’之文句,或与此同一意义之文句,票据仅得依指名债权之方式而为转让,其效力亦同。”④

(三)出票人记载“不得转让”票据的法律效力

我国《票据法》第 27 条第 2 款规定:“出票人在汇票上记载‘不得转让’字样的,汇票不得转让。”《票据法规定》(2020)本条规定,依照《票据法》第 27 条的规

① 参见董士忠:《论背书禁止对票据流通性的限制》,载《安阳师范学院学报》2006 年第 3 期。

② 参见王小能主编:《中国票据法律制度研究》,北京大学出版社 1999 年版,第 195 页。

③ 参见张德荣主编:《票据诉讼》,法律出版社 2002 年版,第 87 页。

④ 参见胡德胜:《票据法基本原理及应用比较研究》,中国政法大学出版社 2015 年版,第 129 页。

定，票据的出票人在票据上记载“不得转让”字样，票据持有人背书转让的，背书行为无效。可见我国法律规定是非常清楚的，即出票人在汇票上记载“不得转让”的票据，持票人进行背书转让后，受让人不享有票据权利。我国《票据法》及司法解释未采《日内瓦统一汇票本票法公约》的规定及相关理论，而是与《英国票据法》相同，应当说，我国《票据法》及《票据法规定》(2020)是比较合理的。

根据《票据法》及《票据法规定》(2020)的规定，出票人在票据上记载“不得转让”字样的法律效力主要体现在以下两个方面：

(1)出票人记载“不得转让”字样的票据丧失了可背书性，不能再以背书方式转让票据权利；票据持有人背书转让的，背书行为无效。

根据票据行为的基本理论，出票行为属于基本的票据行为，之所以基本，是因为法律规定出票行为在形式上有效的话，票据就有效；如果出票行为在形式上不符合法律的要求，纵然其他票据行为都符合要求也无济于事。不仅如此，出票人在票据上所做的记载，对整个票据具有约束力，而附属的票据行为所做的记载，通常仅约束相对人。也就是说，出票人记载不得转让之后，该票据就失去了流通性。

(2)背书转让后的受让人不得享有票据权利，票据的出票人、承兑人对受让人不承担票据责任。

票据的出票人在票据上记载“不得转让”字样，票据持有人背书转让的，背书行为无效。背书转让后的受让人不得享有票据权利，票据的出票人、承兑人对受让人不承担票据责任。这与背书人记载“不得转让”字样的法律效力就大不一样，背书人如果记载“不得转让”字样后，该票据还可以继续转让，只是原背书人对其后手之后的被背书人不承担票据责任，而出票人、承兑人以及其他背书人还应当承担相应的票据责任。

【司法适用】

(一)关于出票人“不得转让”字样记载的位置

出票人可以在票据上记载“不得转让”字样，但该字样应当记载于何处，《票据法》并没有明确的规定。实践中也有不同的观点与裁判，在沈阳市石油总公司石化物资公司诉辽宁省石油煤炭销售公司等票据纠纷案中，出票人专门刻制了“不许背书转让”字样的印章，加盖于该银行承兑汇票的背面，法院认为，“不允许背书转让”字样填写在汇票何处，不影响其法律效力问题。经查，沈阳市石油总公司石化物资公司在银行承兑汇票上填写的“不允许背书转让”字样，虽不规范，有瑕疵，但是双方就该银行承兑汇票作出的“不允许背书转让”的约定，系双方真实意思表示,具有法律效力。[①] 但在上海中发电气(集团)有限公司与交通银行股份有限公司上海浦东分行票据追索权纠纷案中,法院则认为,根据票据的要式性和文义性要求,出票人提示"不得转让"应当记载于票据正面,该记载的法律后果在于限制其直接后手再背书转让;记载于票据背面相应的背书人栏的"不得转让"字样,其票据文义则是限制该背书人之后手再背书转让。作为出票人,在汇票背面记载"不得转让",显然无相应的票据记载意义及效力,故应依法承担保证该汇票承兑和付款的法定责任。[②] 本书倾向于后一种意见,出票人"不得转让"字样应当记载于票据正面,如果出票人将"不得转让"字样记载于票据背面,则不仅容易与背书人的背书相混同,而且会与背书人记载"不得转让"的字样难以分别。《支付结算办法》第 30 条第 1 款也规定,出票人的禁止背书字样应当记载在票据的正面位置。

(二)关于被背书人能否取得民法上一般债权的效力

对此问题,理论上有不同的观点。第一种观点认为,出票人记载"不得转让"字样的票据,又经背书转让的,虽不产生票据法上的背书效力,但可产生一般债权转让的效力,即被背书人虽然取得票据权利,但与民法上一般债权转让一样,不切断抗辩,票据债务人可以与背书人之间的抗辩事由对抗被背书人。[③] 第二种观点则认为,我国《票据法》以及《票据法规定》(2020)规定,确认了出票人记载有"不得转让"字样的票据,收款人再行背书转让的,被背书人不能享有票据权利。虽然从字面上看,没有否认被背书人可以基于民法上一般债权的规定主张权利,但是,由于被背书人对票据上记载"不得转让"字样主观上属于明知,即使是确认其取得的权利相当于普通债权转让的效力,对出票人和承兑人来说也是不公平的。[④] 本书倾向于第二种观点。

此外,《票据法规定》(2020)第 47 条的规定与《票据法》第 27 条的规定并不完全相同,《票据法规定》(2020)只是否定了以出票人记载"不得转让"字样票据背书转让的效力。在票据实践中,票据权利的转让并非限于背书转让一种方式,其他方式如继承、企业合并与分立等,也可能发生票据权利转让的效果。但此种情况下,与背书转让票据权利有所不同,此时如果否定持票人的权利似有不妥,所以《票据法规定》(2020)的规定较之《票据法》的规定而言,更具有其合理性。

---

① 参见最高人民法院中国应用法学研究所编:《人民法院案例选 · 商事卷》(1992 ~ 1999 年合订本),中国法制出版社 2000 年版,第 730 ~ 739 页。

② 参见上海市高级人民法院(2007)沪高民二(商)终字第 50 号民事判决书。

③ 参见王小能主编:《中国票据法律制度研究》,北京大学出版社 1999 年版,第 208 页。

④ 参见吕来明:《票据法基本制度评判》,中国法制出版社 2003 年版,第 246 页。

【司法案例】

案例一
唐山新鑫特钢有限公司、天津龙鑫浩建材贸易有限公司票据追索权纠纷案[①]

法官提示：出票人与收款人约定票据不得转让，但并未在汇票上注明“不得转让”字样，该约定对持票人不具有约束力。

天津市第二中级人民法院认为：票据具有文义性，唐山新鑫特钢有限公司（以下简称新鑫特钢公司）出具的商业承兑汇票必要记载事项齐全，为有效票据。新鑫特钢公司主张该票据因付款期限记载不符合相关规定而为无效票据。但票据付款期限记载瑕疵仅影响该记载事项本身，不属于票据无效的情形，故本院对新鑫特钢公司的该项主张不予支持。该汇票背书连续，天津龙鑫浩建材贸易有限公司（以下简称龙鑫浩公司）作为持票人，能够以背书记载证明其享有票据权利，亦提供了买卖合同及送货凭证证明其与津莆公司之间存在基础法律关系，一审法院认定其为合法持票人并无不妥。新鑫特钢公司主张龙鑫浩公司取得票据存在过失，不享有票据权利，没有证据予以证实，本院对其主张不予支持。新鑫特钢公司虽在出具汇票时与津莆公司约定票据不得转让，但并未在汇票上注明“不得转让”字样，故该约定对持票人不具有约束力。

案例二
深圳市汇中物流有限公司、深圳市赢合科技股份有限公司票据追索权纠纷案[②]

深圳市龙华区人民法院一审认为：根据我国有关票据的法律规定，票据的出票人在票据上记载“不得转让”字样，票据持有人背书转让的，背书行为无效，背书转让后的受让人不得享有票据权利，票据的出票人、承兑人对受让人不承担票据责任。本案中，沃特玛公司出具汇票给赢合公司并记载“不得转让”字样，赢合公司将此汇票回头背书给沃特玛公司，沃特玛公司再背书转让给汇中公司，以上背书行为无效，沃特玛公司、汇中公司不得享有票据权利。因此，汇中公司持票向赢合公司行使票据追索权主体不适格，应予驳回起诉。依照《票据法》第 34 条，《票据法规定》（2000）第 48 条，《民事诉讼法》（2017）第 119 条、第 154 条的规定，裁定

---

① 参见天津市第二中级人民法院（2018）津 02 民终 2459 号民事判决书。

② 参见广东省深圳市中级人民法院（2019）粤 03 民终 30442 号民事裁定书。

驳回汇中公司的起诉。

广东省深圳市中级人民法院认为:本案二审争议焦点为,汇中公司能否向赢合公司行使涉案票据的追索权。

本案涉案两张电子商业承兑汇票的出票人沃特玛公司在出票时备注了"不得转让"字样。根据票据行为的基本理论,出票行为是属于基本票据行为,之所以基本,是因为法律规定出票行为在形式上有效,票据就有效;如果出票行为在形式上不符合法律要求,纵然其他票据行为也符合要求也无济于事。不仅如此,出票人在票据上所做的记载对整个票据具有约束力,而附属的票据行为所做的记载,通常仅约束相对人。对此,《票据法》第27条第2款规定"出票人在汇票上记载不得转让字样的,汇票不得转让",也就是说,出票人记载不得转让之后,该票据就失去了流通性。如果收款人又将该票据背书转让的,该背书行为不产生《票据法》上的效力。《票据法规定》(2000)第48条进一步规定,票据的出票人在票据上记载"不得转让"字样,票据持有人背书转让的,背书行为无效。背书转让后的受让人不得享有票据权利。

本案中,赢合公司将出票人为沃特玛公司的两张涉案电子商业承兑汇票又背书转让给沃特玛公司,该背书行为无效,背书转让后的受让人沃特玛公司不得享有票据权利。沃特玛公司将涉案票据再转让给汇中公司,这一过程中沃特玛公司的身份已经不再是出票人,而是背书人与被背书人,该背书行为同样无效,汇中公司不得享有涉案票据的权利。因此,汇中公司不是涉案票据的权利人,不是本案的适格主体,不具有涉案票据的追索权。

案例三

北京广英时代经贸有限公司与华夏银行股份有限公司等票据付款请求权纠纷案①

北京市第三中级人民法院认为:案涉票据符合票据的形式要件,不存在票据法上规定的无效情形,亦不违反法律行政法规的强制性规定,合法有效。结合双方诉辩意见,本案二审的争议焦点是北京广英时代经贸有限公司(以下简称广英时代公司)是不是案涉0167号银行承兑汇票的合法持票人。对此,本院分析如下:

第一,《票据法》第31条第1款规定:"以背书转让的汇票,背书应当连续。持

---

① 参见北京市第三中级人民法院(2019)京03民终5606号民事判决书。

票人以背书的连续，证明其汇票权利；非经背书转让，而以其他合法方式取得汇票的，依法举证，证明其汇票权利。”本案中，广英时代公司虽曾经因背书取得过票据权利，但其已经通过背书将持票人资格授予给其后手欣东友谊公司，后经连续背书转让，最后工行南通石港支行经背书记载“委托收款”字样代通强公司行使汇票权利，而通强公司的票据权利因华夏银行望京支行书面通知拒付而未能实现。故在本案中，广英时代公司作为持票人并不能以背书的连续而证明其票据权利。

第二，《票据法》第27条规定：“持票人可以将汇票权利转让给他人或者将一定的汇票权利授予他人行使。出票人在汇票上记载‘不得转让’字样的，汇票不得转让。持票人行使第一款规定的权利时，应当背书并交付汇票……”第35条第1款规定：“背书记载‘委托收款’字样的，被背书人有权代背书人行使被委托的汇票权利。但是，被背书人不得再以背书转让汇票权利。”本案中，案涉票据已经由通强公司背书给工行南通石港支行委托收款，工行南通石港支行不得再以背书的方式转让汇票权利，而汇票权利须经背书并交付汇票才可转让他人行使。广英时代公司并非汇票的最后一手被背书人，即使其提供的证据可以证明其在当时的持票人通强公司被拒付后，向欣东友谊公司支付对价后取得了案涉汇票，其亦无权通过背书之外的方式取得包括付款请求权在内的票据权利。综合上述分析，现有证据不足以证明广英时代公司系合法有效的汇票权利人，华夏银行望京支行拒绝承兑付款，有合法的抗辩事由。

第四十八条　依照票据法第二十七条和第三十条的规定，背书人未记载被背书人名称即将票据交付他人的，持票人在票据被背书人栏内记载自己的名称与背书人记载具有同等法律效力。

【条文主旨】

本条是关于空白背书票据的持票人，为补记行为将其自己补记为被背书人时，该行为效力认定的规定。

【条文理解】

（一）票据空白背书的一般理论

票据空白背书也是票据背书的一种，又称为不记名背书、略式背书或者不完全背书，是指票据的背书人在背书中未指定被背书人，仅有背书人的签章，而在被背书人记载上留有空白的背书。空白背书票据实际上也是广义上的空白票据的范畴。

目前国外的票据立法大多承认票据空白背书的效力,《日内瓦统一汇票本票法公约》第 13 条第 2 款规定:“背书得不记明特定之受益人或仅由背书人签名;空白背书必须于汇票背面或紧接于汇票粘单之背面上为之,始为有效。”《联合国国际汇票和国际本票公约》第 14 条第 2 款规定:“空白背书,即仅有签字或签字附加说明表示凭该票据向票据拥有者付款。”①英国《1882 年票据法》第 34 条第 1 款规定,未指定被背书人的背书称空白背书,此种背书的汇票应付款给来人。《美国统一商法典》第 3 – 204 条第 2 款、《日本票据法》第 13 条第 2 款也都规定了类似的内容。

我国《票据法》第 27 条规定:“持票人可以将汇票权利转让给他人或者将一定的汇票权利授予他人行使……持票人行使第一款规定的权利时,应当背书并交付票据……”第 30 条规定:“汇票以背书转让或者以背书将一定的汇票权利授予他人行使时,必须记载被背书人名称。”从此条规定来看,票据背书时应当记载被背书人名称,也就是说,《票据法》不承认空白背书票据。但是,在票据实务中,承认空白背书至少有以下益处:(1)空白背书可以使票据更容易流通。空白背书与记名背书相比也较为简便,不会发生记名疏漏或者错写的问题。同时,空白背书可以采取单纯交付,手续简便。(2)空白背书票据的持票人如果依直接交付而转让票据时,可以不负背书人的责任。持票人如果依交付而转让票据,其姓名或者名称并没有在票据上得以体现,而票据奉行外观主义,该持票人在转让票据后,其实质已退出票据关系,当然不用承担任何票据责任。这样,使人们乐于接受这种票据,体现了票据使用方便、快捷的原则,同时有力地增强了票据的流通性。此外,依《支付结算办法》第 74 条的规定,在银行开立存款账户的法人以及其他组织之间具有真实的交易关系或债权债务关系才能使用商业汇票。金融机构对商业汇票转让的内部管理规定对自然人背书不予认可,导致自然人无法在空白背书上签章获得票据权利,其往往也以空白背书取得票据后再以单纯交付转让票据。(3)空白背书票据一旦发生拒绝付款时,行使追索权的范围不会无限扩大,而仅限于在票据上签章的票据行为人。至于其他虽然曾经持有过票据但不曾在票据上签名的当事人,并不在被追索之列。当然,空白票据相比记名背书而言,容易发生票据遗失或者被盗后由善意第三人取得的情况,有一定的不安全性。

《票据法》理论界认为,我国《票据法》在制定和实施阶段,一些适应高度发达的商品经济的票据制度不可能在我国很快发展起来,我国《票据法》中关于不承认空白背书的规定,在当时只是起到规范和引导票据活动的作用,是在空白背书与

① 参见郑孟状等:《中国票据法专家建议稿及说明》,法律出版社 2014 年版,第 111 页。

记名背书的“效率”与“安全”的权衡中选择了“安全”。但是随着我国社会主义市场经济体制的逐步完善，票据使用日渐频繁，承认空白背书也越来越成为社会发展的需要。基于以上认识，《票据法规定》(2020)第48条规定承认了票据的空白背书。

空白背书在票据实务中又可以分为两种：一种是在票据上有背书转让的意思即背书文句的记载，而不记载被背书人姓名或者名称的空白背书；另一种是在票据上没有表示转让的背书文句的记载，也没有被背书人姓名或者名称的记载，而仅由背书人签名和盖章后即将票据交付给他人。

(二)票据空白背书与完全背书的比较

要理解空白背书行为的效力，首先应当对空白背书与完全背书作一比较。

1. 空白背书与完全背书的相同之处

空白背书与完全背书都是转让票据权利的方式之一，两者都是经过背书签名的票据行为，即背书人均有背书转让票据权利的意思表示，无论是背书人以背书记载有背书的文字，还是仅在背书人栏内盖章而未记载背书字样，一般情况下都可以推定背书人有背书转让票据权利的意思表示。因为在票据上签章并将票据交付给他人的行为，依票据法原理，一般可以认定当事人有转让票据权利的意思表示且已经完全将票据权利转让的行为。

2. 空白背书与完全背书的区别

(1)二者的记载内容不同。在票据的完全背书中，背书人不仅自己签名，表明其有转让票据权利之意思，而且还记载有被背书人的名称，表明其对被背书人的指定。在空白背书中，则仅有背书人的签名，而未记载被背书人的名称。

(2)在票据的再转让方面有所不同。经完全背书而取得票据的持票人，如果要再次转让票据，必须再以背书的方式进行，无论是以完全背书还是以空白背书的方式均可以，但是不能依交付的方式转让；经空白背书方式取得票据的持票人，如果其要再转让票据，可以依多种方式进行，包括依交付而转让、再依空白背书而转让、依完全背书而转让、变更为记名背书即完全背书后再转让等。

(三)空白背书票据持票人补记自己为被背书人的效力

依空白背书方式取得票据的持票人，其在行使票据权利时，可能在票据的被背书人栏内(原为空白记载)记载自己的名称，其后以持票人的身份向票据债务人请求付款或者主张追索权。该行为是否具有法律效力，具有何种法律效力，我国《票据法》未作规定。

本书认为，对空白背书票据持票人补记自己为被背书人名称的，可以参照空白授权票据的相关理论以及《票据法规定》(2020)第44条关于空白授权票据补充权的规定处理，因为空白背书票据与未记载收款人名称的空白授权票据具有一定的相通性。

参照空白授权票据理论,在票据的空白背书中,背书人仅作为背书人签章,而未记载被背书人名称后即将票据交付给他人的,则依交付而取得票据的持票人即被推定为补充权人,其将自己的名称记载为被背书人的,则与背书人记载具有相同的法律效力,也就是在法律上将其推定为背书人记载的被背书人。

《票据法规定》(2020)本条规定,背书人未记载被背书人名称即将票据交付他人的,持票人在票据被背书人栏内记载自己的名称与背书人记载具有同等法律效力。因此,只要受让人在被背书人栏内记载自己的名称也与背书人记载具有相同的效力。在《票据法规定》(2000)制定前,最高人民法院在给云南省高级人民法院的答复中即曾认可空白背书票据补记被背书人名称的效力。①

【司法适用】

(一)空白背书票据单纯交付人的责任

空白背书票据存在补记被背书人名称后再为背书转让或者单纯交付两种转让方式,其中单纯交付即指空白背书票据的受让人不在票据上记载任何事项,也不签章,即将票据再交其受让人占有。

从票据出让人角度来讲,空白背书票据的受让人通过单纯交付,使其退出了票据关系,不负担任何票据责任,持票人行使追索权时,不能以其为被追索人。其与直接后手受让人之间发生票据利益争议时,应当适用民法上一般债权转让的法律规定,相互之间并无票据权利义务。因为空白票据的受让人在票据上没有签章行为。②

(二)空白背书票据多次单纯交付后持票人补记行为的效力

空白背书票据的转让,一般包括三种方式:第一种是单纯交付转让,即空白背书票据的持票人不在票据空白处作补充记载而直接再以单纯交付方式转让。第二种是再以空白背书转让,即空白背书票据的持票人补充记载自己为被背书人后

① 《最高人民法院关于中国农业银行武汉市分行硚口区支行与中国工商银行大理市支行、云南省大理州物资贸易中心银行承兑汇票纠纷一案的答复》(1998 年 11 月 4 日,法经〔1998〕457 号):本案汇票背书是在农行崇仁路办事处办理天天公司申请的汇票贴现时所作的转让背书,当时虽然只有背书人天天公司的签章,没有记载被背书人名称和背书日期,但其后已补记该办事处为汇票被背书人,且在背书转让上未涉及第三人,背书转让关系是明确的;由于背书日期未作记载,应视为在汇票到期日前背书,不影响背书的成立。同时,该办事处在取得汇票时经贴现已向背书人天天公司支付合理对价,属合法取得汇票,是该汇票的合法持票人。在本案汇票到期被拒绝付款时,硚口农行可以持票对承兑人大理工行、出票人贸易中心以及背书人天天公司主张票据权利。

② 参见刘心稳:《票据法》(第 4 版),中国政法大学出版社 2018 年版,第 162 页。

再以空白背书的方式转让。第三种是依完全背书转让,即持票人补充记载自己为被背书人后,再以完全背书的方式转让。

在空白背书票据的流通实践中,经常出现原背书人将空白背书票据交付给受让人后,受让人未在票据上补记自己为被背书人即将票据以单纯交付的方式转让给第二受让人,第二受让人仍未补记自己为被背书人又依单纯交付将票据转让,即空白背书票据发生了多次单纯交付,最后持票人在票据上补记自己为被背书人的情况。参照《日内瓦统一汇票本票法公约》的相关规定,在此情况下,最后持票人可以取得票据权利。从实质来看,票据经空白背书后,与空白授权票据相同,仅须将票据交付受让人,即可以发生票据权利转移的效力。最后持票人行使票据权利时并不与票据文义性相冲突,而且从形式上看票据背书也是连续的。只是在背书人称其与被背书人之间不存在票据基础关系并以此提出基础关系的抗辩时,最后持票人应当证明其取得空白背书票据实质上的合法性。①

此外,《票据法规定》(2020)的本条规定,对《票据法》第30条的绝对严格性作了一定的修正,在票据司法实践中,应当以《票据法规定》(2020)本条规定的内容作为审理相关案件的依据。

【司法案例】

案例一

郑州四维矿业机械有限责任公司与张家港市永佳金属结构件制造有限公司、顾某某票据返还请求权纠纷、返还原物纠纷案②

最高人民法院认为:根据《票据法规定》(2000)第49条规定"依照票据法第27条和第30条的规定,背书人未记载被背书人名称即将票据交付他人的,持票人在票据被背书人栏内记载自己的名称与背书人记载具有同等法律效力",郑州四维矿业机械有限责任公司(以下简称四维公司)将汇票背书并交付给张家港市永佳金属结构件制造有限公司(以下简称永佳公司),致使自己不能持票行使票据权利、永佳公司可以对票据再次背书,现再以汇票上后续背书时存在未记载被背书人等情形、构成票据背书不连续等为由,主张永佳公司的后手不能取得票据权利,二审判决对此未予支持,适用法律并无不当。

---

① 参见吕来明:《票据法学》(第2版),北京大学出版社2017年版,第176~177页。

② 参见最高人民法院(2016)最高法民申630号民事裁定书。

案例二
天津丰宇正泰金属材料贸易有限公司与山西西山煤电股份有限公司票据损害责任纠纷案①

最高人民法院认为:关于山西西山煤电股份有限公司(以下简称西山煤电公司)是否为本案所涉汇票合法持票人的问题,案涉汇票在被天津丰宇正泰金属材料贸易有限公司(以下简称丰宇公司)用于贴现后进入流通领域,经过多次转让到达西山煤电公司手中,后西山煤电公司将汇票背书交付给物资分公司,属于内部无偿拨付。西山煤电公司从物资分公司收回票据,以自己名义主张权利主体并无不当。案涉汇票粘单上背书人与被背书人签章连续。关于被背书人栏可否补记问题,如背书人仅在背书人栏记载自己名称即将汇票交付给被背书人,该行为视为背书人将在被背书人栏记载的权利授予其后手被背书人,故持票人根据汇票背书签章情况逐一补记被背书人名称的行为符合各背书人的意思,也不违反有关法律和司法解释的规定,不影响票据权利的取得。

案例三
杨某某与沈阳中茶园经贸有限公司一般借款合同纠纷案②

最高人民法院认为:《票据法》第 31 条第 1 款规定:"以背书转让的汇票,背书应当连续。持票人以背书的连续,证明其汇票权利;非经背书转让,而以其他合法方式取得汇票的,依法举证,证明其汇票权利。"因此,《票据法》本身对于票据权利的转让方式并未限定在背书行为,未经背书的空白票据的交付仍然可以使持票人获取合法汇票权利。《票据法规定》(2000)第 49 条规定:"依据票据法第二十七条和第三十条的规定,背书人未记载被背书人名称即将票据交付他人的,持票人在票据被背书栏内记载自己的名称与背书人记载具有同等法律效力。"根据上述法律规定,背书人将空白背书票据交付他人,就包含有授权他人补充被背书人签章的意思表示,实际持票人所作的记载,产生与背书人记载相同的法律效力。因此,在杨某某取得空白背书汇票时,完全有能力也有权利将自己或他人的名称记载于被背书人一栏,从而取得汇票权利。空白背书汇票的交付,发生了票据权利转让的法律效果。持票人将他人记载于被背书栏属于票据权利的让渡行使,票据权利实现的风险自其接受票据时发生转移。本案中,沈阳中茶园经贸有限公司

① 参见最高人民法院(2015)民申字第 1775 号民事裁定书。

② 参见最高人民法院(2014)民提字第 96 号民事判决书。

(以下简称中茶园公司)出具的汇票虽然未载明杨某某与孟某某为收款人,但古汉方公司依据中茶园公司的指令,向孟某某交付了收款人及背书人均为古汉方公司,被背书人空白的汇票和加盖公章的空白委托书。孟某某和杨某某收取汇票时票据权利已经发生了转移,此后的背书及贴现行为即古汉方公司背书给晨润公司,晨润公司背书给闽赢公司,闽赢公司与宁波银行股份有限公司签订《商业汇票贴现合同》,将汇票贴现,均是杨某某和孟某某找到贴现人后填写的背书内容。委托书填写的贴现收款人为孟某某朋友所有的虹馨麒公司。孟某某在虹馨麒公司收到该笔贴现款后,承认收到中茶园1000万元,并支付给杨某某200万元。票据关系和基础关系相独立是票据法上的重要原则,但该原则是为了保障票据的顺利流通,维护正常的市场交易秩序。本案中,杨某某、孟某某以及汇票上载明的各个主体对于背书、被背书只是为了实现该汇票的贴现系明知,故在此种情形下不存在需要强调票据关系和各个基础关系相独立的情形。杨某某及孟某某二人亦明知并认可中茶园公司以银行承兑汇票的形式来偿还借款。本案中茶园公司空白背书汇票的交付及载有偿债内容收条的签收,均表明中茶园公司借款债务履行的完成。

第四十九条　依照票据法第三十一条的规定,连续背书的第一背书人应当是在票据上记载的收款人,最后的票据持有人应当是最后一次背书的被背书人。

【条文主旨】

本条是关于票据背书连续与否判断规则的规定。

【条文理解】

(一)票据背书连续的含义及其意义

票据背书的连续,是指在票据背书中,背书人与被背书人在票据上的签章依次前后衔接,具有不间断性。也就是说,除第一次背书的背书人为票据上记载的收款人外,第二次及以后所有背书中的背书人均应为前一次背书中的被背书人,由此使前后背书形式上相连接而无间断。背书的连续强调的是背书形式上具备连续性而不间断,如果因实质上的理由,在一般情况下于背书的连续并不产生影响。

票据的最重要特征即在于其具有较强的流通性,而票据的流通性则产生于票据的背书制度。在票据的多次转让中,如果要求最后持票人证明整个票据流通中的每一次转让在实质上都是合法有效的,不仅十分困难,而且不利于持票人票据权利的行使,阻碍了票据的使用和流通。为了促进票据的流通,《票据法》特别设置了与一般民法上债权转让规则所不同的背书转让规则,即背书如果连续,就能够证明这些权利;背书如果不连续,就不能证明被背书人享有票据权利,被背书人应举出其他的证明,否则,将会遭到票据债务人的抗辩。

(二)票据背书连续的认定

一张票据上可以有多少次背书,各国票据法并无限制,理论上认为,在票据提示付款期限届满前,转让多少次都是有可能的,因而在实践中对多次背书的票据其背书是否连续的认定成为司法实践中的一个重要问题。我国《票据法》第 31 条规定,只有背书连续的票据才具有票据权利的合法证明效力。但是对于背书连续的表现,则没有细化的规定,因此在票据纠纷的审理过程中,常常会遇到无法根据现有法律、行政法规判断票据背书连续与否的情况,或者存在《票据法》《支付结算办法》等关于认定票据背书连续与否的规定不一致的情况。因此,需要确立一个较为详细合理的认定票据背书是否连续的规则,其主要内容包括以下几点。

(1)票据上现存的各次背书在形式上均为有效的背书。这是认定票据背书连续的前提条件。所谓形式上有效的背书,是指背书应当具备《票据法》所规定的票据背书行为的必要形式要件,主要是针对背书人的签章而言。如果背书人的签章不符合《票据法》的规定要求,或者背书人根本就没有在票据上签章,则背书就因形式要件不具备而无效。对于形式上无效的背书是否导致整个背书不连续,理论上存在不同的看法。第一种观点认为,无效的背书应当视为不存在,如果排除了该项背书后其余背书形式仍为连续,则应当确定为背书连续。① 第二种观点则认为,如果相连的两次背书中前一次背书是无效背书,尽管前次背书的被背书人与后次背书的背书人具有同一性,也构成背书不连续。② 本书倾向于第二种观点,因为如果票据上的某一背书是形式上无效的背书,该无效背书即不产生《票据法》上的转让票据的效力,即不存在其余背书可以形成连续背书的情况。

(2)票据上第一次背书的背书人应当是票据上记载的收款人。背书是持票人为了一定的目的在票据上所为的一种票据行为,背书人既要转让票据权利,则其应当是票据的初始取得人或者其后的正当持票人。票据的初始取得人,又称最初的持票人就是票据上记载的收款人,故而应当由收款人在票据上作第一次背书,否则即构成背书的不连续。在我国票据实务中,最初占有票据的人并不都是票据

---

① 参见谢石松:《票据法的理论与实务》,中山大学出版社 1995 年版,第 147 页。

② 参见王小能:《论票据背书的连续性》,载《中国法学》1999 年第 1 期。

上记载的收款人，如在企业委托银行签发银行汇票作为结算方式时，银行在签发银行汇票以后，通常都不是将汇票交付给票据上记载的收款人以完成汇票的出票行为，而是将汇票交给委托人即汇款人。此时，虽然汇款人实际占有票据但并不是票据上记载的收款人，所以在使用银行汇票进行结算时，汇款人就无须在票据上背书，否则将会构成背书不连续。正确的做法是直接将票据交付给票据上记载的收款人即可。当收款人转让票据时，则须在票据上进行背书。

(3)票据存在多次背书的情况下，后一次背书的背书人与前一次背书的被背书人应具有同一性。因为从第二次背书开始，前一次背书的被背书人通过背书取得票据权利从而成为票据权利人后，其再以背书人身份通过背书的方式处分票据权利，后一次背书的背书人必须与前一次背书的被背书人保持一致，才能构成票据背书的连续。《票据法》第 31 条第 2 款规定："前款所称背书连续，是指在票据转让中，转让汇票的背书人与受让汇票的被背书人在汇票上的签章依次前后衔接。"

(4)最后持票人必须是最后一次背书的被背书人。在票据多次背书转让中，最后的持票人必须是最后一次背书的被背书人。至于最后一次背书是转让背书，还是非转让背书，在所不论。如果向付款人请求付款的票据最后持票人不是最后的被背书人，付款人将以背书不连续为由进行抗辩。因为该持票人是否享有票据权利或者享有行使票据权利的权利，从票据上无从得知。可以说，该持票人在形式上不具有受领票据金额的资格。

(5)连续背书是全部转让背书的连续。背书中既有转让背书，又有非转让背书时，如果在两次转让背书中间为非转让背书，由于非转让背书与转让背书不具有同一性质，非转让背书人被背书人再进行转让背书时，即造成背书的不连续。

依照《票据法规定》(2020)第 48 条的规定，票据上存在空白背书的，经过补记可以构成连续背书。

(三)票据背书连续的法律效力

票据背书的连续性，在《票据法》上具有权利证明的效力，该权利通常是指票据权利，但并不以票据权利为限，如连续的背书也可以证明通过委任背书而取得票据的持票人所享有的代为收取票据金额的代理权等。《票据法》要求持票人必须审查背书在形式上是否连续，是因为一张票据往往在很多市场主体之间流通，这些经手票据的主体在票据上的背书如果是连续的，至少在形式上说明票据在流通过程中并没有发生意外；如果背书不连续，就说明票据在流通过程中可发生了意外，这时，票据若再转让，将会引起更多的麻烦。具体而言，连续背书的法律效力主要体现在以下几个方面：

1. 权利证明效力

持票人所持票据上的背书如果具有连续性,就可以推定持票人是合法的票据权利人,除非票据债务人提出持票人系非法取得票据的抗辩并提供令人产生合理怀疑的证据。否则持票人就可以凭此票据直接行使票据权利,而无须再举证证明票据权利的实际转移过程,这与民法上的债权转让有所不同。

2. 善意取得与债务人清偿免责效力

善意取得,即持票人只要能以背书的连续性证明其权利并且在取得票据时是善意、无重大过失时,就是票据的合法取得人。

债务人清偿免责效力,即票据付款人在向背书连续的票据持有人付款时,付款人即可以免责。一般民法上的债权转让后,债务人履行债务时必须审查权利人的正当性,如果不是真当的权利人而对其履行的,其所负债务不得因此而免除。①当然,票据债务人在付款时必须是没有恶意或者重大过失的,如果票据债务人在付款时明知或者可以知道持票人不是真正的票据权利人,因付款行为导致的法律后果则仍然应当由付款人自负。

3. 举证责任分配效力

依连续背书而取得票据的持票人,当然享有票据权利。不论背书人对票据是否享有权利,也不论该背书行为是否欠缺其他实质性的要件,票据债务人对背书人得以抗辩的理由原则上都不得对其后手行使。但是被背书人在接受票据时如果明知存在上述抗辩事由的,票据债务人可以向背书人的后手行使对背书人的抗辩权。票据债务人主张背书连续的持票人非真正权利人时应当负举证证明的责任。

【司法适用】

(一)票据背书过程中当事人同一性的认定问题

背书人与被背书人的同一性问题,是票据背书连续与否判断中的关键问题,即前一次背书中的被背书人与后一次背书中的背书人应当是同一人,如果不是同一人,则不具备同一性,从而导致票据背书的不连续。背书人与被背书人是否同一的认定,不仅是一个法律问题,更是一个司法实践问题,也是票据诉讼中争议最大的难点问题,其判断在很大程度上离不开法官的自由裁量权的行使。

我国《票据法》规定,背书人必须在票据上签章,同时记载被背书人的名称。在实践中,背书人对被背书人名称的记载并不是很严格,有些背书人记载的被背书人的名称为简称,而当该被背书人以票据再作背书时,其在票据上签章时则使

---

① 参见王小能主编:《中国票据法律制度研究》,北京大学出版社 1999 年版,第 239 页。

用全称。这时,票据上的签章是否前后衔接,对其认定的标准,理论上尚有不同认识。第一种观点认为,为避免票据关系的混乱,应当坚持票据的文义性,对背书同一性的认识采绝对一致而不应采公认一致的标准。也就是说,如果从票据的书面记载上无法确定后一背书的背书人与前一背书的被背书人为同一人,即使实质上是同一人,也应视为背书不连续。① 第二种观点则认为,此种情况下对背书同一性的判断就取决于一般公众是否认可该简称的被背书人与该全称的背书人的同一性。如果一般公众认可其同一性,背书就具有连续性;如果一般公众对其不能作出同一性的理解或者认识,则背书不具有连续性。②

本书倾向于第二种观点,因为在作成票据背书时,被背书人的名称是由背书人记载的,而在下一个背书中,背书人(上一次背书的被背书人)的名称则是由其自己记载的,这样两个人的记载有时就会不完全一致,如果因为不完全一致就否定前后两人的同一性,必然影响到背书的连续性,又影响到持票人的权利。所以各国法院在审理案件中,对这一点常从实际出发,调查实际情况以认定,而不拘泥于文字。③ 同时,本书认为,就第二种观点的采纳,在司法实践中实际上是赋予法官以自由裁量权。因为法官在具体审理案件时并不可能广泛地去征求一般社会公众对某一案件中票据背书是否具有同一性的判断,同时对社会一般公众也不可能规定一个明确的界定标准,所以更多的是根据法官的经验与阅历结合具体的案情进行判断。④ 具体而言,常见的因对票据当事人是否具有同一性而产生的争议主要有以下几种情形:

(1)背书人在为票据背书转让时,将被背书人的名称记载为其简称,⑤而被背书人持票行使票据权利时或者再次以背书方式将票据权利转让时,其在票据上所为的签章所体现的名称为其全称。此种情况下,持票人可以以一般的认识为依据而主张二者具有同一性,即从一般人所普遍认知的角度论证二者之间具有同一性。另外,持票人还可以以票据记载事项以外的其他证据证明二者具有同一性,

---

① 参见谢石松:《票据法的理论与实务》,中山大学出版社 1995 年版,第 148 页。

② 参见王小能:《论票据背书的连续性》,载《中国法学》1999 年第 1 期。

③ 参见谢怀栻著,程啸增订:《票据法概论》(增订二版),法律出版社 2017 年版,第 122 页。

④ 参见吴庆宝:《票据案件理论与实践的几个基本问题》(上),载中国民商法律网 2007 年 9 月 1 日,https://www.civillaw.com.cn。

⑤ 如《最高人民法院关于鞍山钢铁公司弓长岭矿山公司与沈阳城市合作银行新华支行、辽阳城市合作银行弓长岭支行票据纠纷一案的复函》(2002 年 8 月 29 日,〔2001〕民他监字 34 号)涉及的案件中,结算处向弓长岭矿山公司背书转让银行承兑汇票时,在被背书人一栏仅记载为“弓矿公司”,最高人民法院答复意见即认为应确认背书连续,弓长岭矿山公司不因此丧失票据权利。

如提供前次背书中的背书人的证明，以证明其所转让的被背书人与持票人或者后次背书中的背书人是同一人，也可以认定二者具有同一性。需要说明的是，此规则是就被背书人为单位时所适用。对于被背书人是自然人时，根据《票据法》、《票据管理实施办法》及《支付结算办法》的规定，自然人在票据上的签章，必须使用其“本名”。

(2)背书人在进行票据背书时，记载了被背书人的全名如被背书人营业执照上所记载的名称，而被背书人为再次背书时所使用的印鉴却为其简称，即其实际所使用的印鉴与营业执照所核准使用的名称不一致的，持票人可以通过提供有关机关出具的证明文件的方式证明背书实质上的连续而要求行使票据权利。

(3)背书人在为票据背书时，对被背书人名称的记载与后次背书中背书人的名称不一致，但并不是简称，如因笔误导致对其中个别文字的记载有错误等，持票人可以以票据记载事项以外的证据如背书人的证明等予以证明其背书实质上具有同一性。

(二)电子商业汇票背书连续性的认定

中国人民银行《关于规范和促进电子商业汇票业务发展的通知》(2016 年 8 月 27 日，银发〔2016〕224 号)明确，在电子商业汇票业务中，对于电子商业汇票前手被背书人与后手背书人的账号、开户行行号、组织机构代码和身份类别均相同但名称有所不同的，不影响票据背书连续性的认定，承兑人应及时给付票据款项。如确需相关当事人说明的，承兑人应及时通过大额支付系统查询查复报文或其他方式联系相关当事人或当事人开户行予以证实。

(三)构成票据背书连续的其他要求

在票据实践中，如果各次背书要构成连续的背书，则在票据上不应有“不得转让”字样的记载。因为如果背书人在票据上记载“不得转让”字样时，其后手即不得再为背书转让，否则背书人对被背书人的后手持票人不承担担保付款和担保承兑的票据责任，也就是此时票据背书是不能连续的。但是，后手在票据上所作出的“不得转让”字样的记载，不影响前手所持票据背书的连续性。

【司法案例】

案例一

恒丰银行股份有限公司南通分行与兴业银行股份有限公司哈尔滨分行票据追索权纠纷案[①]

法官提示：持票人可以以票据记载事项以外的其他证据证明二者具有同

① 参见最高人民法院(2017)最高法民终 449 号民事判决书。

一性。

最高人民法院认为:关于票号0010006222913791－795的5张票据背书是否连续问题,恒丰银行股份有限公司南通分行(以下简称恒丰银行)称,该5张票据收款人与实际收款人相差“国际”二字,仅凭两份书面《说明》不能认定收款人唯一,其背书不连续。对此,出票人杭州瀚基实业有限公司与收款人宁波豪嘉利亚国际贸易有限公司都向兴业银行股份有限公司哈尔滨分行(以下简称兴业银行)出具《说明》,证明票据主体的唯一性,及票据唯一主体为宁波豪嘉利亚国际贸易有限公司。杭州瀚基实业有限公司与收款人宁波豪嘉利亚国际贸易有限公司与本案判决结果并无利害关系,两份《说明》相互印证,且出票人“漏打‘国际’二字”的解释符合常理,故本院认定该5张票据收款主体唯一,票据背书具有连续性。

案例二

江苏靖江润丰村镇银行股份有限公司与苏州华纯环境科技有限公司、泰州白云泵业有限公司等票据追索权纠纷案[①]

法官提示:汇票收款人名称与第一背书人名称存在差别系笔误所致,实质为同一法人,主体唯一且确定的,应认定票据的背书连续。

江苏省高级人民法院认为:应认定润丰银行享有票据权利。

(1)案涉票据合法有效。依照《票据法》第22条的规定,汇票的绝对应记载事项如无相应记载,则票据无效。该条列举的绝对应记载事项包括付款人名称、收款人名称、出票人签章等。而案涉汇票各要素记载齐全,应为有效票据。

(2)应认定案涉票据背书连续。《票据法》第31条规定以背书转让的汇票,背书应当连续,持票人以背书的连续证明其汇票权利,而票据的不连续应限定为票据记载或签章主体的实体不一致所造成的背书不连续。从案涉承兑汇票的记载来看,汇票收款人名称与第一背书人名称存在“设备”两字的差别系笔误所致,经审理查明该漏写在出票时即存在,并非江苏靖江润丰村镇银行股份有限公司(以下简称润丰银行)的原因所致。经查询工商登记资料,并不存在漏写“设备”后的“苏州普润德水处理科技有限公司”,因此该汇票的收款人与第一背书人实质为同一法人,主体唯一且确定,据此应认定票据的背书连续。润丰银行对该笔误既可通过要求出票人、收款人等配合出具更正说明等方式予以补救,亦可如本案通过行使票据追索权的诉讼方式寻求救济。江苏银行盛泽支行已在面查时告知润丰银行票据收款人与第一背书人名称不符,润丰银行称其贴现行为发生在其向付款

① 参见江苏省高级人民法院(2015)苏商终字第00399号民事判决书。

行电查之后、面查之前,如依其陈述则面查毫无意义,因其陈述不符常理,故不予采信。润丰银行虽在贴现的审查环节存在过失,但该过失尚未达到票据法规定的“重大过失”的程度,因此该处书写笔误未致润丰银行丧失票据权利,应认定润丰银行通过贴现票据取得持票人的权利。

第五十条　依照票据法第三十四条和第三十五条的规定,背书人在票据上记载“不得转让”“委托收款”“质押”字样,其后手再背书转让、委托收款或者质押的,原背书人对后手的被背书人不承担票据责任,但不影响出票人、承兑人以及原背书人之前手的票据责任。

【条文主旨】

本条是关于背书人为禁止转让背书或者非转让背书后,被背书人再为背书行为效力的规定。

【条文理解】

(一)背书人为禁止转让背书记载的效力

背书人为禁止转让的背书,是指票据的背书人根据自己的意愿,自主地在票据上记载“不得转让”“禁止流通”等字样,从而产生限制票据流通效力的一种法律行为。

背书人在票据上记载“不得转让”字样,通常也是出于与出票人同样的考虑。对于背书人记载“不得转让”字样的位置,与出票人记载有所不同。一般来说,背书人应当将“不得转让”的字样记载于票据背面或者票据粘单上,并且在其后签章;如果背书人将“不得转让”的字样记载于票据正面的,则不会产生相应的法律后果,其记载行为应属无效。

我国《票据法》等法律法规并未承认背书人记载“不得转让”字样与出票人记载具有相同的法律效力。这是因为背书相对于出票而言,不是基本票据行为,而是附属票据行为。具体而言,背书人记载“不得转让”字样时,产生以下三方面的法律效力:

(1)为禁止转让背书的背书人仅对其直接后手即其被背书人负票据上的担保责任,对禁止背书后再次经背书取得票据的持票人则不负票据上的责任,即《票据法》第34条规定的“其后手再背书转让的,原背书人对后手的被背书人不承担保证责任”。因此,如果该票据发生拒绝承兑或者拒绝付款等事由时,为“不得转让”背书的背书人仅对其直接后手承担票据清偿义务,即背书人禁止背书的目的在于通过此途径而达到免除其担保责任的目的。一旦背书人禁止背书后,受让人如果仍然无视该记载而接受票据的,这一行为足以证明受让人在接受票据的同时已经对禁止背书人放弃了票据权利,在发生追索事由时,受让人不能对禁止背书人及其前手行使追索权。

(2)背书人为禁止转让背书的记载后,票据上的票据权利可否依背书方式转移,即背书人禁止背书是否产生绝对禁止票据流通的效力?对此问题,各国票据立法的规定不尽一致。多数国家的票据立法认为,背书人在票据上记载禁止背书文句时,票据并不因此而丧失其流通性和指示证券性,被背书人仍可以背书的方式转让票据权利,背书也并不因此而丧失其转让的作用,学理上称此种情况为"限制的禁止指示",此处的"限制"仅仅是限制受让人请求禁止背书的背书人履行票据责任的权利。如《美国统一商法典——票据编》第3-206条规定,限制性背书不妨碍票据的再度转让或流通。与此相反,英国《1882年票据法》第35条则规定,汇票一经禁止背书后,该汇票便是不可转让的,即使此后授权可再度转让,这种明确授权也并不能恢复汇票的流通性,只能恢复其转让性。故在英国,禁止背书的汇票不能再以背书方式转让。我国《票据法》第34条的规定则是,禁止背书并不限制汇票的流通性,禁止背书人的后手仍可将汇票予以背书转让。

(3)背书人禁止背书后的背书,仍可产生背书的效力,即该后手背书具有权利转移的效力、资格授予的效力、权利担保效力。禁止背书后的后手背书人因其背书而负有票据上的责任,后手被背书人因此而取得票据权利成为持票人,只是不得对禁止背书的背书人主张票据权利。

(二)非转让背书及其法律效力

非转让背书,是指背书人以将一定的票据权利授予他人行使为目的的背书,而不是以转让票据权利为目的的背书。根据非转让背书的目的不同,可以将非转让背书分为委任背书和设质背书两种。

1. 委任背书

委任背书,又称委托取款背书、委托收款背书、托收背书,为各国票据法所普遍承认,是指持票人(背书人)以行使票据权利为目的而授予被背书人以代理权限所进行的背书。委任背书实际上是一种以背书形式所进行的委托,其中背书人是委托人、被背书人是受托人。通过背书,在背书人与被背书人之间建立起一种票据代理关系,故又称"代理背书"。被背书人依该票据行使票据权利后,应当将所取得的票据金额归于背书人即委托人所有。

委任背书常见于转账票据的持票人对其开户银行的委托,因为转账票据的结算大都在相关的票据结算中心进行,持票人如果是普通的企业而非银行或其他金融机构的话,就无资格进入该中心直接进行结算,只有委托其开户银行。当然这并不排除委托收款背书在其他场合的存在,如持票人委托精通票据业务的单位或个人代其行使票据上的权利,也需要按照票据法的规定作成委托收款背书。[①]

在票据实务中,委任背书具有如下法律效力:(1)代理权授予效力。委任背书既然不以转让票据权利为目的,故背书人仍然是票据权利人,被背书人基于背书取得代背书人行使票据权利的代理权。被背书人代理权的权限范围与背书人的票据权利相同,既包括行使票据上的付款请求权及追索权,也包括《票据法》上的非票据权利,如利益偿还请求权等。(2)代理权证明效力。与一般转让背书所不同的是,委任背书仅具有形式上的权利证明效力,不过委任背书所证明的权利仅仅是代理权而不是票据权利,在背书连续的情况下,被背书人具有代替背书人取款的资格,无须另外提供已经被背书人授予取款代理权的证明。就票据债务人而言,在善意无过失的情况下,对于背书连续的委任背书的被背书人进行付款后,当然可以获得免责,即使背书人实际上已经撤销委托,对善意无过失的票据债务人来说,仍然应当免除其责任。(3)不切断抗辩的效力。由于委任背书不发生票据权利转移的效力,票据权利人仍然是背书人,所以,票据债务人可以以自己与背书人之间存在的抗辩事由来对抗被背书人。但由于被背书人仅仅是背书人的代理人,所以票据债务人不得以其与被背书人之间的抗辩事由来对抗背书人。(4)背书人直接行使票据权利的限制。委任背书的背书人虽然仍然是票据权利人,但是由于其经过委任背书以后,已经不直接占有票据,而票据是完全的有价证券,票据权利与票据本身不可分离,所以背书人在委任背书以后即不能再直接行使票据权利。不过在背书人收回该票据后,即使不涂销委任背书,也可以直接行使票据权利。

至于权利担保效力,委托收款背书不具有,因为持票人不是为自己而是为背书人的利益行使票据权利,其权利主张如果被拒绝,实际上是背书人的权利主张被拒绝,委托收款背书的被背书人不可以向该次背书的背书人行使追索权。

2. 设质背书

关于票据设质背书的效力,主要包括:(1)质权设立的效力。(2)切断抗辩的效力。被背书人依法实现质权而行使票据权利时,成为票据权利人,此时质押背书产生切断抗辩的效力,票据债务人不得以与背书人之间的抗辩事由对抗被背书

---

① 参见曹守晔、王小能等:《〈最高人民法院关于审理票据纠纷案件若干问题的规定〉理解与适用》,载《人民司法》2001 年第 4 期。

人。(3)权利证明的效力。(4)权利担保的效力。质权人行使权利时,背书人应当对质押背书的被背书人承担担保付款和担保承兑的责任。

(三)禁止转让背书或者非转让背书效力的具体适用

《票据法》第34条规定:"背书人在汇票上记载'不得转让'字样,其后手再背书转让的,原背书人对后手的被背书人不承担保证责任。"第35条规定:"背书记载'委托收款'字样的,被背书人有权代背书人行使被委托的汇票权利。但是,被背书人不得再以背书转让汇票权利。汇票可以设定质押;质押时应当以背书记载'质押'字样。被背书人依法实现其质权时,可以行使票据权利。"从上述规定来看,对禁止转让背书及非转让背书进行调整的是禁止转让背书后再进行背书转让、委任背书后再进行背书转让的情形。《票据法规定》(2020)本条规定:"依照票据法第三十四条和第三十五条的规定,背书人在票据上记载'不得转让''委托收款''质押'字样,其后手再背书转让、委托收款或者质押的,原背书人对后手的被背书人不承担票据责任,但不影响出票人、承兑人以及原背书人之前手的票据责任。"①根据本条规定的文义解释,实际上是包括了九种情形,即背书人记载"不得转让"字样后被背书人再为转让背书的;背书人记载"不得转让"字样后被背书人再为委托收款背书的;背书人记载"不得转让"字样后被背书人再为质押背书的;背书人记载"委托收款"字样后被背书人再为转让背书的;背书人记载"委托收款"字样后被背书人再为委托收款背书的;背书人记载"委托收款"字样后被背书人再为质押背书的;背书人记载"质押"字样后被背书人再为转让背书的;背书人记载"质押"字样后被背书人再为委托收款背书的;背书人记载"质押"字样后被背书人再为质押背书的。

1. 背书人为禁止转让背书的情形

(1)背书人记载"不得转让"字样后,其后手又将票据背书转让的,后手背书为有效背书,产生一般背书的法律效力,只是将来持票人被拒绝付款或者被拒绝承兑而行使票据追索权时,不得对记载"不得转让"字样的背书人进行追索。票据付款人或者代理付款人可以以出票人记载"不得转让"字样为理由对收款人以外的其他持票人的权利主张行使抗辩,但是不可以以背书人记载"不得转让"字样为理由对后来的持票人主张抗辩。所以《票据法规定》(2020)第50条规定,背书人在票据上记载"不得转让"字样,其后手再背书转让的,原背书人对后手的被背书人不承担票据责任,但不影响出票人、承兑人以及原背书人之前手的票据

---

① 本条规定于2020年12月23日修改时将原条文中规定的"'不得转让'、'委托收款'、'质押'"三个顿号删除,改为"'不得转让''委托收款''质押'"。

责任。

(2)在背书人记载“不得转让”字样后,被背书人再行“委托收款”的背书时,票据上的背书人是否应当对委托收款人即被背书人承担票据责任?依据《票据法》原理,即使出票人在票据上记载“不得转让”字样的,该票据的收款人仍然可以为“委托收款”的背书,委托收款的被背书人仍然可以代背书人即收款人行使票据权利,因为此时票据权利并未转让给委托收款的被背书人。

(3)在背书人记载“不得转让”字样后,被背书人能否再行质押背书?虽然设质背书不等同于转让背书,质权人不必然是受让人,但由于票据质押权实现最终将导致质权人直接行使票据权利,往往产生实际转让的后果,所以背书人记载“不得转让”字样的票据再行质押的,原背书人对后手的被背书人不承担票据责任。《票据法规定》(2020)第53条对此亦作了相应的规定。

2. 委任背书情形

(1)委任背书的被背书人能否再就该票据再为转让背书?我国《票据法》第35条第1款规定,背书记载“委托收款”字样的,被背书人有权代背书人行使被委托的汇票权利;但是,被背书人不得再以背书转让汇票权利。所以,背书人在票据上为委托背书后,被背书人不得再以背书转让票据权利。

(2)再委任背书的效力。除非委任背书的背书人在背书时明确记载禁止再委任背书的文句,委任背书的被背书人作为持票人,在发生不利于行使代理权的情况下可以再以委托取款为目的,以背书形式将代理权再授予第三人行使,以保证票据权利的充分实现。在背书人为“委托收款”背书后,被背书人如果再为委托收款的背书的,不能因此而否定被背书人再次为“委托收款”背书行为的效力,因为委任背书之被背书人系代背书人行使票据权利,其不得再为转让背书和质押背书是应有之义。但是应当允许其再为委任背书,因为即使其再为委任背书,后手委任背书之被背书人仍是在代前一委任背书之背书人行使票据权利,并不违背委任背书之性质与法理,理论上及其他大多数国家的票据立法及实践均是认为委任背书之被背书人可以再为委任背书。但是,根据《票据法规定》(2020)本条的规定,此时委任背书的背书人对被背书人及其后手仍然是不承担票据责任的,而且这种对票据责任的限定也仅对进行委任背书的背书人发生法律效力,并不影响出票人、承兑人以及委任背书人的前手的票据责任。

(3)以委任背书的票据再行设定质押的,与背书记载“不得转让”字样的票据一样,后手的质权人亦不能向委任背书人主张票据权利。

3. 质押背书情形

(1)《票据法》第35条第2款对票据质押背书作了规定,但是对于被背书人能否再以背书转让票据或者以票据设立质押，则没有明确规定。

《票据法规定》(2020)第46条规定，因票据质权人以质押票据再行背书质押或者背书转让引起纠纷而提起诉讼的，人民法院应当认定背书行为无效。因此，质押票据的质权人即被背书人转让票据或者再行背书质押的，受让人不能取得票据权利或者票据质权，并且质权人进行了转让背书后视为背书不连续。①

在司法实践中，需要注意《票据法规定》(2020)本条规定应当与第46条规定联系起来理解。在处理两条规定的关系方面，应当首先考虑第46条的适用，确定质押背书人的被背书人再为转让背书或质押背书时，该背书行为本身无效，受让人不能取得票据权利或票据质权。

(2)当背书人为质押背书后，被背书人再为委托收款的背书的，此时由于被背书人并未转让票据权利，因此仍然不应否定该委托收款的背书的效力。理论上一向认为质押背书之被背书人应可以为委任背书，《日内瓦统一汇票本票法公约》第19条第1款但书规定亦肯定了质押背书之被背书人的委任背书效力。

(3)以质押背书的票据，参照《票据法规定》(2020)第46条的规定，被背书人亦不得再行设立质押。

【司法适用】

实践中，有些背书人仅与被背书人签订了"委托收款合同"或者"质押合同"，合同中明确记载了票据号码及其他票据内容，或者当事人之间实质上存在委托收款关系或者质押关系，但是背书人在背书栏内未记载"委托收款"或"质押"字样，实践中也被称为隐存的委托收款或者质押背书。基于票据的文义性特征，票据当事人的权利义务的性质、内容、效力应以文字记载为准。因此，隐存的委托收款或者质押背书对其他其票据当事人而言，应视为一般转让背书，被背书人视为票据权利人。只是当被背书人以票据权利人的身份向背书人行使权利时，背书人可以基于他们之间的委托收款关系或者质押关系进行抗辩；被背书人违反委托收款关系或者质押关系的约定，将票据转让或者设定质押时，背书人可以要求被背书人返还款项或者赔偿损失，而此时背书人所行使的权利应当属于其票据基础关系项下的权利。

第五十一条　依照票据法第五十七条第二款的规定，贷款人恶意或者有重大过失从事票据质押贷款的，人民法院应当认定质押行为无效。

---

① 参见吕来明：《票据法学》(第二版)，北京大学出版社2017年版，第202页。

【条文主旨】

本条是关于银行作为质押贷款合同的质权人在取得质押票据时的有效要件的规定。

【条文理解】

票据质押贷款,是指票据的持票人,以其所持有的票据设立质押,向银行或者其他金融机构申请贷款,银行或者其他金融机构经审查接受该票据质押担保而向申请人发放贷款的一种行为。票据质押贷款本质上仍然属于贷款活动,属于质押贷款的范畴,其与其他贷款行为的区别就是借款人所提供的担保为票据权利质押担保。

从《票据法规定》(2020)的本条内容来看,金融机构通过贷款方式要求借款人提供票据作为质押担保的,贷款人在取得票据质权时不得存有恶意或者重大过失,如果贷款人存在恶意或者重大过失的,票据的质押无效,贷款人不得因此而取得对票据的质权。这样规定是符合票据权利取得的基本原理的。按照《票据法》的原理,持票人取得票据时主观上应是出于善意,即指持票人取得票据时对从票据外观无法查知的瑕疵处于事实上不知道而且也不可能知道的主观认识状态。与善意相对应的主观心理状态即恶意以及重大过失。我国《票据法》第 12 条第 2 款规定,因重大过失取得不符合本法规定的票据的,不得享有票据权利。《商业银行法》第 36 条第 1 款亦规定:"商业银行贷款,借款人应当提供担保。商业银行应当对保证人的偿还能力,抵押物、质物的权属和价值以及实现抵押权、质权的可行性进行严格审查。"

票据质押贷款过程中,对贷款人存在恶意或者重大过失的判断,依《票据法规定》(2020)本条规定,应当以《票据法》第 57 条第 2 款的规定为标准,即适用"付款人及其代理付款人"是否以恶意或者重大过失付款的标准。

(一)贷款人恶意从事票据质押贷款

在票据质押贷款过程中贷款人的恶意,一般是指贷款人在取得出质票据时对票据上的权利瑕疵处于明知的心理状态而仍然接受借款人以此票据出质的情况。参照《票据法》第 57 条的规定,票据的恶意付款,是指付款人明知持票人不是真正的票据权利人,但是仍然向其付款的行为。因而贷款人恶意从事票据质押贷款的情形主要包括:贷款人明知持票人所持有的票据是以欺诈、偷盗或者胁迫等手段取得而仍接受其以票据出质后向其发放贷款;贷款人收到票据挂失止付通知后,仍然接受持票人以该票据出质办理质押贷款;贷款人已经通过相应的审查而获知持票人出质的票据无效或者持票人的票据权利存在瑕疵而仍然接受其质押。[①]

（二）贷款人因重大过失从事票据质押贷款

票据质押贷款人因重大过失取得设质票据，是指贷款人取得票据时，如果负普通人的谨慎注意义务进行必要的审查就能知道票据上存在的瑕疵，因其怠于审查而实际未能得知的一种主观心理状态。《票据法》第 57 条第 1 款规定："付款人及其代理付款人付款时，应当审查汇票背书的连续，并审查提示付款人的合法身份证明或者有效证件。"因此，票据质押贷款人未尽到对票据背书连续性以及出质人合法身份证明或者有效证件的审查义务，即构成重大过失。

从上述角度而言，作为贷款人，如果是出于恶意或者重大过失而取得质押的票据的，则贷款人不得享有票据质权，也就是说，相关的票据质押行为应当确认为无效。当出质人不履行借款合同项下的还款义务时，贷款人亦无权行使票据的质权。因为此时出质人及贷款人对票据质押的无效均存在过错，所以依民法的过错责任原则，出质人及贷款人均应承担相应的过错责任。

贷款人在接受票据的质押时并无过错，即贷款人是因善意而取得质押的票据时，贷款人可以以善意而取得票据的质权，此时质押行为有效，票据债务人不得以其对票据出质人的抗辩事由对抗贷款人。因为贷款人作为票据的合法质权人，是以自己的名义为自己的利益而行使权利，此时的票据质押可以产生票据抗辩切断的法律效力。

【司法案例】

案例一

中建六局第三建筑工程有限公司西南分公司、中建六局第三建筑工程有限公司票据付款请求权纠纷案[②]

法官提示：贷款银行在接受商业承兑汇票质押担保时不承担审查票据对应基础关系的义务。

四川省高级人民法院认为：关于案涉《质押合同》是否无效的问题。本院认为，本案华夏银行新津支行取得案涉票据是基于铂和诚公司、蜀道公司将案涉票据作为质押物为银行提供质押担保。法律、司法解释、中国人民银行的相关规定并未要求作为持票人的银行负有在接受商业承兑汇票质押担保时需审查票据对应基础关系的义务。本案中，铂和诚公司、蜀道公司用案涉商业承担汇票提供质

---

① 参见王小能主编：《中国票据法律制度研究》，北京大学出版社 1999 年版，第 293 ~ 294 页。

② 参见四川省高级人民法院（2020）川民终 555 号民事判决书。

押担保时,华夏银行新津支行对质押物本身的真实性进行了审查,中建六局第三建筑工程有限公司西南分公司及其开户银行华夏银行成都分行均在《华夏银行成都分行商业承兑汇票查询(复)书》进行了盖章,确认了票据记载事项的真实性,华夏银行新津支行并无过失。据此,案涉票据质押权有效设立。中建六局第三建筑工程有限公司西南分公司、中建六局第三建筑工程有限公司的上诉理由无法成立,不予支持。

案例二

清远华清再生资源投资开发有限公司、兴业银行股份有限公司深圳分行票据追索权纠纷案[①]

法官提示:票据背书连续,形式要件完备,且票据未记载不得转让或质押,贷款人通过质押背书获得票据,依法享有票据权利。

广东省深圳市中级人民法院认为:汇票是出票人签发的委托付款人在见票时或在指定日期无条件支付确定的金额给收款人或者持票人的票据。汇票具备票据具有的一般特征:无因性,即票据一经签发,票据关系即与其发生前提的原因关系相分离,票据行为的效力不再受原因关系的存废或效力有无的影响。这是保障票据信用和流通功能的现实需要,成为票据理论和立法的基础,被票据实践和各国立法接受。《票据法》第13条也规定,票据债务人不得以自己与出票人或者与持票人的前手之间的抗辩事由,对抗持票人。故无论出票人清远华清再生资源投资开发有限公司(以下简称华清公司)与收款人斯特威公司是否有其他合同约定或是否已经另行通过其他方式完成交易,以及兴业银行股份有限公司深圳分行(以下简称兴业银行深圳分行)与其前手斯特威公司之间是否存在其他抗辩事由,均不得对抗其后手即兴业银行深圳分行。因此华清公司主张斯特威公司约定其所出具汇票仅用于担保作用,不得转让、质押,该抗辩事由不能对抗兴业银行深圳分行。

诚然,为防止不法分子滥用权利,利用票据无因性原则进行诈骗活动或者扰乱正常的票据流通秩序,平衡出票人、债务人(承兑人)及持票人的利益,《票据法》第10条和第12条也作了适当的限制,规定票据的签发、取得和转让必须支付对价,并遵循诚实信用原则,具有真实的交易关系和债权债务关系;后手以不法、恶意或重大过失从直接前手取得的票据,不享有票据权利。相对于票据的无因性,对上述例外和限制,特别是重大过失的理解和把握应从宽掌握,否则将从根本

① 参见广东省深圳市中级人民法院(2017)粤03民终18857号民事判决书。

上影响票据功能的发挥，否定票据制度历史形成的惯例，从而违背现代金融票据业务的发展趋势。因此，本院认为，后手未参与前手的实际交易，其对前手的交易关系和债权债务关系的审查应该也只能是形式审查，而非实质审查。即使事后发现前手的交易关系和债权债务关系并非真实也并不必然构成过失。因此，《票据法》意义上的重大过失，应是侧重于票据本身真实性、记载事项的完整性、背书的连续性和文义规范性而言。《票据法规定》(2000)第14条明确规定："票据债务人以票据法第十条、第二十一条的规定为由，对业经背书转让票据的持票人进行抗辩的，人民法院不予支持。"本案涉案票据背书连续，形式要件完备，且票据未记载不得转让或质押，而兴业银行深圳分行通过质押背书获得票据，依法享有票据权利。华清公司主张斯特威公司存在与兴业银行深圳分行恶意串通的可能性，进而主张票据失权。对此，本院认为，本案的确不能排除兴业银行深圳分行在向斯特威公司发放贷款时存在审查不严甚至内外勾结的可能性，亦不能排除华清公司与斯特威公司恶意串通以虚假票据获得贷款的可能性，但这些所谓的"可能性"均无证据可以证明，故本院不予认定。本案中，兴业银行深圳分行发放贷款的事实真实存在，发放贷款的前提是斯特威公司提供了包括华清公司出具的票据在内的担保，兴业银行深圳分行现依据该票据主张权利，华清公司作为票据出票人，依法应当无条件付款并承担由此造成的利息损失。原审对此认定无误，本院予以确认。

案例三

最高人民法院关于景德镇市昌江信用联社营业部与中国银行景德镇市分行曹家岭办事处汇票结算纠纷案的答复①

从法院报告反映的事实来看，景德镇市金属管件工贸有限公司作为出票人取得四张银行承兑汇票后，未将汇票交付票据上所载明的收款人，而在汇票第一背书人栏目中加盖了本单位公章和法定代表人私章，致上述汇票背书次序混乱、不连续，违反了《票据法》第31条的有关规定。景德镇市昌江信用联社营业部作为金融机构，应该知道管件公司不是承兑汇票的合法持票人，但其仍然接受管件公司以上述承兑汇票质押并贷出款项，应属重大过失。根据《票据法》第10条第2款的规定，景德镇市昌江信用联社营业部因重大过失取得不符合《票据法》规定的票据，不得享有票据权利。

---

① 2000年9月15日发布，法经〔2000〕205号。

第五十二条　依照票据法第二十七条的规定,出票人在票据上记载“不得转让”字样,其后手以此票据进行贴现、质押的,通过贴现、质押取得票据的持票人主张票据权利的,人民法院不予支持。

【条文主旨】

本条是关于出票人记载“不得转让”字样票据的后手再以该票据贴现、质押时,持票人是否享有票据权利的规定。

【条文理解】

(一)以出票人记载“不得转让”字样票据贴现的效力

如前文所述(详见本规定第 33 条的相关内容),票据的贴现虽然是票据行为,但是应属于一种特殊的票据行为,由于票据贴现具有融通资金的功能,所以票据贴现是一项金融业务,而不是普通的民商事行为。

出票人在票据上记载有“不得转让”或者“禁止转让”字样的,票据即丧失了可流通性,不得再行背书转让,如果进行转让则为无效票据行为。关于票据上记载“不得转让”或者“禁止转让”字样时,票据是否可以贴现,对此问题在司法实践中曾有过不同的认识。第一种观点曾认为,票据的贴现不同于《票据法》规定的票据权利转让行为,而是贴现人向申请贴现人买受票据或者贷款的行为,不属于《票据法》的调整范围,所以,虽然出票人在票据上记载有“不得转让”或者“禁止转让”的字样,也不影响票据的贴现,贴现行为仍然有效,贴现人仍然可以享有票据权利。第二种观点则认为,票据的贴现就是票据权利转让行为的一种,当然应当受《票据法》的调整,即出票人在票据上记载有“不得转让”或者“禁止转让”字样的,票据亦不得进行贴现。如果贴现人接受申请贴现人的申请对票据予以贴现的,贴现人不得享有票据权利,由此而产生的损失,只能由贴现人向申请贴现人追偿,而不得向票据上的其他债务人行使付款请求权或者票据追索权。

由前文所述,本书亦倾向于认为,票据的贴现不是一种简单的贷款行为,而是转让票据权利的票据行为,贴现需要背书转让票据,应当受到《票据法》的约束与调整,所以在这种情况下,贴现人即负有对票据进行审查的义务,贴现人未尽审查义务,对出票人记载“不得转让”字样的票据进行贴现,即不得享有票据权利。对《票据法》关于票据权利转让的规定,应当作深入的理解,不应局限于字面解释,应从票据贴现行为的本质去理解其行为性质。

(二)以出票人记载“不得转让”字样票据质押的效力

出票人记载“不得转让”字样票据能否设定质押。

对出票人记载“不得转让”字样票据设定质押是否有效，也就是说，出票人记载“不得转让”字样的票据能否成为票据质权的客体，无论是理论界还是司法实践部门均有两种截然不同的认识。

对票据质押的性质认定的差异，是导致实践中对出票人记载“不得转让”字样票据可否设定质押产生争议的主要原因（关于票据质押的性质分析，详见第46条的相关内容）。在审判实务中，《最高人民法院公报》1997年第1期发布的“中国投资银行天津分行与天津市轻工业对外贸易公司票据质押纠纷案”中，天津市高级人民法院认为，由于质押仅能使质权人占有质物，并未形成所有权的转移，因此，出票人在票面上记载的“不得转让”字样不影响双方当事人之间设定质押合同的合法有效性。该案的裁判观点是法院早期对新类型的票据纠纷案件如何审理探索过程中出现的偏差，是因为对票据的文义性、对《票据法》质押与民法质押的区别认识不足而产生的错误认识。同时期《人民法院案例选》所登载的“沈阳市石油总公司石化物资公司诉辽宁省石油煤炭销售公司等票据纠纷”案中，辽宁省高级人民法院则认为，由于出票人在汇票上注明不允许背书转让，应为一种禁止背书的约定，汇票即失去了票据的背书性。在汇票上作质押背书，是背书的一种形式，违背了双方对汇票所作出的约定，质押行为是无效的民事行为。①

尽管票据质押背书理论上属于非转让背书，从这一角度而言，即使出票人记载“不得转让”字样的票据也可以设定质押。但是，当背书人作为债务人不履行票据质押所担保的债务时，被背书人即须实现质权，而实现质权的方式就是持票向票据债务人请求付款或者清偿票据金额，实际上也就发生了权利转移的效力，实现质权的过程也就是行使票据权利的过程，其实质也正是票据转让所达到的效果。由于票据质押最终将导致质权人直接行使票据权利，往往产生实际转让的后果，所以出票人记载“不得转让”字样的票据，应当禁止出质。如果允许对出票人禁止背书的票据再行质押，一方面会损害《票据法》所赋予的出票人的这种抗辩权利，也就使“不得转让”记载后的票据抗辩形同虚设。另一方面，也会损害《票据法》和《民法典》所赋予的质权人实现质权的权利。所以《票据法规定》（2020）也作了相应的规定，其目的是消除司法实践中的不同认识，规范票据流通秩序。

---

① 参见中国应用法学研究所编：《人民法院案例选·商事卷》（1992～1999年合订本），中国法制出版社2000年版，第730～739页。

【司法案例】

江阴市农村信用合作联社诉江阴市钢铁炉料公司、中国农业银行湖南省郴州市苏仙区支行票据追索权纠纷案①

法官提示:出票人在票据上记载"不得转让"字样,其后手以此票据进行贴现的,通过贴现取得票据的持票人不能主张票据权利。

江苏省高级人民法院二审认为:出票人财贸公司签发给炉料公司的两张银行承兑汇票记载事项完整,为有效票据。但该汇票的出票人在签发票据时在汇票上记载了"不得转让"字样,根据《票据法》第27条第2款的规定,出票人在汇票上记载"不得转让"字样的,汇票不得转让,故本案出票人财贸公司签发的汇票为不得转让的汇票。根据《票据法》第27条第1款的规定,汇票转让是持票人将汇票权利转让给他人或者将一定的汇票权利授予他人行使的行为。在票据贴现关系中,贷款人即贴现银行是以购买借款人即持票人未到期的商业票据的方式发放贷款,并据此成为合法持票人,依法享有票据权利。因此,票据贴现是以贷款关系为基础而产生的票据权利的转让行为。信用联社所述票据贴现不等同于票据转让,记载"不得转让"字样的汇票可以贴现的答辩理由不成立。信用联社明知汇票记载"不得转让"字样,仍对该汇票进行贴现,其贴现行为无效,依法不享有票据权利,无权要求农行苏仙区支行支付票款。炉料公司应向信用联社返还票据款,并支付自该汇票到期日起至法院判决时的同期贷款利息。

第五十三条　依照票据法第三十四条和第三十五条的规定,背书人在票据上记载"不得转让"字样,其后手以此票据进行贴现、质押的,原背书人对后手的被背书人不承担票据责任。

【条文主旨】

本条是关于背书人在背书时记载"不得转让"的字样时,被背书人再行以该票据贴现或者出质时,该贴现或者质押行为效力的规定。

① 转引自法信网,https://www.faxin.cn。

【条文理解】

（一）以背书人记载“不得转让”字样票据贴现的效力

背书人的背书记载行为并不是基础票据行为，而是附属票据行为。票据一经合法出票即为有效票据，背书人在背书时记载“不得转让”字样的，不能产生票据丧失流通性的法律后果，即其后手如果再将票据转让的，并不影响其转让行为的效力，对票据的贴现行为亦是如此。所以，当贴现申请人申请贴现的票据上有背书人记载的“不得转让”字样的，贴现人亦可以接受贴现申请，贴现票据。但是，由于前次背书记载中有“不得转让”字样，即产生票据权利切断的后果，记载“不得转让”字样的背书人以及前手票据债务人只对背书人的直接后手被背书人承担票据义务与票据责任；对其被背书人以后的票据当事人不承担票据义务与票据责任；贴现人不得要求该背书人的前手票据债务人向其承担票据义务及责任，而只能向该背书人的后手票据债务人要求承担票据义务及责任。

以背书人记载“不得转让”字样的票据再行贴现的，贴现人不得向记载“不得转让”字样的背书人主张票据权利，但是根据《票据法规定》（2020）第50条的规定，原背书人对后手的被背书人不承担票据责任，但不影响出票人、承兑人以及原背书人之前手的票据责任，此条规定亦应适用于以此种票据贴现的情况。

（二）以背书人记载“不得转让”字样票据设定质押的效力

票据质押背书属于非转让背书，所以从这一角度而言，即使记载“不得转让”字样的票据也可以设定质押。但是，当背书人不履行票据质押所担保的债务时，被背书人即需实现质权，而实现质权的方式就是持票向票据债务人请求付款或者清偿票据金额，实际上也就发生了权利转移的效力，其实质也正是票据转让所达到的效果。所以在一定条件下，即在主债权到期后，主债务人不履行义务的情况下，票据质押和票据转让的效果是一致的。从背书人记载有“不得转让”字样的票据来看，当票据权利人行使追索权时，背书人只对直接被背书人负责，质权人作为被背书人的后手，只能实现普通债权，对背书人不得实现票据权利中的追索权。也就是说，背书人对其直接后手以外的质权人享有票据抗辩权。这种情况下，一方面是质权人要求实现质权，另一方面是背书人要行使票据抗辩权，这样一来，即产生了两种权利的矛盾。所以《票据法规定》（2020）此条规定对质权人行使票据权利作了限制性规定，即不得向原背书人主张票据权利。

【司法适用】

（一）本条规定与《票据法规定》（2020）第50条规定的关系

《票据法规定》（2020）第50条规定，依照《票据法》第34条和第35条的规定，背书人在票据上记载“不得转让”“委托收款”“质押”字样，其后手再背书转让、委托收款或者质押的,原背书人对后手的被背书人不承担票据责任,但不影响出票人、承兑人以及原背书人之前手的票据责任。实际上该条已经包括了对背书人记载"不得转让"字样票据再行质押效力的规定,所以这两条规定有交叉衔接之处,法律依据相同,法律原理相通,无论是质押还是贴现,对于记载"不得转让"字样票据的前手背书人都是无效的,在实践中应当引起注意。

(二)以约定不得转让的票据贴现的效力认定问题

在票据实务中,也存在一些当事人并未在票据上记载"不得转让"的字样,而是于票据之外,另行约定受让人不得再将票据转让或者贴现。本书认为,由于票据是文义证券、无因证券,票据上权利义务的认定应以票据上的文义记载为依据,票据以外的事项不能作为认定当事人票据权利义务的依据。所以,即使票据关系当事人在票据以外另行约定该票据不得转让的,只要第三人取得票据时是出于善意,且符合《票据法》规定的形式要件,即可以认定票据贴现以及票据质押行为有效,贴现人依贴现、质权人依质押亦可以取得票据权利,其前手当事人之间的合同约定不得对抗贴现人以及质权人。

第五十四条　依照票据法第三十五条第二款的规定,以汇票设定质押时,出质人在汇票上只记载了"质押"字样未在票据上签章的,或者出质人未在汇票、粘单上记载"质押"字样而另行签订质押合同、质押条款的,不构成票据质押。

【条文主旨】

本条是关于汇票质押生效要件的负面清单式规定。

【条文理解】

根据此条规定,构成有效的汇票质押,须具备以下几个方面的条件,同时这也是质权人可以向汇票债务人提示汇票以实现票据权利而使其债权获得清偿的条件,具体包括以下几方面:

(一)出质汇票是有效票据

这是汇票质押生效的前提条件,只有有效的票据,才有行使票据权利的可能,票据无效自然无票据权利可言。所以汇票的质权人要行使票据权利,必须以持有有效的汇票为前提条件。从另一个角度而言,出质人向他人以汇票设定质押时,必须以有效的汇票作为质物,否则其无票据权利可言,也就无法向他人设定质押。

质权人应当对汇票的形式要件尽其必要的审查义务,即汇票上的票据当事人签章是否齐全;已经为背书转让的汇票,其背书是否连续;对明知出质人是基于使用欺诈、偷盗或者胁迫等非法手段而取得汇票的,则不应再接受出质人设定质押等;否则即属于因恶意或者重大过失而取得票据,不得享有票据权利,自然也就不能享有汇票质权。

(二)出质人持有汇票

票据是完全的有价证券,票据与票据权利不可分离,票据上权利的发生与行使,必须持有票据,这是由票据的性质及其法律特征所决定的。因此,以汇票设质时,出质人必须持有汇票方能为票据设质。否则无论何种原因,均不能设定票据质权。票据质权必须以票据的存在为前提与基础,缺少此前提,也就使票据质押成为不可能。这一要件同时要求出质人是票据上有处分权的人,如果持票人并非票据权利人,则不能以汇票设定质押。

(三)设定质押的汇票应当是可以转让的票据

背书人在汇票上设定质押后、质权成立时,质权人需要持票向票据债务人行使票据权利,以实现自己的质权。所以设定质押的汇票应当是可以转让的票据,不得转让流通的票据不能设定质押,否则质权人将无法实现自己的质权。

(1)实践中,不得流通转让的汇票主要是指出票人记载“不得转让”字样的汇票,如《票据法规定》(2020)第 53 条所规定的,在出票人记载“不得转让”字样的情况下,票据的收款人不得再以该票据设定质押。在此种情况下票据已经丧失可流通性,所设定的质押依法应当被确认无效,接受该票据的当事人不能取得票据的质权。

(2)对于背书人记载“不得转让”字样后,被背书人又以该票据设定质押的,由于背书行为并非基础票据行为,所以该质押行为并非当然无效,只是质权人不得向原背书人主张票据权利而已,也就是票据权利受到一定的限制。

(3)对于持票人是以非法手段取得的票据,亦不得设定质押,因为持票人并不是票据的合法权利人,其无权处分票据权利,自然也不得将票据设定质押。但是,如果质权人是因善意而取得该票据时,则可依善意取得理论而取得票据的质权。

(四)出质人向质权人交付汇票

票据上的权利是债权,票据质押是债权质押,质押合同的生效应当以债权凭证交付为标志。票据是完全的有价证券,证券债权与证券是不可分的,转让证券上的权利必须转让证券;票据权利与票据亦不可分离。虽然在签订票据质押合同时,出质人可能并没有转让票据权利给出质人的意思,但是当出质人到期未能履行债务或者票据先于债权履行期届满时,质权人必须行使票据权利以使自己获得清偿或者保全票据权利,所以票据质权的最终实现必须以质权人行使票据权利为必要;质权人要行使票据权利,则需以其对设质票据的占有为必要,为此,出质人与质权人签订汇票质押合同后,还需要向质权人交付汇票。

(五)出质人作为背书人在汇票上签章

票据行为是要式行为,其中一个重要的方面就是票据行为人应当在票据上签章,依据其签章,才能判断票据行为人有为票据行为的意思表示,从而也成为要求票据行为人承担票据责任的依据。如果持票人仅仅在票据上记载"质押"二字,但是未作为出质人(背书人)在票据上签章的,则无法判断其是否有出质票据的意思表示,也就不能要求其承担票据出质的法律责任,此时,亦无法构成有效的票据质押。

(六)汇票上已经完成"质押"字样的记载

对于是否应当以汇票上记载"质押"字样作为汇票质押的生效要件,无论是理论界还是实务部门,均有较大的争论。

1. 理论界与实务部门的不同观点

原《担保法》第 76 条、第 78 条、第 79 条根据不同的权利类型规定了不同的质押生效条件,其中票据、债券、仓单、提单、存款单等权利质押实行交付生效主义;股权、知识产权等权利质押实行登记生效主义。《票据法》第 35 条第 2 款规定:"汇票可以设定质押;质押时应当以背书记载'质押'字样。被背书人依法实现其质权时,可以行使汇票权利。"于是产生了汇票质押的生效要件的认定冲突问题。也就是说,汇票质押的生效要件是以交付为设立要件,还是以背书记载"质押"字样为设立要件。

原《担保法解释》第 98 条规定:"以汇票、支票、本票出质,出质人与质权人没有背书记载'质押'字样,以票据出质对抗善意第三人的,人民法院不予支持。"由此可知,质押背书是票据质押的对抗要件,而不是设立要件;没有进行质押背书的,债权人仍然可以取得质权,只是取得的质权"不得对抗善意第三人"。《票据法规定》(2020)第 54 条却规定,依照《票据法》第 35 条第 2 款的规定,以汇票设定质押时,出质人在汇票上只记载了"质押"字样而未在票据上签章的,或者出质人未在汇票、粘单上记载"质押"字样而另行签订质押合同、质押条款的,不构成票据质押。从后者规定来看,在汇票上记载"质押"字样是票据质押的设立要件而并不是对抗要件;未在汇票上记载"质押"字样或者仅记载"质押"字样而未在汇票上签章的,均不能产生票据质押的效力,持票人不得行使票据质押权利。原《担保法》与《票据法》的司法解释对票据质押设立条件作出的不同的规定,对司法实践中正确处理因票据质押而产生的票据纠纷案件产生了实质性的影响。

第一种观点认为,质押背书是票据质权的对抗要件,而非生效要件。如果票据背书中有“质押”字样记载的，质权人不能为质权目的以外的行为，如其转让票据也不能发生转让的效力；如果背书中未有关于“质押”字样的记载的，质权成立，但质权人为质权以外的行为时，对于第三人可以发生效力。① 不仅质押背书可以成立质权，而且普通背书也可以成立质权，只是背书成立的质权在出质人和被背书之间可以直接主张，质权和第三人之间则是以行使票据权利的方式主张。② 实务部门也有观点认为，票据质押属于权利质押的一种，应当按照有关质权设立的要件予以认定。以票据出质的，当事人签订书面质押合同且将权利凭证交付质权人时质权设立，背书记载“质押”并非质权设立的必要条件。如最高人民法院民事审判第二庭庭务会议讨论后曾认为，认定“质押背书是票据质权的取得条件”无法律依据。理由是：第一，认定质押背书是票据质权的取得要件与原《担保法》的规定不符。《担保法》第 76 条规定，质押合同自权利凭证交付之日起生效，质押合同在票据交付给债权人后即生效，债权人根据生效的质押合同占有票据，同样根据生效的质押合同，债权人也取得对票据的质权；原《担保法》未规定质押背书为票据质权的取得条件，在《票据法》也未规定的情况下，仅凭未作质押背书就认定债权人不能取得质权无法律依据。第二，认定质押背书是票据质权取得的要件也不符合《票据法》的规定，《票据法》并未明确规定票据的质押背书是票据质权的取得要件。根据《票据法》的规定，票据质权人所享有的权利属于票据权利，背书虽然是当事人取得票据权利的重要方式，但并不是当事人取得票据权利的唯一方式，不能仅凭无背书即否定票据权利的存在，不能绝对化对待背书行为。比如，根据《票据法》第 11 条的规定，当事人因继承、赠与、税收取得票据可以不受对价的限制，其中当然也有不受背书限制的情况，如因继承取得票据权利。另外，依据《票据法》第 31 条规定，非经背书转让，而以其他合法方式取得汇票的，依法举证，证明其汇票权利。因此，仅凭无背书即否定票据质权存在的认识，不符合《票据法》的规定。第三，以票据出质的，质押背书是表明票据持有人享有票据质权的直接证据，如果票据质押无质押背书，票据持有人可以依法举证证明其票据权利。在当事人签订有书面质押合同的情况下，书面的质押合同就是票据持有人证明其享有票据质权的合法证据。在票据持有人持有票据，并有书面质押合同的情况下，应当认定持票人享有票据质权，否则不符合《票据法》关于“非经背书转让，而以其他合法方式取得汇票的，依法举证，证明其汇票权利”规定的精神，也不符合

---

① 参见郭明瑞：《担保法》（第 2 版），法律出版社 2004 年版，第 202 页。

② 参见郑孟状、郭站红，姜煜洌：《中国票据法专家建议稿及说明》，法律出版社 2014 年版，第 141 页。

原《担保法》关于“票据质押合同在票据交付给债权人时生效”的规定。根据这一分析，书面质押合同与质押背书在票据质权的取得上具有相同的证据效力，票据持有人可以凭据质押背书或者书面质押合同证明其票据上的权利；票据持有人所持有的票据既无质押背书，持有人也无书面的质押合同，则应当认定“不发生质押关系”。

最高人民法院民事审判第二庭庭务会议对质押背书在票据质押中的意义也进行了讨论。讨论认为，票据的质押背书作为票据质权的对抗要件，这就决定了其法律意义，即质押背书是票据质权的对抗要件。其一，在票据质押无质押背书时，票据质权人不能对抗票据义务人，质权人行使质权时，票据的付款人可以拒绝付款。只有当质权人可以依法证明自己的票据质权时，其票据权利才能得到实现。比如，在实践中，付款银行可以因为质权人无质押背书而拒绝付款，并且不构成违约。质权人通过诉讼程序，以书面的质押合同来证明已取得的权利，法院可以依法裁决质权人享有质权，银行在此时依据法院的裁决向质权人付款，并不承担拒绝付款的责任。如果既无质押背书，也无书面质押合同的，质权人不能行使质权，质权应视为不成立。其二，如果出质的票据因无质押背书，被第三人善意取得并持有的，善意第三人取得票据权利，原质权人的质权自第三人取得票据权利时消灭。质权人不得以其质权对抗善意第三人，善意第三人因取得票据权利，而使得质权人的权利消灭。比如，无质押背书的出质票据被背书转让，而第三人不知该票据已被质押，取得票据无重大过失的，质权人丧失票据质权。①

第二种观点认为，质押背书应当是票据质押的生效要件、非对抗要件，出质人未在票据上进行背书签章的，持票人不能取得相应的质权，不能基于质权行使票据权利。② 同时实务部门也有观点认为，《票据法》及其相关规定明确了票据设定质押时，应当以背书记载“质押”字样，且出质人在票据上只记载了“质押”字样未在票据上签章的，或者出质人未在票据、粘单上记载“质押”字样而另行签订质押合同、质押条款的，不构成票据质押。故用于质押的票据，因未记载“质押”字样并在票据上签章，不符合《票据法》关于票据质押的要求，缺乏票据质押的法定生效要件，该票据质押不具有法律效力。

第三种观点则认为，出质人与债权人订立质权合同，并将票据交付给债权人，

---

① 参见曹士兵：《关于票据质押的背书》，载最高人民法院民事审判第二庭编：《经济审判指导与参考》（第4卷），法律出版社2001年版，第83～86页；曹士兵：《中国担保制度与担保方法——根据物权法修订》，中国法制出版社2008年版，第333～334页。

② 参见吕来明：《票据法基本制度评判》，中国法制出版社2003年版，第252页。

但未作成质押背书的，不成立票据质权，但债权人却享有普通债权的质权，即以票据为权利、以普通债权为标的的质权。[①]

民法上的权利质权设立以权利凭证交付为准。《民法典》第441条规定了质权自权利凭证交付质权人时设立；《民法典担保制度解释》第58条规定："以汇票出质，当事人以背书记载'质押'字样并在汇票上签章，汇票已经交付质权人的，人民法院应当认定质权自汇票交付质权人时设立。"与民法上的票据质权自票据交付质权人时设立基本相同，如果票据质押背书签章齐备，票据法上的票据质权也自票据交付质权人时设立。

2.《民法典》背景下对票据质押背书设立要件的再认识

《中国人民银行关于完善票据业务制度有关问题的通知》（2005年9月5日，银发〔2005〕235号）"二、关于票据质押的相关处理"再次明确，出质人与质权人签订质押合同时，应充分考虑债务期限与票据的提示付款期限等情况，并明确双方的权利义务，避免产生票据纠纷；票据质押时，应按《票据法》的有关规定作成质押背书。原《物权法》根据债权为请求权而物权为排他权的基本法理，沿袭了原《合同法》第44条关于区分合同效力和登记效力的规定，区分合同效力和物权变动，其第224条规定：以汇票、支票、本票出质的，质权自权利凭证交付质权人时设立。《民法典》第441条也对质权自权利凭证交付质权人时设立作出明确规定，将质物交付时确定为质权设立的时点，但未对以票据权利设立质权时是否需要"质押"背书作出明确的规定。也就是说，《民法典》并没有解决票据质押的所有制度问题，"质押"背书需要由《票据法》加以规范。一般而言，票据关系应当由专门的《票据法》调整，而票据质押关系既不是纯粹的票据关系，也不同于民法上的一般质押关系，因为作为物权关系的票据质权关系由于涉及质权的设立，自然可以由《民法典》物权编调整，而《票据法》上的票据质押背书关系由于涉及票据质押担保行为，自然应当由《票据法》调整。严格地说，票据质押关系涉及的是跨越《民法典》与《票据法》的复合问题。那种认为作为调整票据权利关系的票据法不应当去调整作为物权关系的票据质权关系的观点，或者认为《民法典》物权编作为物权担保的一般法不应当去调整票据质权关系的观点，都是错误的。在法律适用顺序上，应当树立体系思维，根据票据特别法与民法普通法的关系，《票据法》有规定的，譬如质押背书、票据质权变更、签章等，适用《票据法》；《票据法》没有规定的，譬如票据质押合同、票据质权设立时点，适用《民法典》的相关规定。

---

① 参见熊丙方、李永宁：《论〈物权法〉视野下票据设质书的功能》，载王利明、祝幼一主编：《〈物权法〉与证券投资者权益保护》，中国人民大学出版社2008年版，第147～148页。

《民法典》第441条规定:“以汇票、本票、支票、债券、存款单、仓单、提单出质的,质权自权利凭证交付质权人时设立;没有权利凭证的,质权自办理出质登记时设立。法律另有规定的,依照其规定。”按照《民法典》第441条规定,应以交付作为票据质权设立的生效要件,而依照该条的“但书”规定,关于票据质权,应当适用《票据法》的规定,而《票据法》并未对背书是票据质权的生效要件还是对抗要件作出明确的规定。在适用《民法典》规定方面,仍有法官认为,应当以票据的交付作为票据质权的生效要件,而以质押背书作为对抗要件。①

《民法典担保制度解释》第58条规定:“以汇票出质,当事人以背书记载‘质押’字样并在汇票上签章,汇票已经交付质权人的,人民法院应当认定质权自汇票交付质权人时设立。”作出该司法解释的理由是:汇票质押作为一种权利质权,可质押的财产权利为票据上的付款请求权和追索权,属于在商事交易中出现的行为,应当由《票据法》加以规定。因此,《民法典》第441条明确规定在以汇票出质时,质权设立的条件;法律另有规定的,依照其规定。此举也是我国《民法典》与《票据法》对于汇票质押问题如何有效衔接作出的专门规定,在一定程度上解决了此前就汇票质押问题的争议。根据《票据法》第27条的规定,持票人可以将汇票权利转让给他人或者将一定的汇票权利授予他人行使。持票人行使该条第1款规定的权利时,应当背书并交付汇票。背书是在票据背面或者粘单上记载有关事项并签章的票据行为。《票据法》第35条第2款规定:“汇票可以设定质押;质押时应当以背书记载‘质押’字样。被背书人依法实现其质权时,可以行使汇票权利。”从票据行为的性质来看,票据行为应当坚持文义性的要求,票据所创设的权利义务内容完全依照票据所载文义而定。就汇票质押而言,权利人以汇票设定质权,是在为自己和质权人创设票据法上的权利义务关系,应当通过设质背书的方式在汇票中载明,并严格遵守《票据法》作为特别法创设的基本规则。因此,质押权人设立质权不仅需要交付汇票,而且应当通过背书记载“质押”字样的方式在票据上作背书质押并在汇票上签章,以此作为汇票质押的公示方法,人民法院才能认定质权从汇票交付质权人时设立。② 本书也认为,界定票据质押背书行为的性质,应从票据行为的基本原理入手,虽然票据法学界普遍认可票据行为有所谓广义与狭义之分,其中广义的票据行为是指以发生、变更或者消灭票据关系为目的

① 参见最高人民法院民法典贯彻实施工作领导小组主编:《中华人民共和国民法典物权编理解与适用》,人民法院出版社2020年版,第1246页。

② 参见最高人民法院民事审判第二庭:《最高人民法院民法典担保制度司法解释理解与适用》,人民法院出版社2021年版,第497页。

的法律行为，而狭义的票据行为是指发生票据上权利义务关系的行为，但无论是广义还是狭义的票据行为，背书均是其中之一，因此作为背书的一种形态，质押背书当然属于票据行为，理应受《票据法》调整。[①]

【司法适用】

（一）汇票质押是否必须签订质押合同

《中国人民银行关于完善票据业务制度有关问题的通知》（2005 年 9 月 5 日，银发〔2005〕235 号）"二、关于票据质押的相关处理"要求出质人与质权人签订质押合同时，应充分考虑债务期限与票据的提示付款期限等情况，并明确双方的权利义务，避免产生票据纠纷。

持票人向债权人口头为质押的意思表示，在票据上作为背书人签章，记名债权人为被背书人，并且在票据上记载"质押"字样，但是没有与债权人签订质押合同的，不影响质权人的票据质权。

原《担保法》第 64 条第 1 款规定，出质人和质权人应当以书面形式订立质押合同。《民法典》第 427 条也规定："设立质权，当事人应当采用书面形式订立质押合同。"实践中有观点认为，票据质押有效成立，应当同时满足合法有效的票据质押合同、有效票据（包括连续背书）、交付票据三个要件。也有观点认为票据质押有效设立应当同时具备合法有效的票据质押合同、背书记载"质押"字样、出质人签章和交付票据四个要件。

本书认为，票据质押，在签订质押合同阶段属于实质上的质押行为即一般民事担保行为，从票据上记载的"质押"背书可以推定持票人有出质的意思表示，债权人作为质权人行使质权的，可以认定有接受票据权利质押的意思表示，双方意思表示可以认定一致，质押合同也可以认定有效成立。同时，质押合同对于票据质权的行使而言，属于票据质押的原因关系范畴。根据票据行为的无因性特征，票据质权人在行使票据质权时，只要具备了法定的形式要件，即可以证明其享有有效的票据质权，票据债务人此时应当向票据质权人付款或者清偿票据金额。即使作为票据质押原因关系的质押合同本身存在瑕疵或者被解除以及被确认为无效的，也不影响质权人行使票据质权，不影响质押在票据法上的效力。当然，质权人在行使票据付款请求权被拒绝而行使票据追索权时，被追索人中的出质人可以向其主张原因关系的抗辩。由上述分析可知，票据质押合同并不影响票据质权的行使，票据质权行使的核心在于票据设质背书形式上的完备性及交付票据。

---

① 参见高圣平：《担保法前沿问题与判解研究》（第 2 卷），人民法院出版社 2019 年版，第 235 页。

（二）出质人仅完成背书签章而未记载“质押”字样,质权人可以补记

实践中有观点认为,“质押”字样必须由背书人亲自记载并签章,也有观点认为“质押”字样无须背书人亲自记载。

本书认为,“质押”字样一般应当由背书人记载,比较规范,也可避免日后纷争。但对于质权人在票据上补记“质押”字样且出质人没有异议的,可以认定有效。理由如下:

（1）票据质押背书一般情况下应当由出质人记载完全,债权人才能依该完整的质押背书而成为票据的质权人,出质人仅记载背书人签章,但是未记载“质押”字样,从形式上来看不完备,也可以认定为属于空白背书的行为。

（2）对于空白背书,《票据法规定》（2020）第 48 条规定:“依照票据法第二十七条和第三十条的规定,背书人未记载被背书人名称即将票据交付他人的,持票人在票据被背书人栏内记载自己的名称与背书人记载具有同等法律效力。”第 44 条规定:“空白授权票据的持票人行使票据权利时未对票据必须记载事项补充完全,因付款人或者代理付款人拒绝接收该票据而提起诉讼的,人民法院不予支持。”因此,参照《票据法规定》（2020）的该两条规定,出质人仅在票据上作为背书人签章,而未记载“质押”字样时,可以理解为出质人授权质权人可以补记“质押”字样,质权人在补记“质押”字样时,可以与出质人记载“质押”字样产生同等的法律效力。

（3）票据债务人以票据上应当记载的事项未记载完全为由而提出抗辩属于一种暂时的抗辩,当票据当事人将票据应当记载的事项补记完全后,票据债务人即不得再行使这种抗辩,而应当向持票人付款或者清偿票据金额。

基于此,笔者倾向于认为,出质人在与债权人签订票据质押合同的情况下,虽然仅以背书人签章但未记载“质押”字样的,票据质押的效力属待定状态。当出质人或者质权人补记“质押”字样的情况下,票据质权即可以有效成立,质权人可以主张票据质权,票据债务人应向质权人付款或者清偿票据金额。质权人补记“质押”字样且出质人没有异议的,可以认定有效;出质人有异议的,质权人提供出质人具有质押意思表示的合法证明的,亦应认定有效。

况且,就票据实务而言,即使出质人在票据上作为背书人签章而未记载“质押”字样,质权人也可以以一般背书转让的受让人身份向票据债务人主张行使票据权利,所以质权人可以在行使质权时补记“质押”字样从而行使票据质权;也可以不补记“质押”字样而直接行使票据债权人的票据权利。

本条所谓“不构成票据质押”,是作为票据法解释在《票据法》意义上说的,如构成民法上的质押,自然受《民法典》保护。

(三)以电子商业汇票设立质押的,应于票据到期日前在电子商业汇票系统中心进行质押登记

电子商业汇票,是指出票人依托电子商业汇票系统,以数据电文形式制作的,委托付款人在指定日期无条件支付确定金额给收款人或者持票人的票据。电子商业汇票分为电子银行承兑汇票和电子商业承兑汇票。电子商业汇票的实质是以数据电文签发和流转的,以电子签名取代实体签章的商业汇票。《电子商业汇票业务管理办法》第51条规定:“电子商业汇票的质押,是指电子商业汇票持票人为了给债权提供担保,在票据到期日前在电子商业汇票系统中进行登记,以该票据为债权人设立质权的票据行为。”第53条规定:“电子商业汇票质押,必须记载下列事项:(一)出质人名称;(二)质权人名称;(三)质押日期;(四)表明‘质押’的字样;(五)出质人签章。”因此同纸质版汇票,电子商业汇票的质押,也需要具备“质押”背书这一要件。

同时,根据《票据交易管理办法》第30条的规定,“电子商业汇票签发、承兑、质押、保证、贴现等信息应当通过电子商业汇票系统同步传送至票据市场基础设施”。票据市场基础设施是指提供票据交易、登记托管、清算结算、信息服务的机构,即上海票据交易所。作为一种新型的商业汇票模式,其运转规则和法律责任应当严格按照《电子商业汇票业务管理办法》的规定进行。对此,《票据法规定》(2020)第62条规定:“人民法院审理票据纠纷案件,适用票据法的规定;票据法没有规定的,适用《民法典》等法律以及国务院制定的行政法规。中国人民银行制定并公布施行的有关行政规章与法律、行政法规不抵触的,可以参照适用。”因此,当事人以电子商业汇票质押时,应当在票据到期日前在电子商业汇票系统中心进行质押登记,从而设立有效的电子汇票质权。①

(四)关于票据质权的实现

《中国人民银行关于完善票据业务制度有关问题的通知》(2005年9月5日,银发〔2005〕235号)“二、关于票据质押的相关处理”关于票据质权的实现程序规定为:主债务履行完毕,票据解除质押时,被背书人应以单纯交付的方式将质押票据退还背书人。票据到期时,由持票人按支付结算制度的有关规定行使票据权利;质押票据所担保的债务到期后,背书人未能如期履行债务时,被背书人依法实现质权,但不得将票据进行转让或者贴现。被背书人在票据到期时按支付结算制度的有关规定行使票据权利。被背书人为银行的,比照商业汇票贴现到期收回的

---

① 参见最高人民法院民事审判第二庭:《最高人民法院民法典担保制度司法解释理解与适用》,人民法院出版社2021年版,第497~498页。

处理手续,并在托收凭证备注栏注明“质押票据收款”字样。

(五)关于汇票质押中对质权人行使票据权利的抗辩问题

票据基础关系是否影响票据质权人的权利,实践上一般认为:一是因商业承兑票据具有无因性和独立性,经多手背书的持票人或者票据权利人要求承兑时,出票人或者承兑人以票据虚假抗辩的,不应予以支持。二是汇票债务人不得向汇票债权人主张其对汇票出质人享有的基于基础债权债务关系的抗辩。票据持票人享有《票据法》第13条第1款赋予持票人切断抗辩的保护权利。

【司法案例】

案例一

中国有色金属建设股份有限公司、恒丰银行股份有限公司宁波分行信用证开证纠纷案①

法官提示:汇票经背书质押并交付质权人,质权人成为票据法意义上的持票人,同样享有票据法赋予的抗辩切断保护。

最高人民法院认为:

(1)恒丰银行股份有限公司宁波分行(以下简称恒丰银行宁波分行)是否可以行使票据权利。

《票据法》第35条第2款明确规定:“汇票可以设定质押;质押时应当以背书记载‘质押’字样。被背书人依法实现其质权时,可以行使汇票权利。”因此经质押背书后的被背书人作为持票人,可以合法行使票据权利。本案中,恒丰银行宁波分行与港迪公司签订《最高额质押合同》,约定港迪公司以中国有色金属建设股份有限公司(以下简称有色金属公司)出票并承兑的商业承兑汇票为主债权提供质押担保,上述商业承兑汇票记载付款人为有色金属公司,收款人为港迪公司,同时注明汇票已承兑,到期无条件付票款,“承兑人签章”处盖有有色金属公司财务专用章与王某某个人印鉴。港迪公司将相应的商业承兑汇票质押背书交付给恒丰银行宁波分行,港迪公司在“背书人”栏加盖财务专用章,该栏内注明“质押”字样。质权人恒丰银行宁波分行作为持票人可以依法行使票据权利,其作为票据权利人对票据债务人有色金属公司享有票据付款请求权和追索权。

(2)有色金属公司是否可以向恒丰银行宁波分行使抗辩权。

《票据法》第13条第1款规定:“票据债务人不得以自己与出票人或者与持票人的前手之间的抗辩事由,对抗持票人。但是持票人明知存在抗辩事由而取得票

① 参见最高人民法院(2019)最高法民申5999号民事裁定书。

据的除外。”根据上述法律规定，持票人享有抗辩切断的保护，即持票人与票据的基础法律关系相脱离，抗辩事由仅限定在票据债务人与其直接相对人之间，善意的票据持票人不受票据债务人与其直接相对人之间的抗辩事由的影响。本案中，汇票经港迪公司背书质押，交付恒丰银行宁波分行，因此恒丰银行宁波分行就是票据法意义上的持票人，同样享有票据法赋予的抗辩切断保护。据此，有色金属公司依据其与港迪公司的基础法律关系向质权人恒丰银行宁波分行抗辩，不能成立。有色金属公司亦未主张恒丰银行宁波分行明知存在抗辩事由而取得票据。故有色金属公司主张适用《票据法》第 13 条第 2 款的规定，缺乏依据，亦不能成立。

汇票经背书记载“质押”字样，交付与持票人（质权人），属于票据行为，具有票据的特殊性，应适用票据法。质权人恒丰银行宁波分行可以享有票据法赋予的特殊保护，应区别于我国担保法和物权法意义上的权利质押。原判决适用票据法的相关规定，判决有色金属公司承担票据责任，并无不当。

汇票作为债权的特殊载体，可以承兑的数额明确，不存在质权人直接获得质押动产而获得不当利益的情形，因此有色金属公司认为恒丰银行宁波分行直接行使票据权利违反我国关于禁止流质的规定，缺乏事实和法律依据。

案例二

瑞高商业保理（上海）有限公司与西藏东方财富证券股份有限公司、中国正信（集团）有限公司等票据追索权纠纷案①

法官提示：当事人的约定不能对抗电子商业汇票系统中票据质押的记载。

上海市高级人民法院认为：根据《票据法》第 4 条第 2 款的规定，持票人行使票据权利，应当按照法定程序在票据上签章，并出示票据。系争汇票背书显示出质人为瑞高公司，质权人为中信银行上海分行，并无东方财富公司的相关记载，东方财富公司并非系争汇票权利人。根据《票据法》第 31 条的规定，以背书转让的汇票，背书应当连续。持票人以背书的连续，证明其汇票权利；非经背书转让，而以其他合法方式取得汇票的，依法举证，证明其汇票权利。因系争汇票系由瑞高公司直接背书质押给中信银行上海分行，东方财富公司并没有取得并持有该票据。东方财富公司主张其是系争汇票真正的质权人，中信银行上海分行只是其票据权利的代理人。对此，本院认为，根据《票据法》第 5 条第 1 款的规定，票据当事人可以委托其代理人在票据上签章，并应当在票据上表明其代理关系。系争汇票

① 参见上海市高级人民法院（2018）沪民终 241 号民事判决书。

并未载明中信银行上海分行为东方财富公司的代理人。由于票据具有严格文义性,故无法认定东方财富公司为系争汇票的质权人。综上,东方财富公司既未按照法定程序在票据上签章,又未以其他合法方式取得票据,在票据上也看不出由中信银行上海分行代理其持有票据的字样,故东方财富公司关于其为系争汇票的合法持票人的主张,依据不足,本院不予支持。

由于东方财富公司并非系争汇票的合法持票人,其向瑞高公司、正信公司、和源公司行使票据追索权无事实和法律依据。东方财富公司可待中信银行上海分行行使票据追索权后,根据涉案的《票据服务协议》向中信银行上海分行主张相应权利。

案例三

中建六局第三建筑工程有限公司西南分公司、中建六局第三建筑工程有限公司票据付款请求权纠纷案①

法官提示:票据质权人所得票款若有超出其在质押合同中应当享有的债权金额的部分,应当归属出质人。

四川省高级人民法院认为:关于中建六局第三建筑工程有限公司西南分公司应当承担责任的具体金额的问题。中建六局第三建筑工程有限公司西南分公司认为即使其需要承担责任,原判确定的责任范围超出了票据质押担保的铂和诚公司、蜀道公司对华夏银行新津支行的主债务范围。本院认为,基于票据质押担保的从属性,票据付款人向债权人承担责任的范围确不应超过出质人(票据上的收款人)应当向债权人承担的主债权的范围。同时,因票据权利具有不可分性,票面金额应当一次性兑付,在承担担保责任后,尚有剩余的款项,款项应当归属出质人。本案中,华夏银行新津支行有权要求中建六局第三建筑工程有限公司西南分公司按票据记载金额付款并承担自汇票到期日至实际清偿之日止的利息,但华夏银行新津支行所得票款若有超出其在《质押合同》中应当享有的债权金额,如有超出部分,应当归属于铂和诚公司、蜀道公司。原审未予限定确存在瑕疵,中建六局第三建筑工程有限公司、中建六局第三建筑工程有限公司西南分公司的该项上诉理由成立,本院依法予以支持。同时,因华夏银行新津支行享有票据质押权,其能够在《质押合同》中的债权范围内就票据款项享有优先受偿权。

---

① 参见四川省高级人民法院(2020)川民终555号民事判决书。

第五十五条　商业汇票的持票人向其非开户银行申请贴现，与向自己开立存款账户的银行申请贴现具有同等法律效力。但是，持票人有恶意或者与贴现银行恶意串通的除外。

【条文主旨】

本条是关于票据持票人向其非开户银行申请票据贴现的效力的规定。

【条文理解】

（一）票据贴现的主体资格要求

1. 贴现人必须具有从事票据贴现业务资格

票据贴现是一种特殊的金融业务，因此，并非任何人都可以经营票据贴现业务。根据《贷款通则》《商业汇票承兑、贴现与再贴现管理暂行办法》《电子商业汇票业务管理办法》的规定，只有经过中国人民银行批准的经营金融业务的金融机构才可以从事票据贴现业务。票据贴现业务为特许经营业务，未经许可，其他主体不能经营票据贴现业务。

不具备贴现主体资格的人不得进行票据贴现，否则票据贴现合同即应确认为无效合同。《九民会议纪要》第 101 条关于“民间贴现行为的效力”即明确规定：“票据贴现属于国家特许经营业务，合法持票人向不具有法定贴现资质的当事人进行‘贴现’的，该行为应当认定无效，贴现款和票据应当相互返还。当事人不能返还票据的，原合法持票人可以拒绝返还贴现款。人民法院在民商事案件审理过程中，发现不具有法定资质的当事人以‘贴现’为业的，因该行为涉嫌犯罪，应当将有关材料移送公安机关。民商事案件的审理必须以相关刑事案件的审理结果为依据的，应当中止诉讼，待刑事案件审结后，再恢复案件的审理。案件的基本事实无须以相关刑事案件的审理结果为依据的，人民法院应当继续审理。”民间贴现，实质是指不具有法定贴现资质的主体进行的票据“贴现”，该非法“贴现”行为违反了国家关于金融业务特许经营的强制性规定，危害了国家的金融管理秩序。

2. 申请贴现人也应当符合规定的条件

根据《商业汇票承兑、贴现与再贴现管理暂行办法》第 18 条的规定，申请贴现的当事人应当符合一定的条件：一是贴现人应是企业法人和其他经济组织；二是持票人与出票人或者其前手之间具有真实的商品交易关系；三是持票人在受理贴现的金融机构开立有存款账户。

（二）持票人向其非开户银行申请贴现的效力

《支付结算办法》第 92 条、《商业汇票承兑、贴现与再贴现管理暂行办法》第

18 条规定了持票人向银行等金融机构申请票据贴现的条件，其中后者的第三个条件就是申请人应当在申请贴现的金融机构开立存款账户，也就是持票人应当向其开户银行申请办理票据贴现，否则就是违反中国人民银行的规定。

开户银行，是在票据清算过程中付款人或收款人开有户头的银行。根据《银行账户管理办法》，银行账户分为基本存款账户、一般存款账户、临时存款账户和专用存款账户，上述各类账户均有不同的设置和开户条件。《贷款通则》将票据贴现纳入贷款进行管理，依其规定，借款人申请贷款的，应当在贷款人处已开立基本账户或一般存款账户。

但是，在票据实务中，持票人并不都是向其开户银行申请办理票据的贴现手续，在此种情况下，票据贴现的效力如何认定？

本书认为，票据贴现是一种转让票据的行为，虽然是一种金融业务，依法应当予以控制，但是控制的重点在于对贴现人主体资格的限制方面，以保证票据贴现的行为在国家对金融业务进行宏观调控之下。虽然中国人民银行的有关规章对票据贴现的申请人也规定了一定的条件，即应当是在贴现金融机构开立存款账户的人，但是票据贴现申请人主体条件的不同并不能改变票据贴现业务的性质；只要目的合法，任何人原则上都应当有权向具有票据贴现资格的金融机构申请贴现其所合法持有的票据。《商业汇票承兑、贴现与再贴现管理暂行办法》实际上是金融监管部门对贴现人办理贴现业务过程中在规章制度上的要求，但是只要申请人与贴现人之间不存在欺诈、恶意串通等非法目的，则该行为仅应作为贴现人违反规章制度的行为处理，而不应因此确认整个票据贴现行为无效；因此，即使申请不符合主体条件，贴现行为也不因此而无效，贴现银行基于该贴现行为取得票据时，也就应当享有票据权利。

（三）票据贴现主体主观方面的要求

票据贴现也将导致票据权利的转让，所以贴现人取得票据时，其主观方面也应当符合《票据法》关于票据权利取得的规定。贴现人取得贴现票据时不得是出于恶意或者重大过失，否则依《票据法》的相关规定，贴现人依然不能享有票据权利。

1. 持票人与贴现人主观上存在恶意串通

《票据法规定》（2020）本条规定，商业汇票的持票人向其非开户银行申请贴现，与向自己开立存款账户的银行申请贴现具有同等法律效力；但是，持票人有恶意或者与贴现银行恶意串通的除外。本书认为，在持票人向其非开户银行申请贴现票据时，如果持票人与贴现银行恶意串通的，票据债务人可以行使抗辩权，此时可以否定贴现银行的票据权利。

《九民会议纪要》第100条关于“合谋伪造贴现申请材料的后果”明确规定：“贴现行的负责人或者有权从事该业务的工作人员与贴现申请人合谋，伪造贴现申请人与其前手之间具有真实的商品交易关系的合同、增值税专用发票等材料申请贴现，贴现行主张其享有票据权利的，人民法院不予支持。对贴现行因支付资金而产生的损失，按照基础关系处理。”所谓合谋，是指贴现人的负责人或者有权从事该业务的工作人员明知贴现申请人的贴现申请不符合贴现的要求，没有贴现申请人与其前手之间具有真实的交易关系或者没有真实的债权债务关系的合同、增值税专用发票等材料，与贴现申请人共同商量，伪造前述材料，目的是符合监管要求，保证贴现。如果贴现行与贴现申请人合谋伪造贴现申请人与出票人或者其前手之间具有真实的交易关系和债权债务关系的合同、增值税专用发票等材料申请贴现，很难认定其合法取得票据，故其不应享有票据权利。①

当持票人在向其非开户银行申请贴现时存在恶意，但贴现银行却是出于善意时，依《票据法规定》(2020)的该条规定，贴现银行亦不能享有票据权利。本书认为，此时从保护善意第三人的角度出发，应当确认贴现银行的票据权利为妥。

2. 持票人主观上存在恶意，贴现人主观上存在非串通的恶意或者重大过失

持票人出于恶意向其非开户银行申请贴现，而贴现银行虽未与持票人有恶意串通行为，但主观上亦存在恶意(非串通的恶意)的，如在持票人的票据权利存在瑕疵的情况下，如果贴现银行明知该权利瑕疵而仍同意贴现的，主要是指申请贴现人取得票据是通过欺诈、偷盗或者胁迫等非法手段取得票据后向贴现人申请贴现，贴现人对申请贴现人取得票据是出于非法行为是明知的，而同意予以贴现的情况，此时贴现人取得票据就是存在恶意的。本书认为，此时可适用《票据法规定》(2020)的本条规定，认定贴现人也不享有票据权利。

通常认为，持票人出于恶意向其非开户银行申请贴现，而贴现银行虽未与持票人有恶意串通行为，但主观上亦存在“重大过失”的，也应认定贴现人不享有票据权利。对于贴现人是否存在“重大过失”的认定，应审查其是否尽到了从事贴现行为应尽的注意义务，即其是否尽到按照该行为性质、内容，依法和依照一般的工作规程和工作经验应尽的审查义务。但应予明确，相关行政规章、行业规程的规定是否符合法律规定，是否要作为裁判参考，需依法判定。如果贴现行依法和依照一般的工作规程和工作经验稍加合理注意就可以知道贴现申请人非法取得票据，但因疏忽大意未加注意，未尽应尽的审查义务而仍然进行贴现的，则应认定其

---

① 参见最高人民法院民事审判第二庭编著：《〈全国法院民事审判工作会议纪要〉理解与适用》，人民法院出版社2019年版，第520～521页。

取得票据具有重大过失,不享有票据权利。

《票据管理实施办法》以及中国人民银行的其他规范性文件的规定要求大多是一致的,如《票据管理实施办法》第 10 条第 2 项规定,向银行申请办理票据贴现的商业汇票的持票人,必须与出票人、前手之间具有真实的交易关系和债权债务关系。《支付结算办法》第 92 条,《商业汇票承兑、贴现与再贴现管理暂行办法》第 18 条亦规定,商业汇票的持票人与出票人或者直接前手之间应当具有真实的商品交易关系。中国人民银行 2001 年 7 月 24 日《关于切实加强商业汇票承兑贴现和再贴现业务管理的通知》又重申,严禁贴现不具有贸易背景的商业汇票,商业汇票是交易性票据,必须具有真实贸易背景;企业签发、承兑商业汇票和商业银行贴现商业汇票,都必须依法、合规;严禁签发、承兑、贴现不具有贸易背景的商业汇票。各商业银行所办理的每笔票据贴现,必须要求贴现申请人提交增值税发票、贸易合同复印件等足以证明该票据具有真实贸易背景的书面材料;必要时,贴现银行要查验贴现申请人的增值税发票原件,对不具有贸易背景的商业汇票,不得办理贴现。《中国人民银行关于完善票据业务制度有关问题的通知》(银发〔2005〕235 号)第 1 条规定,商业汇票的持票人向银行申请贴现时,贴现申请人应向银行提供交易合同原件、贴现申请人与其直接前手之间根据税收制度有关规定开具的增值税发票或普通发票。之所以作出这样的规定,主要是为了防止申请贴现人非法取得票据后向银行申请贴现、转嫁票据风险、获得非法收益、损害其前手以至于银行的合法权益,从而维护票据流通秩序,有效防止不法分子通过虚构真实交易关系和债权债务关系骗取贴现行贴现款,造成贴现行资金损失以及放大货币乘数,引发票据风险,影响金融安全问题,其出发点是可取的。不同的规定主要是中国人民银行《票据交易管理办法》(中国人民银行公告〔2016〕第 29 号),其中第 17 条第 1 款规定,贴现人办理纸质票据贴现时,应当通过票据市场基础设施查询票据承兑信息,并在确认纸质票据必须记载事项与登记承兑信息一致后,为贴现申请人办理贴现,贴现申请人无须提供合同、发票等资料。此外,《中国人民银行关于规范和促进电子商业汇票业务发展的通知》(银发〔2016〕224 号)规定"企业申请电票贴现的,无需向金融机构提供合同、发票等资料"。

根据《票据法规定》(2020)第 62 条第 2 款规定:"中国人民银行制定并公布施行的有关行政规章与法律、行政法规不抵触的,可以参照适用。"因此,最高人民法院相关意见认为,在《票据法》未对贴现行为以及贴现人的审查义务进行规定的情形下,应参照中国人民银行的上述行政规章对贴现行是否尽到审查义务,是否合法进行判定。贴现行在审查贴现申请人的贴现申请时,应审查贴现申请人是否有用以证明其与出票人或其直接前手之间具有真实交易关系和债权债务关系的交易合同以及增值税发票或普通发票等申请材料。

【司法适用】

(一)承兑人自承自贴票据行为的效力认定问题

自承自贴票据是指商业银行为自己承兑的商业汇票办理贴现业务,[1]包括商业银行承兑商业汇票后,持票人持该商业汇票向承兑人本人申请贴现;或者持票人向承兑银行的另一分支机构申请贴现等情形。

对银行自己贴现自己承兑的汇票,是否符合法律规定,即该行为是否有效。对此也有不同的观点:一种观点认为,商业银行自己贴现自己承兑的汇票,实际上是变相地经营贷款,这种做法实际上是变相地突破人民银行对各商业银行贷款规模的控制,是扰乱金融管理秩序的一种行为;如果不加以禁止将会对金融市场产生不小的冲击,所以应当禁止商业银行经营票据自承自贴业务,将其作为一种无效行为处理。另一种观点则认为,商业银行自承自贴票据,并无法律和行政法规的明文强制性规定予以禁止,自承自贴商业汇票有其合理性的要求,所以应当认定自承自贴商业汇票行为的有效性。

本书倾向于第二种观点,即使商业银行自承自贴商业汇票有可能突破中国人民银行对各商业银行贷款规模的控制与宏观管理,但在没有法律和行政法规明确规定予以禁止的情况下,仍然可以认定自承自贴行为的有效性。至于这种行为可能突破贷款规模限制的问题,则是由相关监管机构进行监管与处罚的事,而与认定行为效力无关。

银行贴现自己承兑的商业汇票后,是否仍然享有票据权利,或者票据权利是否因承兑人即付款义务人与持票人即贴现人是同一人,而使票据权利因票据权利义务人归于同一人而消灭?本书倾向于认为,自承自贴实际上与票据背书转让中的回头背书具有相同的法律后果。回头背书由于是一种特殊的转让背书,从其效力来看,回头背书具有一般转让背书的效力,即权利转移的效力、权利担保的效力以及权利证明的效力;但正由于其是特殊转让背书,被背书人既是票据上的债务人,又是票据上的权利人,两种身份重叠,使被背书人在行使权利时,与一般的被背书人相比,会有所限制,这种限制因回头背书的被背书人地位不同而有所区别。当回头背书的被背书人是承兑人时,如果票据尚未到期,承兑人享有票据权利,可以将票据再行转让,但此时其不能因为自己不愿意对票据付款而向其他债务人行使追索权;如果票据已经到期,则发生权利义务主体的混同,票据关系消灭。

---

① 参见康玉坤主编:《票据法实务》,对外经济贸易大学出版社2004年版,第40页。

(二)民间贴现行为认定无效的处理

《九民会议纪要》第101条关于"民间贴现行为的效力"还明确规定:"根据票据行为无因性原理,在合法持票人向不具有贴现资质的主体进行'贴现',该'贴现'人给付贴现款后直接将票据交付其后手,其后手支付对价并记载自己为被背书人后,又基于真实的交易关系和债权债务关系将票据进行背书转让的情形下,应当认定最后持票人为合法持票人。"

尽管民间贴现行为在进行贴现的直接当事人之间无效,但根据票据行为无因性、独立性原则,在后票据转让行为的效力独立于在先转让票据行为的效力。如果最后持票人系基于合法手段或者善意且支付了合理对价取得票据,则应认定其是合法持票人。①

(三)票据贴现的其他要件

结合票据贴现的实务,可以将票据贴现行为分为两个阶段:一是票据贴现关系的成立阶段,此阶段由申请人与贴现人签订票据贴现协议,属于票据贴现原因关系的范畴;二是票据贴现合同的履行阶段,包括申请贴现人以背书方式将贴现的票据交付给贴现人并由贴现人向申请人支付贴现款项,其中背书并交付票据行为即为《票据法》所规定的票据转让行为。由此,除了《票据法规定》(2020)本条规定外,票据贴现关系有效成立的要件还包括:

(1)票据本身在形式要件方面应当符合《票据法》的规定,绝对应当记载的事项齐备,票据在形式上没有涂改、伪造等痕迹,如果申请贴现的票据是以背书而取得,则背书应当连续等。

(2)根据《票据法》第10条的规定,票据的取得和转让,应当遵循诚实信用的原则,具有真实的交易关系和债权债务关系;票据的取得,必须给付对价,即应当给付票据双方当事人认可的相对应的代价,因此,通过贴现取得票据的金融机构,应当向申请贴现人支付贴现款项。

(3)由于票据贴现人取得票据应当遵循诚实信用原则,因此,贴现人取得票据除应支付贴现款即支付对价外,其取得票据还不得出于恶意或者重大过失。《票据法规定》(2020)本条仅规定了贴现人恶意以及贴现金融机构与贴现人恶意串通的情形,但根据《票据法》及票据法基本原理,贴现人不得基于重大过失而取得票据,如对于背书不连续的票据由于未进行审查义务而予以贴现等。

(4)贴现的票据应当是未到期的商业汇票,而且是已经承兑的商业远期汇票,

① 参见最高人民法院民事审判第二庭编著:《〈全国法院民事审判工作会议纪要〉理解与适用》,人民法院出版社2019年版,第525页。

已经到期的商业汇票持票人可以请求付款人或者承兑人直接向其付款,而无须贴现,而且因无法计算贴现利息所以也不能贴现。至于银行汇票、本票、支票,本身就是即期票据,不存在贴现的问题。

(5)票据贴现应当以背书转让的方式进行。贴现是票据的转让行为,按照《票据法》以及《支付结算办法》的规定,贴现、转贴现、再贴现时,必须做成转让背书。因此,持票人在申请贴现转让票据时,必须在汇票背面背书人处签章,并写明贴现金融机构的名称作为被背书人。贴现人可以以背书的连续证明其享有票据权利,即可以实现贴现人的权利。但是,对于申请人向贴现人交付票据时,除了以背书方式转让票据外,是否需要在背书事项中记载"贴现"字样,法律法规均未作出规定。申请人可以记载"贴现"字样,也可以不记载"贴现"字样,即该事项的记载属于票据上的可以记载事项,是否记载不影响票据贴现行为的效力,也不影响贴现人票据权利的取得。而且,即使申请人不记载"贴现"字样,贴现人也可以凭贴现合同以及支付贴现款等证据来证明其是合法取得票据权利的。

(四)票据清单交易、封包交易的效力认定

《九民会议纪要》第103条关于"票据清单交易、封包交易案件中的票据权利"明确规定,票据清单交易、封包交易,是指商业银行之间就案涉票据订立转贴现或者回购协议,附以票据清单,或者将票据封包作为质押,双方约定按照票据清单中列明的基本信息进行票据转贴现或者回购,但往往并不进行票据交付和背书。实务中,双方还往往再订立一份代保管协议,约定由原票据持有人代对方继续持有票据,从而实现合法、合规的形式要求。

从2014年起,监管部门将封包交易和清单交易纳入监管重点,先后下发了《中国人民银行、中国银行业监督管理委员会、中国证券监督管理委员会、中国保险监督管理委员会、国家外汇局关于规范金融机构同业业务的通知》(银发〔2014〕127号),《中国银行业监督管理委员会办公厅关于票据业务风险提示的通知》(银监办发〔2015〕203号),《中国人民银行、中国银行业监督管理委员会关于加强票据业务监管促进票据市场健康发展的通知》(银发〔2016〕126号),《中国银行保险监督管理委员会办公厅关于规范银行业金融机构跨省票据业务的通知》(银保监办发〔2018〕21号)等监管文件,要求各商业银行加强对票据承兑、贴现的授信管理,票据转贴现和买入返售(卖出回购)业务交易对手管理、同业结算账户管理等重要环节的风险控制,并要求各银行业金融机构将商业汇票业务尽快接入人民银行电子商业汇票系统和上海票据交易所中国票据交易系统,通过逐步减少纸质票据转贴现、买入返售(卖出回购)业务和提高电子票据在转贴现、买入返售(卖出回购)等票据交易业务中的占比这种双管齐下的办法,对清单交易和封包交易进行专门的治理。

在封包交易和清单交易中,票据已经成为纯粹的“融资性票据”,《九民会议纪要》第103条明确规定,如出资银行仅以参与交易的单个或者部分银行为被告提起诉讼行使票据追索权,被告能够举证证明票据交易存在诸如不符合正常转贴现交易顺序的倒打款、未进行背书转让、票据未实际交付等相关证据,并据此主张相关金融机构之间并无转贴现的真实意思表示,抗辩出资银行不享有票据权利的,人民法院依法予以支持。

《九民会议纪要》意见表明,在清单交易与封包交易中,应该穿透表面的转贴现关系,按照各方所起实际作用确定责任。上述条文体现了“实质重于形式”的穿透式审判精神,目的在于防止外观主义的滥用,配合金融领域的穿透式监管。但是,在《票据法》理论界对此仍有不同观点,提出:强调票据领域要适用穿透式审判,目的是防止外观主义的滥用,最高人民法院之所以传递这样的导向,肯定是存在配合金融监管、诉讼经济等一系列考虑,有其一定道理。但与此同时,有必要注意防止穿透式审判的滥用,如果没有适用边界,有可能导致票据的融资功能、信用功能发挥不了作用。

【司法案例】

案例一
自贡银行股份有限公司与浙江民泰商业银行股份有限公司萧山瓜沥小微企业专营支行合同纠纷案[①]

法官提示:银行原负责人参与并默许第三人利用私刻印鉴冒用银行名义申请转贴现,被冒名银行无过错,转贴现行主观上存在重大过失的,不能依表见代理的规定要求被冒用银行承担责任。

最高人民法院认为:

(1)关于倪某某、洪某的行为对浙江民泰商业银行股份有限公司萧山瓜沥小微企业专营支行(以下简称民泰银行瓜沥支行)是否构成表见代理的问题。

原《合同法》第50条规定:“法人或者其他组织的法定代表人、负责人超越权限订立的合同,除相对人知道或者应当知道其超越权限的以外,该代表行为有效。”根据该规定,构成表见代表的前提条件之一是行为人需是法人或者其他组织的法定代表人、负责人。根据本案已查明的事实,2015年3月18日,民泰银行瓜沥支行已作出决定,撤销倪某某的行长职务,聘任方某某为民泰银行瓜沥支行代

① 参见最高人民法院(2021)最高法民终610号民事判决书。

理行长,2015 年 3 月 27 日,民泰银行杭州分行按照规定向浙江银保监局报送了请示。虽然签订《转贴现合同》时,民泰银行瓜沥支行在登记机关显示的负责人仍为倪某某,但倪某某实际已不是民泰银行瓜沥支行的行长。在此情况下,倪某某所从事的行为根本不涉及是否超越职权范围和是否构成表见代表的问题。自贡银行认为倪某某代表民泰银行瓜沥支行签订《转贴现合同》构成表见代表的主张缺乏事实和法律依据,本院不予支持。

原《合同法》第 49 条规定:“行为人没有代理权、超越代理权或者代理权终止后以被代理人名义订立合同,相对人有理由相信行为人有代理权的,该代理行为有效。”根据该条规定,表见代理的构成,不仅要求代理人的无权代理行为在客观上形成具有代理权的表象,而且要求相对人在主观上善意且无过失地相信行为人有代理权。根据本案已查明的事实,光大公司开具汇票时,倪某某实际已不是民泰银行瓜沥支行的负责人,倪某某以民泰银行瓜沥支行负责人的名义到场见证出票,使得自贡银行股份有限公司(以下简称自贡银行)相信其即将交易的对手为民泰银行瓜沥支行。倪某某默许洪某冒用民泰银行瓜沥支行工作人员的身份使用伪造的印鉴签订《转贴现合同》,使得自贡银行进一步相信洪某经倪某某的授权,代表民泰银行瓜沥支行签订《转贴现合同》。倪某某、洪某的行为客观上形成了洪某有权代表民泰银行瓜沥支行签订合同的表象。

虽然我国现行涉及票据的法律、行政法规及部门规章并未对银行办理商业承兑汇票转贴现业务具体的审查标准及操作流程作出明确的规定,但自贡银行于 2012 年制定了《自贡银行商业汇票贴现管理办法》,自贡银行在办理案涉票据转贴现业务时应当按照本行的管理规定,尽到合理的审查义务。根据本案已查明的事实,自贡银行在办理案涉转贴现业务时,并未按照上述规定的查询方式进行票据查询,亦未按照上述规定要求民泰银行瓜沥支行提供其上级部门关于开办转贴现业务的文件、授权书等材料,并进行核查。且案涉票据的第一手贴现银行为民泰银行瓜沥支行,虽然该行的直贴行为已经为信用程度较低的商业汇票增加了银行信用,为票据转贴现提供了更好的信用基础,但民泰银行瓜沥支行毕竟系一家小微企业专营支行,按照相关规定,小微支行单户授信小于 500 万元,而案涉票据金额合计高达 5 亿元,自贡银行理应更加谨慎,但自贡银行并未主动核实民泰银行瓜沥支行是否能够办理如此高额的票据转贴现业务,亦未核实民泰银行瓜沥支行的业务范围是否包含票据转贴现。同时,自贡银行是在收到其下手民生银行宁波分行的票据款项后再向民泰银行瓜沥支行贴现,流程上属于违规的倒打款;且自贡银行向民泰银行瓜沥支行支付票据贴现款系转入冒用民泰银行瓜沥支行的名义在甘肃银行兰州中央广场支行开立的账户,不符合中国银行业监督管理委员会办公厅下发的《关于加强银行承兑汇票业务监管的通知》第7条关于“银行业金融机构要加强银行承兑汇票业务交易资金账户统一管理。票据转贴现、买入返售、卖出回购资金应由票据转入行将资金划入票据转出行在中国人民银行开立的存款准备金账户,或票据转出行在本行开立的一般存款账户,不得转入票据转出行在他行开立的账户,防止随意开户和资金体外循环”的规定。

自贡银行作为专业的金融机构,在案涉商业承兑汇票转贴现交易过程中,未按规定进行审查。自贡银保监局针对自贡银行在办理案涉票据转贴现业务中未执行内控控制制度和审核交易对手真实性、逆程序办理业务、违规划付转贴现资金的违法违规行为作出行政处罚决定的事实,也表明自贡银行严重违反审慎经营规则,未尽到合理审查义务。洪某冒用民泰银行瓜沥支行工作人员身份签订的《转贴现合同》对民泰银行瓜沥支行不构成表见代理,该合同对民泰银行瓜沥支行不发生法律效力。

(2)关于民泰银行瓜沥支行对本案的发生是否存在明显过错的问题。

《最高人民法院关于在审理经济纠纷案件中涉及经济犯罪嫌疑若干问题的规定》第5条规定:“行为人盗窃、盗用单位的公章、业务介绍信、盖有公章的空白合同书,或者私刻单位的公章签订经济合同,骗取财物归个人占有、使用、处分或者进行其他犯罪活动构成犯罪的,单位对行为人该犯罪行为所造成的经济损失不承担民事责任。行为人私刻单位公章或者擅自使用单位公章、业务介绍信、盖有公章的空白合同书以签订经济合同的方法进行的犯罪行为,单位有明显过错,且该过错行为与被害人的经济损失之间具有因果关系的,单位对该犯罪行为所造成的经济损失,依法应当承担赔偿责任。”根据上述规定,行为人私刻公章以签订经济合同的方法进行犯罪的,一般情况下,单位对行为人该犯罪行为所造成的经济损失不承担民事责任,只有在单位有明显过错,且该过错行为与被害人的经济损失之间具有因果关系,单位才对该犯罪行为所造成的经济损失承担赔偿责任。

根据本案已查明的事实,光大银行在开具商业承兑汇票时,倪某某实际已不担任民泰银行瓜沥支行的负责人,且民泰银行杭州分行及时聘任新的行长,向监管部门履行了报批义务,并及时办理了负责人的变更登记手续。由于自贡银行自身的重大过失,使其未能发现和防范风险,给倪某某等犯罪分子以可乘之机,从而给其造成经济损失。倪某某与他人私刻民泰银行瓜沥支行的公章实施犯罪行为,民泰银行瓜沥支行对此不存在明显过错,不应对倪某某等人的犯罪行为给自贡银行造成的经济损失承担赔偿责任。

案例二
中国农业银行武汉市分行硚口区支行与中国工商银行大理市支行等银行承兑汇票纠纷案①

最高人民法院认为:硚口区农行下属的办事处在受理本案汇票收款人天天公司申请汇票贴现的前后,分别以电报、电话方式查询该汇票的签发以及承兑情况,承兑人大理工行均复电确认该银行承兑汇票系其签发,并明确转给办事处。办事处在审查核实汇票真实、合法的情况下办理贴现,并将汇票作成转让背书,尽到了谨慎注意的责任,不存在《票据法》第12条第2款规定的致使硚口区农行不得享有票据权利的重大过失。至于办事处在为天天公司开立账户、办理贴现、提取现金过程中有无违规行为,以及天天公司在与贸易中心的购销关系中有无诈骗行为,与其他非本案票据关系中的行为,不影响硚口区农行享有票据权利。本案汇票背书是在办事处办理天天公司申请的汇票贴现时所作的转让背书,当时虽然只有背书人天天公司的签章,没有记载被背书人的名称和背书日期,但其后已补记该办事处为汇票的被背书人,且在背书转让上未涉及第三人,背书转让关系是明确的;由于背书日期未作记载,应视为在汇票到期日前背书,不影响背书的成立。同时,办事处在取得汇票时已经贴现并向持票人天天公司支付合理对价,属合法取得汇票,是该汇票的合法持票人。在本案汇票到期被拒绝付款时,硚口区农行可以持票对承兑人大理工行、出票人贸易中心以及背书人天天公司主张票据权利。

第五十六条　违反规定区域出票,背书转让银行汇票,或者违反票据管理规定跨越票据交换区域出票、背书转让银行本票、支票的,不影响出票人、背书人依法应当承担的票据责任。

【条文主旨】

本条是关于出票及背书行为超出有关规定区域时,其法律效力的认定的规定。

【条文理解】

(一)关于票据使用区域的一般规定

票据作为一种有价证券,其一大特点就在于较强的流通性,所以关于票据的

① 1998年11月4日,最高人民法院法经〔1998〕457号函。

使用区域问题,《票据法》并没有作出相关的规定。但是,《支付结算办法》第 26 条至第 28 条却作了相关规定,对票据的使用区域作了限制性的规定,主要包括以下几个方面:

(1)区域性银行汇票仅限于出票人向本区域内的收款人出票,银行本票和支票仅限于出票人向其票据交换区域内的收款人出票。

(2)区域性银行汇票仅限于在本区域内背书转让,银行本票、支票仅限于在其票据交换区域内背书转让。

(3)区域性银行汇票和银行本票、支票出票人向规定区域以外的收款人出票的,背书人向规定区域以外的被背书人转让票据的,区域外的银行不予受理,但出票人、背书人仍应承担票据责任。

中国人民银行之所以对票据的使用区域作出上述限制性的规定,主要还是出于加强票据管理的需要,尽可能地减少实践中票据违法行为甚至票据犯罪行为的发生。

对于银行汇票而言,实践中有全国银行汇票与华东三省一市银行汇票之分,全国银行汇票是于中国人民银行和各商业银行参加“全国联行往来”的银行机构办理结算而使用的银行汇票。全国银行汇票具有以下特征:一是印刷质量好,各家银行的银行汇票均由各家银行总行特定的印刷厂印制,纸质好并附有各家银行标志的水印暗记。二是印章规范,全国银行汇票统一使用大联行章,工商银行、农业银行均使用带有本行字样和行号的钢印;中国人民银行、中国银行、建设银行、交通银行均使用带有本行字样和行号的汇票专用章。华东三省一市银行汇票仅限于江苏、浙江、安徽和上海流通使用,见票即付。华东三省一市银行汇票设计上有中国人民银行行徽及四周齿轮图案的水印,使用的印章是省辖行号章。

对于银行本票,也存在区域性的银行本票,如中国人民银行广东省分行曾于 1985 年 2 月发行过“中国人民银行广东省分行本票”,后于同年 3 月 15 日停止流通;该本票有 50 元、100 元两种,仅限于广东省范围内流通,前后流通时间仅 40 天,从开始发行到收回截止的时间是 56 天。[①]《支付结算办法》第 98 条规定,单位和个人在同一票据交换区域需要支付各种款项,均可以使用银行本票。根据此条规定,只有在同一票据交换区域内需要支付款项时,才可以使用银行本票,而不属同一票据交换区域的当事人之间支付款项,不得使用银行本票结算。

根据《支付结算办法》第 116 条的规定,单位和个人在同一票据交换区域的各种款项结算,均可以使用支票,所以与银行本票一样,使用支票的当事人亦应限于

---

① 参见杨焕强等:《“昙花一现”的广东省银行本票》,载《广西金融研究》2000 年第 S1 期。

同一票据交换区域。

正因为银行汇票、本票及支票有上述使用范围的限制，所以才有《票据法规定》(2020)本条规定的必要。

(二)超过规定区域使用票据时相关行为效力的认定

从《支付结算办法》的规定来看，一方面规定超出使用区域范围而出票或者为背书行为的票据，区域外的银行不予受理；另一方面又规定出票人、背书人仍应承担票据责任，实际上是相互矛盾的。

为了解决上述矛盾，《票据法规定》(2020)对中国人民银行的相关规定作了限制性的解释，明确了违反规定区域出票，背书转让银行汇票，或者违反票据管理规定跨越票据交换区域出票，背书转让银行本票、支票的，不影响出票人、背书人依法应当承担的票据责任。《票据法规定》(2020)之所以作出这样的规定，一是依据票据的可流通性特征，票据法立法的目的就是保障票据的可流通性，如果票据失去了流通性，也就失去了票据的意义。二是从促进建立全国统一市场体系的大局出发的。

【司法适用】

中国人民银行2006年11月9日《全国支票影像交换系统业务处理办法(试行)》(银办发〔2006〕255号)规定，影像交换系统处理的支票业务分为区域业务和全国业务。区域业务是指支票的提出行和提入行均属同一分中心、并由分中心转发的业务。全国业务是指支票的提出行和提入行分属不同分中心、并由总中心负责转发的业务；通过影像交换系统处理的支票影像信息具有与原实物支票同等的支付效力，出票人开户银行收到影像交换系统提交的支票影像信息，应视同实物支票提示付款。全国支票影像交换系统通过影像技术、支付密码、数字签名等技术的运用，将纸质支票转化为影像和电子信息，实现纸质支票截留，利用信息网络技术将支票影像和电子清算信息传递至出票人开户银行进行提示付款，从而实现支票的全国通用。随着全国支票影像交换系统试运行以及推广至全国，支票流通的区域性问题基本得到了解决。

第五十七条　依照票据法第三十六条的规定，票据被拒绝承兑、被拒绝付款或者超过提示付款期限，票据持有人背书转让的，背书人应当承担票据责任。

【条文主旨】

本条是关于汇票背书人期后背书行为的效力认定的规定。

【条文理解】

(一)汇票期后背书的立法例

所谓汇票的期后背书,是指一定期限之后所进行的背书。

关于汇票期后背书的划分,在不同的国家和地区的票据法规定,有所不同,主要有两种:一种是票据到期日后所为的背书,是指票据到期日后尚未发生拒绝支付情形时进行的背书,或者在票据到期后发生拒绝支付情形但尚未作成拒绝证书或者能够作成拒绝证书的期限尚未终了时所进行的背书,如《英国票据法》第36条第2款规定:逾期汇票转让流通时,其流通要受该票到期日任何权利瑕疵的约束,且其后的持票人不能获得或让与优于他前手的权利。另一种是作成拒绝付款证书后或者作成拒绝付款证明期限经过后所为的背书,即期限后背书,如《日内瓦统一汇票本票法公约》第20条第1款规定:到期日后背书与到期日前之背书有同一效力;在因不获付款作成拒绝证书后,或已过作成拒绝证书之期限后所为的背书,作成拒绝证书在后,所以到期日后背书可以包括期限后背书。也就是说,《日内瓦统一汇票本票法公约》规定的期后背书的范围较英美票据法的规定窄。[①] 大陆法系国家的票据立法多采此立法例。

在我国,汇票的期后背书是指在票据被拒绝承兑、被拒绝付款或者超过付款提示期限的情形下所为的背书。[②]

债务人如主张该背书系期后背书,则根据《民事诉讼法》上的"谁主张,谁举证"原则,由提出该主张的票据债务人负举证责任,具体包括:(1)票据被拒绝承兑。附条件的承兑亦视为拒绝承兑。如果同时记载有承兑日期的,可以根据票据的文义判断拒绝承兑的日期,并以此确定是否属于期后背书。从票据的文义判断不出拒绝承兑日期的,应由债务人举证证明。(2)票据被拒绝付款。在票据被拒绝付款的情况下,单从票据记载事项上是判断不出拒绝付款日期的,被拒绝付款的日期以及与背书的时间顺序,应由债务人举证证明。(3)票据超过提示付款期限。判断票据背书是否为期后背书的标准,主要是票据上所记载的背书日期,如果背书时记载了背书日期,则是不是期后背书比较容易判断。但是对于背书的日期,绝大多数国家的票据立法将之规定为任意记载事项,是否记载对背书行为的有效成立不产生任何影响。如果未记载背书日期,则难以确定背书系期前还是期

---

① 参见汪世虎:《票据法比较研究》,法律出版社2003年版,第350页。

② 参见王小能主编:《中国票据法律制度研究》,北京大学出版社1999年版,第221页。

后所为，因此，为保护持票人的利益，各国票据法都规定，未记载背书日期的，视为期前背书。

（二）关于票据期后背书的效力

虽然理论界有观点认为，关于期后背书的效力问题在《日内瓦统一汇票本票法公约》和英美票据法中的规定并不一致，英美票据法仍然承认期后背书的票据为票据，并未将其转让化为一般债权，只不过期后背书票据的票据权利不受人的抗辩切断规则保护而已。[①] 但是多数观点还是认为，票据的期后背书仅产生一般债权转让的效力，而不产生《票据法》上背书转让的效力。[②] 具体来讲，票据期后背书的效力表现在以下几个方面：

1. 权利转移效力

期后背书也产生权利转移的效力，但是多数观点认为，期后背书产生的是一般债权转让的效力，而不是票据法上背书转让的效力。被背书人享有对债务人请求支付票据金额的权利，但是票据上关于人的抗辩不因权利转移而切断，债务人对背书人所能主张的抗辩，无论经过多少次背书，对被背书人都可以主张。

2. 权利证明效力

期后背书的权利证明效力与一般转让背书相同，被背书人仅凭背书的连续，即可以行使其取得的债权。

3. 期后背书不产生权利担保效力

《日内瓦统一汇票本票法公约》规定期后背书仅发生一般债权转让的效果，根据民法上债权转让的理论，转让人将债权转让给受让人后自己即退出债的关系，仅对受让人负瑕疵担保的责任。所以在期后背书中，背书人将票据权利转让给被背书人后，退出债的关系，对被背书人负瑕疵担保责任，而不是票据上的担保承兑与担保付款责任；因此期后背书不具有权利担保效力。当然在期后背书之前的背书人仍然要对期后背书的被背书人负担保承兑和担保付款的责任，但是他们可以以其与期后背书的背书人之间的抗辩事由对抗被背书人。

（三）我国《票据法》关于票据期后背书的规定

我国《票据法》第 36 条对票据期后背书的效力作了较为特殊的规定，该条规定："汇票被拒绝承兑、被拒绝付款或者超过付款提示期限的，不得背书转让；背书转让的，背书人应当承担汇票责任。"

由我国《票据法》的上述规定可以看出，我国对期后背书效力的规定与其他国

---

① 参见姜建初：《票据原理与票据法比较》，法律出版社 1994 年版，第 100 页。

② 参见王小能主编：《中国票据法律制度研究》，北京大学出版社 1999 年版，第 221 页。

家的规定是不同的。这条规定的前半部分否定了期后背书在《票据法》上的效力,虽然并没有指明能够产生一般债权转让的效果,但是从理论上讲,背书人与被背书人为背书行为是为转移票据权利,由于是期后背书的原因而没有产生《票据法》上背书的效力,但双方的行为在民法上会产生效力,这是没有争议的;该条规定的后半部分又规定,期后背书的背书人应当承担票据责任。对我国《票据法》的该条规定,学者们提出了不同的观点:有观点认为,既然期后背书仅产生通常债权转让的效力,那么,"被背书人不能取得票据权利,只能取得'通常债权'即'普通债权'";[①]也有观点认为,虽然期后背书产生的是通常债权转让效力,但被背书人取得的仍然是票据权利。[②] 有观点认为,我国《票据法》的该条规定,在法律上确认汇票到期不得转让的原则,同时对于违反此项要求背书转让汇票权利的背书人,责令其依然承担汇票责任即承担向持票人支付票据金额的义务,其目的在于通过加强该背书人的责任以切实保护持票人的合法权益,从而最终达到规范票据交易行为的目的,这是我国《票据法》的一大特色。[③] 也有观点认为,我国《票据法》关于期后背书效力问题的认定是前后矛盾的,一方面根本不承认期后背书的效力,另一方面又规定期后背书的背书人应当承担票据责任。这一规定并不会使被背书人获益,因此让期后背书的背书人承担票据责任,既不符合理论又无实益,作这样的规定并无必要。[④] 还有观点认为,既然我国《票据法》明文规定票据期后不得背书转让,如果背书转让的,只应具有一般债权转让的效力,让背书人承担票据责任没有根据,因此应当删除该条规定的后半部分内容,并且应当补充规定,期后背书转让的,仅具有一般债权转让的效力。[⑤]

(四)《票据法规定》(2020)的取舍

由全国人大常委会法制工作委员会相关人员编写的《中华人民共和国票据法释义》一书认为,被拒绝承兑、被拒绝付款或者超过付款提示期限的票据,不得背书转让是为了防止由此产生的票据纠纷,持票人违反规定背书转让票据,应当承担由此产生的票据责任。[⑥]

《票据法规定》(2020)第57条规定,依照《票据法》第36条的规定,票据被拒绝承兑、被拒绝付款或者超过提示付款期限,票据持有人背书转让的,背书人应当

---

① 参见徐学鹿主编:《票据法教程》,首都经济贸易大学出版社2002年版,第204页。

② 参见梁宇贤:《票据法新论》,中国人民大学出版社2004年版,第194页。

③ 参见刘家琛主编:《票据法原理与法律适用》,人民法院出版社1996年版,第284页。

④ 参见王小能主编:《中国票据法律制度研究》,北京大学出版社1999年版,第223页。

⑤ 参见汪世虎:《票据法律制度比较研究》,法律出版社2003年版,第352页。

⑥ 参见卞耀武主编:《中华人民共和国票据法释义》,企业管理出版社1995年版,第66~67页。

承担票据责任。由此可见,《票据法规定》(2020)的规定,吸取了英美票据法规定的内容,实际上是赋予了期后背书票据权利转让的效力。之所以作此规定,还须比较《日内瓦统一汇票本票法公约》与英美票据法关于票据期后背书效力的规定。

日内瓦票据法系与英美票据法对票据期后背书效力规定的相同之处在于:期后背书均不受人的抗辩切断制度和善意取得制度的保护,凡期后背书,其债务人可以以对抗背书人的事由来对抗被背书人即持票人,如果期后背书的背书人为非票据的真正权利人,无转让票据的权利,被背书人即持票人即使是善意的,也不能当然取得票据权利。

日内瓦票据法系与英美票据法关于票据期后背书效力的规定的不同之处在于:

(1)《日内瓦统一汇票本票法公约》规定,被背书人取得的权利为一般债权,而英美票据法则规定,被背书人取得的权利仍然是票据权利。

(2)《日内瓦统一汇票本票法公约》规定,期后背书仅具有一般债权转让的效力,期后背书的背书人不再负票据上的责任,即背书人不依票据文义负担担保承兑票据和付款的责任,也就是说,期后背书没有担保效力,仅将其所有的权利移转给被背书人,之所以如此规定,是因为担保责任是为助长票据的流通而设定的,目的是充分保障持票人的利益,而期后背书的被背书人既然只是一般债权的取得人,该票据上的担保责任自然应全部解除,被背书人对任何前手均无追索权,仅享有一般债权即付款请求权,但是期后背书所产生的债权转让与一般民法上的债权转让又有所不同,其生效不以通知债务人为要件。英美票据法则规定,期后背书的被背书人取得的权利并未转化为一般债权,仍然属于票据权利,权利消灭时效仍然适用票据法的规定,期后背书仍然具有一般转让背书所具有的权利转移、权利担保、权利证明的效力,仅仅是被背书人取得的票据权利不得优于其前手,被背书人不仅享有付款请求权,而且享有对任何前手的追索权,不过,付款人或者期后背书的背书人的一切前手均可以以与背书人之间的抗辩事由来对抗持票人。

从上述比较中可以看出,对票据期后背书的效力,英美票据法的规定更有其可取之处,所以《票据法规定》(2020)吸取了英美票据法的规定精神,对期后背书中背书人的票据责任作了规定。与此相对应,《票据法规定》(2020)第 3 条还规定:“依照票据法第三十六条的规定,票据被拒绝承兑、被拒绝付款或者汇票、支票超过提示付款期限后,票据持有人背书转让的,被背书人以背书人为被告行使追索权而提起诉讼的,人民法院应当依法受理。”由此可知,我国《票据法》第 36 条规定的期后背书的被背书人通过背书所取得的权利,是一种票据权利,不是一种普通债权。仔细分析我国《票据法》第 36 条全部内容,被背书人取得的权利,乃由背书人享有之票据权利移转而来,被背书人取得的这一票据权利,并不因系期后背书而变为一般债权,只是这一票据权利移转时,与民法上依一般方法转让权利具有同一性质,仅产生通常债权转让的效力,被背书人不得请求背书人偿还票款;或者说,背书人不承担担保责任而已,并不能说明移转的票据权利的性质因而发生改变。这一权利的移转仍然适用《票据法》对票据权利转让的规定,而不适用民法关于民事权利转让的规定,并不需要像移转一般债权那样以通知债务人为必要,而仅以持票人背书为满足条件;不过,为了体现立法对这一背书行为并不提倡的态度,票据法对这一背书行为的效力作出了特别规定,否认其具有票据法上的效力,仅赋予其通常债权转让的效力。背书人通过背书受让了票据,自然就取得了该票据上的权利,不必另行举证证明。按期后背书之被背书人所取得之权利,性质上仍属票据上之权利,并不因之而变为一般债权。

【司法适用】

虽然根据《票据法》及《票据法规定》(2020)中对期后背书之背书人的票据责任的规定,背书人对被背书人仍然要承担票据责任,但无论是《票据法》还是《票据法规定》(2020),均未对背书人的前手所享有的抗辩权作出规定,因此,在此有必要予以明确。根据票据法原理,而且无论是参照《日内瓦统一汇票本票法公约》的规定,还是参照英美票据法的规定,在期后背书的情况下,期后背书均不能产生抗辩切断的法律效力,背书人的前手对被背书人均可以主张其对背书人的抗辩。

【司法案例】

案例一
北开电气集团有限公司与招商银行股份有限公司青岛即墨支行票据纠纷案①

法官提示:汇票期后背书的,背书人应当承担汇票责任,承兑人不承担付款责任。

山东省即墨市人民法院认为:汇票是出票人签发的,委托付款人在见票时或者在指定日期无条件支付确定的金额给收款人或者持票人的票据。《票据法》第31条规定,以背书转让的汇票,背书应当连续,持票人以背书的连续证明其汇票权利。第57条规定,付款人或者代理付款人付款时,应当审查汇票背书的连续,并审查提示付款人的合法身份证明或者有效证件。根据此规定,招商银行有限公司青岛即墨支行(以下简称招商银行即墨支行)对汇票的审查负有形式审查义务,即需审查持票人所持汇票是否真实,汇票背面是否有背书人和被背书人签章等。对招商银行即墨支行所称的涉案汇票第七手被背书人粘单变造,本院认为,《票据

---

① 参见山东省即墨市人民法院(2016)鲁0282民初11563号民事判决书。

法》第 9 条第 2 款、第 3 款规定，票据的金额、日期、收款人名称不得更改，更改的票据无效。对票据上的其他记载事项，原记载人可以更改，更改时应当由原记载人签章证明。由此可以看出，汇票被背书人的粘单属于可更改的范围，招商银行即墨支行仅以第七手背书人粘单变造为由拒付票款，理由不能成立。但本案在审理中查明，涉案银行承兑汇票第七手原被背书人为浙江海通钢业有限公司，该公司于 2016 年 5 月 11 日持票号 30800053/94077499 银行承兑汇票向招商银行即墨支行办理委托收款被拒绝付款，根据《票据法》第 36 条的规定，汇票被拒绝承兑、被拒绝付款或者超过付款提示期限的，不得背书转让；背书转让的，背书人应当承担汇票责任。因此无论是浙江海通钢业有限公司还是其上手张家港市尧欣机械制造有限公司均不得将涉案银行承兑汇票背书转让，已经转让的属期后背书，违背了票据法的相关规定，招商银行即墨支行对期后背书的银行承兑汇票，不承担付款责任。因此，北开电气集团有限公司要求招商银行即墨支行支付票据款 5 万元及利息的诉讼请求，应予驳回。

案例二

中国船舶燃料供应上海公司诉上海宏达混凝土有限公司票据纠纷案

法官提示：票据未被拒绝承兑、拒绝付款或未超付款提示期限，收款人于汇票到期日第二日背书转让的，不属票据期后背书。

上海市徐汇区人民法院认为：燃料供应上海公司所持汇票是宏达公司签发的，委托付款人在见票时或者在指定日期无条件支付确定的金额给收款人或持票人的票据。根据我国《票据法》的规定，汇票超过付款提示期限，不得背书转让，背书转让的，背书人应承担汇票责任。上海中燃实业公司在汇票到期日后背书给燃料供应上海公司，即在超过付款提示期限后背书。故燃料供应上海公司向宏达公司主张汇票权利，有违法律，燃料供应上海公司的诉讼请求依法不予支持。

燃料供应上海公司上诉称，原审判决适用法律不当，误将汇票到期日与汇票提示付款最后期限等同起来，错误地适用了《票据法》第 36 条；本案应适用《票据法》第 53 条的有关规定，燃料供应上海公司的诉讼请求理应得到法院的支持。

宏达公司辩称，原审判决结果无误，但所阐述的理由是不正确的。宏达公司认为，票据的取得应当给付对价，但本案中的背书人上海中燃实业公司取得票据时，并未给付相应的对价，其行为已涉嫌刑事诈骗，并已为公安部门立案，故燃料供应上海公司无权主张票据权利；同时，系争汇票在票据到期日之前未进行承兑提示，根据《票据法》的规定，票据责任应由上海中燃实业公司承担。因原判结果正确，故请求维持原判。

上海市第一中级人民法院认为:《票据法》第36条对期后背书作了明确的规定:“汇票被拒绝承兑、被拒绝付款或者超过付款提示期限的,不得背书转让;背书转让的,背书人应当承担汇票责任。”据此规定,期后背书应包括以下三种情况:一是在到期日前,将被拒绝承兑的汇票进行背书;二是在到期日后,将被拒绝付款的汇票进行背书;三是对超过付款提示期限的汇票进行背书。本案系争的汇票的背书不存在上述前两种情况,而所谓第三种情况中的付款提示期限,是指持票人向付款人应为提示的法定期限。本案所涉汇票为定日付款汇票,其提示付款期限,我国《票据法》亦已作了规定,即自到期日起10日内。因此,本案所涉汇票的到期日为2000年5月15日,提示付款期限为到期日至2000年5月24日,背书人上海中燃实业公司背书日期为2000年5月16日,尚未超过提示付款的法定期限,故该背书行为亦不属期后背书的第三种情况。燃料供应上海公司作为票据的合法持有人,其通过背书转让获得汇票,理应享有完全的票据权利,而宏达公司作为出票人,其在签发票据后,即应承担保证该汇票承兑和付款的责任。原审法院将付款提示期限届满日等同于到期日,显然是法律概念的混淆,从而导致错误地适用期后背书的法律条文。

至于宏达公司提出,上海中燃实业公司取得汇票未给付对价。对此,法院认为,《票据法》第13条明确规定,票据债务人不得以自己与持票人的前手之间的抗辩事由,对抗持票人。本案的燃料供应上海公司为持票人,宏达公司为出票人,二者之间并非直接前后手,且宏达公司并无证据证明燃料供应上海公司取得票据系出于恶意或存有重大过失的情况,故上海中燃实业公司取得票据是否给付对价,与燃料供应上海公司无涉,宏达公司该抗辩理由不能成立。

本案中,宏达公司已在系争的汇票正面记载有“本汇票已经承兑,到期无条件支付票款”的承兑人一栏处作为付款人进行了签章,故该汇票已经承兑,虽未记载承兑日期,但根据我国《票据法》的有关规定,应以承兑期限的最后一日作为承兑日期。因此,宏达公司以系争汇票未经承兑为由而拒绝承担付款之责的抗辩理由,显然无事实依据,不予采信。

第五十八条　承兑人或者付款人依照票据法第五十三条第二款的规定对逾期提示付款的持票人付款与按照规定的期限付款具有同等法律效力。

【条文主旨】

本条是关于承兑人或者付款人对汇票期后付款效力的规定。

【条文理解】

（一）票据期后付款的一般原理

票据付款，根据是否按照法定或者约定的期限支付为标准可以分为到期付款和期外付款。其中到期付款在我国《票据法》上一般是指在法律规定的提示付款期限内进行的付款；期外付款则是指在上述期限以外所进行的付款。期外付款根据付款的具体时间可以分为期前付款和期后付款两种形式，期前付款是指在票据上所记载的到期日到来之前所进行的付款；期后付款则是指在法律规定的票据提示付款期期间经过后所进行的付款。

《票据法》第53条规定："持票人应当按照下列期限提示付款：（一）见票即付的汇票，自出票日起一个月内向付款人提示付款；（二）定日付款、出票后定期付款或者见票后定期付款的汇票，自到期日起十日内向承兑人提示付款。持票人未按照前款规定期限提示付款的，在作出说明后，承兑人或者付款人仍应当继续对持票人承担付款责任。通过委托收款银行或者通过票据交换系统向付款人提示付款的，视同持票人提示付款。"其中第2款即关于票据期后付款的规定。

汇票的期后付款，又可以分为承兑人的期后付款和未经承兑票据的付款人期后付款两种。

（二）汇票期后付款效力的一般理论

1. 商业汇票期后付款的效力

（1）承兑人期后付款的效力。承兑人的期后付款的效力主要包括：对承兑人而言，票据一经承兑，承兑人即成为票据上的第一债务人，负有绝对的付款责任，该责任除非是在票据权利时效已经完全消灭的情形下方能免除，因此，虽然提示付款期间已过，但是承兑人仍然负有相应的付款责任，并且承兑人此时所为的付款与到期付款具有同样的效力。① 对持票人而言，持票人应当在法定的期限内提示付款，否则将失去对前手的追索权，但是持票人的付款请求权仍然存在。《日内瓦统一汇票本票法公约》规定，持票人在付款期限内不为付款提示的，承兑人或者其保证人可以将票据金额提存，即持票人未在付款期限内提示付款时，承兑人可以依法将票据金额提存，也可以进行期后付款。英美票据法则规定，期后付款的效力与到期付款的效力相同。如英国《1882年票据法》第59条规定：汇票经付款人或承兑人或受他们各种委托的人作适当付款而解除，所谓"适当付款"是指汇票到期日或到期日后向持票人善意所作的付款。

（2）未经承兑的付款人期后付款的效力。对于未承兑的汇票付款人而言，《票

---

① 参见郑孟状：《票据法研究》，北京大学出版社1999年版，第200页。

据法》理论一般认为,由于付款人未在票据上进行承兑,其不是票据主债务人,并没有支付票据金额的义务,作为票据上的关系人,如果提示付款期限已过,而出票人的责任仍然存在时,则付款人的付款行为依然产生《票据法》上的效力;如果此时出票人的责任已经不存在,票据上的追索权即已丧失,付款人的付款行为不能够产生《票据法》上的效力。因为此时持票人的票据受领权已经消灭,汇票上已经无权利可言,付款人自然不应再向持票人付款,即使付款也不产生付款的效力,只能属于民法上的无合法原因的给付,对持票人而言,则是属于不当得利。[①]

2. 见票即付汇票的期后付款效力

除时效届满原因外,付款人应负期后付款责任,但持票人要作出说明。《中国人民银行关于施行〈中华人民共和国票据法〉有关问题的通知》规定:超过提示付款期限的银行汇票,代理付款银行不予受理,持票人向签发银行作出说明后,可向其请求付款。《支付结算办法》第 69 条规定:"持票人超过期限向代理付款银行提示付款不获付款的,须在票据权利时效内向出票银行作出说明,并提供本人身份证件或单位证明,持银行汇票和解讫通知向出票银行请求付款。"

(三)票据法及司法解释规定分析

关于商业汇票期后付款的规定:

与《票据法》一般理论有所不同,我国《票据法》第 53 条第 2 款规定:"持票人未按照前款规定期限提示付款的,在作出说明后,承兑人或者付款人仍应当继续对持票人承担付款责任。"根据该款规定,针对商业汇票,不仅承兑人有付款的义务,而且未承兑的付款人也有付款的义务。《中国人民银行关于施行〈中华人民共和国票据法〉有关问题的通知》则规定:超过提示付款期限的银行承兑汇票,代理付款银行不予受理,持票人向签发银行或承兑银行作出说明后,可向其请求付款;超过提示付款期限的商业承兑汇票在向承兑人作出说明后,可向其请求付款。《支付结算办法》第 88 条规定:"持票人超过提示付款期限提示付款的,持票人开户银行不予受理。"由此,《票据法》与中国人民银行的相关规范性文件的规定是不完全一致的。

就见票即付的银行汇票期后付款问题,《支付结算办法》与《票据法》的规定精神基本相同,而《中国人民银行关于施行〈中华人民共和国票据法〉有关问题的通知》则与《票据法》《支付结算办法》不完全一致。

为了解决上述问题,《票据法规定》(2020)本条对汇票期后付款的效力予以明确,并直接确立了期后付款不构成付款时间不当的原则。

---

① 参见汪世虎:《票据法律制度比较研究》,法律出版社 2003 年版,第 413 页。

【司法适用】

（一）银行本票期后付款的效力

对于银行本票而言，因本票据出票人的责任与汇票相同，因此《票据法》第79条仅是规定："本票的持票人未按照规定期限提示见票的，丧失对出票人以外的前手的追索权。"《中国人民银行关于施行〈中华人民共和国票据法〉有关问题的通知》明确：超过提示付款期限的银行本票，代理付款银行不予受理，持票人向签发银行作出说明后，可向其请求付款。《支付结算办法》第111条规定："持票人超过提示付款期限不获付款的，在票据权利时效内向出票银行作出说明，并提供本人身份证件或单位证明，可持银行本票向出票银行请求付款。"对相关规定不一致的处理，可以参照银行汇票期后付款。

（二）支票期后付款的效力

支票的期后付款，与汇票、本票略有不同。因为支票属于单纯的支付证券，且限于见票即付，因而没有到期日，其提示付款期限也比见票即付的汇票和本票时间短。票据法一般规定，在支票的提示付款期间后，付款银行有权拒绝支付票据金额。[①]《票据法》第91条针对支票规定："超过付款提示期限的，付款人可以不予付款；付款人不予付款的，出票人仍应当对持票人承担票据责任。"《支付结算办法》第126条规定："超过提示付款日期提示付款的，持票人开户银行不予受理，付款人不予付款。"《中国人民银行关于施行〈中华人民共和国票据法〉有关问题的通知》明确："超过提示付款期限的支票，付款人不予受理，持票人在向出票人作出说明后，可向其请求付款。"但是这种赋予付款银行拒绝付款权利的规定，并没有禁止付款银行在支票期后付款，只要付款银行在支票期后进行了善意的付款，即与到期日付款具有相同的效力。

【司法案例】

东光县华力铸造材料厂与中新房中鑫有限公司、武汉三春经贸发展有限公司票据纠纷案[②]

湖北省武汉东湖新技术开发区人民法院认为：本案所涉票据在背书过程中均未记载日期，故依法均应视为在汇票到期日前背书。因此，在诉争票据背书连续且背书合法有效的情况下，原告东光县华力铸造材料厂系诉争票据的合法持有

---

① 《日内瓦统一汇票本票法公约》第32条的规定有所不同，其规定如支票未被出票人通知止付，即使在提示付款期限届满后，付款人也可以付款。

② 参见湖北省武汉东湖新技术开发区人民法院（2017）鄂0192民初3071号民事判决书。

人,依法应享有相应的票据权利。虽然诉争票据的到期日为 2015 年 7 月 4 日,原告于 2016 年 12 月 16 日才委托东光县农村信用联社股份有限公司提示付款,属于逾期提示付款,但根据《票据法规定》第 58 条的规定可知,承兑人或者付款人依照《票据法》第 53 条第 2 款对逾期提示付款的持票人付款与按照规定的期限付款具有同等法律效力。因此,在招商银行武汉东湖支行拒绝付款后,原告依照《票据法》第 68 条的规定,仍可以向出票人、付款人或其他票据债务人中的一人、数人或者全体行使追索权。据此,对原告有关要求被告中新房中鑫有限公司和被告武汉三春经贸发展有限公司连带给付其票据款 120 万元并承担利息损失的诉讼请求,本院予以支持;但关于利息损失的计算,应从招商银行武汉东湖支行拒绝付款之日即 2016 年 12 月 20 日起算为宜。

八、票据保证

所谓票据保证,就是票据债务人以外的第三人,为担保票据债务人的履行,以负担同一内容的票据债务为目的,在票据上记载有关事项并签章,然后将票据交还请求保证之人的一种附属票据行为。①

票据保证是一种十分重要的票据行为,但是与出票、承兑、背书等票据行为相比,无论是理论界还是实践中,票据保证均未引起应有的重视,在实践中票据保证运用较少,在理论界对票据保证的研究与讨论也不够深入,在《票据法》上关于票据保证的规定也较为笼统。但是,在《票据法》颁布实施以后,票据保证业务有所增加,特别是在金融机构办理商业汇票保证业务增加较快。针对这种情况,《票据法规定》(2020)对票据保证作出专门的规定,弥补了《票据法》对票据保证行为相应规定的不足。

第五十九条　国家机关、以公益为目的的事业单位、社会团体作为票据保证人的,票据保证无效,但经国务院批准为使用外国政府或者国际经济组织贷款进行转贷,国家机关提供票据保证的除外。

【条文主旨】

本条是关于票据保证人资格的规定。重点是排除非营利法人在一般情形下的票据保证人资格。

【条文理解】

(一)关于票据保证的基本原理

1. 关于票据保证

票据保证是一种附属的票据行为,是单方行为、要式行为。票据保证是建立在基本的票据行为即出票行为之上的,以形式上有效的被保证债务的存在为前

① 参见王小能主编:《中国票据法律制度研究》,北京大学出版社1999年版,第262页。

提，对于出票行为与被保证债务有附属性；但是，依据票据行为独立的原则，被保证债务即使实质上无效，票据保证仍能有效成立，因此票据保证又是一种独立的票据行为。

票据保证的目的在于担保其他票据债务的履行，即是用一种以担保为目的的票据行为来担保其他票据债务。其所担保的票据债务既包括承兑人的付款债务，也包括出票人、背书人、参加承兑人等的偿还债务（被追索债务）。《票据法》上所规定的出票人与承兑人的利益返还债务，因其并非票据债务，所以不在保证范围之内。①

2. 关于票据保证的当事人

票据保证的当事人包括被保证人和保证人。由于票据保证的内容主要是担保票据债务人的票据债务，因此，票据保证的被保证人必须是票据债务人之一，如承兑人、出票人、背书、参加承兑人等均可以作为被保证人。对于未承兑的汇票付款人，因其尚未负票据上的责任，不应作为被保证人。在被保证人的问题上，各国票据法的规定大致相同。

对于谁可以充当票据保证人，各国票据法的规定则存在较大的差异。《日内瓦统一汇票本票法公约》《日内瓦统一支票法公约》规定，保证人既可以是票据债务人以外的第三人，也可以是票据债务人。按照英美票据法及我国《票据法》第45条第2款的规定，保证人只能是票据债务人以外的第三人。②

3. 关于票据保证方式

票据保证应当在票据上或者其粘单上为之。如为承兑人作保证，则可以记载于票据正面；如为背书人作保证，则可以记载于票据反面或者其粘单上。

根据我国《票据法》第46条的规定，保证人必须在票据或者粘单上记载以下事项：(1)表明“保证”的字样；(2)保证人名称和住所；(3)被保证人的名称；(4)保证日期；(5)保证人签章。第47条规定，保证人在汇票或者粘单上未记载被保证人名称的，已承兑的汇票，承兑人为被保证人，未承兑的汇票，出票人为被保证人；保证人在汇票或者粘单上未记载保证日期的，出票日期为保证日期。

（二）本条规定与《票据法规定》原条文、《民法典》等有关条文的对比，保证人资格规范的再定位

在票据保证中，保证人的资格是基础性问题。确定票据保证人资格规则的裁量因素，一是要发挥票据保证作为票据信用保护功能发挥作用的重要制度安排，

---

① 参见谢怀栻著，程啸增订：《票据法概论》（增订2版），法律出版社2017年版，第144页。

② 参见汪世虎：《票据法律制度比较研究》，法律出版社2003年版，第394页。

二是要坚持票据保证作为一类票据行为应当符合票据行为制度的一般要求,三是要回应票据实践,满足实施票据保证行为建立票据保证权利义务关系主体应当具备的法律要求,其中需要考虑票据规则对一般民商事制度的回应与其他相关特殊规则的协调。《票据法规定》(2000)第 60 条规定:“国家机关、以公益为目的的事业单位、社会团体、企业法人的分支机构和职能部门作为票据保证人的,票据保证无效,但经国务院批准为使用外国政府或者国际经济组织贷款进行转贷,国家机关提供票据保证的,以及企业法人的分支机构在法人书面授权范围内提供票据保证的除外。”将本条规定与原条文对比,票据保证人的范围有所变化,删除了“企业法人的分支机构和职能部门”不得作票据保证人的规定,实际上肯定其作为票据保证人的资格;此外,在经国务院批准为使用外国政府或者国际经济组织贷款进行转贷情形中,除外情形由两种变为一种,相应删除了“企业法人的分支机构在法人书面授权范围内提供票据保证”的除外规定。这一修改,与《民法典》对于保证人保证能力的立法立场直接有关,也体现了对于票据保证更为积极的态度,也更尊重票据交易秩序,满足市场需求,值得特别注意。

(三)机关法人、事业单位、社会团体作为非营利法人,应当正确定位行为能力的边界

关于保证人资格的范围,《民法典》第 683 条和原《担保法》第 8 条、第 9 条均采用穷尽式列举表达。《民法典》规定不得为保证人的主体为机关法人、以公益为目的的非营利法人、非法人组织,原《担保法》规定不得为保证人的主体为国家机关、以公益为目的的事业单位、社会团体,即除其各自规定的三者以外,其他主体均得为保证人。原《担保法》第 8 条规定:“国家机关不得为保证人,但经国务院批准为使用外国政府或者国际经济组织贷款进行转贷的除外。”第 9 条规定:“学校、幼儿园、医院等以公益为目的的事业单位、社会团体不得为保证人。”将本条规定与原《担保法》第 8 条、第 9 条规定对比,精神一致,只是表述稍有不同,删除了“学校、幼儿园、医院等”有关“以公益为目的的事业单位、社会团体”的列举式表述。《民法典》第 683 条规定:“机关法人不得为保证人,但是经国务院批准为使用外国政府或者国际经济组织贷款进行转贷的除外。以公益为目的的非营利法人、非法人组织不得为保证人。”将本条规定与《民法典》第 683 条规定对比,精神一致,只是表述稍有不同,《民法典》将原来的“国家机关”表述为“机关法人”,将原来的“事业单位、社会团体”表述为“非营利法人、非法人组织”,新条文根据《民法典》总则编的规定作出了相应修改。

从《民法典》第 97 条的规定看,机关法人包括两种类型:一是有独立经费的依照法律和行政命令组建的履行公共管理职能的各级国家机关,包括各级权力机

关、行政机关、审判机关、检察机关、军事机关。二是承担行政职能的法定机构,主要是指承担行政职能的部分社会团体法人、事业单位法人,前者如妇联,后者如证监会、银保监会。关于机关法人的行为能力,《民法典》第97条规定:“有独立经费的机关和承担行政职能的法定机构从成立之日起,具有机关法人资格,可以从事为履行职能所需要的民事活动。”由此可见,机关法人只能从事为履行职能所需要的民事活动,而票据保证不属于为履行职能所需要的民事活动。否则,如允许机关法人充当票据保证人,就有可能以机关法人的财产和经费承担保证责任,这不仅与其活动宗旨不符,而且会影响其职能的正常发挥。《票据法规定》(2020)明确,机关法人不得为票据保证人。不过,《票据法规定》(2020)规定了例外情形,即经国务院批准为使用外国政府或者国际经济组织贷款进行转贷,国家机关提供票据保证的除外。本条规定与《民法典担保制度解释》的规定也基本一致,《民法典担保制度解释》第5条第1款亦规定:“机关法人提供担保的,人民法院应当认定担保合同无效,但是经国务院批准为使用外国政府或者国际经济组织贷款进行转贷的除外。”理由在于,在遵循国家机关不得作保证人原则的同时,在外国政府和国际经济组织贷款的场合,贷款按项目转贷给地方政府或者有关部门特定项目使用,贷款多用于城建、农业、能源、环保、交通运输以及邮电通信等基础项目,不仅盈利有限甚至不盈利,而且资金需求量大,没有单位或个人愿意为这些项目担当保证人,仅凭项目本身或者项目执行单位又难以偿还贷款,因此,在接受外国政府和国际经济组织贷款进行转贷时,存在需要国家机关作保证人的情况。

实践中,类似贷款项目也已形成了独特的还款和担保方式:在要求地方政府向中央政府提供还款保证的前提下,中央政府将吸收的外国政府和国际经济组织贷款转贷给项目使用,由中央和地方政府共同维护国家偿还外债的信誉。正是因为在使用外国政府和国际经济组织的贷款时,需要国家机关作保证人,本条规定与《民法典》均在确定国家机关不得作保证人原则的前提下,对使用外国政府和国际经济组织贷款转贷开展保证的情形作了除外规定,即经国务院批准为使用外国政府或者国际经济组织贷款进行转贷的情况下可以担当保证人。“提供票据保证”是对票据保证的保证人的当然行为要求,本条规定在《民法典》规定的基础上,再次明确了同样情形下票据保证行为的效力规范。

事业单位、社会团体也是广泛存在并参与社会经济活动的主体,但与营利法人并不同。《民法典》对于法人采用营利法人与非营利法人的分类方法,事业单位与社会团体纳入“非营利法人”范畴。《民法典》第87条规定:“为公益目的或者其他非营利目的成立,不向出资人、设立人或者会员分配所取得利润的法人,为非营利法人。非营利法人包括事业单位、社会团体、基金会、社会服务机构等。”《民法典》第102条规定:“非法人组织是不具有法人资格,但是能够依法以自己的名义从事民事活动的组织。非法人组织包括个人独资企业、合伙企业、不具有法人资格的专业服务机构等。”

本条规定,以公益为目的的事业单位、社会团体作为票据保证人的,票据保证无效。《民法典》第399条第3项规定“学校、幼儿园、医疗机构等为公益目的成立的非营利法人的教育设施、医疗卫生设施和其他公益设施”不得抵押;《民法典担保制度解释》第6条第1款也规定,除该款规定的除外情形,“以公益为目的的非营利性学校、幼儿园、医疗机构、养老机构等提供担保的,人民法院应当认定担保合同无效”,本条规定与该项精神一致。票据保证不仅不属于“公益”,而且是以承担票据债务为目的的商事活动,具有“他益”的基本属性。以公益为目的的事业单位、社会团体从事票据保证这类“公益”民事活动不仅违背了设立该类法人的初衷,而且将从根本上不恰当地加重其责任,法律不应当允许这类主体在任何情形下成为票据保证人。对于持票人而言,应当尊重对于不同类型主体行为能力和规则秩序,不接受该类主体为持票人提供的“票据信用”,而且从票据保证人的名称记载与签章来看,持票人也应当有能力识别这一类特殊的主体,不会因为票据保证人身份的识别困难导致票据交易成本的提升。

【司法适用】

(一)企业法人分支机构和职能部门通常情形下应当具有充任票据保证人的资格

现实中,企业法人的分支机构和职能部门有充任票据保证人的情形,原司法解释只限于“企业法人的分支机构在法人书面授权范围内提供票据保证”。《票据法规定》(2020)对其效力问题做出重大修改,票据保证不再因为保证人的分支机构或职能部门的身份而无效。

从形式上看,《票据法规定》(2020)较原条文删除了“企业法人的分支机构和职能部门作为票据保证人的,票据保证无效”的规定,实际上就是承认了企业法人分支机构实施票据保证行为的效力。一般认为,这一变化与《民法典》对市场主体组织制度与保证行为的性质判断有关。如果将保证主要作为一种为他人的债务清偿承担责任的行为,限制分支机构和企业内部机构的保证能力,因担心过度增加企业内部管理成本的因素,同时考虑平衡承担保证责任主体与债权人的利益,具有一定的正当性。但由于市场的不断成熟,营业性的保证、市场主体之间的相互保证、分支机构在授权范围内开展业务需要实施的保证等情形,需要对分支机构开展保证活动进一步松绑,市场主体内部治理的不断完善也基本能够控制分支机构不当对外承担保证责任的风险,并将分支机构的不当保证后果主要归属于分支机构与设立分支机构的市场主体也越来越为市场所接受。

在实践中,担当票据保证的既包括金融机构,也包括非金融机构。商业银行等金融机构提供保证本身就属于业务方式,因此应当允许其分支机构和承担相关业务的部门直接实施票据保证活动。当然,尽管删除了"企业法人的职能部门作为票据保证人的,票据保证无效"的规定,对于企业法人的职能部门实施票据保证行为的,需要审慎判断。企业法人的职能部门本身并非严格的法律概念,企业内部设置部门作为企业内部治理事宜,属于企业法人自主的权利。企业内部设置的部门,既包括从事辅助、支撑、保障的部门,也包括从事专门业务的部门,有的部门具有与市场联系、开展交易活动的属性,有的部门显然不具有对外开展经济活动的职能,对于后者,出现所谓的"票据保证"情形的,不应当认定为企业法人为票据保证的意思表示,仍应当否认其票据保证行为的效力。

(二)自然人、营利法人、不以公益为目的的事业单位、不以公益为目的的社会团体,可以作为票据保证人

本条规定,国家机关、以公益为目的的事业单位、社会团体不得为票据保证人。根据反对解释规则,自然人、营利法人、不以公益为目的的事业单位、不以公益为目的的社会团体,可以作为保证人实施票据保证行为。如《民法典担保制度解释》第6条第2款即规定:"登记为营利法人的学校、幼儿园、医疗机构、养老机构等提供担保,当事人以其不具有担保资格为由主张担保合同无效的,人民法院不予支持。"

(三)关于《公司法》对公司担保的决议要求规定是否适用于票据保证

《公司法》第16条规定:"公司向其他企业投资或者为他人提供担保,依照公司章程的规定,由董事会或者股东会、股东大会决议;公司章程对投资或者担保的总额及单项投资或者担保的数额有限额规定的,不得超过规定的限额。公司为公司股东或者实际控制人提供担保的,必须经股东会或者股东大会决议。前款规定的股东或者受前款规定的实际控制人支配的股东,不得参加前款规定事项的表决。该项表决由出席会议的其他股东所持表决权的过半数通过。"《民法典担保制度解释》第7条、第9条、第11条分别针对公司法定代表人越权对外提供担保、上市公司对外提供担保、公司分支机构对外提供担保的效力认定规则作了规定,这些规定是否适用于票据保证?

本书认为,票据保证不同于民事保证,票据保证作为票据行为,具有要式性特征。票据保证的方式以及应当记载的事项,均由《票据法》等作出相关的规定,而不适用民法的规定。我国《票据法》第46条对票据保证应当记载的事项作出了明确的规定,其并没有关于"公司股东会决议"、"董事会决议"或者"上市公司公开

披露的关于担保事项已经董事会或者股东大会决议通过的信息”、“上级机构授权”的记载要求，而且在票据流通的操作上也不具备可行性，因此，《公司法》以及《民法典担保制度解释》关于公司担保的决议要求等程序性规定不应适用于票据保证。

【司法案例】

星河家具店诉市财政局、顺畅玻璃厂以及大兴金属厂票据纠纷案[①]

法官提示：国家机关依法不具有作为票据保证人的资格。

法院审理认为：市财政局为国家机构，所为担保无效，不承担票据责任。判决顺畅玻璃厂以及大兴金属厂连带承担票据责任。

第六十条　票据保证无效的，票据的保证人应当承担与其过错相应的民事责任。

【条文主旨】

本条是关于票据保证无效后，票据的保证人如何承担民事责任的规定。

【条文理解】

（1）票据保证无效情形下，保证人无须承担票据责任，但仍应承担不利法律后果。

《民法典》第682条第2款规定：“保证合同被确认无效后，债务人、保证人、债权人有过错的，应当根据其过错各自承担相应的民事责任。”原《担保法》第5条第2款规定：“担保合同被确认无效后，债务人、担保人、债权人有过错的，应当根据其过错各自承担相应的民事责任。”

《民法典》物权编第四分编关于担保物权的规定中，也对担保合同进行了规定：“担保合同被确认无效后，债务人、担保人、债权人有过错的，应当根据其过错各自承担相应的民事责任。”对比相关条文，都遵循了同样的原理。当然，作为专门讨论票据保证无效的责任问题，本条仅规定“保证人”的民事责任，未规定“债务人”和“债权人”的民事责任。

（2）票据保证无效的，票据保证人应当根据无效的不同情形承担相应的责任。

票据保证与一般民事保证存在较大的差异。尽管票据保证无效与保证合同

---

① 转引自法信网，https://www.faxin.cn。

无效都规定承担与其过错相应的民事责任,但票据保证无效的情形存在多种形态,这种责任形态也需要区别考察。

票据保证无效的情形如下:一是票据无效导致的票据保证无效。票据保证作为票据行为,应当确定在符合形式要件的票据上做出方为有效,因票据记载事项缺失导致票据无效的,票据上的票据行为均告无效。二是主体资格限制导致票据行为无效的,票据债权人也无权获得对票据保证人的票据债权请求权与追索权。三是票据保证行为欠缺法定要件而无效的,票据债权人同样无权获得对票据保证人的票据债权请求权与追索权。此外,票据保证还可能因为票据意思表示真实性的瑕疵导致票据保证行为的效力瑕疵。与民事保证合同无效情形不同的是,票据保证属于无因行为,票据保证不会因为票据保证原因行为的效力而无效。

对于票据保证无效后保证人应承担何种民事责任,条文中并没有明确是赔偿责任还是连带责任,就票据保证的性质而言,应该为民法过失责任。在合同法框架下,缔约过失责任是指在合同订立过程中,一方当事人因违背其依据诚实信用原则所应尽的义务,而致另一方的信赖利益损失时应承担的民事责任,作为一种赔偿责任,分为合同有效、合同无效、合同未成立三种不同情形。票据无效后,票据保证人应承担的是过失责任,而非连带责任。但具体责任的份额,需要区别对待。在持票人取得票据时存在过错的情形,应当由持票人自己承担相应的责任。

【司法案例】

中国农业银行某营业部与某储运公司等票据保证纠纷案①

法官提示:票据保证人的签章不符合法律规定的,应承担相应的赔偿责任。

法院经审理认为:原告通过票据贴现而取得讼争票据,作为持票人,原告在票据到期被拒绝付款时有权主张票据权利,对汇票的背书人、出票人以及汇票的其他债务人行使追索权,汇票的出票人、背书人、承兑人和保证人对持票人承担连带责任。某储运公司对票据的真实性提出异议,但未能提供相应的证据,同时由于票据遭退票的原因是"账户已被冻结且存款不足",并非印鉴不符,故法院对某储运公司的辩称不予采信。某储运公司作为出票人理应向原告支付汇票金额,并按照中国人民银行规定的企业同期流动资金贷款利率支付相应的利息。某实业公司作为背书人应对某储运公司的付款义务承担相应的连带责任。

关于某集团有限公司是否应承担票据担保人的责任问题,法院认为,根据《票

---

① 参见壮春晖:《票据保证人的签章不符合法律规定应承担赔偿责任——评农行某营业部与某储运公司等票据追索权纠纷案》,载《法学》2006 年第 5 期。

据法》的有关规定，保证人必须在汇票或粘单上记载：表明“保证”的字样、被保证人的名称、保证人签章等。某集团有限公司虽然在汇票的背面记载了为某实业公司提供连带保证的字样并加盖了公章，但由于某集团有限公司的签章没有同时具备某集团有限公司法定代表人或其授权代理人的签章，不符合票据签章的规定，某集团有限公司作为票据保证人的签章无效。由于造成票据保证无效的原因在于某集团有限公司签章的无效，某集团有限公司对此负有主要责任，故某集团有限公司应对出票人和背书人不能清偿原告债务的部分承担赔偿责任。

法院依照《票据法》第7条、第61条第1款、第68条第1款和第2款、第70条，最高人民法院《票据法规定》(2000)第22条、第46条、第61条之规定，判决：被告某储运公司应支付原告票据款人民币750万元以及相应利息；被告某实业公司对被告某储运公司的付款义务承担连带清偿责任；被告某集团有限公司对被告某储运公司、被告某实业公司不能清偿原告债务的部分承担赔偿责任。

第六十一条　保证人未在票据或者粘单上记载“保证”字样而另行签订保证合同或者保证条款的，不属于票据保证，人民法院应当适用《中华人民共和国民法典》的有关规定。

【条文主旨】

本条是关于票据保证形式要件的规定，并规定票据债务民事保证的法律适用规则。

【条文理解】

与《票据法规定》(2000)第62条规定条文的对比。

票据保证与民法上的保证（民事保证）同属于人的保证方式，但是差别较大。票据保证的效力较强，对于债权人（持票人）较为有利。二者存在的差别主要在于：(1)票据保证为要式行为，民事保证的要式要求则弱于票据保证。如《民法典》第685条规定：“保证合同可以是单独订立的书面合同，也可以是主债权债务合同中的保证条款。第三人单方以书面形式向债权人作出保证，债权人接收且未提出异议的，保证合同成立。”(2)票据保证是单方法律行为，民事保证一般情况下是通过订立合同的方式，除法律规定可以由第三人以书面形式向债权人作出外，《民法典》第681条规定：“保证合同是为保障债权的实现，保证人和债权人约定，当债务人不履行到期债务或者发生当事人约定的情形时，保证人履行债务或者承担责任的合同。”(3)票据保证有较强的独立性，民事保证原则上仍然坚持其从属性,《民法典》第 682 条第 1 款规定:“保证合同是主债权债务合同的从合同。主债权债务合同无效的,保证合同无效,但是法律另有规定的除外。”《民法典担保制度解释》第 2 条规定,当事人在担保合同中约定担保合同的效力独立于主合同,或者约定担保人对主合同无效的法律后果承担担保责任,该有关担保独立性的约定无效。(4)票据保证的保证人无先诉抗辩权,民事保证中的一般保证人有先诉抗辩权。(5)票据保证的保证人在代被保证人清偿债务后即可代被保证人行使追索权,而民事保证的保证人在清偿后原则上只对被保证人即主债务人有权求偿。票据保证人的追索权显然较民事保证人更为有利。(6)票据保证如为共同保证时,共同保证人必然负有连带责任,而民事保证中的共同保证人如无特别约定,则不负连带责任。

票据保证作为一种特殊的保证,与民法上的保证合同相对独立存在,并行不悖。《民法典》施行后,《票据法规定》(2000)专门对票据保证的法律适用规定的相关精神并无不妥,其中对法律依据的援引表述同时进行相应的修改是适当的。

关于票据保证的形式,《票据法》第 46 条规定:“保证人必须在汇票或者粘单上记载下列事项:(一)表明‘保证’的字样;(二)保证人名称和住所;(三)被保证人的名称;(四)保证日期;(五)保证人签章。”从文义解释来看,票据保证应当同时满足上述五个形式要件,保证人未在票据或者粘单上记载“保证”字样不符合第 1 项规定,没有明确在票据文本上为票据保证的意思表示,不符合票据保证行为的要求,不构成票据保证。

当事人的行为虽然不构成票据保证,但当事人对于票据债务形成保证的合意,在《票据法》以外仍应当予以承认。理论上通常称为票据债务的民事保证。票据债务的民事保证应当适用《民法典》的一般规定。《民法典》第 684 条规定:“保证合同的内容一般包括被保证的主债权的种类,数额,债务人履行债务的期限,保证的方式、范围和期间等条款。”第 685 条第 2 款规定:“第三人单方以书面形式向债权人作出保证,债权人接收且未提出异议的,保证合同成立。”如果票据保证人另行签订保证合同或者保证条款,其内容应当包括被保证的票据债权的种类,数额,债务人履行债务的期限,保证的方式、范围和期间等条款。如果票据债权人接收了第三人单方以书面形式作出的保证且未提出异议,保证合同即成立。保证方式不明确的,《民法典》第 686 条规定:“保证的方式包括一般保证和连带责任保证。当事人在保证合同中对保证方式没有约定或者约定不明确的,按照一般保证承担保证责任。”第 687 条第 1 款规定:“当事人在保证合同中约定,债务人不能履行债务时,由保证人承担保证责任的,为一般保证。”第 688 条第 1 款规定:“当事人在保证合同中约定保证人和债务人对债务承担连带责任的,为连带责任保证。”

据此，另行签订保证合同或者保证条款的票据保证人，只有在保证合同或者保证条款中明确约定保证人和债务人对债务承担连带责任的情况下，保证人才需要承担连带责任；对保证方式如果没有约定或者约定不明确的，或者约定当债务人不能履行债务时，由保证人承担保证责任的，应当按照一般保证承担责任。担保范围不明确的，《民法典》第 691 条规定："保证的范围包括主债权及其利息、违约金、损害赔偿金和实现债权的费用。当事人另有约定的，按照其约定。"保证期间不明确的，《民法典》第 692 条第 2 款规定："债权人与保证人可以约定保证期间，但是约定的保证期间早于主债务履行期限或者与主债务履行期限同时届满的，视为没有约定；没有约定或者约定不明确的，保证期间为主债务履行期限届满之日起六个月。"因此，另行签订保证合同或者保证条款的票据保证人，保证的期间最短为 6 个月，最长为与主债务履行期限届满时，保证的范围包括票据的主债权、利息、违约金、损害赔偿金、实现债权的费用。

对于本条规定，我们还应当联系相关规范体系性地理解与适用。票据债务的担保既包括人的保证，也包括物的担保。例如，《民法典》对担保物权作出了相关规定，如果票据债务同时设定物的担保和人的担保，且没有约定担保的优先顺序，按照《民法典》第 392 条之规定，债务人自己提供物的担保的，债权人应当先就该物的担保实现债权；第三人提供物的担保的，债权人可以就物的担保实现债权，也可以请求保证人承担保证责任。提供担保的第三人承担担保责任后，有权向债务人追偿。鉴于票据保证是以票据保证行为为基础，因此，对于本条的理解主要是要正确理解票据保证与票据债务民事保证之间的相互关系等问题。

【司法适用】

（一）汇票注明为贴现提供的"贴现保证"，不属于票据保证

仅仅记载"贴现保证"，在票据保证之形式要件上有明显缺陷，所表示的是票据贴现债权债务关系中的保证意思表示。汇票粘单上注明"贴现保证"，指向的是贴现关系特定当事人之间的保证，不属于票据保证。

（二）出票人等票据债务人依然可以为票据债务提供民事保证

虽然我国《票据法》第 45 条第 2 款规定："保证人由汇票债务人以外的他人担当。"也就是说，票据保证人不包括票据债务人。但是，由于票据保证不同于民法上的保证，因此，可以得出这样的结论：票据债务人虽然不能作为票据保证人，但是可以为票据债务提供民事保证。

【司法案例】

案例一
上海城市合作银行黄河支行诉上海汇德丰企业发展有限公司等票据纠纷案①

法官提示:保证人承诺为贴现人的付款行为承担保证责任,该"贴现保证"并非票据保证,应按民事担保处理。

上海市第二中级人民法院认为:黄河分行所持商业承兑汇票记载事项符合法律规定,背书连续,反映的票据关系明确。黄河分行给予汇德丰公司贴现贷款人民币490万元,通过背书取得贴现的该汇票,成为该汇票的合法持票人,其票据权利依法受保护。汇德丰公司作为原告的该汇票前手,应保证汇票到期得以兑现。现黄河分行所持汇票因存款不足遭退票,汇德丰公司应承担支付票据金额和逾期利息的票据责任。莱福公司系该汇票的出票人和承兑人,依法对持票的黄河分行承担连带责任。莱福公司作为该汇票的付款人,以该汇票签发相关的交易合同未实际履行的抗辩,不予支持。黄河分行在提起本案诉讼前,曾以汇票贴现纠纷为由提起诉讼,诉讼时效中断,诉讼时效期间重新计算。故黄河分行行使追索权的诉讼仍在诉讼时效期间内。东风公司为汇德丰公司贴现贷款作担保,在出具的贴现保证单上记明"贴现保证",系与黄河分行、汇德丰公司三者之间贴现贷款担保法律关系当事人之一,并非本案票据法律关系当事人。黄河分行要求东风公司承担本案票据责任于法无据,不予支持。

黄河分行不服判决,向上海市高级人民法院提起上诉。

上海市高级人民法院经审理除确认一审判决认定的事实外,还查明:黄河分行所持汇票的粘单上仅注明"贴现保证",汇票第三背书人栏空白,未记载东风公司对该票据的票据保证内容。黄河分行上诉中所提出的书面约定内容,系其与汇德丰公司、东风公司在"借款合同附则"中的约定内容。该院认为:黄河分行持有的争议汇票,系汇德丰公司因贴现贷款交付,票据记载事项合法,黄河分行的汇票权利应受保护。汇德丰公司以该票据取得贴现贷款,作为持票人的前手应保证票据到期兑付。因汇票到期未能兑付,应承担支付票据金额和逾期利息的票据责任。莱福公司系该汇票的出票人和承兑人,应对其付款义务承担责任。黄河分行持有的票据及粘单,在票据保证之形式要件上有明显缺陷,且无东风公司关于票

① 参见最高人民法院民事审判第一庭编:《民事审判指导与参考》(2006年第4集),法律出版社2007年版,第129~151页。

据保证的明确意思表示，故原判东风公司不承担票据保证责任并无不当。判决驳回上诉，维持原判。

案例二

成都市商业银行、中国长城计算机深圳股份有限公司与四川银通电脑系统有限责任公司票据、债务纠纷案①

法官提示：出票人等票据债务人依然可以为票据债务提供民事保证。

最高人民法院认为：关于本案所涉法律关系的性质。

《票据法》第46条规定，保证人必须在汇票或者粘单上记载表明"保证"的字样，才构成票据保证。《票据法规定》(2000)第62条规定："保证人未在票据或粘单上记载'保证'字样而另行签订保证合同或者保证条款的，不属于票据保证，人民法院应当适用《中华人民共和国担保法》的有关规定。"本案15张商业承兑汇票均由原汇通银行分别提供15份担保函，该15份担保函符合上述法律和司法解释规定的不属于票据保证的情形，故应当认定本案15份担保函构成保证担保。原再审判决关于本案15份担保函性质的认定正确，应予以维持。本案既涉及长城公司与银通公司之间的商业承兑汇票关系、双方之间的基础关系即买卖关系，还涉及长城公司与成都商行之间的保证担保关系。

关于本案担保的主合同。本案15份担保函均约定：汇通银行应银通公司的要求，就银通公司向长城公司购进金长城系列计算机业务，开立以长城公司为收款人的不可撤销担保函，对银通公司开具的如下商业承兑汇票项下的资金支付提供担保，如银通公司未按期履行付款义务，汇通银行则保证将全款支付给长城公司。最高人民法院认为，从上述担保函的内容看，应当认定原汇通银行担保的主合同为长城公司与银通公司之间的票据支付关系。原再审判决认定原汇通银行担保的主合同是长城公司与银通公司之间的基础关系即买卖关系不当，应予以纠正。

---

① 参见最高人民法院民事审判第一庭编：《民事审判指导与参考》(总第28集)，法律出版社2007年版，第129～151页。

九、法 律 适 用

由于票据同时具备支付、汇兑、信用、结算和融资等多种金融功能，出于稳定金融秩序、防范金融风险的考虑，涉及票据的行为和交易需同时受到金融监管方面的行政法律法规约束。目前，就我国《票据法》上所调整的“票据”而言，主要存在以下法规规章：国务院批准、中国人民银行发布的具有行政法规性质的《票据管理实施办法》，中国人民银行发布的《商业汇票承兑、贴现与再贴现管理暂行办法》、《支付结算办法》、《电子商业汇票业务管理办法》和《票据交易管理办法》等部门规章。所以，除已有的民商事法律和本司法解释规定之外，国务院颁布的相关行政法规，以及人民银行等颁布的相关部门规章，也在票据实践中发挥重要调整作用。

第六十二条　人民法院审理票据纠纷案件，适用票据法的规定；票据法没有规定的，适用《中华人民共和国民法典》等法律以及国务院制定的行政法规。

中国人民银行制定并公布施行的有关行政规章与法律、行政法规不抵触的，可以参照适用。

【条文主旨】

本条是关于审理票据纠纷案件中法律适用的规定。

【条文理解】

（一）关于《票据法》和《民法典》的关系

1.《票据法》的优先适用

一般而言，在制定法国家，私法体系通常由民商事法典和民商事单行法律构成，法典由于其适用范围的普遍性，通常仅对适用一般主体的基本问题作出规定，而针对特殊主体的特殊事项往往交由单行法通过特别规定解决。票据作为一种权利完全证券化的有价证券，遵循严格的形式主义，具有要式性、文义性、无因性等特点,是典型的商事交易的产物。票据的商事属性决定了《票据法》相较于民法规范的特殊之处:《票据法》具有强制性、技术性和统一性的特征,与民法的任意性、伦理性和国别性相区别;《票据法》强调交易安全和交易便捷、追求形式正义,和民法注重公平、追求实质正义的价值取向相区别。因此,《票据法》作为特别私法,立法规范自然异于民法;《票据法》作为强行法,应当优先于民法一般法的适用。尤其是就同一事项而言,无论《民法典》是否就该事项作出了规定,只要《票据法》有明确规定,就应当考虑优先适用《票据法》,只有在特别法无特别规定时,才适用《民法典》的一般规定。这也是特别法优于一般法基本法理的体现。例如,关于行为能力问题,《票据法》第 6 条规定了自然人的票据行为能力必须是完全民事行为能力,便排除了民法上一般规则的适用;关于欺诈、胁迫等意思表示的瑕疵,在民法上的法律后果是法律行为可撤销,但依据《票据法》第 12 条的规定便是不享有票据权利。此外,票据代理与民事代理、票据时效和民法上的时效、票据保证与民事保证、票据抗辩与民法上的抗辩权等规则,在《民法典》与《票据法》之间都有不同。

2.《民法典》的补充适用

虽然《票据法》具有一定的特殊性,但《票据法》和《民法典》都属于私法的范畴,在制度理念、价值取向、基本规则等方面都存在不少共性。在不存在票据制度特殊需要的情形下,不需要也不应当有特殊的规则。首先,票据本身,是一种动产,代表一种财产权利,票据权利被《民法典》中的民事权利涵盖,以票据权利出质,可构成民法权利质权,有关权利的保护和行使,都需要民法一般担保规则的运用;其次,票据行为是以发生票据权利义务为目的的法律行为,仍属于民事法律行为的范畴,应符合《民法典》有关民事法律行为的规定;最后,在票据法律关系中,除了票据关系还存在《票据法》上的非票据关系和票据基础关系。所谓票据基础关系,包括票据原因关系、票据资金关系和票据预约关系,以上关系的存在状态都会对票据权利的行使产生影响。再结合我国《民法典》采取民商合一的立法体例,当《票据法》就某一事项没有作出规定时,需要适用《民法典》的一般规则。例如,《票据法》第 18 条为平衡票据权利人与票据义务人之间的利益,对超过票据权利时效或者因票据记载事项欠缺而丧失票据权利的持票人规定了一项特殊的保护制度,即票据利益返还请求权。但《票据法》未规定票据利益返还请求权的权利性质,此时就会产生该权利能否适用债的一般原理和一般诉讼时效等问题。通过分析可知,票据利益返还请求权是《票据法》直接赋予持票人在丧失票据权利后,对获得该权利下的利益的票据债务人行使的非票据上的偿还请求权,属于债权请求权范畴,而按照《民法典》第 188 条的规定,债权请求权应当适用诉讼时效。票据利益返还请求权作为普通民事权利,既可以适用民法上有关债的一般规则,也应适用民法一般债权时效3年的规定。又如,付款人为承兑的票据行为,持票人接收票据,则在持票人与承兑人之间形成票据关系的同时,也形成一种合同之债。若是付款人在承担付款责任后拒绝付款,虽然《票据法》未就利息等损失作出规定,持票人仍可按照《民法典》合同编中计算损失的相关规定,主张拒绝付款后的利息等实际损失。

(二)《票据法》和行政法规、部门规章等金融监管规定之间的关系

在行政法规与部门规章中,不乏可能直接影响到票据行为效力的规定。例如,《票据管理实施办法》第6条至第8条规定了不同类型本票和汇票的出票人法定资格,第13条至第17条直接规定了票据签章的记载形式及其法律效果,第27条规定了拒绝证明的记载事项等。在该情形下,如何判断票据是否符合记载的要式性和文义性要求,因《票据法》没有更具体的规定,需要适用国务院制定的行政法规。本条所指称的行政法规,主要就是指国务院于2011年批准的《票据管理实施办法》。

随着互联网技术和经济社会的发展,票据的形式也逐渐发生了变化,从纸质票据转向电子票据。为适应时代的发展,除国务院行政法规外,中国人民银行于2009年10月16日以中国人民银行令〔2009〕第2号颁发并实施《电子商业汇票业务管理办法》,并随后下发一系列配套管理办法,填补了《票据法》中有关电子票据规定的空白。在实践中,也产生了一些有关电子票据能否适用上述规章的争议,如关于如何认定电子汇票存在有效签章以及能否通过线下方式行使电子票据追索权的问题。我国《票据法》第4条仅规定了票据当事人应当按照法定条件在票据上签章,并按照所记载的事项承担票据责任,但并未就电子票据的法定形式作出具体规定。针对这一问题,除我国《电子签名法》以外,《电子商业汇票业务管理办法》第14条明确规定:“票据当事人在电子商业汇票上的签章,为该当事人可靠的电子签名。电子签名所需的认证服务应由合法的电子认证服务提供者提供。可靠的电子签名必须符合《电子签名法》第十三条第一款的规定。”《电子商业汇票业务管理办法》第5条进一步规定:“电子商业汇票的出票、承兑、背书、保证、提示付款和追索等业务,必须通过电子商业汇票系统办理。”

《电子商业汇票业务管理办法》作为行政规章可以作为裁判依据。其理由在于:第一,《电子商业汇票业务管理办法》系中国人民银行在职责权限范围内,为规范电子商业汇票业务,保障电子商业汇票活动中当事人的合法权益,促进电子商业汇票业务发展的实际需要,依据《票据法》的直接授权而制定。在其他法律法规均未就电子商业汇票管理作出规定的情形下,鉴于电子商业汇票的特殊性,《电子

商业汇票业务管理办法》作为专门规范电子商业汇票的部门规章,在立法目的正当、程序合法且与上位法不冲突的情况下,可以作为审理案件的裁判依据。第二,电子商业汇票是以数据电文形式制作的票据,需要通过特定的信息系统的记录、解读才能以被人理性感知的形式呈现,必须依赖电子商业汇票系统这一载体来运行和完成;电子商业汇票业务活动中应当使用数字证书作为票据活动的电子签名,通过电子商业汇票系统审核的电子签名系电子商业汇票唯一合法有效的签章。如果没有充分比较电子商业汇票的特殊运行机制,简单地在电子商业汇票系统之外以司法判决的形式另行确立、确认其他票据状态,必然导致法院判决认定的票据状态与电子商业汇票系统中登记的票据状态不一致,造成该票据脱离中国人民银行及其他金融监管机构对电子商业汇票领域的监管,容易加大电子商业汇票参与者的经营风险,冲击甚至破坏已经建立的电子商业汇票规则和市场秩序,威胁票据金融市场安全……

以电子票据的票据追索权行使为例,不考虑非拒付追索的情形,在电子票据持票人行使拒付追索时,如果允许对电子商业汇票在线下行使追索权,就不符合《电子商业汇票业务管理办法》第 5 条、第 14 条关于电子商业汇票签章和追索等票据行为要式性的要求而不能发生追索的效力。简单的线下追索权必然发生拒付证明缺失、加大票据债务人注意义务、不具备有效签章等问题。电子票据的追索应当以线上主张追索权并取得拒付证明为前提,非经此追索程序,不能直接通过诉讼等方式行使追索权。

本条文明确,有关行政规章在票据领域可以作为裁判依据。但在适用过程中需要遵循以下原则:第一,适用规章的基本前提是与上位法不冲突;第二,规章只能"参照适用"而非"直接适用"。所谓参照适用,实际上就是"准用"这一立法技术,其作用在于简化法律规定,避免复杂,弥补立法规定的不足。其与"直接适用"不同的地方在于,它是在不违背被准用事物性质时的适用。① 法官在适用的过程中,需要就某一条款能否适用到待决案件事实进行说理。

【司法适用】

实践中,民间融资需求旺盛,民间票据贴现现象广泛存在。所谓民间汇票贴现,是指以货币作为对价,有偿取得他人的银行承兑汇票的行为。就其本质而言,民间汇票贴现是一种有偿的票据转让行为,属于除"背书转让"以外的其他票据转让方式。根据我国《票据管理实施办法》第 8 条的规定,商业汇票的出票人,为银

---

① 参见王利明:《法学方法论——以民法适用为视角》(第 2 版),中国人民大学出版社 2021 年版,第 175 页。

行以外的企业和其他组织。向银行申请办理汇票承兑的商业汇票的出票人应当在承兑银行开立存款账户,资信状况良好,并具有支付汇票金额的可靠资金来源。中国人民银行《支付结算办法》第74条规定:“在银行开立存款账户的法人以及其他组织之间,必须具有真实的交易关系或债权债务关系,才能使用商业汇票。”第6条规定,银行是支付结算和资金清算的中介机构。未经中国人民银行批准的非银行金融机构和其他单位不得作为中介机构经营支付结算业务。

在我国,票据的承兑和贴现应当由经过中国人民银行批准的金融机构办理,并不允许个人和单位之间买卖银行承兑汇票和从事所谓的票据“承兑”和“贴现”。关于民间票据贴现问题的处理,不仅表现为金融监管与金融商事活动规范的关系处理问题,而且表现为《票据法》与行政规章适用的衔接问题。

在不断加强金融监管的背景下,需要认真考虑违法贴现的法律后果,准确处理违反金融监管规章的“贴现”行为效力问题。其实在票据以外的金融活动中,保险业就已经有过类似以部门监管规章为裁判依据对合同效力评价的案例,①对规章的内容涉及金融安全、市场秩序、国家宏观政策等情形作特殊考虑。基于《票据法规定》(2020)第62条第2款的价值取向,违法票据行为同样可以参照适用中国人民银行制定并公布施行的与法律、行政法规不抵触的有关行政规章。在《九民会议纪要》中,对非法的民间“贴现”行为持否定态度,坚持了违反金融监管规章导致行为无效的后果。会议认为,票据贴现属于国家特许经营业务,合法持票人向不具有法定贴现资质的当事人进行“贴现”的,该行为应当认定无效,贴现款和票据应当相互返还。当事人不能返还票据的,原合法持票人可以拒绝返还贴现款。同时,根据票据行为无因性原理,在合法持票人向不具有贴现资质的主体进行“贴现”,该“贴现”人给付贴现款后直接将票据交付其后手,其后手支付对价并记载自己为被背书人后,又基于真实的交易关系和债权债务关系将票据进行背书转让的情形下,应当认定最后持票人为合法持票人。

上述规定基本准确区分了票据的种类和功能,正确理解了票据行为无因性的立法目的,在维护票据流通性功能的同时,依法认定票据行为的效力,依法确认当事人之间的权利义务关系以及保护合法持票人的权益,实现了防范和化解票据融资市场风险、维护票据市场交易安全的目标。

---

① 参见最高人民法院(2017)最高法民终529号民事判决书。

【司法案例】

案例一
烟台鑫发投资咨询有限公司、烟台银行股份有限公司胜利路支行票据追索权纠纷案①

最高人民法院认为:《票据法》第109条规定,“票据管理的具体实施办法,由中国人民银行依照本法制定,报国务院批准后施行”。《中国人民银行关于印发〈支付结算办法〉的通知》明确立法依据,“为了贯彻实施《票据法》和国务院批准的《票据管理实施办法》,维护支付结算秩序,促进社会主义市场经济的发展,现将《支付结算办法》印发你们执行”。《支付结算办法》第1条规定,“为了规范支付结算行为,保障支付结算活动中当事人的合法权益,加速资金周转和商品流通,促进社会主义市场经济的发展,依据中华人民共和国票据法(以下简称《票据法》)和《票据管理实施办法》以及有关法律、行政法规,制定本办法”。第2条规定,“中华人民共和国境内人民币的支付结算适用本办法,但中国人民银行另有规定的除外”。由此可见,《支付结算办法》是中国人民银行根据《票据法》的规定和授权指定的规章,原判决参照《支付结算办法》处理本案适用法律并无不当。

案例二
吉林集安农村商业银行股份有限公司、龙里国丰村镇银行有限责任公司票据追索权纠纷案②

最高人民法院认为:关于本案法律适用问题:《电子商业汇票业务管理办法》系由中国人民银行为统一规范电子商业汇票业务,依据《中国人民银行法》《票据法》《电子签名法》《物权法》《票据管理实施办法》等有关法律法规制定的规章制度,是对以往法律法规未能明确的事项进行了进一步的明确。

电子商业汇票系统(ECDS)是经中国人民银行批准建立,依托网络和计算机技术,接收、存储、发送电子商业汇票数据电文,提供与电子商业汇票货币给付、资金清算行为相关服务的业务处理平台。电子商业汇票是指出票人依托电子商业汇票系统,以数据电文形式制作的,委托付款人在指定日期无条件支付确定金额给收款人或者持票人的票据。电子商业汇票分为电子银行承兑汇票和电子商业承兑汇票。电子银行承兑汇票由银行业金融机构、财务公司承兑;电子商业承兑

---

① 参见最高人民法院(2018)最高法民申3506号民事裁定书。

② 参见最高人民法院(2020)最高法民终895号民事判决书。

汇票由金融机构以外的法人或其他组织承兑。电子商业汇票的付款人为承兑人。案涉票据系电子商业汇票,在《电子商业汇票业务管理办法》有明确规定的情形下,本案应当适用《电子商业汇票业务管理办法》,《电子商业汇票业务管理办法》未尽事宜,遵照《票据法》《票据管理实施办法》等法律法规执行。故一审法院适用《电子商业汇票业务管理办法》第32条、第69条处理本案并无不当。吉林集安农商行、龙里国丰村镇行上诉关于一审适用规避《票据法》第40条、第53条、第65条的规定,而适用中国人民银行颁布的《电子商业汇票业务管理办法》第32条、第69条的规定有误的上诉请求,本院不予支持。

第六十三条　票据当事人因对金融行政管理部门的具体行政行为不服提起诉讼的,适用《中华人民共和国行政处罚法》、票据法以及《票据管理实施办法》等有关票据管理的规定。

中国人民银行制定并公布施行的有关行政规章与法律、行政法规不抵触的,可以参照适用。

【条文主旨】

本条是关于因票据金融行政管理引起的行政诉讼中法律适用的规定。

【条文理解】

一方面,《票据法》是调整平等主体之间因票据行为而产生的社会关系行为规则;另一方面,《票据法》又体现一定的技术性、强制性,以维护正常的票据流通秩序,保障交易安全。为满足上述要求,票据活动需接受金融行政管理部门的监管。在金融行政管理部门对票据活动进行监管过程中,会与特定票据当事人之间形成金融行政监管等具体的行政法律关系,因此本条就票据当事人因对金融行政管理部门的具体行政行为不服提起诉讼的法律适用作出了规定。在具体适用本条时,应着重把握以下要点:

首先,与大多数的现代商事单行法一样,《票据法》中有的规范本身体现一定公法规范的色彩。例如,《票据法》第103条和第105条便直接规定了票据欺诈行为和付款人故意压票的行政责任,其中都提到了金融行政管理部门的行政处罚措施。《票据法》第14条也规定了票据伪造、变造的法律责任,上述法律责任涵盖了票据伪造、变造人的行政责任。该法第109条进一步明确授权了票据管理的具体实施办法的制定实施主体。其次,除《票据法》外,以行政管理为主的《票据管理实施办法》《商业汇票承兑、贴现与再贴现管理暂行办法》《支付结算办法》《电子商业汇票业务管理办法》《票据交易管理办法》等行政法规和部门规章存在许多管理规范，这些法规规章对票据样式类型、使用流程、签章格式、票据行为和行政管理主体资格、行为交易方式等作出了详细的要求。鉴于票据活动的专业性和技术性，要判断行政机关对票据当事人作出的具体行政行为是否合法合理，需要以《票据法》及相关规范的规定为依据。因此，在法院审理票据当事人因对金融行政管理部门的具体行政行为不服提起诉讼时，不仅需要适用《行政处罚法》等行政法上的一般规定以外，还需要适用《票据法》及相关法律法规规章中有关票据管理的规定。

【司法适用】

实践中常有票据当事人对作出行政处罚的管理部门行政职责范围和主体资格提出疑问。《票据管理实施办法》第 3 条规定："中国人民银行是票据的管理部门。"第 30 条同时规定："有票据法第一百零二条所列行为之一，情节轻微，不构成犯罪的，由公安机关依法予以处罚。"由此可见，针对不同的票据违法行为，不同的部门承担不同的职责。中国人民银行是票据管理部门，公安机关是"伪造票据行为"的行政处罚实施机关，这就需要法院就具体事项作出判断具体行政行为的合法性。实践中还会发生就具体票据行为是否违反票据管理的争议。以空头支票的行政处罚为例，有票据当事人会以"支票未填写密码，不具备支付条件，属于作废的支票，不应以空头支票作出处罚"来抗辩。此时，认定是否构成空头支票，仍需要回到《票据法》第 84 条和《票据管理实施办法》第 22 条中有关支票必要记载事项的要求判断上述行政处罚是否符合法律规定。通过分析可以判断，"密码"并不属于支票必要记载事项，不影响支票的效力，是银行与出票人约定附加的支付条件，未记载"密码"并不构成支票无效，因此也不影响签发空头支票的事实行为，从而认定争议具体行政行为合法。

【司法案例】

案例一
广州市优伟美贸易有限公司与中国人民银行广州分行金融处罚纠纷案①

法官提示：票据行政诉讼案件适用票据法、票据行政法规时，可以结合票据行政规章的具体规定，正确界定行政相对人行为的性质。

---

① 参见广州铁路运输中级人民法院（2016）粤 71 行初 381 号行政判决书；广东省高级人民法院（2017）粤行终 178 号行政判决书。

广东省高级人民法院经审理后认为:《票据法》第88条规定:“支票的出票人不得签发与其预留本名的签名式样或者印鉴不符的支票。”本案中,上诉人广州市优伟美贸易有限公司签发支票后,因支票上的签章与其预留银行的签章“张某某”不符,被广州银行东华西支行以“出票人签章与预留银行签章不符”为由将该支票作退票处理。被上诉人中国人民银行广州分行认为上诉人的行为违反了上述法律之规定,同时考虑到上诉人在银行退票后,能积极采取补救措施,通过其他方式支付了支票票款给收款人广州远程教育研究会等情形,根据《票据管理实施办法》第31条“签发空头支票或者签发与其预留的签章不符的支票,不以骗取财物为目的的,由中国人民银行处以票面金额5%但不低于1000元的罚款;持票人有权要求出票人赔偿支票金额2%的赔偿金”及《行政处罚法》(2009)第27条“当事人有下列情形之一的,应当依法从轻或者减轻行政处罚:(一)主动消除或者减轻违法行为危害后果的规定”作出了对上诉人减轻处罚的决定,按上述支票票面金额3%给予上诉人61,500元罚款并无不当。该法第31条规定:“行政机关在作出行政处罚决定之前,应当告知当事人作出行政处罚决定的事实、理由及依据,并告知当事人依法享有的权利。”第32条第1款规定:“当事人有权进行陈述和申辩。行政机关必须充分听取当事人的意见,对当事人提出的事实、理由和证据,应当进行复核;当事人提出的事实、理由或者证据成立的,行政机关应当采纳。”被上诉人中国人民银行广州分行在作出被诉行政处罚决定前,已经告知上诉人存在上述违法行为的事实、理由及依据,亦告知其依法享有陈述和申辩的权利,在核实了上诉人的申辩意见后,作出被诉行政处罚决定的程序,符合上述法律规定。被上诉人中国人民银行复议予以维持并无不当,原审判决驳回上诉人关于撤销被诉行政处罚决定及被诉行政复议决定的诉讼请求正确,因此依法予以维持。广州市优伟美贸易有限公司主张其违法行为轻微并及时改正,没有造成危害后果,缺乏事实和法律依据,中国人民银行广州分行作出的行政处罚符合法律规定,驳回上诉,维持原判。

案例二
上海泰瑞物业发展公司等与中国人民银行上海分行等行政诉讼案[①]

北京市第二中级人民法院二审认为:根据《银行法》《票据法》《票据管理实施办法》《人民币银行结算账户管理办法》《中国人民银行行政处罚程序规定》的相

① 参见北京市第二中级人民法院(2018)京02行终704号行政判决书;北京市高级人民法院(2019)京行申505号行政裁定书。

关规定，中国人民银行上海分行（以下简称人民银行上海分行）是负责当地人民币银行结算账户、票据部分领域等金融业务活动的监管部门，对相关金融违法行为具有调查核实并实施行政处罚的法定职责。根据《行政复议法》相关规定，人民银行总行作为人民银行上海分行的上级机关，具有针对下级行政机关所作行政行为进行行政复议的法定职责。本案中，人民银行上海分行在接到上海泰瑞物业发展公司（以下简称泰瑞公司）的举报材料后，依法履行了受理、调查核实等程序，并依据浦发虹口支行进行开立账户及签发银行本票业务活动当时仍有效施行的《银行账户管理办法》及《上海市银行账户管理实施细则》的相关规定，在此基础上作出的被诉答复认定事实清楚，程序合法，适用依据正确。对调查中发现的浦发虹口支行为双晟公司开立一般存款账户时的违规行为，结合该违法行为发生及终了的时间，人民银行上海分行根据《行政处罚法》（2017）第29条的规定作出不再予以处罚的结论，认定事实清楚，适用依据正确，程序合法，内容适当。人民银行总行在受理泰瑞公司的复议申请后，履行了调查、送达等程序，作出的被诉复议决定亦符合复议程序规定。一审法院判决驳回泰瑞公司的诉讼请求是正确的，本院应予维持。

北京市高级人民法院再审审查认为：根据《中国人民银行法》《票据法》等相关规定，人行上海分行作为中国人民银行的分支机构，负责当地人民币银行结算账户、票据部分领域等金融业务活动的监管，对相关金融违法行为具有调查核实并实施行政处罚的法定职责。本案中，人行上海分行收到泰瑞公司的举报材料后，针对其反映的双晟公司虚假开户、违法开具银行本票等事项进行了调查核实，依据当时有效施行的《银行账户管理办法》及《上海市银行账户管理实施细则》的相关规定作出认定，对于所发现的违规行为亦依据《行政处罚法》的规定作出不再予以处罚的结论，故人行上海分行已经履行了法定职责，所作被诉《信访回复》并无不当。中国人民银行所作（银）复决字（2016）第7号《中国人民银行行政复议决定书》亦符合法律规定。故北京市西城区人民法院判决驳回泰瑞公司的诉讼请求、二审法院判决予以维持正确。

第六十四条　人民法院对票据法施行以前已经作出终审裁决的票据纠纷案件进行再审，不适用票据法。

【条文主旨】

本条是关于《票据法》时间效力的规定。

【条文理解】

法律的时间效力是法律的重要属性之一，包括法律何时生效、何时终止及法律对其颁布实施前的事件和行为是否具有溯及力的问题。

本条解决的主要是《票据法》的溯及力问题，即《票据法》颁布后对它生效前所发生的事件和行为能否加以适用的问题。在法理上，为保持法律秩序的稳定性和行为评价的一致性，实现法的预测和指引功能，我国现时期立法主要采取从旧兼从轻的原则。也就是说，新法原则上对过去已经发生的事实和行为没有约束力，不能以事后的法律规则去苛求规范事前的行为。《立法法》第 93 条规定："法律、行政法规、地方性法规、自治条例和单行条例、规章不溯及既往，但为了更好地保护公民、法人和其他组织的权利和利益而作的特别规定除外。"

就《票据法》而言，本条遵循了一般的法理，为维持票据活动和社会经济秩序的稳定，明确对《票据法》施行以前已经作出终审裁决的票据纠纷案件进行再审，不适用《票据法》。在理解上需要把握的是，此处不适用《票据法》的前提需要同时满足以下要件：一是票据纠纷的事实发生在《票据法》施行以前，即 1996 年 1 月 1 日前已经发生了所有事实；二是人民法院对该票据纠纷已经作出终审裁决，不能是尚在审理过程之中的案件；三是指重新启动再审的案件，无论启动再审的事由是什么，程序违法还是事实认定、法律适用问题，都不再适用《票据法》。

十、法律责任

本部分规定了11个条文，分别为：背书中不同情形下的债务人责任问题，票据伪造、变造的责任问题，空白票据不当补充出票人的责任问题，付款人违反附带审查义务的责任问题，付款人违反形式审查义务的责任问题，作为追索权行使条件的承兑人或者付款人死亡、逃匿的拒绝证明形式问题，票据不当保全的民事责任问题，空头支票的民事责任问题，票据纠纷案件审理的民刑关系问题，金融机关不当承兑、付款、贴现以及保证的责任问题，出票人出票行为瑕疵的责任问题。

第六十五条　具有下列情形之一的票据，未经背书转让的，票据债务人不承担票据责任；已经背书转让的，票据无效不影响其他真实签章的效力：

（一）出票人签章不真实的；

（二）出票人为无民事行为能力人的；

（三）出票人为限制民事行为能力人的。

【条文主旨】

本条是关于票据行为独立性以及在出票人签章不真实和无票据行为能力情况时法律效果的规定。

【条文理解】

（一）关于票据行为独立性

票据行为的独立性，是指票据作为流通证券，一份票据往往存在多个票据行为，即一份票据，除出票行为，还可能存在多个背书行为，汇票中还可能存在承兑行为，另外，也有设定担保的可能，这些票据行为都独立产生效力，不受其他票据行为的影响。按照民事行为的一般原则，作为前提的行为如果无效，其后的行为也当然无效，即所谓溯及既往地无效或自始无效。票据行为不适用民法上的无效原则而采独立性原则有两个原因：一是多个票据行为虽然在同一票据上进行，但各票据行为发生的原因是各自独立的，这些原因关系互相没有什么牵连，从而构成了各票据行为独立的基础。二是票据自身流通性的属性要求票据行为要各自独立,如果因流通中某一票据行为而致其他票据行为无效,势必影响票据流通导致交易风险的不可控,故制度上将票据行为设计为各自独立,便能回避民法上无效原则所带来的交易风险,保证票据流通,也才能使票据的功能得以充分发挥。

票据的独立性通常有以下表现:(1)无行为能力人或限制行为能力人在票据上签章,其他签章人应负的票据责任仍然有效;(2)票据上签章的不真实不影响其他真实签章人的行为效力;(3)票据上被保证人的债务即使无效,保证人对票据的保证行为仍然有效。本条解释针对了上述前两种情形。虽然本条第1项使用了"出票人签章不真实"的表述,但从《票据法》原理上看,"签章不真实",实质上是以他人名义为票据签章的伪造行为。

(二)出票人签章不真实和无票据行为能力的法律后果

如前文所述,《票据法》上可能影响其他票据行为效力的情况一般是指无票据行为能力而为票据行为,即本条解释第2项、第3项所指行为,以及发生票据签章伪造、保证的债务无效等情形。对应本条,保证债务无效另论,各国票据法上,关于无票据行为能力而为票据行为或票据签章伪造的后果,并无该行为或签章无效的表述,如《日内瓦统一汇票本票法公约》第7条即规定:如汇票上有无承担责任能力的人签名,或伪造的签名,或虚拟的签名,或因其他理由不能使签名人或被代签的人承担义务的签名,其他签名人应负之责任依然有效。这其中"不能使签名人或被代签的人承担义务的签名"。我国《票据法》第6条规定:"无民事行为能力人或者限制民事行为能力人在票据上签章的,其签章无效,但是不影响其他签章的效力。"此外,《票据管理实施办法》以及《支付结算办法》等也是将签章作为票据行为的绝对必要记载事项规定的,票据行为人在票据上的签章是票据行为有效成立的要件,其中出票人的签章则是票据有效的要件,没有签章的票据行为自然无效;签章不符合法律要求的票据行为也无效。《票据法规定》(2020)第40条也规定了四种情形下票据行为人签章的要求,其中,出票人在票据上的签章不符合四种情形的,其直接的法律后果是票据无效。

有观点认为,按法律解释的方法,即无票据责任能力人或被伪造人无须承担票据责任,任何人向其主张票据责任,他们都可以抗辩而不负票据责任。如果这两种行为以无效表述,若出票,因出票乃基本票据行为,其后的附属票据行为如何变得有效原理上无法说明;若存在背书等其他票据行为,其后的票据行为如何变得有效,逻辑上也难以自圆其说,所以,准确地说,这两种情况仅构成抗辩事实而非行为或责任要件，不应将票据责任能力归诸于票据行为的实质要件。[①]《票据法》第6条和第14条对无票据责任能力人实施的行为和伪造行为法律效果的表述均为不影响其他签章或真实签章的效力，立法技术上也存在问题，因为签章只是一个事实行为，无所谓效力的判断，应该采日内瓦票据法的规定，将“其他签名人应负之责任仍然有效”而表述为“不影响其他签章人行为的效力”。[②]

本条解释仍然承继《票据法》第6条、第14条的表述方式，规定“票据无效不影响其他真实签章的效力”，准确的意思应是某票据上记载的当事人不负票据责任，不影响其他真实签章人行为的效力。

《票据法》第6条和第14条的相关部分都是票据行为独立性原理的表达。关于本条解释的理解，当出现出票人签章不真实的、出票人为无民事行为能力人的以及出票人为限制民事行为能力人这三种情况的任何一种，会有两种情况下的不同后果：

1. 未经背书转让的，票据债务人不承担票据责任

这种情况是指票据行为尚停留在出票阶段。在基本票据关系中，无论哪种票据，形式上债务人只有出票人，而按照前述原理，出票人签章不真实的被伪造人，和为出票行为的无行为能力人或限制行为能力人是可以对抗任何人对自己的权利主张的，故有“未经背书转让的，票据债务人不承担票据责任”的法律效果的规定。无行为能力人和限制行为能力人不承担责任源于如前述《日内瓦统一汇票本票法公约》第7条的类似规定，我国《票据法》直接规定此类行为签章无效，但基本语义仍是无行为能力人或限制行为能力人不承担票据责任。

出票人签章不真实形成的被伪造人不承担票据责任，则是源于《票据法》上一个重要原理——不署名者不负票据责任。这一原理虽然在各国票据法上并无明文体现，但因为票据要式性的特征，排斥口头形式，非签章不能完成票据行为；又因为票据的文义性，不能令票据签章所表明的姓名或名称之外的人负票据责任。我国《票据法》对这一原理的规定体现在《票据法》第4条的规定中，具体为：该条第1款规定，票据出票人制作票据，应当按照法定条件在票据上签章，并按照所记载的事项承担票据责任；第3款规定，其他票据债务人在票据上签章的，按照票据所记载的事项承担票据责任。具体来说，在我国《票据法》上，出票、背书、承兑和保证这几种票据行为，行为人的目的都是负担票据债务，而每种行为的完成，行为

---

① 参见董惠江：《票据行为实质要件之否定》，载《环球法律评论》2012年第1期。

② 参见董惠江：《我国票据伪造、变造制度的设计——围绕〈票据法〉第14条展开》，载《法商研究》2018年第2期。

人签章都是必不可少的。反之,没有行为人签章,票据债务即不能成立。被伪造人的名义被伪造人假冒于票据之上,签章非他本人真实签章,当然不必承担责任。

2. 已经背书转让的,票据无效不影响其他真实签章的效力

对这种情况的理解是说当发生本条规定的三种情形任何之一,如果票据已经背书转让,后加入票据关系中签章人即成了票据债务人,他们都要就自己的签章对各自的行为向持票人负责,无论是背书人,还是承兑人,抑或保证人,即无论其签章是在伪造签章前还是伪造签章之后,都要就票据文义负责,这也是票据行为独立性的解说。

【司法适用】

应该说明的是,本条解释的前提是仅就出票行为而言的,即三项行为的主体都是出票人。出票行为完成后,后加入的票据债务人仍可能存在无票据能力的人实施各种附属票据行为的情形,同时可能出现对某一附属票据行为的伪造的情形,本条司法解释并没有包含这些情况,这些情况应当适用《票据法》(2020)第45条的规定处理。

【司法案例】

案例一
西安品博信息科技有限公司与巴士在线股份有限公司票据纠纷案①

浙江省嘉兴市中级人民法院认为:本案为票据纠纷,原告基于持票人的身份,向票据载明的出票人主张行使票据权利,被告抗辩案涉票据为无效票据,故首先应判断案涉商业承兑汇票是否为有效票据。根据《票据法》第22条的规定,出票人签章属于汇票绝对应记载事项,如未记载则汇票无效。而票据行为有效的实质要件就包含了行为人的意思表示,票据行为的意思表示必须真实、合法。由于票据本身的文义性、无因性特点,也更强调对行为人的意思表示作客观的、规范的解释,因此,签章作为识别行为人、辨别票据行为真伪的重要途径之一,也是票据行为的必备形式要件。《票据法规定》第66条规定,出票人签章不真实的票据,未经背书转让的,票据债务人不承担票据责任;已经背书转让的,票据无效不影响其他真实签章的效力。案涉17张商业承兑汇票,出票人、承兑人的印鉴与被告预留在开户银行的印鉴不符。因此,不能认定该出票行为代表了被告的真实意思表示,被告无须对该签章负票据责任。同时,商业汇票由中国人民银行统一规定印制,

---

① 参见浙江省嘉兴市中级人民法院(2020)浙04民初18号民事判决书。

各家银行组织订货和管理，出票人要使用商业汇票，应向开户银行填写申请并签章，并提供真实的交易关系和债权债务关系的相关材料，从开户银行领取商业汇票。本案中，农业银行嘉善支行也出具了鉴证函，声明案涉票据并非被告向其购买的商业承兑汇票，故本院认为被告主张案涉票据系伪造的票据的意见具有更大可能性。当然，前述"无效"是对无效签章的签章人即本案被告而言，被告与原告并未形成票据关系，不影响该票据上其他签章效力的认定，持票人可依其与前手之间的债权债务关系主张票据基础关系的相应权利。

案例二
上海宇艾股权投资基金有限公司与中能源电力燃料有限公司票据追索权纠纷案①

上海金融法院认为：中能源电力燃料有限公司（以下简称中能源公司）认为开立上述银行账户时使用的公司印章与其认可的公章不一致，则出票人可以免除票据责任。法院认为，首先，根据《票据法规定》（2000）第66条的规定，具有下列情形之一的票据，未经背书转让的，票据债务人不承担票据责任；已经背书转让的，票据无效不影响其他真实签章的效力：（1）出票人签章不真实的……对《票据法规定》（2000）第66条第1项规定的理解，首先，所指"票据无效"实为针对签章不真实的一方不产生《票据法》上的效力，而非整张票据丧失法律效力。其次，本案中，中能源公司并未提供证据证明开立银行账户时使用的公司公章是不真实的，中能源公司本案中提供的证据均希望证明在业务发展过程中，中能源公司使用了与其工商登记备案公章不一致的印章，并不符合前述签章不真实产生票据无效法律后果的情形。最后，中能源公司对上海宇艾股份投资基金有限公司提供的关于成立债务清算小组的通知上公司印章和邹某签字均认可，而该通知所述正是针对本案有关投资项目偿还情况的内容，并且针对涉案电子商票出具的电子商业承兑汇票保兑保函上有中能源公司财务专用章、公司印鉴和邹某印章，其中公司印鉴与其认可的公司印章不一致，但中能源公司并未对其他印鉴和该枚公司印章出现在同一份承诺兑付涉案电子商票款项的材料中作出合理解释。结合上述材料所反映的内容和《票据法规定》（2008）相关规定，中能源公司开立银行账户时使用的公司印章与其工商登记备案公章不一致的情形，并不属于商业汇票上出票人签章不真实的法定无效情形，涉案电子商票并不因两枚公章不一致而否定票据本身的法律效力。因此，中能源公司该项抗辩意见，事实和法律依据均不足，不予采信。

---

① 参见上海金融法院（2018）沪74民初209号民事判决书。

第六十六条　依照票据法第十四条、第一百零二条、第一百零三条[①]的规定，伪造、变造票据者除应当依法承担刑事、行政责任外，给他人造成损失的，还应当承担民事赔偿责任。被伪造签章者不承担票据责任。

【条文主旨】

本条是关于强调伪造人、变造人在行政、刑事责任之外，还应依法承担民事责任，以及被伪造人不承担票据责任的规定。

【条文理解】

（一）票据伪造、变造的界定

本条解释涉及票据法上的两个基本制度，票据伪造和票据变造。

1. 票据伪造

所谓票据伪造，是指假冒他人名义或者以虚构人名义实施票据行为的不法行为。票据伪造从对象上分可以表现为出票的伪造和背书、承兑、保证的伪造。出票的伪造是在完成出票的绝对必要记载事项后，将他人的姓名或名称签章于票据之上；背书、承兑保证的伪造，是对各行为的绝对必要记载事项完成后，将他人的姓名或名称签章于票据相应位置的伪造。

票据理论一般将票据伪造分为票据本身的伪造和票据上签章的伪造。我国《票据法》规定的票据伪造，一般是指上述签章的伪造。

我国台湾地区“票据法”第15条规定：票据之伪造或票据上签名之伪造，不影响于真正签名之效力，由此看出我国台湾地区的票据伪造包括票据自身伪造。一般认为，立法上“票据之伪造或票据上签名之伪造”的分类并无实质意义，反而，区分出票的伪造和其他行为的伪造是有意义的，因为基本票据行为和附属票据行为的不同，基础票据行为的伪造使一张根本不代表票据上签章人意思的不真实的票据产生，而附属票据行为的伪造，是在有效出票基础上局部的，或者说是部分的伪造。因为票据行为的独立性，正确区分票据伪造的种类，对于确定票据责任人的范围及其责任，就有了实际的价值。

从票据伪造的表现形式上看，伪造人根据自己的需要，其所假冒的人可以是现实的某人或根本不存在的人，甚至是死去的人；从伪造的方法上看，既可以是模仿他人签名，也可以是伪刻他人的印章，或者盗用他人真实印章，还可以是滥用受

---

① 原为1995年5月10日通过的《票据法》第103条、第104条规定；2004年8月28日修改《票据法》的决定删去了第75条规定，将该两条的条序调整为第102条、第103条。《票据法规定》(2020)在对《票据法规定》进行修改时也对相应条文顺序进行了修改。

委托保管的他人印章等。

2. 票据变造

票据变造,是指对票据记载内容无变更权限的人,对票据上除签章以外的记载事项加以变更,从而获取不当利益的行为。这个概念中的"变更权限"涉及《票据法》上的另一项制度,即票据更改。票据更改,是指原记载人根据票据法规定的权限,对票据上的记载事项进行变更的行为。《票据法》第9条规定了票据更改的基本制度,即票据金额、日期、收款人名称不得更改,更改的票据无效。对票据上的其他记载事项,原记载人可以更改,更改时应当由原记载人签章证明。按照这一规定,在我国票据法上,对于票据金额、日期(应该包括出票日期和记载到期日的到期日期)和收款人名称任何人都是无权更改的,任何人对他人的记载事项也是无权更改的,无权而做更改即变造。有权无权也决定了票据更改和票据变造的根本区别,即前者为合法行为,后者则是违法行为。理论上,票据变造的对象可以是变造人无权更改的任何事项,如按我国《票据法》现行规定,任何人对票据金额、日期、收款人的更改都属于变造,但票据权利作为一种金钱债权,变造更多的是对票据金额的变更,而且是加大式变更,因为这样的效果会使自己票据权利增加。

同为违法行为,伪造和变造的根本区别在于两种行为所针对的事项不同。以票据绝对必要记载事项为根据,伪造只是对签章的假冒,而变造是对签章以外的其他记载事项的变更。《票据法》第14条第2款规定票据上有伪造、变造的签章的,不影响票据上其他真实签章的效力,这里的"变造的签章"在表述上逻辑不严谨。另外,伪造的目的是通过制造一个虚假的债务人来获得不当利益。比如,某人将偷来或拾得的票据,伪造之前票据上的收款人或最后被背书人的签章背书给自己或他人,以满足背书连续,也就使自己变成了票据权利人或通过此次背书从中获得利益。变造的目的在于变更票据权利的内容,多数是改大票据金额,使自己享有更大的票据权利。

实践中,还需要区分票据变造与涂销,其区别主要在于:(1)票据涂销仅限于对票据上记载事项的去除,不包括对票据上记载内容的增添,而票据变造则既包括对票据上记载事项的去除,也包括对票据上记载内容的增添。(2)票据涂销通常为有相应权限的人所为,而票据变造系无变更权限的人所为。①

---

① 参见汪世虎:《票据法律制度比较研究》,法律出版社2003年版,第178页。

（二）票据伪造的法律后果

伪造的效力或法律后果表现在对伪造人、对被伪造人、对真实签章人、对付款人等几个方面，对真实签章人的法律效力包含在票据行为独立性的法理中，关于《票据法规定》(2020)第 65 条的解说已经说明，对付款人的法律效力详见对《票据法规定》(2020)第 68 条的解释中说明，本条侧重对伪造人和对被伪造人的法律效果展开说明。

1. 对伪造人的法律效果

对伪造人而言，根据票据的文义性，以及不署名者不负票据责任的原理，伪造人没有在伪造行为处签章，也就没有令伪造人承担票据责任的依据，这是票据关系和基础关系分离的应然逻辑。但伪造人不承担票据责任并不意味着伪造人没有其他法律责任。伪造行为是违法行为，其他法律要对伪造行为进行约束甚至惩戒，就有伪造人依照其他法律承担责任的问题。

（1）伪造人的刑事责任。《票据法》第 102 条规定："有下列票据欺诈行为之一的，依法追究刑事责任：（一）伪造、变造票据的；（二）故意使用伪造、变造的票据的；（三）签发空头支票或者故意签发与其预留的本名签名式样或者印鉴不符的支票，骗取财物的；（四）签发无可靠资金来源的汇票、本票，骗取资金的；（五）汇票、本票的出票人在出票时作虚假记载，骗取财物的；（六）冒用他人的票据，或者故意使用过期或者作废的票据，骗取财物的；（七）付款人同出票人、持票人恶意串通，实施前六项所列行为之一的。"

（2）伪造人的行政责任。依《票据法》第 103 条规定："有前条所列行为之一，情节轻微，不构成犯罪的，依照国家有关规定给予行政处罚。"

（3）伪造人的民事责任。依本条解释，刑事责任、行政责任，按刑法、行政法的相关规定处理，伪造人的民事责任才是本条司法解释关注的重点。令伪造人承担民事责任的直接依据是《票据法》第 106 条规定的"依照本法规定承担赔偿责任以外的其他违反本法规定的行为，给他人造成损失的，应当依法承担民事责任"。要解决伪造人民事责任的承担，法律上适用的问题，就是要解决伪造人民事责任的性质，和谁来主张和如何主张等问题。

所谓伪造人的民事责任，首先是因伪造行为形成的责任已不再是票据本身的金钱债权对应的责任，也就不再是票据责任。纳入民事责任体系，其并不是以有效合同为基础产生的违约责任，也非缔约行为中的缔约过失责任，而是因伪造人的违法行为给他人造成损害所产生的侵权责任。按照《民事案件案由规定》，对伪造人主张民事责任的诉讼案由属于"票据损害责任纠纷"。

"给他人造成损失的，还应当承担民事赔偿责任"，看似简单，但在英美法系和日内瓦票据法系,法律效果却存在很大差异,具体表现为谁向伪造人主张和怎样主张的不同。英美票据法上,付款人有审查票据上签名真伪的责任,付款人对伪造签名的票据付款无效,真正的权利人仍可向付款人行使请求权,付款人在向真正权利人付款后,再向之前接受错误付款的人追回所付款项,最后由返还了错误付款的人向伪造人主张本条解释所说的民事赔偿责任。日内瓦票据法,付款人仅对出票人签名的真实性和背书连续性进行审查,对背书签名的真伪不负审查责任,也就是说,付款人只要对背书连续的票据付款即可免责,真正权利人不能再向付款人主张付款,而只能向伪造人主张民事赔偿责任。两种制度的差异本质在于票据伪造发生,谁来承担寻找伪造人的成本以及寻找伪造人不能的风险,包括伪造人赔偿能力可能带来的风险。那么,在我国票据法上,《票据法》第 57 条规定:"付款人及其代理付款人付款时,应当审查汇票背书的连续性,并审查提示付款人的合法身份证明或者有效证件。付款人及其代理付款人以恶意或者有重大过失付款的,应当自行承担责任。"比较《日内瓦统一汇票本票法公约》第 40 条的规定,即"付款人于到期付款后,免除责任。但有欺诈行为或重大过失者不在此限。付款人应负责查验背书之连续,但对背书人之签名,不负认定之责",两者类同。

所以,在我国《票据法》下,当票据伪造发生,是由真正权利人向伪造人主张民事赔偿责任。具体谁可能是赔偿责任的权利人,因伪造的对象不同而不同:(1)出票人被伪造,最终收款人行使追索权会遭到出票人出票行为系伪造的抗辩而无法实现票据权利。此时,收款人就只能向伪造人主张民事赔偿责任。(2)背书人被伪造,被伪造的背书人虽然可以拒绝后手的追索请求,但因伪造人伪造其背书而使票据脱离自己的占有,未能如正常转让那样获得对价利益,该被伪造背书人有权向伪造人主张民事赔偿责任。(3)承兑人被伪造,真正的付款人拒绝付款,持票人仍可以行使追索权。因为这种情况下,追索权的终极承受者为出票人,如同付款人没有承兑而拒绝付款,通过追索权的行使,相关票据当事人的权利可以通过第二请求权——追索权得到实现,没有损失发生,也就没有本条解释所说的"民事赔偿责任"的适用余地。(4)保证人被伪造,一般情况下,因被伪造保证直接可以抗辩拒绝任何人对其票据权利的主张,通常也不会发生民事赔偿责任,但如被伪造保证人无端被卷入诉讼,即可能发生因不得不参加诉讼活动而带来的损失,这种情况下,被伪造保证人就可以向伪造人主张民事赔偿责任。

2. 对被伪造人的法律后果

本条解释明确规定,被伪造人不承担票据责任,是票据法上通常的法理。因为被伪造人并非出于自己的意愿将姓名或名称被签章于票据之上,实际上其没有实施真正的签章行为。如《日内瓦统一汇票本票法公约》第 7 条即规定:"伪造之签名,所签之名不能约束该签名之人。”从抗辩的角度,被伪造人此项抗辩可以对抗任何持票人,即使持票人取得票据为善意,对被伪造人行使票据权利的主张也不成立,即该抗辩是绝对的、不受限制的物的抗辩。

(三)票据变造的法律后果

关于票据变造的法律效力或法律后果遵从变造前后不同的签章人依各自签章时的文义负责的法理。也就是《票据法》第 14 条第 3 款规定的“票据上其他记载事项被变造的,在变造之前签章的人,对原记载事项负责;在变造之后签章的人,对变造之后的记载事项负责;不能辨别是在票据被变造之前或者之后签章的,视同在变造之前签章”。按照票据行为独立性的原则,在票据变造之前签章的人,其真实意思表示就是按照其签章时所记载的文义负责,对于以后发生的票据变造,既不了解也非出自其自愿,故应按变造前的票据所载文义承担票据责任。变造后签章的人,在其签章时,是以变造后的票据记载作为自己所为票据行为的内容,当然应依变造后的文义承担其票据责任,这同样也是基于票据行为的独立性原则。[①] 这个规则不难理解,适用也没有特别复杂的情况。实际上,我国《票据法》的立法目的是要减轻被变造人的票据责任,一般情况下,变造后的票据金额要大于原记载金额,规定在证据不能确定变造具体时间时,签章在变造之前,对被变造人更为有利。此点,也得到司法实践部门的一致认可。

由于票据变造的前提是该票据在变造前形式上为有效的票据,而且变造后的票据在形式上仍然有效。变造票据的人对其行为应当承担相应的法律后果,除依法承担刑事、行政责任外,如果给他人造成损失的,还应当承担相应的民事责任。遭受损失的人既包括在票据上签章的人,也包括付款人。[②]

【司法适用】

在解释适用票据伪造对被伪造人的法律效果上,可能以下两种情况会出现法律漏洞,需要依法解释的方法来完成票据法的适用。

1. 特殊情况下,被伪造人仍需承担票据责任

如前文所述,一般情况下,被伪造人享有的是对任何人都可以主张的抗辩而不必负票据责任。但是,《票据法》以促进票据流通为理念,将被伪造人对伪造票据不负责任绝对化,就完全忽视了对票据取得人的保护而不利于票据流通。比如,伪造人违反印章使用的授权实施票据行为,或者某法人或组织的公章,某自然

---

① 参见汪世虎:《票据法律制度比较研究》,法律出版社 2003 年版,第 180 页。

② 参见曹守晔、王小能等:《〈关于审理票据纠纷案件若干问题的规定〉的理解和适用》,载《人民司法》2001 年第 4 期。

人的个人名章因疏于保管被他人加盖于票据之上等情形发生票据伪造，票据受让人有善意信赖该公章或名章真实性的正当理由，被伪造人就应对票据受让人负责。但是，我国《票据法》，包括日内瓦法系票据法都仅规定被伪造人不负票据责任。当以上情况发生，实际上如何令被伪造人承担票据责任就出现了法律漏洞，这样就需要以类推、目的性扩张等方法，包括法理来补充。根据学者的研究成果，上述列举的情况，符合权利外观理论的要件，完全可以适用权利外观理论，即伪造行为使票据具备了票据权利或票据行为有效的外观，相对人善意（无故意或重大过失）信赖签章系被伪造人所为，被伪造人有归责性（将公章或名章不当授权他人保管或自己疏于保管），完全可以令被伪造人负责。① 从比较法法理的角度来看，《美国统一商法典》第 3 - 406 条规定也可以作为令被伪造人对票据担责的补充，即"一个怠于行使通常注意的人，如果对于票据上签名的伪造或者票据的变造亦存有实质性的过失，则他不能以伪造或者变造为由对抗正当持票人，但应由后者承担举证责任证明前者怠于行使通常注意"。

当然，参酌外国法的规定，仍属于以法理解释补充法律漏洞的方法。上述印章被不当使用于票据，与绝对的伪造印章是不同的，管理印章和使用印章不当的过错，与被违法犯罪人员伪造印章则有天壤之别，真正的伪造行为在票据法上，将被伪造人规定为不承担票据责任是正确的。

2. 被伪造人可否追认的问题

对于票据伪造，我国和其他有些《票据法》仅规定被伪造人一般不需要承担责任，但他可不可以通过追认加入票据关系中，又属于一个我国《票据法》上存在漏洞的问题。当然立法例上并不都尽然，日内瓦票据法系和我国《票据法》原则上认为票据伪造是无效行为并不得追认。英国《1882 年票据法》第 24 条（伪造和未经授权之签名）规定，除本法另有规定外，如汇票上之签名系伪造或未经被签名人之授权，则伪造或未经授权之签名完全不生效力……但本条并不影响对未经授权但非伪造签名之追认。"非伪造"即排除了伪造的追认。《美国统一商法典》第 3 - 404 条第 2 项明确规定，任何未经授权的签名就本编一切目的而言，可予批准。《联合国国际汇票和国际本票公约》第 34 条规定，票据上伪造的签字……如他同意受该伪造签字的约束或声称这是他本人的签字，则须如同他本人曾签署该票据一样地承担责任。

撇开立法例的差异，按照朴素的理解，被伪造人追认，一方面符合私法上意思自治的原则，另一方面被伪造人的加入，使票据受让人权利的实现多了一重保障，

---

① 参见董惠江：《票据法的坚守与发展》，载《中国法学》2010 年第 3 期。

符合《票据法》促进票据流通的理念,应该获得法律的认可,这也许是《美国统一商法典》等承认票据伪造追认的核心依据。但是,日内瓦票据法系和我国《票据法》以及《英国票据法》都断然否定票据伪造的追认,因为对违法行为追认存在法律伦理上的障碍。英国就有观点认为:没有人肯认一个伪造签字的有效性,因为那可能涉及一项罪行。[①] 从实务来看,当伪造票据同时涉嫌犯罪,如果允许伪造票据被伪造人的追认,会使刑事追责丧失法理基础而致伪造人逃脱刑事制裁,而私法意思自治又是私法的核心原则,如何解决这一矛盾,各国学者有过类推适用票据行为无权代理等讨论,但因为票据伪造和票据无权代理并不具备案型类似性这一类推适用的基本条件,类推适用票据无权代理解决票据伪造的追认问题并不理想,甚至有学理上的障碍。其实,在日本民法,包括法国、德国的民法都有解决这一问题的现成资源,如《日本民法》第 119 条规定"无效的行为,不因追认发生效力,但当事人明知其无效而为追认时,视为新的行为"。也就是说,按照这样的规定,伪造的追认并无溯及既往的效力而视为新行为,既顾及了意思自治的原则,又不会破坏对行为人刑事追责的法理基础,只要按照民法和《票据法》暨普通法和特别法的关系直接适用即可。

但是,我国民法上并无《日本民法》第 119 条相同或类似的规定,这一漏洞的补充,可以在今后形成共识后,依照比较法法理完成。也就是说,在没有新的法律规定和新司法解释的前提下,现在还不能作扩大解释,不能在实务层面裁决被伪造人对票据伪造行为的追认,也不能将追认视为新的票据行为。

【司法案例】

案例一

枣阳市兄弟物流有限公司与济南长兴建设集团有限公司、平阴山水水泥有限公司塑编分公司票据纠纷案[②]

一审法院认为:《票据法》第 14 条第 2 款规定:"票据上有伪造、变造的签章的,不影响票据上其他真实签章的效力。"故涉案有伪造的签章不影响票据上其他真实签章的效力,涉案汇票系有效的票据。因兄弟物流公司未举证证实被伪造人长兴公司与伪造人存在恶意串通的情形,长兴公司虽在涉案汇票上有"名义"签章,但非其真实意思表示,故被伪造人长兴公司无须对兄弟物流公司承担责任。

---

① 参见[英]理查逊:《流通票据及票据法规入门》,李广英、马卫英译,复旦大学出版社 1990 年版,第 68 页。

② 参见山东省济南市中级人民法院(2015)济商终字第 760 号民事判决书。

综上,兄弟物流公司要求山水塑编公司返还涉案汇票,如不能返还要求长兴公司、山水塑编公司共同赔偿其公司票面金额20万元及其利息损失的诉讼请求无事实及法律依据,不予支持。兄弟物流公司可向印章伪造人追究相应的刑事或民事责任。原审法院依照《票据法》第9条、第10条、第12条、第14条之规定,判决驳回原告兄弟物流公司的诉讼请求。上诉人兄弟物流公司不服原审判决,提起上诉。

山东省济南市中级人民法院二审认为:票据诉讼的举证责任由提出主张的一方当事人承担,兄弟物流公司未能提供证据证明山水塑编公司系通过欺诈、胁迫、盗窃等非法手段取得涉案票据,或系恶意、重大过失自无处分权人手中受让该票据。且山水塑编公司已向法院提交了其与前手世纪创新公司之间的买卖合同、收款收据、增值税发票、产品提货单等证据证实其与前手之间真实的债权债务关系。根据票据法规定,山水塑编公司仅需对其直接前手转让票据的合法性及双方交易的真实性负责,其取得涉案汇票时,票面记载完整无瑕疵,背书连续。综上,原审判决认定山水塑编公司是涉案汇票的合法持有人,享有票据权利正确。兄弟物流公司主张山水塑编公司不是涉案汇票合法持有人并要求其返还票据的上诉理由,于法无据,本院不予支持。另外,因长兴公司主张其与涉案汇票无关,且其提交的在开户银行留存印模与涉案汇票背书签章核对不一致,亦无证据证实该背书签章曾被长兴公司使用过,故原审法院认定汇票上长兴公司财务专用章涉嫌伪造。因被伪造签章者不是真实的票据当事人,不享有票据权利,亦不承担票据责任。原审判令长兴公司无须对兄弟物流公司承担责任亦无不当。判决驳回上诉,维持原判。

案例二

黑龙江中宇实业有限公司、大石桥市永盛铜材有限公司、西子西奥电梯有限公司、佳木斯市吉光装饰材料有限公司、黑龙江广森窗业有限责任公司票据纠纷案①

黑龙江省哈尔滨市中级人民法院认为:票据伪造是指行为人假借或虚构他人名义在票据上为一定的票据行为。

根据出票事实及中宇公司的自认,可以认定毕某某虽没有代理权,但相对人根据毕某某在中宇公司的职责范围及案涉汇票签章真实的实际情况,有理由相信案涉汇票系根据中宇公司真实意思表示出具,根据原《合同法》第49条“行为人没有代理权、超越代理权或者代理权终止后以被代理人名义订立合同,相对人有理

① 参见黑龙江省哈尔滨市中级人民法院(2020)黑01民终1510号民事判决书。

由相信行为人有代理权的,该代理行为有效”的规定,毕某某出具票据的行为构成表见代理,出具汇票的法律后果应由中宇公司承担。另外,《票据法》第 14 条第 2 款规定:“票据上有伪造、变造的签章的,不影响票据上其他真实签章的效力。”根据票据行为独立性和无因性的要求,票据上伪造签章虽不发生法律效力,但也不对真实签章产生任何影响,签章人仍应依据票据所载文义承担票据责任。现中宇公司对案涉汇票上签章的真实性无异议,且中宇公司不能举示证据证明西子西奥电梯有限公司(以下简称西子西奥公司)在取得案涉汇票时对汇票伪造一事知情,故西子西奥公司应享有合法有效的票据权利,有权要求真实签章人履行票据义务。中宇公司上诉主张依据《票据法规定》第 67 条“依照票据法第十四条、第一百零三条、第一百零四条的规定,伪造、变造票据者除应当依法承担刑事、行政责任外,给他人造成损失的,还应当承担民事赔偿责任。被伪造签章者不承担票据责任”的规定,中宇公司作为被伪造签章者不应承担票据责任。法院认为,《票据法》第 14 条第 2 款规定:“票据上有伪造、变造的签章的,不影响票据上其他真实签章的效力。”结合上述法律及司法解释的规定可以看出,案涉汇票虽系因缺乏授权被毕某某伪造,但中宇公司的签章真实,中宇公司仍应就签章的真实性向西子西奥公司承担票据责任。据上,中宇公司此项上诉主张不符合立法本意,不予支持。

案例三

昊华宇航化工有限责任公司与宁夏兴尔泰集团中宁兴鑫冶金制品有限公司票据纠纷案①

焦作市中级人民法院二审认为:双方当事人对诉争票据系变造的票据以及因此被银行收缴的事实均不持异议,予以确认。(1)宁夏兴尔泰集团中宁兴鑫冶金制品有限公司(以下简称中宁兴鑫公司)要求确认诉争票据无效,昊华宇航化工有限责任公司(以下简称昊华化工公司)抗辩称诉争票据有效,适用的法条均为《票据法》第 8 条、第 9 条、第 14 条的规定,双方当事人对《票据法》第 14 条的理解不同,此为本案双方当事人的真正争议所在。《票据法》第 14 条共有 3 款内容,第 1 款即“票据上的记载事项应当真实,不得伪造、变造。伪造、变造票据上的签章和其他记载事项的,应当承担法律责任。”第 2 款即“票据上有伪造、变造的签章的,不影响票据上其他真实签章的效力。”第 3 款即“票据上其他记载事项被变造的,在变造之前签章的人,对原记载事项负责;在变造之后签章的人,对变造之后的记

① 参见河南省高级人民法院(2016)豫民再 22 号民事判决书。

载事项负责；不能辨别是在票据被变造之前或者之后签章的，视同在变造之前签章。”该法条的三款内容，为递进式规定。第1款明确规定，票据上的记载事项应当真实，不得伪造、变造。变造票据上的签章和其他记载事项的行为人，应当承担包括民事责任和刑事责任的法律责任。将变造事项分为：变造票据上的签章和除此之外的其他记载事项的变造。第2款规定变造票据签章的，对票据上其他真实签章人不产生影响。第3款则是规定“票据上其他记载事项被变造的”票据上签章人的责任范围。第3款中“其他记载事项”应按照第1款的分类，理解为除票据上的签章之外的其他票据记载事项。本案中，诉争票据的票号及出票金额被变造，其中“出票金额”为《票据法》第22条规定的汇票必须记载事项七项中的一项。因为案件尚未破案，无法确认诉争票据在哪一个环节被哪一方变造，且出票金额及汇票票号均被变造，故中宁兴鑫公司无法要求昊华化工公司对变造之后的票据金额240万元负责。(2)票据是文义性的有价证券，应严格按照票据上的记载进行流通。本案中，所涉票号为3130005131186146的银行承兑汇票被工商银行宁夏分行依照有关规定收缴，事实上该票据已经无法在市场上流通，其票据法意义上的票据权利人所享有的票据付款请求权以及被拒绝付款后的追索权均已丧失，故中宁兴鑫公司请求人民法院确认诉争票据无效，也是中宁兴鑫公司实现其权利的必要选择。故依法对其要求确认票号为3130005131186146的银行承兑汇票无效的诉讼请求予以支持。

河南省高级人民法院再审认为：关于涉案汇票应否确认无效的问题。《票据法》第9条规定：“票据上的记载事项必须符合本法的规定。票据金额、日期、收款人名称不得更改，更改的票据无效。对票据上的其他记载事项，原记载人可以更改，更改时应当由原记载人签章证明。”第14条规定：“票据上的记载事项应当真实，不得伪造、变造。伪造、变造票据上的签章和其他记载事项的，应当承担法律责任。票据上有伪造、变造的签章的，不影响票据上其他真实签章的效力。票据上其他记载事项被变造的，在变造之前签章的人，对原记载事项负责；在变造之后签章的人，对变造之后的记载事项负责；不能辨别是在票据被变造之前或者之后签章的，视同在变造之前签章。”《票据法》第9条规定的“更改”，是指原记载人所作出，对票据的一般事项所作的有权更改，只要签章证明即可，但对于票据的金额、日期、收款人名称，不得更改，否则，票据无效。而《票据法》第14条规定“变造”，指的是原记载人以外主体所作出的无权的、非法的行为。其效力是：票据上有变造的签章的，不影响票据其他真实签章的效力。变造票据签章以外的其他记载事项（包括金额、日期、收款人名称），并不影响票据的效力，法律只是规定不同签章主体承担的票据责任有所区别，在变造之前签章的主体对于变造事项并不承担责任,仅对变造之前的事项承担责任。

根据原审查明的事实,双方当事人对涉案汇票系变造票据这一事实并无异议,并且结合工商银行宁夏分行以涉案汇票系变造票据为由,向贴现申请方中宁兴鑫公司出具了“假票收缴凭证”,进一步印证了变造的事实。目前,没有证据证明涉案票据存在原记载人也就是出票人海南镒铭实业有限公司更改票据的金额、日期、收款人名称,故二审适用《票据法》第9条规定,确认涉案汇票为无效票据没有事实根据。本案中亦没有证据证明涉案票据金额的变造系昊华化工公司的行为,故在昊华化工公司为履行其与中宁兴鑫公司签订的《电石战略采购标准合同》中的付款义务时,背书转让涉案汇票给中宁兴鑫公司,其签章具有真实性,根据《票据法》第14条的规定,昊华化工公司应当对其签章时的票据金额240万元承担票据责任。如果确认涉案汇票无效,将会导致票据自始无效,那么票据变造之前签章的人也将不承担变造之前的票据责任,这将破坏票据的流通性,并影响后手向前手行使票据追索权。因此,中宁兴鑫公司请求确认涉案汇票无效无事实和法律依据。另外,涉案汇票被工商银行宁夏分行收缴的事实亦不是确认票据无效的法定理由。中宁兴鑫公司在不能实现付款请求权的情形下,可以向其前手行使票据追索权。即使票据追索权不能实现,也可以依据其与昊华化工公司的基础法律关系行使债权请求权来实现其权利的保护。基于票据无效的法定性,二审以票据收缴为由确认涉案汇票无效没有法律依据。昊华化工公司再审请求成立,再审予以支持。判决撤销一、二审民事判决。

第六十七条　对票据未记载事项或者未完全记载事项作补充记载,补充事项超出授权范围的,出票人对补充后的票据应当承担票据责任。给他人造成损失的,出票人还应当承担相应的民事责任。

【条文主旨】

本条是关于空白授权票据受领人越权补充记载,出票人票据责任和民事责任的规定。

【条文理解】

(一)空白授权票据作成行为中包含对票据受领人补充记载之授权

理论上,票据上空白事项的补充记载权应属于出票人自己,但为了便利票据流通和票据权利的行使,出票人可将该补充记载权授予持有票据的人,这里的被授权人可以是出票人委托的具体使用票据的人(出票人的工作人员或其他人),甚至也可以将这种补记权授予收款人行使。

关于空白票据补记授权应采取什么样的形式，理论上有不同的学说。其中，主观说认为，出票人是否进行了补记授权应当以其在票据上或者独立文件上是否明确地作出表示为标准，没有这样的明确意思表示即不能认为存在补记授权。《日内瓦统一汇票本票法公约》第10条规定："汇票于发票是欠缺应记载事项，经补充记载完成，而其补记不符合原定协议时，付款人不得以此对抗持票人。"《英国票据法》第20条规定，"凡一张仅有签名的白纸，由签名人交付他人以备转变为一张汇票，该张白纸就成为当然的授权……同样，如汇票缺少任何必要项目，拥有该汇票之人，就有当然的授权，以他认为合适的任何方式填齐缺项。如果任何这类票据在完成后流通到票据正当持票人手中的，该票据在其持有时应完全有效，并应认定该票据是在合理期间内严格按照所附权限填发的。"因此，从上述两立法例的规定可以认为均采主观说。客观说认为，票据上既已预留了空白，就应视为具有了授权的含义或外观而无须出票人以另行的意思表示再行授权。《美国统一商法典》第3-115条后段规定有这样的内容，即如补充记载完全未被授权，空白票据经填写完成，对正当持票人仍为有效。此种规定已使客观说特点昭然。折中说认为，补记授权的确定，是以出票人的意思表示还是以票据空白的外观为标准，应根据具体情况来判断。

对此问题，我国《票据法》理论一般认为，空白授权票据补充权的发生，通常应当是基于空白票据行为人及其相对人之间所达成的合意，即一般表现为授权补充的协议，通过协议的方式由空白票据行为人授予其相对人以补充权是最为常见的方式。另外，由于空白票据补充权的授予可以是单方的权利，所以补充权也可以通过空白票据行为人的直接授权如单方面出具书面的授权文件而产生；再者，还可以以默示的方式授予他人以补充权或者根据交易习惯认定空白票据行为人已经授予他人以补充权。从法学理论的角度来看，空白补充权不是票据权利，而属民事权利；但空白补充权的行使能够使空白票据产生完全票据的效力，换句话说，空白补充权直接决定着空白票据的效力。[①] 由于空白授权票据补充权的授受并不是票据行为，而是空白授权票据补充权的产生基础，是属于票据基础关系的范畴，所以补充权的授予是票据外的、基于协议或者单方授权而产生的票据法上的非票据权利。[②] 票据的特征之一是无因性，空白授权票据的补充权属于票据的基础关系，原则上与票据关系分离，不影响票据本身的效力。所以，空白授权票据补充权

---

① 参见于永芹：《论空白票据的空白补充权》，载《当代法学》2005年第3期。

② 参见汪世虎：《票据法律制度比较研究》，法律出版社2003年版，第130~131页。

是否真实存在不应影响到票据的效力;即使不存在空白授权票据补充权的授予,但客观上已进行了补充记载,空白签章人也不能以不存在补充权为由拒绝承担票据责任。

(二)关于空白授权票据补充权的行使期限问题

补充权原则上要求必须按授受补充权的协议或者空白授予票据行为人所出具的单方授权文件的内容行使,其中就有关于空白授权票据补充权行使期限的约定,如果当事人对空白授权票据补充权的行使期限没有约定或者约定不明确的,则可以按照原因关系或者交易习惯来确定。具体而言,空白授权票据补充权的行使期限,应当区分空白授权票据上是否记载"到期日"而有所不同,如果空白授权票据上已经记载有到期日的,因自到期日起消灭时效经过后即不得再行使票据权利,所以空白授权票据的补充权一般也应当在到期前或者最晚不得迟于票据权利消灭时效期间届满以前行使;超过票据权利的消灭时效期间再行使空白票据的补充权,因票据权利已经消灭,其行使已没有任何实际意义。

如果空白授权票据上未记载到期日或者不能确定票据的到期日的,因为在这种情况下也无法确定票据权利的消灭时效期间,补充权应于何时行使,也无法进行限制。依票据法理论上的通说,应作无期限限制理解较为合适,因为空白授权票据补充权是一种形成权,不应以除斥期间进行限制,只能依权利的行使而消灭。空白授权票据的补充权的行使,仅依补充权人的行为在票据上记载文字即可以实现。因此,他人也无法确定其行使的具体时间,此时规定一个期限也并无实际上的意义,所以尽管这样做会使得票据关系长期处于悬而未决的状态,但是为了符合票据文义性特征的要求,也只能如此认定。而且空白授权票据行为人因故意或者重大过失而未记载票据的到期日时,这种后果也应当是在其预料范围之内,责任自然也应当由其自行承担。

(三)关于空白票据补充权的效力

对此问题,各国票据立法一般并无特别的限制。一般认为,可以对欠缺的记载事项进行一次性的补充完全,也可以分次进行补充使之完全。

1. 补充权行使前空白授权票据不得使用

在补充权行使前的空白授权票据,由于持票人须经补记后才能依据票据记载的文义主张票据权利,故持票人不能以未完成的空白授权票据提示付款;否则不能产生提示票据的效力,不能保全付款请求权。票据出票人也可以依票据欠缺绝对应当记载事项而进行抗辩。我国《票据法》第85条规定,未补记前的支票,不得使用。但值得注意的是,《票据法》所规定的不得使用,并不是准确的票据法用语,它可能引起的异议是,究竟未补记前的支票是不能交付给收款人,还是不能用来主张票据权利。本书认为，应限于提示付款或者行使票据追索权，对于空白授权票据，可以背书转让或者依单纯交付方式予以转让。因为按照我国《票据法》的规定，票据行为的形式要件包括作成票据（记载完成票据）和交付票据，空白授权票据未补记前即没有完成作成票据这一要件，“不得使用”等同于不得交付给收款人是票据行为要件的本质要求。但是，既然承认空白票据和空白授权，出票人将空白补充权授予何人，包括授予收款人，完全属于出票人意思自治的范围，故此，应该将“不得使用”理解为不得用来主张票据权利。《美国统一商法典》第 3 - 115 条前段“在记载完全前不能行使票据权利”的规定可作为参考或例证。因此，被授权人包括收款人应该是正确的理解。

2. 补充权行使后发生追溯效力

空白授权票据持有人根据授权进行补充记载后，未完成票据即成为完全票据，只要是补充权人在有效期间内完成补充权，均应视为自票据签发时就已补充完全，与完全票据具有相同的法律效力。在持票人未依授权而为补充行为进行补记时，票据债务人对直接当事人可以举证主张补充权授受关系的抗辩，但是对善意持票人仍应负票据责任。也就是说，除非票据债务人能举证证明持票人有恶意或者重大过失，否则票据债务人须对补充权人超越补充权限或者无权补充行为承担票据责任，对越权行为或者无权补充行为，票据债务人可以依一般民事纠纷向为票据补充行为的人追究其法律责任。

（四）关于空白票据补充权滥用的法律后果

空白票据补充权人的补记行为实际上是在完成出票人未完成的出票行为，所以，补记行为的规则应当适用出票的一般规则。正常情况下，空白授权票据的补充权人，应当在空白票据行为人的授权范围以内对票据上的空白记载事项进行补充记载，如果补充权人补充记载的内容与空白票据行为人的实际授权内容不一样，超出空白票据行为人的授权时，则构成补充权的滥用。如出票人甲签发一张空白支票给本单位经办人员乙，授权其在 3 万元内补记金额，但乙在补记时将票据金额补写为 4 万元，就属于乙滥用了甲的补记授权。

发生滥用补记权的情况，法律效果当然不能简单等同于依照授权完成补记的行为。《日内瓦统一汇票本票法公约》第 10 条规定：“汇票于发票时欠缺应记载事项，经补充记载完成，而其补记不符合原定协议时，付款人不得以此对抗持票人，但持票人以恶意或有重大过失取得票据者，不在此限。”《日内瓦统一支票法公约》第 13 条对空白支票的规定，与该第 10 条的规定意义相同。根据这样的规定，“其补记不符合原定协议时”，即没有按照授权补记而构成补记权滥用，法律后果是“付款人不得以此对抗持票人”。这个法律后果对空白本票的适用是毫无问题的，因为出票人即付款人,但对于空白汇票和空白支票,如此规定似乎没有直接说出补记权滥用对授权的出票人是什么样的法律效果。

原理上,汇票和支票均属委托付款的票据,付款人拒绝付款不过是违反他与出票人的资金关系而仅承担民事上的违约责任,甚至付款人无理由拒绝付款也不承担票据责任。或者说,因为汇票和支票上的付款人并不是票据债务人,除非汇票的付款人承兑,票据法是不能以票据责任来约束汇票和支票的付款人的。所以,《日内瓦统一汇票本票法公约》上"付款人不得以此对抗持票人"有些词不达意,作为空白票据滥用授权的后果,从出票的角度,应直接规定为"出票人不得以此否定自己的担保责任"。也就是说,出票人不得以持有票据的人滥用授权对抗后手的追索请求。授权只作为出票人向被授权人主张民事赔偿的依据。这里包含的法理是:出票人对持有人的授权属于民事关系的范畴,其授权包括授权范围在票据上并无体现,根据票据法上原因关系和票据关系分离的原理,基于原因关系的授权当然不能用来对抗基于票据关系取得票据的受让人。按《美国票据法》上的规定,主张未经授权或违反授权的,主张人应负举证责任,但正当持票人仍得享有票据权利。其规定与日内瓦统一法文字上有差异但实际效果基本相同。

分析日内瓦票据公约的规定,出票人不得以被授权人违反授权对抗后手的追索请求还有一个重要条件,就是受让人取得票据时为善意,即"但持票人以恶意或有重大过失取得票据者,不在此限"的限制。美国法上此种情况主张人应负举证责任,即当然推定取得人为善意,恶意或重大过失同样会被排除。

如前文所述,我国《票据法》上,仅有《票据法》第84条、第85条、第86条关于空白支票的规定,而这些规定并无空白授权滥用法律效果的规定,解释上当然可以以上述法理填补法律上的漏洞,《票据法规定》(2020)本条的解释,以司法解释补充了《票据法》的漏洞。本书认为,在适用空白支票制度时,适用本条解释条件上,实践中可参照国外票据法,将恶意或重大过失者排除。

本条解释在规定票据补充权滥用,出票人应承担票据责任的同时,进一步强调了,出票人授权给他人造成损失的,还应承担相应的民事责任的后果。比如,空白票据持有人违反出票人授权,将票据收款人记载为出票人指定的另外的人,出票人对基于基础关系负有付款义务的票据上拟定的收款人仍要负民事责任。

【司法适用】

空白票据补充权的滥用,从理论上来讲包括补记超出授权范围以及补记违背授权意思两个方面的行为,《票据法规定》(2020)本条规定仅使用了"补充事项超出授权范围的"的表述,实践中应当理解为包括补充事项违背授权的情形。

此外，出票人对补充权人滥用补充权的行为，可以依授权关系而主张损害赔偿，这是各国票据立法的通例；并且，补充权人滥用空白授权票据的补充权行为如果构成犯罪的，还应当承担相应的刑事责任。[①]

【司法案例】

案例一
罗某某等与梁某某票据追索权纠纷案[②]

法官提示：空白票据的授权补充方式，法律既未明确规定，也未进行限制，书面方式、口头方式、默示授权均无不可。

法院认为：第一，《票据法》第85条规定："支票上的金额可以由出票人授权补记，未补记前的支票，不得使用。"依据该条规定，结合相关票据原理，支票金额事项虽为绝对必要记载事项，但支票金额事项允许空白，若没有补记，则金额空白支票因缺少绝对必要记载事项而无效；若经过补记，则金额空白支票和一般有效支票无异，为有效支票。至于出票人授权方式，我国法律既未明确规定，也未进行限制，书面方式、口头方式、默示授权均无不可。实践中，一般认为，空白支票的交付即可推定为附带有补充记载权的授予。本案中，涉案支票签发时未记载金额，为空白支票，且附带有补记金额权利的授予，现梁某某所持涉案支票金额已经补记，无论金额为何人记载均不影响出票时金额空白的涉案支票为有效支票。第二，依据《票据法》第84条的规定，出票日期为支票绝对必要记载事项之一，出票人出票时未填写出票日期的，一般应当认定支票无效，但在持票人正当、善意持有支票的前提下，已经填写出票日期的，应当适用票据文义性原则，以票面记载内容为准，认定支票有效，不考虑出票人是否填写出票日期以及不填写出票日期的原因。本案中，涉案支票签发时虽未记载出票日期，但现梁某某正当、善意持有涉案支票，且已填写出票日期，故涉案支票不因中建光耀公司出票时未填写出票日期而无效。基于以上论述，涉案支票签发时虽为空白支票，但现已记载完全，为有效支票。法院综合考虑双方有关基础法律关系举证情况及中建光耀公司开具支票长期不收回却未采取限制持票人权利等明显违反财务制度的情形，判令中建光耀公司应当支付票面金额，对原告诉求予以支持。

---

① 参见汪世虎：《票据法律制度比较研究》，法律出版社2003年版，第136页。

② 参见北京市第三中级人民法院（2019）京03民终2166号民事判决书。

案例二
佛山市南海区辉红不锈钢有限公司与佛山市南海区狮山镇庆生五金制品厂票据利益返还请求权纠纷案[①]

广东省佛山市中级人民法院二审认为:《票据法》第84条虽规定了支票必须记载的事项,但出票人将有自己签章的空白票据交与他人,应视为其已授予持票人以该票据有关内容的补充权。如果持票人在行使付款请求权前仍未将必须记载的事项补充齐全,可以以要件不完备为由认定该票据无效。但有关人员在行使付款请求权前已将有关内容补充齐全的,对于善意持票人来说,该补充与出票人的原始记载具有同等效力。即使补充内容超出出票人原始授权范围,出票人仍应对补充后的票据文义承担票据义务。《票据法规定》第68条规定:"对票据未记载事项或者未完全记载事项作补充记载,补充事项超出授权范围的,出票人对补充后的票据应当承担票据责任。给他人造成损失的,出票人还应当承担相应的民事责任。"案涉支票的出票日期在行使付款请求权前已经补记完成,且出票人未能证明持票人在取得票据时有恶意或重大过失,应认定该支票有效,出票人辉红不锈钢有限公司对补充后的票据应当承担票据责任。

第六十八条　付款人或者代理付款人未能识别出伪造、变造的票据或者身份证件而错误付款,属于票据法第五十七条规定的"重大过失",给持票人造成损失的,应当依法承担民事责任。付款人或者代理付款人承担责任后有权向伪造者、变造者依法追偿。

持票人有过错的,也应当承担相应的民事责任。

【条文主旨】

本条是关于对《票据法》第57条规定的"重大过失"的具体化的规定。

【条文理解】

(一)关于付款人及其代理付款人的审查义务

票据是完全有价证券,即票据权利和票据紧密结合,一般意味着持票人就是票据债权人,其向付款人提示付款,付款人就有义务或者有资格按照票据上的文义向持票人付款。但是,票据作为流通证券,已非合同上简单的合同债务人对债

① 参见广东省佛山市中级人民法院(2020)粤06民终9026号民事判决书。

权人的履行,而是要按照票据的特征以及《票据法》的制度设计对票据及其流通过程进行一定的审查。我们一般讨论付款人的审查义务,是指在付款提示期内提示付款的审查义务,而期前付款、期后付款与到期付款在《票据法》上有不同的要求。

1. 期前付款的审查义务

期前付款,是指在到期日前持票人提示付款而付款人给予付款的行为。票据提示付款时,因付款期尚未到来,付款人并无付款义务,对持票人的提示请求任何人包括付款人都可以主张抗辩,而且是绝对的、物的抗辩。另外,付款人期前付款,意味着付款人放弃了期限利益,本质上符合意思自治的原则,立法上并不作绝对限制。所以,《票据法》第 58 条规定:“对定日付款、出票后定期付款或者见票后定期付款的汇票,付款人在到期日前付款的,由付款人自行承担所产生的责任。”至于“由付款人自行承担所产生的责任”的责任内容,我国《票据法》并无规定。我国台湾地区“票据法”的规定和学者解释,“所谓自负其责,即付款人自己应负担其危险之谓。详言之,在到期付款,只要汇票背书在形式上连续,虽执票人非真正权利人,而付款人如无恶意或重大过失者,则仍可免其责任;但在期前付款,则不能发生免责效力,亦即无论付款人有无过失倘有真正权利人出面请求时,则付款人不得以既已付款为由而对抗之是也”。[①] 按这一理解,期前付款,仅作形式审查是不够的,或者说即使做了实质性审查(仍可能错误付款),若有真正权利人再次请求,付款人就有重复付款的风险。

2. 到期付款的审查义务

理论上,经常会把付款人的审查义务分为形式审查义务、实质审查义务和其他审查义务。但实质审查义务容易给人误导,我们主要从形式审查义务和其他审查义务展开。

(1)形式审查义务。所谓形式审查,是对票据记载事项和背书是否连续做形式上的审查。首先,对票据自身从记载事项上审查绝对必要记载事项是否欠缺。如果绝对必要记载事项欠缺,对于出票,则因其基本票据行为的意义,票据是无效的,票据权利也不能成立,付款人可以并应该拒绝付款。对于背书、承兑、保证等行为,也会因绝对必要记载事项欠缺,导致相应行为无效,也因此会对票据权利带来不同的影响。比如,背书行为如果无效(如被背书人记载空白),会对背书连续产生破坏,后来的受让人从形式上就可以判断,其疏于审查而受让票据,其票据权利也就不能成立。对于保证,我们都知道票据行为的独立性在这一行为上的体

① 参见郑玉波:《票据法》,台北,三民书局 2000 年版,第 180 ~ 181 页。

现,即票据保证所保证的债权债务无效,保证依然有效。同样基于这一原理,如果保证因绝对必要记载事项欠缺而无效,并不影响被保证人所应承担的票据责任的效力;承兑因记载事项导致无效,也仅仅是付款人不承担承兑义务,不影响其他票据债务人票据责任的承担。

除了绝对必要记载事项不能欠缺,付款人还要审查票据上是否存在有害记载事项。对出票和承兑而言,是指票据上记载了违背"无条件付款,或无条件付款的委托"的事项。对付款或承兑附加了条件,会导致两种行为无效;对背书则是实施了部分转让的背书和分别转让的背书行为,因违背了《票据法》第 33 条第 2 款"将汇票金额的一部分转让的背书或者将汇票金额分别转让给二人以上的背书无效"的规定而无效。对于保证,根据《票据法》第 48 条的规定,保证附有条件的,不影响对汇票的保证责任。应该认为票据保证行为不存在有害记载意义上的事项。各种票据行为因记载有害记载事项而无效的,法律效果同欠缺绝对必要记载事项,付款人可以并应该拒绝付款。另外,付款人对票据自身的审查还包括根据票据记载存在其他物的抗辩的情况,比如,票据尚未到期或提示付款地与票据记载的付款地不符等,付款人不但可以拒绝付款而且应当拒绝付款,否则,会构成错误付款而要承担相应责任。

其次,对票据权利人形式资格的审查,即从形式上审查持票人是否为合法的票据权利人,而这种形式审查是要看票据的流转过程背书是否连续。根据《票据法》第 31 条第 2 款的规定,所谓背书连续,是指在票据转让中,转让汇票的背书人与受让汇票的被背书人在汇票上的签章依次前后衔接。《支付结算办法》第 33 条第 2 款进一步解释为:背书连续,是指票据第一次背书转让的背书人是票据上记载的收款人,前次背书转让的被背书人是后一次背书转让的背书人,依次前后衔接,最后一次背书转让的被背书人是票据的最后持票人。持票人被推定为票据权利人是以背书连续为前提的,故付款人付款要履行对票据背书连续的审查义务,否则,错误付款不能免除票据责任。

需要说明的是,付款人的形式审查义务也包括对出票人预留印鉴的审查,如银行业务实践中,还要求付款银行在付款时要核对出票人预留印鉴等。这类审查也是根据出票的记载,辅之出票人预留印鉴的核对即可完成,因此应属于形式审查的内容。

(2)其他审查义务。除了形式审查义务付款人必须履行,付款人付款时还要负担附带审查义务。根据《票据法》第 57 条第 1 款的规定,付款人及其代理付款人付款时,应当审查汇票背书的连续,并审查提示付款人的合法身份证明或者有效证件。这里的"审查提示付款人的合法身份证明或有效身份证件",即属于该种义务。

从一般意义上说，附带审查义务既然称为义务，也是按照法律规定付款人应当完成的，但附带审查义务不同于形式审查义务，形式审查义务的违反会发生票据上的责任，而附带审查义务的违反不再有票据责任的发生，而是产生民事、行政等责任。比如，持票人伪造假身份证件，普通人用通常的方法都能判断有伪造的嫌疑而付款人却付了款，这种情况下，因为票据已经使用，不会再有人持有该票据请求付款，付款人的错误付款也就不会再有票据责任发生而产生其他责任。也就是说，付款人没有尽到附带审查的义务，给票据当事人造成损害时，不会有票据上的法律后果，而是需要符合付款人主观上存在恶意或重大过失的条件时，付款人才要承担票据外的过失赔偿责任。附带审查义务之所以不产生票据责任的后果，还因为附带审查义务的对象已不再是票据本身的记载事项，而是票据外的关联事项，因此要区别于形式审查义务。

附带审查义务的违反虽然不产生票据责任，但对于防止和减少不法分子假冒他人名义利用票据诈骗票款、扰乱金融秩序、侵害合法权利人的利益还是有积极意义的，至少不法分子不敢公然假冒他人使用票据进行违法活动。

(3)关于实质审查义务。所谓实质审查义务，是指要从实质上考察持票人是否为真实的票据权利人。

《票据法》理论上有观点认为，票据作为一种流通证券，可能要经过多次转让，如果要求付款人对所有的票据付款都进行实质性的审查，明显是一种超出付款人力所能及的苛求，所以，在一般情形下，《票据法》只规定付款人有形式审查义务，并不要求付款人负担实质审查义务。① 比如，日内瓦票据法公约和我国台湾地区"票据法"均规定付款人对背书连续有审查义务，如果对背书不连续的票据给予支付，付款人应自负其责。付款人对背书签名的真伪，以及持票人是否为真正票据权利人不负认定之责，但有恶意或重大过失者不在此限(《日内瓦统一汇票本票法公约》第40条、我国台湾地区"票据法"第71条)。但是英美票据法也有关于付款人原则上应对出票人签章承担实质审查义务的规定。②

我国《票据法》规定付款人及其代理付款人付款时，应当审查汇票背书的连续，同上述立法例是一致的，没有规定付款人对背书签名真伪的审查义务。对于票据背书人以外的其他票据当事人的签章是否真实，《票据法》也没有明确涉及。

---

① 参见王小能主编：《中国票据法律制度研究》，北京大学出版社1999年版，第291页。

② 参见吕来明：《票据法学》(第2版)，北京大学出版社2017年版，第220页。

3. 期后付款的审查义务

期后付款,是指持票人在付款提示期届满后,或者拒绝付款证明作成后向付款人提示付款而付款人为付款的行为。此时,付款人是否付款要审查票据是否承兑。

(1)已为承兑票据的期后付款。票据一旦承兑,承兑人负有绝对的付款义务,非因时效经过不能消灭。也就是说,根据票据的记载持票人的付款提示虽已超过付款提示期,或者持票人在付款提示期内提示付款但未作成拒绝证明,已导致追索权丧失,但根据《票据法》第 17 条第 1 款第 1 项的规定,只要从票据到期日起未满 2 年,持票人都可以向承兑人主张票据权利,付款人此时付款与到期付款发生同一效力。另外,我国《票据法》上虽没有规定持票人在付款提示期内不为付款提示时,承兑人可将票款依法提存,但根据债法原理,承兑人也可以将票款提存,提存费用由持票人承担,还包括可能的利息免除。

(2)未承兑票据的期后付款。汇票未承兑,因付款人并非票据债务人,加之持票人已经丧失追索权,此时的票据已无票据权利可言,若付款人对其付款,不能发生付款的效力,付款人不能依委托付款关系请求出票人支付付款资金,而只能向持票人主张不当得利返还。若付款人不付款,持票人尚有依《票据法》第 18 条主张利益偿还请求权的可能。

(二)对付款人及其代理付款人"重大过失"的认定

票据付款人错误付款,是指票据付款人因其未尽票据法所规定的审查义务,向不具备提示付款条件的持票人付款的情形。票据付款人错误付款的直接后果就是向非票据权利人支付了票据款项。票据付款人的错误付款,主要分为因恶意而向非法持票人付款以及因重大过失向非票据权利人付款两个方面。《票据法》第 57 条第 2 款仅规定"付款人及其代理付款人以恶意或者有重大过失付款的,应当自行承担责任"。

重大过失属于过失的过错等级,民法上的过失是指"注意之欠缺",即行为人未尽到自己的注意义务即可以构成过失。因行为人的主体类型不同,其注意义务和程度也应有所不同,根据注意义务的不同,过失也可以划分为具体的轻过失、抽象的轻过失和重大过失三种不同的等级。

付款人因重大过失付款,从理论上讲,则是指付款人通过一般的审查,即可以知道持票人为非票据权利人,但是因为付款人疏于审查而未能发现,并向持票人付款的情形。也就是说,重大过失是指最疏忽的人也能够预见和避免,而行为人没有能够预见和避免;非专门人员都能够预见和避免,而专门人员却未能预见和避免。所以重大过失是不可宽恕的,尽管行为人不是故意所为,该主观状态属于过失的范畴,但是在法律上的评价却与故意等同或者基本相同,所以法律一般将恶意与重大过失相提并论,承担相同的责任。[①]

对于重大过失的标准,在英国法上标准比较灵活,立法和理论中未对过失作上述等级的划分,但是其采用拟人的方法确定注意义务,通常的标准是“理智之人”。理智之人是具有一般谨慎注意能力的人,而疏忽之人是没有做谨慎而理智的人会做的事的人,或者做了谨慎而理智的人不会做的事的人;理智之人的标准排除个人评判的差异,也不受与案件有关的特定个人特征的影响。

我国《票据法》并未对重大过失的标准作出明确的规定,《票据法规定》(2020)本条解释将付款人或者代理付款人未能识别出伪造、变造的票据或者身份证件而错误付款,直接认定为属于《票据法》第57条规定的“重大过失”,包括:

1. 未能识别出伪造、变造的票据

这是对《票据法》中的“重大过失”作出的非常严格的解释。

由于我国《票据法》就付款人对票据当事人签章真实性的审查义务并没有明确涉及,因此理论界有观点认为,尽管依照有关票据结算制度的规定,付款人或者代理付款人可能要承担一定的审查义务,但这种义务来自行政规章而不是来自《票据法》,所以当付款人或者代理付款人未能按照结算制度审查相关的实质事项时,可能要承担一定的行政责任,而不当然地产生票据上的责任。但同时认为,付款人或者代理付款人虽不负实质上的审查义务,但这绝不意味着付款人或者代理付款人可以对持票人随便付款,如付款人或者代理付款人明知票据上存在问题或者持票人取得票据不合法,如签章是假的、票据金额被改写、持票人以欺诈等非法手段取得票据等,自不应当对之付款,即使对这些不合法的现象不是明知,而是根据具体情形应当得知而不知的,对票据付款后,法律也不承认这种付款的法律效力。[②]

但也有观点认为,在我国,银行汇票的出票人和付款人是出票银行,不存在付款人审查出票人签章真实性的问题,代理付款人与同系统或者跨系统的银行机构,完全有能力和条件对于出票人签章的真实性予以核实,并且不会增加太多成本。银行承兑汇票的付款人是承兑银行,一般情况下,承兑人基于与出票人的承兑协议,在出票人签章的票据上进行承兑签章后,才由出票人交给收款人。承兑人在接受提示的汇票,对汇票进行审查时,必须对自己签章的真实性进行审查,只

---

① 参见曹守晔、王小能等:《〈关于审理票据纠纷案件若干问题的规定〉的理解和适用》,载《人民司法》2001年第4期。

② 参见王小能主编:《中国票据法律制度研究》,北京大学出版社1999年版,第292页。

要确定汇票和自己签章是真实的,即可确定提示付款人提示的该张汇票上与当初出票人依照承兑协议要求承兑的汇票是同一张汇票,出票人签章是真实签章,因此,付款人只要正常操作就能够对出票人签章的真实性予以认定。商业承兑汇票,虽然从票面本身付款人无法认定出票人签章的真实性,但只要向出票人进行必要的查询,也可以确定出票人签章的真伪,由于出票人与付款人之间有资金关系或者原因关系,这种查询完全有条件进行,而且不会增加太多成本。至于支票,除了付款人与出票人之间存在资金关系外,出票人在付款处留有预留印鉴,付款人有义务也有条件对出票人签章与预留印鉴是否一致承担实质审查义务;因此,付款人或者代理付款人对出票人签章的真实性应当承担实质审查义务。此外,使用伪造的票据凭证是无效的票据,持有伪造票据凭证的持票人,不能享有票据权利,付款人对该持票人付款的,属于错误付款,付款人对持票人提示付款进行审查时,首先应当审查的就是票据凭证格式的真伪。在我国,除商业承兑汇票外,票据付款人和代理付款人都是银行,而商业承兑汇票的付款人虽然不是银行,但代理付款人也是银行,所以,付款或者代理付款人应当对票据凭证格式的真实性承担实质审查义务也是合理的。①

2. 未能识别提示付款人伪造、变造的身份证件

付款人及其代理付款人在付款时还负有审查提示付款人的身份证件的义务。合法的身份证件包括合法身份证明或者有效证件。合法身份证明是指能证明提示付款人真实身份的有关文件,如身份证、户口簿以及公安机关出具的身份证明等;有效证件是指身份证等以外能合法有效证明提示付款人身份的证件,如提示付款人单位出具的加盖公章的介绍信、授权委托书等。如果付款人或者代理付款人未能识别出伪造、变造的身份证件而错误付款的,属于《票据法》第 57 条规定的"重大过失",给持票人造成损失的,应当承担民事责任。②

《支付结算办法》第 17 条则规定:"银行以善意且符合规定和正常操作程序审查,对伪造、变造的票据和结算凭证上的签章以及需要交验的个人有效身份证件,未发现异常而支付金额的,对出票人或付款人不再承担受委托付款的责任,对持票人或收款人不再承担付款的责任。"

是否符合规定的操作程序的判断主要包括以下几个方面:(1)在法定的营业时间和营业地点付款,在营业时间或者付款人的营业场所外付款,除以证据证明

---

① 参见吕来明:《票据法学》(第 2 版),北京大学出版社 2017 年版,第 220 ~ 221 页。

② 参见曹守晔、王小能等:《〈关于审理票据纠纷案件若干问题的规定〉的理解和适用》,载《人民司法》2001 年第 4 期。

的令人信服的理由外，不能认定是正常的付款。（2）付款的对象必须是票据或者结算凭证载明的收款人或者其他人，对收款人或者代理收款人以外的第三人付款，不能认定为正常的付款。（3）付款人内部有其他法律法规及行政规章所要求的内部流转程序，并且按程序进行了审查。上述符合规定和正常操作程序的审查，在性质上实际上与善良管理人的注意义务相仿，一般性的不符合规定和未按正常操作程序进行审查，不构成重大过失，只有明显违背注意义务，又不能证明合适理由的，才构成重大过失。在具体掌握上，要视违规行为与错误付款的因果关系而定，虽然有违规行为，但不一定导致错误付款的，不能认定为重大过失。[①]

对于何为“异常”的判断，在具体操作上，司法实践部门的认识与中国人民银行行政规章的规定曾有差异。如对于签章伪造、变造的审查，《最高人民法院关于银行以折角核对方法核对印鉴应否承担客户存款被骗取的民事责任的复函》（1996年3月21日，法复〔1996〕65号）[②]认为，按银行内部规章规定的方法未审核出印鉴存在的问题，导致客户损失的，银行有过错，应对不能追回的被骗款项承担民事责任。中国人民银行有关复函则认为对只能通过精密仪器才能鉴别出的问题，银行无过错，不承担责任。[③] 理论界也有争议，有学者主张，由于一些人将现代高科技成果应用于造假行为，给付款人识别票据和身份证件的真伪带来极大的困难，银行工作人员不是专业的文字鉴定专家，在现有技术条件下，银行等金融机构只要按照规定的操作规程进行操作，仍未能识别真伪的，不应承担责任。司法解释的起草者认为，尽管这种观点不无道理，但是却对持票人显失公平，而且不利于银行改进技术装备、增强责任感和提升金融风险防范意识。况且，我国公民的身份证将改变现有的面貌，逐步被IC卡取代。届时，IC卡将给银行实施有效票据管理、提高辨伪能力等带来极大方便。因为只要通过非接触式读卡，就能够一目了然地鉴别一个人的真实身份。据了解，公安部将建立身份证数据库，全国联网，从

---

① 参见赵新华主编：《票据法问题研究》，法律出版社2007年版，第471～472页。

② 已经《最高人民法院关于废止部分司法解释及相关规范性文件的决定》（2020年12月29日，法释〔2020〕16号）决定废止。

③ 中国人民银行银复〔1996〕215号《关于结算业务中有关印鉴问题的复函》，转引自赵新华主编：《票据法问题研究》，法律出版社2002年版，第472页。

而可以大大降低因辨别不清身份证的真假而造成的付款风险。[①]

(三)付款人因重大过失付款的法律后果

我国《票据法》第 57 条规定,付款人及其代理付款人以恶意或者有重大过失付款的,应当自行承担责任。《票据法规定》(2020)本条则规定,付款人或者代理付款人因"重大过失"付款,给持票人造成损失的,应当依法承担民事责任;付款人或者代理付款人承担责任后有权向伪造者、变造者依法追偿;持票人有过错的,也应当承担相应的民事责任。

付款人或者代理付款人因重大过失错误付款,必然造成相关当事人的损失。从理论上讲,错误付款使当事人产生损失的情形通常包括:一是因付款人或者代理付款人向无权利人付款而使真正的票据权利人无法持票请求付款而产生损失;二是付款人或者代理付款人在不存在委托付款关系时向无权利人付款而造成自己或者出票人的资金损失。就银行汇票而言,直接遭受损失的一般是代理付款人或者真正的票据权利人;本票的情形与银行汇票大致相同;银行承兑汇票直接受损失的一般是承兑人或者票据的真正权利人,如果汇票不存在真正权利人,直接受损失的一般就是承兑人自己或者被伪造签章的出票人;商业承兑汇票一般不存在垫付情形,直接受损失的通常不是代理付款人,而是付款人,如果汇票上存在真正的权利人,真正权利人也面临损失风险;支票的直接损失人一般是出票人,如果出票人基于与真正权利人的交易关系而出票,则出票人不存在损失,而受损失的一般是真正权利人。

1. 付款人或者代理付款人对持票人的责任

《票据法规定》(2020)第 69 条规定,付款人及其代理付款人因重大过失而错误付款的,应当自行承担责任。也就是说,基于票据上的权利义务关系依然存在,票据的付款人仍然应当承担向真实的票据权利人付款的责任。在这种情况下,票据的真正权利人即与票据付款人之间会产生票据纠纷,此时,票据的真实权利人可以依据《票据法》和《票据法规定》(2020)的规定,向票据的付款人提出付款和损失赔偿的请求,但请求人应当同时负举证证明的责任,也就是说,此种情况下提出请求的人既要证明自己是票据的真实权利人,还需要证明票据的付款人的前述付款是属于重大过失而付款。

---

① 参见曹守晔、王小能等:《〈关于审理票据纠纷案件若干问题的规定〉的理解和适用》,载《人民司法》2001 年第 4 期。事实上,国务院于 1984 年 4 月 6 日发布《中华人民共和国居民身份证试行条例》,并且开始颁发第一代居民身份证;从 2004 年 3 月 29 日起,中国大陆正式开始为居民换发内置非接触式 IC 卡智能芯片的第二代居民身份证,二代身份证表面采用防伪膜和印刷防伪技术,使用个人彩色照片,并可用机器读取数字芯片内的信息。

由于票据的代理付款人在理论上讲是付款人的代理人，其行为的后果应由付款人直接承担，代理付款人本身并不向持票人承担义务，因此，一般情况下也不应直接承担相应的责任，除非存在与付款人的串通等行为。

2. 付款人或者代理付款人对伪造、变造者的追偿权

被伪造签章者依据《票据法规定》(2020)第66条的规定，不承担票据责任；伪造、变造票据者给他人造成损失的，应当承担民事赔偿责任。因此，因重大过失而错误付款的付款人或者代理付款人不能向被伪造者主张，但在此情况下其有权请求伪造、变造者承担民事赔偿责任。

3. 有过错的持票人责任

如果持票人明知是伪造的票据而仍提示要求付款，付款人因重大过失而向其错误付款的，可以请求持票人返还其所支付的款额并要求其赔偿相应的损失。

【司法适用】

关于付款人或者代理付款人因重大过失错误付款的情况下，是否必须要承担责任，理论及实务中均有不同的观点。在具体实务中，对于票据权利人在付款人因重大过失错误付款后，不仅未提出异议，反而通过书面形式予以确认，进一步认可付款人的付款行为的，其后再主张追究付款人的责任，违反了“禁止反言”原则，不予支持。

【司法案例】

案例一

宜昌市明钢工程机械有限公司、湖北银行股份有限公司宜昌四〇三小企业信贷专营支行金融借款合同纠纷案①

法官提示：承兑汇票背书人财务专用章、印章或其他背书人公章存在伪造，但只要背书是连续的，且提示付款人身份真实合法，付款人不承担错误付款责任。

最高人民法院认为：票据权利的生成，是因票据的签发而产生，而非因背书产生。从原审查明的事实看，湖北银行四〇三支行已根据明钢公司的申请签发了符合法律规定的涉案承兑汇票，且已将涉案承兑汇票交付于明钢公司，履行完承兑汇票签发义务。至于涉案承兑汇票签发后如何流转已非湖北银行四〇三支行所能控制。作为付款人的湖北银行四〇三支行仅在提示付款人就涉案承兑汇票提示付款时履行审查义务即可。湖北银行四〇三支行审查义务也仅限于承兑汇票的真实性、背书的连续性及提示付款人合法身份证明或者有效证件的真实性。从

① 参见最高人民法院(2019)最高法民申3193号民事裁定书。

原审查明的事实看,湖北银行四〇三支行所解付的涉案承兑汇票是其签发的真实汇票,涉案承兑汇票的背书也是连续的,其对提示付款人合法身份证件真实性已尽合理审查义务。明钢公司所称涉案的承兑汇票背书上所盖一汽解放汽车销售有限公司财务专用章系案外人黄某某伪造,该问题仅是票据流转中产生的问题。湖北银行四〇三支行对涉案承兑汇票的审查也仅限于形式审查,仅对涉案承兑汇票记载的事项进行审查,而不涉及票据之外的其他事实或情况。即使承兑汇票背书上所盖一汽解放汽车销售有限公司财务专用章印章或其他背书人公章存在伪造,但只要其票据背书是连续的,且提示付款人身份真实合法,湖北银行四〇三支行也无须承担责任。因此,湖北银行四〇三支行在解付涉案承兑汇票时并无恶意或重大过失,不构成错误付款,原审判决明钢公司承担涉案承兑汇票的还款责任依据充分。

案例二

中国工商银行东莞市虎门支行与河北省汽车工业贸易总公司汇明公司等汇票解付侵权纠纷案①

法官提示:票据付款人已经尽到审查义务,不应承担错付责任。

最高人民法院认为:确定中国工商银行东莞市虎门支行(以下简称虎门支行)应否承担责任,主要看虎门支行在办理汇票兑付的过程中有无过错,是否履行了审查义务。根据《支付结算会计核算手续》第2项之规定,兑付行兑付汇票时应认真审查:(1)汇票和解讫通知是否同时提交;(2)汇票上的收款人或被背书人名称是否为该收款人,与进账单上的户名是否相符;(3)汇票上盖的印章是否真实,并符合规定;(4)压数机压印的金额是否有统一制作的压数机压印,与大写的汇款金额是否一致;(5)汇票是否真实,填写是否符合要求,内容有无涂改,付款期是否超过,收款人或被背书人是否在汇票背面盖章;(6)汇票实际结算金额是否在汇款金额以内,与进账单所填金额是否一致,多余金额结算是否准确。虎门支行对河北省汽车工业贸易总公司汇明公司(以下简称汇明公司)所持汇票进行了审查,认为所持汇票符合上述各项规定,具备兑付条件,予以兑付。虎门支行兑付票款的行为符合《支付结算会计核算手续》的规定,并无过错。虎门支行在审查汇明公司提交的汇票时只负有形式审查义务,即只需要审查持票人所持汇票是否真实,汇票背面是否有背书人和被背书人签章等,手续完备即应付款。邢某某将汇票及解讫

① 参见最高人民法院办公厅编:《最高人民法院公布裁判文书(2003年)》,人民法院出版社2004年版,第273~277页。

通知一并交于虎港公司,证明邢某某是将票据权利转让于虎港公司,邢某某未在虎门支行预留印章、本人签名或身份证件。虎门支行无法对邢某某的身份证件的真伪进行判断。邢某某的印章盖在发证机关处,属于填写不规范的问题,不能因此否定背书转让的效力。汇明公司将汇票及解讫通知一并交给虎港公司造成失票,同时又未采取通知虎门支行对汇票挂失止付或公示催告等失票救济手段,造成票款流失,其后果应自负。虎门支行在审查汇票背书及兑付票款的行为上没有过错,不应对票款流失承担法律责任。

第六十九条　付款人及其代理付款人有下列情形之一的,应当自行承担责任:

(一)未依照票据法第五十七条的规定对提示付款人的合法身份证明或者有效证件以及汇票背书的连续性履行审查义务而错误付款的;

(二)公示催告期间对公示催告的票据付款的;

(三)收到人民法院的止付通知后付款的;

(四)其他以恶意或者重大过失付款的。

【条文主旨】

本条是关于付款人恶意或者重大过失付款责任承担的具体情形的列举性规定。

【条文理解】

(一)付款人或者代理付款人以恶意或重大过失付款的几种情形

《票据法》第57条第2款规定:“付款人及其代理付款人以恶意或者有重大过失付款的,应当自行承担责任。”但该条并未明确付款人或者代理付款人以恶意或者重大过失付款的具体认定,《票据法规定》(2020)第68条将付款人或者代理付款人未能识别出伪造、变造的票据或者身份证件而错误付款,解释为属于《票据法》第57条规定的“重大过失”;本条则进一步对恶意和重大过失付款的具体情形进行列举,并规定了付款人或者代理付款人的责任。其中第1项、第2项、第3项列举了三种付款人恶意或重大过失的情况,第4项是一个兜底条款,同时指明前三项为恶意或重大过失付款的具体情形。

1. 未依照《票据法》第57条的规定,对提示付款人的合法身份证明或者有效证件以及汇票背书的连续性履行审查义务而错误付款的情形

(1)未依照《票据法》第57条的规定对提示付款人的合法身份证明或者有效

证件履行审查义务而错误付款。《票据法》第 57 条第 1 款规定,付款人及其代理付款人付款时,应当审查提示付款人的合法身份证明或者有效证件。《票据法规定》(2020)第 68 条规定,此种情形下付款人或者代理付款人的付款是因“重大过失”而错误付款的情形。

(2)未依照《票据法》第 57 条的规定对提示付款人的汇票背书连续性履行审查义务而错误付款。《票据法》第 57 条第 1 款规定,付款人及其代理付款人付款时,应当审查汇票背书的连续。如前文所述,票据付款人或者代理付款人对背书签章以及背书连续性的审查承担形式审查义务。背书连续是持票人取得票据权利请求付款人付款的形式要件,付款人审查背书是否连续,实质上是审查持票人是否合法地取得票据权利,是否为形式上的合格票据权利人。如果票据付款人及代理付款人明知持票人所提示的票据背书不连续,仍然向持票人付款的,即可以认定属于以恶意付款。如果并非出于故意而未审查出不连续的背书,则可以认定为以重大过失付款。

2. 公示催告期间对公示催告的票据付款的情形

公示催告期间,付款人不得付款在诉讼法上已有明确规定,《民事诉讼法》第 227 条规定:“支付人收到人民法院停止支付的通知,应当停止支付,至公示催告程序终结。公示催告期间,转让票据权利的行为无效。”《票据法规定》(2020)第 30 条进一步明确规定,“付款人或者代理付款人收到人民法院发出的止付通知,应当立即停止支付,直至公示催告程序终结”。

3. 收到人民法院的止付通知后付款的情形

除了人民法院在办理公示催告案件期间向票据付款人及代理付款人发出停止支付通知外,人民法院依案件当事人的申请,在审理票据纠纷案件、其他民商事案件中或者刑事案件中也会对票据权利进行保全而向票据付款人及代理付款人发出停止支付的通知,这种停止支付的通知即票据保全措施。无论是公示催告程序中的停止支付,还是票据保全中的停止支付,一经向票据付款人或者代理付款人送达,即发生法律效力,票据付款人及代理付款人收到人民法院的止付通知后仍然向持票人付款的,则属于恶意付款。

4. 其他以恶意或者重大过失付款的情形

因为立法者的智慧是有限的,而且社会生活总是在发展变化,为应对可能出现的付款人恶意或重大过失付款的其他情况,有必要设定这样一个兜底条款。

票据付款人其他因恶意或者重大过失付款的情形,结合票据司法实践,主要包括以下几种情况:

(1)票据付款人及代理付款人明知持票人所持有的票据是其以欺诈、偷盗或者胁迫等非法手段取得而仍向持票人付款。如前文所述，一般情况下并不要求票据付款人或者代理付款人承担实质审查义务，但这并不是说付款人或者代理付款人明知票据上存在问题或者持票人取得票据不合法的情况下还可以向持票人付款。恰恰相反，在付款人明知有前述情况下仍然对持票人付款的，则属于以恶意付款的情形。

（2）付款人明知票据系伪造或者票据上存在变造事项而付款。根据《票据法规定》（2020）第68条的规定，当票据上存在伪造或者变造事项，而付款人及代理付款人未能审查出伪造、变造事项向持票人付款的，则属于因重大过失付款。那么，当付款人及代理付款人明知票据上存在伪造或者变造事项而仍然向持票人付款的，则应当属于恶意付款。

（3）收到挂失止付通知的付款人违反规定仍然继续向持票人付款。《票据法》第15条规定，票据丧失，失票人可以及时通知票据的付款人挂失止付，收到挂失止付通知的付款人，应当暂停支付。所以当失票人向付款人及代理付款人为挂失止付后，在挂失止付有效期间内，付款人及代理付款人再向持票人付款的，应当认定其存在恶意。

（二）关于付款人或者代理付款人以恶意或者重大过失错误付款的责任

《票据法》第57条第2款规定："付款人及其代理付款人以恶意或者有重大过失付款的，应当自行承担责任。"所谓"自行承担责任"，是指付款人因恶意或重大过失付款，不发生免责的效力。

对于背书不连续的票据进行付款，事后如有真正权利人请求付款时，付款人仍须付款。付款请求人提供的营业执照有关键字模糊的现象，付款人未进行必要的查询而错误付款，如果真正票据权利人再次提示付款，付款人仍要承担付款责任。

对于公示催告期间的票据，《票据法规定》（2020）第30条还明确，非经发出止付通知的人民法院许可擅自解付的，不得免除票据责任。

我国《票据法》同世界各国一样，对变造票据的法律后果适用"变造前后文义不同的，签章人对自己签章时的文义负责"的法律规则。如果付款人在做通常审查即可发现票据系变造时，有义务向出票人确认出票时记载的金额并以该金额向持票人付款。因为付款人是基于和出票人的付款委托关系而进行付款，其应该按照出票金额付款，如果出票人不确认出票金额即按变造后的金额付款，就构成了重大过失，变造金额多于出票金额的部分付款人要自行承担。至于付款人再向变造人追偿，已经是民事责任的问题了。

由于代理付款人原则上只对付款人负责，与出票人、持票人并无直接的权利义务关系,所以《票据法》第 57 条、《票据法规定》(2020)本条规定的代理付款人“应当自行承担责任”,应当理解为:在付款对象错误时,如果代理付款人应当承担委托代理关系中的相关责任,则赔偿付款人直接遭受的资金损失或者付款人向真正权利人、出票人等当事人承担责任后所形成的损失;如果款项是代理付款人垫付的,则其无权要求付款人清算资金;如果代理付款人依法不承担委托代理的相关责任,则付款人直接遭受的资金损失或其向其他当事人承担责任后的损失,无权要求代理付款人赔偿,代理付款人垫付的,有权要求付款人清算资金。[①]

【司法适用】

当代理付款人在付款时如果没有对票据及相关证明文件进行形式审查,或者虽然进行了审查但是由于重大过失而没有发现存在的明显瑕疵,或者因恶意而进行错误付款,致使付款人受到损失的,应当承担赔偿损失的责任。此种情况下,付款人也可以要求代理付款人承担相应的赔偿责任。代理付款人依据与付款人的约定先为支付行为的,其无权要求付款人承担付款的责任,错误付款行为的责任应当由代理付款人自行承担。由于付款人与代理付款人之间往往存在账户管理法律关系,而账户管理法律关系中的一个重要组成部分就是存款法律关系,因此,付款人可以对代理付款人提起存款关系纠纷的诉讼,要求代理付款人支付相当于错误付款数额的存款,如支票付款银行因恶意或者重大过失而付款的情形。

【司法案例】

案例一

内蒙古乾坤金银精炼股份有限公司与中国农业银行兰州市七里河区支行财产损害赔偿纠纷案[②]

法官提示:付款人未能识别出出票人伪造印鉴的支票而错误付款的,应当承担相应赔偿责任。

甘肃省高级人民法院二审认为:乾坤公司为与卡某某进行黄金收购业务,以“乾坤公司西北黄金采购部”的名义在农行七里河支行开设资金结算账户、预留印鉴,办理专项资金的收付,并支付款项进行业务结算。由于农行七里河支行在对乾坤公司的支付结算环节中未发现伪造印鉴,而造成乾坤公司结算账户中的款项被卡某某骗取,致使乾坤公司的财产遭受损害。本案中,农行七里河支行应当依

---

① 参见吕来明:《票据法基本制度评判》,中国法制出版社 2003 年版,第 289 页。

② 参见杜万华主编:《最高人民法院民商事案件审判指导》(第 3 卷),人民法院出版社 2015 年版,第 505 ~510 页。

法、准确、及时、安全地办理支付结算业务。对于乾坤公司西北采购部账户支付结算环节中的票据,其工作人员虽按照银行规定的正常操作程序,采用折角核对的方法进行过核对,但不能证明完全尽到了谨慎审查的义务,对事实上造成客户存款被骗的结果是有过错责任的,对此亦应承担相应的赔偿责任。其上诉理由不能成立,该院予以驳回。

最高人民法院认为:在乾坤公司主张的损失中,仅最后一笔付款的1350万元所涉3张支票的印鉴系伪造。根据原审法院查明的事实,卡某某是乾坤公司西北采购部的固定客户,且长期、多次到农行七里河支行办理转账业务,乾坤公司工作人员旭某开设的个人结算账户由卡某某实际控制;该1350万元的空白支票,乾坤公司在未验货的情况下向卡某某出具,由卡某某在该支票上加盖了其伪造的印鉴,并通过旭某的结算账户将款转走。上述事实证明,乾坤公司在财务管理及货物交易中存在过错,为卡某某的犯罪行为提供了有利条件。一、二审法院根据过错原则,判决乾坤公司与农行七里河支行对该部分损失各承担50%的责任并无不妥,应予维持。对于农行七里河支行依据真实支票付款的部分,乾坤公司要求其承担赔偿责任的主张,缺少事实和法律依据,本院不予支持。关于乾坤公司主张的其向一审法院申请调取卡某某刑事卷宗未被采纳的问题,经本院审理查明,二审法院已经依法调取了卡某某合同诈骗案件的相关案卷,并在此基础上作出了维持一审判决的处理。

案例二

河南省民权县石油总公司诉中国工商银行天津市和平支行、天津市百信珠宝金楼票据纠纷案①

法官提示:代理付款人在公示催告期间解付票据款项,应承担相应的赔偿责任。

河南省民权县人民法院一审认为:民权石油公司在票据丧失后,依照《民事诉讼法》和《票据法》第15条第3款规定申请公示催告,因而公示催告对天津和平工行、天津珠宝金楼均有拘束力。天津珠宝金楼在公示催告期间受让票据权利的行为应属无效。天津和平工行所辩,该汇票不能挂失止付,因而不能公示催告,公示催告对其没有拘束力的理由不成立,不予支持,天津珠宝金楼以无义务看公示催告,公告催告对其无效的观点错误,不予支持。天津珠宝金楼接受汇票时应对其直接前手背书的真实性负责,但天津珠宝金楼未履行其法定义务,接受了非朱某

---

① 参见河南省商丘市中级人民法院(2000)商经一终字第72号民事判决书。

某本人背书的汇票,因而应属重大过失,故应承担相应的返还责任。其辩称已对前手出示的身份证上的照片与本人汇票上的姓名与身份证上的姓名进行了审查且是一致的,但这种形式上的一致,不具有票据法意义上的真实性,所辩本身无过错,不承担责任的理由不成立,不予支持。天津和平工行作为代理付款行,在付款时虽依规定操作,但由于在公示催告期间解付转让无效的票据,故其代理付款行为无效,应承担相应的返还及赔偿责任,民权石油公司汇票被骗本身有一定过错但属非票据法律关系的范畴,故本案不予涉及,天津和平工行要求民权石油公司承担相应责任的请求不予审理。判决:天津和平工行返还民权石油公司被解付汇票款额3万元并赔偿利息损失,天津珠宝金楼返还给天津和平工行从其处取得的票款3万元并赔偿相应利息损失。

天津和平工行不服一审判决,向河南省商丘市中级人民法院上诉。

河南省商丘市中级人民法院认为:本案票据可适用公示催告。《民事诉讼法》规定,可以背书转让的票据持有人,因票据被盗,遗失或者灭失,可向票据支付地的人民法院申请公示催告。此条虽只列举了申请公示催告的汇票包括被盗、遗失或者灭失几种情况,但并没有限制或排除被骗等原因丧失汇票的情况。为保护失票人的合法权益,对民权石油公司的公示催告申请,民权县人民法院应予受理,其在人民法院报上刊登的公示催告对天津和平工行、天津珠宝金楼均有法律约束力。本案中,民权石油公司、天津和平工行、天津珠宝金楼均有过错,应分别承担相应的过错责任。民权石油公司所持汇票被骗,致非法持票人解付票款,被骗行为与票款损失之间存有必然的因果关系,其主张的3万元票款利息损失自负。天津和平工行在付款时需作形式上的审查,即审查汇票背书的连续性和提示付款人天津珠宝金楼的合法证明,而在实际操作中天津和平工行工作人员既对汇票作了形式上的审查又审查了持票人的身份,在未对持票人身份严格审查的情况下,便告诉天津珠宝金楼汇票可解付,天津和平工行在公示催告期间对公告催告的票据错误付款,属重大过失行为应承担民事责任。天津珠宝金楼接受经背书转让的汇票,应对其直接前手背书的真实性负责,应核实持票人的真实身份,审查其合法有效证件,可天津珠宝金楼工作人员却未充分履行审查职责,未对持票人身份严格审查,轻信天津和平工行称该汇票可解付,便加盖公章,提示付款造成票款损失,亦应承担赔偿责任。

第七十条　票据法第六十三条所称"其他有关证明"是指:

(一)人民法院出具的宣告承兑人、付款人失踪或者死亡的证明、法律文书;

(二)公安机关出具的承兑人、付款人逃匿或者下落不明的证明;

(三)医院或者有关单位出具的承兑人、付款人死亡的证明;

(四)公证机构出具的具有拒绝证明效力的文书。

承兑人自己作出并发布的表明其没有支付票款能力的公告,可以认定为拒绝证明。

【条文主旨】

本条是关于《票据法》第63条所称"其他有关证明"的解释的规定。

【条文理解】

本条司法解释涉及追索权行使的要件,特别是形式要件的问题。

(一)关于票据追索权行使形式要件的一般形式

追索权是指在票据到期前不获承兑、到期不获付款,或者有其他法定原因时,持票人依法履行了保全手续后向其前手请求偿还票据金额及其他费用的权利。追索权的行使,必须具备相应的要件,只有具备了法定的要件,持票人才能实际行使追索权。追索权行使的要件一般分为实质要件和形式要件。

追索权行使形式要件的意义如下:一是程序上的保全作用;二是票据作为一种便捷金融工具,简化追索权行使的需求。一方面,就保全作用来讲,追索权不能超越付款请求权而直接行使,付款人必须在付款请求权不能实现时方能主张行使追索权。简单来说,就是要求持票人提供已经行使付款请求权而不能实现的证明。另一方面,从简化追索权行使的需求来说,具备追索权行使的实质要件,同时获取相关证明即可行使追索权,省却了主张一般民事权利可能需要的复杂的证明程序,配合了票据权利实现迅捷、便利的制度设计。这些证明的要件意义体现在《票据法》第65条的规定,即持票人不能出示拒绝证明、退票理由书或者未按照规定期限提供其他合法证明的,丧失对其前手的追索权。

《票据法》第62条第1款规定"持票人行使追索权时,应当提供被拒绝承兑或者被拒绝付款的有关证明",这是追索权行使中被拒绝承兑和被拒绝付款这两种实质要件对应的形式要件。这两种证明是持票人的提示行为遭到拒绝的直接证明,也是最便利、最客观的一种证明方式。

本条第2款所说的拒绝证明既包括一般意义的拒绝证明,也包括根据银行因业务的习惯而作成的退票理由书。退票理由书,是指在持票人向承兑人或者付款人以及代理付款人提示承兑或者提示付款被拒绝后,由付款人或者代理付款人出具的记载不承兑或者不付款理由的书面证明文件。退票理由书实际上是广义上的拒绝证明的一种,也能证明持票人已经主张票据权利而未获得付款的事实,即具有与一般拒绝证明相同的法律效力。只是退票理由书一般是由银行所采用的,大都有统一的标准格式。根据《票据管理实施办法》第 27 条第 1 款的规定,承兑人或者付款人出具的拒绝证明应当包括下列事项:(1)被拒绝承兑、付款的票据的种类及其主要记载事项;(2)拒绝承兑、付款的事实依据和法律依据;(3)拒绝承兑、付款的时间;(4)拒绝承兑人、拒绝付款人的签章。该条第 2 款规定了退票理由书应记载的事项:(1)所退票据的种类;(2)退票的事实依据和法律依据;(3)退票时间;(4)退票人签章。

从实务来看,付款人拒绝承兑或拒绝付款也可以直接在持票人提示的票据上记载有关的拒绝事项,包括提示日期、拒绝事由、拒绝日期等,并在记载处签章。尽管我国《票据法》上并未明确规定此种证明方式,但从实际效果而言,这种形式与单独作成的拒绝证明或退票理由书仅仅是外观上、形式上的差别,实质上二者完全可以起到相同的证明效果。

(二)在不能提供拒绝证明或者退票理由书时应当提供的保全手续

在一般情况下,持票人向票据承兑人或者付款人提示票据,要求承兑或者付款的,票据的承兑人或者付款人拒绝承兑或者付款的,都会向票据持票人出具拒绝证明或者退票理由书,所以法律规定持票人行使票据追索权时,需要提供拒绝证明或者退票理由书。但是,在某些特殊情况下,持票人可能并不能获得承兑人或者付款人出具的拒绝证明或者退票理由书,这些情况主要包括承兑人或者付款人死亡、逃匿或者其他原因。在这些特殊情况下,由于持票人行使追索权时无法提供拒绝证明或者退票理由书,《票据法》第 63 条规定,"持票人因承兑人或者付款人死亡、逃匿或者其他原因,不能取得拒绝证明的,可以依法取得其他有关证明",但并未进一步对"其他有关证明"作出规定。

《票据管理实施办法》第 28 条规定,《票据法》第 63 条规定的"其他有关证明"是指:(1)医院或者有关单位出具的承兑人、付款人死亡的证明;(2)司法机关出具的承兑人、付款人逃匿的证明;(3)公证机关出具的具有拒绝证明效力的文书。

本条司法解释吸收了《票据管理实施办法》第 28 条的内容,并对此作出了进一步解释:

(1)人民法院出具的宣告承兑人、付款人失踪或者死亡的证明、法律文书。

《民法典》第 40 条规定:"自然人下落不明满二年的,利害关系人可以向人民法院申请宣告该自然人为失踪人。”第 46 条规定：“自然人有下列情形之一的，利害关系人可以向人民法院申请宣告该自然人死亡：（一）下落不明满四年；（二）因意外事件，下落不明满二年。因意外事件下落不明，经有关机关证明该自然人不可能生存的，申请宣告死亡不受二年时间的限制。”第 48 条规定：“被宣告死亡的人，人民法院宣告死亡的判决作出之日视为其死亡的日期；因意外事件下落不明宣告死亡的，意外事件发生之日视为其死亡的日期。”《民事诉讼法》第 192 条第 2 款规定：“公告期间届满，人民法院应当根据被宣告失踪、宣告死亡的事实是否得到确认，作出宣告失踪、宣告死亡的判决或者驳回申请的判决。”因此，人民法院出具的宣告承兑人、付款人失踪或者死亡的法律文书应为民事判决书。

（2）公安机关出具的承兑人、付款人逃匿或者下落不明的证明。

通缉是公安机关对在逃的犯罪嫌疑人通令缉捕的紧急侦查措施。只有公安机关有权发布通缉令，其他任何机关、团体、单位、组织和个人都无权发布。人民检察院在自侦案件中，需要追捕在逃犯罪嫌疑人时，经检察长批准，作出通缉决定后，通知公安机关，由公安机关发布通缉令。根据《刑事诉讼法》的规定，应当逮捕的犯罪嫌疑人如果在逃，公安机关可以发布通缉令，采取有效措施，追捕归案。各级公安机关在自己管辖的地区以内，可以直接发布通缉令；超出自己管辖的地区，应当报请有权决定的上级机关发布。此种情况下承兑人、付款人逃匿的证明，可以是公安机关出具的通缉文书。

在我国，公安机关是公民户籍管理的法定部门，所以，由公安机关出具的当事人下落不明的证明，也最具证明效力。一般情况下，应由当事人的住所地，即户籍所在地的公安机关出具证明。

（3）医院或者有关单位出具的承兑人、付款人死亡的证明。

《民法典》第 15 条规定：“自然人的出生时间和死亡时间，以出生证明、死亡证明记载的时间为准；没有出生证明、死亡证明的，以户籍登记或者其他有效身份登记记载的时间为准。有其他证据足以推翻以上记载时间的，以该证据证明的时间为准。”其中，死亡证明是指有关单位出具的证明自然人死亡的文书，是记载死亡时间的原始凭证，具有证明死亡时间的准确性和规范性。自然人死于医疗卫生单位的，由医疗卫生单位出具死亡医学证明书；自然人因正常死亡无法取得医院出具的死亡证明的，可以由居（村）委会或者基层卫生医疗机构出具证明；非正常死亡或卫生部门不能确定是否属于正常死亡者，由公安司法机关出具死亡证明。[①]

---

① 参见黄薇主编：《中华人民共和国民法典总则编释义》，法律出版社 2020 年版，第 43 ~ 44 页。

(4)公证机构出具的具有拒绝证明效力的文书。

公证机构出具证明文书,是指在持票人提示票据,请求承兑人、付款人承兑或付款遭到拒绝,而承兑人付款人又不出具拒绝证明或退票理由书的情况下,持票人可以请公证机关的人现场记录承兑人、付款人拒绝承兑、拒绝付款又不出具拒绝证明的情况并作成公证文书。该公证文书与拒绝证明或退票理由书具有同样的形式要件意义。

(5)承兑人自己作出并发布的表明其没有支付票款能力的公告,可以认定为拒绝证明。

这是本条与《票据法规定》(2000)第 71 条规定相比,新增加的一款规定。如 2018 年发生的宝塔石化集团财务有限公司财票兑付违约事件中,承兑人在官方平台上正式发布了关于票据兑付事项的公告,公告称由于工作上的失误,未能对风控兑付问题进行严格统筹,未能对持有宝塔票据的客户进行如期兑付,明确承认了票据到期后无法付款的事实,但该情形在原有的《票据法规定》中没有规定,因而本次修改对其予以完善。

【司法适用】

(一)本条两款规定的关系

本条是对《票据法》第 63 条“其他有关证明”的解释。本条第 1 款所规定的四种情形是原来就有的,第 2 款是 2020 年修正时新加的内容,是对“其他有关证明”新增加的一种情形。本条司法解释第 2 款在举证证明的意义上也可以认为是对《票据法》第 62 条第 2 款规定的“拒绝证明”情形的解释,因为《票据法》第 62 条是关于如何行使追索权的规定。本条司法解释第 1 款规定的四种情形都是有权证明的机关所作的证明文件,属于《票据法》第 63 条所规定的“其他有关证明”无疑,而第 2 款规定的则并非有权机关所作出的证明文件,而是承兑人自己发布的公告,此款是根据个案中自认缺乏支付能力公告而对拒绝证明情形所作的扩大解释,在付款意义上,其实质是对拒绝付款的推定。《票据法》第 61 条第 1 款将汇票到期被拒绝付款规定为持票人行使追索权的情形,第 2 款规定了汇票到期日前,具有下列情形之一的,汇票持票人也可以行使追索权的三种情形,即:(1)汇票被拒绝承兑的;(2)承兑人或者付款人死亡、逃匿的;(3)承兑人或者付款人被依法宣告破产的或者因违法被责令终止业务活动的。该条分两款规定的到期与到期日前可以行使追索权的四种情形是确定的,没有规定“其他情形”。个案中承兑人明确以公告形式表示其没有支付票据款项的能力,本条司法解释第 1 款所规定的四种情形不能够涵盖,为适应票据司法实务需要,增加第 2 款予以补充是必要的。本条司法解释第 2 款在实质上也是对《票据法》第 62 条第 2 款规定的付款“拒绝证明”或者《票据法》第 61 条规定的拒绝付款的扩大解释,因为承兑人自认缺乏支付能力广告与法院宣告破产公告或者明确的付款“拒绝证明”未必绝对等同。殊途同归,无论是将补充的情形理解为《票据法》第 63 条所规定的“其他有关证明”、第 62 条第 2 款规定的付款“拒绝证明”,抑或认为是对第 61 条规定的情形所作补充解释,持票人只要能够提供承兑人自认无力支付票款广告公告的,同样可行使追索权。

(二)承兑人或付款人被宣告破产,或被责令终止业务活动的该如何获取相关证明

此种情形,可直接适用《票据法》第 64 条的规定,即承兑人或者付款人被人民法院依法宣告破产的,人民法院的有关司法文书具有拒绝证明的效力;承兑人或者付款人因违法被责令终止业务活动的,有关行政主管部门的处罚决定具有拒绝证明的效力。同时,按照《票据法规定》(2020)第 10 条的规定,付款人或者承兑人被人民法院依法宣告破产的,“人民法院的有关司法文书”是指人民法院依法作出的宣告破产裁定书或者能够证明付款人或者承兑人破产的其他证据。

(三)关于电子商业汇票的拒绝证明

《电子商业汇票业务管理办法》第 60 条规定:“持票人在提示付款期内提示付款的,承兑人应在收到提示付款请求的当日至迟次日(遇法定休假日、大额支付系统非营业日、电子商业汇票系统非营业日顺延)付款或拒绝付款。持票人超过提示付款期提示付款的,接入机构不得拒绝受理。持票人在作出合理说明后,承兑人仍应当承担付款责任,并在上款规定的期限内付款或拒绝付款。电子商业承兑汇票承兑人在票据到期后收到提示付款请求,且在收到该请求次日起第 3 日(遇法定休假日、大额支付系统非营业日、电子商业汇票系统非营业日顺延)仍未应答的,接入机构应按其与承兑人签订的《电子商业汇票业务服务协议》,进行如下处理:(1)承兑人账户余额在该日电子商业汇票系统营业截止时足够支付票款的,则视同承兑人同意付款,接入机构应扣划承兑人账户资金支付票款,并在下一日(遇法定休假日、大额支付系统非营业日、电子商业汇票系统非营业日顺延)电子商业汇票系统营业开始时,代承兑人作出付款应答,并代理签章;(2)承兑人账户余额在该日电子商业汇票系统营业截止时不足以支付票款的,则视同承兑人拒绝付款,接入机构应在下一日(遇法定休假日、大额支付系统非营业日、电子商业汇票系统非营业日顺延)电子商业汇票系统营业开始时,代承兑人作出拒付应答,并代理签章。”第 67 条规定:“追索时,追索人应当提供拒付证明。拒付追索时,拒付证明为票据信息和拒付理由。非拒付追索时,拒付证明为票据信息和相关法律文件。”因此,电子商业汇票的拒付证明为全国电子商业汇票系统记录的票据信息。

【司法案例】

案例一
吉林集安农村商业银行股份有限公司、龙里国丰村镇银行有限责任公司票据追索权纠纷案[①]

法官提示:电子承兑汇票的拒付证明为全国电子商业汇票系统记录的票据信息。

最高人民法院认为:所谓票据追索权,是指汇票到期不能获得付款、期前不能获得承兑或有其他法定原因时,持票人在依法履行了保全手续后,向汇票上的所有票据行为人请求偿还汇票金额、利息及其他法定款项的一种票据上的权利。相对于付款请求权而言,票据追索权是票据上的第二权利,是为补充付款请求权而设立的。因此,行使追索权的前提就是取得拒付证明。根据《电子商业汇票业务管理办法》第5条关于“电子商业汇票的出票、承兑、背书、保证、提示付款和追索等业务,必须通过电子商业汇票系统办理”的规定,第11条关于“电子商业汇票信息以电子商业汇票系统的记录为准”的规定,以及第67条关于“追索时,追索人应当提供拒付证明。拒付追索时,拒付证明为票据信息和拒付理由。非拒付追索时,拒付证明为票据信息和相关法律文件”的规定可知,电子承兑汇票的拒付证明为全国电子商业汇票系统记录的票据信息。电子商业汇票的一切活动均在电子商业汇票系统上记载生成,而电子商业汇票系统是由中国人民银行牵头建设的全国性金融业务运行系统,它采用电子签名和可靠的安全认证机制,能够保证电子商业汇票的唯一性、完整性和安全性。本案中,乌苏农商行向中核工公司、合肥华峻公司、阜阳俊业公司、吉林集安农村商业银行股份有限公司(以下简称吉林集安农商行)、龙里国丰村镇银行有限责任公司发出的拒付追索请求信息记载了票据信息和“拒付追索”的追索类型,并未违反上述法律规定。因此,一审法院认定乌苏农商行已经取得拒付证明,并无不当。根据《票据法》第53条第3款关于“通过委托收款银行或者通过票据交换系统向付款人提示付款的,视同持票人提示付款”的规定,第61条第1款关于“汇票到期被拒绝付款的,持票人可以对背书人、出票人以及汇票的其他债务人行使追索权”的规定,以及第62条第1款关于“持票人行使追索权时,应当提供被拒绝承兑或者被拒绝付款的有关证明”的规定,乌苏农商行并未丧失案涉票据追索权,可以向其前手、出票人、收款人进行追索。故吉林集安农商行关于因其未收到拒绝事由的通知,乌苏农商行不享有案涉票据追

① 最高人民法院(2020)最高法民终895号民事判决书。

索权的上诉主张，无法采信。

案例二
金鹰重型工程机械股份有限公司与常州市瑞泰工程机械有限公司等票据追索权纠纷案[①]

法官提示：已经查明承兑人拒绝付款的事实，无须再要求持票人另行提供拒绝证明或退票理由书。

一审法院认为：持票人瑞泰机械公司于案涉票据到期日前向承兑人力帆财务公司提示付款，力帆财务公司已于汇票到期日签收票据并同意付款，故瑞泰机械公司已先行履行付款请求权，力帆财务公司应于到期日足额付款。由于案涉汇票系电子汇票，力帆财务公司在瑞泰机械公司提示付款后签收票据的行为致使持票人客观上无法取得拒付证明，且力帆财务公司至今未能支付案涉票据款项，已构成实质拒付，未出具拒付证明的责任应由力帆财务公司自行承担，持票人瑞泰机械公司不因未出示拒绝证明而丧失对其前手的追索权。因力帆财务公司的实质拒付行为导致瑞泰机械公司无法取得拒付证明，亦无法在电子票据系统中向背书人发起追索申请，故力帆财务公司、力帆乘用车公司、力帆实业公司、金鹰机械公司认为瑞泰机械公司未取得拒付证明，无权行使票据追索权等抗辩理由不能成立，不予支持。瑞泰机械公司于2020年5月14日提起诉讼，其向前手行使追索权尚未过期，故金鹰机械公司认为瑞泰机械公司对其行使追索权已经经过票据追索时效期间的抗辩理由不能成立，不予支持。

重庆市高级人民法院二审认为：关于瑞泰机械公司是否有权对金鹰机械公司行使票据追索权的问题。首先，二审中，瑞泰机械公司明确其行使票据追索权的依据是力帆财务公司拒绝付款，而非力帆财务公司被宣告破产。因此，本案不适用《票据法规定》(2000)第11条关于持票人因付款人被宣告破产而行使追索权的相关规定。其次，《票据法》第61条第1款规定：汇票到期被拒绝付款的，持票人可以对背书人、出票人以及汇票的其他债务人行使追索权。“拒绝付款”不仅包括付款人明确表示拒绝付款的情形，还包括付款人客观上无力履行付款义务而无法付款等情形。本案中，持票人瑞泰机械公司向力帆财务公司提示付款后，力帆财务公司虽在电子商业汇票系统中同意签收，票据状态显示为“票据已结清”，但实际并未付款。涉案票据在电子商业汇票系统中显示的状态与客观事实不符，应当根据客观事实来判断力帆财务公司是否存在拒付行为。力帆财务公司在汇票到

① 参见重庆市高级人民法院(2020)渝民终2467号民事判决书。

期后长期未支付票据款,系以其行为表明拒绝付款。瑞泰机械公司是最后合法持有票据的人,依法享有票据权利,有权向背书人金鹰机械公司行使票据追索权。最后,《票据法》第62条规定:持票人行使追索权时,应当提供被拒绝承兑或者被拒绝付款的有关证明。持票人提示承兑或者提示付款被拒绝的,承兑人或者付款人必须出具拒绝证明,或者出具退票理由书。未出具拒绝证明或者退票理由书的,应当承担由此产生的民事责任。力帆财务公司拒绝付款,未依法向瑞泰机械公司出具拒绝证明或退票理由书,存在过错,但不应就此苛责持票人瑞泰机械公司。本案已经查明力帆财务公司拒绝付款的事实,力帆财务公司对未付款的事实也在一审庭审中当庭确认,故无须再要求持票人瑞泰机械公司另行提供拒绝证明或退票理由书。金鹰机械公司关于瑞泰机械公司不能提供拒付证明则不能行使追索权的上诉理由,不予支持。综上,法院判决驳回上诉,维持原判。

第七十一条　当事人因申请票据保全错误而给他人造成损失的,应当依法承担民事责任。

【条文主旨】

本条是关于票据纠纷中,当事人申请保全错误应承担民事责任的规定。

【条文理解】

(一)申请票据保全错误民事责任的性质及归责原则

财产保全制度的目的在于保障将来生效裁判文书的执行,申请财产保全是当事人重要的诉讼权利。依当事人申请裁定的财产保全,包括票据保全,虽然是人民法院对当事人申请进行审查后作出的,但它的前提和基础仍然是当事人的申请。如因申请人权利行使不当造成他人财产损失的,应由申请保全人承担民事责任。因此,《民事诉讼法》第108条规定:"申请有错误的,申请人应当赔偿被申请人因保全所遭受的损失。"这一规定的目的是为防止当事人滥用诉讼权利,不当损害他人合法权益。本条解释系对《民事诉讼法》第108条在票据保全中适用规则的具体化。本条解释将《民事诉讼法》第108条规定的"赔偿损失"明确其性质为民事责任,其在民事责任体系中的性质是我们首先要解决的问题。

按照请求权基础的思考方法,损害赔偿责任的请求权基础可以为缔约过失之债、违约之债、侵权之债、无因管理或者不当得利之债,保全行为系由申请保全人的申请而来,而非申请保全人与被申请人之间的合同关系,所以,错误保全的赔偿责任与缔约过失责任、违约责任无关。虽然不当得利之债和无因管理之债在债的形成和履行过程中也可能发生损害赔偿责任,但错误保全的赔偿责任系因错误保全行为产生,与不当得利、无因管理极具特性的构成有着巨大的差异。由于错误保全行为侵犯了被申请人,也可能是其他利害关系人的财产权,所以,《民事诉讼法》第108条及本条解释中的“民事责任”为侵权责任。

《民法典》第1166条规定,只有在“法律规定”的时候,才能适用无过错责任原则,而《民事诉讼法》第108条规定,“申请有错误的”才要承担赔偿责任。因此,错误保全侵权责任的表述显然与无过错责任的规范表达不同。而且,错误保全侵权责任在表述中并无过错字样,而使用了“错误”一词。错误在现行法律体系尤其是民法制度及理论中多数包括主观状态,即错误是申请保全人自己有过错。如把申请保全错误的赔偿责任视为无过错责任,将使申请人面临较大的责任风险,并进而影响诉讼保全制度功能的发挥。诉讼保全的目的是保证判决执行,但同时应防止债权人滥用诉讼保全侵害债务人权益。以我国目前的诚信状况考量,债务人逃避执行的严重程度显然要高于后者,无论从立法政策还是从司法政策上把握,都应该认定错误保全侵权责任适用过错责任原则,这也是目前绝大多数司法判例采用的原则。

(二)申请保全错误行为的侵权责任构成

错误保全行为是否构成侵权责任,以及如何赔偿,要根据当事人申请票据保全的具体行为来分析。《票据法规定》(2020)第7条规定了票据纠纷申请人可以申请保全的6种票据:(1)不履行约定义务,与票据债务人有直接债权债务关系的票据当事人所持有的票据。(2)持票人恶意取得的票据。(3)应付对价而未付对价的持票人持有的票据。(4)记载有“不得转让”字样而用于贴现的票据。(5)记载有“不得转让”字样而用于质押的票据。(6)法律或者司法解释规定有其他情形的票据。我们就可以仅就(1)、(2)两种来考察错误保全的侵权责任构成:

就第一种情况即对不履行约定义务,与票据债务人有直接债权债务关系的票据当事人所持有的票据的保全来说,假如票据债务人认为直接相对人未履行合同约定义务,如产品质量不符合合同约定,而在后续的诉讼中经证明一方的履行符合合同约定,该票据债务人错误的保全行为使得直接相对人的票据权利因超过了付款提示期而无法主张票据权利,就会给直接相对人造成损失;或者因为票据债务人的错误保全使得直接相对人以转让票据权利而可能实现的交易机会丧失,等等。

就第二种情况即对持票人恶意取得的票据的保全来看,如果票据债务人以直接票据受让人系欺诈取得票据而申请保全并被法院裁定认可,但后续的诉讼法院认为欺诈并不成立,或者第三人构成欺诈,那么会造成受让人无法在付款提示期内行使付款请求权并且也会因此丧失追索权。

以上错误保全行为的假设,都是因申请人申请而获得法院确认才进入了保全程序,也都是持票人无法行使票据权利而遭受损失,无论是行为的违法性、损害事实,还是二者之间的因果关系都不难判断,重点在于如何理解这些行为具备了过错要件。虽然一般民事保全的申请保全人是否存在故意或重大过失,不能仅以申请人的诉讼请求未得到支持为充分条件,即仅以诉讼请求未获支持就认为保全存在错误,一般民事保全要求申请人还需要结合其提起的诉讼以及保全对象是否合理,并结合申请保全的标的额、方式等负有审查义务,但票据作为文义证券、要式证券,只有票据债务人最了解直接前后手的情况,在票据申请保全过程中申请人的注意义务相应被简化。比如,当票据申请保全错误,因为只是针对票据权利,一般就不会出现超额保全的问题。票据债务人因其主观的判断即认为直接相对人未履行合同约定义务,但是综合合同约定,以及产品说明书等产品质量的依据,包括关于产品质量的约定并不十分明确等,申请人没有做综合的以及相对专业的判断即提起保全申请,对给持票人带来的损失即应承担过失的赔偿责任。再如,票据受让人恶意欺诈的情况,整个民事制度中的欺诈,都有举证难的问题,申请人对举证不能的风险应该有足够的认识,申请人过于自信就构成了侵权责任的过失。如果是第三人欺诈,主体错误就使申请人的过失更容易认定。

在审查申请保全人是否存在过错时,既要审查在采取保全措施时,申请保全人是否存在过错,也要审查在保全措施存续过程中,申请保全人是否审慎对待保全行为,是否在出现足以认定构成保全错误等情形时,仍不及时申请解除保全导致被申请人的合法权益受损。如果申请人足以认定构成保全错误而不及时申请解除,申请人甚至可能构成故意。

(三)申请保全错误行为的损失赔偿

侵权法上,一般的财产损害包括侵占财产、损坏财产和其他财产利益损失。票据错误保全行为所造成的损害只能是财产利益的损害,因为票据权利体现为金钱债权,加之票据为完全有价证券,票据和票据权利不可分离,对票据的错误保全所造成的损害表现为不能行使而致票据债权权能无法实现带来的损失,通常是指票据金额的损失,也包括可能的利息。如果一个错误的票据保全及时被解除,持票人仍可以行使付款请求权(未过付款提示期)而没有给其造成损失,即没有适用《民事诉讼法》第108条和本条解释的必要。

按照《民法典》的规定以及我国侵权法律制度的通常做法,财产损害赔偿以全部赔偿为原则,这是由损害赔偿的补偿性质或者填补损害的功能决定的。正因如此,补偿只能以财产损失的多少为依据,赔偿大于损失或者小于损失,都偏离了补

偿的本意。只有全部赔偿,才能体现损害赔偿的补偿性质。具体落实到票据错误保全的赔偿还要注意以下几个方面:

1. 坚持客观标准

相对来说,因为票据要式性、文义性等特征,票据权利自身即具有客观性,而不像股票、房产,以及其他有形财产那样因市场变化、物价波动等,损失数额需要按照损失发生时的市场价格或者其他合理方式计算。票据权利的损失直接表现为票据金额所体现的货币数量。

2. 包括直接损失和间接损失

直接损失是因行为人的加害行为所造成的被害人财产直接减少。票据错误保全致使持票人和他人的合同不能支付所产生的违约金即属直接损失。间接损失是正常情况下受害人本应得到但因侵权人的侵害行为而未能实现的利益。因为票据权利是一种请求权,债权的未能实现即属于间接损失。票据债权的不能实现同时会有利息损失的发生,也应属间接损失。利息的计算期间应从票据到期日或者提示付款日起到申请保全人实际支付日止,利息适用《票据法规定》(2020)第21条所指的利率,目前为全国银行间同业拆借中心公布的贷款市场报价利率。上述利息计算的起始时间为票据到期日和提示付款日并非任意选择,而是因为除了可以确定到期日的票据,还有见票即付的票据形式,后者才以提示付款日作为利息起算的时间。另外,持票人甲向乙购买一批货物,同时或先后又与丙签订合同将这批货物卖予丙,但因甲赖以向乙支付的票据被错误保全而致使前后两份合同都无法履行,甲因两份合同的差价形成的利润损失虽然为间接损失,如果能够充分举证证明,也应由错误保全人予以赔偿。

3. 适用过失相抵原则

《民法典》"侵权责任编"第1173条规定了被侵权人与有过错情形下的过失相抵原则。过失相抵原则,指在加害人依法应承担损害赔偿责任的前提下,如果受害人对于损害事实的发生或扩大也有过错,则可以减轻加害人的赔偿责任。比如,票据债务人以直接票据受让人系欺诈取得票据而申请保全并被法院裁定认可,然而,后续的诉讼法院认为第三人构成欺诈,但如果票据受让人在第三人的欺诈行为中起到了一定的助力作用,也可以由法官根据实际情况依过失相抵原则,适当酌减错误保全人的赔偿数额。

【司法案例】

案例一

湖北乐声药业有限公司(原武汉天顺仁和药业有限公司)、郝某某申请诉中财产保全损害责任纠纷案①

法官提示：申请票据保全行为具备合理性，不存在主观过错的，不应承担损失赔偿责任。

一审法院认为：乐声公司因与海创电器商行的票据纠纷申请诉讼中的财产保全，一审法院基于乐声公司的申请裁定冻结查封了诉争银行承兑汇票，乐声公司与海创电器商行的票据纠纷案件经一审驳回乐声公司的全部诉讼请求后，乐声公司上诉，但二审法院仍驳回乐声公司上诉，维持一审判决。上述生效的法律文书已经确认海创电器商行系涉案票据合法的持票人，足以说明乐声公司的申请诉讼保全行为存在错误，且乐声公司在败诉后并未及时、主动申请解除保全措施，一审法院基于海创电器商行的申请于2016年12月29日作出裁定，解除对涉案银行承兑汇票的保全措施。乐声公司错误的诉讼财产保全行为给海创电器商行造成经济损失的事实毋庸置疑，根据《票据法规定》(2008)第72条“当事人因申请票据保全错误而给他人造成损失的，应当依法承担民事责任”的规定，乐声公司应当赔偿因财产保全错误对海创电器商行造成的合理经济损失。

湖北省武汉市中级人民法院二审认为：本案为申请诉中财产保全损害责任纠纷，系当事人在诉讼过程中申请财产保全错误造成对方当事人财产损失，依法应承担民事侵权责任所引发的纠纷。《民事诉讼法》第108条规定：“申请有错误的，申请人应当赔偿被申请人因保全所遭受的损失。”该条的立法本意在于防止当事人滥用诉讼权利，不当损害他人合法权益，因此，对于“申请有错误”的理解应当不仅包括人民法院的裁判结果与申请人诉讼请求之间存在差异，申请人的诉讼请求未能全部得到人民法院支持的客观方面，亦应包括申请人主观上存在故意或重大过失等过错的主观方面。申请财产保全错误的损害赔偿责任，应适用一般侵权责任的过错责任原则，而不能仅依据裁判结果来认定侵权责任成立与否。

在乐声公司诉海创电器商行、胜玲商行票据纠纷案中，乐声公司因票据遗失申请公示催告，后因海创电器商行申报权利终结公示催告程序而起诉要求返还汇票、确认票据权利。首先，从乐声公司的主观意愿看，其是因为遗失了票据，希望寻回汇票、行使票据权利而启动票据纠纷的诉讼，主观上不存在通过诉讼恶意限

---

① 参见湖北省武汉市中级人民法院(2018)鄂01民终6075号民事判决书。

制海创电器商行行使票据权利的故意。其次，从乐声公司启动诉讼的注意义务看，乐声公司认为其与后手胜玲商行之间无交易关系，胜玲商行及其后手海创电器商行均不应享有票据权利，故起诉要求返还票据。虽然在票据纠纷的审理中，基于票据的无因性，法院确认海创电器商行享有票据权利，但在其后的乐声公司诉胜玲商行不当得利纠纷中，法院认定乐声公司与胜玲商行之间无交易关系，胜玲商行取得汇票无合法根据，应当返还不当得利。由此可见，乐声公司存在自身权益受损的客观事实，其提起票据纠纷而败诉，系诉讼路径的选择未受法院支持，但票据纠纷本身具有极强的专业性，乐声公司基于其权利受损的事实提出诉讼请求，已经尽到一个普通当事人应当具备的合理注意义务。要求当事人在起诉之初即对法律法规的认识理解作出与法院一致的准确认知，未免过于苛责；申言之，即使乐声公司提出的诉讼请求与法院最终判决认定的权利归属存在差距，该差距仍不足以证明乐声公司的诉讼行为存在过错。最后，从保全行为的合理性看，涉案汇票到期日为2015年8月4日，汇票到期后持票人可行使付款请求权，海创电器商行作为持票人行使该权利将导致乐声公司提起的票据纠纷无法执行，故乐声公司针对诉争标的申请保全，保全数额与诉讼请求数额相当，其保全行为具备合理性，不存在主观过错。综上，乐声公司在诉海创电器商行、胜玲商行票据纠纷案中并无恶意诉讼、恶意保全的故意，该案虽然判决乐声公司败诉，但仅结果不足以证明乐声公司在案件审理中申请保全存在故意或重大过失。一审认定事实清楚，但适用法律错误，对此依法予以纠正。

案例二

招商银行股份有限公司南京分行和甘肃鑫奥汽车销售有限公司申请诉中财产保全损害责任纠纷案①

法官提示：申请票据保全错误给他人造成损失的，应当承担赔偿责任。

甘肃省兰州市中级人民法院认为：依据庭审查明的事实，鑫奥公司在前述本院两案中就涉案两张银行承兑汇票申请了诉中财产保全，但该两案最终的处理结果为因鑫奥公司无法证明其曾合法持有涉案票据并享有票据权利，而申请撤诉。该情形充分说明了鑫奥公司对涉案两张银行承兑汇票并不享票据权利是明知的，但其仍就该银行承兑汇票的票据权利申请诉中保全，从而导致涉案银行承兑汇票被错误冻结、查封，致使原告就该票据无法正常行使相关票据权利，并由此导致原告另涉他案赔偿了案外人相应损失，依照法律及司法解释的规定，造成的损失理

① 参见甘肃省兰州市中级人民法院(2018)甘01民初49号民事判决书。

应由被告承担相应的赔偿责任。依据庭审查明的事实,原告所主张的财产损失由两部分构成:其一为上海浦东新区人民法院已生效的民事判决书中所确认的由向民生银行上海分行支付迟延利息、违约金、律师费等;其二为招行南京分行因涉上述案件而被判决所承担的案件受理费,该赔偿金额事实清楚,证据充分,予以支持。

第七十二条　因出票人签发空头支票、与其预留本名的签名式样或者印鉴不符的支票给他人造成损失的,支票的出票人和背书人应当依法承担民事责任。

【条文主旨】

本条是关于出票人签发空头支票,或者签发与其预留本名的签名式样或者印鉴不符的支票承担民事责任的规定。

【条文理解】

支票是出票人签发的,委托办理支票存款业务的银行或者其他金融机构见票时无条件支付确定的金额给收款人或者持票人的票据。按照我国《票据法》的规定,禁止签发空头支票和签发与其预留本名的签名式样或者印鉴不符的支票。

(一)签发空头支票

根据《票据法》第87条第2款的规定,出票人签发的支票金额超过其付款时在付款人处实有的存款金额的,为空头支票。因为支票上的付款人并不是票据债务人,签发空头支票的直接后果是,当持票人提示付款时会遭到拒付而无法实现付款请求权。多数国家也采取多种法律制裁的方法规制空头支票。

1. 民事责任

这是各国对空头票据主要采取的制裁方法。如《瑞士债务法典》第1103条第3款规定:"发票人发出支票时,并无可由付款人按指示处分的金额,应对于持票人,在所致损害外赔偿其指示而未得偿的金额5%。"其主张以民事制裁作为规制空头支票的主要方法。理论和立法认为,签发没有资金的空头支票,牵涉的资金关系本质上是民法上债的关系,只要出票人非因有意欺诈,实际上还是债的不履行问题;即使出于恶意欺诈而恶意透支,对于受害付款人的民事赔偿也是不可取代的。

关于空头支票是否产生《票据法》上效力的问题。因为《票据法》第87条第2款明确规定"禁止签发空头支票",在其他民商事行为中,违反法律"禁止"字样规定的通常为行为无效。而且《支付结算办法》第 125 条规定,出票人签发空头支票,银行应予以退票。这里的“应予以退票”而不是可以退票,有否定空头支票效力的意义。但是,出票的效力是以票据的形式要件为根据的,而空头支票从形式要件上看,绝对必要记载事项并不欠缺,也无有害记载事项,即使付款人退票,持票人仍可以行使追索权。比如,《日内瓦统一支票法公约》第 3 条就规定,发票人必须保证其签发的支票在付款银行处有“得以处分之资金”,但发票人不遵守此项规定时,其所发票据仍发生支票之效力。《美国统一商法典》第 4 – 401 条和第 4 – 402 条也规定,付款银行对于形式合法的支票应予以付款,并“可就任何可付票证借记客户账户,即使此种借记将造成透支”。不仅如此,“付款银行对客户实质上因错误拒付而受到损害(还应)负责”。这种规定的中心意思是只要支票形式要件合法就为有效票据,就应予以付款。所以说,从各主要国家对空头支票的态度来看,一方面通过多种制裁手段表明对其的否定态度,另一方面又确认了形式合法的空头支票在《票据法》上的效力,以维护票据的无因性,促进流通。理解上,在我国,《票据法》规定本身并未涉及空头支票的效力问题,《支付结算办法》作为部门规章,不能用来确定行为的效力,对空头支票效力的判断应遵从通行的票据法理。

2. 行政处罚

从管制的角度来看,对于空头支票的行为人同时予以行政制裁,是多数国家的普遍做法。如《日本票据法》第 3 条和第 71 条规定:“支票出票人如违反与到期日时在银行账户中有可处分资金的明示或默示契约之规定,依法将对其处以 5000 日元以下的罚款。”我国主要是采取各种行政处罚的方式来规制空头支票,如《票据管理实施办法》第 31 条规定:“签发空头支票……不以骗取财物为目的的,由中国人民银行处以票面金额 5% 但不低于 1000 元的罚款。”而且《支付结算办法》第 125 条还规定,对屡次签发空头支票的,银行应停止其签发支票。

3. 刑事责任

代表性的国家有两个:一是《法国票据法》,其第 64 条规定,对于事先无可处分之资金而签发支票的行为人可以处以支票金额 6% 的刑事罚金;二是美国一些州的法律,规定如果是签发空头支票,情节严重,或者有欺诈恶意的,不仅可以对行为人依法处以刑事罚金,还可能对其处以自由刑的刑罚。

根据我国《刑法》的规定,空头票据行为人不但要受到刑事处罚,而且该处罚的最高刑期为无期徒刑,还可并处罚金。由此可见,我国对签发空头支票犯罪的刑事制裁是非常严厉的。

(二)签发与其预留本名的签名式样或者印鉴不符的支票

实务中,通过银行的管理规章确定支票的出票人预留的银行签章是银行审核支票付款的依据,如《支付结算办法》第 123 条的规定。是否完成支票出票人签章的审核也是判断付款人是否尽到审查义务,是否构成以恶意或重大过失付款的依据。

我们一般说的预留印鉴是指可能使用支票和汇票(主要是商业承兑汇票)的企业或其他组织,在银行开户或增加该项业务时,与银行签订合同的同时,将未来签发票据时使用的公章及经办人的名章或签名式样预留给银行,以便银行付款时作为核对出票人的依据。

同空头支票一样,出票人签发与其预留本名的签名式样或者印鉴不符的支票,我国《票据法》使用了"不得签发"的表述,即《票据法》第 88 条规定的"支票的出票人不得签发与其预留本名的签名式样或者印鉴不符的支票",表明法律上禁止的态度,并且对此类行为也规定相应的民事、行政以及刑事责任或者制裁。与空头支票不同,依《票据法规定》(2020)第 40 条第 4 项的规定,支票出票人在票据上的签章不符合《票据法》以及该条规定的,该签章不具有票据法上的效力。

(三)出票人签发空头支票、与其预留本名的签名式样或者印鉴不符的支票给他人造成损失的民事责任承担

1. 责任构成要件分析

本条解释规定的两种行为给他人造成损失应当承担的民事责任性质上属于侵权责任,即出票人签发空头支票、与其预留本名的签名式样或者印鉴不符的支票是《票据法》明确禁止的行为,具有违法性的特征,并且具备了行为违法的要件;"给他人造成损失"的表述就是符合损害事实这一要件,二者之间存在因果关系就满足了侵权责任的另一个要件。但是,此种侵权责任主观要件为何,需要根据本条解释规定的文字表达方式以及行为自身的特点加以分析。首先,本条解释并无《民法典》对过错责任和推定过错责任"因过错"或"其不能证明自己没有过错"那样的文字表述。其次,本条解释符合《民法典》第 1166 条"行为人造成他人民事权益损害,不论行为人有无过错,法律规定应当承担侵权责任的,依照其规定"的表达。再次,从规范要件的设计上,它与《民法典》规定的适用无过错责任的行为在要素构成方式上完全一致。最后,这两种票据一旦签发,由于票据文义性、无因性的特点,票据受让人根本无从知晓票据空头和印鉴不符的情况,风险控制力完全由出票人掌握,采用无过错责任原则符合无过错责任的本质要求。

2. 责任承担主体

在出票人签发空头支票、与其预留本名的签名式样或者印鉴不符的支票情形下,对于出票人承担赔偿责任无任何争议,但背书人是否应当成为责任主体,对此有不同的观点。有观点认为,根据"民事主体只对自己的行为负责"这一基本原

理，虽然票据作为流通证券，一份票据上往往存在多个行为，而且多个主体行为效果相互关联，但令一个主体对他人的行为负责，通常其主观上要有故意或重大过失。票据的无因性、文义性使这两种情况下的背书人根本无能力了解票据空头和印鉴不符的事实，而且，票据制度的设计也不要求背书人去了解此类事实。此外，出票人签发与其预留的签章不符的支票，有能力判断这一事实的只有付款人，其他票据上的受让人仅依出票记载事项符合票据法规定以及背书连续就应该享有票据权利。因此，不应要求背书人承担这两种行为的民事责任。

就这两种行为的行为主体来说，《票据法规定》(2020)本条规定“支票的出票人和背书人应当依法承担民事责任”。

《支付结算办法》第125条规定：“出票人签发空头支票、签章与预留银行签章不符的支票、使用支付密码地区，支付密码错误的支票，银行应予以退票……”也就是说，持票人向付款人提示付款时，付款人应当拒绝付款。此时，持票人有权按照《票据法》的规定，向出票人、背书人行使追索权，出票人及背书人应当承担相应的票据责任。持票人因支票未获付款，包括因出票人签章与预留银行签章不符而影响签章效力时，也可以向背书人或者出票人主张承担基础关系项下的民事责任。

【司法适用】

(一)关于《票据管理实施办法》规定的赔偿金问题

《票据管理实施办法》第31条规定：“签发空头支票或者签发与其预留的签章不符的支票，不以骗取财物为目的的……持票人有权要求出票人赔偿支票金额2%的赔偿金。”这一赔偿金的性质值得研究，因为如果其定性为惩罚性赔偿金，就是在该赔偿金之外可以主张全部损失的赔偿；如果是补偿性的赔偿金，持票人在主张赔偿损失时，这2%的赔偿金就应该包含在全部损失之内。如何理解？本书认为，不应单纯站在民商事思维的角度去判断，因为这2%的赔偿金是行政法规规定的，并非民事上的不同制度、不同条文的规定所引发的各规定之间关系的考量。另外，从行政法规特别规定民事赔偿及其标准的立法目的来说，是要加大遏制签发空头支票和签发与其预留本名的签名式样或者印鉴不符的支票的行为，所以，《票据管理实施办法》规定的2%的民事赔偿应视为纯粹的惩罚性赔偿，不影响持票人依民法主张全部损失赔偿。

(二)关于出票人使用支付密码错误的支票处理问题

支付密码是支票出票人与付款人约定的作为付款时应核对的一种代码，是为防止错误付款保证安全性以及扩大支票交换区域而作出的特别约定。支付密码属于票据资金关系中约定的付款条件，持票人提示付款时，在使用支付密码的地区,[①]如支票的支付密码错误,即使支票的记载事项符合《票据法》的规定,付款人也应予以退票;出票人未记载支付密码的,视为支付密码错误。付款人在支付密码错误的情况下付款,应承担错误付款的责任。但是,支付密码的错误,并不影响票据以及票据行为的效力,持票人因支付密码错误而遭退票的,可以向出票人、背书人行使追索权。[②]

【司法案例】

案例一
上海斯禄工贸有限公司诉上海欧伊服饰有限公司票据追索权纠纷案[③]

法官提示:不能以开具空头支票拒绝支付票据款的方式侵害正当持票人的票据权利。

一审法院认为:欧伊公司取得斯禄公司开具的支票后,享有票据权利,包括付款请求权和追索权。斯禄公司因此而应承担票据责任,向欧伊公司支付支票所载金额。斯禄公司辩称所谓双方之间从未发生业务往来与事实不符,现有证据已能证实斯禄公司与欧伊公司间存在真实交易关系与对价关系。况且,斯禄公司认为未给过欧伊公司支票,双方之间无票据法律关系,同时认为双方之间无真实的交易和对价关系,实属悖论。因为即使斯禄公司确未将支票直接开具给欧伊公司,而欧伊公司现为持票人,应属他人转让交付取得,为继受取得。欧伊公司取得该票据又无欺诈、偷盗或者胁迫手段以及恶意取得的情形,则斯禄公司就原因关系的抗辩应仅适用于票据的直接当事人间,不得再对欧伊公司行"无真实交易、欠缺对价"的抗辩。至于斯禄公司对本案所涉支票认为是仅有印鉴的空白支票之说,对此斯禄公司与欧伊公司双方各执一词,但支票的金额、收款人等可授权补记,对本案票据法律关系中的权利义务不致产生影响。据此,原审法院判决斯禄公司向欧伊公司支付票据款32,470元。

斯禄公司不服上述判决,提起上诉。

二审法院认为:在欧伊公司提供服装辅料,斯禄公司接受后,欧伊公司有权要求斯禄公司支付服装辅料的款项,斯禄公司以开具支票的方式支付该笔款项后,

---

① 中国人民银行2006年11月9日《全国支票影像交换系统业务处理办法(试行)》(银办发〔2006〕255号)规定,全国支票影像交换系统也使用影像技术、支付密码、数字签名等技术。

② 参见吕来明:《票据法基本制度评判》,中国法制出版社2003年版,第369~370页。

③ 参见上海市第二中级人民法院(2003)沪二中民三(商)终字第432号民事判决书。

应承担相应的票据责任。当事人的交易过程表明,欧伊公司与斯禄公司之间有买卖合同关系,即存在真实的交易关系,同时,欧伊公司取得该涉案支票支付了对价。因此,上诉人斯禄公司的上诉理由并无任何事实依据,不予采信。本案是票据纠纷,即使出现上诉人所述的情形,即斯禄公司已经向欧伊公司支付了29,096.50元,只欠欧伊公司3373.50元,因此不应再行支付涉案支票所载金额,但这一情形的存在并不影响欧伊公司作为正当持票人的票据权利,亦不能改变斯禄公司作为票据出票人应承担的票据责任。至于上述情形属实与否以及权利能否得到支持,斯禄公司应另案解决,而不能以开具空头支票拒绝支付票据款的方式侵害正当持票人的票据权利。因此,斯禄公司的上诉理由无法成立。综上,斯禄公司以基础关系抗辩的上诉理由难以成立,不予采信,其上诉请求不予支持。判决驳回上诉,维持原判。

案例二

上海申波通讯器材有限公司
与上海蜂星通信设备有限公司票据追索权纠纷案[①]

法官提示:支票出票人签发空头支票因犯罪在逃不影响背书人的票据责任。

一审法院认为:申波通讯公司、蜂星通信公司有手机供需业务,蜂星通信公司为收取货款取得申波通讯公司背书转让的支票,确具有真实的交易原因关系。申波通讯公司取得惠普公司的支票后,将支票背书给蜂星通信公司,表明申波通讯公司是有意以该支票作支付蜂星通信公司货款之用。因此,申波通讯公司已作出票据行为,应由此承担票据责任。蜂星通信公司有权对其所持空头支票的背书人即申波通讯公司进行追索。本案支票上既有惠普公司的出票行为,又有申波通讯公司的背书行为,二者相互独立,蜂星通信公司与惠普公司的票据关系和申波通讯公司的票据关系并不能等同,不应认为本案经济纠纷与经济犯罪嫌疑属同一法律关系而移送公安机关处理。蜂星通信公司虽向公安机关对惠普公司报案,但并不因此即丧失或者放弃了可向申波通讯公司行使的追索权。据此,原审依法判决:申波通讯公司偿付蜂星通信公司支票金额367,000元。

二审法院认为:申波通讯公司与蜂星通信公司具有手机购销的真实交易关系,该交易事实由申波通讯公司向蜂星通信公司签收的货物出库单为证。蜂星通信公司按申波通讯公司指定向其下家惠普公司送货后,将惠普公司出具的支票交申波通讯公司,申波通讯公司在该支票收款人栏补记其名称并背书转让于蜂星通

---

① 参见上海市第二中级人民法院(1999)沪二中经终字第745号民事判决书。

信公司,故申波通讯公司应承担保证向其后手所持支票付款的责任。本案所涉票据为有效票据。现蜂星通信公司收款未着有权向背书人即申波通讯公司追索。现申波通讯公司称蜂星通信公司明知出票人实施诈骗而诱骗申波通讯公司背书无证据证实。另外,蜂星通信公司在原审审理中,已向公安机关明确追回赃款径直返还申波通讯公司,故蜂星通信公司报案与向法院诉请申波通讯公司支付票据款相互并不能抵充,因此,申波通讯公司应当承担票据责任。申波通讯公司的上诉理由,缺乏依据,其诉讼请求,不予支持。判决驳回上诉,维持原判。

第七十三条　人民法院在审理票据纠纷案件时,发现与本案有牵连但不属同一法律关系的票据欺诈犯罪嫌疑线索的,应当及时将犯罪嫌疑线索提供给有关公安机关,但票据纠纷案件不应因此而中止审理。

【条文主旨】

本条是关于人民法院如何掌握审理票据纠纷案件和牵连票据欺诈犯罪嫌疑线索的民刑交叉案件关系问题的规定。

【条文理解】

(一)民刑交叉案件的判断与分类

民事案件和刑事案件,本来应该是刑归刑民归民,但现实社会生活中,某些法律关系错综复杂,在法律适用上,常常出现民事刑事法律程序和实体的相互交叉、相互牵连、相互影响的情形。民刑交叉是一个很复杂的问题,有很多种具体情形,不仅有交叉,还有重合、竞合、交集、牵连以及并行等,只不过习惯上对各种情形都用“交叉”一词来概括。

实践中民刑交叉案件的类型主要包括:一是多行为交叉型,也是最典型的类型,即在同一个案件中,既有合法的民事法律行为,也有违法的民事法律行为,还有刑事犯罪行为;这类民刑交叉案件处理的难点,主要是如何选择适用实体法和如何确定程序法适用的先后问题。二是行为人只实施了一个行为,但造成了多种危害后果,可以称为后果交叉型;这类民刑交叉案件处理的难点,集中在如何确定刑事赔偿与民事赔偿的范围,以及追赃挽损与民事赔偿的关系等。三是主体交叉型,既有同一主体实施的行为交叉,也有非同一主体实施的行为交叉,还有在违法犯罪行为实施过程中,某个主体并没有参与,但是与参与主体有某种法律关系,故成为承担民事责任的主体。比如,公司的员工私刻单位公章实施诈骗他人钱财的行为,单位是否应当承担民事赔偿责任?这类民刑交叉案件处理的难点,主要在于确定民事行为是否有效，以及有关主体是否尽到了注意义务等。四是涉众型交叉，这类案件往往涉及几千、几万人，有的涉及几十万人，通常见于非法吸收公众存款、非法传销或者集资诈骗案件。此类民刑交叉案件的处理难点是，如何做到集中处理、统一处理，不能厚此薄彼。[①]

另有观点根据前述司法解释及相关法律的规定，将民刑交叉案件分为两类：一是因同一法律事实同时侵犯了民事法律规范和刑事法律规范而形成民刑交叉案件，此亦被称为竞合型交差。此类交叉实质上是源于法规竞合，由于刑法和民法都对该项法律事实作了规定，该项法律事实就成了民法和刑法都要调整的对象，从而造成刑民案件的交叉，案件在主体、对象及行为方面一致，这也是民刑交叉案件最主要的表现形式。二是牵连关系导致民刑案件交叉，即法律事实不同一，仅在行为主体、行为对象或者行为内容上有部分重合的牵连型刑民交叉案件，此亦被称为牵连型交叉。如同一行为主体实施了两个独立的法律行为，发生两个法律事实，这两个法律事实分别侵犯了刑事法律关系和民事法律关系，但主体的同一构成了民法、刑法上法律后果的牵连。又如，不同行为主体对同一标的物分别实施了犯罪行为和民事侵权行为，产生民法、刑法上不同的法律后果，但诉讼标的物牵连。

（二）民刑交叉案件处理规则演进

最高人民法院、最高人民检察院、公安部 1985 年颁布的《关于及时查处在经济纠纷案件中发现的经济犯罪的通知》[②]要求，“如发现有经济犯罪……将经济犯罪的有关材料分别移送给有管辖权的公安机关或检察机关侦查、起诉……”这是最高人民法院、最高人民检察院、公安部首次对民刑交叉案件管辖问题给予关注，程序选择上是刑事先行。其中对涉及刑事问题使用的词语是“经济犯罪”，涉及民商事使用的是“经济纠纷”，但对经济犯罪的有关材料移送之后，民事案件如何处理没有说明，但实践中的做法往往是驳回经济纠纷案件的起诉。[③] 最高人民法院、最高人民检察院、公安部 1987 年颁布的《关于审理经济纠纷案件中发现经济犯罪必须及时移送的通知》中沿用了“经济犯罪”的表述，并要求应将经济犯罪与经济纠纷“全案移送”，意味着民事案件不能继续审理，但是中止还是驳回没有具体规定。上述两个通知，在涉及民刑交叉案件的处理上都表达了“先刑后民”管辖模式

---

① 参见江必新、胡云腾、王轶：《刑行民交叉疑难问题研究》，载《中国法律评论》2021 年第 6 期。

② 已经《最高人民法院、最高人民检察院关于废止 1980 年 1 月 1 日至 1997 年 6 月 30 日期间制发的部分司法解释和司法解释性质文件的决定》（2013 年 1 月 4 日，法释〔2013〕1 号）决定废止。

③ 参见张卫平：《民刑交叉诉讼关系处理的规则与法理》，载《法学研究》2018 年第 3 期。

的意思。

《最高人民法院关于审理存单纠纷案件的若干规定》(1997)第3条第2款规定："人民法院在受理存单纠纷案件后，如发现犯罪线索，应将犯罪线索及时书面告知公安或检察机关。如案件当事人因伪造、变造、虚开存单或涉嫌诈骗，有关国家机关已立案侦查，存单纠纷案件确须待刑事案件结案后才能审理的，人民法院应当中止审理。对于追究有关当事人的刑事责任不影响对存单纠纷案件审理的，人民法院应对存单纠纷案件有关当事人是否承担民事责任以及承担民事责任的大小依法及时进行认定和处理。"

《最高人民法院关于在审理经济纠纷案件中涉及经济犯罪嫌疑若干问题的规定》(1998)被认为是对民刑交叉案件程序处理最为全面的司法解释，其第1条规定，同一公民、法人或者其他经济组织因不同的法律事实，分别涉及经济纠纷和经济犯罪嫌疑的，经济纠纷案件和经济犯罪嫌疑案件应当分开审理。第10条规定，人民法院在审理经济纠纷案件中，发现与本案有牵连，但与本案不是同一法律关系的经济犯罪嫌疑线索、材料，应当将犯罪嫌疑线索、材料移送有关公安机关或者检察机关查处，经济纠纷案件继续审理。第11条规定，如果人民法院作为经济纠纷受理的案件不属于经济纠纷而有经济犯罪嫌疑的，应当裁定驳回起诉，将有关材料移送公安机关、检察机关。第12条规定，人民法院已立案审理的经济纠纷案件，公安机关或检察机关认为有经济犯罪嫌疑，函告受理人民法院后，人民法院对民商事纠纷案件可以视情况分别采取全案移送或继续审理两种方式。

这两部司法解释最大的特点就是明确规定虽然案件牵涉经济犯罪的事实，但对经济纠纷案件部分人民法院仍可继续审理或应该分别审理。明确了处理民刑交叉案件须区分同一法律关系和不同法律关系这两种情形，且在民刑交叉案件程序判断标准上第一次使用了"不同的法律事实"、"牵连"和"同一法律关系"的表述。

《最高人民法院、最高人民检察院、公安部关于办理非法集资刑事案件适用法律若干问题的意见》(2014)第7条第1款规定："对于公安机关、人民检察院、人民法院正在侦查、起诉、审理的非法集资刑事案件，有关单位或者个人就同一事实向人民法院提起民事诉讼或者申请执行涉案财物的，人民法院应当不予受理……"该条第3款规定："公安机关、人民检察院、人民法院在侦查、起诉、审理非法集资刑事案件中，发现与人民法院正在审理的民事案件属于同一事实……依照前款规定处理。"依该规定明确了在处理涉嫌非法集资涉众型犯罪时，民事诉讼只能中止或者驳回起诉。与之前的司法解释相比，该规定不再将"同一法律事实"、"同一法律关系"作为民刑交叉案件程序判断的标准，而是改为"同一事实"。因为法律事实是一种对自然事实本身的法律评价,是人们的观念形象,[①]民事法律关系与刑事法律关系是不同的法律关系,不可能在“法律关系”上存在“同一”,“同一事实”的表达是准确的。[②] 值得一提的是,最高人民法院在梅振娇与李红玲、海南鸿凌投资担保有限公司等借款合同纠纷申请再审案中作出的(2015)民申字第1778号民事裁定书引用《关于办理非法集资刑事案件适用法律若干问题的意见》第7条的规定,指出该意见在民刑交叉关系的判断标准上采用的“同一事实”表述更为准确。综上,在民刑交叉案件程序适用问题上应以民事纠纷与所涉嫌的犯罪是否属于同一事实及是否存在牵连为判断标准。这一标准为后来的几个相关文件所遵循。

《最高人民法院关于审理民间借贷案件适用法律若干问题的规定》(2015)沿用了《关于办理非法集资刑事案件适用法律若干问题的意见》中的表达方式,如第5条规定:“人民法院立案后,发现民间借贷行为本身涉嫌非法集资犯罪的,应当裁定驳回起诉,并将涉嫌非法集资犯罪的线索、材料移送公安或者检察机关。公安或者检察机关不予立案,或者立案侦查后撤销案件,或者检察机关作出不起诉决定,或者经人民法院生效判决认定不构成非法集资犯罪,当事人又以同一事实向人民法院提起诉讼的,人民法院应予受理。”第6条规定:“人民法院立案后,发现与民间借贷纠纷案件虽有关联但不是同一事实的涉嫌非法集资等犯罪的线索、材料的,人民法院应当继续审理民间借贷纠纷案件,并将涉嫌非法集资等犯罪的线索、材料移送公安或者检察机关。”第7条规定:“民间借贷的基本案件事实必须以刑事案件审理结果为依据,而该刑事案件尚未审结的,人民法院应当裁定中止诉讼。”

《九民会议纪要》整理了司法实践中民刑交叉案件的程序适用问题,该纪要认为,近年来,融资活动中与涉嫌票据诈骗等犯罪有关的民商事案件的数量有所增加,出现了一些新情况和新问题。在审理案件时,应当依照《最高人民法院关于在审理经济纠纷案件中涉及经济犯罪嫌疑若干问题的规定》,《最高人民法院关于审理非法集资刑事案件具体应用法律若干问题的解释》(2011年1月4日,法释〔2010〕18号),《最高人民法院、最高人民检察院、公安部关于办理非法集资刑事案件适用法律若干问题的意见》以及民间借贷司法解释等规定,处理好民刑交叉案件之间的程序关系。

《九民会议纪要》对民刑交叉案件的处理确立了分别受理、分别审理,涉众型经济犯罪与民商事案件的程序处理以及民商事案件中止审理三种情形。

---

① 参见[日]三月章:《民事诉讼法》,弘文堂1985年版,第425页。

② 参见张卫平:《民刑交叉诉讼关系处理的规则与法理》,载《法学研究》2018年第3期。

1. 分别受理、分别审理情形

《九民会议纪要》第 128 条明确规定:“同一当事人因不同事实分别发生民商事纠纷和涉嫌刑事犯罪,民商事案件与刑事案件应当分别审理,主要有下列情形:(1)主合同的债务人涉嫌刑事犯罪或者刑事裁判认定其构成犯罪,债权人请求担保人承担民事责任的;(2)行为人以法人、非法人组织或者他人名义订立合同的行为涉嫌刑事犯罪或者刑事裁判认定其构成犯罪,合同相对人请求该法人、非法人组织或者他人承担民事责任的;(3)法人或者非法人组织的法定代表人、负责人或者其他工作人员的职务行为涉嫌刑事犯罪或者刑事裁判认定其构成犯罪,受害人请求该法人或者非法人组织承担民事责任的;(4)侵权行为人涉嫌刑事犯罪或者刑事裁判认定其构成犯罪,被保险人、受益人或者其他赔偿权利人请求保险人支付保险金的;(5)受害人请求涉嫌刑事犯罪的行为人之外的其他主体承担民事责任的。审判实践中出现的问题是,在上述情形下,有的人民法院仍然以民商事案件涉嫌刑事犯罪为由不予受理,已经受理的,裁定驳回起诉。对此,应予纠正。”此原则与《最高人民法院关于在审理经济纠纷案件中涉及经济犯罪嫌疑若干问题的规定》(2020 年修正)第 1 条规定的“同一自然人、法人或非法人组织因不同的法律事实,分别涉及经济纠纷和经济犯罪嫌疑的,经济纠纷案件和经济犯罪嫌疑案件应当分开审理”的处理规则是一致的。

2. 涉众型经济犯罪与民商事案件的程序处理

《九民会议纪要》第 129 条明确规定:“2014 年颁布实施的《最高人民法院、最高人民检察院、公安部关于办理非法集资刑事案件适用法律若干问题的意见》和 2019 年 1 月颁布实施的《最高人民法院、最高人民检察院、公安部关于办理非法集资刑事案件若干问题的意见》规定的涉嫌集资诈骗、非法吸收公众存款等涉众型经济犯罪,所涉人数众多、当事人分布地域广、标的额特别巨大、影响范围广,严重影响社会稳定,对于受害人就同一事实提起的以犯罪嫌疑人或者刑事被告人为被告的民事诉讼,人民法院应当裁定不予受理,并将有关材料移送侦查机关、检察机关或者正在审理该刑事案件的人民法院。受害人的民事权利保护应当通过刑事追赃、退赔的方式解决。正在审理民商事案件的人民法院发现有上述涉众型经济犯罪线索的,应当及时将犯罪线索和有关材料移送侦查机关。侦查机关作出立案决定前,人民法院应当中止审理;作出立案决定后,应当裁定驳回起诉;侦查机关未及时立案的,人民法院必要时可以将案件报请党委政法委协调处理。除上述情形人民法院不予受理外,要防止通过刑事手段干预民商事审判,搞地方保护,影响营商环境。当事人因租赁、买卖、金融借款等与上述涉众型经济犯罪无关的民事纠纷,请求上述主体承担民事责任的,人民法院应予受理。”

3. 民商事案件中止审理

《九民会议纪要》第130条明确规定："人民法院在审理民商事案件时，如果民商事案件必须以相关刑事案件的审理结果为依据，而刑事案件尚未审结的，应当根据《民事诉讼法》第150条第5项的规定裁定中止诉讼。待刑事案件审结后，再恢复民商事案件的审理。如果民商事案件不是必须以相关刑事案件的审理结果为依据，则民商事案件应当继续审理。"

（三）票据纠纷中发现与本案有牵连但不属同一法律关系的票据欺诈犯罪嫌疑线索的处理

《票据法规定》（2020）本条解释与《最高人民法院关于在审理经济纠纷案件中涉及经济犯罪嫌疑若干问题的规定》（2020年修正）第10条关于"人民法院在审理经济纠纷案件中，发现与本案有牵连，但与本案不是同一法律关系的经济犯罪嫌疑线索、材料，应将犯罪嫌疑线索、材料移送有关公安机关或者检察机关查处，经济纠纷案件继续审理"的内容基本一致。其核心内容都是当发现与本案有牵连，但不属同一法律关系的犯罪嫌疑线索时，应当将犯罪嫌疑线索提供给有关部门，本案继续审理。

本条解释所指民刑交叉案件实质是指牵连型交叉，即本案与发现的票据欺诈犯罪嫌疑线索之间虽同时涉及民事和刑事两种法律关系，但仅在主体、对象、内容上有部分关联，不属同一法律关系的牵连型民刑交叉案件。如C将伪造支票背书转让给不知情的A，A使用该支票向B支付货款，因该支票不能兑付，B起诉A要求支付货款，在审理中发现该支票系伪造的。本案所涉及作为欠付货款基础的合同法律关系与票据诈骗刑事法律关系两种法律关系的交叉，但主体并不相同，实施票据诈骗的主体是C，欠付货款的主体是A，两者因主体不同，区别为两个法律关系，应按照本条解释之规定，将票据欺诈犯罪嫌疑线索提供给公安机关，本案继续审理。

值得注意的是，本条解释并没有明确规定中止本案审理的情形，因此有观点即认为，作为特例，一般案件的审理如符合《民事诉讼法》第153条第5项规定的中止情形的，应中止本案审理，但本条解释强调了不应中止审理，这与票据无因性和票据流通性有密切关系。无因性是票据的一个根本特性，即票据行为的效力独立存在，不受取得票据的原因影响，产生票据关系、引起票据行为的实质原因不构成票据行为的自身内容。票据无因性在票据纠纷与票据欺诈犯罪之间起到了屏障作用，虽有关联，但只要不属同一法律关系，票据纠纷案件的审理依然能够而且应该继续进行。票据的生命在于流通，票据流通过程中常有大量的背书产生，涉及多个主体、多重法律关系，不附加任何条件的自由转让是票据实现各项功能的要求;如果在票据纠纷与票据欺诈犯罪嫌疑仅存在有牵连,但不属同一法律关系的情况下,中止票据纠纷的审理等待刑事处理结果,会影响票据的使用和流通。

《九民会议纪要》第105条明确规定:“人民法院在案件审理过程中,如果发现公安机关已经就实际用资人、直贴行、出资银行的工作人员涉嫌骗取票据承兑罪、伪造印章罪等立案侦查,一方当事人根据《最高人民法院关于在审理经济纠纷案件中涉及经济犯罪嫌疑若干问题的规定》第11条的规定申请将案件移送公安机关的,因该节事实对于查明出资银行是否为正当持票人,以及参与交易的其他金融机构的抗辩理由能否成立存在重要关联,人民法院应当将有关材料移送公安机关。民商事案件的审理必须以相关刑事案件的审理结果为依据的,应当中止诉讼,待刑事案件审结后,再恢复案件的审理。案件的基本事实无须以相关刑事案件的审理结果为依据的,人民法院应当继续案件的审理。参与交易的其他商业银行以公安机关已经对其工作人员涉嫌受贿、伪造印章等犯罪立案侦查为由请求将案件移送公安机关的,因该节事实并不影响相关当事人民事责任的承担,人民法院应当根据《最高人民法院关于在审理经济纠纷案件中涉及经济犯罪嫌疑若干问题的规定》第10条的规定继续审理。”因此,虽然本条解释没有就中止审理问题作出明确的规定,但票据纠纷案件如果确实存在“必须以相关刑事案件的审理结果为依据的”,则需要中止审理。

关于“票据欺诈犯罪”的理解。合同诈骗与民事欺诈是学界长期讨论和争论不休的问题,习惯上认为诈骗与欺诈涉及罪与非罪的界限问题,需要将二者区分开来,但关于欺诈与诈骗的区分标准至今没有统一定论。事实上,民法上的民事欺诈并没有将合同诈骗排除在外,二者是包容关系,合同诈骗只是民事欺诈中的特殊情形。据此,本条解释中的“票据欺诈犯罪”应作广义理解,即包含票据诈骗等以非法占有为目的,利用票据实施的可能构成犯罪的欺诈行为。

【司法案例】

凤阳县天宇运输有限公司、滁州克莱帝玻璃科技有限公司票据追索权纠纷案①

安徽省高级人民法院再审认为:《票据法》第14条规定“票据上的记载事项应当真实,不得伪造、变造。伪造、变造票据上的签章和其他记载事项的,应当承担法律责任。票据上有伪造、变造的签章的,不影响票据上其他真实签章的效力。票据上其他记载事项被变造的,在变造之前签章的人,对原记载事项负责;在变造

① 参见安徽省高级人民法院(2019)皖民再16号民事判决书。

之后签章的人，对变造之后的记载事项负责；不能辨别是在票据被变造之前或者之后签章的，视同在变造之前签章。”案涉承兑汇票的票号及金额进行过变造，但并无证据证明涉案汇票存在《票据法》第9条规定的更改票据的金额、日期、收款人名称的无效情形。克莱帝公司及凤阳玻璃公司对该票据内容的一致性并无异议，且对票据进行了连续背书转让，应视为克莱帝公司和凤阳玻璃公司均在变造后签章。依据上述法律规定，天宇公司享有票据权利，有权向其前手克莱帝公司及凤阳玻璃公司行使追索权。二审法院认定因该票据系变造，持票人天宇公司不享有票据权利不当。

公安机关立案侦查的系邓某某伪造案涉银行承兑汇票涉嫌构成伪造金融票证罪一案，本案系天宇公司因基础法律关系从凤阳玻璃公司取得涉案票据，并依据凤阳玻璃公司与克莱帝公司之间连续背书转让关系向上述两公司主张票据追索权，两案并非同一法律关系。本案应当适用《票据法规定》第74条，人民法院在审理票据纠纷案件时，发现与本案有牵连但不属同一法律关系的票据欺诈犯罪嫌疑线索的，应当及时将犯罪嫌疑线索提供给有关公安机关，但票据纠纷案件不应因此而中止审理。二审法院适用《最高人民法院关于在审理经济纠纷案件中涉及经济犯罪嫌疑若干问题的规定》第11条规定驳回天宇公司起诉不当。

第七十四条　依据票据法第一百零四条[①]的规定，由于金融机构工作人员在票据业务中玩忽职守，对违反票据法规定的票据予以承兑、付款、贴现或者保证，给当事人造成损失的，由该金融机构与直接责任人员依法承担连带责任。

【条文主旨】

本条是关于金融机构在为承兑、付款、贴现，以及保证行为时，违反注意义务造成他人损失，如何承担责任的规定。

---

① 原为1995年5月10日通过的《票据法》第105条规定；2004年8月28日修改《票据法》的决定删去第75条规定，将该条的条序调整为第104条。《票据法规定》（2020）在对《票据法规定》（2000）进行修改时也对援引的第105条相应条款顺序修正为第104条。而将这里的条文顺序调整的理由，理解为“原条文的法理可以适用于违法贴现等行为，《票据法》第105条的规定只限于压票和拖延支付的侵权行为，适用范围不够宽”，（参见最高人民法院民法典贯彻实施工作领导小组办公室编：《最高人民法院实施民法典清理司法解释修改条文111件理解与适用》，人民法院出版社2022年版，第497页）疑为误解误读。

【条文理解】

(一)金融机构承兑人、付款人、贴现人、保证人的审查义务

1. 作为承兑人的审查义务

按我国《票据法》及相关法规的规定,商业汇票分为银行承兑汇票和商业承兑汇票。理论上,银行承兑汇票是指付款人为银行并由其进行承兑的汇票;商业承兑汇票是指付款人为银行以外的企业其他组织并由其进行承兑的汇票。根据上述定义,就本条解释来说,“金融机构为承兑”仅指银行承兑汇票的情况。这种情况下往往付款人是出票人的开户行,按照《支付结算办法》第 82 条和第 83 条的规定,银行承兑汇票的承兑人必须与出票人具有真实的委托付款关系,必须具有支付汇票金额的可靠资金,而且要与出票人签订承兑协议,才可进行承兑。

根据《支付结算办法》第 80 条的规定,商业汇票既可以在出票时向付款人提示承兑后使用,也可以在出票后先使用再向付款人提示承兑。但在实际操作中,按照银行的规章,银行承兑汇票必须有“承兑申请人”,即出票人必须向付款银行作提示或承兑申请,实际上就排斥了出票后先使用再向付款人提示承兑的情况。当然,银行规章并未否定票据行为效力的地位,实践中并不能因此否定先使用再提示承兑进而被承兑行为的效力。

根据《支付结算办法》第 83 条的规定,银行承兑汇票的付款人进行承兑时,银行的信贷部门负责按照有关规定和审批程序,对出票人的资格、资信、购销合同和汇票记载的内容进行认真审查,必要时可由出票人提供担保。这些内容可以视为付款人进行承兑时应该审查和审慎作为的义务。

2. 作为付款人的审查义务

关于付款人的审查义务,详见《票据法规定》(2020)第 68 条的相关解读内容。

3. 作为贴现人的审查义务

关于票据贴现人的审查义务,详见《票据法规定》(2020)第 55 条的相关解读内容。《票据法》第 104 条第 1 款规定的行为包括“承兑、付款和保证”,而本条解释将其扩大到“承兑、付款、贴现和保证”。

4. 作为保证人的审查义务

银行在获得担保授权的前提下,加入票据关系为某票据行为人提供担保,应负什么样的审查义务,并无具体法律规定。实务中,很难见到金融机构为票据保证的实例。

(二)金融机构承兑人、付款人、贴现人、保证人责任的性质与构成要件

1. 责任性质

从责任后果上看,当发生本条解释所规定的行为时,该金融机构与直接责任

人员依法承担连带责任显然系民事赔偿责任，且属侵权责任。责任承担的形式较《票据法》第104条第2款的规定又进了一步，即由《票据法》第104条第2款规定的“金融机构和直接责任人员依法承担赔偿责任”，直接明确为“由该金融机构与直接责任人员依法承担连带责任”。原《民法通则》第43条规定：“企业法人对它的法定代表人和其他工作人员的经营活动，承担民事责任。”《民法典》第170条第1款规定：“执行法人或者非法人组织工作任务的人员，就其职权范围内的事项，以法人或者非法人组织的名义实施的民事法律行为，对法人或者非法人组织发生效力。”在票据结算过程中，金融机构工作人员在对票据进行承兑、付款、贴现或者保证时，其行为一般来讲都是职务行为，金融机构应当为此职务行为承担相应的法律后果。

2. 责任构成

（1）行为违法性的认定。金融机构工作人员对违反《票据法》规定的票据予以承兑、付款、贴现以及保证，均属于对其审查义务的违反，行为当然具有违法性。

（2）主观过错的判断。此种侵权行为主体为金融机构的工作人员，其主观过错的表述为“玩忽职守”。“玩忽职守”是刑法中渎职犯罪的专用语言，而非民法用语。因为《票据法》第104条第1款是关于此类行为刑事责任的表述而使用了玩忽职守，第2款为了语言简洁和表达一致，沿用了玩忽职守。按刑法学的解释，所谓玩忽职守罪，是指国家机关工作人员严重不负责任，不履行或者不正确履行职责，致使公共财产、国家和人民的利益遭受重大损失的行为，其主观要件为过失，因此，玩忽职守与民法上的过失是同义语，本条解释的几种违法行为构成侵权责任的主观要件即为过失。

（3）损害事实与因果关系。至于损害事实的发生，是金融机构及其工作人员承担赔偿责任的前提，因果关系的认定需要结合个案具体判断。

【司法案例】

案例一

中国银行股份有限公司长治市分行与长治煤炭运销公路经销有限公司票据纠纷案[①]

法官提示：金融机构员工协助他人非法贴现给他人造成损失的，金融机构及直接责任人应依法承担责任。

---

① 参见最高人民法院民事审判第二庭编：《最高人民法院商事审判指导案例（2014）》，中国民主法制出版社2015年版，第322～332页。

最高人民法院认为:原审判决根据长治煤炭运销公路经销有限公司(以下简称煤运公司)取得本案所涉票据的合法过程判定其是票据的原权利人并无不当,但本案的一个重要事实是,该票据在煤运公司原工作人员原某挪用资金犯罪过程中已从该公司转移至李某某手中,后李某某采取私刻印章等手段将该票据连续背书转让给聊城公司、协力公司,并在中国银行股份有限公司长治市分行(以下简称长治中行)办理了贴现业务。

长治中行在办理本案票据贴现业务中具有一定过错。李某某将该汇票交给长治中行英雄路分理处职员黄某某后,黄某某在无相关交易合同、增值税发票的情况下,为编造票据贴现业务所需资料提供帮助,并通过了该行相关业务部门的审核,致使该票据最终顺利贴现。本院认为,长治中行办理贴现业务时,在贴现申请表上载明黄某某为经办人,黄某某的犯罪行为虽属个人行为,但因其作为长治中行下属部门的工作人员,违反规定办理本案票据贴现业务,亦因长治中行未能尽到严格审查义务,在业务办理及管理上存在一定过错,故依据原《票据法规定》第75条关于"依照票据法第一百零五条的规定,由于金融机构工作人员在票据业务中玩忽职守,对违反票据法规定的票据予以承兑、付款、贴现或者保证,给当事人造成损失的,由该金融机构与直接责任人员依法承担连带责任"的规定,长治中行应就其在本案中的过错行为对煤运公司的损失承担相应的民事赔偿责任。长治中行关于"黄某某的行为属个人行为,其所在长治中行英雄路分理处无贴现业务,长治中行办理本案汇票贴现合法合规,不存在过错,不应对煤运公司的损失承担责任"的诉讼请求及理由不能成立。

案例二

唐山市变压器厂、威县农村信用合作联社票据纠纷案[①]

法官提示:贴现行为虽有疏忽且存在违规之处,但并不构成《票据法》规定的重大过失,也不属于金融机构工作人员在票据业务中玩忽职守,对违反《票据法》规定的票据予以承兑、付款或者保证的情形。

河北省高级人民法院二审认为:案涉银行承兑汇票在本案诉讼前已经贴现完成,银行承兑汇票的流转、兑付过程已经结束,变压器厂请求法院解决的不是持票人与付款人之间兑付汇票的票据纠纷,而是请求解决威县信用社是否违规贴现的民事赔偿责任问题。《民事案件案由规定》中"票据损害责任纠纷"案由是"票据纠纷"案由的子案由。票据损害赔偿请求权是普通的民事债权和票据权利都具有

---

① 参见河北省高级人民法院(2017)冀民终7号民事判决书。

的侵权救济方式,因此本案案由应为票据损害责任纠纷。

威县信用社对案涉汇票的贴现行为与变压器厂的损失是否存在因果关系并是否应对变压器厂的损失承担赔偿责任?

票据具有无因性、文义性,票据关系一经成立,即应与票据取得的原因关系相脱离。本案所涉票据形式完备,各项必要记载事项齐全,符合《票据法》的规定,应为有效票据,银行在办理票据贴现时应侧重对票据本身有效性的审查。威县信用社的贴现行为虽有疏忽且存在违规之处,但并不构成《票据法》第12条规定的重大过失,也不属于《票据法》第104条规定的金融机构工作人员在票据业务中玩忽职守,对违反本法规定的票据予以承兑、付款或者保证的情形。在变压器厂的代理人董某某已经获得贴现款的情况下,其后果应由委托人即变压器厂承受。变压器厂受到损害的直接原因是其代理人没有把贴现款全部交付给变压器厂,与威县信用社办理贴现时违反操作规程不存在法律上的因果关系。中国人民银行的部门规章、行业规定主要是银行业内管理规范,据此追究威县信用社的民事责任,法律依据不足,故变压器厂以威县信用社违规贴现为由要求其承担赔偿责任的诉讼请求,无事实和法律依据,不予支持。

案例三

贵州银行股份有限公司普定县支行、贵州智宇建设工程有限公司票据损害责任纠纷案[①]

法官提示:金融机构错误付款行为虽然违反了《票据法》及有关结算支付的规定,但该行为并未违背当事人背书转让票据权利的本意,并未给当事人造成损失,不应承担责任。

贵州省安顺市中级人民法院二审认为:2016年6月8日,普定县城投公司向智宇公司出具涉案转账支票,载明收款人为智宇公司,被背书人处注明"杨某某"字样。雷某某在转账支票背面背书人签章处加盖智宇公司财务专用章,但未加盖法定代表人或者其授权的代理人的印章。当日,杨某某持该转账支票到贵州银行普定支行进行转账。根据《票据法》第7条"票据上的签章,为签名、盖章或者签名加盖章。法人和其他使用票据的单位在票据上的签章,为该法人或者该单位的盖章加其法定代表人或者其授权的代理人的签章。在票据上的签名,应当为该当事人的本名"和《票据管理实施办法》第17条"出票人在票据上的签章不符合票据法和本办法规定的,票据无效;背书人、承兑人、保证人在票据上的签章不符合票据

---

① 参见贵州省安顺市中级人民法院(2018)黔04民终315号民事判决书。

法和本办法规定的，其签章无效，但是不影响票据上其他签章的效力”之规定，在转账支票缺少智宇公司法定代表人或者其授权的代理人印章的情况下，贵州银行普定支行本应对不符合票据法规定的票据作退票处理。但其在未进行形式审查或者疏于注意而未能发现形式上问题的情况下，将300万元支付到杨某某个人账户，违反了票据法及中国人民银行有关结算支付的规定，该付款行为显然属于付款错误。在错误付款给智宇公司造成损失且有因果关系的情况下，贵州银行普定支行应当承担赔偿损失的责任。

智宇公司是否有背书转让案涉转账支票的票据权利给杨某某的真实意思表示是认定智宇公司损失的主要因素。该案中，智宇公司背书转让案涉转账支票的票据权利给杨某某是其真实意思表示，即贵州银行普定支行及张某错误付款行为并未给智宇公司造成损失。因为首先，雷某某是智宇公司工作人员，是智宇公司办理本案案涉转账支票的具体经办人。普定县城投公司向智宇公司出具转账支票的同日，智宇公司向普定县城投公司出具了收据载明收到退回的300万元履约保证金，雷某某收到票据后在转账支票背面背书人签章处加盖智宇公司财务专用章，该背书转让盖章行为系智宇公司授权雷某某所为。其次，在转账支票背面背书人签章处加盖了智宇公司财务专用章、被背书人处注明“杨某某”字样后，杨某某持该转账支票到贵州银行普定支行进行转账，杨某某实际持有了案涉转账支票。最后，一审中，贵州银行普定支行请求追加杨某某为被告并与其共同承担责任，但智宇公司却明确表示不要求杨某某承担责任，如果智宇公司遭受损失却放弃对责任人的请求，显然不合常理。

综上所述，贵州银行普定支行及张某的错误付款行为虽然违反了票据法及中国人民银行有关结算支付的规定，但该行为并未违背智宇公司背书转让案涉转账支票票据权利给杨某某的本意，并未给智宇公司造成损失，不需要对智宇公司承担民事责任。

第七十五条　依照票据法第一百零六条[①]的规定，由于出票人制作票据，或者其他票据债务人未按照法定条件在票据上签章，给他人造成损失的，除应当按照所记载事项承担票据责任外，还应当承担相应的民事责任。

---

① 原为1995年5月10日通过的《票据法》第107条规定；2004年8月28日修改《票据法》的决定删去第75条规定，将该条的条序调整为第106条。《票据法规定》(2020)在对《票据法规定》(2000)进行修改时也对相应条款顺序进行了修正。

持票人明知或者应当知道前款情形而接受的，可以适当减轻出票人或者票据债务人的责任。

【条文主旨】

本条是关于出票人、背书人、承兑人和保证人未按规定签章应承担票据责任和民事责任，以及减轻责任情形的规定。

【条文理解】

（一）相关原理阐释

票据行为人签章在票据行为中意义重大，虽然理论上签章只是绝对必要记载事项中的一项，但事实上签章是确认某票据行为是何人所为，谁是该票据行为的责任人的依据，因此，可以说签章是确定票据义务人的最基本要素，故票据理论上都承认不署名者不负票据责任的原理。各种票据行为的内容虽有不同，但行为人的签章是各种票据行为的共同要求。

关于票据签章的方式，《票据法》第 7 条规定："票据上的签章，为签名、盖章或者签名加盖章。法人和其他使用票据的单位在票据上的签章，为该法人或者该单位的盖章加其法定代表人或者其授权的代理人的签章。在票据上的签名，应当为该当事人的本名。"以这个规定为基础，《票据管理实施办法》《电子签名法》《电子商业汇票业务管理办法》等法规又将票据的签章规则进一步细化，以用于指导票据实践。

《票据法规定》（2020）第 40 条、第 41 条、第 46 条对票据出票人、承兑人、背书人及保证人签章要求作了明确解释，并对相关行为效力及责任承担予以明确。（详见相关条款解读内容）

（二）对本条解释的理解与适用

本条解释依据的《票据法》第 106 条是关于《票据法》规定的民事赔偿责任的兜底条款。除第六章票据责任章第 104 条、第 105 条（票据付款人故意压票，拖延支付行为的赔偿责任）规定的民事赔偿责任，《票据法》在出票、承兑、付款等部分也有关于民事赔偿责任的一些规定。另外，《票据法规定》（2020）对赔偿责任也作了一些补充规定，而本条解释是对《票据法》《票据法规定》（2020）所规定的赔偿责任的补充。

本条解释第 1 款是关于未按法定条件签章，行为人应当承担票据责任以及民事赔偿责任的规定。其中，对于责任主体的理解，根据"出票人或者其他票据债务人"的表述，本条解释的责任主体应包括出票人、背书人、承兑人和保证人。关于行为违法性的表现仅指签章未按法定条件进行,比如,自然人签章未使用本名,而使用了笔名、艺名等,法人或其他组织的签章遗漏了法定代表人或授权代理人签章等;这些行为都会遭到付款人拒绝付款,由此导致持票人或者其他票据权利人遭受票款不能实现,以及可能的利息损失。

至于电子商业汇票上的电子签名如果是未按《电子签名法》和《电子商业汇票业务管理办法》规定办理而造成他人损失,除了客户要承担民事责任,可能同时会产生电子认证服务机构和接入机构的民事责任。如果是电子认证服务机构对客户电子签名的申请未尽到审核义务,从而导致一个无效的电子签名成立,给持票人及其他权利人造成损害,就要与出票人对受害人承担连带责任,当然,在电子认证服务机构和客户之间,因为业务的专业性和职责的法定性,应该认为前者的过错大于后者,而要在内部责任划分上承担更大的责任。接入机构对客户电子签名的审查义务,通常是以电子认证服务机构的审查结果为前提的;接入机构对客户电子签名真实性的审查,包括对经认证的电子签名和客户身份的核实、确认,以及经认证的客户签名与汇票上的客户签名是否一致的审查。如果是前者,接入机构没有尽到审查义务,只发生接入机构的民事赔偿责任而不能适用本条规定;如果是后者,则要发生接入机构和签章人的共同侵权,由接入机构和签章人承担连带责任。

还有一点要注意,从适用法律的准确性上讲,凡在本条解释之外,《票据法》和《票据法规定》(2020)对同一行为已有规定的,适用相关条款规定,而不应适用本条解释的规定。比如,因出票人签发空头支票、与其预留本名的签名式样或者印鉴不符的支票给他人造成损失的民事责任,应适用《票据法规定》(2020)第72条的规定处理。

本条解释第2款适用的是侵权法上的过失相抵原则,当持票人明知或者应当知道前款情形而接受的,可以适当减轻出票人或者票据债务人的责任。至于双方承担责任的比例则要具体结合个案,根据各自的过错比例确定责任的承担,并以此划分所承担责任的具体数额。

【司法案例】

案例一

河南邦得化工有限责任公司、郑州东方三力耐火材料有限公司票据纠纷案①

河南省郑州市中级人民法院二审认为:原《票据法规定》第76条规定:“由于

① 参见河南省郑州市中级人民法院(2018)豫01民终12590号民事判决书。

出票人制作票据,或者其他票据债务人未按照法定条件在票据上签章,给他人造成损失的,除应当按照所记载事项承担票据责任外,还应当承担相应的民事责任。持票人明知或者应当知道前款情形而接受的,可以适当减轻出票人或者票据债务人的责任。"二审开庭时邦得公司表示"收到时注意到瑕疵……才勉强接受",邦得公司作为商主体,明知案涉汇票背书不连续仍然受让,未尽到合理、谨慎的注意义务,依据上述司法解释之规定,应承担部分责任。同时,三力公司、安飞公司在票据流转过程中未按照法律规定的方式进行签章,导致背书不连续,亦存在过错。一审法院依据各方的过错,并结合出票人乐金公司已破产的事实,判令各方应承担的责任,于法有据,应予维持。

案例二
佛山市顺德区菘锋机电制品有限公司与深圳朗鑫智能科技有限公司票据纠纷案①

广东省深圳市中级人民法院二审认为:本案纠纷系因深圳朗鑫公司开具支票的收款人名称错误,收款人佛山菘锋公司无法提兑而导致的纷争,故本案案由应为票据损害责任纠纷。双方当事人在二审中的争议焦点是出票人深圳朗鑫公司应当承担何种责任。根据《票据法》第9条的规定,票据收款人的名称不得更改。该法第106条规定:"依照本法规定承担赔偿责任以外的其他违反本法规定的行为,给他人造成损失的,应当依法承担民事责任。"原《票据法规定》第76条规定:"依照票据法第一百零七条的规定,由于出票人制作票据,或者其他票据债务人未按照法定条件在票据上签章,给他人造成损失的,除应当按照所记载事项承担票据责任外,还应当承担相应的民事责任。持票人明知或者应当知道前款情形而接受的,可以适当减轻出票人或者票据债务人的责任。"根据上述法律和司法解释的规定,本案中,深圳朗鑫公司开具支票的收款人名称错误又拒绝重新开具,而支票的收款人不得更改,导致佛山菘锋公司无法取得票据款,深圳朗鑫公司依法应当按照票据所记载事项承担票据责任和相应的民事责任,向佛山菘锋公司支付票面金额、利息和相关费用。但佛山菘锋公司在接受支票时应当即时核对名称而未核对,有一定的过错,依法可以适当减轻出票人的责任,酌定免除深圳朗鑫公司支付利息和相关费用的义务。综上,对佛山菘锋公司请求深圳朗鑫公司支付票据款项77,420元的诉讼请求予以支持,对其要求深圳朗鑫公司承担2倍贷款利息的诉讼请求予以驳回。

---

① 参见广东省深圳市中级人民法院(2014)深中法商终字第988号民事判决书。

《最高人民法院关于审理票据纠纷案件若干问题的规定》2020 年修正前后对照表①

2020 年	2000 年	修改理由及评注
第六条 因票据纠纷提起的诉讼,依法由票据支付地或者被告住所地人民法院管辖。 票据支付地是指票据上载明的付款地,票据上未载明付款地的,汇票付款人或者代理付款人的营业场所、住所或者经常居住地,本票出票人的营业场所,支票付款人或者代理付款人的营业场所所在地为票据付款地。代理付款人即付款人的委托代理人,是指根据付款人的委托代为支付票据金额的银行、信用合作社等金融机构。	**第六条** 因票据~~权利~~纠纷提起的诉讼,依法由票据支付地或者被告住所地人民法院管辖。 票据支付地是指票据上载明的付款地,票据上未载明付款地的,汇票付款人或者代理付款人的营业场所、住所或者经常居住地,本票出票人的营业场所,支票付款人或者代理付款人的营业场所所在地为票据付款地。代理付款人即付款人的委托代理人,是指根据付款人的委托代为支付票据金额的银行、信用合作社等金融机构。	第 1 款删除“权利”,与《民事诉讼法》第 25 条(原第 27 条)相比,除“依法”以外完全一致:“因票据纠纷提起的诉讼,由票据支付地或者被告住所地人民法院管辖。”第 2 款未动。 与《民法典》无关。
	第七条 ~~因非票据权利纠纷提起的诉讼,依法由被告住所地人民法院管辖。~~	与第 6 条合并,不再单独解释。
第三十一条 公告应当在全国性报**纸或者其他媒体上**刊登**,并于同日公布于人民法院公告栏内。人民法院所在地有证券交易所的,还应当同日在该交易所公布**。	**第三十二条** ~~人民法院决定受理公示催告申请后发布的~~公告应当在全国性的报刊~~上~~登载。	按照《民事诉讼法解释》第 446 条(原第 448 条)修改,但维持“全国性”。 与《民法典》无关。

① 新旧对照表仅对重点删除的内容和新增的内容进行标示,画线部分表示删除内容,黑体部分表示新增内容。

续表

2020 年	2000 年	修改理由及评注
第三十二条 依照《中华人民共和国民事诉讼法》(以下简称民事诉讼法)第**二百一十九**条的规定,公告**期间不得少于**六十日,**且公示催告期间届满日不得早于票据付款日后十五日。**	**第三十三条** 依照《中华人民共和国民事诉讼法》(以下简称民事诉讼法)第~~一百九十四~~条的规定,~~公示催告的期间,国内票据自~~公告~~发布之日起~~六十日~~;涉外票据可根据具体情况适当延长,但最长不得超过九十日~~。	调整引用法律条文顺序,并按照《民事诉讼法解释》第 449 条作出相应修改,统一内外。 与《民法典》无关。
第三十三条 依照民事诉讼法第**二百二十**条第二款的规定,在公示催告期间,以公示催告的票据质押、贴现,因质押、贴现而接受该票据的持票人主张票据权利的,人民法院不予支持,但公示催告期间届满以后人民法院作出除权判决以前取得该票据的除外。	**第三十四条** 依照民事诉讼法第~~一百九十~~五条第二款的规定,在公示催告期间,以公示催告的票据质押、贴现,因质押、贴现而接受该票据的持票人主张票据权利的,人民法院不予支持,但公示催告期间届满以后人民法院作出除权判决以前取得该票据的除外。	调整引用法律条文顺序,内容未变。 与《民法典》无关。
第三十七条 失票人向人民法院提起诉讼的,应向人民法院说明曾经持有票据及丧失票据的情形,**人民法院应当根据案件的具体情况,决定当事人是否应当提供担保以及担保的数额。**	**第三十八条** 失票人向人民法院提起诉讼的,除向人民法院说明曾经持有票据及丧失票据的情形外~~,还应当提供担保。担保的数额相当于票据载明的金额~~。	按照《民事诉讼法解释》第 152 条作相应调整。该条规定,申请诉前行为保全的,担保的数额由人民法院根据案件的具体情况决定。在诉讼中,人民法院依申请或者依职权采取保全措施的,应当根据案件的具体情况,决定当事人是否应当提供担保以及担保的数额。
第三十八条 对于伪报票据丧失的当事人,人民法院在查明事实,裁定终结公示催告或者诉讼程序后,可以参照民事诉讼法第**一百一十一**条的规定,追究伪报人的法律责任。	**第三十九条** 对于伪报票据丧失的当事人,人民法院在查明事实,裁定终结公示催告或者诉讼程序后,可以参照民事诉讼法第~~一百零~~三条的规定,追究伪报人的法律责任。	调整引用法律条文顺序。 与《民法典》无关。

续表

2020 年	2000 年	修改理由及评注
第三十九条 依照票据法第**一百零八**条以及经国务院批准的《票据管理实施办法》的规定,票据当事人使用的不是中国人民银行规定的统一格式票据的,按照《票据管理实施办法》的规定认定,但在中国境外签发的票据除外。	**第四十条** 依照票据法第~~一百零~~九条以及经国务院批准的《票据管理实施办法》的规定,票据当事人使用的不是中国人民银行规定的统一格式票据的,按照《票据管理实施办法》的规定认定,但在中国境外签发的票据除外。	调整引用法律条文顺序。 与《民法典》无关。
第五十条 依照票据法第三十四条和第三十五条的规定,背书人在票据上记载"不得转让""委托收款""质押"字样,其后手再背书转让、委托收款或者质押的,原背书人对后手的被背书人不承担票据责任,但不影响出票人、承兑人以及原背书人之前手的票据责任。	**第五十一条** 依照票据法第三十四条和第三十五条的规定,背书人在票据上记载"不得转让"~~、~~"委托收款"~~、~~"质押"字样,其后手再背书转让、委托收款或者质押的,原背书人对后手的被背书人不承担票据责任,但不影响出票人、承兑人以及原背书人之前手的票据责任。	按照标点符号规范,删除双引号之间的顿号。
第五十九条 国家机关、以公益为目的的事业单位、社会团体作为票据保证人的,票据保证无效,但经国务院批准为使用外国政府或者国际经济组织贷款进行转贷,国家机关提供票据保证的除外。	**第六十条** 国家机关、以公益为目的的事业单位、社会团体~~、企业法人的分支机构和职能部门~~作为票据保证人的,票据保证无效,但经国务院批准为使用外国政府或者国际经济组织贷款进行转贷,国家机关提供票据保证的~~,以及企业法人的分支机构在法人书面授权范围内提供票据保证的~~除外。	依照《民法典》修改。《民法典》已删除原《担保法》规定的企业法人的分支机构和职能部门的规定。
第六十一条 保证人未在票据或者粘单上记载"保证"字样而另行签订保证合同或者保证条款的,不属于票据保证,人民法院应当适用《中华人民共和国**民法典**》的有关规定。	**第六十二条** 保证人未在票据或者粘单上记载"保证"字样而另行签订保证合同或者保证条款的,不属于票据保证,人民法院应当适用《中华人民共和国~~担保法~~》的有关规定。	调整法律依据。

续表

2020 年	2000 年	修改理由及评注
第六十二条 人民法院审理票据纠纷案件,适用票据法的规定;票据法没有规定的,适用**《中华人民共和国民法典》**等法律以及国务院制定的行政法规。 中国人民银行制定并公布施行的有关行政规章与法律、行政法规不抵触的,可以参照适用。	**第六十三条** 人民法院审理票据纠纷案件,适用票据法的规定;票据法没有规定的,适用~~《中华人民共和国民法通则》、《中华人民共和国合同法》、《中华人民共和国担保法》~~等~~民商事~~法律以及国务院制定的行政法规。 中国人民银行制定并公布施行的有关行政规章与法律、行政法规不抵触的,可以参照适用。	调整法律依据。
第六十六条 依照票据法第十四条、第**一百零二**条、第**一百零三**条的规定,伪造、变造票据者除应当依法承担刑事、行政责任外,给他人造成损失的,还应当承担民事赔偿责任。被伪造签章者不承担票据责任。	**第六十七条** 依照票据法第十四条、第~~一百零三~~条、第~~一百零四条~~的规定,伪造、变造票据者除应当依法承担刑事、行政责任外,给他人造成损失的,还应当承担民事赔偿责任。被伪造签章者不承担票据责任。	调整引用法律条文顺序。
第七十条 票据法第六十三条所称“其他有关证明”是指:(一)人民法院出具的宣告承兑人、付款人失踪或者死亡的证明、法律文书;(二)公安机关出具的承兑人、付款人逃匿或者下落不明的证明;(三)医院或者有关单位出具的承兑人、付款人死亡的证明;(四)公证机构出具的具有拒绝证明效力的文书。 **承兑人自己作出并发布的表明其没有支付票款能力的公告,可以认定为拒绝证明。**	**第七十一条** 票据法第六十三条所称“其他有关证明”是指:(一)人民法院出具的宣告承兑人、付款人失踪或者死亡的证明、法律文书;(二)公安机关出具的承兑人、付款人逃匿或者下落不明的证明;(三)医院或者有关单位出具的承兑人、付款人死亡的证明;(四)公证机构出具的具有拒绝证明效力的文书。	为适应司法实务所需,增加第 2 款自认情形:“承兑人自己发出的表明其没有支付票款能力的公告,可以认定为拒绝证明。”所谓“拒绝证明”,即《票据法》第 63 条所谓拒绝证明的情形。根据《票据法》第 61 条和第 62 条之规定,持票人请求行使追索权并能够提供承兑人自认无力付款类公告的,应当得到司法支持。

九、法律适用:杨忠孝

十、法律责任:董惠江

全书由曹守晔先生统稿审定,吴庆宝先生(曾任最高人民法院民二庭审判长、高级法官及北京市司法局副局长)、俞宏雷先生(曾任无锡市中级人民法院高级法官)协助核稿。